Robert Walsers große, kleine Romane

# Robert Walser-Studien

*Herausgegeben von*

Lucas Marco Gisi, Annie Pfeifer und Reto Sorg



Bd. 6

Michaela Hartl

# Robert Walsers große, kleine Romane

BRILL
FINK

Bibliografische Information der Deutschen Nationalbibliothek

Die Deutsche Nationalbibliothek verzeichnet diese Publikation in der Deutschen Nationalbibliografie; detaillierte bibliografische Daten sind im Internet über http://dnb.d-nb.de abrufbar.



www.fink.de

Einbandgestaltung: Evelyn Ziegler, München
Herstellung: Brill Deutschland GmbH, Paderborn

ISSN 2628-3964
ISBN 978-3-7705-6665-5 (hardback)
ISBN 978-3-8467-6665-1 (e-book)

# Inhalt


**1. Einleitung** ........ 1

1.1 Groß und klein – Robert Walsers Romanwerk ........ 1

1.2 Großer, kleiner Walser – zum Standort dieser Arbeit innerhalb der Forschung ........ 5

1.3 Zwischen Tradition und Experiment – zu Perspektive, methodischer Herangehensweise und Aufbau dieser Arbeit ........ 12

**2. *Geschwister Tanner* (1907) – Die Erprobung des Romans** ........ 23

2.1 Ein Debüt zwischen Tradition und Experiment ........ 37

2.1.1 *Vom Bildungsroman zum Geschwister-Roman* ........ 37

2.1.2 *Zur historischen Diskussion um den Bildungsroman* ........ 56

2.1.3 Geschwister Tanner *als episodischer Roman oder: Die ,Lust am Austreten'* ........ 64

2.2 Korrespondenzen zwischen Roman und kleinen Formen ........ 80

2.2.1 *Gesten des Betrugs – Intermediale Inspirationen* ........ 85

2.2.2 *Poetik der Skizze* ........ 102

2.2.3 *Briefe an den Roman* ........ 120

**3. *Der Gehülfe* (1908) – Über den Wirklichkeitsroman** ........ 131

3.1 *Der Gehülfe* und der Realismus ........ 142

3.1.1 *Probleme des Realismus zwischen Berlin, Zürich und Bern* ........ 142

3.1.2 *Der Commis* ........ 158

3.2 Ein ,Poetenleben' oder die Frage des Autobiographischen ........ 170

3.2.1 *Der Körper in Bewegung* ........ 172

3.2.2 *Zur Prosasammlung* Poetenleben (*1917*) ........ 180

3.2.3 *Walsers Autobiographie des ,Backfischelns' – Rückschau auf die ,Wirklichkeit' des* Gehülfen ........ 185

**4. *Jakob von Gunten* (1909) – Ein Großstadtroman der beschleunigten Moderne** ........ 203

4.1 Die Großstadt in Roman und Feuilleton ........ 215

4.1.1 *Urbane Ambivalenz* ........ 215

4.1.2 *Flanerie zwischen Geheimnis und Utopie* ........ 220

4.2 Walsers literarische Bemerkungen zum Feuilleton ........ 236

4.2.1 *Der Flaneur als Feuilletonist* ........ 236

4.2.2 *Reflexion ambivalenter Autorschaft* ........ 242

4.2.3 *Dienen und Feuilletons schreiben* ........ 259

4.3 Ein Zeitungsbuch oder: Der flüchtige Roman .................. 268
4.3.1 *Buch, Zeitschrift, Zeitung und die Frage nach der Kanonisierung* .................................. 271
4.3.2 *Ein neuer Roman zwischen Tagebuch und Journal* ......... 283

**5. Schluss: Robert Walsers Roman: *Eine Art Erzählung*** ............... 301

**Literaturverzeichnis** ........................................... 305

**Dank** .............................................................. 331

KAPITEL 1

# Einleitung

## 1.1 Groß und klein – Robert Walsers Romanwerk

Was ist ein großer Roman? Gibt es auch kleine Romane? Von diesen bis heute in der Literaturwissenschaft ungeklärten Fragen hat Robert Walser nur die zweite beantwortet. Im Dezember 1923 veröffentlichte er in der Zeitschrift *Wissen und Leben* Abschnitte aus einem geplanten Roman, den er 1921 verfasst hatte. Die Auszüge sind mit *Theodor. Aus einem kleinen Roman* überschrieben. Mehrere Verlage lehnten Walsers Manuskript ab, der Roman wurde nie veröffentlicht.[1] Anhand der überlieferten Teile lässt sich darauf schließen, dass *Theodor* das Romanschreiben selbst in den Blick nahm.

Theodor, der Erzähler-Autor der Geschichte, schuldet seinem ungeduldigen Verleger einen Roman. Um einen tauglichen Stoff zu bekommen, trägt er einer gewissen Frau Steiner eine Affäre an.[2] In der ironisch anmutenden Bereitschaft, das eigene Liebesleben nach den Forderungen des Literaturbetriebs auszurichten, drücken sich bestimmte Nöte des Romanschreibens aus. Walser hat sie in seinen literarischen Texten wiederholt zur Sprache gebracht. Das Problem, einen überzeugenden Romanstoff zu finden und dabei den Zwängen eines berufsmäßigen Schreibens unterworfen zu sein, ist nur eines davon.

Walsers Werk fragt immer wieder danach, was ein Roman eigentlich sei und welche schriftstellerischen Erzeugnisse als Romane anerkannt werden. Darüber hinaus stellt es die Frage, wie man sich schreibend zu den etablierten Romanen der Tradition verhalten und gleichzeitig etwas formal und inhaltlich

---

1 Das Romanmanuskript gilt als verschollen. Zum Hintergrund des *Theodor*-Romans und -Fragments vgl. Lucas Marco Gisi: *Theodor*-Roman (verfasst 1921). In: Ders. (Hrsg.): Robert Walser-Handbuch. Leben – Werk – Wirkung. Stuttgart: Metzler 2015. S. 173–175. Das Robert Walser-Handbuch wird im Folgenden mit der Sigle RWH angegeben. Der Titel *Theodor, ein kleiner Roman* deckt sich mit seiner Angabe in einem Gutachten, das die Schriftstellerin Lisa Wenger über den Roman für den Schweizerischen Schriftstellerverein verfasste. Hier hatte Walser sich um ein Schreibdarlehen beworben, das ihm am 12.12.1921 zuerkannt wurde. Vgl. dazu Bernhard Echte: Robert Walser. Sein Leben in Bildern und Texten. Frankfurt am Main: Suhrkamp 2008. S. 353.

2 Vgl. Robert Walser: Theodor. Aus einem kleinen Roman. In: Robert Walser. Sämtliche Werke in Einzelausgaben. 20 Bde. Hrsg. von Jochen Greven. Zürich/Frankfurt am Main: Suhrkamp 1985–1986. Bd. 17. S. 345–369, hier S. 351/352. Die verwendete Ausgabe wird im Folgenden mit der Sigle SW und der jeweiligen Bandnummer angegeben.

© BRILL FINK, 2022 | DOI:10.30965/9783846766651_002

Relevantes über seine eigene Zeit aufs Papier bringen kann. Schließlich geht es auch darum, wie das Schreiben in Bezug zum eigenen Leben zu setzen ist.

Nach 1900 publiziert Walser rasch aufeinanderfolgend drei Romane: *Geschwister Tanner* (1907), *Der Gehülfe* (1908) und *Jakob von Gunten* (1909). Walser, der 1878 in Biel geboren wurde und den Großteil seiner Schaffenszeit in der Schweiz verbrachte, schrieb sie, als er für mehrere Jahre in Berlin lebte (1905–1913) und dort Anschluss an wichtige Künstlerinnen- und Literatenkreise fand. Hier müssen sich Walsers Ideen für Romane förmlich überschlagen haben, sie flossen ihm scheinbar nur so aus der Feder. In der Forschung hat sich für sie die Bezeichnung ‚Berliner Romane' eingebürgert. Es handelt sich um die einzigen überlieferten und als solche autorisierten Romane Walsers. Wie viele er insgesamt schrieb, lässt sich nicht eindeutig beziffern.[3]

Die Berliner Romane, mit denen es Walser gelang, sich in der literarischen Welt seiner Zeit einigermaßen bekannt zu machen, werfen die eingangs gestellte Frage, ob sie ‚große' Literatur oder – wie *Theodor* – ‚nur' kleine Romane sind, mit besonderer Dringlichkeit auf. Sie sind nicht mit solcher Bestimmtheit als ‚klein' ausgewiesen wie der *Theodor*-Auszug. *Jakob von Gunten* nimmt die Gattungsbezeichnung ‚Roman' allerdings schon nicht mehr in den Titel auf. Seinen Leserinnen und Lesern macht er vielmehr weis, ein ‚Tagebuch' zu sein. Mit Blick auf ihren Umfang stellen die drei Romane nicht gerade monumentale Werke dar, außerdem sind sie autobiographisch grundiert, was bereits die zeitgenössische Literaturkritik bemerkte. Das Autobiographische steht jedoch in Gefahr, als bloße Abbildung des Lebens und damit als kunstlos betrachtet zu werden. Auch sind Walsers Romane bei ihrem Erscheinen häufig als formlos bezeichnet worden. Wer einen Roman Walsers verriss, tat dies in der Regel unter Hinweis auf seine angeblich noch nicht ausgereiften Kompositions- und Erzähltechniken.

Walsers Werk besitzt von Beginn an ein besonderes Gespür für literarische Wertungsfragen. Seine Berliner Romane verhandeln ein ‚Gattungsdenken', das die vorhandene Fülle an literarischen Formen und Schreibweisen in anerkannte

---

3 Neben dem genannten *Theodor* hat Walser 1918 einen Roman geschrieben, der sich um eine Figur namens Tobold dreht. Auch ihn konnte er bei keinem Verlag unterbringen, das Manuskript gilt ebenfalls als verschollen. Zur Entstehungsgeschichte des *Tobold*-Romans vgl. Lucas Marco Gisi im RWH. S. 166–168. Außerdem ist ein längerer Text aus dem Nachlass erhalten, den Walser 1925 schrieb und der, noch zentraler als *Theodor*, das Produzieren eines Romans reflektiert. Er wurde als *Räuber-Roman* bekannt, es ist allerdings ungewiss, ob er von Walser als Roman intendiert war. Darüber hinaus berichtet Carl Seelig in seinen aufgezeichneten Erinnerungen *Wanderungen mit Robert Walser* von einer Aussage Walsers, der zufolge er drei weitere Romane geschrieben und vernichtet habe. Vgl. dazu Carl Seelig: Wanderungen mit Robert Walser. Frankfurt am Main: Suhrkamp 1977. S. 77. Die Richtigkeit dieser Äußerung muss angezweifelt werden.

und weniger anerkannte einteilt. Sie reflektieren auf die Literatur, die einem ‚Wertungsdenken' als das Gesicherte, als das ‚Große' gilt: den Bildungsroman des 18. und 19. Jahrhunderts, den realistischen Roman in der Tradition Gottfried Kellers, die Autobiographie der ‚großen' Männer. Zugleich registrieren sie aufmerksam, was aus diesem Denken herausfällt oder zumindest an der Grenze von Literatur und ‚Nichtliteratur' steht: den Briefroman, das vermeintlich ungestaltete autobiographische Schreiben von Frauen, das Feuilleton oder das literarische Tagebuch. Hier ist das ‚Kleine' zu lokalisieren, für das sich Walsers Romane interessieren.

In Berlin wollte Walser sich als literarischer Autor etablieren. Er hatte bereits Gedichte und kurze Prosa in der Berner Tageszeitung *Der Bund*, aber auch in hochliterarischen Medien wie der renommierten Zeitschrift *Die Insel* veröffentlicht. 1904 war im Insel-Verlag sein erstes Buch *Fritz Kocher's Aufsätze* erschienen. Im Bereich des Romans hingegen war er ein Debütant. Bis heute gilt der Roman als die vielversprechendste Gattung, einem Autor oder einer Autorin zu literarischem Renommee zu verhelfen. Auf der Ebene des Publikationsmediums ist es die Buchveröffentlichung, die literarischen Texten einen ‚überzeitlichen' Rahmen bieten und sie damit potentiell kanonisch machen kann. Sich dieser Bedingungen bewusst, hat Walser immer wieder gewohnte Wege des Schreibens und Publizierens beschritten, auf der anderen Seite aber auch ein literarisches Experiment verfolgt, das auf die Erneuerung des traditionellen Romans zielte. Innovative Impulse bezogen seine Romane dabei in hohem Maße aus seiner Produktivität im Bereich der ‚kleinen Formen', die als nicht anerkannt galten, deren textuelle und mediale Logik Walsers Romanschreiben jedoch belebte.

Robert Walser und der Roman – dieses so fruchtbare wie konfliktreiche Verhältnis wird in der vorliegenden Arbeit anhand seiner Berliner Romane in den Blick genommen. Wie lassen sich seine Romanproduktion und seine Auseinandersetzung mit dem Roman als Gattung vor dem skizzierten Hintergrund begreifen? Welche charakteristischen Eigenschaften besitzen Walsers Romane und wie lassen sie sich in Bezug auf die Geschichte des Romans, innerhalb seines Werks und in ihrer Entstehungszeit situieren?

Meiner Arbeit liegt die leitende These zugrunde, dass die Besonderheit von Walsers Berliner Romanen, wie die seines Werks insgesamt, im Spannungsfeld von ‚groß' und ‚klein' zu verorten ist. Der schwierigen Frage, wie das Große und das Kleine der Literatur überhaupt literaturwissenschaftlich bestimmt werden können, nähere ich mich in intensiven vergleichenden Lektüren von Walsers Romanen und seiner im selben Zeitraum entstandenen Kurzprosa. Walsers Gattungsreflexion der Berliner Romane wird damit erstmals systematisch und im Vergleich mit seiner Kurzprosa untersucht. In der Auseinandersetzung mit seinen ‚kleinen Formen' lässt sich am deutlichsten erfassen, wodurch sich Walsers Arbeit am Roman auszeichnete. Meine Untersuchung verfolgt daher eine doppelte Perspektive: Zum einen analysiert sie die Berliner Romane bezogen auf die Geschichte der Gattung, zum anderen in Beziehung zu Walsers kurzer Prosa. Sie versteht sich damit als Beitrag zu einem durch neue Kontextualisierungen vertieften Verständnis von Walsers Romanwerk und zur Geschichte des Romans.

In ihrer Eigenschaft, auf das Kleine zu verweisen, sind Walsers Romane ganz Kind ihrer Zeit, in der kleine Prosaformen eine ausgesprochene Konjunktur erfahren; zunächst in der naturalistischen Prosa – man denke an Arno Holz' und Johannes Schlafs Erzählband *Papa Hamlet* von 1889 –, später in der Literatur des Fin de Siècle mit den Novellen und Erzählungen Hermann Bahrs oder Paul Scheerbarts und den zeittypischen Skizzen und Feuilletons, für die Peter Altenberg und Alfred Polgar berühmt wurden. Das ‚Kleine' floriert hier auch deshalb, da der Roman um 1900 zum Problem geworden ist. Die literarische Übermacht des bis dato etablierten realistischen Romans wird infrage gestellt. Die rasanten gesellschaftlichen, technischen und industriellen Modernisierungsschübe der Zeit haben ihn als auf Ganzheit abzielendes Medium der Wirklichkeitsreflexion obsolet werden lassen. In der später einsetzenden Debatte um die ‚Krise des Romans' wird ihm ästhetische wie gesellschaftliche Bedeutungslosigkeit attestiert und emphatisch für seine Erneuerung plädiert.

Walsers Berliner Romane greifen späteren Entwicklungen der Gattung in der ersten Hälfte des 20. Jahrhunderts vor, im Zuge derer neu verhandelt wird, was als ‚groß' und was als ‚klein' zu gelten hat.[4] Die heute selbstverständlich als die ‚großen' Romane der deutschsprachigen literarischen Moderne geltenden Werke Robert Musils und Franz Kafkas wurden erst postum als solche kanonisiert. Musils *Mann ohne Eigenschaften*, ebenso Kafkas *Der Verschollene, Der Process* und *Das Schloss* blieben unabgeschlossen und zeigen damit die Probleme großer Erzählformen in der beschleunigten Moderne des 20. Jahrhunderts auf. Walsers Romane sprengen bereits die geschlossene Form und reduzieren zugleich das Erzählen zugunsten eines Plots, wie dies knapp 20 Jahre später der Schriftsteller Jakob Wassermann für die moderne Literatur als „Entfabelung"[5] beschrieben hat. Die Berliner Romane sind daher

---

4 Vgl. Karl Wagner: Joseph Roth und die ‚kleine Form'. In: Felix Christen/Thomas Forrer u. a. (Hrsg.): Der Witz der Philologie. Rhetorik – Poetik – Edition. Festschrift für Wolfram Groddeck zum 65. Geburtstag. Frankfurt am Main/Basel: Stroemfeld 2014. S. 94–106, hier S. 96.

5 Jakob Wassermann: Kolportage und Entfabelung. In: Ders.: Lebensdienst. Gesammelte Studien, Erfahrungen und Reden aus drei Jahrzehnten. Leipzig/Zürich: Grethlein & Co 1928. S. 231–239. Der Text erschien zuerst 1926 in der *Neuen Schweizer Rundschau.*

„Schwellentext[e]“[6] der Moderne, sie partizipieren an den „Transformationen“[7] des Romans zwischen etwa 1890 und 1930, zwischen Gottfried Kellers *Martin Salander* (1886) und Alfred Döblins *Berlin Alexanderplatz* (1929). Formal lassen Walsers Romane den literarischen Realismus des 19. Jahrhunderts weit hinter sich. Sie tragen allerdings durchaus realistische Züge, weil sie sich mit der zeitgenössischen Wirklichkeit auseinandersetzen. Dabei reflektieren und literarisieren sie vor allem die Veränderungen von Arbeit und Urbanität im Kontext der beginnenden Massengesellschaft um 1900.

## 1.2 Großer, kleiner Walser – zum Standort dieser Arbeit innerhalb der Forschung

*Geschwister Tanner*, *Der Gehülfe* und *Jakob von Gunten* sind Romane, deren Gattungszugehörigkeit angreifbar ist. Wo das Werkverständnis infrage gestellt werden kann, steht jedoch auch die Autorschaft auf wackeligen Beinen. Walsers Schreib- und Publikationslaufbahn beginnt mit Gedichten und kleinen Formen, sie bewegt sich von Anfang an zwischen Zeitung, Zeitschrift und Buch, das heißt zwischen journalistisch-publizistischen Kontexten und genuin literarischen Medien. Diese Spannung aus literarisch anerkannter und feuilletonistischer Produktion wird gegen Ende hin zugunsten eines vorwiegenden Schreibens für die Zeitung aufgelöst. In seiner produktivsten Phase zwischen 1919 und 1929 publizierte Walser weit über tausend kurze Prosatexte und Feuilletons, ab Mitte der 1920er-Jahre vorwiegend in überregionalen Tageszeitungen wie dem *Prager Tageblatt*, der *Prager Presse*, dem *Berliner Tageblatt* oder der *Frankfurter Zeitung*.[8] Vom Standpunkt seines Spätwerks aus, mithin als Feuilletonist, hat Walser versucht, die Bedeutung seiner Romane zu reflektieren und deren prekären Gattungsstatus bisweilen mit äußerster Klarheit benannt.

---

6 Peter Utz: Robert Walser. In: Hartmut Steinecke (Hrsg.): Deutsche Dichter des 20. Jahrhunderts. Berlin: Erich Schmidt Verlag 1996. S. 197–211, hier S. 202.

7 Karl Wagner: „[D]ank meiner Schwäche und belehrt durch mein Epigonentum“. Robert Walser und der Roman. In: Anna Fattori/Kerstin Gräfin von Schwerin (Hrsg.): „Ich beendige dieses Gedicht lieber in Prosa“. Robert Walser als Grenzgänger der Gattungen. Heidelberg: Winter 2011. S. 131–142, hier S. 133.

8 Vgl. Barbara von Reibnitz: Feuilletons für Zürich, Berlin, Frankfurt und Prag. Zum druckortbezogenen Editionskonzept der Kritischen Robert Walser-Ausgabe. In: Zeitschrift für Germanistik. Neue Folge XXII$^3$ (2012). S. 581–598, hier S. 581.

In dem zu Lebzeiten unveröffentlichten poetologischen Text *Meine Bemühungen*[9] rekapituliert er im Modus des Literarischen seine eigene Schreibbiographie. Über die Berliner Romane heißt es darin: „Vor ungefähr zwanzig Jahren verfaßte ich mit einer gewissen Behendigkeit drei Romane, die dies unter Umständen gar nicht sind, die vielmehr Bücher sein mögen, worin allerlei erzählt wird, und deren Inhalt von einem kleinern oder größern Mitmenschenkreis geschätzt zu werden scheint." (SW 20, S. 428). Walser stellt hier die Frage nach der Gattungszugehörigkeit seiner Berliner Romane und schlägt dabei interessanterweise keine gattungsmäßige Alternative vor, sondern hebt auf ihren medialen Status ab; wenn sie nicht mit Bestimmtheit als Romane gelten können, sind es eben Bücher. Mit dem Attribut, „allerlei" zu erzählen, kommt ihnen dann eine gewisse Spezifizierung zu, die das Zweifelhafte doch als Textmerkmal zu fassen versucht. Das *Allerlei*[10] (SW 3, S. 134–140) an Themen und Inhalten ist typischerweise mit dem Feuilleton zu identifizieren. Am Ende der 1920er-Jahre erkennt Walser mithin selbst die Nähe seiner Romane zu den kleinen Formen, die zu dieser Zeit bereits den größten Teil seines Werks ausmachen. In *Meine Bemühungen* akzeptiert das reflektierende Ich die Bezeichnung „Zeitungsschreiber" (SW 20, S. 429) für seine Autorschaft. Der Text lässt hierdurch ein Bewusstsein dafür erkennen, dass der beigemessene Kunststatus des Werks auf virulente Weise mit der Wahrnehmung der Autorschaft verzahnt ist. War Walser ein ‚kleiner' oder ein ‚großer' Autor, ein Romanschriftsteller oder ein „Meister der kleinen Prosa"[11]?

In der Walser-Rezeption figurierte zumeist das ‚Kleine' als Bezugsgröße und Deutungsmuster seiner Autorschaft und seines Werks. Walser ist der „Kleinmeister", den man einem „Großmeister"[12] wie Thomas Mann kontrastiv an die Seite stellen kann, der eine „Moral des Kleinseins"[13] vertrat oder eine „Poetik des Kleinseins"[14] verfolgte, der die Lebensläufe seiner Figuren in *„Kleinheiten*

9 Er zählt zu den am häufigsten zitierten und bekanntesten Texten Walsers innerhalb der Forschung. Seine Entstehungszeit wurde auf 1928/1929 geschätzt. Vgl. dazu Jochen Greven in SW 20. S. 468 und S. 518.

10 Der Text erschien am 04.02.1911 in der Zeitschrift *Die Zukunft* und 1913 in der Prosasammlung *Aufsätze*.

11 Roman Bucheli am 18.01.2014 in der Neuen Zürcher Zeitung. https://www.nzz.ch/meister-der-kleinen-prosa-1.18223486. Zugriff am 13.11.2019.

12 Heribert Hoven: Großmeister und Kleinmeister. In zwei Handbüchern erfahren Thomas Mann und Robert Walser eine aktuelle Würdigung. https://literaturkritik.de/id/21269. Zugriff am 13.11.2019.

13 Jochen Greven: Robert Walser. Figur am Rande, in wechselndem Licht. Frankfurt am Main: Fischer Taschenbuch 1992. S. 91.

14 Kerstin Gräfin von Schwerin: „Eine reizende kugelrunde Null". Zur Poetik des Kleinseins bei Robert Walser und Franz Kafka. In: Vesna Kondric Horvat (Hrsg.): Franz Kafka und Robert Walser im Dialog. Berlin: Weidler 2010. S. 175–189.

verlaufen“[15] ließ. Die Inanspruchnahme des Kleinen ist kompatibel mit den verschiedenen Autorbildern, die die Forschung im Laufe der Zeit von Walser vermittelte.

Erste Zugänge zu Walsers Werken waren entsprechend biographisch orientiert. In der ‚Pionierzeit‘ der Walser-Forschung, die zwischen seinem Todesjahr 1956 und seinem 100. Geburtstag 1978 zu verorten ist und in die die ersten Werkausgaben Carl Seeligs und Jochen Grevens fallen,[16] versuchte man, ein Verständnis von Walser als Autor und Privatperson aus seinen Texten zu gewinnen.[17] Hier konnte von Walser als ‚Kleinem‘ erzählt werden, zunächst als zurückgezogenem Schreiberling in der Dachkammer,[18] dann als psychiatrisch Auffälligem, der aus der Krankheit heraus schrieb.[19] Dieser durch vielfältige problematische Projektionen und Vereinnahmungen geprägte Zugang zu Walser hing unter anderem mit einem vergleichsweise geringen Kenntnisstand

15 Jörg Kreienbrock: Kleiner. Feiner. Leichter. Nuancierungen zum Werk Robert Walsers. Zürich: Diaphanes 2010. S. 31.

16 Ohne die Vermittlung Seeligs und Grevens wäre Walser heute ein vergessener Autor. Der Schriftsteller und Verleger Carl Seelig war sein Nachlassverwalter und erster Herausgeber seiner Werke. Ab 1944 war er zudem sein gesetzlicher Vormund. Walser war ab 1929 bis zu seinem Tod psychiatrisch untergebracht. Zur Rolle Carl Seeligs vgl. Lucas Marco Gisi: Im Namen des Autors. Carl Seelig als Herausgeber und Biograf von Robert Walser. In: Lucas Marco Gisi/Urs Meyer/Reto Sorg (Hrsg.): Medien der Autorschaft. Formen literarischer (Selbst-)Inszenierung von Brief und Tagebuch bis Fotografie und Interview. Fink: München 2013. S. 139–151. Jochen Greven besorgte die erste Gesamtausgabe von Walsers Werken. Zur Forschungsgeschichte siehe den gleichnamigen Eintrag von Anna Fattori im RWH. S. 417–430, hier S. 417.

17 Robert Mächler legt 1966 die erste Walser-Biographie vor. Bezeichnend für diese und viele andere Arbeiten dieser Zeit ist die Gleichsetzung von Leben und Werk Walsers, die diversen Mythenbildungen zur Autorperson Vorschub geleistet hat. Vgl. Robert Mächler: Das Leben Robert Walsers. Eine dokumentarische Biographie. Genf/Hamburg: Kossodo 1966. Jochen Greven bezeichnet etwa Walsers Räuber-Text in seinem editorischen Nachwort zur Ausgabe von 1976 als „autobiographisches und -psychographisches Dokument“. Siehe Jochen Greven: Editorische Notiz. In: SW 12. S. 133.

18 Paradigmatisch steht hier der Aufsatz *Robert Walsers Poetenleben* (1978) des Schweizer Schriftstellers Paul Nizon. Hierin entwirft Nizon Walser als „kauzigen Mann mittleren Alters“ (S. 159), der in der Abgeschiedenheit des Gasthauses Zum Blauen Kreuz in Biel – Walsers Wohnadresse zwischen 1913 und 1920 – materiell verarmt seine Literatur produzierte. Dazu Paul Nizon: Robert Walsers Poetenleben. In: Ders.: Über den Tag und durch die Jahre. Essays, Nachrichten, Depeschen. Frankfurt am Main: Suhrkamp 1991. S. 159–182, hier S. 159. In der Frühphase der Forschung wurde Walser noch häufig jenseits aller literaturhistorischen Zusammenhänge als Sonderling seiner Zunft beschrieben.

19 Frühe Lesarten der späten Prosa deuten deren sprachspielerische und autoreflexive Qualitäten als Symptom Walsers beginnender psychischer Erkrankung am Ende der 1920er-Jahre, etwa Werner Günther: Dichter der neueren Schweiz II. Bern/München: Francke 1968.

über seine Biographie zusammen.[20] Die Verständnishürden, die Walsers Literatur von Beginn an aufstellt, bei gleichzeitigem Befund des Autors als Leerstelle trugen immer wieder zu Überkreuzungen des Erkenntnisinteresses am Werk mit der Suche nach dem Autor im Werk bei.

Auch Walsers Schreibmethode der Verkleinerung[21] in seiner späten Berner Schaffensphase,[22] die Tendenz zur Digression und Sinnauflösung, zur Selbstbezüglichkeit und zum Sprachspiel, die seine Texte der 1920er-Jahre prägen, sind mit der Vorstellung eines ‚kleinen Walser' gut vereinbar. Auf das experimentellere Spätwerk hat die Forschung sich für längere Zeit fast ausschließlich konzentriert;[23] an ihm ließ sich Walser als poststrukturalistischer Autor avant la lettre profilieren, als Sprachfixierter, der ‚Textflächen' und ‚Sprachräume' produzierte, die auf nichts mehr verweisen würden als auf sich selbst.[24] Hier erscheint Walser als ‚Kleiner', das heißt freiwillig Unmaßgeblicher,

---

20 Walsers Leben ist nur gering dokumentiert. Eine wichtige Quelle stellen seine Briefe dar, Informationen zu seinen wechselnden Wohnorten wurden durch Recherchen Carl Seeligs, Jörg Schäfers, Jochen Grevens und Bernhard Echtes eingeholt (dazu Gisi/Echte/Zihlmann im RWH. S. 15). Eine weitere Quelle sind Krankenakten der Heilanstalten Waldau und Herisau, wo Walser ab 1929 bis zu seinem Tod lebte. Eine Arbeit, die diese Krankenakten berücksichtigt, liefert Martina Wernli: Schreiben am Rand. Die „Bernische kantonale Irrenanstalt Waldau" und ihre Narrative (1895–1936). Bielefeld: transcript 2014.

21 Walsers Nachlass enthält ein 526-seitiges Konvolut an Blättern in winziger Bleistiftkurrentschrift, die als seine ‚Mikrogramme' bekannt geworden sind. Spätestens ab 1925 hat Walser in einem zweistufigen System gearbeitet, bei dem der erste Entwurf mit Bleistift in Mikroschrift erfolgte, der dann gegebenenfalls in Reinschrift übertragen wurde. Zu Walsers Mikrographie vgl. den Eintrag Stephan Kammers im RWH. S. 274–283 und Christian Walt: Improvisation und Interpretation. Robert Walsers Mikrogramme lesen. Frankfurt am Main/Basel: Stroemfeld Verlag 2015.

22 Im Anschluss an eine Einteilung Jochen Grevens periodisiert die Forschung Walsers Werke in Werkphasen, die seinen wechselnden Wohnorten, Berlin, Biel und Bern, zugeordnet sind. Obwohl diese Systematisierung nicht unumstritten ist (vgl. dazu Lucas Marco Gisi im RWH. S. 73–76, hier S. 74), hat sie sich etabliert. Auch das Robert Walser-Handbuch ist danach organisiert. Ich schließe mich dieser Einteilung an und spreche dementsprechend im Folgenden von der Berliner Zeit (1905–1913), der Bieler Zeit (1913–1921) und der Berner Zeit (1921–1933).

23 Die Herausgabe von Walsers nicht in Reinschrift übertragenen Mikrogrammen durch Bernhard Echte und Werner Morlang im Rahmen der zwischen 1985 und 2000 erschienenen sechsbändigen Ausgabe *Aus dem Bleistiftgebiet* regte eine Fülle von Arbeiten zu Walsers Spätwerk an. Die Ausgabe wird im Folgenden mit der Sigle AdB angegeben.

24 So z. B. die Arbeiten von Angelika Wellmann: Der Spaziergang. Stationen eines poetischen Codes. Würzburg: Königshausen & Neumann 1991, worin sie Walsers Spaziergängerprosa als „asignifikant[e] […] Textwesen" (S. 170) und „reine Sprachräume" (S. 171) begreift, oder von Hans-Ulrich Treichel: Über die Schrift hinaus. Franz Kafka, Robert Walser und die Grenzen der Literatur. In: Ders.: Über die Schrift hinaus. Essays zur Literatur. Frankfurt am Main: Suhrkamp 2000. S. 28–49. Hierin deutet Treichel Walsers Mikrographie als Versuch,

der dem ‚Tod des Autors' sozusagen vorauseilenden Gehorsam leisten würde, indem er von einem Schreiben über sich selbst „bewusst absah",[25] dessen Prosastücke biographische und naiv realistische Lesarten vielmehr ironisierten. Die verbreitete Bewertung Walsers später Prosa in Richtung einer „reinen Schrift"[26] ist einseitig, da sich in dieser Werkphase auch bilanzierende Reflexionen über seine eigene Autorschaft verdichten. Sie sollten zwar nicht als ungetrübt aufrichtiges schriftstellerisches Vermächtnis oder Bekenntnis verstanden werden, allerdings beziehen sie sich deutlich auf die sehr realen Schreib- und Publikationsbedingungen im Literaturbetrieb des frühen 20. Jahrhunderts. Neben *Meine Bemühungen* stehen hierfür die ebenfalls sehr bekannt gewordenen Texte *Eine Art Erzählung* und *Für die Katz.*

Walser ist inzwischen zu einem Autor der Kontexte geworden. Seine einstmalige Verortung als ‚Figur am Rand'[27] ist passé. Neuere Arbeiten konfrontieren seine Werke mit den Diskursen und literarischen Strömungen ihrer Entstehungszeit[28] und gelangen durch editionsphilologische Auswertungen der

„die Schrift und ihre Zeichenhaftigkeit zu überwinden und sie gewissermaßen in den Stand der Unschuld, der auf nichts mehr verweisenden und nichts mehr bedeutenden graphischen Fläche zurückzuführen." (S. 38).

25 Christian Benne: Ich, Maske, Autofiktion. In: RWH. S. 231–235, hier S. 233.

26 Dieter Roser: Fingierte Mündlichkeit und reine Schrift. Zur Sprachproblematik in Robert Walsers späten Texten. Würzburg: Königshausen & Neumann 1994.

27 Jochen Grevens Essay-Bände *Robert Walser, Figur am Rande, in wechselndem Licht* (1992) und *Robert Walser – Ein Außenseiter wird zum Klassiker: Abenteuer einer Wiederentdeckung* (2003) dokumentieren die Zunahme germanistischer Aufmerksamkeit gegenüber Walser in den 1990er-Jahren. Vgl. Greven: Robert Walser. Figur am Rande, in wechselndem Licht und Ders.: Robert Walser – Ein Außenseiter wird zum Klassiker: Abenteuer einer Wiederentdeckung. Lengwil: Libelle 2003.

28 Die Grundlage hierfür legten Tamara S. Evans' Studie *Robert Walsers Moderne.* Bern/Stuttgart: Francke 1989, der von Dieter Borchmeyer herausgegebene Sammelband *Robert Walser und die moderne Poetik.* Frankfurt am Main: Suhrkamp 1999 und insbesondere Peter Utz' wesentliche Untersuchung *Tanz auf den Rändern. Robert Walsers „Jetztzeitstil".* 1. Auflage. Frankfurt am Main: Suhrkamp 1998. Neuere Arbeiten, die eine Kontextualisierung von Walsers Romanen leisten, sind Paul Keckeis' Studie *Robert Walsers Gattungen.* Göttingen: Wallstein 2018, die die Beziehungen von Walsers Berliner Romanen zur zeitgenössischen theoretischen Debatte um den Roman untersucht, Marc Caduffs Arbeit *Revision und Revolte. Zu Robert Walsers Frühwerk.* Paderborn: Fink 2016, die intertextuelle und intermediale Beziehungen von Walsers Frühwerk zu Literatur und Malerei vor und um 1900 herausarbeitet, Simon Roloffs Untersuchung *Der Stellenlose. Robert Walsers Poetik des Sozialstaats.* Paderborn: Fink 2016, die die Berliner Romane unter einer wissenspoetologischen Perspektive in den Kontext der Schreib- und Verwaltungspraktiken des modernen Sozialstaats stellt und Mareike Schildmanns ebenfalls wissenspoetologische Untersuchung *Poetik der Kindheit. Literatur und Wissen bei Robert Walser.* Göttingen: Wallstein 2019, die Walsers Romane vor dem Hintergrund der anthropologischen und kulturellen Wissensbestände um das Kind um 1900 analysiert.

Handschriften und verschiedentlich publizierten Textzeugen zu neuen Erkenntnissen über Walsers Arbeitsweisen und sein Publikationsverhalten. Diese seit den 1990er-Jahren beginnende Entwicklung verstärkte maßgeblich die seit 2008 in Zürich und Basel entstehende kritische Robert Walser-Ausgabe. Die von Wolfram Groddeck und Barbara von Reibnitz geleitete Edition folgt einem neuen Prinzip, das die Texte Robert Walsers in allen erhaltenen Realisaten – das heißt Manuskripten, Mikrogrammen und den publikationsortbezogen voneinander abweichenden veröffentlichten Texten – herausgibt. Sie gliedert in Abteilungen nach Buchpublikationen, Drucken in Zeitschriften, Drucken in Zeitungen, Werkmanuskripten, Manuskripten zu kleineren Formen und Mikrogrammen. Bei den drei von Jochen Greven besorgten Gesamtausgaben *Das Gesamtwerk* (GW, 1966–1975 bei Kossodo erschienen), *Das Gesamtwerk* (GWS, 1978 bei Suhrkamp erschienen) und *Sämtliche Werke* (SW, 1985–1986 bei Suhrkamp erschienen), auf die die Forschung bis dato angewiesen war, handelt es sich nicht um kritische Ausgaben: Sie berücksichtigen jeweils nur eine Textvariante (in der Regel die Buchpublikation) und gliedern nach Werkphasen und Gattungen.[29]

Die von Groddeck und Von Reibnitz geleitete Ausgabe ist somit die erste, die eine textkritische Beschäftigung mit Walsers Werk zulässt, weshalb sie in der vorliegenden Arbeit verwendet wird, wenn etwa unterschiedliche Textstufen betrachtet werden. Die kritische Ausgabe hat nach einer längeren Latenzphase zu neuen Studien geführt, die sich mit den frühen Texten Walsers und den Berliner Romanen auseinandersetzen.[30] Eine Neubewertung der frühen Werke erscheint vor dem Hintergrund eines vorangeschrittenen Wissensstands um Walser und der neu erarbeiteten kritischen Textgrundlage so gewinnbringend wie geboten. Meine Untersuchung führt diese kontextualisierende Ausrichtung der Walser-Forschung fort. Walsers kleine Formen werden im Folgenden immer wieder auf ihre jeweilige Medialität (Buch, Zeitschrift, Zeitung) hin befragt, da hierdurch Anschlüsse an Debatten und Zeitgeschehen sichtbar werden, durch die sich auch die Romane neu in den Blick nehmen lassen. Hierdurch lässt sich z. B. erkennen, dass Walser sein jeweiliges Publikum beim Schreiben im Blick hatte und Texte, die er mehrmals publizierte, auf Leseerwartungen hin überarbeitete.

---

29 Zur Problematik der Gesamtausgaben Grevens und der Editionssituation von Walsers Texten vgl. ausführlich Walt: Improvisation und Interpretation. S. 29–37.

30 Hier z. B.: Andreas Georg Müller: Mit Fritz Kocher in der Schule der Moderne. Studien zu Robert Walsers Frühwerk. Tübingen/Basel: Francke 2007, Petra Moser: Nah am Tabu. Experimentelle Selbsterfahrung und erotischer Eigensinn in Robert Walsers „Jakob von Gunten“. Bielefeld: transcript 2011 oder die zuvor genannten Arbeiten von Roloff, Caduff und Schildmann.

Die im Kontext der kritischen Edition entstandenen Publikationen werfen mitunter ein neues Licht auf Walsers Autorschaft. Er erscheint nun nicht mehr als kauziger Sonderling, man muss ihn auch nicht mehr über seinen vermeintlichen großen Bruder Kafka adeln.[31] Walser ist kein erklärungsbedürftiger Gegenstand der Germanistik mehr. Er wird zunehmend adäquat verstanden, und zwar als ein Autor, der sich professionell verhielt und auch zunehmend professionalisierte.[32] Dieses Verständnis lässt sich an der Entwicklung seiner Schreibtechniken festmachen und an seinem Auftreten gegenüber Verlagen und Redaktionen. Walsers geschäftliche Korrespondenzen lassen deutlich erkennen, dass er sich der Qualität seiner Literatur bewusst war und genaue Vorstellungen davon hatte, in welchem Erscheinungsbild diese zu publizieren sei.

Im editionsphilologischen Blick erscheint Walser erstmals groß. Seiner Handschrift wird rückwirkend eine Autorität zuerkannt, die mögliche Textverständnisse einschränken kann. Dieser Blick, der unweigerlich zu einer gewissen Autorzentrierung führt, besitzt gleichwohl die geringste Anfälligkeit für Autormythen wie den vom weltabgewandten Dichter oder vom textversessenen Signifikantenjongleur. Dem professionellen Schriftsteller Walser kann der Autor des ‚Kleinen' an die Seite gestellt werden, um die besondere Dynamik und Bedeutung seiner Werke und seiner Autorschaft präziser zu erfassen. Ein ‚kleiner' Autor war Walser insbesondere in seiner Tätigkeit als Feuilletonist in den 1920er-Jahren, doch in gewisser Weise bereits um 1900, als er seine Berliner Romane verfasste, die ‚klein' und zugleich ‚groß' sind.

Die Kategorie des ‚Kleinen' kann produktiv gewendet werden, wenn sie nicht als Ausdruck der Persönlichkeit oder individuellen Biographie Walsers, nicht als poetologisches Programm oder intendierte Randständigkeit, sondern als Eigenschaft von Texten begriffen wird, die mit einem bestimmten Autorverständnis einhergehen. Das ‚Kleine' meint dabei nicht die banale Eigenschaft der Kürze eines Textes. Die kleine Form ist äußerlich zumeist an den Publikationskontext Zeitung gebunden, ihre Gestalt bezieht sie aus der literarischen „Überformung" von „publizistischen Zweckformen"

31 Ähnlich titelt eine Rezension Werner Ross' in der *Zeit* vom 11. November 1960 zu einem Band mit Prosa Walsers, der in der *Bibliothek Suhrkamp* erschien: Kafkas kleiner Bruder. Robert Walser zwischen Romantik und Moderne. https://www.zeit.de/1960/46/kafkas-kleiner-bruder. Zugriff am 14.06.2019. Für eine Bekanntmachung Walsers als Autor der literarischen Moderne über die Gewährsmänner Franz Kafka und Walter Benjamin, die beide sein Werk kannten und schätzten, steht insbesondere Siegfried Unselds und Walter Höllerers Präsentation seiner Werke im Suhrkamp-Verlag.

32 Auf ein solches Verständnis zielt Christian Walts Interpretation der Mikrographie, die er in der bereits erwähnten Arbeit *Improvisation und Interpretation* vornimmt.

wie dem Kommentar, der Kulturkritik oder dem Reisebericht,[33] mithin aus primär Nichtliterarischem. Dessen formale Unbestimmtheit und die tagesaktuelle Erscheinungsform sind mit einem starken Gattungsbegriff oder einem Literaturverständnis der Autonomie nicht vereinbar.[34] Nicht nur die kleine Form selbst, auch ihre Produzentinnen und Produzenten wurden unter dem Blickwinkel eines klassischen Literaturbegriffs seit jeher abgewertet. Eine Wahrnehmung als „parfümierte[r] Vielschreiber und Vielwisser" (SW 15, S. 74) hat Walser schon 1912 als Karrierehindernis reflektiert. Sein literarisches Ausschöpfen des Unfertigen, Beweglichen und Skizzenhaften, das die kleinen Formen seinen Berliner Romanen bieten konnten, steht daher in Spannung zur Idee des Literaten, der Großes hinterlässt.

## 1.3 Zwischen Tradition und Experiment – zu Perspektive, methodischer Herangehensweise und Aufbau dieser Arbeit

Walsers Berliner Romane reflektieren alle – und zwar auf unterschiedliche Weise – auf literarisches Gattungsdenken. *Geschwister Tanner* erzählt in merklicher Anspielung auf die Tradition des Bildungsromans vom Hinauszögern persönlicher Entwicklung und gesellschaftlicher Integration, im Roman *Der Gehülfe* wird der erfolglose Versuch angestellt, eine Autobiographie zu schreiben und *Jakob von Gunten* nähert sich in der Form eines Tagebuchs den Themen und Schreibweisen des Feuilletons an. Gattungsvorstellungen liegt ein normatives Denken zugrunde. Die Normen der Literatur sind in *Geschwister Tanner*, dem *Gehülfen* und *Jakob von Gunten* ebenso von Belang wie die Regeln des Sozialen. Die Normen der Literatur sind das ‚Große', in das sich die Berliner Romane einschreiben. Von dort aus unternehmen sie eine Suchbewegung nach einer neuen, der Gegenwart des frühen 20. Jahrhunderts angemessenen Form des Romans. Mit Blick auf dessen formale Erneuerungsprozesse hält Walser noch keine ‚Lösung' bereit,[35] zumal eine solche Lösung theoretische oder poetologische Vorüberlegungen, zumindest aber eine tiefergehende Auseinandersetzung mit der Geschichte des Romans erfordern würde, was man so bei Walser nicht annehmen kann. Die Produktion seiner Romane muss man sich eher – dies unterstützen auch neuere Untersuchungen der Manuskripte

---

33 Hildegard Kernmayer/Erhard Schütz: Oberfläche unterm Strich. Zur Geschichte und Poetik der kleinen Form. In: Dies. (Hrsg.): Die Eleganz des Feuilletons. Literarische Kleinode. Berlin: Transit 2017. S. 119–135, hier S. 121.

34 Vgl. Kernmayer/Schütz: Oberfläche unterm Strich. S. 122.

35 Vgl. Wagner: „[D]ank meiner Schwäche und belehrt durch mein Epigonentum". S. 133.

von *Geschwister Tanner* und dem *Gehülfen* – als spontane Niederschrift vorstellen. Was als etabliert und vorbildlich galt, entnahm Walser den um 1900 einflussreichen Literatur- und Kulturzeitschriften wie Samuel Fischers *Neuer Rundschau* und Siegfried Jacobsohns *Schaubühne*, die er regelmäßig las und die um 1910 die wichtigsten Publikationsorgane seiner Kurzprosa darstellten. Zur Diskussion um die Krise des Romans im frühen 20. Jahrhundert, die im engeren Sinne erst nach der Publikation der Berliner Romane mit Georg Lukács' vielbeachteter *Theorie des Romans* (1916) einsetzte, hat Walser keinen theoretischen oder literaturkritischen Beitrag abgegeben.[36] Überlegungen zum eigenen Selbstverständnis als Schriftsteller großer und kleiner Formen stellte er ausschließlich im Modus des Literarischen an. Die Problematik der poetologischen Selbstverständigung verlagert sich bei Walser in seine Werke, da ein poetologischer Text im engeren Sinne, ein Autorentagebuch etwa oder ein theoretisch-reflexiver schriftlicher Beitrag, in seinen hinterlassenen schriftlichen Erzeugnissen fehlt.

Walsers Gattungsbewusstsein wurde von der Forschung bisher häufig als Aufbegehren gegen die „normsetzende Macht der Gattung"[37] begriffen. Hier erscheint er immer wieder als Überwinder, zumindest Strapazierer von Gattungsbegrenzungen.[38] Vergleichbar beschreiben die Funktionsweisen ästhetischer Normen bereits in den 1920er-Jahren der russische Formalist Juri

36 Vgl. Wagner: „[D]ank meiner Schwäche und belehrt durch mein Epigonentum". S. 135.

37 Wagner: „[D]ank meiner Schwäche und belehrt durch mein Epigonentum". S. 132.

38 Paradigmatisch steht hier der Sammelband von Anna Fattori und Kerstin Gräfin von Schwerin (Hrsg.): „Ich beendige dieses Gedicht lieber in Prosa". Robert Walser als Grenzgänger der Gattungen. Heidelberg: Winter 2011. Paul Keckeis hat in seiner bereits erwähnten Arbeit das Gattungsverständnis der Walser-Forschung als „verkürzt[...]" (S. 10) zurückgewiesen und plädiert dafür, Gattungen als „Voraussetzung literarischer Kreativität" (S. 13) bei Walser zu begreifen (Keckeis: Robert Walsers Gattungen.). Seine Kritik übersieht, dass durchaus Ansätze in der Forschung vorhanden sind, die die Produktivität der Gattung für Walser hervorheben. Eine solche Perspektive scheint z. B. in der ebenfalls wiederholt vorgebrachten Feststellung einer ‚Übererfüllung' von Gattungsnormen in Texten Walsers auf, die der Reflexion von Gattungsbegriffen diene. Vgl. hierzu Hubert Thüring: Schwelle und Glück. Zur Poetik zweier früher Texte Robert Walsers: Der Greifensee (1899) und Glück (1900). In: Felix Christen/Thomas Forrer u. a. (Hrsg.): Der Witz der Philologie. Rhetorik – Poetik – Edition. Festschrift für Wolfram Groddeck zum 65. Geburtstag. Frankfurt am Main/Basel: Stroemfeld 2014. S. 140–162, hier S. 145. Als literarisch ertragreich hat ebenfalls Werner Morlang Walsers Umgang mit Gattungen beschrieben, wenn er eine produktive Konvergenz von Lyrik und Prosa am Beispiel von Walsers Mikrogrammen feststellt. Vgl. dazu Werner Morlang: „Eine Art Tagebuch". Zur Kontextualität von Robert Walsers *Mikrogramm*-Gedichten. In: Paolo Chiarini/Hans Dieter Zimmermann (Hrsg.): „Immer dicht vor dem Sturze ...". Zum Werk Robert Walsers. Frankfurt am Main: Athenäum Verlag 1987. S. 55–67. Die Vorstellung von Walser als Gattungsexzentriker und Keckeis' Vorschlag liegen so weit nicht auseinander. Auch die

Tynjanow und der Prager Strukturalist Jan Mukarovsky. In ihren literaturtheoretischen Arbeiten wird literarische Innovation allein vor dem Hintergrund des Bruchs mit Normen der Tradition verstehbar. In diesem Sinne hat Walser die durch Gattungskonzepte formulierten Begrenzungen und Erwartungen beim Schreiben seiner Romane im Blick gehabt, sie gattungsreflexiv und produktiv ausgelotet und auch hinter sich gelassen.

Um 1900 werden die Begrenzungen der Gattung jedoch nicht mehr auf präskriptive Weise kommuniziert. Nach dem Geltungsverlust der Regelpoetik im 18. Jahrhundert sind es viel eher „institutionelle Erwartungen"[39] an bestimmte Textmerkmale, die etwa durch paratextuelle Gattungsbezeichnungen hervorgerufen werden und die nur deshalb existieren, weil Textsorten etabliert und einem Lesepublikum bekannt sind.[40] Jeder wäre wohl überrascht, wenn er auf einer Publikation von 20 Seiten die Bezeichnung ‚Roman' läse oder wenn dieser in Spalten gesetzt wäre. Das ‚Große' der Literatur vermittelt sich um 1900 aber auch über große Autorennamen. Dies schlägt sich etwa in einem verbreiteten Goethekult nieder, wie er sich in Rudolf Huchs aphoristischer Zeitkritik *Mehr Goethe* (1899) oder Hugo von Hofmannsthals *Deutschem Lesebuch* (1922/1923) kundtut, doch auch in der theoretisch-diskursiven Aufwertung der Autobiographie, der als Erzählung der bürgerlichen Selbstreflexion und Subjektivierung schon um 1800 eine besondere gesellschaftliche Bedeutung zukommt.

Wilhelm Dilthey (*Das Erlebnis und die Dichtung*, 1906) und Georg Misch (*Geschichte der Autobiographie*, erster Band 1907) begründen eine hermeneutische Autobiographietheorie, der Goethes *Dichtung und Wahrheit* (1808–1831) als mustergültige literarische Ausformung gilt. Die Idee einer kunstvollen Autobiographie wird an Lebenserzählungen männlicher Autoren entwickelt. Die Werke von Autorinnen, denen häufig per se ein autobiographischer Gehalt unterstellt wird, sind hier ausdrücklich nicht gemeint, da sie als unreflektiert wirklichkeitsabbildend begriffen werden.[41] Auch der Bildungsroman, jene Gattung, die dem Roman insgesamt im späten 18. Jahrhundert zu literarischem Ansehen verhilft, erfährt um 1900 erneut Aufmerksamkeit. Beiträge zum theoretischen Diskurs um den Roman begreifen auch hier Goethe

---

literarische Subversion ist schließlich auf die vormalige Formulierung eines Gattungsbegriffs angewiesen.

39 Harald Fricke: Invarianz und Variabilität von Gattungen. In: Rüdiger Zymner (Hrsg.): Handbuch Gattungstheorie. Stuttgart: Metzler 2010. S. 19–21, hier S. 20.

40 Vgl. Fricke: Invarianz und Variabilität von Gattungen. S. 20.

41 Vgl. dazu Michaela Holdenried: Geschriebenes Leben. Autobiographik von Frauen. Berlin: Erich Schmidt Verlag 1995. S. 9 und Almut Finck: Autobiographisches Schreiben nach dem Ende der Autobiographie. Berlin: Erich Schmidt Verlag 1999. S. 112/113.

als Vorbild; sein gattungskonstituierender Roman *Wilhelm Meisters Lehrjahre* (1795/1796) wird wie im frühen 19. Jahrhundert als Idealtypus angesehen (so in Lukács' *Theorie des Romans*). Auch Teile der Literaturkritik sowie Verleger und Vermittler von Literatur halten an ganzheitlichen Formidealen fest, die auf die Deutsche Klassik zurückgehen.[42] Im frühen Klassik-Kult, der Goethe andächtig aufs Podest hebt, doch auch in den Literaturströmungen um 1900, die sich programmatisch von ihm absetzen,[43] wird die Klassik zur Tradition, das heißt zur Richtschnur eigener Modernitätsansprüche. In eben dieser Funktion verarbeiten Walsers Romane die literarische Tradition. In dieser Arbeit gehe ich davon aus, dass Walsers Reflexion literarische Traditionsbestände in erster Linie als konstituiertes System erfasst[44] und sich daher weniger als intertextuelle Referenz auf einzelne Werke beschreiben lässt.[45] Die ‚Normen' der Literatur, die Walser durchaus auch subvertiert, werden durch zeitgenössische, mit Definitionsmacht ausgestattete Institutionen des Literaturbetriebs verbreitet.

In diesem Sinne hat Wilhelm Voßkamp Gattungen als ‚literarisch-soziale' Institutionen beschrieben, da sie einerseits institutionell vermittelt sind, andererseits als historisch bedingte Textgruppen auf soziale Wirklichkeit reflektieren.[46] Meine Arbeit schließt an Voßkamps Gattungsverständnis an und interessiert sich daher nicht allein für die Geschichte der Literatur, die

---

42 Vgl. Keckeis: Robert Walsers Gattungen. S. 210.

43 Spezifisch für die mit dem Naturalismus einsetzende literarische Moderne ist nicht allein der Abgrenzungsgestus und die emphatische Zuwendung zur Gegenwart, sondern auch die Einsicht in diese Gegenwart als „nach vorne offene[n] Raum", von der aus sich ästhetische Programme und Manifeste der Erneuerung formulieren ließen. Dazu Hans Ulrich Gumbrecht: Modern, Modernität, Moderne. In: Otto Brunner/Werner Conze/Reinhart Koselleck (Hrsg.): Geschichtliche Grundbegriffe. Historisches Lexikon zur politisch-sozialen Sprache in Deutschland. Bd. 4: Mi–Pre. Stuttgart: Klett-Cotta 1993. S. 93–131, hier S. 120.

44 Diese Art der Bezugnahme haben Manfred Pfister und Ulrich Broich als ‚Systemreferenz' beschrieben. Vgl. Ulrich Broich/Manfred Pfister (Hrsg.): Intertextualität. Formen, Funktionen, anglistische Fallstudien. Berlin/Boston: De Gruyter 2011. S. 52–58.

45 Vgl. Monika Lemmel: Robert Walsers Poetik der Intertextualität. In: Dieter Borchmeyer (Hrsg.): Robert Walser und die moderne Poetik. S. 83–101. Das durch Lemmel und in dieser Arbeit vorgeschlagene Verständnis von Intertextualität bei Walser meint nicht, dass seine Literatur sich nicht auch intendiert mit individuellen Prätexten auseinandergesetzt hätte. So ließe sich eine walsersche ‚Poetik des Romans' womöglich auch über seine Lektüren formulieren, wie dies Karl Wagner vorgeschlagen hat (vgl. Wagner: „[D]ank meiner Schwäche und belehrt durch mein Epigonentum". S. 135). Dieser Weg wird hier jedoch nicht verfolgt, um stattdessen werkinterne und zeitbezogene Kontexte vertiefter aufzuzeigen.

46 Vgl. Wilhelm Voßkamp: Gattungen als literarisch-soziale Institutionen. (Zu Problemen sozial- und funktionsgeschichtlich orientierter Gattungstheorie und -historie). In: Walter

ästhetischen Diskurse um sie und die Frage, mit welchen formalen Mitteln Walsers Romane Gattungsnormen ad acta legen, sondern immer auch dafür, wie sie sich dem ‚Sozialen' ihrer Gegenwart zuwenden. Während an frühe sozialgeschichtliche Untersuchungen zu den Berliner Romanen[47] nach den 1980er-Jahren nicht mehr angeknüpft wurde, machen neuere Arbeiten erneut auf die Bedeutung der gesellschaftshistorischen Zusammenhänge, in denen diese Romane entstanden sind, aufmerksam.[48] Worin eine „soziale Semantik"[49] von Walsers Berliner Romanen bestehen kann, ist gleichwohl nicht leicht zu beschreiben. Eine Untersuchung, die sich nicht auf die Felder des Literarischen zurückzieht, läuft Gefahr, der komplexen Beziehung von Literatur und Wirklichkeit, an der alle drei Romane sich abarbeiten, nicht gerecht zu werden oder Walser ein sozialkritisches Interesse bzw. politisches Engagement unterzuschieben, das er in einem emphatisch-programmatischen Sinne mit Sicherheit nie besaß.

Die vorliegende Arbeit begegnet dieser Schwierigkeit, indem sie bei der ‚Wirklichkeit' der Gattungen ansetzt. Auf diese Weise wird erkennbar, dass Gattungsdiskurse mit gesellschaftlichen Debatten interagieren, von ihnen geprägt werden und auf diese zurückwirken. So wurden die literaturprogrammatischen Debatten der Moderne um 1900 fast nie ohne bestimmte Annahmen über Geschlecht geführt.[50] Die verbreitete Abwertung des Feuilletons und ‚Feuilletonstils' erfolgt als Niedergangserzählung der Literatur, häufig unter Hinweis auf ihre ‚Verweiblichung'. Gattungsdenken findet außerdem immer in einer historischen Realität statt, in der es bestimmte Funktionen übernimmt. Im späten 18. und frühen 19. Jahrhundert erweist sich der Bildungsroman als besonders sensibles Reflexionsmedium der beginnenden bürgerlichen Gesellschaft, im frühen 20. Jahrhundert sind es dagegen kleine Form und Feuilleton, die im Kontext der beschleunigten Presse

---

Hinck (Hrsg.): Textsortenlehre – Gattungsgeschichte. Heidelberg: Quelle & Meyer 1977. S. 27–44.

47 Z. B. George C. Avery: Inquiry and Testament. A Study of the Novels and Short Prose of Robert Walser. Philadelphia: University of Pennsylvania Press 1968, Karl Wagner: Herr und Knecht. Robert Walsers Roman „Der Gehülfe". Wien: Wilhelm Braumüller 1980 oder Dieter Borchmeyer: Dienst und Herrschaft. Ein Versuch über Robert Walser. Tübingen: Niemeyer 1980.

48 So etwa Keckeis: Robert Walsers Gattungen. S. 9: „In den Gattungen, der eigenen Gattungsbiographie findet Walser Stoff für ein literarisches Lebensprojekt, das selbst unter Ausschluss der Öffentlichkeit noch bis zuletzt am gesellschaftlichen Zusammenhang der Literatur festhält.".

49 Keckeis: Robert Walsers Gattungen. S. 10.

50 Dazu grundlegend Urte Helduser: Geschlechterprogramme. Konzepte der literarischen Moderne um 1900. Köln/Weimar/Wien: Böhlau 2005.

zunächst dichter an die Wirklichkeit von urbaner Industriemoderne und beginnender Massenkultur herankommen als der Roman.

Ausgehend vom Zusammenhang zwischen Gattung und gesellschaftlicher Gegenwart sind die in Walsers Romanen beschriebenen Welten – die der Diener und niederen Angestellten, der urbanen Flaneure und Schreiber im Tagelohn – auch als Versuch zu verstehen, den Roman erneut als relevante Reflexionsinstanz der Moderne zu entwickeln und hierfür formal zu erneuern. Die Suche nach den geeigneten literarischen Darstellungsmitteln in der beschleunigten, kapitalistischen, technisierten und bürokratisierten Moderne um 1900 erweist sich als das ‚Experiment' der Berliner Romane, als ein Versuch mit offenem Ausgang.[51]

Vor diesem Hintergrund verorte und untersuche ich die Berliner Romane zwischen ‚großer' Tradition und modernem Experiment der kleinen Formen und reflektiere in chronologischer Reihenfolge nach Erscheinungsdatum, wie dieses Verhältnis für jeden einzelnen Roman bestimmt werden kann.

Das Kapitel zu *Geschwister Tanner* kontextualisiert Walsers ersten Roman zwischen den normativ-theoretischen Versuchen des 18. und 19. Jahrhunderts, den Roman als Bildungsroman literarisch zu etablieren, und Walsers Interesse an den zeitgenössischen formalen Experimenten im Bereich kleiner Prosa und moderner Kurzdramatik. Die Geschichte des Romans reflektiert *Geschwister Tanner* in zweifacher Weise, und zwar sowohl mit Blick auf den normativen

---

51 Siehe dazu Uwe Japp: Literatur und Modernität. Frankfurt am Main: Klostermann 1987. S. 319/320: „Indem wir also das Experiment nicht als eine Technik begreifen, sondern als Erfahrung und Versuch, nähern wir uns einer möglichen Bedeutung, die dieser Begriff für die moderne Literatur haben kann. Sicherlich kann auch der Begriff der Erfahrung (bzw. der ästhetischen Erfahrung) allein als eine Antwort auf die allgemeine Frage der besonderen Wirklichkeit der Literatur gelten. Aber der Begriff des Experiments ergänzt diese Antwort um einen wesentlichen Aspekt. Dieser Aspekt ist eben der des Versuchs. Hiermit ist nicht nur auf den singulären Gewinn an Erfahrung, den das Kunstwerk gewähren kann, verwiesen, sondern ebenfalls auf das unhintergehbare Risiko seines Scheiterns. Dieses Risiko geht jedes Kunstwerk ein, das den Versuch unternimmt, die Grenzen seiner Sprache und damit die Grenzen seiner Welt zu erweitern." Dazu ebenfalls Sabina Becker und Helmuth Kiesel: Einleitung. In: Dies (Hrsg.): Literarische Moderne. Begriff und Phänomen. Berlin/New York: De Gruyter 2007. S. 9–35, hier S. 10: „Die Literatur der Moderne changiert jedenfalls im Spannungsfeld einer provokativen Ästhetik oder ästhetischer Provokation auf der einen und literarischer Konvention auf der anderen Seite; sie oszilliert zwischen Literaturrevolution und Tradition, zwischen den Komponenten einer provokativ-experimentellen Moderne und den institutionalisierten Ritualen einer traditionelleren und klassisch wirkenden oder zumindest als ‚klassisch' bezeichneten Moderne." Tamara Evans hat mit Blick auf Walsers Berliner Jahre ebenfalls den Begriff des Experiments im Anschluss an Japp geltend gemacht. Sie stellt dabei die Aspekte der Überschreitung literarischer Normen und des „Sprachexperiments" heraus. Dazu Evans: Robert Walsers Moderne. S. 15/16, hier S. 16.

Bildungsroman als auch den durch diesen Diskurs verdrängten, fragmentierten und mehrstimmigen Briefroman. *Geschwister Tanner* löst die große Frage des Bildungsromans nach den Entwicklungsmöglichkeiten des (männlichen) Individuums in der modernen Gesellschaft motivisch ein, verlegt diese jedoch von der bürgerlichen Welt in die der nur sporadisch Beschäftigten, der Tagediebe und künstlerisch begabten Müßiggänger. In der Form zielt Walsers Roman nicht auf Totalität, sondern ist episodisch angelegt, womit er das geordnete Bildungsnarrativ der auf Goethe zurückgehenden Tradition verabschiedet. Die episodische Struktur nimmt Bezug auf die Veränderungen in der Arbeitswelt um 1900, die im Zeichen gesteigerter Arbeitsteilung und Rationalisierung stehen. Individuelle Entwicklungsmöglichkeiten sind hier nicht mehr vorgesehen.

Mit verschiedenen kürzeren Texten Walsers, die mit dem Roman motivisch oder reflektierend in Verbindung stehen, bildet dieser darüber hinaus ein formexperimentelles Netzwerk. Nicht nur fiktionsintern präsentiert der Roman Briefe, die sich die Geschwister schreiben, einige Prosastücke Walsers korrespondieren mit *Geschwister Tanner* in der Art von Briefen. Zwei dieser Texte reflektieren dieses Verhältnis bereits in ihrem Titel: der *Brief von Simon Tanner* (1912) und der *Brief eines Mannes an einen Mann* (1905). Unter Aufnahme grundlegender Handlungselemente des wirkmächtigen Bildungsromans arbeitet Walser somit an dessen Abgesang und erinnert gleichzeitig an den von der Gattungsnorm abgespaltenen und ausgeschlossenen Briefroman, der hier ein Geschwister-Roman ist. Im Kontext der urbanen, beschleunigten Moderne wird die Struktur des Briefromans für Walser zur Suchbewegung nach einer anderen literarischen Kommunikation mit Leserinnen und Lesern, die den veränderten Lebens-, Wahrnehmungs- und Rezeptionsweisen in der beginnenden Massengesellschaft Rechnung trägt.

Das Prosastück *Simon, eine Liebesgeschichte* (1904) und die unveröffentlichte Pantomime *Der Schuss* (ca. 1902) gehen motivische und figurenbezogene Beziehungen mit *Geschwister Tanner* ein. Vergleicht man Prosastück und Roman mit der frühen Pantomime, so lässt sich in der gestischen und stilisierten Darstellung beider Erzähltexte eine Beschäftigung Walsers mit dem antinaturalistischen Theater um 1900 erkennen, das eine Abwendung vom traditionellen Sprechtheater propagierte. Walsers Idee einer formalen Erneuerung des Romans ist damit auch eine intermedial inspirierte.

Das Feuilleton *Feuer* (1908) und der Text *Geschwister Tanner* (1914) reflektieren den Roman in produktionsästhetischer bzw. poetologischer Hinsicht. In den beiden poetologischen Texten verteidigt Walser seinen episodischen ersten Roman gegen die zeitgenössische Literaturkritik, die diesen wiederkehrend als formal misslungen betrachtete und macht dagegen eine Poetik der Unverständlichkeit und des spontan Skizzenhaften geltend, die sich aus seiner Arbeit an der kleinen Form speist.

Das Kapitel zum *Gehülfen*-Roman fokussiert Gottfried Kellers Realismus als Tradition, mit der sich Walser auseinandergesetzt hat. Vermittelt wird sie durch Diskurse des Feuilletons um 1900, die das Ziel haben, den Begriff einer neuen Schweizer Literatur zu formulieren, wobei Kellers Werk zum ästhetischen Maßstab und Leitstern wird.

Einen weiteren Bezugspunkt bildet die Autobiographie, der Walser romanintern sowie in rückblickenden Kommentierungen seines Romans Bedeutsamkeit zugewiesen hat. Im Prosastück *Walser über Walser*, das 1925 in der *Neuen Zürcher Zeitung* erschien, bezeichnete er den *Gehülfen* als „Wirklichkeitsroman". Die Frage danach, wie Walsers Roman die Wirklichkeit um 1900 reflektiert und wie Walser retrospektiv dessen ‚Wirklichkeit' begreift, leitet die Überlegungen des Kapitels.

Wirklichkeit besitzt im *Gehülfen* eine gegenwartsbezogene gesellschaftliche und eine individuelle Dimension. In ersterer lässt sich *Der Gehülfe* als früher Angestelltenroman begreifen, der die bereits in *Geschwister Tanner* angelegte Thematisierung der modernen Arbeitswelt zum bestimmenden Gegenstand ausweitet. Die Welt des Büros hat Walser zeitgleich in verschiedenen Prosastücken einer genauen Beobachtung unterzogen. In seiner ‚Prosa der Angestellten' (*Ein Vormittag*, 1907, *Das Büebli*, 1908, *Germer*, 1910, *Helbling's Geschichte*, 1913) wird der Commis zumeist als sozialer Typus satirisch überspitzt dargestellt. Roman und Angestelltentexte stehen in einem inspirierenden Wechselverhältnis. Im Roman kann Walser die Momentaufnahmen des Büros jedoch mit veränderter Erzählperspektive weiter ausleuchten und zu einer umfassenderen literarischen Auslotung der Psyche des Angestellten ausbauen. Mit der Angestelltenthematik hat sich Walser den Bürokratisierungstendenzen seiner Zeit zugewandt und sich damit früh in die Gefilde der modernen urbanen Literatur begeben. Er porträtiert eine soziale Schicht, die erst ab den 1920er-Jahren für Lebenswirklichkeit, Kultur und Literatur impulsgebend sein wird. Den Debatten um eine neue, international bedeutsame Schweizer Nationalliteratur und Gottfried Keller hat Walser dabei jedoch nicht gänzlich den Rücken gekehrt. In merkwürdigen Träumen vom „Vaterländli" dringen sie ironisch verzerrt in die Welt des Romans ein.

Walsers Angestellte sind durch die Langeweile, Bewegungslosigkeit und starren Hierarchien des Büros Deformierte, sie suchen sich allerdings Gegenwelten, die sie in der körperlichen Bewegung erkunden. Sie spazieren, schwimmen oder tanzen und kommen darin in einen anderen Erlebensmodus. Hier lässt sich etwas Individuelles über sie erzählen. Wenn auch das Aufschreiben der Autobiographie in der Romanerzählung des *Gehülfen* scheitert, so gelingt es Walser in späteren Kommentierungen des Romans in den 1920er-Jahren, individuelles Erleben als Sinnangebot des Textes auszuweisen. Schon in seiner Bieler Werkphase setzt er in der poetisch-poetologischen Denkfigur eines ‚Poetenlebens' die Aporien von fremdbestimmt büromäßigem Schreiben und individuellem körperlichem Erleben außer Kraft. Hier wird der Poet, der Angestellter und Spaziergänger zugleich ist, zu einer Verstehensmöglichkeit der Beziehung von Leben und Schreiben.

Im Gegensatz zu einem hermeneutischen Autobiographieverständnis, in dem das Leben des Autors künstlerisch durchgearbeitet als Garant für die Einheit seiner Werke steht, macht Walser seinen *Gehülfen* rückblickend zum ‚Wirklichkeitsroman', bei dem Leben und Werk vermeintlich in einem schlichten Abbildungsverhältnis zueinander stehen. Hiermit trifft Walser allerdings keine Aussage über den Wirklichkeitsgehalt seines Romans, sondern rekapituliert dessen Bedeutung aus der Perspektive des späteren Feuilletonisten. Als Feuilletonist erkennt er Verbindungen zwischen den nicht anerkannten kleinen Formen der Zeitung und dem als kunstlos begriffenen autobiographischen Schreiben, das nicht unter den Begriff der ‚großen' Autobiographie fällt. Die eminente Bedeutsamkeit beider Ausdrucksformen für sein Werk reflektiert er vor dem Hintergrund eines fortgeschrittenen Rechtfertigungsdrucks der eigenen literarischen Autorschaft.

*Jakob von Gunten* wird im darauffolgenden Kapitel als ein früher Großstadtroman begriffen. Der letzte der Berliner Romane verhandelt urbane Wahrnehmung und moderne Autorschaft zwanzig Jahre bevor diese Themen in der deutschsprachigen Literatur der Weimarer Republik zur Blüte gelangen. Die Erfahrung des Urbanen reflektiert der Roman vor dem Hintergrund zweier Schauplätze: Großstadt und Dienerschule. Beide setzen sich auf je eigene Weise mit der Großstadt und den literarischen Möglichkeiten, in ihr und über sie zu schreiben auseinander. Walser bindet die Thematisierung der Großstadt an die Wahrnehmung des Flaneurs, der diese Wahrnehmung bereits in der Literatur des 19. Jahrhunderts prägnant zur Darstellung bringt und dem durch Walter Benjamin eine kulturdiagnostische Bedeutung zugesprochen wurde. Der Flaneur tritt auch in Walsers teils berühmt gewordenen Berliner Feuilletons auf, in den Texten *Guten Tag, Riesin!* (1907), *Friedrichstraße* (1909) oder *Tiergarten* (1911), die er in der tonangebenden Zeitschrift *Die neue Rundschau* veröffentlichte. Aus der kleinen Form des Feuilletons bezieht Walsers Roman literarische Innovation; das Feuilleton verdankt seine Besonderheit allerdings den Bedingungen des Journalismus. Mit einer Vorstellung ‚hoher' und ‚überzeitlicher' Literatur und einem souveränen Autorbild gerät das unselbstständig veröffentlichte Feuilleton in Konflikt, es gilt nicht als genuin literarisch. Walser publiziert seine urban-feuilletonistischen Texte in

Medien mit unterschiedlicher literarischer Geltung und Halbwertszeit. Im publizistischen Dreieck (Buch, Zeitschrift, Zeitung), mithin im Wechsel von Entäußerung und Rückgewinnung selbstbestimmter Autorschaft, entwickelt er seine Prosa der Großstadt.

*Jakob von Gunten* ist eine Reflexivität in Bezug auf die feuilletonistische Autorschaft eingeschrieben. Der im Roman zentralen Figur des Dieners lässt sich durch vergleichende Lektüre eine poetologische Dimension abgewinnen, die auf das Feuilleton verweist. Im Vergleich mit Walsers Feuilleton *Der Schriftsteller*, das 1907 im *Berliner Tageblatt* erschien, wird die Verbindung von Dienen und feuilletonistischer Autorschaft explizit. Der Text bezeichnet den Feuilletonisten als „Diener der Menschheit". In der Bezeichnung ‚Diener' erscheint der Autor bereits als Dienstleister, von idealen Vorstellungen emphatischen Dichtens hat sich dieses Autorbild verabschiedet. Es setzt damit einen Kontrapunkt zur Vorstellung vom Originalgenie, mit dem die Geschichte moderner Autorschaft im 18. Jahrhundert einsetzt. Auch in Walsers Prosastück *Tobold* (1917) schickt der gleichnamige Erzähler, der ebenfalls Diener ist, eine selbstverfasste *Studie über den Adel* an die Redaktion eines „bedeutenden Tageblattes". Meine vergleichende Textlektüre arbeitet die Bedeutung des Feuilletons für die Figur des Dieners heraus und zeigt, wie Walser in seinem *Jakob von Gunten* und den Prosastücken desselben Motivkreises das Verhältnis von Literatur und Journalismus verhandelt, in deren Spannungsfeld diese Texte publiziert wurden.

Zuletzt wird der diskutierte Zusammenhang Großstadt – Feuilleton – Zeitschrift vor dem Hintergrund des Tagebuchs, als welches *Jakob von Gunten* paratextuell ausgewiesen ist, gattungshistorisch reflektiert. Der fingierte Ausweis als Tagebuch verweist in seiner Oszillation zwischen Literatur und Alltagsschreiben auf die feuilletonistische Inspiration des Romans. Auch das Feuilleton schwankt zwischen literarischem und nichtliterarischem Schreiben, zwischen poetischer Überformung und publizistischer Textsorte. Meine Ausführungen gehen an dieser Stelle den Verbindungen zwischen Tagebuch und Journalismus/Feuilleton nach – die französische Bezeichnung ‚Journal' zeigt diesen Zusammenhang an –, und genau hierin bestand meines Erachtens Walsers Interesse am Tagebuch mit Blick auf *Jakob von Gunten.* Als Textsorte verstanden, die sich auf der Grenze von Literatur und Alltagskultur befindet, verhandelt das Tagebuch in Walsers Roman auch die Frage danach, was Literatur ist. Für die Darstellung der zeitgenössischen Erfahrung des Urbanen findet Walser in Auseinandersetzung mit den Möglichkeiten des Tagebuchs eine feuilletonistisch inspirierte Form des Romans.

Das Experiment des Romans von Robert Walser lädt dazu ein, literarisches Wertungsdenken infrage zu stellen. Aus dieser Perspektive lassen sich die großen, kleinen Romane *Geschwister Tanner*, *Der Gehülfe* und *Jakob von Gunten* in ihrer jeweiligen Besonderheit und als Beitrag Walsers zur Transformation der Gattung im frühen 20. Jahrhundert erkennen.

KAPITEL 2

# *Geschwister Tanner* (1907) – Die Erprobung des Romans

„Ich stehe noch immer vor der Türe des Lebens, klopfe und klopfe, allerdings mit wenig Ungestüm, und horche nur gespannt, ob jemand komme, der mir den Riegel zurückschieben möchte." (GT, S. 304). Mit dieser Aussage charakterisiert sich Simon Tanner, Protagonist in Walsers Erstlingsroman *Geschwister Tanner*, auf grundlegende Weise. Sie erfolgt am Ende des Romans gegenüber der leitenden Kellnerin einer Kurgaststätte für Arbeiterinnen und Arbeiter, nachdem der Roman Simons Vorbehalte, sich auf ein bürgerliches Leben mit beruflicher Laufbahn einzulassen, in der Handlung des Romans bereits einleuchtend präsentiert hat. Sebastian, ein junger Poet und der Freund von Simons Schwester Hedwig, findet ebenfalls nicht den Weg in ein gesellschaftlich akzeptiertes Dasein, dies jedoch aus gegenteiligen Gründen. Sein Problem ist, dass er zu viel „Ungestüm" an den Tag legt, insbesondere beim Vortragen seiner Gedichte, und sich damit vor seinem Publikum blamiert (GT, S. 74). Anders als Simon, der unentschlossen durch sein Leben ‚schleicht' (vgl. GT, S. 15), strebt Sebastian „zu wild" (GT, S. 75) nach der Welt und erscheint dadurch seiner Umgebung als merkwürdig.

Der zentrale Konflikt, von dem *Geschwister Tanner* erzählt, ist die Verwirklichung einer lebbaren Existenz, in der persönliche Eigenheiten bewahrt werden können, ohne dabei die Akzeptanz der anderen gänzlich zu verlieren. Diesen Konflikt spielt der Roman in der Art einer Versuchsanordnung an allen wichtigen Figuren seiner Geschichte durch: als das die Haupthandlung bestimmende Thema, in verschiedenen Nebensträngen und kurzen Episoden oder manchmal in der zufällig belauschten Erzählung eines Kneipenbesuchers.

Mit seinem Romandebüt von 1907 steht auch Robert Walser als junger, unbekannter Autor an einer Schwelle. 1905 ist er von Biel nach Berlin gezogen, um sich dort – in einem der Nervenzentren der literarischen Moderne – als Schriftsteller bekannt zu machen. Walser hat zu diesem Zeitpunkt bereits mehr als 80 Texte in Zeitungen und Zeitschriften platziert: Gedichte, Dramolette, kürzere Prosatexte. Sein erstes Buch, der Prosaband *Fritz Kocher's Aufsätze*, erscheint 1904 im Insel-Verlag.[1] Walser will im Literaturbetrieb seiner Zeit

1 Vgl. Barbara von Reibnitz: Komma überschreibt Punkt. Anfangen und nicht-Aufhören(können) in Robert Walsers Romanerstling *Geschwister Tanner*. In: Hubert Thüring/

© BRILL FINK, 2022 | DOI:10.30965/9783846766651_003

gehört werden und gleichzeitig eine eigene literarische Stimme entwickeln. Seine poetologische Erkundung, die sich in Walsers Berliner Zeit als Suchbewegung zwischen öffentlicher Anerkennung und ästhetischem Experiment erweist, hat im Roman *Geschwister Tanner* ihre Spuren hinterlassen. Mit der Autorität eines traditionell bewährten Plots ausgestattet – der Entwicklungsgeschichte eines jungen Mannes – klopft er nicht unbedingt wagemutig an die Türe des Betriebs und wartet, ob jemand Einlass gewähren wird. Zugleich fordert er die Gattungskonventionen des Romans maximal heraus, was auch manchem zeitgenössischen Rezensenten ein wenig „zu wild" vorkam. Mit seinem Erscheinen wurde *Geschwister Tanner* wiederkehrend als formlos oder misslungen besprochen.[2]

Ausgehend vom skizzierten Spannungsverhältnis lässt sich die Poetik der *Geschwister Tanner* am treffendsten als komplexe Auseinandersetzung mit der literarischen Tradition auf der Ebene des Dargestellten und als Entgrenzung der tradierten Form auf der Ebene der Darstellung beschreiben. Diese grundlegende These leitet die Untersuchung im vorliegenden Kapitel, die daher in zwei Richtungen erfolgt: Erstens geht sie in diachroner Perspektive der Geschichte des Bildungsromans nach, die für Walsers *Geschwister Tanner* einen wesentlichen Bezugspunkt darstellt. Hier knüpfe ich an Erkenntnisse einer für den Roman zentralen Forschungsdebatte an. Zweitens werden in einer synchronen Zusammenschau werkinterne Verbindungen zu Walsers kurzer Prosa herausgearbeitet, über die eine besondere Gegenwärtigkeit seines Romanerstlings aufgezeigt wird. Die intensiven und signifikanten Beziehungen zwischen Roman und Prosa wurden bisher noch nicht systematisch untersucht, obgleich die Forschung den vieldiskutierten episodischen Bau der *Geschwister*

---

Corinna Jäger-Trees/Michael Schläfli (Hrsg.): Anfangen zu schreiben. Ein kardinales Moment von Textgenese und Schreibprozeß im literarischen Archiv des 20. Jahrhunderts. München: Fink 2009. S. 129–146, hier S. 130. Zur werkbiographischen Einordnung des Romans vgl. Jochen Greven: Nachwort des Herausgebers. In: SW 9. S. 335–354 und Anne Gabrisch: Robert Walser in Berlin. In: Klaus-Michael Hinz/Thomas Horst (Hrsg.): Robert Walser. Zürich/ Frankfurt am Main: Suhrkamp 1991. S. 30–55.

2 So etwa durch Paul Wertheimer in der *Neuen Freien Presse* oder Arthur Eloesser in der *Vossischen Zeitung*. Auf letztere Rezension wird weiter unten genauer eingegangen. Zur Aufnahme des Romans durch die Literaturkritik vgl. Barbara von Reibnitz/Wolfram Groddeck: Editorisches Nachwort. In: Robert Walser: Kritische Ausgabe sämtlicher Drucke und Manuskripte. Hrsg. von Wolfram Groddeck/Barbara von Reibnitz. Bd. I, 2: Geschwister Tanner. Hrsg. von Wolfram Groddeck/Barbara von Reibnitz/Matthias Sprünglin. Basel/ Frankfurt am Main: Stroemfeld/Schwabe 2008. S. 309–332. Die verwendete Ausgabe wird im Folgenden mit der Sigle KWA und der jeweiligen Bandnummer angegeben.

*Tanner* bereits mit der Form des Prosastücks in Verbindung gebracht hat[3] und insbesondere neuere Arbeiten auf das „Netz von Bezugstexten“[4] hingewiesen haben, die den Roman umgeben.

Die Untersuchung von *Geschwister Tanner* als Roman zwischen Tradition und Experiment erfolgt damit in zwei Schritten. Zuerst wird anhand des Romantexts Walsers literarische Reflexion des Bildungsromans systematisch und differenziert herausgearbeitet. Die Geschichte um Simon Tanner, einen jungen Mann, der ein unstetes Leben zwischen Unterkunfts- und Jobwechseln, Spaziergängen und Besuchen bei und von seinen Geschwistern führt und sich dabei immer wieder mit gesellschaftlichen Erwartungen eines kontinuierlichen bürgerlichen Lebensentwurfs konfrontiert sieht, nimmt den allgemein bekannten und mit Goethes *Wilhelm Meisters Lehrjahre* (1795/1796) etablierten Stoff einer männlichen Adoleszenzerzählung in der bürgerlichen Gesellschaft unverkennbar auf. Auf der Ebene dieser typischen Entwicklungsgeschichte und ihrer formalen Ausgestaltung lässt sich Walsers Bezugnahme auf den Bildungsroman jedoch nicht ausreichend erklären. Die Gattungsgeschichte des Bildungsromans ist in doppelter Hinsicht zu bestimmen.

Zum einen handelt es sich beim Bildungsroman um eine ‚habitualisierte‘ Weitergabe eines äußerst variations- und integrationsfähigen Erzählmusters, das sich seit dem späten 18. Jahrhundert vor dem Hintergrund neuhumanistischer Bildungsvorstellungen enorm popularisierte und das anschließend im Sinne eines „Auskristallisierens, Stabilisierens und institutionellen Festwerdens“[5] in der diachronen Entwicklung des Romans immer wieder aufgegriffen wurde.[6] Zum anderen ist diese Habitualisierungsgeschichte durch eine zeitlich parallel verlaufende, breite theoretisch-literaturkritische Debatte begleitet, in der erstmals ein Gattungsbegriff des Romans gefunden wird, der noch bis weit ins 18. Jahrhundert hinein nicht als literaturfähig galt. Im historischen Diskurs um den Bildungsroman wird der Versuch angestellt, anhand „normbildende[r] Werke“[7] verbindliche Formkriterien für den Roman zu formulieren, die diesem zu literarischem Ansehen verhelfen sollen. Theorie und Geschichte

---

3 Vgl. Von Reibnitz: Komma überschreibt Punkt. S. 145. Wolfram Groddeck stellt eine vergleichbare Beobachtung an, wenn er die zahlreichen Figurenmonologe in *Geschwister Tanner* mit „kleine[n] Romane[n]“ vergleicht. Dazu Groddeck: Robert Walser und das Fantasieren. Zur Niederschrift der „Geschwister Tanner“. In: Text & Kritik. Zeitschrift für Literatur 12/12a (2004). Vierte Auflage: Neufassung. S. 55–68, hier S. 58.

4 Caduff: Revision und Revolte. S. 135.

5 Voßkamp: Gattungen als literarisch-soziale Institutionen. S. 30.

6 Vgl. Voßkamp: Gattungen als literarisch-soziale Institutionen. S. 30.

7 Voßkamp: Gattungen als literarisch-soziale Institutionen. S. 30.

des Romans greifen wechselseitig ineinander und bilden damit eine komplexe, in mehrfacher Hinsicht normative Konstellation[8] theoretisch-diskursiver (mehr oder weniger verbindlich genommener) Annahmen über Literatur einerseits und verschiedener, historisch sich wandelnder literarischer Textrealisierungen andererseits. Es kann nicht davon ausgegangen werden, dass Autoren und Autorinnen, die das Erzählmodell des Bildungsromans (affirmativ, kritisch oder parodistisch) aufgegriffen haben, über die Existenz seines theoretischen Normierungsdiskurses immer Kenntnis besaßen. Dies ist jedoch keine zwingende Voraussetzung dafür, im Bildungsroman einen stark normierten Gattungsbegriff zu erkennen. Auch andere Institutionen der Literatur können normative Gattungsverständnisse vermitteln, etwa die Literaturkritik.[9] Literatur und Theorie/Literaturkritik stehen in einem Verhältnis der „wechselseitige[n] Komplementarität von Gattungserwartungen und Werkantworten“[10]. Das bedeutet, dass Theorie und Geschichte des Bildungsromans nicht in einem kausalen Verhältnis zueinander stehen und nicht aufeinander reduzierbar sind, jedoch erst in ihrem Zusammenwirken das Gattungsphänomen ‚Bildungsroman' konstituieren. In seiner diskursiven Institutionalisierung als Norm stellt der Bildungsroman ein „soziales Faktum“[11] dar. In dieser potentiellen Bedeutsamkeit für Akteurinnen und Akteure des literarischen Felds[12] besteht seine soziale Dimension, aber auch in seiner hohen Reflexivität in Bezug auf historisch-soziale Umbrüche. Begriffen als „historisch bedingte Kommunikations- und Vermittlungsform[...]“[13] kann der Bildungsroman sowohl in seiner gesellschaftlich-sozialen Situierung als auch

---

8 Auf der Ebene des Plots tritt in den neuhumanistisch geprägten Bildungsromanen um 1800 die Entwicklung zu „individueller Totalität“ als „normatives Telos“ hinzu. Beide Zitate Wilhelm Voßkamp: Der Bildungsroman als literarisch-soziale Institution. Begriffs- und funktionsgeschichtliche Überlegungen zum deutschen Bildungsroman am Ende des 18. und Beginn des 19. Jahrhunderts. In: Christian Wagenknecht (Hrsg.): Zur Terminologie der Literaturwissenschaft. Stuttgart: Metzler 1989. S. 337–352, hier S. 339.

9 Vgl. Voßkamp: Gattungen als literarisch-soziale Institutionen. S 30.

10 Voßkamp: Gattungen als literarisch-soziale Institutionen. S 30.

11 Jan Mukarovsky: Probleme des ästhetischen Werts. In: Ders.: Schriften zur Ästhetik, Kunsttheorie und Poetik. Hrsg. von Holger Siegel. Tübingen: Gunter Narr Verlag 1986. S. 1–26, hier S. 4/5. Mukarovsky betont die Wirkmacht von Gattungsnormen: Da sie im kollektiven Bewusstsein existent seien, besäßen sie eine Wirklichkeit.

12 Im Sinne Bourdieus, der die Literatur als Sozialraum versteht. Dazu Pierre Bourdieu: Die Regeln der Kunst. Genese und Struktur des literarischen Feldes. Frankfurt am Main: Suhrkamp 1999.

13 Voßkamp: Gattungen als literarisch-soziale Institutionen. S 27.

in seiner Kritik und utopischen Überschreitung der jeweiligen historischen Realität durchdrungen werden.

Die Geschichte des Bildungsromans ist eng mit der Entstehung der bürgerlichen Gesellschaft im 19. Jahrhundert verbunden, wodurch bestimmte Romane, aber auch die Theorie des Romans immer wieder bürgerliche Ideologeme und Imaginationen transportierten. Von entscheidender Bedeutung für die vorliegende Untersuchung ist die in der deutschen germanistischen Forschung zum Bildungsroman bis heute in weiten Teilen ignorierte bürgerliche Geschlechterideologie, die Männlichkeit und Weiblichkeit als grundlegende wesensmäßige Differenz konstruiert. Darin wird Frauen Entwicklungs- und Handlungsfähigkeit prinzipiell abgesprochen. Das Subjekt der kanonisierten Bildungsromane ist durchweg männlich, was seine jeweiligen Entwicklungsmöglichkeiten und die sich ihm eröffnenden Tätigkeitsbereiche präformiert. Die Romane erzählen damit immer schon geschlechtlich differenzierte Sozialisationsgeschichten.

In der skizzierten Verschränkung ist der Bildungsroman als diachron-intertextuell hergestellte Gruppe von kanonisierten Texten mit gemeinsamen, variationsfähigen Formmerkmalen, die reflexiv auf historische Situationen reagieren und theoretisch-diskursiv als Gattung konstituiert wurden, zu verstehen. Allein in dieser komplexen ‚literarisch-sozialen' Konstellation von Diskursen und historischen Entwicklungen ist der Bildungsroman adäquat zu begreifen.

Aus dem Beschriebenen folgt, dass die Beziehungen des Romans *Geschwister Tanner* zum Bildungsroman nicht im Rahmen textimmanenter Vergleiche oder durch dessen Befragen auf normative Merkmale hin erfasst werden können, sondern systematisch vor dem Hintergrund von Roman-, Theorie-, Sozial und Kulturgeschichte durchdacht werden müssen. Im Anschluss an den bestehenden Forschungskonsens, dass *Geschwister Tanner* den Niedergang des neuhumanistischen Entwicklungsmodells des späten 18. Jahrhunderts in der Moderne um 1900 markiert, soll diese Analyse im Folgenden erstmals geleistet werden. Zuerst geht es darum, zu zeigen, dass der Roman in der titelgebenden Figurenkonstellation der Geschwister das klassische Narrativ um einen einzelnen männlichen Helden bereits aufbricht (Kapitel 2.1.1). Anschließend ist die Theoriegeschichte des Bildungsromans zu beleuchten, um Walsers Bearbeitung des Entwicklungsmotivs als ironische Reflexion eines bürgerlich-normierten und didaktischen Romanbegriffs herauszustellen, der noch im frühen 20. Jahrhundert in mancherlei Hinsicht als vorbildlich gilt (Kapitel 2.1.2). Dies ist aufgrund des Nachwirkens klassischer Formideale und einer verbreiteten Vorstellung polarer Geschlechtercharaktere möglich. Aus der Perspektive eines bürgerlichen Lebensentwurfs ist Walsers Protagonist kein richtiger Mann, denn er will weder arbeiten noch heiraten.

Walsers Bezugnahmen auf die Gattungsgeschichte werde ich anhand des für den Roman zentralen Motivs der Erwerbsarbeit diskutieren (Kapitel 2.1.3). In der Geschichte des Bildungsromans diente die Ausübung von Erwerbsarbeit als normatives Entwicklungsmodell. In seiner Akzentuierung des Motivs nimmt *Geschwister Tanner* reflexiv Bezug auf diese normative Aufladung. Lohn- oder Erwerbsarbeit, die im Zuge der Industrialisierung zum wesentlichen Gradmesser bürgerlicher Vergesellschaftung und individueller Anerkennung[14] wird und daher erst in den Bildungsromanen des Bürgerlichen Realismus als ‚Entwicklungsmotor' besonders aufgewertet werden kann, erscheint in *Geschwister Tanner* als episodische Stellensuche und vorübergehende Beschäftigung Simons (zumeist als Schreibgehilfe), durch die keine persönliche Entwicklung oder soziale Integration mehr erreicht werden kann. Simons wiederkehrende Spaziergänge und seine zeitweiligen Anstellungen bestimmen auf der Ebene der Diegese den vielbeachteten fragmentierten Charakter der Romanerzählung. Die Struktur der Unterbrechung reflektiert dabei die Veränderungen moderner Arbeit um 1900, die sich im Allgemeinen als nachhaltige Steigerung der Arbeitsteilung, als Zergliederung von Arbeitsprozessen, als Spezialisierung und Rationalisierung beschreiben lassen. In seiner diskontinuierlichen Anlage markiert *Geschwister Tanner* einen historischen Abstand zum integrativen Entwicklungsmodell und beschreibt dessen weitreichenden Bedeutungsverlust im Kontext der industriellen und bürokratisierten Moderne.

Der fragmentierte Roman ist demnach nicht allein Formexperiment und Ausdruck moderner Schreibweisen,[15] seine Komposition steht auch in

14 Dazu Jürgen Kocka: Das lange 19. Jahrhundert. Arbeit, Nation und bürgerliche Gesellschaft. In: Alfred Haverkamp/Wolfgang Reinhard/Jürgen Kocka/Wolfgang Benz (Hrsg.): Gebhardt Handbuch der deutschen Geschichte. Zehnte, völlig neu bearbeitete Auflage. Bd. 13. Hrsg. von Jürgen Kocka. Stuttgart: Klett-Cotta 2001. S. 55: „Während die geistesgeschichtliche Aufwertung der Arbeit als Folge christlicher, bürgerlicher und aufklärerischer Ideenbewegungen bereits vor der Industrialisierung weitgehend abgeschlossen war, kam es erst mit der Industrialisierung, der für sie typischen Trennung von Arbeitsplatz und Haushalt/Familie und der damit verbundenen tendenziellen Herauslösung der Erwerbsarbeit aus der Einbettung in andere soziale Bezüge und Praktiken zur Etablierung, Erfahrbarkeit und Diskutierbarkeit von Arbeit als Potenz sui generis und als zentrale Grundlage für individuelle Selbstanerkennung, soziale Statuszuschreibung, praktische Vergesellschaftung und politische Inklusion."

15 Dies gilt inzwischen als Forschungskonsens. Als Erster hat George Avery die episodische Struktur des Romans im Zusammenhang mit literarisch-modernen Schreibweisen

reflexiver Beziehung zum Rationalisierungs- und Leistungsdenken des 20. Jahrhunderts, das, ausgehend von den Entwicklungen in der Arbeitswelt, um 1900 seinen Siegeszug antrat. Einen Roman, der diesen neuen Realitäten gerecht zu werden vermag, indem er die Formgesetze der Geschlossenheit hinter sich lässt, fordert dann ab den 1920er-Jahren verstärkt die Theorie des Romans. Alfred Döblin hat dies programmatisch als „Gesetz der Formlosigkeit“[16] des Epischen, im Sinne einer potentiellen Unbegrenztheit des Romans, bezeichnet.[17] Wie ich zeigen möchte, korrespondiert der inneren ‚Formlosigkeit‘ der *Geschwister Tanner* die Öffnung auf andere Texte hin, die den Roman in der Tat ins beinahe Unbegrenzte hinein anwachsen lässt und ein Durchspielen von Szenen und Motiven in unterschiedlichen Textsorten und Publikationsmedien ermöglicht. Der Aneinanderreihung von Episoden eignet die „Tendenz zur Unabgeschlossenheit“ und „narrative[n] Offenheit“, die charakteristisch für Walsers Kurzprosa ist.[18] Die Episodizität des Romans ist durch die kleine Form inspiriert. Als werkinternes intertextuelles Vernetzungssystem bilden die *Geschwister Tanner*-Texte somit einen Komplex, der die Vorstellung vom Roman als großer Form und abgeschlossenem Werk verabschiedet.[19]

Um dies darzustellen, wird im zweiten Schritt der Untersuchung der Fokus von den diegetischen Verbindungslinien zur Tradition und ihrer kulturgeschichtlichen Bedeutung auf die Gegenwartsbezüge von *Geschwister Tanner* verschoben, die ich anhand der kleinen Formen, die auf verschiedene Weisen

---

gedeutet, was die zeitgenössische Literaturkritik in der Regel noch nicht in dieser Klarheit sah. Vgl. George C. Avery: Inquiry and Testament. A Study of the Novels and Short Prose of Robert Walser. Z. B. S. 17 und S. 36. Bei der Monographie *Inquiry and Testament* handelt es sich um die überarbeitete Dissertation Averys, die unter dem Titel *Focus on Reality in the Novels of Robert Walser* erstmals 1959 erschien. Sie ist die erste Dissertation zu Werken Walsers. Vgl. dazu Reto Sorg: Die Existenz versprachlichen. Zur Einführung. In: Jochen Greven: Existenz, Welt und reines Sein im Werk Robert Walsers. Versuch zur Bestimmung von Grundstrukturen. Reprint der Originalausgabe von 1960. Hrsg. von Reto Sorg. München: Fink 2009. S. VII–XVI, hier S. VII.

16 Alfred Döblin: Der Bau des epischen Werks. In: Ders.: Schriften zu Ästhetik, Poetik und Literatur. Hrsg. von Erich Kleinschmidt. Olten/Freiburg im Breisgau: Walter-Verlag 1989. S. 215–245, hier S. 236.

17 Vgl. Döblin: Der Bau des epischen Werks. S. 236.

18 Beide Zitate Von Reibnitz: Komma überschreibt Punkt. S. 145.

19 Im Bild des Netzes scheint ein poststrukturalistischer Textbegriff auf, der den Text z. B. als Gewebe (Kristeva) oder Rhizom (Deleuze/Guattari) versteht. Die diese Textverständnisse prägenden Merkmale von Offenheit, Unabschließbarkeit und Entgrenzung werden in der im Folgenden aufgeworfenen synchronen Perspektive auf den Roman *Geschwister Tanner* immer wieder geltend gemacht. Damit sollen gleichwohl konkrete Textbefunde beschrieben werden, denn ich gehe nicht davon aus, dass Offenheit und Intertextualität generelle Eigenschaften von Texten sind.

mit Walsers Roman im Austausch stehen, diskutiere. Walser hat vor und nach der Niederschrift und Veröffentlichung von *Geschwister Tanner* Prosastücke verfasst, die als motivisch-thematische Variationen oder produktionsspezifisch-reflexive Metatexte Bezüge zum Roman herstellen. Herangezogen werden die Texte *Simon, eine Liebesgeschichte* (1904 in der Zeitschrift *Die Freistatt* und 1914 im Prosaband *Geschichten* veröffentlicht), *Der Schuss* (zu Lebzeiten unveröffentlichte Pantomime, entstanden um 1902), *Feuer* (1908 im *Berliner Tageblatt* erschienen), *Geschwister Tanner* (Prosastück, 1914 in *Der neue Merkur* und im Band *Kleine Dichtungen* publiziert) und *Brief von Simon Tanner* (1912 im *Simplicissimus*-Kalender, 1913 in der Prosasammlung *Aufsätze* erschienen).

Erst im Vergleich der Texte wird deutlich, dass die Gestaltung von Szenen im Roman mitunter durch die Darstellungslogik anderer Medien inspiriert ist. Dies wird in Kapitel 2.2.1 gezeigt. Das ausgesprochene Interesse früher Werke Walsers und der Texte der Berliner Zeit (insbesondere seiner Beiträge für die Zeitschrift *Die Schaubühne*) am Theater der Moderne ist der Forschung bekannt.[20] Bereits Jochen Greven weist auf die „schauspielerische Anverwandlung“[21] und die Tendenz zur Maskierung in Walsers Frühwerk hin. In den intermedialen Bezügen der *Geschwister Tanner* drückt sich eine Beschäftigung Walsers mit dem antinaturalistischen Theater seiner Zeit sowie dem modernen Tanz aus. Indem die für die Form des Romans typischen „Handlungsr[ä]um[e]“[22] bei Walser häufig in monologische Sprechräume und gestischen, mimischen oder tänzerischen Figurenausdruck überführt werden,[23] nimmt *Geschwister Tanner* das Anliegen der darstellenden Künste um 1900, traditionell realistische und illusionistische Bühneneffekte zu überwinden, als Impuls auf.

Die Unterkapitel 2.2.2 und 2.2.3 setzen sich abschließend mit drei reflexiven und poetologischen Texten des *Geschwister-Tanner*-Kreises auseinander. Das Prosastück *Geschwister Tanner* beschäftigt sich rückblickend mit der angeblichen Produktionssituation des Romans, das Feuilleton *Feuer* liest sich wie ein Plädoyer für den durch Teile der Literaturkritik zuvor als misslungen verunglimpften episodischen Roman *Geschwister Tanner.* Meine Lektüre dieser Texte zielt darauf ab, Walsers Idee eines zeitgemäßen Romans nachzuvollziehen, die er mit unterschiedlich großen zeitlichen Abständen

20 Grundlegend dazu Martina Schaak: „Das Theater, ein Traum“. Robert Walsers Welt als gestaltete Bühne. Berlin: Wissenschaftlicher Verlag Berlin 1999.

21 Jochen Greven: Nachwort des Herausgebers. In: SW 1. S. 111–122, hier S. 120.

22 Utz: Tanz auf den Rändern. S. 24.

23 Vgl. Utz: Tanz auf den Rändern. S. 24, der diese Transposition von Handlung in Tanz (und Klang) für Walsers *Aschenbrödel*-Dramolett feststellt.

zu dessen Erscheinen und Aufnahme im Literaturbetrieb für *Geschwister Tanner* formuliert hat. Dabei ist weniger entscheidend, inwieweit sich z. B. die im Prosastück *Geschwister Tanner* als spontan fingierte Niederschrift am Manuskript des Romans nachweisen lässt (gleichwohl dies möglich ist).[24] Für bedeutsam halte ich vielmehr die Tatsache, dass Walser im Rahmen eines anderen, im Vergleich zum Roman literarisch weniger ‚überhöhten' Genres (dem Prosastück) sowie in anderen Publikationsmedien (Buch, Tageszeitung und Kulturzeitschrift), noch einmal zu seinem ersten Roman Stellung bezieht. Mit dem *Berliner Tageblatt* als einer der auflagenstärksten und einflussreichsten überregionalen Tageszeitungen des frühen 20. Jahrhunderts und dem *Neuen Merkur*, einer Monatsschrift für Kultur, die der Schriftsteller und Lektor Efraim Frisch herausgab, nutzte Walser zwei in ihrer Funktion, Reichweite und anvisierten Leserschaft höchst unterschiedliche Publikationsorgane für seine poetologischen Kommentare zur Form des Romans im Allgemeinen und zu *Geschwister Tanner* im Speziellen. Walser suchte die wichtigen Medien der literarischen/literaturkritischen und tagesaktuell-publizistischen Öffentlichkeit seiner Zeit auf, um sich über Gattungsfragen und seine Literatur zu verständigen, mithin jene Medien, in denen auch seine Romane von Kritikern und Kritikerinnen besprochen wurden. Im *Berliner Tageblatt* erschien Anfang Februar 1907 z. B. ein Verriss des Theaterkritikerpapstes Monty Jacobs zu *Geschwister Tanner*.[25]

Walsers später erschienene poetologische Prosastücke antworten auf die wechselvollen Rezeptionen seines ersten Romans. Durch die Publikationsmedien Zeitung und Zeitschrift erreichen sie unterschiedliche (nicht ausschließlich literarisch gebildete) Publika, was für die Frage nach dem Roman als Reflexionsmedium der Gegenwart von Belang ist. Bereits die offene, korrespondenzaffine Struktur der *Geschwister Tanner* lässt ein Interesse Walsers erkennen, den um 1900 nicht gerade impulsgebenden Roman wieder

---

24 Dazu etwa Wolfram Groddeck, der davon ausgeht, dass das spätere Prosastück Walsers einen Einblick in Walsers „Produktionsweise" liefere. Groddeck: Robert Walser und das Fantasieren. S. 55.

25 Siehe Monty Jacobs: Robert Walser, Geschwister Tanner. Roman. Berlin, Verlag Bruno Cassirer. In: Berliner Tageblatt, Nr. 60, 02.02.1907, 1. Beiblatt „Literarische Rundschau". S. 5. (http://zefys.staatsbibliothek-berlin.de/index.php?id=dfg-viewer&set%5Bimage%5D=5&set%5Bzoom%5D=default&set%5Bdebug%5D=0&set%5Bdouble%5D=0&set%5Bmets%5D=http%3A%2F%2Fcontent.staatsbibliothek-berlin.de%2Fzefys%2FSNP27646518-19070202-1-0-0-0.xml). Zugriff am 09.05.2019.

öffentlichkeitsrelevant zu machen. Diese Relevanz, ebenso wie die Kraft zu literarischer Innovation, wird dem Roman als Form in Literaturtheorie und Literaturkritik um 1900 abgesprochen.[26] Der Gedankengang des Kapitels wird mit einer Reflexion über diesen grundlegenden Impetus von *Geschwister Tanner* zu öffentlicher Wirksamkeit anhand einer Untersuchung des Prosastücks *Brief von Simon Tanner* abgeschlossen. Dem Abschnitt (2.2.3) liegt die These zugrunde, dass Walsers Roman sich diese verlorene Wirksamkeit in einer strukturellen Suchbewegung erschreibt, die zugleich die Erinnerung an eine vergessene Erfolgsgeschichte des Romans bedeutet: In seiner Verwandtschaft zum Brief, die *Geschwister Tanner* auf mehreren Ebenen kennzeichnet, nähert er sich dem Briefroman an, der in der zweiten Hälfte des 18. Jahrhunderts eine Blüte erfuhr.

Der Briefroman verkörpert eine andere, dem normpoetisch und männlich kodifizierten Bildungsroman, entgegengesetzte Geschichte des Romans. Er soll damit den Fluchtpunkt des gesamten Kapitels bilden. Die Form des Briefs hat *Geschwister Tanner* nach innen wie nach außen ästhetische Impulse gegeben. Neben dem als Brief fingierten Prosastück *Brief von Simon Tanner* stehen hierfür die romaninternen Briefe, die sich die Geschwister schreiben. Der Brief steigert die in der Geschwisterkonstellation sowie der Episodizität angelegte Polyperspektivität und Offenheit der *Geschwister Tanner*. Dies sind Darstellungsmerkmale, die bereits die Romane des 18. Jahrhunderts der Form des Briefs entlehnen. Die Briefromane des 18. Jahrhunderts verkauften sich erfolgreich auf den Buchmärkten und erreichten damit eine breite Öffentlichkeit. Es ist bekannt, dass Brief und Briefroman die entscheidenden Medien sind, die im 18. Jahrhundert den Übergang von der repräsentativen Öffentlichkeit zur bürgerlichen Gesellschaft mit ihrem spezifischen Verständnis von Privatheit

26 So durch Friedrich Spielhagen, aber auch in den Programmen des Naturalismus, etwa bei Heinrich und Julius Hart. Vgl. dazu Friedrich Spielhagen: Beiträge zur Theorie und Technik des Romans. Faksimiledruck der 1. Auflage von 1883. Hrsg. von Hellmuth Himmel. Göttingen: Vandenhoeck & Ruprecht 1967. S. VIII und Heinrich Hart/Julius Hart: Friedrich Spielhagen und der deutsche Roman der Gegenwart. In: Kritische Waffengänge. 6. Heft. Leipzig: Wigand 1884. S. 3–74, hier S. 15/16. Einen Überblick über die Theorie des Romans um 1900 und die Interpretationen von Walsers Berliner Romanen vor diesem Hintergrund leistet Keckeis: Robert Walsers Gattungen. Kap. 3: Möglichkeiten des Romans. S. 131–216.

und Intimität mithervorbringen und begleiten.[27] Zugleich stellen sie um 1800 eine „literarische Praxis" von Frauen dar.[28]

Die bürgerliche literarische Öffentlichkeit als „Publikum der räsonierenden Privatleute"[29] ist um 1900 einer „kommerziell stabilisiert[en]"[30] medialen Kommunikation gewichen. Der neuerliche, sich ab der zweiten Hälfte des 19. Jahrhunderts vollziehende ‚Strukturwandel der Öffentlichkeit' wird allerdings nicht mehr maßgeblich durch Literatur hervorgebracht und reflektiert, treibende Kraft ist nun die neu entstandene Massenpresse. Unter diesen völlig veränderten gesellschaftlichen Vorzeichen bedeutet Walsers Bezugnahme auf den Briefroman eine literarische Suchbewegung nach einer Form des Romans, die die neuen Unübersichtlichkeiten des beginnenden 20. Jahrhunderts zu durchdringen vermag. Darüber hinaus drückt sich in der Verwandtschaft zum Prosastück eine Beziehung der *Geschwister Tanner* zu Zeitung und Zeitschrift aus, die als Plädoyer für eine mediale Öffnung des Romans verstanden werden muss. Walsers *Geschwister Tanner* bereitet auf diese Weise ein Erzählen vor, das von dem Bewusstsein darüber getragen ist,

27 Grundlegend dazu Jürgen Habermas' kanonische Studie *Strukturwandel der Öffentlichkeit. Untersuchungen zu einer Kategorie der bürgerlichen Gesellschaft*. Unveränderter Nachdruck der zuerst 1962 im Hermann Luchterhand Verlag, Neuwied, erschienenen Ausgabe. Ergänzt um ein Vorwort zur Neuauflage 1990. Frankfurt am Main: Suhrkamp 1990. Zur Bedeutung von Brief und Briefroman insbesondere S. 114/115. S. 114: „In der Sphäre der kleinfamilialen Intimität verstehen die Privatleute sich als unabhängig auch noch von der privaten Sphäre ihrer wirtschaftlichen Tätigkeit – eben als Menschen, die zueinander in ‚rein menschliche' Beziehung treten können; deren literarische Form ist damals der Briefwechsel. Das 18. Jahrhundert wird nicht zufällig zu einem des Briefes; Briefe schreibend entfaltet sich das Individuum in seiner Subjektivität." Und S. 115: „Die Beziehungen zwischen Autor, Opus und Publikum verändern sich: sie werden zu intimen Beziehungen der psychologisch am ‚Menschlichen', an Selbsterkenntnis ebenso wie an Einfühlung interessierten Privatleute untereinander. Richardson weint über die Akteure seiner Romane ebenso wie seine Leser; Autor und Leser werden selbst zu den Akteuren, die ‚sich aussprechen'." Entscheidend sei hierbei, dass die Briefkultur des 18. Jahrhunderts eine „publikumsbezogene[r] Privatheit" (S. 249) meine. Fremde Briefe werden geteilt und abgeschrieben, Briefwechsel publiziert. Habermas' demgegenüber recht verkürzte Darstellung von Realismus und Illusion im empfindsamen Roman, die diesem unterstellt, den Unterschied von „Schein und Sein vollends" (S. 116) zu verwischen, vernachlässigt, dass die Differenz zwischen Illusion und Wirklichkeit, insbesondere die Frage nach der „Umwandlung" von künstlerischer Illusion in „reale Empfindungen" (beide Zitate Hermann Kappelhoff: Matrix der Gefühle. Das Kino, das Melodrama und das Theater der Empfindsamkeit. Berlin: Vorwerk 8 2004. S. 14) im 18. Jahrhundert mit Blick auf das Theater intensiv diskutiert wird.

28 Siehe Anita Runge: Literarische Praxis von Frauen um 1800. Briefroman, Autobiographie, Märchen. Hildesheim: Georg Olms Verlag 1997.

29 Habermas: Strukturwandel der Öffentlichkeit. S. 196.

30 Habermas: Strukturwandel der Öffentlichkeit. S. 252.

sich an eine neue Medienöffentlichkeit zu richten, in der sich Hochkultur und Massenkultur zunehmend vermischen. Einen durch die Massenkultur des 20. Jahrhunderts inspirierten Roman wird jedoch erst die Literatur der Weimarer Republik erkennbar ausbuchstabieren. Die Briefe der *Geschwister Tanner* rufen dagegen jene Form des Romans des 18. Jahrhunderts ins Gedächtnis, die besonders populär war, häufig weibliche Entwicklungsgeschichten erzählte und in Distanz zum hochkulturellen ‚männlichen' Bildungsroman stand, von dem sie wenig später verdrängt wurde.[31]

Die Bedeutsamkeit des Bildungsmotivs für *Geschwister Tanner* gehört zu den Topoi der Walser-Forschung. Angestoßen durch Jochen Grevens grundlegende Studie *Existenz, Welt und reines Sein im Werk Robert Walsers* (1960)[32] entwickelte sich seit den 1970er-Jahren eine bis etwa Anfang der 1990er-Jahre anhaltende, intensive Debatte um die intertextuellen Bezüge zum Bildungsroman. Diese frühe Forschungsdiskussion bemüht sich zumeist um eine erste Klärung der Gattungszugehörigkeit der *Geschwister Tanner*, wobei dieser Frage zumeist textintern anhand der Komposition des Romans und der Entwicklung bzw. Entwicklungsfähigkeit Simon Tanners nachgegangen wird.[33] Die meisten Studien begreifen *Geschwister Tanner* als ‚Antibildungsroman' oder als Parodie auf das Entwicklungsmodell des Bildungsromans.[34] Untersuchungen wie die Christoph Jakobs, der Simon Tanners Erlebnisse als ‚Bewährungsproben' auffasst, und damit die Struktur einer Entwicklungsgeschichte eher bestätigt, stellen eine Ausnahme dar.[35] Bis in die 2010er-Jahre scheint die Diskussion

31 Vgl. Helga Meise: Die Unschuld und die Schrift. Deutsche Frauenromane im 18. Jahrhundert. Frankfurt am Main: Ulrike Helmer Verlag 1992. S. 175.

32 Grevens Arbeit, die 2009 neu von Reto Sorg herausgegeben wurde, leistete mit Blick auf eine Einordnung von Walsers Werken Pionierarbeit und nahm dabei zentrale Problemfelder und Themenstellungen, die die Forschung noch immer beschäftigen, vorweg. Vgl. dazu Reto Sorg: Die Existenz versprachlichen. Zur Einführung. In: Ders. (Hrsg.): Jochen Greven: Existenz, Welt und reines Sein im Werk Robert Walsers. S. VII–XVI.

33 Greven sieht für *Geschwister Tanner* eine Nähe zur Struktur des Abenteuerromans. Vgl. Greven: Existenz, Welt und reines Sein. S. 53.

34 So Dagmar Grenz: Die Romane Robert Walsers. Weltbezug und Wirklichkeitsdarstellung. München: Fink 1974. Auch Andreas Gößling (Ein lächelndes Spiel. Kommentar zu Robert Walsers Geschwister Tanner. Mit einem Anhang unveröffentlichter Manuskriptvarianten des Romans. Würzburg: Königshausen & Neumann 1991) begreift Geschwister Tanner als Absage an die Tradition.

35 Christoph Jakob: Robert Walsers Hermeneutik des Lebens. Aachen: Shaker Verlag 1998. Eine andere, ältere Studie, die in *Geschwister Tanner* ebenfalls ein Erzählmodell „in der Art des herkömmlichen Entwicklungs- und Bildungsromans" verwirklicht sieht, ist Gerhard Piniels *Robert Walsers „Geschwister Tanner"*. Zürich: Juris Verlag 1968. S. 39.

um *Geschwister Tanner* und den Bildungsroman dann zunächst versiegt.[36] Auch Walsers Frühwerk erfährt in dieser Zeit insgesamt weniger Aufmerksamkeit. In jüngster Zeit ist dieser Faden wieder aufgenommen worden, wobei einer intertextuellen Relevanz des Bildungsromans für *Geschwister Tanner* mancherorts eine Absage erteilt wird.[37] In einigen aktuellen Arbeiten wird der Bildungsroman hingegen erneut als entscheidende Referenz ausgemacht, und zwar (mehr oder weniger deutlich) begriffen als Auseinandersetzung mit Goethes prototypischem *Wilhelm Meister*.[38] An die neuere Beschäftigung mit der Gattungsfrage schließe ich in dieser Arbeit an. Sie erscheint äußerst gewinnbringend, da durch sie erstmals intertextuelle Beziehungen beleuchtet werden, die zuvor oftmals mehr behauptet denn analysiert wurden.

Eine ganz andere Perspektive auf Walsers Berliner Romane, die an keine bestehende Diskussion anknüpft, wagt Simon Roloffs Untersuchung *Der Stellenlose. Robert Walsers Poetik des Sozialstaats* (2016). Mit einem an Foucault geschulten wissenspoetologischen Ansatz und einer Sprache, die merklich mit Deleuzes poststrukturalistischem Vokabular arbeitet, erschließt sich Roloff *Geschwister Tanner* über jene Szenen, in denen Institutionen des beginnenden Sozialstaats repräsentiert werden. Übergreifend für alle drei Romane geht Roloff den Figuren, Schauplätzen und Schreibweisen nach und interpretiert deren Bedeutung im Zusammenhang mit der „Disziplinar- und

---

36 Ab den 1990er-Jahren erschienene Beiträge beschäftigen sich nicht mehr im eigentlichen Sinne mit der Gattungsfrage, sondern bestätigen vielmehr den Forschungskonsens. Z. B. Susanne Andres: Robert Walsers arabeskes Schreiben. Göttingen: Cuvillier Verlag 1997. S. 96. Ähnlich die Arbeit von Karin Fellner: Begehren und Aufbegehren. Das Geschlechterverhältnis bei Robert Walser. Marburg: Tectum Verlag 2003. Einzig Kil-Pyo Hongs Arbeit *Selbstreflexion von Modernität in Robert Walsers Romanen ‚Geschwister Tanner', ‚Der Gehülfe' und ‚Jakob von Gunten'* (Würzburg: Königshausen & Neumann 2002) geht der Frage nach der Subversion des Bildungsromans (vgl. S. 17/18) in der „gebrochene[n] Teleologie" (S. 16) der *Geschwister Tanner* noch einmal grundlegend nach.

37 So Groddeck im bereits erwähnten Aufsatz *Robert Walser und das Fantasieren*, S. 63: „Die unverschleiert als ‚Tagträume' im Text erscheinenden Sequenzen, die ihre eigenen rekursiven Formen hervorbringen, prägen die literarische Gestalt von Walsers erstem Roman weit mehr als die brüchigen Genre-Bezüge zum Entwicklungsroman oder zum Roman überhaupt." Ähnlich argumentiert Mareike Schildmann, wenn sie der Forschung zu Walsers Bezugnahmen auf die klassische Bildungsnarration eine „[... .] verkürzte Diagnose von Walsers Poetik" attestiert (dazu Schildmanns Eintrag *Wissen, Nicht-Wissen, Dummheit* im RWH. S. 340–344, hier S. 343).

38 Vgl. Caduff: Revision und Revolte. S. 145–148 und Keckeis: Robert Walsers Gattungen. S. 156. Während Caduff Goethes Roman tatsächlich als Prätext ausweist, betont Keckeis die Gattungsproblematik im Kontext der Theorie des Romans um 1900. Roloff verwehrt sich zwar der These einer intertextuellen Bedeutsamkeit des Bildungsromans, bringt im Rahmen seiner Analyse Goethes *Wilhelm Meister* gleichwohl selbst ins Spiel. Vgl. Roloff: Der Stellenlose. S. 10 und 40.

Kontrollgesellschaft"[39] des frühen 20. Jahrhunderts. Eine weitere aktuelle Arbeit, die sich auf Walsers Berliner Romane fokussiert, ist die umfassende wissenspoetologische Untersuchung *Poetik der Kindheit. Literatur und Wissen bei Robert Walser* (2019) von Mareike Schildmann. Auch Schildmann weist auf die zentrale Bedeutung der Geschichte des Romans für Walsers *Geschwister Tanner* hin. Mit Blick auf die Erwähnung von Kindern und Kindheit im Roman (etwa wenn Simon eine Skizze verfasst, in der er sich an seine Kindheit erinnert) macht sie auf die parallel mit der Etablierung des Bildungsromans stattfindende diskursive Aufwertung der Kindheit im 18. Jahrhundert aufmerksam.[40]

Weitere wichtige Impulse für eine Neubewertung des Romans kommen aus der Richtung editionsphilologischer Untersuchungen des Druckmanuskripts von *Geschwister Tanner*, das 2008 im Rahmen der kritischen Robert Walser-Ausgabe von Barbara von Reibnitz, Wolfram Groddeck und Matthias Sprünglin erstmals in seiner integralen Form herausgegeben und neu untersucht wurde.[41] Die Ergebnisse sind im editorischen Nachwort zu Band IV,1 der KWA dokumentiert. Wolfram Groddecks Aufsätze *Robert Walser und das Fantasieren. Zur Niederschrift der „Geschwister Tanner"* sowie *„und in der Tat, er schrieb so etwas wie einen Roman". Zur Edition des Druckmanuskripts von Robert Walsers Romandebüt ‚Geschwister Tanner'* (2007)[42] und Barbara von Reibnitz' Beitrag *Komma überschreibt Punkt. Anfangen und Nicht-Aufhören(können) in Robert Walsers Romanerstling ‚Geschwister Tanner'* (2009) beschäftigen sich mit der Entstehung des Romans anhand des überlieferten Manuskripts. Die editionsphilologische Forschung der letzten fünfzehn Jahre konnte einen beträchtlichen Beitrag zu einem besseren Verständnis von Walsers Arbeitsweise bei seinem ersten Roman leisten. Das vorliegende Kapitel argumentiert im Austausch mit diesem aktuellen Wissenstand. Walser entwickelte poetologische Überlegungen zumeist aus der Reflexion über schriftstellerische Produktionsprozesse heraus. Erkennbar fiktionalisiert sind seine poetologischen Texte

39 Roloff: Der Stellenlose. S. 11.

40 Dazu Schildmann: Poetik der Kindheit. S. 265: „‚Kindheit' und der moderne Roman, namentlich der sogenannte deutsche Bildungsroman, stehen in einem reziproken Bedingungsverhältnis."

41 Bereits Jochen Greven hat das Manuskript gesichtet und ausgewertet. Die Ergebnisse sind wiedergegeben in Grevens Nachwort in Band IV des *Gesamtwerks* (GW), S. 493–545 und seinem Aufsatz *Robert Walser und Christian Morgenstern. Zur Entstehungsgeschichte von Walsers frühen Romanen*. In: Text & Kritik. Zeitschrift für Literatur 12/12a (1975). S. 42–52.

42 Siehe Wolfram Groddeck: „und in der Tat, er schrieb so etwas wie einen Roman". Zur Edition des Druckmanuskripts von Robert Walsers Romandebüt *Geschwister Tanner*. In: Wolfram Groddeck/Reto Sorg/Peter Utz/Karl Wagner (Hrsg.): Robert Walsers ‚Ferne Nähe'. Neue Beiträge zur Forschung. München: Fink 2007. S. 141–157.

nicht im Sinne von Arbeitsjournalen oder Werkstattberichten zu lesen, dennoch sind sie im Hinblick auf Walsers Schreibanliegen aussagekräftig. Zugleich versteht sich meine Untersuchung der *Geschwister Tanner* als Beitrag zur Kontextualisierung des Romans. Dabei soll gezeigt werden, in welche zeitgenössischen Debatten sich Walsers Roman einbringt, wie er die gesellschaftspolitischen, ökonomischen und ästhetischen Entwicklungen in der industriellen Moderne kommentiert und welche Art von Roman Walser angesichts dieser gewaltigen Umbrüche literarisch entwickelt.

## 2.1 Ein Debüt zwischen Tradition und Experiment

### 2.1.1 *Vom Bildungsroman zum Geschwister-Roman*

Als Walser *Geschwister Tanner* schreibt, lebt er in Berlin-Charlottenburg bei seinem Bruder Karl, der sich zu diesem Zeitpunkt als Maler, Illustrator und Bühnenbildner bereits einen Namen in den Künstlerkreisen der Berliner Moderne gemacht hat. Karl Walser stellte den Kontakt zu Bruno Cassirer her, in dessen Verlag Robert Walser *Geschwister Tanner*, den *Gehülfen* und *Jakob von Gunten* veröffentlicht.[43] Die Niederschrift dürfte Anfang 1906 stattgefunden haben, denn bereits am 21. Februar 1906 bietet Walser dem Insel-Verlag ein Manuskript „zur Prüfung" an.[44] Der Verlag signalisiert Interesse, doch Walser verzichtet auf ein Einsenden des Manuskripts, offenbar, da sich der Verlag mit Blick auf einen möglichen Erscheinungstermin unverbindlich zeigt (vgl. BA 1, S. 139/140), und überlässt es stattdessen dem Cassirer-Verlag. Im Dezember 1906 lag der Roman gedruckt vor und wurde Anfang Januar 1907 offiziell ausgeliefert.[45] *Geschwister Tanner* liegen biographische Erlebnisse Walsers zwischen 1896 und 1905 überwiegend in Zürich zugrunde,[46] die er in auffälligem Bezug auf klassische Bildungsnarrative anlegt. Dem Bildungsroman entlehnt ist die zentrale Entwicklungsgeschichte eines männlichen Helden, die in Walsers Roman jedoch permanent in Auflösung begriffen ist: durch die

---

43 Zum Entstehungskontext des Romans siehe Jochen Greven: Nachwort des Herausgebers zu SW 9. S. 335–354 und Von Reibnitz/Groddeck im bereits erwähnten editorischen Nachwort zur KWA I, 2 sowie Ulrich Weber, RWH. S. 96/97.

44 Walser schätzt den Roman dabei auf etwa 400 Druckseiten. Siehe Robert Walser: Werke. Berner Ausgabe. Hrsg. von Lucas Marco Gisi/Reto Sorg/Peter Stocker/Peter Utz. Berlin: Suhrkamp 2018–. Bd. 1: Briefe 1897–1920. S. 139. Die hier verwendete Ausgabe wird im Folgenden mit der Sigle BA angegeben.

45 Vgl. dazu Von Reibnitz/Groddeck im editorischen Nachwort des in der KWA erschienenen Bandes. S. 317.

46 Die autobiographischen Bezüge des Romanstoffs betont Walser gegenüber Carl Seelig mehrfach. Vgl. Seelig: Wanderungen mit Robert Walser. Z. B. S. 14/15.

hohe Bedeutsamkeit anderer Figuren, die wechselnden Schauplätze, die keine Entwicklungsförderung versprechen, sowie die ausgestellte Verweigerungshaltung seines Protagonisten Simon Tanner der bürgerlichen Lebenswelt und ihren Werten gegenüber. Entwicklung findet nicht statt, sie ist stattdessen durchgängiger Reflexionsgegenstand.

In 18 Kapiteln erzählt *Geschwister Tanner*, wie Simon wechselnde Stellen, zumeist als Schreiber, bekleidet und wie er mit seinem Bruder Kaspar, einem Maler, ein Zimmer bei der geheimnisvoll inszenierten Klara Agappaia bewohnt, deren Ehemann als Forscher zumeist auf Reisen ist. Simon unternimmt immer wieder ausgedehnte Spaziergänge und Wanderungen, bekommt Besuch von seinen Geschwistern, ist zeitweise arbeitslos und verbringt drei Monate bei seiner Schwester Hedwig, einer Dorfschullehrerin, auf dem Land, nachdem Klaras Mann das gemeinsam bewohnte Haus im Wald „verspielt" (GT, S. 98) hat. Er arbeitet als Hausdiener bei einer namenlos bleibenden Dame. Er lernt Heinrich, einen Krankenpfleger, kennen, lebt eine Zeit lang gemeinsam mit diesem in den Tag hinein, ist zeitweise in einer ‚Schreibstube für Stellenlose' beschäftigt.

Schon zu Beginn wird Simon als „knabenhafter" (GT, S. 9) junger Mann vorgestellt. An späterer Stelle bezeichnet sein Bruder Klaus – ein honorabler Wissenschaftler mit Doktortitel, der in bürgerlichen Verhältnissen lebt – Simons Lebenssituation als „ein gewisses Suchen in seines jungen Bruders Seele nach Klarlegung seines eigenen Zustandes in Beziehung zur Welt" (GT, S. 69). Damit scheint das mit Goethes *Wilhelm Meisters Lehrjahre* installierte Inventar des Bildungsromans – ein junger Mann sucht seinen Platz in der Gesellschaft – aufgerufen. Bei Walser geht es allerdings um mehr als die Suche nach dem eigenen Lebensentwurf. *Geschwister Tanner* verhandelt die virulentere Frage, welche Optionen dem Einzelnen zur Verfügung stehen, um in einer Gesellschaft (zumindest an ihren Rändern) bestehen zu können und unter welchen Umständen man aus dieser herausfallen kann. Hier verlässt Walsers Roman die Logik einer Konflikterzählung im Rahmen der bürgerlichen Lebenswelt,[47] was in der Darbietung von Schauplätzen der Arbeitslosen- und Armenfürsorge fortgesetzt wird.

---

47 Der von Hegel auf die bekannte Formel eines Konflikts zwischen der „Poesie des Herzens" und der „Prosa der Verhältnisse" gebrachte Stoff des modernen Romans (beide Zitate G. W .F. Hegel: Vorlesungen über die Ästhetik III. In: Ders.: Werke. Hrsg. von Eva Moldenhauer/Karl Markus Michel. Bd. 15. 3. Aufl. Frankfurt am Main: Suhrkamp 1993. S. 393) ist kein allgemeinmenschlicher. Er reflektiert die Entstehung der bürgerlichen Gesellschaft und kann treffend als ein „Widerspruch von bürgerlicher Praxis und bürgerlicher Phantasie" (Meise: Die Unschuld und die Schrift. S. 175) beschrieben werden.

Gegen Ende des Romans wird die Reflexion von Simons existenzieller Suchbewegung erneut aufgenommen, als er um die Weihnachtstage eine Wanderung unternimmt und dabei in ein ‚Kurhaus für das Volk' einkehrt, das an der Stelle von Klaras Haus im Wald, das diese zusammen mit Klaus, Simon und Agappaia bewohnt hatte, errichtet worden ist. Der dortigen Kurhausleiterin erzählt Simon die Geschichte seiner Familie. Sich selbst charakterisiert er als „Horchender und Wartender" (GT, S. 305) vor der „Türe des Lebens" (GT, S. 304) sowie als „Schuldner" (GT, S. 306) der Welt gegenüber. Im prägnanten Bild desjenigen, der „mit wenig Ungestüm" (GT, S. 304) und Entschlossenheit an diese Türe klopft, findet Simon eine adäquate Selbstbeschreibung als auf Dauer gestellter Adoleszent, als ewig ‚Unfertiger'. Der Reiz eines solchen Ich-Entwurfs besteht, wie die Forschung mit Blick auf diese vielfach beachtete Passage des Romans erkannt hat,[48] in der programmatischen Verlängerung der eigenen Potentialität. Solange man wird und noch nicht ist, scheint der eigene Lebensentwurf noch nicht besiegelt. In einer paradox anmutenden Denkfigur erkennt sich Simon als ‚Horchender' bereits „vollendet" (GT, S. 305), zugleich verkündet er: „Es ist mir keineswegs bange, daß aus mir nicht auch noch eine Form wird, aber mich endgültig formen möchte ich so spät als nur möglich." (GT, S. 305).[49] Die Möglichkeit, sich doch noch als ‚Form' herauszubilden, wird damit nicht negiert, sondern lediglich programmatisch hinausgeschoben.

Am Ende der Romanerzählung scheint Simons Aufgabe darin zu bestehen, sich mit seinem dauerhaften Unfertigsein einstweilen anzufreunden. Wenn er sich dagegen als ‚Schuldner' charakterisiert, ist weniger die individuelle Suche nach einer möglichen Lebensweise, sondern ein mutmaßlicher gesellschaftlicher Anspruch an einen jungen Mann ausgedrückt. Der ältere Bruder Klaus und Simons wechselnde Vorgesetzte fungieren immer wieder als Sprachrohre solcher bürgerlich grundierter Vorstellungen von und Erwartungen nach kontinuierlicher Berufstätigkeit, Entschlussfähigkeit und Fleiß. Eine bürgerliche Lebensführung bleibt Simon der Welt, die in ihrer nicht zu befriedigenden Erwartungshaltung an dieser Stelle mit seiner psychisch erkrankten, stets „erzürnten" und „beleidigten" Mutter (GT, S. 306) parallelisiert wird, allerdings in der Tat schuldig.

---

48 Z. B. Dierk Rodewald: Robert Walsers Prosa. Versuch einer Strukturanalyse. Bad Homburg/Berlin/Zürich: Gehlen Verlag 1970. S. 85.

49 Auf die Selbstreflexivität dieser Aussage mit Blick auf den Bildungsroman als ‚Form' wurde an verschiedenen Stellen hingewiesen. Zuletzt durch Caduff in *Revision und Revolte*. S. 134: „Simons Renitenz gegenüber einer endgültigen Formwerdung liest sich zudem als Kontrafaktur von formalen, literaturgeschichtlich eminenten Formzwängen wie beispielsweise dem Bildungs- oder Entwicklungsroman."

Immer wieder lesen sich Simons Selbst- und Fremdbeschreibungen wie ironische Anspielungen auf das moralisch und pädagogisch aufgeladene Entwicklungsmodell des Bildungsromans.[50] Gleichzeitig könnte ihr Abstand zum Bildungsanspruch des 18. Jahrhunderts nicht augenfälliger sein. Hält man sie gegen Wilhelm Meisters sprichwörtliches Begehren, sich „selbst, ganz wie ich da bin, auszubilden“[51], ist klar, dass Simons Versuche, seinen Platz in der Welt zu finden, die im späten 18. Jahrhundert verbreiteten Vorstellungen individueller Vervollkommnungsfähigkeit im Sinne der ‚Perfectibilité‘ weit hinter sich gelassen haben. Klaus beschreibt Simon in seiner Diagnose des gegenwärtigen Lebensabschnitts seines Bruders nicht als einen Entwicklungsfähigen, der eine innere Anlage zu befördern hätte. Simons Situation stellt sich vielmehr als offene Frage dar, die auf Klärung dringt. Der Horchende und zaghaft Klopfende erscheint nicht tatkräftig genug, um ein verantwortungsvoller Bürger zu werden und im Bild des Schuldners wirkt die Möglichkeit einer Harmonisierung individueller Bedürfnisse und gesellschaftlicher Anpassungsforderungen, wie sie der klassische Bildungsroman stets in Aussicht stellt, absurd ins Gegenteil verkehrt. In ihm ist die Idee von Entwicklung als innerem Wunsch vollständig getilgt, es gilt lediglich seine Schulden gegenüber der Gemeinschaft abzuleisten. Walsers *Geschwister Tanner* stellt die grundlegende Frage des Bildungsromans nach den individuellen Entwicklungsmöglichkeiten des Individuums im Kontext einer sich modernisierenden Welt offenbar neu. Es wird zugleich deutlich, dass jedoch gerade ein von spätaufklärerischem Bildungsoptimismus getragenes Erzählmodell, welches vor dem Hintergrund der urbanen, technisierten Moderne des frühen 20. Jahrhunderts veraltet und nicht mehr aussagekräftig erscheint, Walser – wie viele andere Autoren und Autorinnen der Zeit – zu literarischer Produktivität angeregt hat.

---

50 Bei einem Stadtspaziergang zusammen mit einem Bekannten aus der Schreibstube für Stellenlose reflektiert Simon seine Wirkung auf andere folgendermaßen: „Man lebt nicht für sich allein, sondern für alle. Man hat die Verpflichtung, eine musterhafte, stramme Erscheinung zu sein, so lange man beobachtet wird, [...].“ (GT. S. 254). An anderer Stelle imaginiert er sich, noch im Bett liegend, als fleißigen Menschen, der „emsig lernte und lernte, und gar nicht aus dem Lernen herauskäme.“ (GT. S. 231). Der Inhalt dieses Lernens ist für ihn sekundär: „Nur lernen, nur lernen, gleichviel, was!“ (GT. S. 232).

51 Johann Wolfgang Goethe: Wilhelm Meisters Lehrjahre. In: Ders.: Sämtliche Werke. Briefe, Tagebücher und Gespräche. Hrsg. von Friedmar Apel/Hendrik Birus u. a. I. Abteilung, Bd. 9: Wilhelm Meisters Theatralische Sendung, Wilhelm Meisters Lehrjahre, Unterhaltungen deutscher Ausgewanderten. Hrsg. von Wilhelm Voßkamp/Herbert Jaumann. Frankfurt am Main: Deutscher Klassiker Verlag 1992. S. 355–992, hier S. 657.

Simon lehnt Bildung, zumindest in einem bürgerlichen Verständnis, programmatisch ab.[52] Ohne einen genaueren Blick auf die theoretische Fundierung sowie kulturelle Bedeutung des Bildungsmotivs vor dem Hintergrund eines sich im Verlauf der Moderne zwischen 1800 und 1900 wandelnden Bildungsbegriffs lassen sich Walsers komplexe Bezugnahmen auf die Tradition jedoch kaum begreifen. Dabei muss zwischen literarischer Traditionsbildung einerseits und gattungstheoretischer Normierung andererseits differenziert werden. Denn auf der einen Seite entstehen im 19. Jahrhundert beinahe unzählige Bildungsgeschichten um junge Männer, die bei *Wilhelm Meister* in die Schule gegangen sind, auf der anderen Seite versuchen theoretische Beiträge an Goethes Roman einen normierenden Gattungsbegriff zu entwickeln, der dem bis ins 18. Jahrhundert hinein als Unterhaltung oder ‚Schund' diskreditierten Roman insgesamt zu literarischem Ansehen verhelfen soll. Theorie und Geschichte des Bildungsromans stehen insofern in einem Verhältnis der Ungleichzeitigkeit, als dass die als Bildungsromane geltenden Werke an die theoretisch entwickelten formalen Postulate nicht heranreichen.

Die theoretische ‚Gattungskonstituierung' strebt nach Widerspruchsfreiheit, die Romane selbst, sogar der prototypische *Wilhelm Meister*, erzählen jedoch weitaus gebrochenere Bildungsgänge als in der Theorie des Romans dargestellt.[53] Dies wirft die Frage auf, auf welche Entwicklungen Walsers *Geschwister Tanner* eigentlich reagiert: eine Geschichte der Intertextualität zwischen bestimmten Werken oder einen normpoetischen Formdiskurs, der diese reflexiv begleitet. Mit Walter Erhart, der dies für den Familienroman gezeigt hat, stehen Theorie und Literatur des Romans in einem sich wechselseitig reflektierenden Verhältnis. Sie stellen einen „ineinander verwobene[n] Text"[54] dar, insofern als sich beide Bereiche gegenseitig kommentieren und überlagern und dadurch gemeinsam den Roman als System konstituieren. Auch der Bildungsroman lässt sich als System begreifen,[55] in dem Werkgeschichte

52 Dem Krankenpfleger Heinrich gegenüber macht Simon deutlich: „Und dann habe ich auch gar kein Verlangen darnach, Karriere zu machen. Was andern das meiste ist, ist mir das mindeste. Ich kann das Karrieremachen in Gottes Namen nicht achten. Ich mag leben, aber ich mag nicht in eine Laufbahn hineinlaufen, was so etwas Großartiges sein soll." (GT. S. 238).

53 Vgl. Voßkamp: Der Bildungsroman als literarisch-soziale Institution. S. 345 und 349.

54 Walter Erhart: Familienmänner. Über den literarischen Ursprung moderner Männlichkeit. München: Fink 2001. S. 18.

55 Ulrich Broich und Manfred Pfister definieren dies in Abgrenzung zur intertextuellen Referenz auf einen Einzeltext als ‚Systemreferenz'. Siehe dazu Manfred Pfister: Zur Systemreferenz. In: Ulrich Broich/Manfred Pfister (Hrsg.): Intertextualität. Formen, Funktionen, anglistische Fallstudien. S. 52–58, hier S. 53: „Der Prätext, der dabei ins Spiel kommt, ist nicht mehr ein individueller Prätext, sondern wird von Textkollektiva gebildet

und Theoriediskurs erst in ihrem Zusammenwirken das geistesgeschichtlich hoch aufgeladene und verdichtete Paradigma bilden, an dem sich Romane wie *Geschwister Tanner* noch im beginnenden 20. Jahrhundert, einhundert Jahre nach dessen Hochkonjunktur, literarisch abarbeiten. Vor diesem Hintergrund ist Walsers Roman nicht als intertextuelle Auseinandersetzung mit einem oder mehreren Einzeltexten wie Goethes gattungsprägendem *Wilhelm Meister* zu verstehen, unabhängig davon, dass Walser ihn mutmaßlich zur Kenntnis genommen hat, als er an *Geschwister Tanner* arbeitete.[56] Walser verarbeitet den Bildungsroman als Gesamtheit aus Theorie- und Romangeschichte, als Phänomen von Kanonisierung und normpoetischem Diskurs zugleich. Seine kulturelle und literaturästhetische Reflexivität einerseits sowie seine gattungsbildende Autorität andererseits, mithin sein Status als normierter Roman, bieten Walser Bezugspunkt und Schreibanlass und weniger spezifische inhaltliche oder ästhetische Darstellungsgesichtspunkte, die gleichwohl in der Übernahme des gattungskonstitutiven Plots um einen jugendlichen Protagonisten mit aufgerufen werden.[57]

---

oder genauer von den hinter ihnen stehenden und sie strukturierenden textbildenden Systemen."

56 Der Schweizer Schriftsteller Albert Steffen übermittelte die Anekdote, er habe Walser in dieser Zeit besucht und auf seinem Schreibtisch Goethes Roman liegen gesehen. Dies seien wohlgemerkt *Wilhelm Meisters Wanderjahre* gewesen. Steffen vermutet, dass die *Wanderjahre* Walser inhaltlich und formal inspiriert haben: „Er sprach über Goethes Stil, und ich folgerte daraus, daß er die Wanderjahre nicht nur des Inhaltes, sondern auch der Form wegen studierte. Sie waren ihm ein Lehrbuch, das er immer wieder vornahm." (Albert Steffen: Robert Walser: Große kleine Welt. In: Katharina Kerr (Hrsg.): Über Robert Walser. Bd. 1. Frankfurt am Main: Suhrkamp 1978. S. 146–147, hier S. 146).

57 Die Untersuchung konkreter intertextueller Bezüge in Walser Werken ist insgesamt schwierig. Sie steht vor dem Problem, dass Walsers Texte zweifelsohne reich an Anspielungen auf die Literaturgeschichte bekannter Werke sind. Ab der Berner Zeit bearbeitete er zudem immer wieder Motive der sogenannten Trivialliteratur. Vor allem Letzteres hat die Forschung zur Berner Prosa bereits intensiv beschäftigt, wobei ganz unterschiedliche Intertextualitätskonzepte geltend gemacht wurden. Untersuchungen zur Intertextualität bei Walser bieten z. B. Thomas Horst: Probleme der Intertextualität im Werk Robert Walsers. In: Dieter Borchmeyer (Hrsg.): Robert Walser und die moderne Poetik. Frankfurt am Main: Suhrkamp 1999. S. 66–82 und Monika Lemmel: Die Bedeutung Goethes für Robert Walser. Ein Überblick über Textbefund und Forschungslage. In: Goethe-Jahrbuch 112 (1995). S. 339–342. Einen Überblick über die bisher erschienene Forschungsliteratur bietet der Artikel *Intertextualität (Märchen, Trivialliteratur)* (S. 304-309) von Sabine Eickenrodt im RWH. Zugleich versperren sich die intertextuellen Anspielungen Walsers häufig einer hermeneutischen Lesart, die Werk- oder Biographietreue erwartet. Hierauf hat Stefan Willer aufmerksam gemacht. Dazu Stefan Willer: Unter Blättern. Robert Walsers Lektüren. In: Jürgen Gunia/Iris Hermann (Hrsg.): Literatur als Blätterwerk. Perspektiven nichtlinearer Lektüre. St. Ingbert: Röhrig Universitätsverlag 2002. S. 282–300. Für die drei Berliner Romane wurden etwaige Beziehungen zu Prätexten

Als ‚Norm' des Erzählens kann der Bildungsroman allein mit Blick auf seine theoretisch-diskursiv verfasste Seite gelten. Die über hundertjährige Geschichte der theoretischen Diskursivierung eben dieser Romanform als Literatur, deren reüssierte Umsetzung ‚kulturelles Kapital' verspricht, macht den Bildungsroman für Walser zu Beginn seiner Erprobung des Romans interessant. Das geistige Fundament des Bildungsromans bildet der um 1800 „philosophisch-ästhetisch" und „pädagogisch"[58] beispiellos aufgeladene und idealisierte neuhumanistische Bildungsbegriff. Als Erbe dieser Überhöhung, gepaart mit seiner kulturellen Bindung an das Bürgertum des 19. Jahrhunderts als neue Schicht von Gebildeten,[59] erscheint der Bildungsroman als Norm, die noch bis ins 20. Jahrhundert nachwirkt. Die Regeln und Verbindlichkeiten des Bildungsnarrativs sind durch kanonische Werke, die von einer gesellschaftlichen Elite zum Kulturgut erhoben wurden, normativ sanktioniert.[60] Wie die Literaturgeschichte zeigt, hat diese Normierung bereits zur Zeit ihrer theoretischen ‚Kodifizierung' – der Begriff Bildungsroman geht auf Arbeiten des Philologen und Ästhetikers Karl Morgenstern aus den 1820er-Jahren zurück – zu Übertretung und Parodie eingeladen. So erscheint 1819 und 1821 in zwei Bänden E. T. A. Hoffmanns satirischer Roman *Lebens-Ansichten des Katers Murr*. Jan Mukarovsky beschreibt die Erneuerung literarischer Formen als fortlaufende Verletzung ästhetischer Normen, als ‚Aufstand' von Autoren und Autorinnen gegen frühere Generationen von Schreibenden.[61] Die ästhetische Norm steht jedoch immer in einer historisch bedingten gesellschaftlichen und kulturellen Konstellation. In einem Verständnis des Bildungsromans als literarisch-sozialer Institution stehen ästhetische und soziokulturelle Implikationen miteinander in Verbindung. Fragen von Kanonisierung und Wertung, literarischer Vermarktung und Funktionalisierung ebenso wie die sich in der Moderne – insbesondere im Zuge der Industrialisierung in der zweiten Hälfte des 19. Jahrhunderts – rasch verändernden Bedingungen von

noch nicht systematisch in einer größeren Arbeit untersucht, wenngleich hierzu bereits kleinere Beiträge existieren (z. B. Michel Cadot: Robert Walser liest Stendhal. In: Chiarini/Zimmermann (Hrsg.): „Immer dicht vor dem Sturze ...". S. 199–209). Jüngst hat Marc Caduff den Versuch unternommen, die Beziehung zwischen Goethes *Wilhelm Meisters Lehrjahre* und Walsers *Geschwister Tanner* als direkte Einflussgeschichte darzustellen. Vgl. Caduff: Revision und Revolte. S. 145–148.

58 Beide Zitate Rudolf Vierhaus: Bildung. In: Otto Brunner/Werner Conze/Reinhart Koselleck (Hrsg.): Geschichtliche Grundbegriffe. Historisches Lexikon zur politisch-sozialen Sprache in Deutschland. Bd. 1 (A–D). Stuttgart: Ernst Klett Verlag 1974. S. 508–551, hier S. 508.

59 Vgl. Vierhaus: Bildung. S. 525.

60 Vgl. Mukarovsky: Probleme des ästhetischen Werts. S. 4 und S. 6.

61 Vgl. Mukarovsky: Probleme des ästhetischen Werts. S. 5 und S. 15/16.

Leben, Schreiben und Publizieren sind für die Geschichte des Romans von entscheidender Bedeutung.

Als *Geschwister Tanner* erscheint, ist das klassische Bildungskonzept des späten 18. Jahrhunderts längst durch die gesellschaftliche Realität der Moderne eingeholt worden und inhaltlich ausgehöhlt. Bereits im Verlauf des 19. Jahrhunderts verengt sich das neuhumanistische Bildungskonzept, das am Ende des 18. Jahrhunderts besonders maßgeblich durch Herder als umfassende Vorstellung einer individuellen telelogischen Entwicklung und eines universalen Geschichtsverständnisses idealer Progression von ‚Natur, Seele und Geist' vermittelt wurde.[62] Im 19. Jahrhundert wird Bildung in ihrer Bindung an die bürgerlichen gebildeten Schichten zunehmend zum sozialen Statussymbol. Im Kontext eines institutionalisierten Bildungssystems und reglementierter staatlicher Laufbahnen verliert es seinen idealen universalen Anspruch.[63] Im frühen 20. Jahrhundert ist die bürgerliche Bildungsgesellschaft eine Wissensgesellschaft[64] geworden; ihr einstmaliger Zentral- und Identifikationsbegriff bedarf der kritischen Befragung und Revision. Deshalb erfahren Entwicklungserzählungen, die auf die Tradition des Bildungsromans Bezug nehmen – so wie dies vorher bereits die kanonischen Romane des 19. Jahrhunderts getan haben, etwa Novalis' *Heinrich von Ofterdingen* (1802), Eichendorffs *Ahnung und Gegenwart* (1815), Freytags *Soll und Haben* (1855) oder Stifters *Der Nachsommer* (1857) –, eine „Renaissance".[65] Robert Musils *Törless* (1906) und sein *Mann ohne Eigenschaften* (1930/1932), Hermann Hesses *Peter Camenzind* (1904) und *Unterm Rad* (1906) oder Thomas Manns *Zauberberg* (1924) sind diejenigen Romane des frühen 20. Jahrhunderts, die in den kanonischen Arbeiten der germanistischen Forschung zum deutschen Bildungsroman zu direkten Nachfolgern Goethes erklärt wurden.[66] In diesen Kanon wurde Walser nicht eingereiht; die Beziehungen zwischen seiner Literatur und dem Bildungsroman wurden außerhalb der autorbezogenen Forschung somit nicht behandelt.

62 Vgl. Vierhaus: Bildung. S. 515–517.

63 Vgl. Vierhaus: Bildung. S. 525/526.

64 Vgl. Aleida Assmann: Arbeit am nationalen Gedächtnis. Eine kurze Geschichte der deutschen Bildungsidee. Frankfurt am Main/New York: Campus 1993. S. 73/74.

65 Rolf Selbmann: Einleitung. In: Ders. (Hrsg.): Zur Geschichte des deutschen Bildungsromans. Darmstadt: Wissenschaftliche Buchgesellschaft 1988. S. 1–44, hier S. 43.

66 Neben dem von Selbmann herausgegebenen Sammelband *Zur Geschichte des deutschen Bildungsromans* und seiner Arbeit *Der deutsche Bildungsroman*. Stuttgart/Weimar: Metzler 1994 sind weitere zentrale Untersuchungen Jürgen Jacobs: Wilhelm Meister und seine Brüder. Untersuchungen zum deutschen Bildungsroman. München: Fink 1972, Gerhart Mayer: Der deutsche Bildungsroman. Von der Aufklärung bis zur Gegenwart. Stuttgart: Metzler 1992 und Jürgen Jacobs/Markus Krause: Der deutsche Bildungsroman. Gattungsgeschichte vom 18. bis zum 20. Jahrhundert. München: C. H. Beck 1989.

Während der Bildungsroman um 1800 ein Medium darstellt, in dem sich die kulturellen, gesellschaftlichen und ökonomischen Veränderungen der beginnenden Moderne auf komplexe Weise reflektieren lassen, stellt sein Entwicklungsmodell dagegen um 1900 keine wirksamen Darstellungsmittel mehr bereit, um die durch Industrialisierung, Technisierung und Urbanisierung eingeleiteten Transformationsprozesse zu reflektieren. Insbesondere die rationalisierte und bürokratisierte Arbeitswelt, der sprunghafte Bevölkerungsanstieg in deutschen Großstädten und die Steigerung der Reichweite von Massenmedien (Presse, Kino, später das Radio) fordern andere Antworten[67] auf die Krisenerfahrung der Moderne[68] als um 1800. Die Verbreitung der Bildungserzählung um 1900 ist Ausdruck einer Suchbewegung nach einer neuen Form des Romans, die eine literarisch-reflexive Funktion gegenüber den neuen Realitäten – wie sie der Bildungsroman um 1800 noch leisten konnte – unter den veränderten gesellschaftlichen Vorzeichen zu übernehmen vermag. Der Roman besitzt zu diesem Zeitpunkt keine sinngenerierende Kraft mehr, zu Trägern von Bildungskonzepten werden vielmehr – neben anderen Publikationsformen – Literatur- und Kulturzeitschriften, die sich – ähnlich wie einstmals der Roman mit seinem Universalitätsanspruch – bewusst gegen spezialisierte Gegenwartsdiskurse (etwa in Fachzeitschriften) abgrenzen.[69] Walser publiziert in Berlin in renommierten Kunst- und Kulturperiodika wie der *Neuen Rundschau*, *Pan* oder *Kunst und Künstler*, in denen, ungeachtet ihrer Modernität, an klassischen Kunstidealen durchaus festgehalten wird. Gleichzeitig liegen seit dem Naturalismus Programmatiken vor, die eine Kunst und Literatur proklamieren, die sich der modernen Gesellschaft radikal zuwenden. Die Diskurse um Kunst und Literatur um 1900 zeichnen sich damit durch eine

---

67 Laut Voßkamp besitzen der klassische Bildungsbegriff und der Bildungsroman einen „Antwortcharakter" (Voßkamp: Der Bildungsroman als literarisch-soziale Institution. S. 348) gegenüber der Moderne.

68 Vgl. Voßkamp: Der Bildungsroman als literarisch-soziale Institution. S. 34. Für Voßkamp wird die Moderne als Krisenerfahrung im späten 18. Jahrhundert mit der Französischen Revolution „evident" (ebd.). Zur Moderne als Krise im 20. Jahrhundert vgl. auch Konrad H. Jarausch: Die Krise des deutschen Bildungsbürgertums im ersten Drittel des 20. Jahrhunderts. In: Jürgen Kocka (Hrsg.): Bildungsbürgertum im 19. Jahrhundert. Teil IV: Politischer Einfluß und gesellschaftliche Formation. Stuttgart: Klett-Cotta 1989. S. 180–205 oder Hans Mommsen: Die Auflösung des Bürgertums seit dem späten 19. Jahrhundert. In: Jürgen Kocka (Hrsg.): Bürger und Bürgerlichkeit im 19. Jahrhundert. Göttingen: Vandenhoeck & Ruprecht 1987. S. 288–315.

69 Vgl. Gustav Frank/Madleen Podewski/Stefan Scherer: Kultur – Zeit – Schrift. Literatur- und Kulturzeitschriften als ‚kleine Archive'. In: IASL $34^2$ (2009). S. 1–45, hier S. 21.

„Ungleichzeitigkeit"[70] aus, in der Plädoyers für eine progressive Formsprache und Vorstellungen einer bildungsbürgerlichen Hochkultur nebeneinander existieren.

Wie verhält sich nun Walsers Roman *Geschwister Tanner* zur klassischen Erzähltradition vor dem Hintergrund eines Zusammenwirkens von rasanter gesellschaftlicher Modernisierung, entleertem Bildungsbegriff und Romanmodell sowie neuen, programmatischen Darstellungsverfahren im Kontext von Naturalismus, Ästhetizismus, Impressionismus und Décadence? Und wie verhält er sich darüber hinaus angesichts der allgemeinen Suchbewegung nach einer zeitgemäßen Form des Romans, die der Gegenwart des frühen 20. Jahrhundert gerecht zu werden vermag? Die These von der Entwicklungslosigkeit Simons in der Romangeschichte der *Geschwister Tanner* ist in der Forschung zum Topos geronnen. Die Art, in der Walsers Roman dem klassischen Entwicklungsmodell eine Absage erteilt, muss gleichwohl als viel konsequenter und weitreichender begriffen werden, als es die soeben genannte, auf das diegetische Geschehen bezogene Feststellung zu beschreiben vermag. *Geschwister Tanner* reflektiert den umfassenden Verlust literarischer Kompetenz von Sinngenese und Modellhaftigkeit durch die Form des Erzählens, welche der normpoetische Diskurs dem Roman zugeschrieben hatte. Auf dem Spiel stehen damit nicht weniger als die grundlegenden Möglichkeiten des Romans, ein ‚Kulturmodell'[71] bereitzustellen, mit dessen Hilfe sich den überfordernden Modernisierungsprozessen ein positives Ziel in der Zukunft und eine prinzipielle Sinnhaftigkeit abgewinnen lassen. Die klare Abkehr von pädagogischen und modellhaften Ansprüchen an die Literatur rückt Walser in die Mitte der Autoren und Autorinnen,[72] die um

70 Jörg Schönert: Gesellschaftliche Modernisierung und Literatur der Moderne. In: Christian Wagenknecht (Hrsg.): Zur Terminologie der Literaturwissenschaft. S. 393–413, hier S. 402. Für Schönert handelt es sich auch bei den „unzeitgemäße[n] Problemformulierungen" (ebd.) der Literatur und Literaturkritik um Reaktionen auf Modernisierungsprozesse.

71 Für das Bürgertum des 18. Jahrhunderts stellt der Bildungsroman beim Übergang von der alten Ständegesellschaft zur modernen bürgerlichen Gesellschaft ein solches integratives Kulturmodell bereit, über das sich einerseits ein bürgerliches Selbstverständnis und Selbstbewusstsein formulieren und einüben lassen und das es andererseits in seinem Totalitätsanspruch erlaubt, beginnenden gesellschaftlichen Ausdifferenzierungsprozessen mit Ganzheitlichkeitsideen kompensatorisch zu begegnen. Vgl. dazu Voßkamp: Der Bildungsroman als literarisch-soziale Institution. S. 348.

72 Die bekannten germanistischen Arbeiten zum Bildungsroman nennen keine Veröffentlichungen von Frauen, gleichwohl um 1900 viele auch erfolgreiche Romane von Autorinnen erschienen – man denke an Hedwig Dohm, Gabriele Reuter oder Helene Böhlau –, die sich wie die Texte ihrer männlichen Kollegen erkennbar am klassischen Bildungsmotiv abarbeiten, dabei jedoch häufig weibliche Entwicklungsgeschichten im

1900 selbstreflexive Entwicklungsgeschichten vorlegen. *Geschwister Tanner* und andere Romane machen damit nicht allein kenntlich, dass das vormals einflussreiche Bildungsnarrativ vor dem Hintergrund der industrialisierten Moderne nicht mehr überzeugen kann, sondern auch, dass idealisierende und exemplarische Erzählformen insgesamt an ein Ende gekommen sind. Bildung kann umso weniger als „Projekt"[73] verstanden werden – genau wie auch die Idee einer individuellen, inneren Geschichte am Beispiel eines zentralen männlichen Helden (so sind die Grundkomponenten des Bildungsromans seit Friedrich von Blanckenburgs Abhandlung *Versuch über den Roman* von 1774 abgesteckt) nicht mehr verfängt –, je stärker Menschen in industrielle, rationalisierte und bürokratische Arbeitskontexte eingebunden sind.[74] Schon diese grundlegende Struktur einer individuellen Geschichte weiß Walsers *Geschwister Tanner* sinnfällig zu hintertreiben.

Simon Tanner gibt zweifelsohne die Hauptfigur des Romans ab, auch die Literaturkritik hat ihn seit der frühesten Rezeption des Romans in Literaturbesprechungen als solchen erkannt. Gleichwohl ist der Titel des Romans ernst zu nehmen, denn erzählt wird eben auch die Geschichte von Simons Geschwistern, wenn auch weniger ausgreifend. *Geschwister Tanner* besitzt damit Gemeinsamkeiten mit dem Familienroman, der in „Opposition zum Roman des einsamen (männlichen) Heldens [sic!]"[75] steht und häufig als Briefroman umgesetzt wurde.

In zwei Szenen stellt Simon sich selbst in Verbindung mit seinen Geschwistern vor. Zuerst, als er bei Klara Agappaia um ein Zimmer vorstellig wird, ein zweites Mal gegenüber der Vorsteherin im Kurhaus für das Volk. Simon erzählt Klara von dreien seiner Brüder, einem „nicht unbekannten Gelehrten", einem „Spezialisten im Börsenfach" und einem, den er „mehr als einen Bruder" liebe und daher „nichts weiter" über ihn zu erwähnen wisse (alle Zitate GT, S. 27). Während der ‚gelehrte' ältere Bruder Klaus und Kaspar,

---

Kontext von Ehe und Familie oder den Versuch eigener Berufstätigkeit zum Gegenstand haben.

73 Voßkamp: Der Bildungsroman als literarisch-soziale Institution. S. 341.

74 Die Kritik moderner Arbeitsverhältnisse beginnt mit den frühsozialistischen Schriften unter dem Einfluss Henri de Saint-Simons und seiner Schule. Die neue ‚soziale Frage' beschreibt etwa der Nationalökonom Lorenz von Stein als Auseinanderfallen einer angenommenen ursprünglichen Harmonie zwischen Arbeit und Kapital. Vgl. dazu Werner Conze: Arbeit. In: Otto Brunner/Werner Conze/Reinhart Koselleck (Hrsg.): Geschichtliche Grundbegriffe. Historisches Lexikon zur politisch-sozialen Sprache in Deutschland. Bd. 1: A–D. Stuttgart: Ernst Klett Verlag 1974. S. 154–215, hier S. 196–206.

75 Hajnalka Nagy/Werner Wintersteiner: Familiengeschichte/Familiengeschichten. In: Dies. (Hrsg.): Immer wieder Familie. Familien- und Generationenromane in der neueren Literatur. Innsbruck: Studienverlag 2012. S. 9–20, hier S. 10.

der Maler, mit dem Simon eine innige Freundschaft verbindet, in mehreren Szenen des Romans auftreten, wird von Emil, dem Börsenfachmann, nur erzählt.[76] Simon erklärt, seine Geschwister seien über die ganze Welt verteilt, dies sei aufgrund ihrer „etwas schwere[n]" (GT, S. 27) Art die einzig annehmbare Konstellation, obgleich sie einander liebten. Zur Direktorin des Kurhauses meint Simon, er habe vier Geschwister (vgl. GT, S. 296). Hier berücksichtigt er, anders als bei Klara, damit auch seine Schwester Hedwig, die neben Kaspar die bedeutendste Geschwisterfigur darstellt.[77]

Erst in Beziehung zu seinen Geschwistern scheint Simon seine Biographie erzählen zu können. Die genealogische Linie zur vorangegangenen Generation der Familie wirkt dagegen schwach ausgeprägt, obgleich Simon im Rahmen seiner großen Lebenserzählung gegenüber der Kurhausdirektorin ebenfalls die Geschichte seiner Eltern berichtet und von seiner verstorbenen Mutter eine virulente Dynamik ausgeht, die an verschiedenen Stellen einen signifikanten Ausdruck findet.[78] Im Vergleich zu Kaspar, in dem er einen „in sich

---

76 Gegen Ende des Romans wird Simon Zeuge eines Gesprächs zweier junger Männer in einer Kneipe, die sich zufällig über seinen Bruder Emil unterhalten. An dieser Stelle wird deutlich, dass Emil psychiatrisch interniert ist. Es wird erwähnt, dass er seine Börsenberichte zuletzt erdichtete, und zwar „aus einem bereits zerstörten Geiste heraus" (GT. S. 218). Simon schaltet sich schließlich in das Gespräch ein, gibt sich als Bruder Emils zu erkennen und beschreibt dessen Situation vielsagend folgendermaßen: „Er lebt noch, mein Bruder, und kaum ein Mensch denkt jetzt an ihn; denn wer sich wegstiehlt, namentlich an einen so düsteren Ort, wie er, der wird gestrichen aus den Gedächtnissen." (GT. S. 226). Es ließe sich als eine der verschiedenen erzählerischen Inkonsistenzen des Romans, die diesem bereits bei seinem Erscheinen als formale Schwächen ausgelegt wurden, begreifen, dass die Erzählstimme in der Szene eines Spaziergangs der Geschwister (Simon, Kaspar, Klaus und Hedwig) mit Klara und Sebastian nur drei Brüder erwähnt (vgl. GT. S. 74). Bedenkt man Simons spätere Bemerkung, Emil sei aufgrund seiner Internierung aus den Gedächtnissen „gestrichen" worden, gewinnt diese ‚Unterschlagung' allerdings eine gewisse Plausibilität.

77 Simons Besuch bei Hedwig wird über drei Kapitel hinweg erzählt und nimmt damit viel Raum ein. Zudem hält seine Schwester ungefähr in der Mitte der Romanerzählung einen ausgreifenden Monolog, der allein ein komplettes Kapitel in Anspruch nimmt (vgl. dazu GT. Kapitel 8, 9 und 10).

78 So wird die Mutter nicht nur, wie bereits erwähnt, zur Allegorie für Simons Beziehung zur Welt, er küsst z. B. auch ihre Fotografie, die an einer „schmutzigen" (GT. S. 116) Wand seiner Wohnung hängt, nachdem er eine niedergeschriebene Kindheitserinnerung zerrissen hat (vgl. GT. S. 116). Verschiedene Arbeiten beschäftigen sich (häufig psychoanalytisch informiert) mit der Bedeutung der Eltern in *Geschwister Tanner*. Dazu etwa Peter von Matt: Die Schwäche des Vaters und das Vergnügen des Sohnes. Über die Voraussetzungen der Fröhlichkeit bei Robert Walser. In: Klaus-Michael Hinz/Thomas Horst (Hrsg.): Robert Walser. Frankfurt am Main: Suhrkamp 1991. S. 180–198 und Kerstin Gräfin von Schwerin: Ein „innig verbundenes und zusammengewobenes Bild". Robert Walsers Roman *Geschwister Tanner*. In: Beatrice Sandberg (Hrsg.): Familienbilder als Zeitbilder.

abgeschlossenen Menschen" (GT, S. 296) erkennt, beschreibt sich Simon als derjenige in der Geschwisterreihe, der sich „die wenigsten Hoffnungen" (GT, S. 296) im Leben zu machen habe. Nach dem Tod seiner Mutter zu einer Banklehre verpflichtet (vgl. GT, S. 303) stellt Simon die frühe Adoleszenz als Vereinzelung dar, nicht etwa als Entwicklungsprozess, in dem sich der weniger Erfahrene an einen älteren ‚Mentor' halten könne, wie dies in vielen Bildungsromanen dargestellt wird:[79] „Wenn ich so denke, wie wir Kinder, immer eines dem andern nach, so durch mußten, durch den Irrtum und durch die jähe, schnelle Empfindung hindurch, und daß das alle Kinder der Erde müssen, mit so viel jugendlicher Gefahr, so möchte ich die Kindheit nicht so voreilig preisen, und doch preisen; denn sie ist doch eine kostbare Erinnerung." (GT, S. 304).

Simon erscheinen die Erlebnisse der Jugend als eine Kette von ‚Irrtümern' und ‚Empfindungen', die jede und jeder für sich erlebe. Die Kindheit ist lediglich eine – wenn auch kostbare – Erinnerung, nicht eine Etappe auf dem Weg zum reiferen, geläuterten Individuum. Indem die Beziehung zu den Eltern nur in Erzählungen thematisiert wird und ihre Bedeutung für Simons aktuelle Lebenssituation immer nur latent bleibt, die Geschwister hingegen über weite Strecken des Romans präsent sind und auch darüber hinaus mit Simon in direktem Kontakt stehen, wird die Gegenwart in der Romanerzählung deutlich aufgewertet. In der horizontalen Gleichordnung der über die Welt verteilten Geschwister wird die vertikale genealogische Linie, die sowohl für den Bildungs- als auch den Familienroman[80] bedeutsam ist, aufgebrochen.[81] Der Konflikt mit der Figur des Vaters, der im klassischen Bildungsroman die

Erzählte Zeitgeschichte(n) bei Schweizer Autoren vom 18. Jahrhundert bis zur Gegenwart. Berlin: Frank & Timme 2010. S. 105–120.

79 Das ‚Mentorenmodell', das stilbildend in *Wilhelm Meisters* Turmgesellschaft umgesetzt wird, ist konstitutiv für die Bildungsromane des 19. Jahrhunderts. Peter von Matt hat darauf hingewiesen, dass dieses Lernmodell in *Geschwister Tanner* (und den anderen Berliner Romanen) nicht mehr greife, begründet dies jedoch weitgehend biographisch-psychoanalytisch. Vgl. dazu Von Matt: Die Schwäche des Vaters und das Vergnügen des Sohnes. S. 196–198.

80 Der Generationenroman ist eine Untergattung des Familienromans. Zur Unterscheidung siehe Matteo Galli/Simone Costagli: Chronotopoi. Vom Familienroman zum Generationenroman. In: Dies. (Hrsg.): Deutsche Familienromane. Literarische Genealogien und internationaler Kontext. München: Fink 2010. S. 7–20, hier S. 8/9.

81 Vgl. Dagmar Bruss: Geschwister, Geschwisterlichkeit und Serien bei Robert Walser. In: Ulrike Schneider/Helga Völkening/Daniel Vorpfahl (Hrsg.): Zwischen Ideal und Ambivalenz. Geschwisterbeziehungen in ihren soziokulturellen Kontexten. Frankfurt am Main: Peter Lang 2015. S. 221–237, hier S. 221/222.

Identitätssuche des männlichen Protagonisten initiiert und begleitet,[82] ist bei Walser der Erinnerung an einen gegenüber der Mutter „machtlos[en]“ (GT, S. 302) Mann gewichen, der als Lebensmittelhändler (vgl. GT, S. 221) anscheinend einen sozialen Abstieg erlebte und nun im Alter ein „karges“ (GT, S. 27) Leben fristet. Die horizontale Geschwisterkonstellation gibt dem Roman ein gegenwartsfokussiertes Gepräge, das an den Entwurf eines neuen Romans des ‚Nebeneinanders‘ des jungdeutschen Schriftstellers Karl Gutzkow aus der Mitte des 19. Jahrhunderts erinnert. Im Vorwort zu seinem kolossalen neunbändigen Romanwerk *Die Ritter vom Geiste* (1850/1851) erteilt Gutzkow dem „Roman von früher“, der ein „Nacheinander kunstvoll verschlungener Begebenheiten“[83] präsentiere, eine Absage und plädiert stattdessen für einen Roman, der seine Totalität aus einer größtmöglichen Aufnahme von Wirklichkeitseindrücken gewinne,[84] die eine horizontale Zeitdarstellung erforderlich mache.[85]

Die Raummetaphern, die Gutzkow für die Beschreibung eines seiner Ansicht nach zeitgemäßen Romans nutzt, treffen sich mit der Bildlichkeit, die Simon wählt, wenn er die Konstellation der Geschwister als „zerstreut auf dieser runden, weiten Welt“ (GT, S. 27) beschreibt. Wie bereits Gutzkows Entwurf verabschiedet das Bild der über die Welt verteilten Geschwister die Betonung von Zeitlichkeit, die das Entwicklungsmodell des Bildungsromans bestimmt.[86] Zugleich bezieht sich die horizontale Figurenanordnung reflexiv auf die Art sozialer Beziehungen in der Moderne, die nicht mehr vorbestimmt und räumlich begrenzt sind. Im Zeitalter urbaner und internationaler

82 Bekanntermaßen ist in Goethes Roman Wilhelms Liebe zum Theater dessen Vater ein Dorn im Auge. Wilhelm selbst wird erst zum ‚Meister‘ als er die Vaterschaft für seinen Sohn Felix anerkennt.

83 Beide Zitate Karl Ferdinand Gutzkow: Vorwort. In: Ders.: Die Ritter vom Geiste. Roman in neun Büchern. Hrsg. von Thomas Neumann. Frankfurt am Main: Zweitausendundeins 1998. S. 5–12, hier S. 9.

84 Gutzkows Anspruch eines totalen Realismus ist erzählerisch nicht einlösbar. Einen Roman, der minutiös keine Begebenheit auslässt, würde auch niemand lesen wollen. Dennoch dient die Vorstellung einer Erzählung, die nicht selektiv auf prägnante Momente hin zuspitzt seiner Konzeption als Annäherungswert. Dazu Gutzkow: Vorwort. S. 10: „Kein Abschnitt des Lebens mehr, der ganze runde, volle Kreis liegt vor uns; der Dichter baut eine Welt und stellt seine Beleuchtung der der Wirklichkeit gegenüber.“

85 Siehe Gutzkow: Vorwort. S. 10: „Da liegt die ganze Welt! Da ist die Zeit wie ein ausgespanntes Tuch!“

86 Darauf macht Voßkamp unter Bezugnahme auf Reinhart Kosellecks These der „Verzeitlichung“ von Erfahrung in der Moderne aufmerksam. Voßkamp: Gattungen als literarisch-soziale Institutionen. S. 37.

Mobilität[87] stehen soziale Kontakte im Zeichen einer „potentielle[n] Vielzahl von Beziehungen"[88]. Die Geschwisterbeziehung repräsentiert bei Walser damit nicht mehr nur die Familie im eigentlichen Sinne,[89] sondern auch die Qualität sozialer Kontakte zu Beginn des 20. Jahrhunderts.[90] Die Geschwister stehen, wie Simon immer wieder betont, in einem kameradschaftlichen Verhältnis zueinander. Dies betrifft nicht allein seine enge Beziehung zu Kaspar, sondern auch seinen Kontakt zu Hedwig.[91]

Auch den Geschwistern und anderen Figuren des Romans wird eine ‚Bildungsgeschichte' zuerkannt. Hedwig beschäftigt wie Simon und die anderen Brüder die Frage nach dem eigenen Platz in der Welt.[92] Insbesondere ihre berufliche Tätigkeit steht dabei im Zentrum. Simon erzählt sie, sie wolle ihre Stelle als Dorfschullehrerin aufgeben und als Erzieherin bei einer reichen italienischen Dame arbeiten (vgl. GT, S. 156). In seiner an die Kurhausleiterin gerichteten Erzählung beleuchtet Simon die Geschichte des Aufwachsens seiner Mutter, die wie ein komprimierter ‚Bildungsroman' erscheint.[93] In einem Traum, in dem Klara als Zauberin Simons Geschwister

87 Während Simons vorübergehender Anstellung in einer Bank wird ein Teil der Mitarbeiterinnen und Mitarbeiter dort als junges, internationales Angestelltenmilieu beschrieben: GT. S. 34: „Es gab da etliche junge, elegante Korrespondenten, die vier bis sieben Sprachen schreiben und sprechen konnten. Diese schieden sich durch ihr feineres, ausländisches Wesen von dem übrigen Rechnervolk aus. Sie waren schon auf Meerschiffen gefahren, kannten die Theater in Paris und New-York, hatten in Jokohama die Teehäuser besucht und wußten, wie man sich in Kairo vergnügte."

88 Bruss: Geschwister, Geschwisterlichkeit und Serien bei Robert Walser. S. 225.

89 Wie Nagy und Wintersteiner am Beispiel Kafkas und Thomas Manns zu bedenken geben, verliert sich das Familiennarrativ in der Literatur des frühen 20. Jahrhunderts oder es gerät in die Krise. Vgl. Nagy/Wintersteiner: Familiengeschichte/Familiengeschichten. S. 10.

90 Bruss: Geschwister, Geschwisterlichkeit und Serien bei Robert Walser. S. 235.

91 Während seines ausgedehnten Besuchs bei Hedwig schreibt Simon eine Skizze mit dem Titel *Landleben*. Darin schildert er das vorübergehende Zusammenleben der beiden Geschwister – ähnlich wie in Bezug auf Kaspar – als Freundschaft, die ein rein verwandtschaftliches Verhältnis qualitativ überbiete. Vgl. dazu GT. S. 138.

92 Alle jungen männlichen Figuren des Romans sind als Suchende charakterisiert. Im fünften Kapitel wird die Geschichte Sebastians erzählt, der ein Dichter und Hedwigs Freund ist. Mit sechzehn Jahren brennt er nach Paris durch, um vier Jahre später wieder bei seinen Eltern zu wohnen und dort lesend und wandernd in den Tag hineinzuleben (vgl. GT. S. 74). Kaspar, der Maler, führt ebenfalls ein unangepasstes Künstlerleben. Einzig der ältere Klaus zählt zur situierten älteren Generation, die einem bildungsbürgerlichen Lebensentwurf gerecht werden können. Er wird allerdings durchweg als unglücklicher Mensch beschrieben.

93 Dazu GT. S. 301: „Meine Mutter war als Mädchen unglücklich und schlecht bestellt gewesen. Sie kam aus dem abgelegenen Gebirge zu ihrer Schwester, meiner Tante, in die Stadt, wo sie beinahe Magdsdienste verrichten mußte. Als Kind ging sie in einen weiten,

in charakteristischen Posen vorführt, erscheint die Lebenssuche der jüngeren Familienmitglieder allegorisch verdichtet. Kaspar malt in einem Atelier „ganz versunken" (GT, S. 208) in seine Arbeit, er wird von Klara als „Schaffender" (GT, S. 208) vorgestellt, der nur für die Kunst lebe. Hedwig liegt als Tote auf einem Bett aufgebahrt; Klara beschreibt auch sie als Suchende nach einem eigenen Lebensentwurf, den sie allerdings aufgrund ihrer Jugend zu Lebzeiten nicht gefunden habe: „Sie geht, ohne auf die Frage der Welt: ‚Warum kommst du nicht?' geantwortet zu haben." (GT, S. 207). Die Bildungsfrage verteilt sich auf diese Weise wie durch ein Prisma verstreut auf viele Figuren, anstatt sich in der Geschichte des Protagonisten zu konzentrieren. Damit ist Friedrich von Blanckenburgs nachhaltig von der Romantheorie übernommene Idee des zentralen Romanhelden[94] strukturell ausgehebelt. Dies ist allerdings nicht als generelle Absage Walsers an das klassische Strukturmodell zu werten. Indem er diesem eine Geschwistererzählung entgegensetzt, macht er es

---

tief mit Schnee bedeckten Weg in die Schule, und ihre Schulaufgaben machte sie in einer kleinen Stube, bei einem armseligen Lichtstümpfchen, daß ihr die Augen weh taten, weil sie die Buchstaben im Buch kaum lesen konnte. Ihre Eltern waren nicht gut zu ihr, so lernte sie früh die Schwermut kennen und stand, als sie Mädchen war, eines Tages an ein Brückengeländer angelehnt und dachte darüber nach, ob es nicht besser wäre, in den Fluß hinab zu springen. Man muß sie vernachlässigt, hin und her geschoben und auf diese Art mißhandelt haben." Siehe dazu weiterhin Schildmann, die die Erzählung der Lebensgeschichten der Figuren des Romans als „miniaturisierte Form des biographischen Narrativs" beschreibt. Schildmann: Poetik der Kindheit. S. 275.

94 Vgl. Friedrich von Blanckenburg: Versuch über den Roman. Faksimiledruck der Originalausgabe von 1774. Hrsg. von Eberhard Lämmert. Stuttgart: Metzler 1965. S. 324–336. Die Gleichordnung der Geschwister, die Walsers Roman vornimmt, ist insofern mit Blick auf die Tradition und ihre Rezeption entscheidend, als ein (auch geschlechter-)asymmetrisches Verhältnis von Haupt- und Nebenfiguren immer wieder einen zentralen Bestandteil der Kodifizierungsversuche des Bildungsromans darstellt. Für Karl Rosenkranz, Philosoph und Schüler Hegels, ist die „Geschlechtliebe" im Bildungsroman rein funktional auf den Protagonisten ausgerichtet. Die Frau unterstütze ihn dabei, sich zu vervollkommnen und „frei" zu werden. Die weiblichen Nebenfiguren müssen in diesem Prozess notwendigerweise weniger ausdifferenziert sein, da sie lediglich als Hilfsmittel dienen: „Darum ist es für den Roman nothwendig daß die übrigen Individuen, mit welchen das Subject in Berührung kommt, schon bestimmt seien, weil sie außerdem weniger fähig sein würden, denselben Stoff zur Bildung zu geben." (Rosenkranz: Einleitung über den Roman, 1827, zitiert nach Selbmann: Zur Geschichte des deutschen Bildungsromans. S. 100–115, hier S. 101 und S. 107). Auch in germanistischen Beiträgen des 20. Jahrhunderts hält sich ein solches Verständnis der Figurenbeziehungen im Bildungsroman als weibliche Subordination gegenüber einem männlichen Helden hartnäckig. Als aussagekräftig kann hierfür Hans Heinrich Borcherdts Artikel im *Reallexikon der deutschen Literaturgeschichte* gelten. Siehe Hans Heinrich Borcherdt: Bildungsroman. In: Werner Kohlschmidt/Wolfgang Mohr (Hrsg.): Reallexikon der deutschen Literaturgeschichte. 2. Auflage. Bd. 1: A–K. Berlin 1958. S. 175–178.

vielmehr einer erneuten literarischen Auseinandersetzung zugänglich, die dessen Grenzen für die Gegenwart auslotet. In einer Bewegung von Inspiration und Abgrenzung zugleich, das heißt in „intertextuelle[r] Revision“[95], schreibt sich Walser so in die Gattungsgeschichte ein.

*Geschwister Tanner* reflektiert darüber hinaus weitere Eigenschaften des Bildungsromans. In der Charakterisierung der Geschwister als Suchende wird eine Moderne-Utopie Walsers angedeutet, die in besonderer Weise an die Zeitreflexion des Bildungsromans erinnert, dabei jedoch einen ganz anderen Gegenwartsbezug aufmacht. Indem sie die „Geschichte des ‚inneren Werdens“[96] ihrer jeweiligen Hauptfigur präsentieren, projizieren die klassischen Bildungsromane des späten 18. und frühen 19. Jahrhunderts individuelle und gesellschaftliche Verbesserungsmöglichkeiten in die Zukunft. Neben der Reflexion der politischen und gesellschaftlichen Realitäten um 1800 besteht die Leistung des Bildungsromans darin, einen literarischen Gegenentwurf zu diesen Realitäten zu präsentieren, das heißt im imaginären Ergründen einer anderen Gesellschaftsordnung.[97] Bis ins späte 19. Jahrhundert stehen die Ideen individuell-freiheitlicher Entwicklung, wie sie der neuhumanistische Bildungsbegriff vorsieht, noch in krassem Gegensatz zu den realen Möglichkeiten politischer Einflussnahme und Selbstbestimmung des deutschen Bürgertums. Im Perfektibilisierungsnarrativ entwirft der Bildungsroman eine „Zeitutopie“[98], deren Ziel die individuelle und gesellschaftliche Vervollkommnung ist.[99] Bildung und Selbstbestimmung können auf diese Weise als „Projekt“[100] formuliert werden. *Geschwister Tanner* nimmt das utopische Moment des Bildungsromans auf, allerdings nicht als auf die Zukunft bezogene ‚Zeitutopie‘, sondern als ‚Gegenwartsutopie‘. Gerade die durch die Moderne um 1900 eingeleiteten Veränderungen hin zur Massengesellschaft faszinieren Simon; in ihnen erblickt er die Chance auf eine Gesellschaft der Gleichen. Damit formuliert der Roman seine Utopie nicht gegen die Moderne, sondern mit ihr. Deutlich wird Simons modernisierungseuphorische Haltung mit Blick auf verschiedene Reflexionen, die er beim Anblick der Menschen in der Stadt anstellt.

Während er einer vorübergehenden Tätigkeit bei einem Advokaten nachgeht, besucht er seine Freundin Rosa und erzählt ihr begeistert von seiner Arbeit: „Wenn ich morgens um acht Uhr zur Arbeit gehe, fühle ich mich so

95 Marc Caduff: Revision und Revolte. S. 22.
96 Voßkamp: Der Bildungsroman als literarisch-soziale Institution. S. 338.
97 Vgl. Voßkamp: Der Bildungsroman als literarisch-soziale Institution. S. 338.
98 Voßkamp: Der Bildungsroman als literarisch-soziale Institution. S. 338.
99 Vgl. Voßkamp: Der Bildungsroman als literarisch-soziale Institution. S. 338/339.
100 Voßkamp: Der Bildungsroman als literarisch-soziale Institution. S. 341.

schön verwandt mit allen denen, die ebenfalls morgens um acht Uhr anzutreten haben. Welche große Kaserne, dieses moderne Leben! Und doch wie schön und gedankenvoll ist gerade diese Einförmigkeit." (GT, S. 23). Die Kaserne beschreibt hier sprechend die Uniformitätsprozesse und -zwänge, die die moderne Arbeitswelt und Gesellschaft um 1900 kennzeichnen. Auch im *Gehülfen*-Roman erscheint das Militär als Metapher auf die Uniformität in der Moderne, als dessen Protagonist Joseph Marti einen zweitägigen Militärarrest abzusitzen hat.[101] In *Jakob von Gunten* tritt die Gleichförmigkeit der Massengesellschaft in der einheitlichen Bekleidung der Institutszöglinge bei ihren Putztätigkeiten zu Tage, die Jakob als „Uniformen" (JvG, S. 9) bezeichnet.

Ab der zweiten Hälfte des 19. Jahrhunderts wird Uniformität zunehmend zu einem soziokulturellen Phänomen. Im Zuge fortschreitender Industrialisierung wird die Maschine zum Symbol entindividualisierter Gleichförmigkeit.[102] Großstädte werden zu Ballungszentren, in denen durch die schnelle und zunehmend massenmediale Verbreitung von Modephänomenen das ‚Aufgehen in der Masse' gleichermaßen zum Bedrohungsszenario wie zum Sehnsuchtstopos des Individuums wird. Uniformitäts- und Standardisierungsentwicklungen finden aber auch in Wirtschaft, Konsum, Kunst und Kultur statt.[103] Walsers *Geschwister Tanner* verhandelt genau jene Ungleichzeitigkeit dieser beiden Seiten moderner Vereinheitlichungsphänomene im Kontext von Technisierung, Urbanisierung und massenmedialer Kommunikation, die auch literarische und kulturkritische Diskurse um 1900 zum Gegenstand machen.[104] Wiederkehrend empört sich Simon über die körperfeindlichen und den Geist degenerierenden Arbeitsbedingungen seiner Schreibertätigkeit,[105] in der ver-

101 Der Gefängnisaufenthalt ist durch Stumpfsinn und Langeweile gekennzeichnet, ganz ähnlich wie die häufig bei Walser als stupide beschriebene Arbeit im Büro.

102 Vgl. Gabriele Mentges: Die Angst vor der Uniformität. In: Gabriele Mentges/Birgit Richard (Hrsg.): Schönheit der Uniformität. Körper, Kleidung, Medien. Frankfurt am Main/New York: Campus Verlag 2005. S. 17–42, hier S. 27.

103 Vgl. Gabriele Mentges/Birgit Richard: Schönheit der Uniformität. Zur kulturellen Dynamik von Uniformisierungsprozessen. In: Dies. (Hrsg.): Schönheit der Uniformität. S. 7–13, hier S. 9.

104 Während Décadence und Fin de Siècle die Moderne noch in Ohnmachts- und Untergangsszenarien malen, tritt mit Marinettis berühmtem *Futuristischen Manifest* von 1909 (im selben Jahr wie Walsers *Jakob von Gunten* erschienen) eine radikale und blindeuphorische Parteinahme für Technisierung, Beschleunigung und Militarismus auf den Plan. In deutscher Übersetzung erscheint sein Manifest 1912 in der expressionistischen Zeitschrift *Der Sturm*.

105 Nach seiner Entlassung aus der Bank hält Simon seinem ehemaligen Vorgesetzten eine aufsässig-flammende Rede gegen die mechanischen Arbeitsabläufe dort, in der er betont, nicht „dazu geschaffen" zu sein, eine „Schreib- und Rechenmaschine" (GT. S. 41) abzugeben. Die Büroszenen in *Geschwister Tanner* weisen auf Walsers *Gehülfen*-Roman voraus.

einheitlichten und rationalisierten Welt der Büromenschen scheint für ihn allerdings auch etwas Positives zu liegen. Seine Kolleginnen und Kollegen im Bankhaus betrachtet er bei ihrer Arbeit mit merkwürdig idealisierendem Blick: „Diese Leute schrieben alle mit emsigen Fingern, rechneten mit Rechnungsmaschinen, auch wohl bisweilen mit ihren Gedächtnissen, dachten mit ihren Gedanken und machten sich nützlich mit ihren Kenntnissen." (GT, S. 34). Für die soziale Binnendifferenzierung innerhalb der Angestelltenschaft ist Simon durchaus sensibel, dennoch fasziniert ihn die Dynamik des Büros eher, genau wie die abstrakte Macht des Finanzkapitals, die durch den unsichtbar-anonymen Chef der Bank repräsentiert wird (vgl. GT, S. 34/35).

An anderer Stelle drückt Simon verklärte Gefühle sozialer Verbundenheit aus, wenn er über die moderne Standardisierung des Arbeitstags nachdenkt. Nachdem ihm im Bankhaus gekündigt wurde, begreift er es als Feigheit, jeden Morgen um acht Uhr zur Arbeit anzutreten (vgl. GT, S. 41). Andererseits wird ihm genau dies zur Sehnsuchtsvorstellung. Die Gleichförmigkeit moderner Arbeit besitzt für Simon die Qualität einer abstrakten Verbundenheit: Alle machen das Gleiche und werden dadurch gleich. Dafür steht seine Vorstellung der Moderne als ‚Kaserne'. Die Uniformität der Moderne trägt in diesem Bild zur Ermöglichung einer sozialen Entdifferenzierung bei. Standardisierung kann hier potentiell zu mehr Gleichheit führen. Die soziale Gleichheitsutopie, die in Simons Gedanken zur Moderne als Kaserne aufscheint, erscheint jedoch auch ironisch gebrochen. Allein durch seine inkonsistente, wechselvolle Beurteilung der Arbeitswelt, die – je nachdem, ob er gerade einer beruflichen Tätigkeit nachgeht oder arbeitslos ist – von fundamentaler Ablehnung bis zu überschwänglichem Lob reicht, sind der Glaubwürdigkeit seiner Modernebegeisterung Grenzen gesetzt. Dennoch entwirft der Roman – und in dieser Tendenz ähneln sich Walsers Berliner Romane – einen Blick auf die moderne Industrie- und Massengesellschaft, der von Optimismus getragen ist und stärker die Potentiale der Entwicklungen um 1900 erkennt als ihre Verwerfungen und Bedrohungen für das Individuum.[106] Simons Gleichheitsutopie wird in der Gleichwertigkeit der Hauptfiguren als Geschwister gespiegelt.[107]

---

In diesem rückt Walser die Angestelltentätigkeit ins Zentrum der Romanerzählung. Zur Angestellten-Thematik siehe ausführlich Kapitel 3.1.2 dieser Arbeit.

106 Die Idealisierung der Moderne ist in *Jakob von Gunten* am stärksten ausgeprägt und wird daher in Kapitel 4. Dieser Arbeit vertieft.

107 Die Forschung hat den Roman *Geschwister Tanner*, insbesondere dessen Schlussszene, verschiedentlich als literarische Utopie diskutiert. Zuerst Jochen Greven, der eine „humane Utopie" in allen drei Berliner Romanen ausmacht. Dazu Greven: Existenz, Welt und reines Sein im Werk Robert Walsers. S. 96–100, hier S. 96. Für Peter Utz hat das „wechselseitige[…], identitätsstiftende[…] Zuhören[…]" von Simon und der Kurhausleiterin eine

Im Folgenden stelle ich dar, wie sich Walsers Erproben einer zeitgemäßen Romanform als Auseinandersetzung mit der Geschichte und den Theoretisierungsversuchen des Romans begreifen lässt. Dabei soll zuerst geklärt werden, mit welchen Kodifizierungs- und Abgrenzungsgesten die Theorie den Bildungsroman als Gattungsnorm festschreibt, die *Geschwister Tanner* reflektiert. Die neuhumanistische Idee individueller Selbstvervollkommnung, die den Bildungsroman bis ins 20. Jahrhundert hinein prägt, besitzt bei Walser keine Gültigkeit mehr. Und dennoch nimmt Walser zentrale Ingredienzen der bürgerlichen Bildungserzählung in der Nachfolge Goethes auf. In Simon Tanners Abbrüchen der Erwerbstätigkeit zeigt sich ein Abstand zur metaphorisch-modellhaften Indienstnahme von Arbeit im bürgerlich-realistischen Roman.

### 2.1.2 *Zur historischen Diskussion um den Bildungsroman*

In seinen beiden Schriften *Über das Wesen des Bildungsromans* (1820) und *Zur Geschichte des Bildungsromans* (1824) begründet der an der Universität Dorpat lehrende Philologe Karl Morgenstern in der ersten Hälfte des 19. Jahrhunderts den Bildungsroman als Gattung. Er etabliert einen Gattungsbegriff,[108] der bereits in den 1770er-Jahren als Merkmalskatalog bestimmter Romanformen behauptet, gleichwohl noch nicht als solcher benannt wird.[109] Der theoretische Diskurs um den Bildungsroman ist stark normativ. Seine Kodifizierungsversuche beginnen mit Friedrich von Blanckenburgs Abhandlung *Versuch über den Roman* (1774). Blanckenburg, der seinen Romanbegriff am Beispiel von Wielands *Agathon* (1766/1767) entwickelt,[110] leitet eine wirkmächtige Gattungsnormierung ein, die der bis dato (im Gegensatz zu Lyrik

---

utopische Qualität. Dazu Utz: Tanz auf den Rändern. S. 251. Vgl. auch Dagmar Bruss, die in Simons Erzählung seiner Lebensgeschichte am Ende des Romans ebenfalls eine „Utopie universaler Geschwisterlichkeit" angedeutet sieht. Dazu Bruss: Geschwister, Geschwisterlichkeit und Serien bei Robert Walser. S. 234. Auch Dagmar Grenz diskutiert eine Szene des Romans – es wird darin ausgreifend ein Traum Simons, der in Paris spielt, erzählt – als Utopie. Vgl. Grenz: Die Romane Robert Walsers. S. 63.

108 Vgl. Voßkamp: Der Bildungsroman als literarisch-soziale Institution, S. 340.

109 Übersichten zur gut aufgearbeiteten Theoriegeschichte des Bildungsromans bieten Wilhelm Voßkamp: Romantheorie in Deutschland. Von Martin Opitz bis Friedrich von Blanckenburg. Stuttgart: Metzler 1973, Eberhard Lämmert: Romantheorie. Dokumentation ihrer Geschichte in Deutschland seit 1880. 2. Aufl. Königstein/Taunus: Athenäum 1984 und Hartmut Steinecke (Hrsg.): Romanpoetik von Goethe bis Thomas Mann. Entwicklungen und Probleme der ‚demokratischen Kunstform' in Deutschland. München: Fink 1987.

110 Zu Blanckenburgs *Agathon*-Rezeption vgl. Kurt Wölfel: Friedrich von Blanckenburgs „Versuch über den Roman". In: Reinhold Grimm (Hrsg.): Deutsche Romantheorien. Bd. 1. Frankfurt am Main: Fischer Athenäum Taschenbücher 1974. S. 29–60.

und Drama) normpoetisch nicht beschriebenen Form des Romans eigentlich entgegensteht. Blanckenburg legt den Roman auf die „innre Geschichte“[111] einer Hauptfigur fest. Es leuchtet ein, dass in dieser Fokussierung auf innere Vorgänge (nach Blanckenburg sollen die Figuren außerdem psychologisch und biographisch ‚wahr‘, das heißt schlüssig, entworfen sein)[112] die historisch-gesellschaftliche Situiertheit der Hauptfiguren von geringerem Interesse ist. Für Karl Morgenstern und alle auf ihn folgenden Theoretiker des Bildungsromans – z. B. G. W. F. Hegel, Karl Rosenkranz, Wilhelm Dilthey, Georg Lukács – stellt Goethes *Wilhelm Meisters Lehrjahre* die idealtypische Verwirklichung des Bildungsromans dar.

Goethes *Wilhelm Meister* spielt für die Theorie des Romans insgesamt eine Schlüsselrolle. Bis ins 20. Jahrhundert hinein bleibt die Debatte um die Form des Romans in weiten Teilen an ihn gebunden. Für Wilhelm Dilthey ist der Bildungsroman, den er bei Goethe, Jean Paul, Tieck, Novalis und Hölderlin ästhetisch vorbildlich umgesetzt sieht, die Geschichte eines Jünglings, der „in glücklicher Dämmerung in das Leben eintritt, nach verwandten Seelen sucht, der Freundschaft begegnet und der Liebe, wie er nun aber mit den harten Realitäten der Welt in Kampf gerät und so unter mannigfaltigen Lebenserfahrungen heranreift, sich selber findet und seiner Aufgabe in der Welt gewiß wird.“[113] Auch Diltheys Idee des Romans ist noch dem spätaufklärerischen Bildungsbegriff und dessen im Bildungsroman verwirklichten Entwicklungsmodell verpflichtet. Daran wird deutlich, wie viel Überzeugungskraft die klassische Bildungsidee auch um 1900 noch besitzt. Der Schriftsteller Christian Morgenstern, Walsers Lektor bei Cassirer, war dem Denken in neuhumanistischen Kategorien offenbar ebenfalls nicht abgeneigt. Im November 1906 schreibt er an seinen Vorgesetzten Bruno Cassirer,[114] um diesen vom Talent des zu diesem Zeitpunkt noch unbekannten jungen Walsers, dessen Manuskript er gerade betreute, zu überzeugen. Schon seit April 1906 korrespondierte Morgenstern

---

111 Von Blanckenburg: Versuch über den Roman. S. 392.

112 Vgl. Von Blanckenburg: Versuch über den Roman. S. 437/438.

113 Wilhelm Dilthey: Das Erlebnis und die Dichtung. Lessing, Goethe, Novalis, Hölderlin. In: Ders.: Gesammelte Schriften. Bd. XXVI. Hrsg. von Gabriele Malsch. Göttingen: Vandenhoeck & Ruprecht 2005. S. 252.

114 Ausführlich zu Morgensterns Korrespondenz mit Walser und Cassirer während seines Lektorats von *Geschwister Tanner* vgl. den bereits erwähnten Aufsatz Jochen Grevens *Robert Walser und Christian Morgenstern. Zur Entstehungsgeschichte von Walsers frühen Romanen.* Christian Morgensterns Briefe an Cassirer sind in der von Peter Stocker und Bernhard Echte besorgten dreibändigen Ausgabe von Walsers Briefen, die im Rahmen der neuen Berner Ausgabe von Walsers Werken erschienen ist, dokumentiert. Zur Briefkorrespondenz Morgensterns mit Cassirer siehe BA 3 (Briefe, Nachwort und Anhang), S. 83–90.

mit Cassirer in Sachen Walser und schilderte ihm seine Leseeindrücke der *Geschwister Tanner*. Morgenstern verkauft Cassirer dabei seinen Schützling als „Genie", das gleichwohl noch unreif sei und Schliff benötige.[115] In seinem Brief von November hält er an dieser Mischung aus Bewunderung und Paternalismus in der Beschreibung Walsers fest und malt sie sogar mit noch kräftigeren Farben aus.[116] Dazu zitiert er Cassirer einen Auszug aus seinem Notizheft, in dem er Walser als „Jüngling" begreift, diesem aber gleichzeitig einen Reifungsprozess zum erfolgreichen Schriftsteller prophezeit. Morgensterns Worte hätten dabei aufgrund der emphatisch-neuhumanistischen Vorstellung männlicher Entwicklung, die sich in ihnen ausdrückt, ebenso aus Diltheys Feder stammen können:

> Dieser Mann wird sein ganzes Leben lang so weiter reden und er wird immer schöner und schöner und immer bedeutender und bedeutender reden, seine Bücher werden ein eigentümlicher und wundervoller Spiegel des Lebens werden, *des* Lebens, das er, heute mehr fast eine Pflanze noch als ein Mensch durchwächst und durchwachsen wird. Jetzt ist er noch ganz Dämmerung, aber wenn einmal Sonne aus ihm brechen wird, wenn aus diesen Schleiern eines frauenhaften Jünglings einmal der Mann, der reife, eigene, bestimmen und befehlen wollende Geist wie ein Kern aus der Schale treten wird, so dürfte es ein unerhörtes Schauspiel werden. (BA 3, S. 88).

Morgensterns Charakterisierung des literarischen Anfängers Walser ist durch eine Spannung zwischen entwicklungsoptimistischen und statisch-beharrenden Zuschreibungen gekennzeichnet: Walser werde allem Anschein nach in seinem literarischen Ausdruck mit der Zeit reifen, gleichzeitig aber „sein ganzes Leben lang so weiter reden" wie in seinem ersten Romanmanuskript. Seine Notiz besticht durch ihre Metaphorik, die die menschliche (in diesem

---

115 So Morgenstern an Cassirer am 08.10.1906: „Notabene hat dieser Roman häufig fast etwas Somnambules an sich, als hätte er sich sozusagen selbst geschrieben. Er ist für mich vielfach ein bares Wunder, und wenn hier ein Genie auch noch so unreif oft und unerzogen erscheinen mag, so ist hier doch Genie, d. h. der stets von neuem unglaubliche Ausnahmefall eines Menschen, durch den die Lebensflut wie durch einen murmelnden Krug selbst hindurchzugehen scheint." (BA 3. S. 86).

116 Der Brief Morgensterns bezieht sich dabei schon nicht mehr auf seine Leseeindrücke der *Geschwister Tanner*, deren Druckfahnen Morgenstern bereits im September 1906 gelesen hatte (KWA I, 2. S. 316), sondern auf ein anderes, nicht erhaltenes Manuskript, dessen Publikation nicht realisiert wurde. Dieser, von Morgenstern in einem späteren Brief an Cassirer als „Gehülfe" (BA 3. S. 90) bezeichnete Romanentwurf, auf den nur durch Verlagskorrespondenzen geschlossen werden kann, unterscheidet sich inhaltlich deutlich von Walsers Roman *Der Gehülfe*, der 1908 als sein zweiter Roman bei Cassirer erschien. Zur Entstehungs- und Publikationsgeschichte des *Gehülfen* vgl. das editorische Nachwort zur KWA I, 3 von Angela Thut und Christian Walt, S. 269–304.

Fall künstlerische) Entwicklung in botanischen Vergleichen als stufenförmiges Herausbilden einer ursprünglichen Anlage begreift – ganz im Sinne der naturphilosophisch-organologischen Überzeugungen der Aufklärung, die den Bildungsbegriff des späten 18. Jahrhunderts mitprägten[117]. Auffällig sind jedoch nicht allein die Anleihen bei klassischen Bildungskonzepten, die Morgensterns Beschreibung durchziehen; auch die Art, in der er stereotype Annahmen über Geschlecht einsetzt, um seine Vorstellung eines Entwicklungsprozesses zu illustrieren, besitzt Tradition. Christian Morgenstern muss Dilthey und andere Theoretiker des Bildungsromans nicht zwingend gelesen haben, um eine Gleichsetzung von Weiblichkeit mit Entwicklungslosigkeit und von Männlichkeit mit Aktivität und Dynamik für geläufig zu halten.

Die Annahme von „Geschlechtscharakteren"[118] ist wie der Bildungsroman ein Produkt des 18. und 19. Jahrhunderts. Sie geht von einer Polarität männlicher und weiblicher Eigenschaften aus, wobei Frauen Emotionalität und Passivität, Männern dagegen Rationalität und Durchsetzungsvermögen zugeschrieben wird. Nicht nur in den Debatten um Frauenrechte und Geschlecht, die durch die Frauenbewegung um 1900 starken Auftrieb erfuhren, waren derlei polare Konstruktionen von Männlichkeit und Weiblichkeit weiterhin außerordentlich verbreitet. In den Programmatiken und Manifesten der literarischen Moderne wurden Geschlechterstereotype bewusst eingesetzt, um die eigenen experimentellen und ästhetisch noch nicht abgesicherten Schreibweisen zu legitimieren.[119] Auch Georg Simmels Schriften zur Philosophie und Soziologie der Geschlechter, die er von 1890 bis in die 1910er-Jahre in Zeitschriften und Zeitungen veröffentlichte, gehen von einem charakterlich begründeten differenztheoretischen Verständnis der Geschlechterbeziehungen aus. Simmel dient dabei die Betonung der Geschlechterdifferenz nicht der misogynen Abwertung, wie dies in vielen Beiträgen im frühen 20. Jahrhundert unter einer neuen medizinisch-neurologischen Begründungsformation der Fall ist.[120] Vielmehr deutet Simmel in seiner umfassenden Kulturkritik Weiblichkeit als

---

117 Vgl. Vierhaus: Bildung. S. 510.

118 Siehe dazu die grundlegenden Arbeiten Karin Hausens und Claudia Honeggers. Karin Hausen: Die Polarisierung der „Geschlechtscharaktere". Eine Spiegelung der Dissoziation von Erwerbs- und Familienleben. Stuttgart: Klett 1976 und Claudia Honegger: Die Ordnung der Geschlechter. Die Wissenschaften vom Menschen und das Weib 1750–1850. Frankfurt am Main: Campus Verlag 1991.

119 Dies untersucht umfassend Urte Helduser in der hier schon erwähnten Arbeit *Geschlechterprogramme. Konzepte der literarischen Moderne um 1900*.

120 Am breitesten rezipiert und bis heute bekannt sind Paul Möbius' Pamphlet *Über den physiologischen Schwachsinn des Weibes* (1900) und Otto Weiningers *Geschlecht und Charakter* (1903).

der Männergesellschaft überlegen[121] und plädiert in seinem gleichnamigen Essay für eine *Weibliche Kultur*[122], worin ihm zahlreiche Frauenrechtlerinnen wie etwa Helene Lange argumentativ folgten.[123]

Das Differenzdenken um 1900 reaktiviert Geschlechterkonstruktionen der bürgerlichen Gesellschaft, was sich auch in den Debatten um literarische Formen und Schreibweisen erkennen lässt. Nicht zufällig bezeichnet Christian Morgenstern in seinem Brief an Cassirer den pflanzenartigen Dämmerzustand des künstlerisch noch unentwickelten Walsers als „frauenhaft", wohingegen seine in die Zukunft projizierte Vorstellung des gereiften Autors durch die Betonung von Männlichkeitsattributen (etwa der Sonne)[124] gekennzeichnet ist.

Bereits im 18. Jahrhundert – maßgeblich angeregt durch Rousseaus europaweit rezipierten Erziehungsroman *Émile* (1762) – gelten Frauen als nicht entwicklungsfähig. Rousseaus Geschlechterideologie besteht in Zuschreibungen, „die die Frau als Gattungswesen, den Mann dagegen als das durch Sozialisation und Individuation strukturierte gesellschaftliche Wesen"[125] konstituieren. Die Frau ist darin allein über ihr Geschlecht bestimmt, sie besitzt keinen Eigenwert, da ihre Existenz prinzipiell nur auf den Mann ausgerichtet ist. Nur er kann unabhängig von seinen geschlechtlichen Eigenschaften Mensch sein. Der theoretische Diskurs um den Bildungsroman ist von derlei Geschlechterannahmen tief durchdrungen. Blanckenburgs *Versuch über den Roman* nimmt eine wirkmächtige Verknüpfung von Gattungs- und Geschlechterzuschreibungen vor, in der allein ein männlicher Protagonist den Menschen des 18. Jahrhunderts modellhaft zu repräsentieren und eine

---

121 Vgl. Heinz-Jürgen Dahme/Klaus Christian Köhnke: Einleitung. In: Georg Simmel: Schriften zur Philosophie und Soziologie der Geschlechter. Hrsg. von dens. Frankfurt am Main: Suhrkamp 1985. S. 7–22, hier S. 7.

122 So der Titel eines Essays Simmels, der 1902 in der Zeitschrift *Neue Deutsche Rundschau* erschien, in der Walser ab 1907 (zu diesem Zeitpunkt war die Zeitschrift bereits in *Die Neue Rundschau* umbenannt) veröffentlichte.

123 Vgl. Dahme/Köhnke: Einleitung. In: Georg Simmel: Schriften zur Philosophie und Soziologie der Geschlechter. S. 13.

124 Die symbolische Assoziierung der Sonne mit Männlichkeit besitzt bekanntermaßen eine jahrtausendealte Geschichte.

125 Silvia Bovenschen: Die imaginierte Weiblichkeit. Exemplarische Untersuchungen zu kulturgeschichtlichen und literarischen Präsentationsformen des Weiblichen. Frankfurt am Main: Suhrkamp 2003. S. 27. Bovenschens für die feministische Literaturwissenschaft wegweisende Studie erschien erstmals 1979. Sie legt darin auf grundlegende Weise den Zusammenhang zwischen normierten, männlich-imaginativ aufgeladenen kulturellen Repräsentationen von Weiblichkeit und weiblicher Geschichtslosigkeit dar.

innere Entwicklungsgeschichte zu durchlaufen vermag.[126] Die Aufwertung des Romans als Form sollte maßgeblich über eine Konzeptualisierung als ‚männliche' Gattung erreicht werden. Zuvor galt er, auch aufgrund seiner vorwiegend weiblichen Leserschaft, nicht als ‚hohe' Literatur, sondern lediglich als Unterhaltung.[127] Im Kontext der Diskussion um Geschlechtscharaktere schließt ebenfalls der von Vernunft-, Freiheits- und Selbstbestimmungsidealen getragene Subjektbegriff des späten 18. Jahrhunderts Frauen grundlegend aus. Helga Meise und Anne Fleig haben darauf aufmerksam gemacht, dass Denkfiguren aus Gattung und Geschlecht auch schon für das frühere 18. Jahrhundert symptomatisch sind, etwa bei Wieland, Sulzer und Gellert.[128] Gellerts Brieflehre *Briefe, nebst einer praktischen Abhandlung von dem guten Geschmacke in Briefen* (1751) konzipiert den Brief als weibliche Form. Gellert behauptet eine Affinität von Frauen zum Briefeschreiben und leitet diese aus der weiblichen Natur ab.[129] Die im Geschlechterdenken des 18. Jahrhunderts verwurzelte Assoziation des Briefs mit Weiblichkeit auf der einen und des Romans mit Männlichkeit auf der anderen Seite wirkte sich wegweisend auf die gesamte

---

126 Vgl. Angelika Schlimmer: Der Roman als Erziehungsanstalt für Leser. Zur Affinität von Gattung und Geschlecht in Friedrich von Blanckenburgs *Versuch über den Roman* (1774). In: Das achtzehnte Jahrhundert. Zeitschrift der Deutschen Gesellschaft für die Erforschung des achtzehnten Jahrhunderts: Gattung und Geschlecht 2 (2005). S. 209–221, hier S. 214/215.

127 Vgl. Schlimmer: Der Roman als Erziehungsanstalt für Leser. S. 209 und S. 212.

128 Siehe Anne Fleig/Helga Meise: Gattung und Geschlecht. Zur Einführung. In: Das achtzehnte Jahrhundert. Zeitschrift der Deutschen Gesellschaft für die Erforschung des achtzehnten Jahrhunderts: Gattung und Geschlecht 2 (2005). S. 157–158.

129 Dazu Christian Fürchtegott Gellert: Briefe, nebst einer praktischen Abhandlung von dem guten Geschmacke in Briefen. In: Ders.: Gesammelte Schriften. Kritische, kommentierte Ausgabe. Hrsg. von Bernd Witte. Bd. IV: Roman, Briefsteller. Hrsg. von Bernd Witte/Werner Jung/Elke Kasper/John F. Reynolds/Sibylle Späth. Berlin/New York: De Gruyter 1989. S. 105–152, hier S. 136: „Aus diesem Grunde kann man sich sagen, woher es kömmt, daß die Frauenzimmer oft natürlichere Briefe schreiben, als die Mannspersonen. Die Empfindungen der Frauenzimmer sind zarter und lebhafter, als die unsrigen. Sie werden von tausend kleinen Umständen gerührt, die bey uns keinen Eindruck machen. Sie werden nicht allein öfter, sondern auch leichter gerührt, als wir. Eine Vorstellung macht bey ihnen geschwind der andern Platz, daher halten sie sich selten bey einem guten Gedanken zu lange auf; wir fühlen ihn stärker, und darum gehen wir oft zu lange mit ihm um. Ihre Gedanken selbst sind, wie ihre Eindrücke, leicht; sie sind ein scharfes, aber kein tiefes Gepräge. Die Frauenzimmer sorgen weniger für die Ordnung eines Briefs, und weil sie nicht durch die Regeln der Kunst ihrem Verstand eine ungewöhnliche Richtung gegeben haben: so wird ihr Brief desto freyer und weniger ängstlich. Sie wissen durch eine gewisse gute Empfindung das Gefällige, das Wohlanständige, in ihrem Putze, in der Einrichtung eines Gemäldes, in der Stellung des Tischgeräthes leicht zu bemerken und zu finden; und diese gute Empfindung der Harmonie unterstützt sie auch im Denken und Briefschreiben."

auf Blanckenburg nachfolgende theoretische Diskussion um den Roman aus. Brief und Briefroman, die sich zeitgleich zum Bildungsroman als Gattungen neu formieren,[130] dienen fortan als Negativfolie, mit der sich die Idee eines ‚hohen' Romans kontrastieren lässt. Während die Forderung nach einer natürlichen, unverbildeten Sprache in der Diskussion um den empfindsamen Roman mit bürgerlichen Weiblichkeitsvorstellungen in Einklang gebracht werden kann, begründet die theoretische Debatte den Bildungsroman in Opposition dazu als ‚männliche' Gattung und vollkommenste Ausprägung des Romans. Blanckenburg stellt seinem propagierten Begriff des Romans den in seinen Augen anspruchslosen empfindsamen Briefroman gegenüber.[131] Die charakteristischen Darstellungsmittel des Briefromans – Multiperspektivität, Subjektivität, Nähe zum Erzählgeschehen durch den Einsatz homodiegetischer Erzählerinnen und Erzähler – werden als ästhetisch überholt abgewertet.[132] Auch für Karl Morgenstern gelten die älteren, weiblich konnotierten Briefromane als minderwertig und für ein weibliches Publikum bestimmt.[133] Der Bildungsroman ist für Morgenstern hingegen als höchste Stufe einer vom Epos ausgehenden Gattungsentwicklung zu begreifen.[134] Goethes *Wilhelm Meister* gilt ihm als vollendete Darstellung einer harmonischen Ausbildung des „Reinmenschlichen"[135], welches eigentlich den Mann meint.

Die historische Verknüpfung von Gattung und Geschlecht im Diskurs um den Bildungsroman ist für Walsers *Geschwister Tanner* in doppelter Hinsicht relevant. Zum einen verabschiedet *Geschwister Tanner* einen normativ

130 Vgl. Anne Fleig/Helga Meise: Das Geschlecht der Innovation: Bedeutung und Reichweite der Verknüpfung von Gattungs- und Geschlechterdiskurs bei Gellert, Sulzer und Wieland. In: Das achtzehnte Jahrhundert. Zeitschrift der Deutschen Gesellschaft für die Erforschung des achtzehnten Jahrhunderts: Gattung und Geschlecht 2 (2005). S. 159–178, hier S. 160.

131 Schlimmer: Der Roman als Erziehungsanstalt für Leser. S. 217 und Claire Baldwin: The Emergence of the Modern German Novel. Christoph Martin Wieland, Sophie von La Roche and Maria Anna Sagar. Rochester: Camden House 2002. S. 35.

132 Vgl. Schlimmer: Der Roman als Erziehungsanstalt für Leser. S. 217.

133 Dies legt Karl Morgenstern ausführlich in seiner Schrift *Zur Geschichte des Bildungsromans* (1824) dar. Er weist dem Briefroman gleichwohl auch bestimmte (im dichotomen Geschlechterverständnis aufgehende) Stärken zu. So stellt er heraus, dass der Briefroman nach englischem Vorbild (Richardson, Fielding, Sterne) in der Lage sei, besonders nuancierte Beobachtungen zu versprachlichen und Charaktere (insbesondere weibliche) „nach der Natur zu malen". Er sei vor allem dazu geeignet, „häusliche[...] Gegebenheiten" darzustellen (beide Zitate Morgenstern: Zur Geschichte des Bildungsromans. In: Selbmann (Hrsg.): Zur Geschichte des deutschen Bildungsromans. S. 73–99, hier S. 83.).

134 Karl Morgenstern: Über das Wesen des Bildungsromans (1820). In: Rolf Selbmann (Hrsg.): Zur Geschichte des deutschen Bildungsromans. S. 55–72, hier S. 60.

135 Morgenstern: Über das Wesen des Bildungsromans (1820). S. 65.

begründeten Romanbegriff, ja die Vorstellung eines moralisch-pädagogisch wirksamen Romans schlechthin.[136] Im Anschluss an Michel Foucault hat Andreas Reckwitz darauf aufmerksam gemacht, dass die sich im 18. Jahrhundert etablierenden literarischen Gattungen Biographie, Autobiographie und Roman als ‚bürgerliche Technologien des Selbst' verstanden werden können.[137] Laut Reckwitz ist eine entscheidende Funktion, die dem Roman im ausgehenden Jahrhundert der Aufklärung zukommt, die der Herausbildung, Kommunikation und Einübung eines bürgerlichen Selbstbewusstseins.[138] Aufgrund seines Realismus, das heißt seiner „alltagsnahen"[139] narrativen Organisation, sei der Roman hierzu besonders geeignet.[140] Der bürgerliche (Bildungs-)Roman mit seinen Merkmalen, eine exemplarische Geschichte zu erzählen, die Darstellung einer Biographie (eines Bildungsprozesses) in der Zeit zu sein und das Ethos einer Arbeit an sich selbst zu verbreiten, gerate in dieser historischen Situation zum bürgerlichen Selbstverständigungsmedium par excellence.[141] Simon Tanners ausbleibende Entwicklung und gesellschaftliche Integration sind damit nicht allein als Subversion der klassischen Bildungserzählung zu begreifen. Der modellhafte Bildungsgang wird bei Walser zu einer offenen Bewegung, die nicht auf Vollendung zielt. Auf der Ebene der Rezeption betrachtet entzieht sich *Geschwister Tanner* einer funktionalisierten Vorstellung des Romans, die eine normierende und disziplinierende Bildung der Leserinnen und Leser verfolgt.

Zum anderen realisiert sich in der Geschwistergeschichte ebenso wie in der diskontinuierlichen und briefaffinen Struktur der *Geschwister Tanner* ein Plädoyer für Gebrochenheit und Vielstimmigkeit. Walsers Roman erscheint dadurch als Gegenentwurf zu der auf Geschlossenheit und männliche Individualität gerichteten Konzeption des Bildungsromans. Neuhumanistische Konzeptionen von Gattung und Geschlecht sind auch um 1900 noch wirkmächtig, wie Diltheys *Das Erlebnis und die Dichtung* und Christian Morgensterns mit Pathos beladene Beschreibung Walsers im Brief an Cassirer deutlich

136 Wie die Forschung vielfach herausgestellt hat, wird diese Tendenz in Walsers *Räuber*-Roman von 1925 mit gesteigerter Reflexivität und Radikalität fortgesetzt.

137 Vgl. Andreas Reckwitz: Das hybride Subjekt. Eine Theorie der Subjektkulturen von der bürgerlichen Moderne zur Postmoderne. Weilerswist: Velbrück Wissenschaft 2006. S. 156.

138 Vgl. Andreas Reckwitz: Das hybride Subjekt. S. 165/166. Dies stellt, wie bereits angemerkt, auch Voßkamp in seiner Konzeption des Bildungsromans als literarisch-soziale Institution heraus. Reckwitz betont gegenüber Voßkamp den gesellschaftlichen Disziplinierungseffekt bürgerlicher Literaturgattungen.

139 Andreas Reckwitz: Das hybride Subjekt. S. 165.

140 Vgl. Reckwitz: Das hybride Subjekt. S. 165.

141 Vgl. Reckwitz: Das hybride Subjekt. S. 162/163. Reckwitz hebt an dieser Stelle ebenfalls auf bürgerliche Biographien und Autobiographien ab.

machen. ,Werden' ist für viele Intellektuelle des frühen 20. Jahrhunderts immer noch männlich, bloßes ,Sein' hingegen weiblich bestimmt. Gleichzeitig prangern progressive Stimmen derlei Konstruktionen in aller Deutlichkeit als antifeministisch an.[142] In diesen Resonanzraum hinein schreibt Walser seinen ersten Roman, der zwischen Tradition und Experiment eine eigene literarische Position auszuloten versucht. Mit Simon Tanners ,Lust am Austreten' sowie dessen Abbruch einer gesellschaftlich akzeptierten Entwicklung und Laufbahn entwirft Walser einen unsteten, letztlich ,unmännlichen' Protagonisten, der den bürgerlichen Helden des Bildungsromans als moralisch-didaktische Konstruktion decouvriert.

### 2.1.3 Geschwister Tanner *als episodischer Roman oder: Die ,Lust am Austreten'*

Der folgende Abschnitt stellt die vielbeachtete episodische Struktur[143] von Walsers *Geschwister-Tanner*-Roman ins Zentrum. Nach den bisherigen Beobachtungen zu seinen vielfältigen Bezugnahmen auf den Bildungsroman

142 In ihrer Streitschrift *Die Antifeministen* von 1902 argumentiert die Schriftstellerin und Feministin Hedwig Dohm brillant und scharf gegen den Aufsatz *Der Mensch als Weib* der Psychoanalytikerin und Schriftstellerin Lou Andreas-Salomé, der 1899 in der *Neuen Deutschen Rundschau* erschien. Darin unterstellt Andreas-Salomé Frauen eine besondere Naturnähe, die sich in einer selbstgenügsamen Passivität und der grundsätzlichen Unfähigkeit zu intellektueller und künstlerischer Produktivität ausdrücke. Vgl. Lou Andreas-Salomé: Der Mensch als Weib. In: Neue Deutsche Rundschau 10 (1899). S. 225–243. Eine ausführliche Einordnung von Andreas-Salomés Essay und Dohms Replik nimmt Marlies Janz vor. Vgl. Marlies Janz: „Die Frau" und „Das Leben". Weiblichkeitskonzepte in der Literatur und Theorie um 1900. In: Hartmut Eggert/Erhard Schütz/Peter Sprengel (Hrsg.): Faszination des Organischen. Konjunkturen einer Kategorie der Moderne. München: Iudicium 1995. S. 37–52.

143 Bereits Jochen Greven weist darauf hin, dass die Szenen des Romans durch „[k]einerlei Handlungsgeschehen verknüpft" seien (Greven: Existenz, Welt und reines Sein im Werk Robert Walsers. S. 52). Im Anschluss an Greven beschäftigen sich zahlreiche Arbeiten mit der scheinbaren Austauschbarkeit der Szenen des Romans (vgl. z. B. Grenz: Die Romane Robert Walsers. S. 19). Die Forschungsdebatte kreist um die Frage der Entwicklungsfähigkeit Simons und, verbunden damit, um die Gattungszugehörigkeit des Romans. Neuere Arbeiten stellen andere Bezugskontexte in den Vordergrund. Simon Roloff erklärt die Episodizität der *Geschwister Tanner* anhand von Merkmalen des Werkmanuskripts, das in Abschnitte unterteilt ist. Die episodische Erzählung würde einer „vorab getroffenen manuskripttechnischen Festlegung" (Roloff: Der Stellenlose. S. 122) gehorchen. Vgl. dazu Roloff: Der Stellenlose. S. 122. Marc Caduff interpretiert die offene Struktur als lustvollen „Aufschub" (Caduff: Revision und Revolte. S. 134) einer Form, die eine Maximierung von Produktions- und Rezeptionsmöglichkeiten generiere (Vgl. Caduff: Revision und Revolte. S. 134). Paul Keckeis stellt Verbindungen zwischen der Episodizität und der theoretischen Diskussion über den Roman um 1900 her (vgl. Keckeis: Robert Walsers Gattungen. S. 153–181).

als normatives Erzählmodell soll hier die Verarbeitung der beschleunigten Gegenwart des frühen 20. Jahrhunderts in *Geschwister Tanner* in den Blick genommen werden. Alle Berliner Romane sind emphatisch zeitgenössisch. Ihre Gegenwartszugewandtheit versprachlichen sie jedoch nicht programmatisch. *Geschwister Tanner* präsentiert sich genau in seiner Reflexion über den Bildungsroman als historisch überkommener Form des Romans als Versuch einer Gattungserneuerung. Walsers Roman macht damit jene Funktion der Literatur geltend, die schon der Bildungsroman für die Moderne um 1800 erfüllt: Der Roman ist diejenige Gattung, die etwas zur veränderten Wirklichkeit zu sagen hat und dabei Gegenmodelle oder Utopien entwirft, die über die Gegenwart hinausweisen. In Simons Gleichheitsutopie der Moderne ist diese Eigenschaft des Romans weiterhin präsent.

Als die Relevanz des Romans für die Gegenwartsreflexion um 1900 zu erodieren beginnt, besteht Walsers Intervention darin, ihn mit modernen literarischen Formen und Schreibweisen in einen Dialog zu bringen. Die Frage nach der Beziehung der Literatur zur Wirklichkeit ist für Walser mithin auch eine Frage der Form. Die häufig in sich abgeschlossenen Szenen der *Geschwister Tanner* bilden keine große teleologische Romanerzählung, wie sie die Theorie des Romans im Bildungsroman erkannt haben will. Zieht man Walsers Prosastücke hinzu, die motivisch-thematisch und produktionsästhetisch-reflexiv mit dem Roman *Geschwister Tanner* in Verbindung stehen (dazu Kapitel 2.2 dieser Arbeit), ergibt sich ebenfalls kein ‚großer' Roman, sondern vielmehr ein multiperspektivisches und vielstimmiges Gespräch zwischen Texten, das zum Teil in Form von Briefen stattfindet. In diesem „Nebeneinander von Motiven und Erzählsträngen"[144], von großer und kleiner Form, scheint Walsers Vorstellung eines für das 20. Jahrhundert zeitgemäßen Romans auf. Das produktive Verhältnis zwischen *Geschwister Tanner* und Walsers Kurzprosa besteht damit in einer Verlängerung des kreativen Prozesses, da Motive nicht in einer einzigen Textrealisierung auserzählt werden. Zugleich löst die episodische Struktur die als geschlossen kodifizierte Form des Romans auf und öffnet ihn in Richtung der kleinen Formen, die – anders als der Roman – am Puls der Modernisierungsprozesse um 1900 sind.

---

144 Christian Walt: Im Schaufenster: Robert Walsers poetische Reflexionen. In: Felix Christen/Thomas Forrer u. a. (Hrsg.): Der Witz der Philologie. Rhetorik – Poetik – Edition. Festschrift für Wolfram Groddeck zum 65. Geburtstag. Frankfurt am Main/Basel: Stroemfeld 2014. S. 84–93, hier S. 84. So beschreibt Walt die werkinternen Beziehungen zwischen Texten Walsers mit Blick auf sein Spätwerk. Diese Struktur lässt sich zum Teil auf Walsers Frühwerk übertragen. Zu bedenken ist hier allerdings, dass Walser in Berlin andere Publikationsinteressen verfolgte als in seiner Berner Zeit und zudem noch nicht seine mikrographische Schreibmethode anwandte.

In *Geschwister Tanner* werden Episoden der Lohnarbeit Simons immer wieder durch Phasen der Beschäftigungslosigkeit und des emphatisch-selbstgenügsamen Spazierens[145] unterbrochen. Arbeiten und Spazierengehen sind bei Walser zwei Seiten des Commis[146] oder Bürogehilfen, als der auch Simon zeitweise arbeitet. Die Struktur des Abbrechens macht deutlich, dass Arbeit nicht mehr – wie noch im 19. Jahrhundert – als Entwicklungserzählung literarisch in Szene gesetzt werden kann. Indem *Geschwister Tanner* das Thema der modernen Erwerbsarbeit als bedeutsam setzt, verweist der Roman auf die spätere historische Phase des Bildungsromans, die im Kontext des Bürgerlichen Realismus zu verorten ist. In dieser Phase wird am neuhumanistischen Vervollkommnungsparadigma weiterhin festgehalten, gleichzeitig versuchen bürgerliche Bildungsromane nun, dieses mit den im Zuge fortschreitender Industrialisierung veränderten Lebensbedingungen in Einklang zu bringen. Paradigmatisch für diese intertextuelle Fortschreibung des Bildungsromans in bürgerlich-realistischem Gewand steht Gustav Freytags bekannter wirtschaftsbürgerlich-ideologischer Roman *Soll und Haben* von 1855. Die auffällige Präsenz und Thematisierung von Lohnarbeit in *Geschwister Tanner* sind bisher selten[147] mit der Tradition des Bildungsromans in Verbindung gebracht

145 Dieser Aspekt kann hier leider nicht vertieft werden. Das Motiv ist allerdings von Bedeutung, da Simons Spaziergänge als ein struktureller Kommentar auf die Bildungsreise der klassischen Tradition und das in ihr vergegenwärtigte optimistische Entwicklungsmodell begriffen werden können. *Geschwister Tanner* stellt die Bildungsgeschichte als zielorientierte, geordnete Bewegung durch die Welt auf den Kopf. Anders als die Reise kennt der Spaziergang nämlich kein Ziel, seine Bestimmung und Vollendung liegen im Vollzug desselben. Die bürgerliche Kultur des Spaziergangs beginnt im 18. Jahrhundert, als die Fortbewegung zu Fuß vor dem Hintergrund verbesserter und beschleunigter Reisemöglichkeiten erstmals als zweckbefreite Bewegung in Erscheinung treten konnte. Vgl. dazu Christian Moser/Helmut J. Schneider: Einleitung. Zur Kulturgeschichte und Poetik des Spaziergangs. In: Axel Gellhaus/Christian Moser/Helmut J. Schneider (Hrsg.): Kopflandschaften – Landschaftsgänge. Kulturgeschichte und Poetik des Spaziergangs. Köln/Weimar/Wien: Böhlau 2007. S. 7–27, hier S. 8.

146 Commis oder Schreiber wurden in der zweiten Hälfte des 19. Jahrhunderts in der Schweiz kaufmännische Angestellte genannt. In Deutschland war eher die Bezeichnung Handlungsgehilfe verbreitet. Dazu Mario König/Hannes Siegrist/Rudolf Vetterli: Warten und Aufrücken. Die Angestellten in der Schweiz 1870–1950. Zürich: Chronos Verlag für Geschichte 1985. S. 36.

147 Peter von Matt hat auf Verbindungen von *Geschwister Tanner* zu Freytags *Soll und Haben* hingewiesen. Er begreift Walsers Roman als „Kontrafaktur" zu Freytags bürgerlicher Bildungsideologie. Siehe dazu Peter von Matt: Wie weise ist Walsers Weisheit? In: Wolfram Groddeck u. a. (Hrsg.): Robert Walsers ‚Ferne Nähe'. Neue Beiträge zur Forschung. München 2007. S. 35–47, hier S. 39. Gerhard Piniel macht ebenfalls auf die Bedeutsamkeit der Arbeit in *Geschwister Tanner* aufmerksam. Simons ausgemacht ironische Kommentare auf das bürgerliche Arbeitsethos nimmt er allerdings beim Wort

worden. Die bildungsoptimistische Erzählung von männlicher Erwerbsarbeit, die der Bildungsroman des Bürgerlichen Realismus in die Gattungstradition einspeist,[148] ist allerdings für *Geschwister Tanner* bedeutsam. Sie lässt sich als vorbildgebendes Narrativ begreifen, das Walsers *Geschwister-Tanner*-Roman auf seine normative Grundierung und Verbindlichkeit für den Roman der Gegenwart hin überprüft.

Die Durchsetzung industrieller Arbeit im 19. Jahrhundert und die zu Beginn des 20. Jahrhunderts sich zunehmend bürokratisierende Arbeitswelt, die in Simon Tanners changierenden Anstellungen thematisiert wird, stehen in einem wesentlichen Zusammenhang mit der durch episodische Brüche immer wieder durchkreuzten Entwicklungsgeschichte Simons. Die Veränderungen der Arbeitswelt um 1900 sind in besonderem Maße dafür verantwortlich, dass der Bildungsroman zum Problem wird. An ihnen treten die Widersprüche der Moderne in Bezug auf ihre Darstellbarkeit endgültig hervor. Zu dieser Zeit werden erstmals wissenschaftlich fundierte Techniken der Rationalisierung und Effizienzsteigerung von Arbeitsabläufen entwickelt, die unter dem Schlagwort ‚Taylorismus' bekannt geworden sind. Frederick Winslow Taylors in jahrelangen Studien begründetes Prinzip wissenschaftlicher Betriebsführung – sein Hauptwerk *The Principles of Scientific Management* erscheint 1911 – erfährt in Europa erst in den 1920er-Jahren in der Folge des Ersten Weltkriegs weitreichende Beachtung, obgleich einzelne Betriebe bereits vor dem Krieg sein Konzept umsetzten.[149] Die Geschichte von Rationalisierung und Disziplinierung durch Arbeit setzt gleichwohl früher ein.[150] Am Ende des 19. Jahrhunderts verschränkt sie sich auf intrikate Weise mit weiteren Rationalisierungsdiskursen im Bereich von Technik und Sport,[151] sodass das Dispositiv von Leistungssteigerung und

---

und erkennt darin eine ehrliche Absicht, sich durch Pflichterfüllung zu entwickeln. Von Simons Ansichten zur Erwerbsarbeit schließt Piniel außerdem auf mutmaßliche persönliche Motive Walsers. Vgl. Piniel: Robert Walsers „Geschwister Tanner". S. 39–48, hier S. 42.

148 Dargestellt hat dies Sabina Becker in ihren Arbeiten Erziehung zur Bürgerlichkeit. Eine kulturgeschichtliche Lektüre von Gustav Freytags ‚Soll und Haben' im Kontext des Bürgerlichen Realismus. In: Florian Krobb (Hrsg.): 150 Jahre Soll und Haben. Studien zu Gustav Freytags kontroversem Roman. Würzburg: Königshausen & Neumann 2005. S. 29–46 und Die ‚bürgerliche Epopöe' im bürgerlichen Zeitalter. Zur kulturgeschichtlichen Fundierung des Bildungs- und Entwicklungsromans im 19. Jahrhundert. In: Euphorion 101[1] (2007). S. 61–86.

149 Vgl. Anson Rabinbach: Motor Mensch. Energie, Ermüdung und die Ursprünge der Modernität. Wien/Berlin: Turia + Kant 2001. S. 294.

150 Grundlegend dazu Max Webers kanonische Arbeit *Die protestantische Ethik und der Geist des Kapitalismus* (1904/1905). Vollständige Ausgabe. Hrsg. von Dirk Kaesler. 3. Auflage. München: C. H. Beck 2010.

151 Vgl. Joachim Radkau: Technik in Deutschland. Vom 18. Jahrhundert bis heute. Frankfurt am Main: Campus Verlag 2008. S. 226.

Ökonomisierung „sämtliche Lebensbereiche zu umfassen beginnt"[152]. Die neuen Ideen zur effizienteren Organisation von Arbeit ragen damit nicht allein in die Lebensbereiche jenseits der Erwerbsarbeit hinein, sie beeinflussen auch kulturelle Deutungsmuster. Das auf ganzheitliche Entwicklung und Individuation setzende Menschenbild des Bildungsromans könnte nicht nachhaltiger erschüttert werden als durch die auf Kontrolle und Normierung abzielenden Grundsätze der neuen Arbeitsorganisation. Die durch Taylor angeregten Umstrukturierungsvorstellungen zielen immer auf das System; in seiner effizienten Betriebsführung ist das Individuum zu vernachlässigen.[153] Das Taylor-Prinzip sah eine Unterteilung von Arbeitsprozessen in kürzere Abschnitte[154] sowie eine Aufteilung von Kompetenzen und Zuständigkeiten auf verschiedene Arbeiter vor, wodurch unterkomplexe Beschäftigungen ohne planerische Aufgaben möglich wurden.[155] Simon führt die meiste Zeit Schreibtätigkeiten aus: Er arbeitet für einen Buchhändler, in einer Bank, bei einem Anwalt, später tageweise in der Schreibstube für Stellenlose, einer Beschäftigungseinrichtung für Arbeitslose.[156] Einmal arbeitet er vorübergehend zur Inventur in „einer großen Maschinenfabrik" (GT, S. 96), wobei er auch hier schreibend tätig ist. Eine Anstellung als Hausdiener stellt die größte Entfernung zu seiner Existenz als Schreiber dar. *Geschwister Tanner* ist keine Literarisierung jener Rationalisierungsprozesse von Fabrikarbeit um 1900, wie sie durch Taylor angestoßen wurden. Vielmehr reflektiert der Roman in seiner Fragmentierung die Inkompatibilität des nach wie vor wirkmächtigen

---

152 Anne Fleig: Körperkultur und Moderne. Robert Musils Ästhetik des Sports. Berlin/New York: De Gruyter 2008. S. 54. Fleig arbeitet Musils Ästhetik des Sports in seinen Sport-Essays und dem *Mann ohne Eigenschaften* im Kontext der technisch-naturwissenschaftlichen Entwicklungen des 19. und frühen 20. Jahrhunderts heraus. Der Zusammenhang von Taylorismus, Psychotechnik und Sport um 1900 wird intensiv beleuchtet (vgl. dazu Kapitel II der Studie, S. 28–84).

153 Vgl. Fleig: Körperkultur und Moderne. S. 62.

154 Vgl. Georges Friedman: Grenzen der Arbeitsteilung. Frankfurt am Main: Europäische Verlagsanstalt 1959. S. 3.

155 Vgl. Manfred Moldaschl: Betriebliche Rationalisierungsstrategien und ihre Auswirkungen auf den Arbeitsprozeß. In: Holger Luczak/Walter Volpert (Hrsg.): Handbuch Arbeitswissenschaft. Stuttgart: Schäffer-Poeschel 1997. S. 685–691, hier S. 686.

156 Die sogenannten ‚Schreibstuben für Stellenlose' entstanden seit den 1880er-Jahren in den größeren Städten der Schweiz, in denen sich die moderne Angestelltenschicht konzentrierte. Anders als für Arbeiter stellte Arbeitslosigkeit für Angestellte zwischen 1880 und 1914 ein eher seltenes Phänomen dar, dennoch bestand in dieser Phase der wirtschaftlichen Expansion in der Schweiz ein geringes Überangebot an kaufmännischen Angestellten, das die zeitweise Vermittlung von Beschäftigung an stellenlose Commis erforderlich machte. Dazu König/Siegrist/Vetterli: Warten und Aufrücken. S. 129–131.

klassischen Bildungsideals mit den zunehmend durchgreifenden Ideen von Ökonomisierung und Leistungsoptimierung.

Die rationalisierte Arbeit ist durch Monotonie und eine „Zergliederung der Arbeitsbewegung"[157] gekennzeichnet. In seinem 1939 geschriebenen Essay *Über einige Motive bei Baudelaire* beschreibt Walter Benjamin die Bewegungen des Industriearbeiters an der Maschine als fragmentierte, ruckhafte Gebärden, die in ihrer Wiederholung keinen Inhalt mehr besäßen: „Der Handgriff des Arbeiters an der Maschine ist gerade dadurch mit dem vorhergehenden ohne Zusammenhang, daß er dessen strikte Wiederholung darstellt."[158] Obgleich Schreib- oder Angestelltentätigkeiten nur bedingt mit der Fließbandarbeit in der industriellen Produktion vergleichbar sind, erfassen Rationalisierungs- und Spezialisierungsprozesse auch diesen Bereich der Arbeit. Simons Beschreibung seiner Funktion als „Schreib- und Rechenmaschine" (GT, S. 41) trifft die realen Aufgabenfelder vieler Angestellter in Schweizer Bank- und Versicherungsanstalten um 1900 ziemlich genau.[159] Um 1890 führten der wirtschaftliche Aufschwung und die Expansion der Großindustrie in der Industrieverwaltung sowie der Verwaltung von Banken und Versicherungen zu einem erhöhten Bedarf an Angestellten.[160] In vergrößerten Betrieben wurde Spezialisierung und Arbeitsteilung vorangetrieben, was die Aufgabenbereiche des Einzelnen begrenzte und für einen Großteil der Angestellten stärker routinierte Arbeitsabläufe mit sich brachte.[161]

---

157 Fleig: Körperkultur und Moderne. S. 61.

158 Walter Benjamin: Über einige Motive bei Baudelaire. In: Ders.: Charles Baudelaire. Ein Lyriker im Zeitalter des Hochkapitalismus. 2. Auflage. Hrsg. von Rolf Tiedemann. Frankfurt am Main: Suhrkamp 1980. S. 101–149, hier S. 129.

159 Wie die Forschung immer wieder herausgestellt hat, standen Walsers Erlebnisse als Commis den Angestelltenszenen in *Geschwister Tanner* (und im *Gehülfen*-Roman) Modell. Während verschiedene Biographien die *Geschwister Tanner* herangezogen haben, um darin Lebensdaten Walsers zu dokumentieren (Robert Mächler etwa begreift den Roman als authentischen Ausdruck von Walsers Leben und Erleben. Vgl. Mächler: Das Leben Robert Walsers. S. 99. Und Bernhard Echte präsentiert biographische Daten Walsers und Zitate aus dem Roman unterschiedslos nebeneinander. Vgl. Echte (Hrsg.): Robert Walser. Sein Leben in Bildern und Texten. Frankfurt am Main: Suhrkamp 2008. S. 131–139) machen neuere Arbeiten umgekehrt auf die Fiktionalisierung und Stilisierung des Biographischen im Roman aufmerksam (so z. B. Kerstin Gräfin von Schwerin: Ein „innig verbundenes und zusammengewobenes Bild").

160 Vgl. König/Siegrist/Vetterli: Warten und Aufrücken. S. 48–72.

161 Die Größe des Betriebs bestimmte den Grad von Arbeitsteilung und Spezialisierung. Generell lässt sich sagen, dass am Ende des 19. Jahrhunderts ein Großteil der kaufmännischen Tätigkeiten aus schematischen Routinearbeiten bestand, die häufig von Commis am Beginn ihrer Laufbahn oder von gering qualifizierten Hilfskräften erledigt wurden. Vgl. dazu König/Siegrist/Vetterli: Warten und Aufrücken. S. 47.

Die eintönigen und unterfordernden Aspekte seiner Tätigkeit als Commis treiben auch Simon wiederkehrend zur Kündigung von Anstellungen. Schon bei seiner Vorstellung beim Buchhändler erzählt er geradeheraus, dass er frühere Beschäftigungen nicht lange durchgehalten habe: „Ich bin noch überall, wo ich gewesen bin, [...] bald weitergegangen, weil es mir nicht behagt hat, meine jungen Kräfte versauern zu lassen in der Enge und Dumpfheit von Schreibstuben, [...]." (GT, S. 11).

Simon wechselt im Verlauf von *Geschwister Tanner* viermal seine Unterkunft und sechsmal seine kurzzeitigen Beschäftigungen. Diese zu Beginn des Romans von Simon programmatisch als eine „Lust am Austreten" (GT, S. 11)[162] bezeichnete Unstetheit, die Klaus in einem mahnenden Brief an seinen Bruder als mangelndes Durchhaltevermögen identifiziert (vgl. GT, S. 15), erscheint am Ende des Romans als Strategie des temporären Erhalts persönlicher Freiheit. Heinrich gegenüber erläutert Simon: „Ich bleibe lieber arm, aber gesund, [...] bin frei und kann jedesmal, wenn es die Notwendigkeit verlangt, meine Freiheit für einige Zeitlang verkaufen, um nachher wieder frei zu sein. [...]. Es lohnt sich, um der Freiheit willen arm zu bleiben." (GT, S. 238). Die Notwendigkeit einer solchen Bewältigungsstrategie wird im Zusammenhang mit den negativen Darstellungen der Arbeitswelt im Roman plausibel. Gerade die körperliche Einschränkung und intellektuelle Unterforderung bei der Arbeit machen wiederkehrende Kündigungen erforderlich. Der temporäre Ausstieg, das heißt die bewusst herbeigeführte Unterbrechung jeglicher Lohnarbeit, untergräbt das Prinzip Karriere, was Simon selbst deutlich benennt: „Und dann habe ich auch gar kein Verlangen darnach, Karriere zu machen. Was andern das meiste ist, ist mir das mindeste. Ich kann das Karrieremachen in Gottes Namen nicht achten. Ich mag leben, aber ich mag nicht in eine Laufbahn hineinlaufen,[163] was so etwas Großartiges sein soll." (GT, S. 238). Die Laufbahn wird im Roman immer wieder als ein Entwicklungsmodell aufgerufen,[164] dem Simons wechselvoller Lebenswandel strukturell zuwiderläuft.

---

162 In der darauffolgenden Szene, in der der Erzähler Klaus mit merklicher Distanz gegenüber dessen Lebensentwurf als Erfolgsmenschen vorstellt, ist von einer „Lust am Abbrechen" die Rede, die dieser aufgrund seines bürgerlichen Ethos der Pflichterfüllung nicht mehr aufzubringen vermöge (vgl. GT. S. 13). Klaus' Lebensentwurf als erfolgreicher Gelehrter wird den unsteten bis ‚gescheiterten' Existenzen des Romans (Simon, Kaspar, Sebastian, Emil) kontrastiv gegenübergestellt.

163 Durch die Wahl des Verbs wird der Bewegungsaspekt hervorgehoben. In der Bahn zu laufen stellt dabei eine Bewegung dar, mit der Simons spaziergängerische Beweglichkeit deutlich kontrastiert.

164 Für Klaus gilt es, eine Laufbahn „energisch" (GT. S. 15) zu ergreifen, um eine ziellose Investition von Kräften, wie er sie im wiederholten Stellenwechsel Simons erblickt, zu vermeiden und Kräfte zu kanalisieren (vgl. GT. S. 15). Klaus entspricht im Übrigen selbst

Da er keine Bereitschaft zeigt, sich für „drei oder vier kurze Jahre unter eine strenge Arbeit“ (GT, S. 15) zu fügen und seinen Vorgesetzten zu gehorchen, wie Klaus es empfiehlt, ist ihm der berufliche Aufstieg im bürokratischen System seiner Zeit verwehrt. Simon und die anderen männlichen Außenseiterfiguren des Romans repräsentieren eine jüngere Männergeneration,[165] für die Klaus' leistungsorientiertes und scheinbar allein an gesellschaftlichem Ansehen interessiertes Karrieredenken – an dem man existentiell scheitern kann – an Selbstverständlichkeit verloren hat.

Die Krise der bürgerlichen Laufbahn wird besonders thematisch bei Sebastian und Emil. Emils im 14. Kapitel von einem Kneipenbesucher erzählte Kurzbiographie verläuft von vielversprechenden Anfängen als „bildhübscher, kleiner Kerl“ (GT, S. 213) und beliebter, guter Schüler (vgl. GT, S. 213) über eine eher ‚leichtsinnige' Gymnasialzeit, in der er ausgedehnten Wanderungen und Abenteuern mit Frauen zugeneigt ist (vgl. GT, S. 214), bis zu einer späteren Tätigkeit als Lehrer in einem Bergdorf, wo er sich von einer älteren Frau aushalten lässt (vgl. GT, S. 217). Sie endet in einem Vagabundieren zwischen München, Italien und England (vgl. GT, S. 218), von dem er ausgebrannt und geistig zerrüttet zurückkehrt: „Er kam wieder heim, wilde Ideen spukten in seinem Kopf, und in seinem leer gewordenen Herzen brannten nur noch hilflose Phantasieen [sic!], die keine Rechte auf die Wirklichkeit besaßen.“ (GT, S. 218). In der Tat ist das Stufenmodell des Bildungsromans in dieser Lebensbeschreibung nicht nur vollkommen destruiert, es wird zudem als inhaltslos und vergeblich vorgeführt, wenn Simon sich schließlich folgendermaßen in die Unterhaltung der beiden Männer in der Kneipe einschaltet: „Ihre Erzählung interessiert mich aus manchem Standpunkt. Bitte, gestatten Sie mir daß ich

---

nicht diesem neuen Karrieremodell der rationalisierten Moderne. Als Gelehrter, der „an die enge Welt seines Studierzimmers gefesselt bleibt“ (GT. S. 15), repräsentiert er vielmehr den sich im Niedergang befindenden Typus des Bildungsbürgers, dessen traditioneller Weg zu Ansehen und Karriere mit der funktionalen Welt bürokratischer und industrieller Arbeit kaum mehr etwas gemein hat. Anne Fleig hat die Erosion der Männerbilder des 19. Jahrhunderts im Roman der literarischen Moderne für Musils *Mann ohne Eigenschaften* als Ablösungsprozess des Gelehrten durch den sportlichen Mann beschrieben, was als Abwertung bürgerlich bestimmter, geistiger Leistungen zu verstehen sei. Vgl. Anne Fleig: Körperkultur und Moderne. Dazu Kapitel VI: Genie der Norm, insbesondere Unterkapitel 1: Männer und Masken. S. 217–238.

165 Vgl. dazu Hiebel, der sie als „solidarische Gruppe“ bezeichnet. Hans H. Hiebel: Robert Walsers *Jakob von Gunten*. Die Zerstörung der Signifikanz im modernen Roman. In: Hinz/Horst (Hrsg.): Robert Walser. S. 240–275, hier S. 245. Oder Klaus-Michael Hinz: Robert Walsers Souveränität. In: Chiarini/Zimmermann (Hrsg.): „Immer dicht vor dem Sturze …“. S. 153–171. S. 153: „Mitten in der bürgerlichen Gesellschaft sind sie speziell distanzierte Einsame.“

Ihnen ferner zuhören darf. Ich bin ein junger, eben aus seiner Lebensstellung herausgetretener Mann und lerne vielleicht einiges aus Ihrer Erzählung; denn mir scheint, daß man immer gewinnt beim Anhören einer wahrhaften Geschichte.“ (GT, S. 216). Simons gebrochener Lebensentwurf wird in Emils Geschichte gespiegelt: „Inzwischen hatte er wiederum Stellung genommen, freilich nur für kurze Zeit, und dann wieder Stellung, und dann wieder!“ (GT, S. 218/219). Potentiell führt ein solcher Lebensentwurf in einen Zustand, der einen „für die Welt unmöglich“ (GT, S. 220) macht.

Auch Sebastians Lebensweg bricht noch in der Jugendzeit ab, denn Simon findet ihn bei einer seiner Wanderungen als erfrorene Leiche im winterlichen Wald.[166] Die Beschreibung seines Scheiterns ist deutlich von der Erwartung an ein bürgerliches Leben durchzogen: „Sebastian besaß in hohem Grade diesen Drang [nach Betätigung, MH], aber er war zu sehr aus dem Geleise des allgemein gültigen und vorgeschriebenen Strebens hinausgekommen. Er strebte vielleicht zu wild, und nun, da er einsah, daß sein Streben ihm nichts half, mochte er gar nicht mehr streben.“ (GT, S. 75). Sebastians und Emils Lebensgeschichten konfrontieren Simons mehrfach ausgestellte antikarrieristische Haltung, seine ‚Lust am Austreten‘, mit der Möglichkeit der Annullierung des Ichs als Folge eines von der Norm abweichenden Lebenswandels. Die Szene, in der Simon Emils Geschichte anhört, stellt zudem die Frage nach der Überzeugungskraft pädagogisch-modellhafter Literaturansätze, wie sie der Bildungsroman transportiert, angesichts sich wandelnder, brüchiger und unsicherer werdender Lebensentwürfe in der Moderne. Zum einen ist ihm die biographische Erzählung, die er mithört, bereits bekannt, da er Emils Bruder ist, zum anderen macht gerade Emils Realitätsverlust deutlich, dass Imagination und Wirklichkeit nicht mehr miteinander in Einklang zu bringen sind. Damit erscheint Simons Gedanke, aus Emils Geschichte etwas lernen zu können, doppelt abwegig. Auf die Idee des exemplarischen Helden wirft dies ein ironisches Licht. Simons Ablehnung der männlichen Laufbahn[167] und die Geschichten gescheiterter männlicher Biographien in *Geschwister Tanner* sind

166 Vgl. GT. S. 120–126. Wie die Forschung mehrfach betont hat, handelt es sich sowohl durch ihre mit Bedeutsamkeit aufgeladene Inszenierung als auch durch ihre zentrale Platzierung um eine Schlüsselszene des Romans. Vgl. z. B. Gößling: Ein lächelndes Spiel. S. 59.

167 Die Arbeitswelt um 1900 bot Frauen keine Karrieremöglichkeiten. Seit dem späten 19. Jahrhundert wurden sie zwar zunehmend in der kaufmännischen Verwaltung – bis dahin eine angestammte Männerdomäne –, insbesondere in Banken und Versicherungen, eingesetzt. Sie führten jedoch nur Hilfsarbeiten aus und ein beruflicher Aufstieg war normalerweise ausgeschlossen. Vgl. König/Siegrist/Vetterli: Warten und Aufrücken. S. 54/55 und S. 117.

damit auch in Bezug auf die Frage nach der Gattungsgeschichte des Romans von Bedeutung. Wie Anne Fleig gezeigt hat, ist das „Spiel mit der Tradition"[168] des Bildungsromans um 1900 mit Ab- und Auflösungsprozessen bürgerlicher Männlichkeit verbunden.[169] Der beruflichen Laufbahn, die dem bürgerlichen Bildungsroman seit Gustav Freytag als Entwicklungsmodell diente, begegnet der Roman im 20. Jahrhundert mit Kontingenzerzählungen, die dessen teleologische Struktur ironisch verabschieden.[170]

Erst die Literatur des späten 19. Jahrhunderts verknüpft Entwicklungsgeschichten wirkmächtig mit spezifisch wirtschaftsbürgerlichen Werten und der Vorstellung, durch Arbeit zum Mann zu werden. Die in der bürgerlichen Gesellschaft des 19. Jahrhunderts vollzogene Trennung von häuslicher, von Frauen verrichteter und männlicher, d. h. entlohnter und außer Haus stattfindender Arbeit führt zu einer weitreichenden Aufladung männlicher Geschlechtsidentität mit dem Faktor Erwerbsarbeit.[171] Das Männlichkeitsbewusstsein ist dabei an die jeweilige persönliche Position im und zum Arbeitsleben gebunden und gilt als sein Indikator.[172] Die kanonisierten Bildungsromane des Bürgerlichen Realismus (neben Freytags Roman etwa Adalbert Stifters *Der Nachsommer* von 1857 oder Wilhelm Raabes *Der Hungerpastor* von 1864) verteidigen im Kontext fortschreitender Industrialisierung in der zweiten Hälfte des 19. Jahrhunderts die neuhumanistische Idee von Individualität und Bildungsfähigkeit, allerdings auf ein spezifisch wirtschaftsbürgerliches Arbeits- und Leistungsethos hin profiliert.[173] Freytags *Soll und Haben* nimmt für die Vermittlung eines bürgerlichen Selbstverständnisses eine Schlüsselstellung ein, da er in der Tradition *Wilhelm Meisters* eine gelingende Bildungsgeschichte präsentiert und diese deutlich entlang der Mentalität und Interessen eines politisch gescheiterten, wirtschaftlich jedoch aufstrebenden Bürgertums erzählt, wodurch dessen Sinngebungsbedürfnisse im Bereich der Literatur ausagiert werden.[174] Durch die Betonung des sozialen

168 Fleig: Körperkultur und Moderne. S. 221.

169 Vgl. Fleig: Körperkultur und Moderne. S. 221.

170 Vgl. Fleig: Körperkultur und Moderne. S. 245–247. Zur Bedeutung der Kontingenz insbesondere S. 247: „Die Erfahrung der Kontingenz ist für die Beschreibung moderner Individualität zentral, weil sie die eigenen Versuche der Selbstbestimmung torpediert und die Abhängigkeit des Menschen von gesellschaftlicher Ordnung und Organisation betont."

171 Vgl. Ernst Hanisch: Männlichkeiten. Eine andere Geschichte des 20. Jahrhunderts. Wien/Köln/Weimar: Böhlau 2005. S. 353.

172 Vgl. Ernst Hanisch: Männlichkeiten. S. 354.

173 Vgl. Sabina Becker: Erziehung zur Bürgerlichkeit. S. 30.

174 Vgl. Becker: Erziehung zur Bürgerlichkeit. S. 29–31. Dass Freytags Roman eine *Wilhelm Meister* vergleichbare Reichweite zugesprochen werden kann, zeigt sich auch an dessen

Aufstiegsgedankens kann das Entwicklungsmodell des Bildungsromans somit über den Bereich männlicher Erwerbsarbeit als Erfolgsgeschichte erzählt werden.[175] Spätestens am Ende des 19. Jahrhunderts wird allerdings deutlich, dass Bildungsromane keineswegs von der harmonischen Ausbildung des „Reinmenschlichen“[176] erzählen, sondern ausschließlich männliche Sozialisationsgeschichten darstellen. Wenn Simon, Emil oder Sebastian keine bürgerliche Laufbahn mehr verfolgen, zeugt dies nicht nur von einer zunehmenden Erosion vorgezeichneter Lebensläufe im Kontext der Moderne, sondern setzt auch ihre ‚Männlichkeit‘ aufs Spiel, was der Roman wiederholt reflektiert.[177]

Im Kontext rationalisierter, standardisierter und fragmentierter Arbeitsprozesse um 1900 kann von Arbeit als Quelle positiver männlicher Selbstfindung und Integration nicht mehr überzeugend erzählt werden. Die Subjektivität des subalternen Commis oder Hilfsangestellten lässt sich nicht in eine Bildungsgeschichte übersetzen, denn Aufstieg und Entwicklung sind bei seiner Beschäftigung nicht vorgesehen.[178] Simon bemerkt dies im Zuge seiner Beobachtung der niederen Angestellten im Bankhaus. Das dort versammelte „Rechnervolk“ ist zumeist älter und zeigt sich in „zersessenen“ und „zerschabten“ Kleidern (alle Zitate GT, S. 34). Die „Rechner“ (GT, S. 34) scheinen schlechter entlohnt als die anderen Angestellten und auch keinen beruflichen Aufstieg anzustreben.

---

hohen Verkaufszahlen. Laut Becker handelt es sich um den meistverkauften Roman des 19. Jahrhunderts.

175 Vgl. Ortrud Gutjahr: Einführung in den Bildungsroman. Darmstadt: Wissenschaftliche Buchgesellschaft 2007. S. 26.

176 Morgenstern: Über das Wesen des Bildungsromans. S. 65.

177 Etwa im Kontext von Simons Hausdienertätigkeit, während der er die Ausführung haushälterischer Aufgaben als Verlust von Männlichkeit erkennt: „Es war ein wenig erniedrigend für ihn, sich in einer Küche zu wissen, mit einer Arbeit beschäftigt, die sonst nur Mädchen verrichten. Ein wenig erniedrigend und ein wenig lächerlich war es, aber es war entschieden geheimnisvoll und absonderlich.“ (GT. S. 187). Heinrich erklärt Simon, dass er für sich selbst koche und seine Bekleidung eigenhändig stricke, worin er nichts „Beschämendes“ (GT. S. 241) zu erkennen meine (vgl. GT. S. 241). In seiner Kindheitserinnerung beschreibt Simon einen ehemaligen Mitschüler, der aufgrund seiner „Zartheit“ „völlig einem Mädchen“ (beide Zitate GT. S. 110) glich. Anders als andere Schüler, die diesen hänseln, bewundert Simon ihn und fühlt sich zu ihm hingezogen. Sowohl Emil (vgl. GT. S. 214) als auch Sebastian (vgl. GT. S. 75) und Kaspar (vgl. GT. S. 70) werden als betont schön, ‚weich‘ oder gepflegt beschrieben.

178 Vgl. Roloff: Der Stellenlose. S. 41. Der sich um 1900 zunehmend vergrößernde Anteil von „Angelernten“ (mithin Hilfsarbeitern) im Bereich der kaufmännischen Angestelltentätigkeit verunsicherte das Modell des aufsteigenden Angestellten, der einmal den Prinzipal ablösen und das Geschäft übernehmen würde. Siehe dazu König/Siegrist/Vetterli: Warten und Aufrücken. S. 117.

An anderer Stelle macht Simon sich Gedanken über die Funktionalität und Anonymität moderner Angestelltenverhältnisse. Als er von der Dame, für die er als Hausdiener arbeitet, für seine unzureichende Leistung im Bereich des Schuhputzens zurechtgewiesen wird, bereitet ihm dies Genuss, zugleich reflektiert er das Verhältnis zu seiner Vorgesetzten als ein anachronistisch abhängiges:

> Wenn man einen untergebenen Beamten tadelt, so schmerzt man ihn, und man trägt immer die geheime Absicht, ihm auch wirklich weh zu tun durch das Merkenlassen der höheren Stufe, die man einnimmt. Einen Diener tadelt man nur in der Absicht, ihn zu belehren und zu erziehen, so wie man ihn haben will; denn ein Diener gehört einem, während man mit einem untergebenen Beamten, wenn die Feierabendstunde schlägt, menschlich weiter nichts mehr zu tun hat. (GT, S. 179/180).

In der historisch überkommenen Leibdienerschaft erblickt Simon ein Näheverhältnis, das die ganze Person betrifft, während der moderne Beamte eine professionelle Funktion einnimmt, die er nach Ablauf der Arbeitszeit ablegt. Simons Gedanken stellen allerdings keine Ganzheitsprojektion in Bezug auf den Adel dar wie noch in Wilhelm Meisters Überlegungen zum Edelmann. Die Idealisierung des Dieners passt sich vielmehr in seine sadomasochistische Bedürfnisstruktur ein.[179] Befriedigung bereitet ihm das Unterwerfungsverhältnis deshalb, da er sich der Dame gegenüber eigentlich überlegen fühlt, was er ausdrücklich auf den Geschlechterunterschied zurückführt (vgl. GT, S. 180/181).

*Geschwister Tanner* beschreibt sowohl die historische Distanz zum spätaufklärerischen Bildungsideal als auch den Bedeutungsverlust des bürgerlich-realistischen Narrativs einer durch Arbeit geformten Männlichkeit. Das überkommene Ideal allseitiger Bildung durch Tätigkeit wird den entfremdeten Arbeitsbedingungen im modernen Büro gegenübergestellt, wenn Simon letztere im Moment seiner Kündigung in der Bank an ersterem zu messen scheint:

> In Ihren Bureaus, von denen man solches Aufhebens macht, in denen so gern jeder beschäftigt sein möchte, ist von einer Entwicklung eines jungen Mannes nicht zu reden. […] Hier wird nichts verlangt von all den Kräften, die möglicherweise den jungen Mannesgeist beseelen, nichts erforderlich gemacht, was einen Mann und Menschen auszeichnen könnte. Weder Mut noch Geist, weder Treue

---

179 Eine in diesem Sinne erotisierte Beziehung thematisieren verschiedene Texte Walsers auffällig häufig. Ein Überblick zum Stand der Forschungsdiskussion findet sich in Wolfram Groddecks Artikel *Masochismus* im RWH. S. 332–336.

> noch Fleiß, weder Schaffenslust noch Begierde nach Anstrengungen können einem hier helfen, sich vorwärtszubringen: ja, es ist sogar verpönt, Kraft und Fülle zu zeigen. (GT, S. 41/42).

Die Idee des Bildungsgangs ist in Simons Rede ebenso gegenwärtig wie bürgerliches Karrieredenken und Arbeitsethos. Das Hochhalten einschlägig bürgerlich-männlicher Tugenden (Mut, Geist, Treue, Fleiß) erscheint angesichts einer Beschäftigung in der Bank naiv und aus der Zeit gefallen. Die Ungleichzeitigkeit von bürgerlichem Bildungsideal und den Arbeitsbedingungen des Büros, die Simons Rede zum Ausdruck bringt, beschreibt in direkter Weise den Konflikt, in dem neuhumanistische Individualitätsvorstellungen und moderne Arbeit zueinander stehen. Mit der Person des Angestellten, die den Durchschnittsmenschen schlechthin repräsentiert,[180] ist keine individuelle Geschichte mehr zu erzählen.[181] An die Arbeit im Büro und Simons kontinuierliche Stellenwechsel lassen sich keine Sinnangebote mehr heften. Seiner emphatischen Geste des Abbrechens ist die für die moderne Gesellschaft symptomatische „Erfahrung der Unerfahrbarkeit von transzendenten und immanenten Sinngarantien"[182] eingeschrieben.

Die Struktur des Abbruchs zeigt sich nicht allein in Simons wiederholten Kündigungen. Der episodische Bau des Romans – seine Einteilung in 18 weitgehend unverbundene Kapitel – galt der Literaturkritik bei seinem Erscheinen bereits als seine wohl markanteste Eigenschaft. Verschiedene Rezensionen sind sich einig in der Feststellung, dass Walsers Romanerstling die Gattung verfehlt habe, da es ihm an Geschlossenheit und narrativer Verknüpfung mangele. An besonders exponierter Stelle formulieren diese Kritik der Feuilletonredakteur und Journalist Arthur Eloesser in einer Rezension für die *Vossische Zeitung* vom 22.02.1907 und Monty Jacobs am 02.02.1907 im *Berliner Tageblatt*. In diesen beiden wichtigen Tageszeitungen publizierte Walser selbst: im *Berliner Tageblatt* ab September 1907, in der *Vossischen Zeitung* ab 1912. Jacobs, der ein „Recht" der Gattung „auf unbegrenzte Formlosigkeit"[183] einräumt, dieses jedoch durch Walser für überstrapaziert hält, kann *Geschwister Tanner* dennoch einen

180 Vgl. Hubert Thüring: Der Commis, der Räuber und ihre Geschwister. Robert Walsers erkenntnispoetische Figuren erkunden die Normalität. In: Cristina Fossaluzza/Paolo Panizzo (Hrsg.): Literatur des Ausnahmezustands (1914–1945). Würzburg: Königshausen & Neumann 2015. S. 45–67, hier S. 66.

181 Auch die beginnende Massenkultur leitet im frühen 20. Jahrhundert eine Entwicklung ein, die das ‚subjektive Erlebnis' ‚entwertet'. Vgl. dazu Anne Fleig: Körperkultur und Moderne. S. 214.

182 Daniel Kazmeier: Poetik des Abbruchs. Literarische Figurationen von Negativität im 17. und 18. Jahrhundert. Würzburg: Königshausen & Neumann 2016. S. 9.

183 Beide Zitate Monty Jacobs: Robert Walser, Geschwister Tanner. S. 5.

Reiz abgewinnen.[184] Der Mangel an Komposition, den er mit der vermeintlich „zum Ideal“[185] erhobenen Entwicklungslosigkeit Simon Tanners verschränkt, ist für ihn allerdings das hervorstechendste Merkmal des Romans, das er zugleich als Ausdruck von Walsers noch nicht ausgereiften literarischen Fähigkeiten sieht.[186] Nach einem einleitenden Hinweis auf Robert Walsers bekannteren Bruder Karl betont Jacobs sogleich dessen Position als künstlerisch noch unerfahrener Debütant.[187] Wie Jacobs stellt auch Arthur Eloesser Walser über den berühmten Bruder vor[188] und gesteht ihm Talent und Entwicklungsfähigkeit zu.[189] Für Walsers Roman hat er allerdings kein Lob übrig. *Geschwister Tanner* ist für ihn ein „in jeder formalen und technischen Beziehung [...] schlechtes Buch“[190], er beschreibt es als „[u]norganisch, knochenlos, gallertartig“, als „[...] dichterisches Gebilde, das Kopf, Rumpf, Glieder, darunter sehr wichtige Extremitäten nicht unterscheiden läßt“[191]. Der Maßstab einer geschlossenen Romankomposition, den Eloesser und andere Kritiker und Kritikerinnen ansetzen, leitet sich von dem von Friedrich von Blanckenburg installierten Formideal her.[192] Vor dem Hintergrund dieses Paradigmas erscheint ein Roman wie *Geschwister Tanner*, der keine kausale Ereignisfolge aufweist,[193] Rezensenten und Rezensentinnen noch um 1900 als formal missglückt.

184 Vgl. Jacobs: Robert Walser, Geschwister Tanner. S. 5.

185 Jacobs: Robert Walser, Geschwister Tanner. S. 5.

186 Vgl. Jacobs: Robert Walser, Geschwister Tanner. S. 5.

187 Jacobs bedient sich ähnlicher Schablonen wie Christian Morgenstern im zitierten Brief an Bruno Cassirer, um Walser als unreifen und ungestümen, gleichwohl entwicklungsfähigen Jungliteraten zu kennzeichnen. Dazu Jacobs: Robert Walser, Geschwister Tanner. S. 5: „Eine unmännliche, unreife Indolenz wird in dieser breiten, zerfließenden Erzählung zum Ideal erhoben. Ihrem Verfasser ist vorläufig noch jede Gabe des Objektivierens versagt. [...]. Robert Walsers Talentprobe wirkt wie ein Bruchstück ohne Anfang, ohne Ende aus den Konfessionen einer Jugend, die sich wohl bald vom Eigensinn zum Eigenwillen klären wird.“

188 Vgl. Arthur Eloesser: Geschwister Tanner. In: Ders.: A. E. Die frühen Feuilletons von Arthur Eloesser von 1900–1913. Hrsg. von Tina Krell. Berlin: Vergangenheitsverlag 2013. S. 185/186, hier S. 186.

189 Dazu Arthur Eloesser: Geschwister Tanner. S. 186: „So wenigstens lese ich es aus diesem protzig jungen Buch, mit dem vielleicht sich ein Talent ankündigt.“

190 Eloesser: Geschwister Tanner. S. 186.

191 Beide Zitate Eloesser: Geschwister Tanner. S. 186.

192 Blanckenburg verlangt für den Roman eine konsequente Kausalität, sonst könne dieser nicht auf die Leser wirken: „Jede wirklich werdende Begebenheit hat ein doppeltes Verhältniß; einmal ist sie Wirkung vorhergegangener, – und dann ist sie Ursache folgender Begebenheiten.“ (Blanckenburg: Versuch über den Roman. S. 261.).

193 Begegnungen Simons mit anderen Figuren werden häufig vom Zufall motiviert (vgl. dazu Bernhard Böschenstein: Sprechen als Wandern. In: Chiarini/Zimmermann (Hrsg.): „Immer dicht vor dem Sturze ...“. S. 19–23, hier S. 20 und Ulrike Leistenschneider: Das

Was das Zustandekommen einer fortlaufenden Erzählung im Roman stört, sind unter anderem figurenspezifische und handlungslogische Inkonsequenzen, eine teils nicht erkennbare Motivation von Ereignissen oder die stete Unterbrechung der Narration durch monologische Figurenreden,[194] Briefe oder Aufzeichnungen Simons. Figuren treten unvermittelt auf, ohne dass die Erzählung zu einem späteren Zeitpunkt noch einmal Bezug auf sie nehmen würde.[195]

Mit Blick auf die Theorie des Romans zu Beginn des 20. Jahrhunderts ist *Geschwister Tanner* in seiner ‚Formlosigkeit' hingegen auf der Höhe des Debattenstands.[196] Im ausgehenden 19. Jahrhundert erkennt die theoretische Diskussion gerade in seiner geschlossenen Form grundlegende Darstellungsprobleme des Romans.[197] Poetologische Programme, die eine antiteleologische Struktur im Interesse einer grundlegenden Gattungserneuerung anregen, erscheinen allerdings erst später.

Am nachdrücklichsten fordert dies sicherlich Alfred Döblin in seinen romanpoetologischen Essays. In seinem Aufsatz *Bemerkungen zum Roman*, der 1917 in der tonangebenden Literatur- und Kulturzeitschrift *Die neue Rundschau*[198] erscheint, fasst er seine Idee eines an der Struktur des Epos geschulten Romans in einer bekannt gewordenen, griffigen Metapher als dezentrierte, episodisch konstruierte Geschichte zusammen: „Wenn ein Roman nicht

---

Motiv des Gehens bei Robert Walser. Saarbrücken: VDM Verlag 2008. S. 28. Zufällig wird er auf der Straße von einer Frau angesprochen, woraufhin er seine Anstellung als Diener bekommt (vgl. GT. S. 172), zufällig tritt er in ein Haus und erhält dort eine Unterkunft (vgl. GT. S. 201), zufällig begegnet er auf der Straße einem Unbekannten, der sich wenig später als Klaras Mann Agappaia zu erkennen gibt (vgl. GT. S. 45). Hiebel bezeichnet die lose Zusammenfügung der Szenen als „Kette von Jetzt-Momenten ohne Telos" (Hiebel: Robert Walsers *Jakob von Gunten*. S. 247).

194 Auf die monologische Struktur bei Walser ist mehrfach hingewiesen worden. Eine frühe Untersuchung dazu liefert Horst Ehbauer: Monologisches Spiel. Erklärungsversuche zu den narrativen Strukturen in der Kurzprosa Robert Walsers. Nürnberg: Hans Carl Verlag 1978. Vgl. auch Grenz: Die Romane Robert Walsers. Zu *Geschwister Tanner* siehe Kapitel IV: Monologhafte Dialoge, S. 48–59.

195 Dazu Hiebel: Robert Walsers *Jakob von Gunten*. S. 251: „Die Handlungsführung ist bei Walser so gestaltet, daß sich keine Fäden zusammenfügen oder in bedeutungsvoller Weise einander zugeordnet werden; wie blinde Motive werden Situationen und Personen fallengelassen, abrupt tauchen dem Helden bekannte, dem Leser unbekannte Figuren auf."

196 Vgl. Keckeis: Robert Walsers Gattungen. S. 162.

197 Mit seiner Idee eines Romans des ‚Nebeneinanders' von 1850 ist Gutzkow dieser Debatte weit voraus.

198 Die von Samuel Fischer herausgegebene Zeitschrift gehört zu den wichtigsten Publikationsmedien für Walser in der Berliner Zeit. In Kapitel 4. dieser Arbeit zu *Jakob von Gunten* wird dieser Kontext näher beleuchtet.

wie ein Regenwurm in zehn Stücke geschnitten werden kann und jeder Teil bewegt sich selbst, dann taugt er nicht."[199] In *Der Bau des epischen Werks* (1928 als Vortrag an der Berliner Universität gehalten, 1929 in der *Neuen Rundschau* erschienen) bekräftigt Döblin seine Programmatik, den Roman unter Rückgriff auf das Epische zu erneuern und die am Drama orientierte, geschlossene Romankomposition, die seit Blanckenburg als ästhetische Norm kursiert, zu überwinden.[200] Der Roman ist die Gattung, der traditionell eine besondere Wirklichkeitsnähe abgefordert wird.[201] In der Theorie des Romans um 1900 wird diese Verpflichtung der Gattung auf die Wirklichkeit immer wieder neu formuliert, gleichzeitig verbreitet sich ein Bewusstsein für die Unzulänglichkeit einer geschlossen-teleologischen Erzählstruktur im Zusammenhang immer komplexer werdender Gesellschaften. In seiner einflussreichen *Theorie des Romans* (1916) benennt Georg Lukács als Grundsituation des modernen Romans, dass die durch den Verlust von Ganzheit gekennzeichnete moderne Welt in der geschlossenen Form nicht mehr dargestellt werden könne.[202]

Die meisten Theoretiker des Romans, die diesen im Anschluss an Hegels geschichtsphilosophische Konstruktion als Symptom der Moderne erkennen, fordern wie Lukács eine Erneuerung des Romans, wenn dieser als Gattung weiterhin gesellschaftliche Relevanz beanspruchen können soll. Der Impuls hierfür geht mit Lukács von einer Form aus, in der „das Unabgeschlossene, Brüchige und Übersichhinausweisende der Welt bewußt und konsequent als letzte Wirklichkeit gesetzt wird."[203] Lukács erkennt, dass der Roman – wenn er die industrialisierte, kapitalistische Gegenwart adäquat reflektieren will – darauf verzichten muss, „das Zerfallen der äußeren Wirklichkeit in heterogene, morsche und fragmentarische Teile durch irgendeinen Prozeß der

199 Alfred Döblin: Bemerkungen zum Roman. In: Ders.: Schriften zu Ästhetik, Poetik und Literatur. Hrsg. von Erich Kleinschmidt. Olten/Freiburg im Breisgau: Walter-Verlag 1989. S. 123–127, hier S. 126.

200 Dazu Döblin: Bemerkungen zum Roman. S. 237: „Das ist die richtige epische Methode, die Fruchtbarkeit der Situation oder Figuren ist charakteristisch, und Sie müssen sich da nicht täuschen lassen durch unsere heutige Pseudoepik, die Romane, die dummerweise das Drama imitieren – aus den meisten heutigen Romanen läßt sich etwas wie ein Drama destillieren, und das ist das Zeichen ihres falschen formalen Grundprinzips."

201 Ausgehend vom England und Frankreich des 17. Jahrhunderts setzt sich diese Forderung in Deutschland erst nach der Romantik durch. Siehe Hartmut Steinecke: Roman. In: Klaus Weimar/Harald Fricke/Klaus Grubmüller/Jan-Dirk Müller/Georg Braungart/Friedrich Vollhardt: Reallexikon der deutschen Literaturwissenschaft. Bd. 3: P–Z. Berlin/New York: De Gruyter 2007. S. 317–322, hier S. 318/319.

202 Vgl. Lukács: Die Theorie des Romans. Ein geschichtsphilosophischer Versuch über die Formen der großen Epik. Darmstadt/Neuwied: Luchterhand 1971. S. 47.

203 Lukács: Die Theorie des Romans. S. 61.

Vereinheitlichung zu überwinden, [...].“[204]. Die Komposition des Romans ist für dessen Theorie um 1900 mit Blick auf die Frage seiner Aussagekraft und Aktualität als Gattung somit von größter Bedeutung. Bereits für Karl Gutzkow kommt es beim Roman „neuen Stil[s]“[205] auf dessen Architektonik an.[206] Größere Realitätsnähe – die „Widerspiegelung“ der „ganze[n] Wirklichkeit“[207] – ist auch bei Gutzkow das Argument für formale Innovation.

In seiner Episodizität löst der *Geschwister Tanner*-Roman den tradierten Anspruch auf Wirklichkeitsnähe des Romans ein. In der Struktur des Abbruchs zeigt sich seine Reflexivität in Bezug auf die sich rasant modernisierende Arbeits- und Angestelltenwelt und die von dieser ausgehenden Ökonomisierungs- und Standardisierungsprozesse.[208] Zugleich schlägt er neue Wege eines ateleologischen, offenen Erzählens ein, welches in der Literatur und in der Theorie des Romans erst in den 1920er-Jahren auf radikale Weise umgesetzt werden wird. *Geschwister Tanner* nimmt auf diese Weise an der Transformation des Romans um 1900 teil.[209] Walsers Roman verabschiedet die klassische Bildungsthematik und bereitet ein Formexperiment vor, das den geschlossenen Roman aufbricht und auf die komplexe Gegenwart hin öffnet.

## 2.2 Korrespondenzen zwischen Roman und kleinen Formen

Nimmt man es mit dem Gros der literaturkritischen Stimmen zu Walsers Zeit, so ist *Geschwister Tanner* an den Vorgaben der großen Form gescheitert. Angesichts dieses Konsenses erscheint als einzig strittige Frage, ob man die

204 Lukács: Die Theorie des Romans. S. 110.

205 Gutzkow: Vorwort. S. 8.

206 Vgl. Gutzkow: Vorwort. S. 8.

207 Beide Zitate Gutzkow: Vorwort. S. 9.

208 Während viele zeitgenössische Rezensionen auf die Bedeutsamkeit von Träumen in *Geschwister Tanner* hinweisen, wird die Thematisierung von Arbeit in der Regel nicht in den Blick genommen. Eine Ausnahme bildet eine Besprechung des Romans von Johannes Widmer, die am 1. Juni 1907 in der Zürcher anarchistischen Monatsschrift *Polis* erschien. Widmer erkennt in dem Roman eine klare Kritik an den zeitgenössischen Arbeitsverhältnissen: „Die Art, wie er eine ganze Reihe von Berufen auf ihre Wertigkeit hin durchläuft, wird zu einer ununterbrochenen Kritik der heutigen Arbeitsformen auf ihre Aufnahmefähigkeit für Vollnaturen. [...] Es muss anders werden, und wenn es uns an den Hals geht. Hier bricht der Roman ab.“ Das Zitat entstammt dem Wiederabdruck von Widmers Besprechung in Auszügen in den *Mitteilungen der Robert-Walser-Gesellschaft* 12 (2005). S. 8–9, hier S. 9.

209 Vgl. Wagner: „[D]ank meiner Schwäche und belehrt durch mein Epigonentum“. S. 133.

lockere Komposition von Walsers Romandebüt entweder als formal misslungen oder als Ausweis einer spezifischen Modernität aufzufassen habe. Was die zeitgenössische Literaturkritik noch nicht erkennt, sind die Möglichkeiten intertextueller Vernetzung und Fortschreibung, die sich aus der Struktur der Unabgeschlossenheit ergeben. Ähnlich wie der Fortsetzungsroman bietet die textinterne Zusammenhanglosigkeit Anschlüsse, die über den Einzeltext hinausweisen. Walsers Texten eignet häufig eine Dynamik, Textgrenzen zu überschreiten. Dies hat die Forschung bislang vor allem für die Prosastücke und mikrographischen Entwürfe der späten Berner Werkphase betont.

Doch bereits in der Berliner Zeit wird Walsers Produktivität im Bereich der Kurzprosa zur Impulsgeberin für das anspielungsreiche, kombinatorische und vernetzte Schreiben in und um *Geschwister Tanner*. Dem episodischen, entgrenzten Roman liegt die mediale Logik von Kürze und Unabgeschlossenheit der kleinen Formen zugrunde.[210] Für die werkintern miteinander in Verbindung stehenden motivischen und reflexiven Arrangements und Verzweigungen hat die Forschung unterschiedliche Beschreibungskategorien gefunden, wie die der „Montage"[211] oder „Collage"[212]. Bereits Walsers frühe Werke besitzen die Tendenz zur Entgrenzung, an ihnen lässt sich ein Schreibimpuls des „Nicht-Aufhörenkönnens"[213] erkennen, der auch seine Romane prägt. Insbesondere an *Geschwister Tanner* wird ein Interesse an der „Extension des Geschriebenen"[214] deutlich, da den Roman verschiedene kürzere Prosatexte umgeben, die mit ihm einen Stoffkreis bilden oder eine intertextuelle Reflexionsbeziehung eingehen.[215] Sie sind teils im Vorfeld der Niederschrift des Romans entstanden, teils in deutlichem zeitlichen Abstand zu dessen Veröffentlichung. Allgemein fällt auf, dass diese Texte in keiner handlungsbezogenen oder semantisch-inhaltlich erhellenden Weise in Beziehung zum Roman stehen. Es kann daher nicht davon ausgegangen werden, dass Walser die fortgesetzte und aufeinander abgestimmte Erzählung eines Stoffs

---

210 Vgl. Von Reibnitz: Komma überschreibt Punkt. S. 145.

211 Greven: Existenz, Welt und reines Sein. S. 137.

212 Rüdiger Campe: Robert Walsers Institutionenroman *Jakob von Gunten*. In: Rudolf Behrens/Jörn Steigerwald (Hrsg.): Die Macht und das Imaginäre. Eine kulturelle Verwandtschaft in der Literatur zwischen Früher Neuzeit und Moderne. Würzburg: Königshausen & Neumann 2005. S. 235–250, hier S. 250. Als Collage beschreibt Campe in einer Fußnote die Aufnahme und Kombination von Motiven aus Walsers Berliner Großstadtprosa im Roman *Jakob von Gunten*.

213 Von Reibnitz: Komma überschreibt Punkt. S. 129.

214 Walt: Im Schaufenster. S. 88.

215 Dazu auch Caduff: Revision und Revolte. S. 135: „Gerade im Romandebüt sind Referenzen, Anspielungen und Bezüge weit verzweigt und formieren unabschließbare Assoziationsketten."

oder einer Geschichte im Auge hatte – hierfür spricht auch, dass der Roman *Geschwister Tanner* schon textintern wenig Handlung bietet. Genauso wenig lässt sich plausibel die Annahme erhärten, dass es sich bei den zeitlich vor *Geschwister Tanner* entstandenen Prosaskizzen und Textminiaturen um Vorentwürfe zum Roman handele.[216]

Das Prosastück *Simon, eine Liebesgeschichte* veröffentlicht Walser 1904 in *Die Freistatt*; der *Brief eines Mannes an einen Mann*, in dem ebenfalls bereits eine Figur namens Simon adressiert wird, erscheint 1905 in der Zeitschrift *Der Samstag*. Die Tatsache der Publikation dieser Texte entkräftet die These, dass Walser ihren Status lediglich als heuristisch-zweckmäßig mit Blick auf ein anderes Schreibvorhaben begriffen habe. In einem späteren Mikrogramm, das 1926/1927 entsteht, stellt Walser das Verhältnis zwischen Roman und Prosastück denn auch als eines der intertextuellen Inspiration – oder vielmehr des Abschreibens – dar: „Ich z. B. ahmte mich anläßlich der Niederschrift meiner ‚Geschwister Tanner' selber insofern nach, als ich ‚Simon, eine Liebesgeschichte', die eine flüchtige Phantasie ist, als Vorbild vorkommen ließ." (AdB 4, S. 237). In dieser Darstellung bedient sich Walser des Prosastücks für die Niederschrift seines Romans, dennoch könne es als eigenständiger Text gelten, vergleichbar den Werken Puschkins, von denen Stendhal abgeschrieben habe, der seinerseits zum Ideengeber für Flaubert geworden sei. Die intertextuellen Bezugnahmen der eben genannten Autoren aufeinander stellt Walser im Mikrogramm von 1926/1927 in der Form einer Analogie der Reflexion seines eigenen ‚Abschreibesystems' voran.

Roman und kleine Form stehen im Fall von *Geschwister Tanner* nicht in einem hierarchischen Verhältnis von Haupt- und Nebentext zueinander, vielmehr kommunizieren sie miteinander in der Art aneinander gerichteter Briefe oder Mitteilungen und damit als gleichrangige Textrealisierungen, die gleichwohl unterschiedlichen Genre- und Medienbesonderheiten gehorchen. Dieses intertextuelle und intermediale Korrespondenzbeziehungsnetz bricht mit der überkommenen geschlossenen Form und stellt den Beitrag der *Geschwister Tanner* zur formalen Erneuerung des Romans im beginnenden 20. Jahrhundert dar.

Die *Geschwister-Tanner*-Texte bilden dabei einen Zusammenhang, der sich den Leserinnen und Lesern – bei Kenntnis der verschiedenen Realisierungen –

---

216 So das in der Forschung verbreitete Verständnis der Beziehung früherer Textrealisierungen des *Geschwister-Tanner*-Stoffs zum Romantext. Z. B. Caduff, der die Texte als „Vorstufen" zum Roman (Caduff: Revision und Revolte. S. 135) begreift oder Von Reibnitz und Groddeck, die im editorischen Nachwort zum Manuskript der *Geschwister Tanner* (KWA IV, 1) ebenfalls einen Charakter der Texte als „Vorstudien" in Erwägung ziehen. S. 369–382, hier S. 369.

als „experimentelle Erweiterung"[217] des Romanstoffs oder seines Themenkreises darstellen kann, wobei die Textverwandtschaft nicht funktional, sondern weitgehend bedeutungsoffen gestaltet ist.[218] Dies macht Walser allerdings weniger zum Dekonstrukteur textueller Sinnbeziehungen avant la lettre, eher zeigt sich sein intertextuelles, transgenerisches und intermediales Schreiben als höchst interessiert an der experimentellen Erprobung eines Stoffs in unterschiedlichen Kontexten. Häufig erweisen sich dabei offenbar solche Darstellungsverfahren als inspirierend, die der Logik eines anderen Textgenres und Mediums entlehnt sind. Die bisweilen intuitiv verknüpft erscheinenden Verbindungen bilden – genau wie die episodische Struktur auf der Ebene des Romans – einen Zusammenhang, den die Leserin oder der Leser gegebenenfalls selbst herstellt und mit Bedeutung versieht.

In dieser leseradressierenden Struktur sowie dem Umstand, dass der Roman *Geschwister Tanner* keinen konsequenten Haupttext des Stoffkreises abgibt – dass er als solcher rezipiert wurde und wird, muss als Ergebnis literarischer Wertungs- und Kanonisierungsprozesse verstanden werden –, überschreitet der mit Zeitschriften- und Zeitungstexten im Gespräch stehende Roman die geschlossene Form sowie die mediale Logik des Buchs und dessen traditionell werkförmige Textgrenze. Die Struktur von *Geschwister Tanner* sträubt sich gewissermaßen gegen eine Priorisierung von Romanform und Buchmedium. Die Texte des *Geschwister-Tanner*-Kreises ‚semantisieren' sich damit potentiell gegenseitig, textinterne Bedeutungen können in neue Konstellationen gebracht werden.[219] Nach dem Erscheinen des Romans publizierte Prosastücke stellen sich demgegenüber häufig als poetologische Reflexionen von *Geschwister Tanner* dar. Im Folgenden sollen die Texte *Simon, eine Liebesgeschichte* (1904, 1914), *Der Schuß* (zu Lebzeiten unveröffentlicht), *Feuer* (1908), *Brief von Simon Tanner* (1912) und *Geschwister Tanner* (Prosastück, 1914) systematisch in ihrer Beziehung zum Roman *Geschwister Tanner* betrachtet werden. Die vergleichende Untersuchung zielt darauf, die in Kapitel 2.1 vor dem Hintergrund der Geschichte des Romans diskutierte Poetik der *Geschwister Tanner* nun in ihren Beziehungen zu anderen publizistischen Kontexten in einer weiteren Dimension zu fassen. Wie die synchrone Perspektive erkennen lässt,

217 Walt: Im Schaufenster. S. 87.

218 Vgl. Walt: Im Schaufenster: Robert Walsers poetische Reflexionen. S. 92.

219 Zu den Publikations- und Rezeptionsbesonderheiten von Zeitschriften im Gegensatz zum Buch vgl. Nicola Kaminski/Jens Ruchatz: Journalliteratur – ein Avertissement. Pfennigmagazin zur Journalliteratur. Heft 1. Hannover: Wehrhahn Verlag 2017, hier S. 14 und Nicola Kaminski/Nora Ramtke/Carsten Zelle: Zeitschriftenliteratur/Fortsetzungsliteratur: Problemaufriß. In: Dies. (Hrsg.): Zeitschriftenliteratur/Fortsetzungsliteratur. Hannover: Wehrhahn Verlag 2014. S. 7–40, insbesondere S. 15, S. 24, S. 25 und S. 34.

hat Walser nicht allein die Traditionsbestände der Gattung befragt, um eine zeitgemäße literarische Form zu entwickeln, sondern darüber hinaus Impulse künstlerischer Strömungen und Diskurse um 1900 produktiv rezipiert und zu eigenen, neuen Ausdrucksmöglichkeiten des Romans verarbeitet.

Zuerst werde ich an der Pantomime *Der Schuß* und dem Prosastück *Simon, eine Liebesgeschichte* die ästhetische Inspiration der *Geschwister Tanner* durch die antinaturalistische Theatermoderne des frühen 20. Jahrhunderts aufzeigen. Alle drei Texte, Pantomime, Prosastück und Roman, haben eine Ehebruchsgeschichte zum Gegenstand. In Roman und Prosastück besteht außerdem eine Namensgleichheit: Die untreue Ehefrau heißt Klara, der betrogene ältere Ehemann Agappaia. Klaras jugendlicher Liebhaber ist im Roman Kaspar, im Prosastück Simon. An der sehr ähnlichen szenischen Gestaltung wird deutlich, dass Walser offenbar an einer bestimmten Dynamik zwischen den drei Figuren interessiert war, die er in unterschiedlichen Textgattungen durchgespielt hat. Im Zentrum steht dabei die Erzeugung einer bedrückenden und durch Ahnung und Eifersucht zum Zerreißen gespannten Atmosphäre. In narrativer Hinsicht sind die Szenen dagegen nicht aussagekräftig, sondern wirken weitgehend unverständlich. Die Hermetik der Ehebruchsszene in Roman und Prosastück geht dabei, wie ich zeigen werde, auf die Darstellungsbesonderheiten der Pantomime zurück, für die Walser die Szene mutmaßlich zuerst konzipierte.[220] Die intermediale Präsentation eines performativ-szenischen Ausdrucks im Rahmen des Romans zeugt dabei nicht nur von seiner schon häufig hervorgehobenen Begeisterung für das Theater um 1900. Für die Frage nach der Poetik der *Geschwister Tanner* ist entscheidender, dass Walser das ästhetische Repertoire theaterreformerischer Impulse experimentell nutzt, um den Roman als Form zu beleben.

In einem zweiten Schritt werden poetologisch-reflexive Korrespondenzen zwischen Kurzprosa und Roman in den Blick genommen. Das Feuilleton *Feuer* und das Prosastück *Geschwister Tanner* beziehen rückblickend Position zu Walsers erstpubliziertem Roman. Im Prosastück ist diese poetologische Beziehung offensichtlich, da Walser darin die Niederschrift des Romans autofiktional inszeniert. In dem 1908 veröffentlichten Text *Feuer* wird der Titel des reflektierten Romans hingegen nicht genannt. Erkennbar wird darin jedoch für jenen episodischen Roman Partei ergriffen, der bei seinem Erscheinen im Jahr zuvor durch die Literaturkritik als formal missglückt bewertet worden war. Beide Prosatexte sind deutlich stilisiert und erheben damit nicht den Status einer theoretischen Reflexion des Romans, die Walser bekanntlich

220 Peter Utz hat die Entstehung der Pantomime *Der Schuß* auf etwa 1902 datiert. Siehe Utz: Tanz auf den Rändern. S. 499.

auch niemals vorgelegt hat.[221] Gerade die literarisiert-offene Form des Prosastücks bietet jedoch die Möglichkeit, ohne die Verpflichtung auf theoretische Stringenz und Plausibilität, sondern auf ungezwungene und vorläufige Weise einen eigenen Begriff des Romans zu umreißen, der auf die spontane Niederschrift von Einfällen setzt und dessen ‚zusammenhangloses' Ergebnis Walser als zeitgemäße Literatur rechtfertigt. Die solchermaßen verteidigte Form nähert sich einer ‚Poetik der Skizze' an.

Die *Geschwister-Tanner*-Texte teilen einander etwas mit. Im abschließenden Teil des Kapitels wird der Mitteilungscharakter dieser intertextuellen Beziehungen beim Wort genommen. Das Prosastück *Brief von Simon Tanner* macht bereits in seinem Titel deutlich, dass es literarisch eine Briefkommunikation fingiert. Der Text setzt die briefliche Korrespondenz, die die Figuren in *Geschwister Tanner* häufig wählen, außerhalb der Romanerzählung fort. Ein Vorbild und eine romanpoetische Suchbewegung zugleich stellt hierbei der Briefroman dar, der – anders als der Bildungsroman – nicht normpoetisch bestimmt, sondern als populäres Genre stets als Unterhaltungsliteratur wahrgenommen wurde. In seiner kompositorischen Offenheit und seiner fehlenden Anerkennung als Literatur ähnelt Walsers entgrenzter Roman *Geschwister Tanner* dem im 19. Jahrhundert vergessenen Briefroman und schreibt dabei auf eine Form zu, die der sich rasant verändernden medialen Öffentlichkeit des 20. Jahrhunderts Rechnung trägt.

### 2.2.1 *Gesten des Betrugs – Intermediale Inspirationen*

Im dritten Kapitel von *Geschwister Tanner* – Simon und Kaspar wohnen gerade bei Klara Agappaia, deren Ehemann soeben überraschend von einer seiner Reisen zurückgekehrt ist – tritt eine Tänzerin auf. Die beiden Brüder, Klara und Agappaia sehen sich ihre Darbietung im Theater an, die auf folgende Weise beschrieben wird:

> Als der Vorhang aufging, sah man nur in einen grauen, leeren Raum hin. Doch der Raum belebte sich alsobald, denn es erschien eine Tänzerin mit nackten Beinen und Armen, die zu einer leisen Musik tanzte. Ihr Leib war von einem durchschimmernden, flatternden, fließenden Gewand umhüllt, das, so schien es, die Linien des Tanzes noch einmal für sich, in der schwebenden Luft, nachzeichnete. Man empfand die völlige Unschuld und Grazie dieses Tanzes und es würde niemandem eingefallen sein, in der Nacktheit des Mädchens etwas Unkeusches und unrein-Beabsichtigtes zu finden. Ihr Tanz löste sich oft in ein bloßes Schreiten auf, doch auch dieses blieb Tanz, und ein anderes Mal wieder schien die Tanzende von ihren eigenen Wellen in die Höhe erhoben zu werden. Wenn sie zum Beispiel ein Bein erhob und den schönen Fuß krümmte, so

221 Vgl. Wagner: „Dank meiner Schwäche und belehrt durch mein Epigonentum". S. 135.

> geschah das in einer so neuen, unbefangenen Weise, daß jedermann dachte: wo habe ich das einmal gesehen, wo? Oder habe ich das nur irgend einmal geträumt? Der Tanz dieses Mädchens hatte etwas Schweres und Naturgemäßes. Gewiß, ihre Kunst war vielleicht, streng nach Ballettregeln genommen, nicht allzugroß, ihr Können mochte weit zurückbleiben hinter dem Können und Leisten anderer Tänzerinnen. Aber sie besaß die Kunst, mit ihrer bloßen, mädchenscheuen Anmut zu entzücken. Wenn sie niederflog, so geschah es so süß-schwer, und das Emporfliegen zu höherem Schwung berauschte alle Seelen durch die Wildheit und Unschuld dieser Bewegung. Wenn sie sich bewegte, war auch sie erregt von dieser, ihrer flüchtigen Bewegung, und ihre Erregung erfand zu den Tönen immer neue Schwingungen. Ihre Hände glichen zwei schönen weißen, flatternden Tauben. Das Mädchen lächelte, wenn es tanzte, es mußte glücklich dabei sein. Ihre Kunstlosigkeit wurde als höchste Kunst empfunden. Einmal flog sie in großen weichen Sprüngen, wie ein gejagter Hirsch, von einem Takt in den andern. Sie schien wie ein Wellengesprudel zu tanzen, das sich an einem niedern Ufer zerschlägt und verspritzt, bald floß sie wie eine breite, sonnige, machtvolle Welle dahin, wie eine Welle mitten im See, bald war es wieder wie ein Geriesel von Flocken und Steinchen, immer war es anders, und immer so seelenvoll. Die Empfindungen aller Zuschauer tanzten mit Lust und mit Schmerzen mit. Einigen preßte der Tanz Tränen in die Augen, reine Tränen des Mit-Entzückens, Mit-Tanzens. Wie schön war es, zu sehen, daß da das Mädchen seinen Tanz beendete, bejahrte, ehrfurchtgebietende Frauen sich stürmisch erhoben, dem Mädchen mit Tüchern zuwinkten und ihr Blumen in den Bühnen-Abgrund hinabwarfen. „Sei unsere Schwester," schien aller Lächeln zu bitten. „Welche Freude, dich meine Tochter, wenn du's wolltest, zu nennen," schienen die Damen zu jubeln. Das hundertköpfige Zuschauerpublikum sah die Kleine auf der einsamen Bühne und vergaß die Grenze, überhaupt alle Scheidewand. (GT, S. 46/47).

Nicht zufällig oder beliebig schildert Walser den Auftritt der namenlosen Tänzerin in großer Ausführlichkeit. Walsers Werke besitzen eine hohe Sensibilität für die veränderten „medialen Bedingungen"[222] der Literatur im frühen 20. Jahrhundert, in der Berliner Zeit insbesondere für den produktiven Austausch der Künste Tanz/Theater, Musik und Malerei. Offensichtlich beschreibt die Szene in *Geschwister Tanner* eine Darbietung des ‚neuen' Tanzes, der im frühen 20. Jahrhundert als Gegenmoment zum standardisierten Gesellschaftstanz und zur Körperdisziplin des Balletts entsteht.[223] Auf die Bühnen bringen ihn Solotänzerinnen wie Loie Fuller, Isadora Duncan, Ruth St. Denis und

222 Anna Fattori/Margit Gigerl: Vorwort. In: Dies. (Hrsg.): Bildersprache, Klangfiguren. Spielformen der Intermedialität bei Robert Walser. München: Fink 2008. S. 7–11, hier S. 8. Der Sammelband befasst sich mit Ausprägungen von Intermedialität in Texten Walsers in den verschiedenen Werkphasen unter der grundlegenden Annahme einer starken Affinität seines Werks insgesamt zu medialen Überkreuzungen und intermedialer Reflexivität.

223 Vgl. Anne Fleig: „Futuristische Wunder"? Tanz und Varieté. In: Ästhetik & Kommunikation. 40[146](2009/2010). S. 101–107, hier S. 103.

Grete Wiesenthal, die damit zu Stars werden. Vermutlich hat Walser Isadora Duncan 1901 in München und später in Berlin gesehen.[224] Loie Fuller widmet er ein Gedicht, das am 22. Januar 1928 in der *Prager Presse* erscheint.[225] Fuller war zu Beginn des Jahres in Paris verstorben und Walsers Gedicht blickt mit erkennbar zeitlichem Abstand auf das Erlebnis ihres Tanzes zurück.[226] Der moderne Ausdruckstanz, dessen radikal neue Einflüsse auf das Tanztheater in der *Geschwister-Tanner*-Szene in allen entscheidenden Facetten – Körperbewegung, Kostüm, Bühnengestaltung, Musik und Publikumswirkung – beschrieben werden, trifft um 1900 in vielerlei Hinsicht den Nerv der Zeit. Die Repräsentantinnen des neuen Tanzes hatten in der Regel keine akademische Ballettausbildung oder lehnten das klassische Ballett ab – wie dies auch die ‚Kunstlosigkeit' der Tänzerin in *Geschwister Tanner* ausdrückt – und orientierten sich vielmehr – wie später auch die Eurhythmie Rudolf Steiners – an antikisierten Bewegungsidealen. Der neue Tanz hat die Formexperimente der Theatermoderne um 1900 entscheidend vorangebracht.[227] Die von ihm ausgehende Revolutionierung wurde weit über die Grenzen tanzästhetischer Diskussionen hinaus wahrgenommen. Viele Autoren waren fasziniert von den Auftritten der Ausdruckstänzerinnen und reflektierten darüber in Essays.[228] Am Beispiel des Tanzes wurden „Fremdheitserfahrungen"[229] der Moderne

---

224 Vgl. Bernhard Echte: Karl und Robert Walser. Eine biographische Reportage. In: Die Brüder Karl und Robert Walser. Maler und Dichter. Hrsg. von Bernhard Echte/Andreas Meier. Stäfa: Rothenhäusler Verlag 1990. S. 150–203, hier S. 172.

225 Auch Isadora Duncans Tod bei einem tragischen Unfall in einem Sportwagen einige Monate zuvor hat Walser mit einem Text bedacht, der aus dem mikrographischen Nachlass erhalten ist. Vgl. dazu Utz: Tanz auf den Rändern. S. 464.

226 Siehe KWA III, 4.1. S. 351: „[…]; sie, die uns mit ihrem Tanz, feuerflirr'nden Firlefanz einst entzückte, liegt nun still; […] ja, ich darf es dir gestehen, auch ich habe sie gesehen auf den schlanken Beinen stehen; […]."

227 Vgl. Christopher Balme: Einleitung: Zur Ästhetik und Ideologie der Theatermoderne. In: Ders. (Hrsg.): Das Theater von Morgen. Texte zur deutschen Theaterreform (1870–1920). Würzburg: Königshausen & Neumann 1988. S. 11–29, hier S. 12.

228 Rainer Maria Rilke und Stéphane Mallarmé etwa schrieben über den modernen Tanz. Besonders intensiv beschäftigte er auch Hugo von Hofmannsthal. Er schrieb neben Aufsätzen auch Tanzpantomimen und arbeitete mit der Wiener Tänzerin und Choreographin Grete Wiesenthal zusammen, mit der er mehrere Tanzstücke entwickelte. Dazu Yongqiang Liu: Schriftkritik und Bewegungslust. Sprache und Tanz bei Hugo von Hofmannsthal. Würzburg: Königshausen & Neumann 2013. Zu Hofmannsthals Arbeit mit Wiesenthal siehe Kapitel 4: Performanz der ‚reinen Gebärde': Zusammenarbeit mit Grete Wiesenthal. S. 171–201. Verbindungen zwischen Hofmannsthals Essay *Die unvergleichliche Tänzerin* (1906) über Ruth St. Denis und Texten Walsers beleuchtet Martina Schaak: „Das Theater, ein Traum". S. 98–103.

229 Gabriele Brandstetter: Tanz-Lektüren. Körperbilder und Raumfiguren der Avantgarde. Frankfurt am Main: Fischer Taschenbuch Verlag 1995. S. 15.

zur Sprache gebracht,[230] über „Körperbilder und abstrakte Raumfiguren"[231] wurden in kunst- und literaturästhetischen Debatten der eigene Standort sowie künstlerische Reformideen thematisiert. Nicht zufällig dient gerade der weibliche Körper als Projektionsfläche moderneprogrammatischer Positionsbestimmungen, ist doch der Einsatz vergeschlechtlichter Imaginationen „konstitutiv für die Konstruktion der ästhetischen Moderne"[232].

Die Körperbewegungen der Tänzerinnen des frühen 20. Jahrhunderts warfen Fragen auf, die ins Zentrum der Selbstreflexion der literarischen Moderne führten. In ihren Performances erschienen sie als „Kunstfiguren", „die die Grenze zwischen Wirklichkeit und Fiktion in Frage stellten"[233]. Einleuchtend wirken in diesem Zusammenhang daher Klaras Überlegungen zur Beziehung von Kunst und Leben, die sie im Anschluss an den Theaterabend in einem in seiner Position an die zeitgenössische Lebensphilosophie erinnernden Monolog anstellt: „Vielleicht ist aber alles Natur. Nicht nur das Große und Stille da draußen, sondern auch das Bewegliche und Kleine, was die Menschen erschaffen. Ein Theater ist auch Natur." (GT, S. 48). Emphatisch ergreift Klara Partei für eine Kunst, die sich als Natur versteht und dieser huldigt (vgl. GT, S. 48). Damit bedient sie die um 1900 weithin kursierende Annahme einer besonderen Affinität von Weiblichkeit zu dem als organisch gedeuteten Kunstwerk.[234] Kaspar verkündet dagegen, den Theaterabend in einem Bild festhalten zu wollen, woraufhin Simon zu bedenken gibt, dass dies „sehr schwer" (GT, S. 48) sein dürfte. Simon weist damit auf die Schwierigkeiten einer gelungenen intermedialen Transposition[235] hin: Alle Elemente,

230 Vgl. Brandstetter: Tanz-Lektüren. S. 15

231 Brandstetter: Tanz-Lektüren. S. 16

232 Helduser: Geschlechterprogramme. S. 29.

233 Anne Fleig: „Futuristische Wunder"? S. 104.

234 Dazu Marlies Janz unter Bezugnahme auf Georg Simmel: „Eben wegen ihres organisch-ganzheitlichen Charakters und ihres geschlossenen Wesens aber gleiche die Frau von Natur aus dem Kunstwerk […]." (Janz: „Die Frau" und „Das Leben". S. 39). Die programmatische Verknüpfung von Natur und Tanz prägt zudem die ästhetischen Debatten der literarischen Moderne maßgeblich. Vgl. Peter Utz: Tanz auf den Rändern. S. 489.

235 Irina Rajewsky grenzt zwei Typen intermedialer Systemreferenzen voneinander ab. So kann ein Bezugssystem erstens ausdrücklich thematisiert werden, was Rajewsky als „explizite Systemerwähnung" bezeichnet. Zweitens kann Intermedialität als „Systemerwähnung qua Transposition" verwirklicht werden, worunter die „Reproduktion bestimmter Elemente und/oder Strukturen" unter einer „punktuellen, ausschnitthaften Einhaltung bestimmter Regeln des Bezugssystems" fällt. Dies ist etwa der Fall, wenn Literatur sich sprachlich derart inszeniert, als ob sie wie Malerei, Film oder Theater funktioniere. Im Folgenden wird immer, wenn von Intermedialität oder intermedialen Bezügen die Rede ist, der zweite Typ nach Rajewsky, mithin die intermediale

die die performative Darbietung in ihrer Gesamtheit konstituieren,[236] kann das Gemälde wahrscheinlich nicht angemessen darstellen.[237] Eine Pointe liegt dabei in der Tatsache, dass der Tanzauftritt und seine künstlerische Relevanz soeben ausgreifend und im erkennbaren Versuch um Präzision in einem anderen Medium eingefangen wurden. Anders als Klaras programmatische Gleichsetzung von Kunst und Natur erkennt Simons Bemerkung, dass jede Kunst über ihre eigenen, sehr spezifischen Darstellungsmittel für die ‚Natur' der Tanzaufführung verfügt.

Die literarische Inszenierung des Tanzes in *Geschwister Tanner* mag poetisch und traumhaft anmuten, sie richtet sich detailliert auf die Ausdrucksbesonderheiten des Reformtanzes. Die ‚flatternde' Tunika über nackten Beinen war das visuelle Markenzeichen Isadora Duncans.[238] Die Beschreibung des Kleides als Stoff, der verbirgt und zugleich enthüllt und eine Linie in der Luft nachzeichnet, erfasst die Bedeutung des reformerischen Tanzkostüms außerordentlich treffend, auch in seiner subtilen Erotik.[239] Dass Klara die Tanzvorstellung als ‚Natur' interpretiert, kann auch als spezifische Bemerkung zur Aufführungspraxis des Reformtanzes begriffen werden. Dessen schleierartige Kostüme zielten in ihrer Anlehnung an antike griechische Gewänder genau auf die Erweckung gefühlsbetonter Assoziationen von „‚Natur' und ‚Natürlichkeit'"[240]. Die in der Szene dargestellte Beziehung von Bühnengeschehen und Publikum[241] drückt hingegen das weitverbreitete Anliegen antinaturalistischer

Transposition, gemeint sein. Siehe Irina O. Rajewsky: Intermedialität. Tübingen/Basel: Francke 2002. S. 79 und 83.

236 Siehe dazu die Beschreibung der Szene: „[…], „dieser Duft und Glanz der Freude, dieses Schimmern des Entzückens, das Kalte und Warme, das Bestimmte und Verschwommene, Farben und Formen in diesem Duft, das Gold und das schwere Rot, so untergehend in allen Farben, und die Bühne, der kleine Brennpunkt und das kleine, selige Mädchen darauf, die Kleider der Damen, die Gesichter der Männer, die Logen und alles andere, […]." (GT. S. 48).

237 Reto Sorg hat auf Walsers Sensibilität in Bezug auf die spezifischen medialen Eigenlogiken der jeweiligen Einzelkünste hingewiesen. Vgl. dazu Sorgs Eintrag *Intermedialität* (*Malerei, Musik, Theater, Tanz, Rundfunk, Photographie, Kino*) im RWH. S. 289–299, hier S. 289.

238 Vgl. Brandstetter: Tanz-Lektüren. S. 120.

239 Dazu Brandstetter: Das Kostüm wird „zum wichtigsten Symbol der Körper-Repräsentation: nicht als Kleid und nicht als bloßes Darstellungsrequisit, sondern als bewegte Textur, die im erotischen Spiel des Verhüllens und Zeigens, des Markierens und Verschiebens der Grenzlinien verschiedene Zonen des Körpers, des ‚dunklen Kontinents des Weiblichen' bezeichnet; so daß nicht die Bewegungsfiguren, nicht die Choreographie – die Schrift der Bewegung selbst –, sondern der solchermaßen durch die Stofflinie textierte Körper der Tänzerin zum Vexierbild des Begehrens wird." (Brandstetter: Tanz-Lektüren. S. 128)

240 Brandstetter: Tanz-Lektüren. S. 118.

241 Dazu GT. S. 47: „Das hundertköpfige Zuschauerpublikum sah die Kleine auf der einsamen Bühne und vergaß die Grenze, überhaupt alle Scheidewand."

Theaterprogrammatiken aus, die sogenannte ‚vierte Wand' der Bühne aufzugeben und damit Zuschauerinnen und Zuschauer radikal distanzlos mit dem Schauspiel zu konfrontieren.[242]

Die wahrgenommene Naturhaftigkeit führt diese Szene des Romans somit mit der Thematisierung der Einzelkunstkompetenzen und schließlich mit der Frage nach dem Verhältnis von Leben und Kunst[243] zusammen. Analog zu den programmatischen Debatten der künstlerischen Avantgarden entfaltet die Szene ausgehend vom Ereignis des Tanzes eine weitreichendere Problematisierung der verschiedenen Künste und ihrer Ausdrucksmittel. Der Tanz ist Walser nicht allein beliebtes Motiv gewesen, vielen seiner Texte eignet auch eine ‚tänzerische' Struktur.[244] In *Geschwister Tanner* greift er den Tanz als „Epochenthema"[245] auf und gibt die mit ihm verbundenen Fragen in Form literarischer Reflexionen an die Diskussion um den Roman weiter. Die ästhetischen Impulse der Theaterreform scheinen dergestalt als Möglichkeit auf, den Roman als Form zu beleben und seinen überkommenen Realismus zu überwinden.

Walser kam nicht allein über seine persönlichen Kontakte, die ihm sein Bruder vermittelte, sondern auch über die Medien, in denen er zeitweise oder auch über längere Zeiträume regelmäßig publizierte, mit den modernen Gattungsformen der Theateravantgarde in Berührung. Die von Otto Julius Bierbaum, Alfred Walter Heymel und Rudolf Alexander Schröder herausgegebene Monatsschrift für Literatur und Kunst *Die Insel*, die ungeachtet ihrer

---

242 So fordert es etwa der Schweizer Bühnenbildner und Theatertheoretiker Adolphe Appia in seiner Schrift *Die Musik und die Inscenierung* von 1899: „Die Zuschauerraum-Wand, hinter welcher das Drama in seiner provisorisch technischen Ausgestaltung sich bethätigen soll, muß durch eine größtmögliche Öffnung durchbrochen und die Sitze des Publikums, in Hinblick auf eine zwischen diesem Maximum und einem willkürlich gewählten Minimum gezogene Mitte, angeordnet werden." (Adolphe Appia: Die Musik und die Inscenierung. In: Christopher Balme (Hrsg.): Das Theater von Morgen. Texte zur deutschen Theaterreform (1870–1920). Würzburg: Königshausen & Neumann 1988. S. 135–150, hier S. 150).

243 Diese wird im Roman wiederkehrend in Figurenmonologen aufgeworfen, z. B. wenn Kaspar von seinem Kollegen Erwin erzählt, der in der Malerei nur Schwerfälliges und Stümperhaftes zustande bekomme, da er sich im Umfeld von „Akademieprofessoren" (GT. S. 52) aufhalte. Zwar male dieser wie besessen, aber offenbar äußerst konventionell. Er repräsentiere damit eine „armselige[…] Auffassung von Kunst und Welt" (GT. S. 49).

244 Der Tanz ist die zentrale Deutungsfigur, mithilfe derer sich Peter Utz in seiner Untersuchung *Tanz auf den Rändern* Walsers Werken nähert. Dem „tänzerischen Aspekt" (Utz: Tanz auf den Rändern. S. 424) von Texten Walsers geht er in Kapitel 11: Walsers Tanz in der Zeit, Walsers Tanz mit der Zeit, S. 424–497, nach.

245 Utz: Tanz auf den Rändern. S. 424.

nur kurzen Erscheinungsperiode von 1899 bis 1902 zu den zentralen Zeitschriften der Münchner Moderne zählte, stellte ein solches Referenzmedium für Walser dar. In der *Insel* erschienen in besonderer Konzentration Werke des antinaturalistischen Dramas um 1900. Bekannte Autoren wie Hugo von Hofmannsthal, Frank Wedekind, Maurice Maeterlinck oder Max Dauthendey sind darin vertreten, ebenso Robert Walser mit seinen Dramoletten *Dichter* (1900), *Aschenbrödel* (1901), *Schneewittchen* (1901) und *Die Knaben* (1902).

Um 1900 häufen sich Bestrebungen zur Überwindung des realistischen und naturalistischen Theaters des 19. Jahrhunderts in Form von Manifesten, Programmatiken und konkret auf die Theaterpraxis bezogenen Reformempfehlungen. Versdramen, Einakter, stilisierte und symbolistische Dramenstoffe, Märchenkomödien oder Pantomimen sind theaterreformatorische, experimentelle Gattungen, die diese neuen Impulse umzusetzen versuchen. Obgleich ein großer Stil- und Ideenpluralismus vorherrscht, ist den Strömungen der Theatermoderne die Forderung nach einer Betonung des „Kunstcharakter[s] des Theaters“[246] gemein, was sich in einem dezidierten Antiillusionismus oder in der Abkehr vom „logozentrischen, literarischen“[247] Theater äußern kann. Walsers in der *Insel* erschienene Dramolette sind deutlich handlungsreduziert und stark reflexiv.[248] Sie stehen auch daher in erkennbarer Nähe zu den antinaturalistischen Dramenexperimenten um 1900.[249] Im Bereich der Pantomime war Walser ganz offensichtlich weniger produktiv,[250] ein Versuch in dieser Gattung ist gleichwohl überliefert. Die Pantomimenanweisung *Der Schuß* entstand vermutlich um 1902,[251] wurde jedoch nicht zu Walsers Lebzeiten veröffentlicht. Allem Anschein nach hatte Walser sie allerdings für eine Publikation in der *Insel* vorgesehen,[252] mithin steht auch

246 Balme: Einleitung: Zur Ästhetik und Ideologie der Theatermoderne. S. 13.

247 Balme: Einleitung: Zur Ästhetik und Ideologie der Theatermoderne. S. 19.

248 Dieter Borchmeyer begreift sie daher als „Metatheater“-Texte. Siehe Borchmeyer: Robert Walsers Metatheater. Über die Dramolette und szenischen Prosastücke. In: Paolo Chiarini/Hans Dieter Zimmermann (Hrsg.): „Immer dicht vor dem Sturze …“. S. 129–143.

249 Peter Utz rückt die Dramolette Walsers in den Kontext der Theatermoderne. Vgl. Utz: Tanz auf den Rändern. S. 37–46.

250 Wie Marion Gees gezeigt hat, spielen allerdings Gesten, Gebärden und Mienenspiel in Walsers Werk eine zentrale Rolle. Sie bescheinigt verschiedenen Texten Walsers eine „physiognomische Wahrnehmung“. Siehe Marion Gees: Schauspiel auf Papier. Gebärde und Maskierung in der Prosa Robert Walsers. Berlin: Erich Schmidt Verlag 2001. S. 21.

251 Vgl. Utz: Tanz auf den Rändern. S. 499.

252 Der Text war der Forschung bis in die 1990er-Jahre unbekannt, er tauchte aus dem Nachlass von Otto Julius Bierbaum auf und wurde erstmals in der von Bernhard Echte herausgegebenen Anthologie *Feuer* veröffentlicht. Vgl. dazu Utz: Tanz auf den Rändern.

dieser Text in Zusammenhang mit seiner Auseinandersetzung mit dem Drama der Theaterreform.[253] Dieser frühe szenische Text steht beispielhaft für die zentrale Tendenz in Walsers Schreiben, charakteristische Motive, Szenen und Figurenkonstellationen in Texten immer wieder aufs Neue zu realisieren. Mit der in *Der Schuß* skizzierten Ehebruchsgeschichte handelt es sich um einen solchermaßen mehrfach bearbeiteten Stoff.[254] Die Personen der Pantomime sind typisiert, die Betrugsgeschichte erscheint klischeehaft: In einem Salon, den die Anweisung als „von Kerzen matt und schläfrig erleuchtet" angibt, muss der greise Monsieur mitansehen, wie Madame, seine junge Frau, mit dem „Flegel" Charles, ihrem jugendlichen Liebhaber, flirtet.[255] Die Dramatis Personae sitzen um einen Teetisch gruppiert, auf dem neben Tassen, Teekanne und Zigaretten auch eine Pistole liegt. Madame bietet ihrem Liebhaber lächelnd eine Zigarette an, die dieser, das Lächeln erwidernd, entgegennimmt. Monsieur beobachtet die gestischen und mimischen Regungen erotischer Annäherung zwar nicht direkt, scheint aber dennoch alles genau zu registrieren.

Die beiden beginnen, sich gegenseitig mit den Knien zu berühren. Die Atmosphäre sexueller Anbahnung zwischen Madame und Charles bei gleichzeitiger Ungewissheit darüber, wie viel der betrogene Monsieur davon mitbekommt – sie soll sukzessive bis zur deutlichen Ahnung gesteigert werden –, will die Anweisung mit einer beklemmenden Wirkung auf das Publikum inszeniert wissen: „Ob es der Greis merkt? Der Zuschauer muß das seltsam beängstigende Gefühl bekommen, daß es bemerkt wird." (FEUER, S. 11).

Die zunächst beinahe bildhaft und bewegungslos[256] in Szene gesetzte, dann sich in subtilen Gesten ausdrückende Tischgesellschaft agiert zunehmend dynamischer. Monsieur steht auf, spielt mit der Pistole und tritt hinter die beiden Turtelnden. Als diese ihn bemerken, erheben sie sich ebenfalls und

---

S. 40 und Bernhard Echte: Nachwort. In: Robert Walser: Feuer. Unbekannte Prosa und Gedichte. Hrsg. von Bernhard Echte. Frankfurt am Main: Suhrkamp 2003. S. 117–127, hier S. 117.

253 Vgl. Utz: Tanz auf den Rändern. S. 42.

254 Die Dreiecksbeziehung ist eine Konstellation, die in Walsers Kurzprosa immer wieder auftaucht. Dabei ist das Setting in der Regel das eines Ehebruchs, bei dem die Frau einen jüngeren Liebhaber hat. So etwa in *Das Ehepaar* (1915 erschienen in *Die Rheinlande* und in der *Neuen Zürcher Zeitung*) oder *Eine verflixte Geschichte* (1916 ebenfalls in der *NZZ* publiziert).

255 Robert Walser: Der Schuß. In: Ders.: Feuer. Unbekannte Prosa und Gedichte. S. 11–16, hier S. 11. Der hier verwendete Abdruck des Manuskripts in Bernhard Echtes Band *Feuer* wird im Folgenden mit der Sigle FEUER angegeben.

256 Monsieur „sitzt und brütet" zu Beginn „ohne eine Bewegung zu machen" (beide Zitate FEUER, S. 11).

beginnen eine vorgetäuscht unbefangene Interaktion mit Monsieur. Durch „gewisse steife Gebärden“ (FEUER, S. 12) der drei Personen ist laut Anweisung die bereits angespannte Situation ins Unangenehme zu steigern. An diesem Punkt verlässt das Liebepaar die Szene, es setzt ‚wehmütige‘ Musik ein und der zurückgelassene greise Ehemann beginnt, zuerst mit Händen und Füßen, dann in einer ‚umherstreichenden‘, katzenartigen Bewegung des ganzen Körpers, eine Art Tanzpantomime (FEUER, S. 12/13). Monsieur ruht sich auf einem Divan aus, als die beiden zurückkehren und den Schlummernden unter „frechen höhnischen Gebärden“ (FEUER, S. 13) lautlos auslachen. Auch sie führen einen Tanz auf, einen der „träge“ und „wollüstig“ (FEUER, S. 13) wirken soll. Dieser Tanz soll eher mimisch als gestisch umgesetzt werden: „Es wird mehr mit Lippen, Augen und Nasennüstern getanzt als mit Füßen, Armen und Körpern.“ (FEUER, S. 13). Die beiden küssen sich und es setzt wieder Musik ein. Der Alte erwacht, nimmt die Pistole vom Tisch und zeigt sie Charles in auffälliger Weise. Dieser scheint dies zunächst nicht ernst zu nehmen, dann allerdings gerät er in „Verlegenheit“ (FEUER, S. 14), was auf den Zuschauer wiederum strapazierend wirken soll (vgl. FEUER, S. 14).

Als Charles eine von Madame servierte Tasse „kalten Tee“ (FEUER, S. 15) trinkt, zielt Monsieur auf dessen Gesicht und drückt ab (vgl. FEUER, S. 15). Der Erschossene liegt „mäuschenstill“ am Boden, Geigen klingen an und Madame und Monsieur blicken sich lange mit „großgeöffneten Augen“ (beide Zitate FEUER, S. 15) an. Die Pantomime endet damit, dass der Alte sich Maske und Perücke abnimmt und als Jüngling erscheint. Der tote Charles erwacht wieder zum Leben, worüber das wiedervereinte Ehepaar allerdings erschrickt, sodass er „traurig und langsam […] wie ein ganz armer Teufel“ die Bühne verlassen muss, während die anderen ihm in abwehrender Haltung hinterhersehen (FEUER, S. 15/16). Der titelgebende Schuss bildet damit nur den vordergründigen Höhepunkt des Stücks. Aussagekräftiger für die Dynamik der Pantomime insgesamt ist die an die dramatische Anagnorisis erinnernde Begegnung der beiden Eheleute am Schluss, im Zuge derer erst die tatsächliche, jugendliche Identität Monsieurs offenbart wird.

Das Motiv des Scheins zieht sich von Beginn an durch alle Bilder: Monsieur grübelt, gleichzeitig „scheint“ er „auf alles acht zu geben“ (beide Zitate FEUER, S. 11). Er tut, „als ob“ (FEUER, S. 11) er mit der Pistole spiele; die beiden beim Flirten Ertappten überspielen ihr Auffliegen mit einer künstlich unbefangenen Kommunikation, doch „das scheint nur so“ (FEUER, S. 12). Das subtile gestische Spiel zwischen Schein, Vortäuschung und Doppeldeutigkeit kumuliert und endet im Abreißen von Perücke und Maske des Alten und der ‚Auferstehung‘ des toten Charles: Nichts ist so, wie es zunächst den Anschein machte. Die wiederkehrende Diskrepanz zwischen gestischem Ausdruck und tatsächlichem

Sachverhalt – Handlungen oder Unterhaltungen werden vorgegaukelt, Identitäten vorgetäuscht – ebenso wie der wiederholte Abbruch pantomimischer Bewegungen irritieren die an sich triviale Ehebruchsgeschichte.[257] Zugleich übersteigen die Szenenanweisungen zur gewünschten Scheinhaftigkeit in ihrer Subtilität und Komplexität die Darstellungsmöglichkeiten pantomimischen Ausdrucks. Immer wieder werden innerpsychische Vorgänge angesprochen, die in der angegebenen Qualität oder Differenziertheit gestisch nicht umsetzbar sind, z. B. wenn Madame und Charles von einer „unbewußten Furcht" (FEUER, S. 12) gepackt werden, Monsieur sich selbst beim Tanzen „ganz vergißt" (FEUER, S. 13) oder im Anschluss von einer „unnatürlichen Müdigkeit ergriffen" (FEUER, S. 13) wird. Dass die einzuspielende Musik sich durch „Anläufe zur Lustigkeit und zum Vergessen" (FEUER S. 12) auszeichnet, werden Zuschauer und Zuschauerinnen genauso wenig in dieser Weise erkennen können wie die Tatsache, dass Charles den kalten Tee auf seinen eigenen Wunsch hin trinkt (vgl. FEUER, S. 15). Die zum Teil stark literarisierte Sprache verleiht dem Text einen hohen poetischen Eigenwert.[258] All diese Merkmale stellen die Bühnentauglichkeit der Pantomime *Der Schuß* infrage oder lassen vermuten, dass Walser diesen Text – so wie auch seine Stücke *Aschenbrödel* und *Schneewittchen* – in erster Linie als Lesedrama konzipiert hat.[259]

Damit würde der Text allein aus der Literarisierung bzw. aus der Überschreitung der medialen Logik der Pantomime innovative ästhetische Qualitäten beziehen. Seine Besonderheit ergibt sich allerdings aus der ihm eigenen, nicht aufgelösten intermedialen Spannung, die ihn sowohl als Lese- als auch

257 Monsieur bricht seinen katzenhaften Tanz ab, wenn Madame und Charles nach ihrem Abgang erneut auftreten. Der Tanz, zu dem der verjüngte Monsieur und Madame ansetzen, wird durch Charles' Rückkehr von den Toten gestört. Auf die Bedeutung des abgebrochenen Tanzes in *Der Schuß* hat Peter Utz hingewiesen. Vgl. Utz: Tanz auf den Rändern. S. 40/41.

258 So in verschiedenen poetischen Vergleichen, wenn etwa Monsieurs tanzende Bewegungen „wie von einer Katze" (FEUER, S. 13) aussehen oder seine Hände „wie ein übermütiges Gelächter umhertanzen" (FEUER, S. 12). Der Text enthält auch narrative Elemente, etwa zu Beginn, als sich ein Ich zu erkennen gibt, das die Regieanweisungen vornimmt: „Er sieht zwar nicht hin, was die beiden anderen machen, die es sehr heimlich und lustig miteinander zu haben scheinen, er sieht nicht hin, sage ich, aber er scheint doch auf alles acht zu geben, was um ihn vorgeht." (FEUER, S. 11).

259 Über die beiden Dramolette schreibt Walser 1912 in einem Brief an Ernst Rowohlt: „Sie sind auf den Stil und auf die Schönheit angelegt, und der Genuß des Buches ist daran die Hauptsache. Ob sie je aufgeführt werden könnten, etwa mit Musik, ist ganz und gar fraglich und erscheint vorläufig völlig nebensächlich. Sie sind auf Rede und Sprache gestimmt, auf Takt und rythmischen [sic!] Genuß." (BA 1. S. 199).

als Bühnentext prädestiniert.[260] Literarizität und Performativität unterstützen und inspirieren sich im Text wechselseitig. Aus diesem Verhältnis heraus potenzieren sich einerseits die Verständnis- und Verwendungsmöglichkeiten des Pantomimentextes: Er kann sowohl gelesen als auch aufgeführt werden, was Walser auch für die Dramolette, wenn auch nicht betont, so doch nicht ausgeschlossen hat.[261] Andererseits kann die produktive Beziehung von pantomimischer und literarischer Darstellung an anderer Stelle weitergetrieben werden, was Walser mit Blick auf das Ehebruch-Sujet im Prosastück *Simon, eine Liebesgeschichte,* das am 14. Februar 1904 in der Zeitschrift *Die Freistatt*[262] erscheint, und im dritten Kapitel der *Geschwister Tanner* umgesetzt hat. Das Prosastück nimmt genau wie der Roman dabei jene bewusst stilisierte Gestik und Zeichensprache der Pantomime auf, die das antinaturalistische Drama um 1900 einsetzt, um das traditionelle Sprechtheater zu überwinden.[263] In

---

260 Vgl. Utz: Tanz auf den Rändern. S. 42. Dagegen geht Almut Todorow von einem „literaturzentrierten" intermedialen Schreiben bei Walser aus. Dazu Almut Todorow: Intermediale Grenzgänge: Robert Walsers Kleist-Essays. In: Wolfgang Braungart/Kai Kauffmann (Hrsg.): Essayismus um 1900 Heidelberg: Winter 2006. S. 223–246, hier S. 235.

261 Das Überstrapazieren aufführungspraktischer Umsetzbarkeit stellt Walsers Pantomime auf einer weiteren Ebene in den Kontext theaterreformerischer Strömungen um 1900. Auch die Dramen der Symbolisten stellten Anforderungen an die Aufführungspraxis, die häufig medial nicht einlösbar waren. Vgl. Balme: Einleitung: Zur Ästhetik und Ideologie der Theatermoderne. S. 18.

262 Die von Alexander von Bernus herausgegebene Vierteljahresschrift ist im Kontext der Münchner Moderne zu verorten. Autoren und Autorinnen wie Karl Wolfskehl, Franziska zu Reventlow und Frank Wedekind veröffentlichten darin. Das Prosastück muss mindestens ein Jahr vor seiner Publikation in der *Freistatt* entstanden sein, denn Walser bietet es bereits im Februar 1903, neben dem Text *Brentano. Eine Phantasie,* dem Insel-Verlag zur Publikation an (siehe BA 1. S. 53). Anfang November 1903 erfolgt eine weitere Publikationsanfrage an den Insel-Verlag. Walser führt es in einer Aufstellung an, die auch seine Dramolette, Gedichte und weitere Prosastücke umfasst, die er als Buch herausgeben möchte. Dem Brief ist eine Postkarte von Franz Blei beigefügt, in der er Walser zur Einsendung ermuntert und ihn an Rudolf von Poellnitz vom Insel-Verlag empfiehlt. Siehe BA 1. S. 58/59.

263 Vgl. Balme: Einleitung: Zur Ästhetik und Ideologie der Theatermoderne. S. 20/21. Programmatisch formuliert diesen Anspruch Hermann Bahrs Aufsatz *Pantomime,* der 1891 im Band *Die Überwindung des Naturalismus* erschien. In seiner Schrift setzt sich Bahr mit der von Paris ausgehenden Konjunktur der Pantomime im späten 19. Jahrhundert auseinander. Bahr vertritt die Position, dass keine Art von Theater in der Lage sei, die realen Verhältnisse in ihrer Komplexität abzubilden. Anders als der Naturalismus behaupte die Pantomime gar nicht erst, dies zu können und beleidige damit nicht den Intellekt bzw. ‚Wirklichkeitssinn' ihres Publikums. Konsequent verortet er sie daher im Bereich der Phantastik. Vgl. dazu Hermann Bahr: Pantomime. In: Ders.: Die Überwindung des Naturalismus. Bd. II. Kritische Schriften in Einzelausgaben. Hrsg. von Claus Pias. Weimar: VDG 2013. S. 45–49, hier S. 47.

beiden Texten wendet Walser damit die intermediale Referenz sozusagen in die Gegenrichtung, aus der poetischen Pantomime wird eine pantomimisch inspirierte literarische Szene. *Der Schuß, Simon, eine Liebesgeschichte* und *Geschwister Tanner* stehen in einem intermedialen Korrespondenzverhältnis, das zudem die Begrenzung des Einzeltextes aufbricht. Neben der ehelichen Untreue verbindet alle drei Szenen das Motiv des Schusses.

Die im Prosastück und in der Romanszene an der Dreiecksgeschichte beteiligten Figuren erscheinen ähnlich typenhaft wie in der Pantomime, besitzen hier jedoch Namen. Im Roman sind sie außerdem durch ihre Präsenz in anderen Szenen stärker als Charaktere ausdifferenziert. Simon, der im Prosastück als Page auftritt, und Klara, die dort eine Schlossherrin ist, geben in *Simon, eine Liebesgeschichte* den jungen Liebhaber und die untreue Gattin. In *Geschwister Tanner* sind dies Kaspar und Klara. In beiden Realisierungen erscheint auch Agappaia,[264] Klaras Ehemann, der in Roman und Prosastück gleichermaßen rätselhaft und unbestimmt bleibt und Gewehrschüsse im nächtlichen Wald abgibt. Im Roman folgt das Schießen auf den gemeinsamen Theaterbesuch der Brüder, Klaras und Agappaias. Auf dem Nachhauseweg zu Fuß unterhalten sich Simon und Agappaia und gehen voraus. Klara und Kaspar bleiben unterwegs zurück und kommen einander offenbar nahe, während Simon und Agappaia an der Haustür auf sie warten. Als sie länger nicht nachkommen, sagt Agappaia: „‚Sie kommen nicht. Kommen Sie, wir wollen hineingehen.'" (GT, S. 53), woraufhin Simon entgegnet, lieber gleich zu Bett gehen zu wollen (vgl. GT, S. 53). Agappaias abgeklärt anmutende Feststellung deutet darauf hin, dass ihm Klaras Untreue nicht unbekannt ist. Die Szene gewährt gleichwohl keinen Einblick in die Gedanken oder Beweggründe Klaras, Kaspars, Simons oder Agappaias. Auch die Figurenrede bietet hierüber keinen Aufschluss. Eine Darstellung des Ehebruchs erfolgt nicht, er wird lediglich in Kaspars Ergreifen von Klaras Hand angedeutet (vgl. GT, S. 52). Als Simon im Bett liegt, hört er draußen im Wald einen Schuss fallen. Die Situation wird bedrohlich und beklemmend inszeniert:

> Erschreckt bis zum äußersten sprang er auf, riß das Fenster auf und schaute hinaus. „Was ist das," rief er hinunter. Aber nur seine eigene Stimme widerhallte vom Walde her. Der Wald war in eine schauerliche Todesstille gehüllt. Plötzlich vernahm er, wie unten eine Männerstimme sprach: „Es ist nichts, schlafen Sie. Verzeihen Sie, daß ich Sie erschreckt habe. Ich pflege des Nachts öfter im Walde

---

264 Im Roman wird er mit einfachem *G* und Doppel-*P* geschrieben, im Prosastück umgekehrt. Im vorliegenden Kapitel wird der Einheitlichkeit halber die Schreibweise des Romans übernommen, unabhängig davon, ob es sich um die Figur des Prosastücks oder des Romans handelt.

> zu schießen, es macht mir Vergnügen, so den Schuß knallen und widerhallen zu hören. Der eine pfeift gern eine Melodie, um sich, wenn alles so still um ihn ist, zu zerstreuen. Ich schieße. Tragen Sie Sorgfalt, daß Sie sich nicht erkälten so am offenen Fenster. Die Nächte sind jetzt noch kühl. Gleich werden Sie wieder schießen hören und dann werden Sie sich wohl nicht mehr ängstigen. Ich erwarte noch meine Frau." (GT, S. 53).

Agappaias lakonische Erklärung für seine Schießübungen steigert die Bedrohlichkeit der Situation lediglich, denn sie ist ganz offensichtlich unglaubwürdig. An späterer Stelle schießt Agappaia erneut, als Klara, Simon und Kaspar von der Verabschiedung von Hedwig, Klaus und Sebastian, die für einen Besuch in die Stadt gekommen waren, nach Hause zurückkehren. Kaspar fragt nach der Motivation von Agappaias Schießübungen, worauf Simon eine ähnlich erstaunliche Antwort wie zuvor Agappaia findet: „Er schießt, weil es ihm noch sonderbar vorkommt. Es liegt noch bis jetzt eine Art Idee dahinter. Wann es aufgehört hat, interessant zu sein, wird er es schon bleiben lassen." (GT, S. 83). Der wohl begreiflichste Beweggrund, die Eifersucht auf Kaspar, kommt auch hier nicht zur Sprache und verbleibt im Bereich der Andeutung.[265] Der Roman umkreist somit das Offensichtliche, womit die bereits durch den Schauplatz des nächtlichen Waldes induzierte Stimmung des Unerklärlichen und Angsterfüllten in Bezug auf den Ehebruch verstärkt wird. Agappaias Wissen um die Untreue seiner Frau bleibt im Dunkeln. In den sich hierdurch eröffnenden Ahnungs- und Assoziationsraum, in dem das Naheliegende – oder die erzählend zu vermittelnde Kausalität – ausgespart bleibt, kann über das Schießen immer weiter gemutmaßt werden, das ja auch selbst – nach Simons Analyse – gerade in seiner ‚Sonderbarkeit' an Reiz gewinnt und nach Fortsetzung drängt. Bedenkt man die wiederkehrenden Realisierungen des Motivs in unterschiedlichen Texten, kommt Simons Kommentar eine gewisse poetologische Qualität zu, denn auch diese steigern ihr Variations- und Fortschreibungspotential im Angedeuteten, Mimischen und Gestischen und im Verzicht auf narrative Plausibilität.

Im Prosastück *Simon, eine Liebesgeschichte* befinden sich Klara und Simon auf dem Balkon von Klaras Schloss (vgl. SW 2, S. 20). Agappaia kehrt nach Hause zurück; seine Ankunft kündigt sich durch einen Schuss im Wald an:

---

265 Noch in der ersten Schussszene denkt Simon, wieder im Bett liegend, es müsse etwas „dahinter stecken" (GT. S. 53), dass Agappaia zur Waffe greift. Ein klares Verständnis darüber würde Agappaia jedoch unterdrücken: „So mag auch dieser Agappaia gar nichts Wunderliches mehr in seinen Wunderlichkeiten sehen. Man nennt es einfach Sport und schlägt alle fremden Gedanken damit nieder." (GT. S. 53/54).

> Die Nacht schwebte wie ein Raubvogel umher. Das Dunkel nahm zu, da hörten sie beide einen Schuß fallen im Wald. „Er kommt, Teufel Aggapaia ist in der Nähe. Bleibe ganz ruhig, Knabe! Ich stelle dich ihm vor. Du hast nichts zu fürchten!" Dennoch runzelte, die dies gesagt hatte, die Stirn, ihre Hände zitterten, sie seufzte und mischte ein kurzes Lachen unter die Flut der Beängstigung, welche sie zu verbergen bemüht war. Simon betrachtete sie ruhig; unten sagte jemand: Klara! Die Frau antwortete mit einem lieblich klingenden, sonderbar hohen „Ja". Die Stimme erwiderte und fragte: Wen hast du da oben bei dir sitzen? „Mein Reh ist's, mein Reh!" (SW 2, S. 21).

Während in der Pantomime *Der Schuß* der am Ende fortgejagte, traurige Charles den ‚armen Teufel' abgibt, ist es hier Agappaia.[266] Die Bezeichnung evoziert hier allerdings nicht Bedauern, sondern Gefahr. Walser hat sie auf ähnliche Weise in einer weiteren Bearbeitung der Dreiecksgeschichte um Klara, Agappaia und Simon verwendet.[267] Das auch in *Simon, eine Liebesgeschichte* die Handlung des Schießens umrahmende Szenario eines drohenden Unheils bezieht seine spezifische Gestaltung – wie auch in *Geschwister Tanner* – aus der ursprünglichen Realisierung in der Pantomime. Im Prosastück wird Agappaias Bedrohlichkeit durch die Inkohärenz von Gesagtem und Figurengebaren gesteigert. Klaras verbaler Beschwichtigungsversuch gegenüber Simon („Bleibe ganz ruhig, Knabe!") steht dabei im Widerspruch zu ihrer nervösen Mimik und Gestik (Stirnrunzeln, Zittern der Hände).[268] *Simon, eine Liebesgeschichte* setzt noch stärker als der Roman auf Merkmale der Pantomime, die Walser hier in

---

266 Im *Theodor*-Fragment, in dem es ebenfalls um eine Dreiecksbeziehung geht, tauchen der Ausdruck ‚Teufel' und das Motiv der Pistole auf (vgl. SW 17. S. 357 und 361). Martin Jürgens hat auf die Wiederkehr des ‚gehörnten' Teufels in Werken Walsers hingewiesen. Vgl. dazu Martin Jürgens: Robert Walser. Die Krise der Darstellbarkeit. Untersuchungen zur Prosa. Kronberg im Taunus: Scriptor Verlag 1973. S. 57–60.

267 Der kurze dialogische Text *Liebesszene* erschien erst 1921 im *Leipziger Tageblatt*. Es ist allerdings davon auszugehen, dass Walser diesen szenischen Dialog in etwa im selben Zeitraum wie *Der Schuß, Simon, eine Liebesgeschichte* und *Geschwister Tanner* geschrieben hat (vgl. dazu Greven in SW 15. S. 140), da in Dreiecksgeschichten in späteren Prosastücken nicht mehr Klara, Agappaia und Simon bzw. Kaspar als Personage eingesetzt werden. Vergleicht man die vier um 1900 entstandenen Realisierungen der Betrugsgeschichte (Pantomime, Prosastück, szenischer Dialog und Roman), so sind *Liebesszene* und *Simon, eine Liebesgeschichte* einander insgesamt am ähnlichsten angelegt. Die Figuren sind dieselben und die Begegnung von Klara und Simon findet vor dem Schauplatz eines Hauses mit Balkon statt (mit Blick auf *Liebesszene* siehe SW 15. S. 76). Im Roman taucht der Balkon an anderer Stelle auf, und zwar wenn Simon und Klara während seiner Beschäftigung in der Maschinenfabrik jeden Abend bis spät in die Nacht zusammen dort sitzen (vgl. GT. S. 97).

268 Eine ähnliche Beschreibung von Klaras irritierender Mimik gibt es im Roman. Auch hier runzelt sie die Stirn nach Agappaias erneutem Abfeuern von Schüssen und versucht „die Ahnungen", die sie angesichts dessen umtreiben, „in einem Lachen zu ersticken" (beide Zitate GT. S. 83).

eine literarische Performativität transponiert. Wiederkehrend setzt der Text Formen und Formulierungen des Präsentischen ein[269] und hebt stark auf die Äußerlichkeit und Körperlichkeit der Figuren ab. Simons Erscheinungsbild erinnert dabei an das eines Clowns:

> Er hat lange, für einen angehenden anmarschierenden Pagen viel zu lange Beine, welche seinem Gang etwas Tölpelhaftes geben. Seine Schuhe sind schlecht, seine Hose ideal zerrissen, sein Rock voller Flecken, sein Gesicht ist ein unzartes Gesicht und sein Hut, […], kommt langsam in eine Form hinein, in die ihn unsorgfältige Behandlung und geringer Stoff mit der Zeit bringen müssen. (SW 2, S. 15).

Der Text arbeitet in auffälliger Weise mit Elementen der darstellenden Kunst. So ist etwa die Erzählung selbst körperlich präsent und tritt wie eine Figur auf: „An Simons Rücken (wir, die Erzählung, gehen jetzt immer hinter ihm her) hängt eine alte wüste Mandoline und wir sehen, wie er dieselbe in die Hand nimmt und darauf zu zupfen anfängt." (SW 2, S. 15). Die „Erzählung" steht dabei nicht metaphorisch für die Erzählinstanz, die im Prosastück als „Verfasser" (SW 2, S. 16) bezeichnet wird, sondern übernimmt die Rolle eines Publikums: „Die Erzählung setzt sich hinten wieder auf einen Stein und horcht ganz verblüfft." (SW 2, S. 16). Der Schauplatz des Geschehens wirkt wie ein Bühnenbild, von dem Details seiner ‚Ausstattung' aufgezählt werden können: „Wir haben ein dunkles, märchenhaftes Schloß, wir haben Felsen, Tannen, Pagen, nein, nur einen Pagen, ja, unsern Simon, welcher in diesem Augenblick alle lieblichen Pagen der Welt in seiner zierlichen, oben beschriebenen Person vereinigt." (SW 2, S. 17). Wie in *Der Schuß* stellt der jugendliche Liebhaber Simon hier einen Typus dar, was der Text ironisch reflektiert. Es scheint so, als müsse sich der Verfasser an dieser Stelle erst ins Gedächtnis rufen, dass der literarische Text im Gegensatz zur Pantomime einen singulären und ausdifferenzierten Protagonisten fordert. Die Selbstermahnung bleibt allerdings folgenlos, auch im weiteren Verlauf bleibt unerheblich, ob der junge Liebhaber nun „Kaspar, Peter oder Simon" (SW 2, S. 19) heißt. Das bühnenartig inszenierte Geschehen bricht ab, als Klara Simon zu sich hereinbittet, woraufhin eine erotische Szene folgen müsste. Von diesem Moment an ist der Verfasser auf seine „gequälte[…]" (SW 2, S. 18) Phantasie angewiesen. Die mediale Logik der Pantomime, das performative Zeigen, erscheint diesem dem mühevollen Erzählen überlegen: „Es ist ein mühseliges Geschäft, Geschichten erzählen." (SW 2, S. 17). Auf derlei parodistische Weise thematisiert *Simon, eine Liebesgeschichte* seine eigene

269 Siehe beispielsweise die folgenden Zitate: „Jetzt hat er sich erhoben und marschiert ins Blaue […]" (SW 2. S. 15) oder „Schon fing der Weg an zu steigen […]" (SW 2. S. 16).

Intermedialität. Die Verzahnung von Parodie und pantomimischer bzw. theaterreformatorischer Inspiration, die Walsers Prosastück herstellt, ist angesichts seines Entstehungszeitraums nicht weit hergeholt. In München, wohin Walser um die Jahrhundertwende Publikationsverbindungen knüpft, entsteht die Theaterreform im Kontext eines regen Kleinkunstbühnenbetriebs sowie des literarischen Kabaretts.[270]

Walser hat weitere Details und Besonderheiten aus *Der Schuß* in den anderen Textrealisierungen umgesetzt. Der eingangs in der Pantomime nachdenklich ‚brütende' Monsieur schreibt sich im Prosastück bei Agappaia fort, der nach dem Offenbarwerden der Untreue seiner Frau seine Reaktion darauf abwägt. Agappaias angekratzte Autorität stellt Walser dabei in einem Wortspiel dar, das auf der Homonymie von ‚Überlegen' und ‚Überlegenheit' aufbaut: „‚Meine Überlegenheit ist zweifelhaft. Ich muß überlegen, überlegen, überlegen.'" (SW 2, S. 21). Hier profitiert der Text nicht von der visuellen Qualität des Prätextes, sondern nutzt vielmehr genuin literarische Darstellungsmittel. Weil Agappaias Überlegen jedoch zu keinem Ziel führt und das Prosastück damit abgeschlossen wird – Klara und Simon sind inzwischen „Mann und Weib geworden" (SW 2, S. 22) –, kommen dem auf Dauer gestellten Vorgang doch wiederum visuelle Eigenschaften zu: „Er überlegt noch heute, der arme, schwarze Teufel Aggapaia." (SW 2, S. 22).

In allen drei Motivrealisierungen kommt dem Horchen Bedeutsamkeit zu, das in gewisser Weise in Konkurrenz zur dominanten visuell-gestischen Gestaltung tritt.[271] In *Der Schuß* folgt auf das Abbrechen des Tanzes von Monsieur eine körperlich statische Sequenz, in der er womöglich auf Geräusche horcht, die die in den Raum zurückschleichenden Madame und Charles erzeugen: „Nun steht der Alte plötzlich still. Er horcht. Es ist, als horche er auf das bösartige Lauern hinter ihm. Er sperrt den Mund auf, wie es Horchende tun." (FEUER, S. 13). Daraufhin schläft er auf dem Divan ein, wobei ihn die beiden anderen spöttisch beobachten. Visuelle und akustische Darbietung stehen dabei in einer Spannung: „Man hört seine Atemzüge. Die beiden beugen sich unter frechen höhnischen Gebärden über ihn, sehen, daß er schläft und lachen lautlos auf. Dieses Gelächter wird eingetanzt." (FEUER, S. 13). In *Simon, eine Liebesgeschichte* werden Leserinnen und Leser als Hörende adressiert: „Hört weiter, geduldige Leser, wenn ihr noch Ohren habt, denn jetzt

270 Vgl. Nikola Roßbach: Theater über Theater. Parodie und Moderne 1870–1914. Bielefeld: Aisthesis 2006. S. 95/96.

271 So auch im Text *Liebesszene*, als Simon Klara nachts von unten auf ihrem Balkon stehend beobachtet, jedoch nicht deutlich erkennen kann und dabei sagt: „Rede doch ein wenig, damit ich wenigstens etwas zu hören bekomme, wo die Augen vergeblich schmachten." (SW 15. S. 76).

machen bald verschiedene Personen ihre untertänigsten Referenzen." (SW 2, S. 17). Agappaias Auftreten wird über den abgegebenen Schuss angekündigt, wodurch er als Figur ebenfalls zunächst über akustische Eigenschaften charakterisiert wird (vgl. SW 2, S. 21).

Im Roman schließt sich an die Szene von Agappaias abendlichem Schießen im Wald eine Reflexion Simons über ein unspezifisches Kind an, das sich in der Dunkelheit ängstigt. Simons Gedanken erscheinen im Einzelnen nicht unmittelbar motiviert, führen jedoch die angsterfüllte Stimmung der vorangegangenen Szene in einem anderen Motivbereich weiter. Es sind die Stille und das Horchen ins Nichts, die die Angst des Kindes hervorrufen: „Wie die armen Öhrchen sich anstrengen, ein Geräusch zu erhorchen: nur den tausendsten Teil eines Geräuschleins. Nichts hören ist viel angstvoller als etwas hören, wenn man schon einmal im Dunkel steht und hinhorcht." (GT, S. 54). Der Übergang von Simons Miterleben von Agappaias grotesken Schießübungen zu seinem Nachdenken über sich ängstigende Kinder wird romanintern nicht vermittelt, auch nicht die Privilegierung des Hörsinns[272] in der Darstellung der kindlichen Angst. Die Reflexion wird nicht etwa als persönliche Erinnerung Simons ausgewiesen, unklar bleibt auch, an welches Publikum sich seine abschließende Mahnung, „Eltern, Eltern, stecket nie eure unartigen Kinder in dunkle Kammern, [...]" (GT, S. 55) richten mag. Doch der mangelnde Zusammenhang auf der Ebene der Histoire ist keiner nachlässigen Narration geschuldet, vielmehr rührt die für *Geschwister Tanner* oftmals konstatierte ungelenke Handlungsführung an dieser Stelle von der pantomimischen Vorlage her. Unter narrativen Gesichtspunkten erscheinen Agappaias Verhalten und Simons Gedankenmonolog (ebenso Klaras spätere Nervosität, wenn Agappaia erneut schießt) unmotiviert.

Erkennbar sind für Walser für diesen Szenenkomplex allerdings nicht primär literarische Gestaltungsmittel von Interesse, sondern Thema, Atmosphäre und die beteiligten typenhaften Figuren und deren Mimik bzw. Gestik. Die für *Der Schuß* charakteristischen Elemente – die bedrückend-angsterfüllte Atmosphäre, die typenhaften Figuren, die Inkongruenz von Erscheinung bzw. Gestik und tatsächlichem Sachverhalt, die Konkurrenz zwischen Sehen und Hören, die Einberechnung eines Publikums – hat Walser von der ursprünglichen pantomimischen Konzeption für das Prosastück und

---

272 Peter Utz interpretiert *Geschwister Tanner* unter Fokussierung auf das Motiv des Horchens und Hörens, dem eine doppelte Bedeutsamkeit zukäme: einmal als fingierte Mündlichkeit, die den Roman grundlegend kennzeichne, einmal als Hören auf die ‚Zeit', im Sinne einer ausgeprägten Gegenwartsbezüglichkeit von Walsers Roman. Vgl. dazu Utz: Tanz auf den Rändern. S. 248–253.

den Roman übernommen und darin literarisch fruchtbar gemacht. In Roman und Prosastück tritt eine metapoetische Reflexion über die darstellerischen Möglichkeiten und Grenzen der Einzelmedien hinzu. Die bereits in *Der Schuß* angelegte Intermedialität, die ,Unentschlossenheit' des Textes in Bezug auf seine dramatischen und literarischen Eigenschaften, wird in *Simon, eine Liebesgeschichte* und *Geschwister Tanner* mit einer gewissen Distanz in den Blick genommen. Im Prosastück ist es der ironische Umgang mit Bühnenhaftigkeit und Figurentypisierung, der diese Reflexion begleitet, im Roman kündigt sich die intermediale Schreibweise im Theaterbesuch an, der die Szene einleitet. Klaras, Simons und Kaspars Kommentare zu ihrer Wahrnehmung der Ausdruckstänzerin bereiten auf einer Metaebene die intermediale Referenz, mithin die literarisch-pantomimische Umsetzung der Ehebruchsgeschichte, vor. Spätere Äußerungen Walsers zu *Geschwister Tanner* geben Aufschluss darüber, dass hinter der auf die zeitgenössische Literaturkritik in Teilen strapazierend wirkenden Handlungsarmut und subtilen Intermedialität ein Impuls zu ästhetischer Erneuerung steht. Walsers poetologische Bemerkungen führen dabei zurück zu der Frage, wie die Form des Romans um 1900 erneut relevant werden könne.

### 2.2.2 *Poetik der Skizze*

Die Art und Weise, wie Walser intertextuelle und intermediale Beziehungen zu anderen Texten herstellt, gibt dem Roman *Geschwister Tanner* seine zentrale poetische Signatur. Romaninterne Verknüpfungen und Bezüge zu anderen Texten sind nicht unmittelbar zugänglich, sondern müssen erschlossen werden. Dies macht den Roman „interessant" (GT, S. 83), wie Simon in Bezug auf Agappaias Lust am nächtlichen Schießen erkennt. Die Form des episodischen, offenen Romans verteidigt Walser in den Prosatexten *Feuer* und *Geschwister Tanner* literarisch-poetologisch.

Im Folgenden gehe ich zwei in diesem Zusammenhang auftauchenden wesentlichen ästhetischen Motivationen nach, die Walser nachträglich für *Geschwister Tanner* formuliert hat. Dies ist zum einen der Entwurf eines ,unverständlichen' Romans, der seine ,Interessantheit' bzw. ästhetische Wirkung aus einer gewissen Hermetik bezieht. Im Feuilleton *Feuer* begreift Walser mangelnde erzählerische Kohärenz und die ihr korrespondierende ,Unüberblickbarkeit' des Romans als ein dem Leben in der Großstadt adäquates modernes Erzählen.[273] Zum anderen besteht die Besonderheit

273 Der Versuch, ,großstädtisch' zu schreiben, lässt sich neben *Geschwister Tanner* auch insbesondere in *Jakob von Gunten* erkennen. Im dritten der Berliner Romane kommt der Großstadt als Schauplatz eine größere Bedeutung zu als in *Geschwister Tanner*; darüber

seines ersten Romans für Walser in einer Poetik der ‚Einfälle', die sich aus einer spontanen, skizzenhaften Niederschrift ergibt. Im gleichnamigen Prosastück wird ein solches, sich an einer Écriture Automatique annäherndes Schreiben, bei dem sich der Verfasser oder die Verfasserin treiben lässt und das Ganze des Romans sich wie von selbst ergibt, als Produktionssituation der *Geschwister Tanner* literarisch imaginiert. Dieses Schreiben stellt Walser ebenfalls explizit in den Kontext einer urbanen Umgebung.

‚Unverständlichkeit' und ‚Skizzenhaftigkeit' bzw. Unfertigkeit sind die beiden zentralen Rezeptionseindrücke, die sich aus Walsers Favorisieren des Unzusammenhängenden, Wuchernden und flüchtig Niedergeschriebenen ergeben. Sie bilden die Eckpunkte, an denen entlang nachfolgend der in den Kurzprosatexten *Feuer* und *Geschwister Tanner* entworfenen Poetik des Romans nachgegangen wird. Wie die beiden Begriffe ‚Unverständlichkeit' und ‚Skizzenhaftigkeit' hier verwendet werden, soll im Rahmen der Close Readings der beiden Texte geklärt werden.

*Feuer* erscheint am 17. April 1908 in der Morgenausgabe des *Berliner Tageblatts*. Es ist die dritte Publikation Walsers in der großen Tageszeitung, 1907 hatte er bereits die Texte *Der Schriftsteller*[274] (21. September) und *Weihnachten* (24. Dezember) dort untergebracht.

Das im Verlagshaus Rudolf Mosses erschienene *Berliner Tageblatt* ist zu dieser Zeit mit einer Auflage von 175.000 und 35 wöchentlichen Ausgaben[275] die auflagenstärkste überregionale Tageszeitung Deutschlands. Die Redaktion legte Wert auf Qualität und einen hohen Wiedererkennungswert ihres Feuilletons.[276] So publizierten darin wirkmächtige Autorinnen und Autoren wie Bertolt Brecht, Alfred Döblin, Marieluise Fleißer, Hugo von Hofmannsthal oder Marieluise Kaschnitz.[277] Nach der Veröffentlichung eines weiteren Feuilletons mit dem Titel *Auf der Elektrischen* am 28. April 1908 unterhält Walser bis 1925 zunächst keine publizistischen Beziehungen mehr zum *Berliner Tageblatt*. Ab diesem Jahr und noch bis 1933 stellt es dann eines der wichtigsten tagesaktuellen Publikationsorgane für seine Feuilletons dar.[278]

---

hinaus erprobt Walser darin eine feuilletonistisch-urbane Schreibweise. Der Komplex des Großstadtromans wird daher in Kapitel 4 dieser Arbeit zu *Jakob von Gunten* vertieft.

274 Ausführlich zu diesem Feuilleton siehe Kapitel 4.2.2 der vorliegenden Arbeit.

275 Das *Berliner Tageblatt* erschien 1907/1908 fünfmal täglich an sieben Tagen in der Woche. Zur Geschichte der Zeitung vgl. Hans-Joachim Heerde im editorischen Nachwort des KWA-Bandes III, 1, Drucke im Berliner Tageblatt. S. 315–347, hier S. 328/329.

276 Dies betonte Theodor Wolff, Chefredakteur zwischen 1906 und 1933. Vgl. dazu Heerde im editorischen Nachwort zur KWA III, 1. S. 334.

277 Vgl. Heerde im editorischen Nachwort zur KWA III, 1. S. 333.

278 Aufgrund des nur geringen Umfangs der überlieferten brieflichen Korrespondenz Walsers mit der Redaktion des *Berliner Tageblatts* – die Zeitung wurde 1933 nationalsozialistisch

*Feuer* ist ein erkennbar poetologischer Text, mithin nutzte Walser in diesem Fall den Feuilletonteil einer Tageszeitung für seine Verständigung über Literatur und nicht etwa ein im engeren Sinne für literaturästhetische Debatten infrage kommendes Medium wie eine Literaturzeitschrift. Die Zeitung ist für Walser jedoch kein ungewöhnlicher Publikationsort für seine poetologischen Beiträge, insbesondere nicht das *Berliner Tageblatt*, in dem er verstärkt solche Texte unterbrachte.[279] Ein gutes Jahr zuvor war darin Monty Jacobs' schon erwähnte kritische Besprechung der *Geschwister Tanner* erschienen, die Walser mit Sicherheit zur Kenntnis genommen hatte. In *Feuer* befürwortet Walser – in enger Verbindung zum Schauplatz der Großstadt – Merkmale eines ‚spannenden' Romans, die auf eine episodische und hermetische Komposition hinauslaufen. Es erscheint nicht zufällig, dass er eine solche Romanform eben dort empfiehlt, wo sein Romandebüt zuvor von Jacobs als „seltsame[s] Buch", das nicht ‚abgerundet' sei, dessen „epische[s] Fließen[…]" immer wieder ins „Stocken" gerate und das mit einem Roman „wenig mehr als den Namen gemein" habe, eingeschätzt wurde.[280] *Feuer* lässt sich als Replik auf Jacobs' kritische Einlassungen zu *Geschwister Tanner* (sowie der anderer Rezensenten und Rezensentinnen) lesen, da das Feuilleton gerade die weithin beanstandete ‚Formlosigkeit' und ‚Merkwürdigkeit' aufgreift und literarisch reflektiert.

Das Prosastück entfaltet eine Szenerie des nächtlichen Großstadtlebens, das durch die Disparität der Akteurinnen und Akteure – Familien, Konzert- und Kneipenbesucher, Kriminelle, Betrunkene, Dichter und Streuner –, Beschäftigungen und Schauplätze, an denen sich diese abspielen, gekennzeichnet ist. Kontraintuitiv wird dieses rege Treiben mit Stille assoziiert. Grund hierfür ist, dass das stetige Rauschen der abendlichen urbanen Geschäftigkeit unterhalb der Reizschwelle liegt: „Was man hört und sieht, sind Gesichte und Geräusche, an die sich sowohl unser Auge als unser Ohr längst gewöhnt haben. Gewohnte Geräusche sind keine." (KWA III, 1, S. 16). Erst der plötzliche Ausruf ‚Feuer' unterbricht den gleichgültigen Ablauf aus Taxenrufen, Polizeieinsätzen und Straßengesprächen und verspricht eine Abwechslung

gleichgeschaltet, ihr Archiv 1945 bei einem Bombenangriff zerstört – ist unsicher, welche Umstände zu der langen Unterbrechung der Zusammenarbeit geführt haben. Möglicherweise war ein Wechsel der Feuilletonleitung Anfang 1909 verantwortlich. Der Posten wurde zu diesem Zeitpunkt mit Kurt Aram, alias Hans Fischer, besetzt, der Walsers Literatur nicht unbedingt gewogen war. Er verriss etwa seinen *Gehülfen*-Roman 1908 in der *Frankfurter Zeitung*. Vgl. dazu Heerde: Editorisches Nachwort zur KWA III, 1. S. 337/338.

279 Vgl. Von Reibnitz: Feuilletons für Zürich, Berlin, Frankfurt und Prag. S. 590.

280 Alle Zitate stammen aus Jacobs: Robert Walser, Geschwister Tanner. S. 5.

vom Alltäglichen: „Man hat unschlüssig und gelangweilt dagestanden, man wollte eben die Stunde anklagen um ihrer Inhaltlosigkeit willen, man hat zu frieren angefangen, und nun plötzlich steht da vor einem etwas ganz Neues, Unerwartetes, Zündendes. [...]. Die Welt scheint mit einem Mal verändert, vergrößert, verdickt, versinnlicht." (KWA III, 1, S. 16). Das ‚Zündende' changiert hier offenkundig zwischen eigentlicher und uneigentlicher Bedeutung; in Verbindung mit den Partizipien der Steigerung „vergrößert", „verdickt" (KWA III, 1, S. 16) etc. wird eine Intensivierung des Stimulus als Voraussetzung dafür erkennbar, die Aufmerksamkeit der weitgehend indifferenten Großstadtbewohner überhaupt zu erreichen. Die Information über den Brand wird mittels Mutmaßungen kolportiert, es „scheint" (KWA III, 1, S. 16), als ob es in der Nähe brenne. Das unvorhergesehene Ereignis, das die Großstadtroutine durchbricht, zieht allgemeines Interesse auf sich, man „springt und rennt" (KWA III, 1, S. 16) sogleich zum Ort des Unglücks.

Im darauffolgenden Abschnitt bricht der Text die Ereignisdarstellung abrupt zugunsten einer Reflexion über die Architektur der Großstadt ab. Das durch den Brand initiierte Spannungsmoment wird auf diese Weise konterkariert:

> Eine Großstadt ist ein Riesenspinnennetz von Plätzen, Gassen, Brücken, Häusern, Gärten und breiten, langen Straßen. Brennt es da irgendwo, so weiß nur die nähere Nachbarschaft des Brandplatzes etwas vom ausgebrochenen Feuer. Ja, es kann in solch einer Weltstadt in ein und derselben Nacht drei, vier oder gar fünf große Feuerbrandstellen geben, weit auseinanderliegend, jede einzelne Brandstätte für sich ein Unglück, „ein Ereignis" darstellend, ohne daß das erste das zweite auch nur im geringsten berührt: fünf spannende Kapitel eines Romans, jedes abgeschlossen, keines das andere verbindend. (KWA III, 1, S. 17).

Unter Einsatz der Architekturmetapher beschreibt die Passage Kompositionseigenschaften des Romans *Geschwister Tanner* in mehrerlei Hinsicht, und das – ungeachtet ihrer deutlichen Literarisierung – äußerst präzise. Die voneinander isolierten Geschehnisse oder Brandherde – erkennbar selbstreflexiv als ‚Ereignisse' bezeichnet – bilden hier „spannende Kapitel" (KWA III, 1, S. 17) des Romans. In der direkten Übertragung des Großstadtgeschehens auf die Textkomposition stellt Walser einen engen Zusammenhang zwischen Urbanität und Episodizität her. Großstadt und Roman, Brandherd und Romankapitel weisen dieselbe Struktur auf. In Spannung zur Architektur des Unverbundenen, die vom Bild der weit auseinanderliegenden Brände aufgerufen wird, bringt das anfänglich erwähnte Spinnennetz Vorstellungen von Verbindung und Verflechtung zum Ausdruck, die darüber hinaus eine unüberblickbar weite Ausdehnung der Stadt signalisieren. Unverkennbar lässt sich in dieser ambivalenten Struktur aus Isolierung und Vernetzung eine subtile Charakterisierung von Walsers episodischem und gleichzeitig nach außen ‚wuchernden' Erstlingsroman erkennen.

Walsers Text *Feuer* hebt ganz offensichtlich nicht auf die Erzählung eines Brandes ab; von Interesse ist vielmehr, wie dieser Brand von Großstadtbewohnern und Großstadtbewohnerinnen wahrgenommen wird, und insbesondere auch – auf einer abstrakteren Ebene –, welche unterschiedlichen Mittel der Literatur zur Verfügung stehen, um ihn darzustellen. Dazu rekurriert *Feuer* nicht allein auf den Roman, Erwähnung findet auch eine andere, um 1900 weiterhin nobilitierte und marktgängige[281] Gattung: die Novelle. Die Traube an Schaulustigen, die sich um den Brandherd gebildet hat, wünscht sich, in der „spannenden Naturnovelle" (KWA III, 1, S. 19) noch ein wenig weiterzulesen. Das Erlebnis dieser Novelle inszeniert der Text konsequenterweise als Theaterbesuch, schließlich verdankt die Gattung ihre durchgearbeitete Komposition bekanntermaßen dem Drama. Häuserfassaden erscheinen als papierne Kulissen, Laternen erleuchten die Straße wie eine Bühnenbeleuchtung. Was man sieht, „gleicht dem Bombeneffekt eines rührigen Theaterregisseurs" (KWA III, 1, S. 17). Walsers Feuilleton spielt den episodischen Roman nicht gegen die Novelle aus und ergreift auch nicht eindeutig Partei für den Roman im Sinne einer emphatischen Programmatik. Gleichwohl macht *Feuer* keinen Hehl daraus, dass das ‚rührige' Theaterstück wie auch die Novelle eher den Sensations- und Erregungsbedürfnissen eines großstädtischen Publikums nachgeben, wohingegen der episodische Roman eine dem „Riesenspinnennetz" (KWA III, 1, S. 17) der Großstadt gemäße erzählerische Form bereitstellt. Die Kapitel des episodischen Romans sind ebenfalls „spannend" (KWA III, 1, S. 17) und können es so mit der Novelle aufnehmen. Dies scheint der Roman jedoch gerade in der Abgeschlossenheit seiner Kapitel zu erreichen, nicht in der Zuspitzung eines Konflikts oder außergewöhnlichen Ereignisses (wie beim Drama oder der Novelle).

Auch über den Eindruck, den die Großstadt respektive der episodische Roman bei Bewohnern bzw. Rezipientinnen auslöst, hat das Feuilleton *Feuer* etwas zu sagen. Ihre weitläufige Architektur bietet keine sichere Orientierung mehr: „Eine Großstadt ist ein welliges, den eigenen Bewohnern zum größten Teil selber noch unbekanntes Meer, ein undurchdringlicher Wald, ein üppiger, wildverwachsener, großer, vergessener oder halb vergessener Park, ein Ding, das zu weit ausgebaut ist, als daß es sich selbst über sich je genügend orientieren

281 Vgl. Ulf Bleckmann: „… ein Meinungslabyrinth, in welchem alle, alle herumirren …". Intertextualität und Metasprache als Robert Walsers Beitrag zur Moderne. Frankfurt am Main u. a.: Peter Lang 1994. S. 157.

könnte.“ (KWA III, 1, S. 17). Wie die Stadt für ihre Bewohnerinnen und Bewohner ist der episodische Roman für Leserinnen und Leser unüberblickbar. Die hier zum Einsatz kommenden Naturmetaphern des Wucherns und Verwilderns oder des Aufbruchs in die Fremde, die das Meer evoziert, besitzen nicht nur eine einschlägige Geschichte in der Romantik,[282] sie werden auch in der Theorie des Romans des 20. Jahrhunderts immer wieder aktiviert. Walter Benjamin beginnt seinen 1930 in der Zeitschrift *Die Gesellschaft* erschienenen Essay *Krisis des Romans*, in dem er Alfred Döblins *Berlin Alexanderplatz* als Epos der Moderne und wirksamen Umgang mit dem Bedeutungsverlust des Romans im 20. Jahrhundert begreift, mit folgenden Sätzen: „Das Dasein ist im Sinne der Epik ein Meer. Es gibt nichts Epischeres als das Meer.“[283] Walter Benjamin hat Döblins monumentalen, erfolgreichen Roman als einer der Ersten im Kontext der Krise des Romans besprochen. Mit Blick auf die von ihm gewählte Meer-Metapher unterscheidet er zwei historisch und systematisch voneinander abgegrenzte Arten mit dem Epischen zu verfahren: erstens die des Epikers, der sammelt, was das Meer gerade anspült, und zweitens die des Romanciers, der sich auf Seefahrt begibt.[284]

Für Benjamin steht das Epos in der Tradition mündlichen Erzählens, der Roman – als Ausdrucksform der Moderne – ist dagegen nicht denkbar ohne Schriftlichkeit.[285] Döblin selbst hat die Restitution des Epos als Reaktion auf die Krise des Romans in den theoretischen Überlegungen, die seine Arbeit an *Berlin Alexanderplatz* begleitet haben, vorgeschlagen.[286] Im *Bau des epischen Werks* weiß auch er den Schaffensprozess des Schriftstellers mit einem Meer-Vergleich zu vermitteln, hebt hier allerdings mehr auf die Qualitäten des

282 Die Vorstellung einer chaotisch-naturhaft wachsenden Poesie hat Friedrich Schlegel mit seinem Begriff der ‚Arabeske‘ besetzt. Die Idee taucht im Abschnitt *Brief über den Roman* in seiner ästhetischen Schrift *Gespräch über die Poesie* (1800 in der Zeitschrift *Athenäum* erschienen) auf. Die Figur der Arabeske wurde in Bezug auf Walser bereits diskutiert, unter anderem bei Susanne Andres (*Robert Walsers arabeskes Schreiben.*) und Christoph Siegrist: Robert Walsers kleine Prosadichtungen. In: Katharina Kerr (Hrsg.): Über Robert Walser. Bd. 2. Frankfurt am Main: Suhrkamp 1978. S. 125–147.

283 Walter Benjamin: Krisis des Romans. Zu Döblins „Berlin Alexanderplatz“. In: Ders.: Ausgewählte Schriften. Bd. 2: Angelus Novus. Hrsg. von Siegfried Unseld. Frankfurt am Main: Suhrkamp 1966. S. 437–443, hier S. 437.

284 Vgl. Benjamin: Krisis des Romans. S. 437.

285 Vgl. Benjamin: Krisis des Romans. S. 437. Damit grenzt sich der Roman von Märchen, Sage und Sprichwort ab. Benjamin nimmt diese Unterscheidung erneut in seinem Aufsatz *Der Erzähler. Betrachtungen zum Werk Nikolai Lesskows* von 1936/1937 vor.

286 Benjamin ist Döblins Vortrag/Aufsatz bekannt. In *Krisis des Romans* verweist er auf ihn. Vgl. Walter Benjamin: Krisis des Romans. S. 438.

Schwimmers als auf die Unüberblickbarkeit des Ozeans ab.[287] Während Walsers *Feuer* mit dem Meer eine Wahrnehmungs- oder Rezeptionssituation einzufangen versucht, zielt das Bild bei Döblin und Benjamin auf die Produktion des Romans. Gemeinsam ist den drei Beiträgen, dass sie in ihren Überlegungen zum Roman im 20. Jahrhundert diesen mit dem Unbekannten assoziieren bzw. als Reise begreifen, die ins Ungewisse führt. Dem Romanschriftsteller mag man eine gewisse Offenheit dem Unbekannten gegenüber ganz selbstverständlich zutrauen, Walsers Feuilleton ‚empfiehlt' sie darüber hinaus gewissermaßen dem zeitgenössischen Roman, wenn es die episodische Komposition in abgeschlossenen Kapiteln mit der Situation des Großstadtbewohners kurzschließt. Dieser kann die Großstadt intellektuell nicht in den Griff bekommen, sie entzieht sich seinem Überblick und stellt sich als ‚undurchdringlich' dar. Der durch die Literaturkritik für *Geschwister Tanner* wiederholt festgestellte Leseeindruck der Unverständlichkeit[288] wird in *Feuer* zum Signum des urban-

---

287 Vgl. Döblin: Der Bau des epischen Werks. S. 235: „Man beginnt vielfach ein episches Werk, als wenn man ein Schwimmer ist, der sich ins Meer stürzt. Man weiß noch nicht, wie breit das Meer ist, aber man vertraut auf seine Kräfte und hat Lust am Schwimmen."

288 Laut Moritz Baßler ist ein Text unverständlich, wenn er die Bildung von „Strukturen" vermeidet: „Ein Vermeiden von Strukturen, d. h. ein Blockieren von hermeneutischem Verstehen, paradigmatischer Übertragbarkeit und bildhafter Vorstellbarkeit, führt zur Unverständlichkeit eines Textes, weil es die gewohnte Lektüre unterläuft und die Werkzeuge traditioneller Interpretation nutzlos macht, die an strukturierten Texten entwickelt wurden." (Moritz Baßler: Die Entdeckung der Textur. Unverständlichkeit in der Kurzprosa der emphatischen Moderne 1910–1916. Tübingen: Niemeyer 1994. S. 14/15). Strukturen ermöglichen ein sinnzentriertes, hermeneutisches Verstehen „vom Textganzen zu seinen Teilen" (Ebd., S. 13). Ein unverständlicher Text erschwert demnach Strukturen, also bekannte Muster, über die ein Text verstanden werden kann (vgl. Ebd., S. 13). Diesen Textbefund (mithin das Gegenteil von Struktur) nennt Baßler „Textur" (Ebd., S. 13). Baßler stellt Verfahren der Unverständlichkeit mit besonderer Häufung bei kurzen Prosatexten der sogenannten ‚emphatischen' Moderne fest, d. h. Texte der literarischen Avantgarden zwischen 1910 und 1916. Solchermaßen gattungs- und epochenspezifisch grenzt Baßler seinen Untersuchungsgegenstand ein. Meines Erachtens weist *Geschwister Tanner* in Teilen, insbesondere mit Blick auf die analysierte intermedial inspirierte Szene um Klaras Untreue und Agappaias Schießübungen Merkmale der Unverständlichkeit auf, wie sie Baßler beschreibt, obgleich der Roman nicht im fraglichen Zeitraum entstanden ist. Wie gezeigt wurde, fehlen der Szene und ihren Anschlüssen bestimmte Informationen: Warum schießt Agappaia? Was passiert, als Klara und Kaspar im Wald zurückbleiben? Weshalb stellen die Figuren eine auffällige Mimik und Gestik aus? Durch das Vorenthalten dieser Informationen lässt sich auf der Ebene der Histoire kein integrierend-verknüpfender Zusammenhang herstellen und die Frage nach dem inhaltlichen ‚Sinn' der Szene bleibt unbeantwortet. Die Wahl einer solchen szenischen Gestaltung spricht eher für ein frühes Interesse Walsers an Textverfahren der Unverständlichkeit, noch bevor diese massenhaft in der Literatur zum Einsatz kamen, als gegen die Anwendbarkeit der Kategorie der Unverständlichkeit auf sein Frühwerk. Für Texte Walsers ab den

zeitgemäßen Romans. Franz Blei schrieb in einer vergleichenden Rezension zu *Geschwister Tanner* und Musils *Törleß* (1906) von einer „ganz geschlossene[n], hermetische[n]“[289] Ausführung bei Walser, wohingegen er Musils Roman als ‚analytisch‘ bezeichnet.[290] Walser hat sich auch später noch für eine Literatur ausgesprochen, die sich Leserinnen und Lesern nicht in allem erschließt und Interpretationsspielräume gewährt, etwa gegenüber Carl Seelig: „Man muß nicht hinter alle Geheimnisse kommen wollen. Das habe ich mein ganzes Leben lang so gehalten. Ist es nicht schön, daß in unsrem Dasein so manches fremd und seltsam bleibt, wie hinter Efeumauern? Das gibt ihm einen unsäglichen Reiz, der immer mehr verloren geht. Brutal wird heute alles begehrt und in Besitz genommen.“[291]

Noch zwei weitere Male stellt Walsers Feuilleton *Feuer* einen Bezug zur Architektur her. Zunächst wird moralisch indifferent erwogen, was dem Auge wohl ein betörenderes Schauspiel darbiete: das Feuer, das „wie ein Wunder aus Tausend und eine Nacht“ (KWA III, 1, S. 18) anmute oder die „unübertroffen schöne Architektur“ (KWA III, 1, S. 18) des durch den Brand zerstörten Hauses. Am Schluss des Textes wird der Verlust eines „erinnerungsreiche[n], ehrwürdige[n]“ (KWA III, 1, S. 20) Gebäudes im Stadtbild ein zweites Mal – ebenso unsentimental – aufgegriffen. Erst hier wird die Stadt namentlich als Berlin gekennzeichnet. Das Feuer werde zum Komplizen der steten Modernisierung der Stadt, im Zuge derer Berlin „Statuen und Denkmäler seiner Geschichte“ (KWA III, 1, S. 20) verlustig gehe. Der gewöhnliche Berliner, im Text im Briefträger unter den Schaulustigen verkörpert, bezeichnet die „reizende[n] Stätten des Altertums“ als „alte[s] Gerümpel“ (Beide Zitate KWA III, 1, S. 20) und begrüßt ihren Abbruch. Die Stadt sei zu eng und es müsse Platz gemacht

1910er-Jahren sind Merkmale von ‚Textur‘ denn auch nachgewiesen worden, vgl. dazu Baßler: Die Entdeckung der Textur. S. 114–122. Marc Caduff kommt bereits für eine viel früher veröffentlichte Textgruppe – 1901 unter dem Titel *Sechs kleine Geschichten* in der *Insel* erschienen – zu einem ähnlichen Befund. Dazu Caduff: Revision und Revolte. S. 15: „In unterschwelliger Komik zeichnet diese *Geschichte* die prekären Folgen nach, die eine Absage sowohl an die Außenwelt als auch an jegliche intersubjektiv ausgerichtete und verstehensorientierte Kommunikation zeitigt. Sie macht zugleich auf die Paradoxien aufmerksam, die aus dem Versuch einer allfälligen Kongruenz zwischen Fiktion und Faktizität, Literatur und Erlebnis, Zeichen und Referenz, Autor und Ausdruck entstehen. Durch die sprachliche Inszenierung in Form einer poetologischen Parodie kennzeichnen sich Walsers *Geschichten* als prägnante Absagen an verstehensorientierte, hermeneutische Interpretationskonzeptionen, allerdings nicht ohne der problematischen Konsequenzen einer solchen Absage eingedenk zu sein.“

289 Franz Blei: Robert Walsers Geschwister Tanner. Ein Roman. In: Katharina Kerr (Hrsg.): Über Robert Walser. Bd. 1. S. 63–64, hier S. 64.

290 Vgl. Blei: Robert Walsers Geschwister Tanner. S. 64.

291 Seelig: Wanderungen mit Robert Walser. S. 33.

werden „für das Neue" (KWA III, 1, S. 20). In diesem beiläufigen Kommentar ist die Programmatik von Walsers episodischem und unverständlichem Roman *Geschwister Tanner* enthalten: Er verabschiedet das Altehrwürdige ungerührt. Das Feuer besitzt eine „Wutsprache" (KWA III, 1, S. 20), die die ausgesprochen schöne, jedoch überkommene Architektur der Vergangenheit hinwegfegt. Es lodert noch „fürchterlich lebendig", als das feuilletonistische Ich und sein Begleiter zu einem „hübsche[n] Abendessen" (beide Zitate KWA III, 1, S. 20) weiterziehen.

*Feuer* betrachtet die Unverständlichkeit des Romans als Rezeptionsphänomen. Doch Walser hat seinen ersten Roman auch von der Produktionsseite her betrachtet. Das kurze Prosastück *Geschwister Tanner* fingiert das Schreiben des gleichnamigen Romans als ungezwungenen und mühelosen, beinahe selbstgesteuerten Akt. In gewisser Weise stellt auch diese produktionsästhetische Reflexion eine Auseinandersetzung mit der unverständlich anmutenden ‚Formlosigkeit' dar, die so vielen Rezensenten und Rezensentinnen von *Geschwister Tanner* aufgefallen war. Das Prosastück *Geschwister Tanner* erscheint im Mai 1914 in der von Efraim Frisch herausgegebenen Kulturzeitschrift *Der neue Merkur. Monatsschrift für geistiges Leben.* Frisch – Schriftsteller, Literaturkritiker, Feuilletonist und darüber hinaus zeitweise als Lektor tätig, u. a. für Cassirer, Samuel Fischer und den Georg-Müller-Verlag – zählt zu den wichtigen Literaturvermittlern, zu denen Walser in seiner Berliner Zeit Kontakt knüpft. Im *Neuen Merkur* erschienen bis Mitte der 1920er-Jahre verschiedene Prosastücke Walsers.[292] *Geschwister Tanner* wurde als Teil einer Textgruppe veröffentlicht, die unter dem Titel *Prosastücke* erschien und weiterhin die Texte *Der Hanswurst, Ausgang, Das Stellengesuch, Eine Stadt* und *Spaziergang* umfasst. Alle genannten Texte sind ebenfalls in der Prosasammlung *Kleine Dichtungen* publiziert, die 1915 im Kurt-Wolff-Verlag erschien. Walser veröffentlichte Prosastücke für Literaturzeitschriften häufig in Gruppen. Das Prosastück *Geschwister Tanner* ist der einzige Text der Gruppe, der eine dezidiert literarisch-poetologische Dimension besitzt. Der produktionsreflexive Text wurde damit von Walser nicht gesondert oder unter Hervorhebung gegenüber seinen allein literarischen Beiträgen veröffentlicht. Dieser Begegnung von Schreibreflexion und Literatur auf gleicher Ebene

---

292 Im Kontext von Walsers Publikationstätigkeit für den *Merkur* ist die Korrespondenz zwischen Walser und Efraim Frisch aus den Jahren 1921/1922 und 1924/1925 überliefert (vgl. BA 3. S. 349). Die Zusammenarbeit über einen langen Zeitraum (1914–1925) ist insofern erstaunlich, als Walser 1921 in einem Brief an Frisch den *Neuen Merkur* einer vernichtenden, die Grenzen der Höflichkeit zumindest strapazierenden Kritik unterzieht, in der er androht, weitere Heftzusendungen ungelesen an den Verlag zurückzuschicken (siehe BA 2. S. 18–21).

entspricht die deutliche Stilisierung des Prosastücks *Geschwister Tanner*, die seine Lesart als faktualen Text vor Probleme stellt.[293] Diese Problematik ergibt sich allerdings, wie schon erwähnt, für sämtliche poetologische Texte Walsers. Dass es sich bei den dezidiert das Schreiben und die schriftstellerische Tätigkeit reflektierenden Prosastücken, die größtenteils in der Berner Zeit entstanden, um literarische Texte handelt, in denen Walser etwa seine Schreibbiographie[294] und bestimmte Produktionssituationen literarisiert und fingiert, steht außer Zweifel. Gleichwohl sind diese Texte nicht sinnvoll zu lesen, wenn grundsätzlich davon ausgegangen wird, dass sie keine Auskunft über Walsers Programmatik und Selbstverständnis als Schriftsteller lieferten. Folglich hat die Forschung sie in der Regel als poetologische Texte Walsers begriffen. Auch die folgende Lektüre des Prosastücks *Geschwister Tanner* geht davon aus, dass sich der Text ungeachtet seiner literarischen Stilisierung – wie das Feuilleton *Feuer* – in ein reflexives Metaverhältnis zum Roman setzt und als poetologischer Kommentar zu ihm begriffen werden kann. Er dient in diesem Verständnis nicht der literarischen Fortführung der Welt bestimmter Figuren und Motive, wie dies *Der Schuss* und *Simon, eine Liebesgeschichte* tun. Vielmehr geht es Walser im Prosastück *Geschwister Tanner* wie im Feuilleton *Feuer* um eine schriftstellerische Selbstverständigung über seinen erstpublizierten Roman, die in Zeitung (*Feuer* im *Berliner Tageblatt*) und Zeitschrift (*Geschwister Tanner* im *Neuen Merkur*) an die Öffentlichkeit gerichtet wird.

Die sechs Texte der Gruppe *Prosastücke* im *Neuen Merkur* wirken auf den ersten Eindruck in Bezug auf Stimmung und Thematik zunächst eher disparat. Der einleitende Text *Der Hanswurst* ist der kürzeste unter ihnen. Er beschreibt einen „dumme[n] Mensch[en]“, der die einmalige Gelegenheit

293 Die Forschung hebt in der Regel die Literarisierung des Prosastücks hervor, vgl. dazu Caduff: Revision und Revolte, S. 135 und Von Reibnitz/Groddeck im editorischen Nachwort zur KWA IV, 1. S. 369.

294 Häufig widerlegt findet sich in der Forschungsliteratur eine Passage aus dem Prosastück *Meine Bemühungen*, in der Walser einen Bruch in seiner schriftstellerischen Biographie ausmacht, nach dem er keine Bücher mehr verfasst habe, sondern zum Schreiben von Kurzprosa übergegangen sei: „Ich ging seiner Zeit vom Buchverfassen aufs Prosastückschreiben über, weil mich weitläufige epische Zusammenhänge sozusagen zu irritieren begonnen hatten.“ (SW 20. S. 428/429). Zwar lässt sich die Bemerkung insofern auf Walsers Publikationstätigkeit beziehen, als er nach der Berliner Zeit keine Romane mehr veröffentlichte, 1925 sein letztes Buch auf den Weg brachte und die Produktion von Feuilletons in den 1920er-Jahren gegenüber der Berliner und Bieler Werkphase deutlich intensivierte. Nicht zutreffend ist dagegen die Darstellung, das Verfassen von Romanen sei ab diesem Zeitpunkt gänzlich aufgegeben und durch die Produktion von Prosastücken abgelöst worden, da Walser die literarische Bühne stattdessen mit kleinen Formen betrat und auch das Schreiben „weitläufige[r] epische[r]“ (SW 20. S. 429) Texte nach den Berliner Romanen nicht einstellte.

einer Beförderung ausschlägt, da er nicht in der Lage ist, „das Bedeutende vom Unbedeutenden, das Schätzenswerte vom Wertlosen“ zu unterscheiden.[295] *Ausgang* skizziert in zunächst eher düsteren, sich dann sukzessive aufhellenden Farben einen Spaziergang an einem Wintermorgen, bei dem das erzählende Ich Kinder auf dem Weg in die Schule beobachtet. *Das Stellengesuch* stellt ein literarisch fingiertes Bewerbungsschreiben dar, in dem sich der Verfasser als Wenzel vorstellt. Im März 1909 veröffentlicht Walser ein Prosastück unter diesem Titel in der Zeitschrift *Die Schaubühne*, 1914 erscheint es zudem in seiner Prosasammlung *Geschichten*. Auch Wenzel ist dumm, „[g]roße und schwierige Aufgaben“[296] vermag er nicht zu lösen. Er stellt sich selbst als weitgehend charakter- und anspruchslos vor und äußert das Bedürfnis, eine vollkommen unauffällige Angestelltenexistenz in einem Betrieb zu fristen, dessen Aufgabenstellungen keine Eigeninitiative oder Motivation erfordern und „wie träumend“ erledigt werden können.[297]

Auf diesen Text folgt *Geschwister Tanner*, das sogleich genauer betrachtet werden soll. Das im Anschluss platzierte Prosastück *Eine Stadt* erzählt wie *Ausgang* von einem Spaziergang, der jedoch „mitten im Sommer“ unternommen wird.[298] Das erzählende Ich läuft durch eine Stadt, in der es früher gewohnt, die es jedoch seit mehreren Jahren nicht mehr besucht hat. Der Gang durch die Stadt wird auf drastische Weise als durchweg verstörendes und negatives Erlebnis geschildert, was das Stück für einen der Spaziergängertexte Walsers äußerst untypisch macht, beschreiben diese doch in der Regel das Spazieren als existentiell beglückend. Das Ich sieht sich dem einstmaligen Wohnort gegenüber entfremdet, die Stadt kommt ihm „tot“ vor, ihre Einwohner wie „Gespenster“.[299] Die Atmosphäre ist durch „Schrecken“, „Entsetzen“ und das Gefühl, dass dort das Morden zum Alltag gehöre, charakterisiert.[300] Sein ehemaliges Zimmer erscheint ihm wie ein „Sarg“[301]. Das abschließende Stück *Spaziergang* wirkt wie eine kontrastive Replik auf den vorangegangenen, düsteren Text. Hier handelt es sich um einen „wohligen, kleinen, appetitlichen“ Gang an die Luft, der sich „angenehm“ vollzieht[302] und das Ich zu der euphorischen Überzeugung führt, dass es ein „Vergnügen“ sei, „unter

295 Beide Zitate Robert Walser: Prosastücke. In: Der neue Merkur. Monatsschrift für geistiges Leben. 1[1] (1914, April-September). Reprint. Wiesbaden. S. 217–224, hier S. 218.
296 Walser: Prosastücke. S. 219.
297 Walser: Prosastücke. S. 219.
298 Walser: Prosastücke. S. 221.
299 Walser: Prosastücke. S. 221.
300 Walser: Prosastücke. S. 221/222.
301 Walser: Prosastücke. S. 222.
302 Walser: Prosastücke. S. 222.

den Menschen sein zu dürfen".[303] Bei genauerer Betrachtung der Prosastücke wird erkennbar, dass sie nicht beliebig zusammengestellt, sondern durch verschiedene Aspekte miteinander verbunden sind: manche im Motiv des Spaziergangs (*Ausgang, Eine Stadt, Spaziergang*), andere in der knappen und prägnanten Skizzierung eines bestimmten Persönlichkeitstypus (*Der Hanswurst, Das Stellengesuch*). In allen Texten finden außerdem Kinder Erwähnung.[304] Darüber hinaus sind sie allesamt durchgängig in der Ich-Perspektive geschrieben. Die gruppierten Texte stehen damit in einem Verhältnis von Ähnlichkeit und Kontrast zueinander: Sie sind unterschiedlich in Bezug auf ihre allgemeine Konzeption (verschiedene erinnernd-erzählende und betrachtende Prosastücke gegenüber einem poetologischen Stück und der Fiktionalisierung eines Bewerbungsschreibens), spielen dagegen aber in bestimmten Motiven und Details aufeinander an. Als viertplatzierter Text nimmt *Geschwister Tanner* keine exponierte Position in der Textgruppe ein, singulär ist er allein aufgrund seiner poetologischen Dimension. In der Grundidee des erinnernden Erzählens nähert das Stück sich den Texten *Ausgang, Eine Stadt* und *Spaziergang* an.

*Geschwister Tanner* erzählt die Schreibszene des Romans in einem in weiten Teilen traum- oder märchenhaft anmutenden Setting. Das Ich des Textes schreibt nachts in einer Dreizimmerwohnung in der Großstadt, während der Bruder bis in die Morgenstunden im Theater „die Dekorationen" (SW 4, S. 127) macht. Walser nimmt damit Bezug auf seine biographisch verbürgte Unterkunft in der Wohnung seines Bruders Karl in der Kaiser-Friedrich-Straße in Berlin-Charlottenburg zwischen 1905 und 1907.[305] Die Niederschrift des Romans wird

---

303 Walser: Prosastücke. S. 223.

304 Der Hanswurst wird als „Kind" (Walser: Prosastücke. S. 218) bezeichnet und Wenzel beschreibt sich ebenfalls als „manierliches und träumerisches Kind" (Walser: Prosastücke. S. 219). In *Geschwister Tanner* werden die beim Schreiben kommenden Einfälle mit Kindern verglichen (vgl. Walser: Prosastücke. S. 221). In *Eine Stadt* trägt die Abwesenheit von Kindern zum Gefühl der Beklemmung bei („[...], ich konnte kein Kindergesicht finden, die Kinder schienen gestorben zu sein [...].", Walser: Prosastücke. S. 222), wohingegen in *Spaziergang* ein lächelndes Kindergesicht ins Sichtfeld des Spaziergängers vordringt (vgl. Walser: Prosastücke. S. 223). Ausführlich zu Kindern und Kindlichkeit in Texten Walsers hat Mareike Schildmann in ihrer bereits erwähnten Untersuchung *Poetik der Kindheit. Literatur und Wissen bei Robert Walser* (2019) gearbeitet. Darin beschäftigt sie sich auch mit dem Kind im Sinne eines naiv erscheinenden Erwachsenen, wie er in den Prosastücken *Der Hanswurst* und *Das Stellengesuch* auftritt. Solchermaßen ‚große Kinder' erblickt Schildmann auch in den Protagonisten der Berliner Romane: Simon Tanner, Joseph Marti und Jakob von Gunten. Vgl. dazu Schildmann: Poetik der Kindheit. S. 13.

305 Vgl. dazu die von Bernhard Echte, Lucas Marco Gisi und Franziska Zihlmann erstellte Übersicht über Walsers Wohnadressen im RWH. S. 13–15, hier S. 14.

als weitgehend mühelos beschrieben. Das schreibende Ich ist „bezaubert“ von den „schönen Bildern“, die ihm vor dem geistigen Auge erscheinen, und fühlt sich ebenso erquickt, so als habe es keinen Schlaf mehr nötig (SW 4, S. 127/128). Es ist umgeben von einer behütenden und in hohem Maße inspirierenden Atmosphäre,[306] von „schneeweißen Gardinen“, „singende[m] Gaslicht“ und einer geheimnisvollen Katze, die „mit unergründlich-gelben“ Augen den Schreibvorgang bewacht und dabei wie eine Fee erscheint (alle Zitate SW 4, S. 128). Geschrieben wird an einem ‚altertümlichen‘ Schreibtisch, der einem alten Zauberer gleicht. Das schreibende Ich stellt sich vor, dass aus seinen Schubladen, wenn man sie aufzieht, Sätze und Worte springen. Beobachtetes und Phantasiertes überlagern sich, ein Verfahren, das das Prosastück schon zu Beginn ästhetisch verortet: „Wunderbare Romantik, süßes Ahnen!“ (SW 4, S. 127). Noch vor diesem Bezug auf die Romantik stellt das Ich seine Produktion des Romans hingegen in den Kontext der Großstadt, der über die Wohnung des Bruders, aber auch über die Erwähnung von Straßen und Menschen evoziert wird. So steigt das Prosastück folgendermaßen ein: „Der hinreißende Glanz in den dunklen hauptstädtischen Straßen, die Lichter, die Menschen, der Bruder.“ (SW 4, S. 127). Obgleich sich der Text im weiteren Verlauf auf die Beschreibung des Schreibzimmers konzentriert, ist mit diesem Anfang die Stadt als Inspirationsfaktor ins Spiel gebracht. Die Verschränkung von urbaner Atmosphäre und Phantasietätigkeit ist darüber hinaus typisch für Walsers Großstadtprosa.[307] Des Weiteren erwähnt der Prosatext eine „Meeresstille“ (SW 4, S. 128) in Bezug auf die Situation des Schreibens, die an die Verbildlichung der urbanen Atmosphäre im Feuilleton *Feuer* erinnert.

Das Prosastück *Geschwister Tanner* wiederholt textintern die in Bezug auf die Textgruppe maßgebliche Struktur der Überkreuzung von Gegensätzlichem. Das Verhältnis von Ähnlichkeit und Kontrast, in dem die Texte zueinander stehen, erscheint im Stück in Form einer Spannung zwischen Gegenwärtigkeit und Tradition, Ganzheit und Skizzenhaftigkeit. Während der Romantikbezug, die nächtliche Niederschrift oder der als magisch imaginierte alte Schreibtisch die Inszenierung eines eher weltabgewandt-phantasierenden Produktionsmoments unterstützen, setzt die Präsenz der Großstadt dagegen einen Akzent, der die inspirierend-dynamischen Eigenschaften der urbanen Umgebung hervorhebt, so wie es auch Walsers Berliner Großstadtprosa

306 Siehe dazu beispielsweise: „Ich kam mir überhaupt, je mehr ich vordrang mit Schreiben, wie behütet und wie beschützt vor von einem gütigen Wesen.“ (SW 4. S. 128), „Alles, was mich umgab, wirkte labend und belebend auf mich.“ (SW 4. S. 128).

307 Diesen Aspekt vertieft die vorliegende Arbeit in Kapitel 4.1.2 zur Großstadtdarstellung in *Jakob von Gunten*.

immer wieder getan hat. Dieses Schreiben in und für die Großstadt ist der Gegenwart euphorisch zugewandt. Die Überlagerung beider Momente (Zeitlosigkeit und urbane Gegenwärtigkeit) bringt *Geschwister Tanner* gegen Ende zur Sprache: „Abend und Morgen, Vergangenheit und Zukunft und die reizende Gegenwart lagen wie zu meinen Füßen, das Land wurde dicht vor mir lebendig, und mich dünkte, ich könne das menschliche Treiben, das ganze Menschenleben mit Händen greifen, so lebhaft sah ich es." (SW 4, S. 129). In dem hier geäußerten Anspruch, etwas Menschlich-Existentielles literarisch verarbeitet zu haben, weist Walser seinem ersten Roman eine Art überzeitlicher Relevanz zu. Dieser Gedanke setzt sich in der expliziteren Auseinandersetzung mit dem Prozess des Schreibens fort. So wird bereits der Beginn des Schreibens, bei dem es sich noch um „hoffnungslose[s] Wortgetändel" und „allerlei gedankenlose[s] Zeichnen und Kritzeln"[308] handelt (SW 4, S. 128/129), vom Ergebnis her gedacht. Nicht von einer beginnenden Geschichte, einem Entwurf oder Manuskript ist dabei die Rede, sondern von der „Niederschrift des Buches" (SW 4, S. 128). Dies mag man im Zusammenhang mit einem rückblickenden Erzählen sehen können – der Roman *Geschwister Tanner* war schließlich sieben Jahre vor der Publikation des Prosastücks als Buch erschienen –, gleichzeitig scheint darin eine gattungs-, publikations- und autorschaftsspezifische Problematik auf, die Walser seine gesamte Schriftstellerbiographie hindurch immer wieder beschäftigt hat: der Widerspruch zwischen einer hohen Produktivität im Bereich moderner kleiner Formen und Schreibweisen und dem Interesse an einer überzeitlichen Geltung als Autor ‚großer' Literatur. Der beschriebene Produktionsvorgang lässt einen denn auch eher an das Verfassen eines flüchtigen, skizzenhaften Textes und weniger an die Konzeption eines Romans denken: „Ein Bild löste das andere ab, und die Einfälle spielten miteinander wie glückliche, anmutige, artige Kinder." (SW4, S. 129). In der Vorstellung der einander ablösenden Einfälle ist eine spontane, ungeplante und improvisatorische[309] Produktionsweise angedeutet, die sich

308 Auch hierbei handelt es sich nicht um literarische Imagination. Im Manuskript des Romans *Geschwister Tanner* sind Zeichnungen und Kritzeleien Walsers erhalten, die auf Stockungen des Schreibflusses schließen lassen. Vgl. dazu Barbara von Reibnitz und Wolfram Groddeck im editorischen Nachwort der KWA IV, 1. S. 372.

309 Mithilfe des Schlüsselbegriffs der Improvisation interpretiert Christian Walt Robert Walsers mikrographisches Spätwerk. Laut Walt ist Walsers (in der Berner Werkphase zweistufige) Arbeitsweise dadurch charakterisiert, dass sie von teleologisch-konzeptionellen Verfahren, etwa der Umsetzung eines Entwurfs durch Überarbeitung, absieht, da Walser beim Schreiben am ‚Finden' und weniger am ‚Erfinden' interessiert gewesen sei (vgl. Walt: Improvisation und Interpretation. S. 187). Das Anstreben einer spontanen Niederschrift macht Walt ebenfalls für Walsers frühe Texte geltend, was allerdings in dieser frühen Phase, also bevor Walser das ‚Bleistift- oder Abschreibesystem' als Arbeitsweise

als Schreibfluss vollzieht.[310] Im Bild der Kinder wird zudem die Figurenkonstellation von Geschwistern, die der Roman entwirft, aufgerufen. Auch in späteren Reflexionen, so etwa in dem 1926 entstandenen *Tagebuch*-Text,[311] beschreibt Walser den Prozess des Schreibens als spontan, konzeptionslos und jederzeit variier- oder veränderbar, wobei er auch hier auf die Geschwisterbildlichkeit zurückgreift.[312] Dem „Dichter" empfiehlt das Prosastück *Geschwister*

---

entwickelt, noch mit anderen Schreibstrategien hergestellt wird: „Man kann aufgrund dieser Materiallage davon ausgehen, dass Walser seine schon in seinen frühesten schriftstellerischen Jahren praktizierte poetische Vorgehensweise quasi unter neuen medialen Rahmenbedingungen reproduziert, nämlich einen Text direkt in seiner endgültigen Form niederzuschreiben. Die Mikrogrammtexte simulieren eine Direktreinschrift, nur dass ihre mediale Verfassung sie vom Druck der Endgültigkeit entlastet." (Walt: Improvisation und Interpretation. S. 21). Die editionsphilologische Forschung geht davon aus, dass es sich bei der erhaltenen handschriftlichen Druckvorlage von *Geschwister Tanner* um die Erstniederschrift des Romans handelt. Am Manuskript sind viele als Sofortkorrekturen identifizierbare Überarbeitungen erkennbar (vgl. Von Reibnitz/Groddeck: Editorisches Nachwort. In: KWA IV, 1. S. 371). Größere Eingriffe, bei denen etwa Passagen des Romans gestrichen oder umgestellt wurden, sind häufig dem Verlagslektorat geschuldet (vgl. Von Reibnitz/Groddeck: Editorisches Nachwort. In: KWA IV, 1. S. 372–382). Diese Auffälligkeiten des Manuskripts stützen die Annahme eines spontanen Schreibens des Romans durchaus. Gegenüber Carl Seelig bezifferte Walser die Niederschrift seines Romans auf „drei oder vier Wochen" (Carl Seelig: Wanderungen mit Robert Walser. S. 51). Stellt man nun die Spuren am Manuskript in Rechnung, die auf Schreibstockungen und stärkere Eingriffe Walsers noch vor Beginn des Verlagslektorats hinweisen, lässt sich letztlich nicht eindeutig entscheiden, wie flüssig die Niederschrift tatsächlich vonstattenging. In jedem Fall muss Walser daran gelegen gewesen sein, den Eindruck zu vermitteln, der Roman sei mühelos entstanden, da er dies im Prosastück *Geschwister Tanner* und gegenüber Seelig starkmacht. Mit Walt ließe sich das improvisatorisch-konzeptionslose Schreiben dann als idealer Produktionsprozess beschreiben, den Walser schon beim Verfassen seines ersten Romans angestrebt habe. Zu einer vergleichbaren Einschätzung kommt Ulrich Weber, der den „Mythos" vom korrekturfreien Schreiben Walsers ebenfalls nicht durch den Befund des Manuskripts entkräftet sieht. In seinen Korrekturvorgängen setze Walser vielmehr seine „Schreibdynamik" fort. Dazu Ulrich Weber: Lektor oder Autor? Zur Interpretation der Korrekturvorgänge in Robert Walsers Romanmanuskript *Geschwister Tanner*. In: Anne Bohnenkamp/Kai Bremer/Uwe Wirth/Irmgard M. Witz (Hrsg.): Konjektur und Krux. Zur Methodenpolitik der Philologie. Göttingen: Wallstein 2010. S. 294–307, hier S. 306.

310 Döblin entwirft in *Der Bau des epischen Werks* eine ganz ähnliche Vorstellung des Schreibakts. Hier führt das Schreiben den Autor von „Überraschung zu Überraschung und ungezwungen von Reiz zu Reiz […]." Jede Situation „gebiert" „ungezwungen" die nächste. Alle Zitate Döblin: Der Bau des epischen Werks. S. 236.

311 Vgl. ausführlicher zu diesem Text Kapitel 3.2.3 dieser Arbeit.

312 Walser führt hierbei seine Idee der „Parallele" aus, bei der im Schreiben von einer vorübergehenden Konzeption abgewichen wird, siehe dazu SW 18. S. 65: „Ob wohl die Grundlage, das Fundament, das Gerüst für den ruhigen, sorglosen Aufbau schon vorhanden sein mögen? Ich stelle dies mit unerhörtem Mut den Eventualitäten anheim. Bricht die Geschichte zusammen, so würde ich mir halt sogleich irgend etwas anderes, etwas Neues

*Tanner*, zu „schweifen" und sich „mutig" zu „verlieren" (alle Zitate SW 4, S. 128). Aus diesem schweifend-ziellosen Weiterschreiben, das nur einem Impuls oder einer Grundidee folgt, ergeben sich im Verlauf durchaus ungeplante Verknüpfungen: „Voller Entzücken hing ich am fröhlichen Grundgedanken, und indem ich nur fleißig immer weiter schrieb, fand sich der Zusammenhang." (SW 4, S. 129). Anders als im Feuilleton *Feuer* betont *Geschwister Tanner* nicht den episodischen Bau des Romans, der sich den Leserinnen und Lesern als Unverständlichkeit darstelle, sondern misst dem Geschriebenen einen Zusammenhang bei, der sich aus dem spontanen Schreiben zufällig ergebe. Mit dieser ambivalenten Denkfigur aus unausgearbeiteter Form und gleichzeitiger Ganzheit erfasst Walser die Poetik seines Romans *Geschwister Tanner*. Sie lässt sich als eine ‚Poetik der Skizze' beschreiben.

In der literarischen Moderne um 1900 ist die poetische Skizze nicht mehr in ihrer ursprünglichen Bedeutung als vorläufige Niederschrift, als Entwurf in der Anfangsphase der Entstehung eines Werks zu begreifen.[313] Vielmehr wird das Skizzenhafte zum künstlerischen Signum der Zeit. Die Skizze wird damit zum zeittypischen Genre, zur „Kunstform par excellence"[314], wie die österreichische Schriftstellerin und Literaturkritikerin Marie Herzfeld in ihrem Essay *Vom Skizzenhaften in der Litteratur*, der am 28. Mai 1898 in der Zeitschrift *Jugend. Münchner illustrierte Wochenschrift für Kunst und Leben* erscheint, programmatisch festhält. Die Kunst- und Literaturzeitschrift war Forum und Stichwortgeber des ‚Jugendstils' als Kunstrichtung und auch Walser veröffentlichte darin. Als Genre der Moderne lebt die Skizze vom Effekt des spontanen Notats,[315] stellt dabei allerdings keinen unvollendeten Text dar, der weiterer Bearbeitung bedürfe. Die moderne Skizze besitzt „eigenständige[n] Ausdruckswert"[316]. Die Skizze wird dem Gebot der Kürze von Literatur in der beschleunigten Moderne gerecht, welches Herzfeld und andere Autorinnen und Autoren der kleinen Form um 1900 aufstellen. Herzfeld führt dabei

vornehmen, da ich mich nie auf eine einzige Schaffensidee stütze, sondern regelmäßig innerlich darauf beruhe, daß es etwas Vorzügliches, Ausgezeichnetes in der moralischen Welt gibt: die Parallele, womit ich das sich nebeneinander hinziehende Zusammengehen verschiedener Absichten, Wünsche, Bestrebungen meine, die sich nicht täuschend wie Zwillinge oder Drillinge, aber doch einigermaßen ähnlich sind wie artig und glücklich miteinander auskommende Geschwister."

313 Vgl. Moritz Baßler: Skizze. In: Reallexikon der deutschen Literaturwissenschaft. Hrsg. von Jan-Dirk Müller/Georg Braungart/Harald Fricke/Klaus Grubmüller/Friedrich Vollhardt/Klaus Weimar. Bd. III (P–Z). Berlin/New York: De Gruyter 2003. S. 444–445, hier S. 444.

314 Marie Herzfeld: Vom Skizzenhaften in der Litteratur. In: Jugend. Münchner illustrierte Wochenschrift für Kunst und Leben. $3^{22}$ (1898). S. 364–367, hier S. 364.

315 Vgl. Baßler: Skizze. S. 444.

316 Baßler: Skizze. S. 445.

einerseits die allgemeine Nervosität und Unaufmerksamkeit des Zeitalters an, darüber hinaus andererseits die von Verlegerseite kommenden Forderungen nach Kürze der Texte, da diese sich an den knappen Formen des Journalismus orientieren sollten.[317] Den Anspruch auf Allgemeingültigkeit, den etwa die Theoretiker des Bildungsromans erhoben hätten, könne niemand mehr glaubwürdig vertreten: „Jede Allgemeinheit ist eine Halbwahrheit."[318] Die Skizze oder das Skizzenhafte trete an die Stelle traditioneller Gattungen und sei darüber hinaus in der Lage, sich deren Codes und Ausdrucksweisen anzueignen.[319]

In dieser Charakterisierung ist einiges umrissen, was Walsers Umgang mit Gattungen allgemein auszeichnet. Gleichzeitig war er auch im Verfassen von literarischen Skizzen selbst äußerst produktiv.[320] Auch der Roman *Geschwister Tanner* enthält eine Skizze, und zwar den Text *Landleben*, den Simon während seines Besuchs bei seiner Schwester Hedwig verfasst. Wie Herzfeld feststellt, ist die Skizze vielseitig anwendbar, kann verschiedenste Schreibintentionen verwirklichen und verzichtet dabei auf den Eindruck sauberer Ausführung, da sie nicht detailreich ausarbeitet, sondern primär andeutet: „Sie ist geschmeidig, dehnbar, allen Zwecken anzupassen. Sie kann alles sein und alles enthalten, doch in Verkürzung, Zusammendrängung, – andeutungsweise, impressionistisch. Sie kann sich um ein witziges oder originelles Wort drehen [...]. Sie kann eine allgemeine Wahrheit illustrieren wie die Parabel [...]."[321] Die Skizze soll „den Eindruck des Improvisierten machen, des aus dem Moment Geborenen, und daher mehr durch den kecken Wurf gefallen, durch die persönliche Auffassung wirken, durch die überzeugende Wahrheit fesseln als durch Detail und Schliff bestechen."[322] Die Skizze richtet sich nicht wie der Roman auf das große Ganze, sie erfasst vielmehr „eine Figur, eine Situation, eine Landschaft, ein Gefühl"[323] und damit Ausschnitte. Die literarische Umsetzung von Details anstatt von umfassenden oder narrativ ausgeführten Handlungsbögen, die in dieser Arbeit bereits mit Blick auf Walsers intermediale Bearbeitung des

---

317 Vgl. Herzfeld: Vom Skizzenhaften in der Litteratur. S. 364.

318 Dazu Herzfeld: Vom Skizzenhaften in der Litteratur. S. 364.

319 Herzfeld: Vom Skizzenhaften in der Litteratur. S. 364: „Sie verdrängt die Novelle; sie überwältigt das Drama; sie spielt Gedicht."

320 Verschiedene Prosastücke Walsers besitzen die Genrebezeichnung ‚Skizze' bereits als Titel, so z. B. ein 1911 in der Kunst- und Literaturzeitschrift *Pan* veröffentlichtes Prosastück oder ein anderer Text *Skizze*, der am 27.11.1920 in der Wochenschrift *Das Tage-Buch* erschien.

321 Herzfeld: Vom Skizzenhaften in der Litteratur. S. 364.

322 Herzfeld: Vom Skizzenhaften in der Litteratur. S. 364.

323 Herzfeld: Vom Skizzenhaften in der Litteratur. S. 364.

Ehebruchsstoffs um Klara und Agappaia diskutiert wurde, widerspricht einer traditionellen Auffassung des Romans als großer Form.

Die Skizze stellt Walser literarische Möglichkeiten bereit, die Form des Romans zu beleben, was er im Prosastück *Geschwister Tanner* reflektiert. Wenn Walser darin die Niederschrift seines ersten Romans als spontan und konzeptionslos ausmalt, ist damit nicht allein ein skizzenhafter Arbeitsprozess beschrieben, den man als mehr oder weniger fingiert oder imaginiert im Hinblick auf den realen Schreibakt auffassen kann, sondern zugleich eine Poetik der Skizze entworfen, die für den Roman *Geschwister Tanner* geltend gemacht wird. Die ambivalente Spannung zwischen Vergangenheit und Zukunft, Vollständigkeit (Buchform) und geringer Ausarbeitung (notizhafte Spontanität), mit der das Prosastück den Schreibakt ausmalt, trifft Form und Bedeutung der Skizze in der Moderne ziemlich genau.

Obgleich das Prosastück *Geschwister Tanner* die episodische Form nicht erwähnt, steht auch sie in Beziehung zur Skizze.[324] Marie Herzfeld sieht im episodischen Roman, den sie am Beispiel von Rudyard Kiplings *The Light that Failed* (1891) diskutiert, das zeitgenössische Skizzenhafte verwirklicht. Die zusammenhanglosen Szenen des Romans erschienen dabei aneinandergereiht wie „ein Band von edlen, köstlichen Perlen"; einer „sogenannten Composition" ermangele er hingegen.[325] So wie die Literaturkritik Walsers *Geschwister Tanner* irritiert zurückließ, beschreibt auch Herzfeld die episodische Form in ihrer Wirkung als „sinnlos" und „unverständlich"[326], dies jedoch nicht in kritischer Absicht. Kiplings Roman erscheint Herzfeld vielmehr „grandios" aufgrund seiner Komposition, die dem modernen Leben viel eher gerecht werde als die geschlossene Form.[327] Wie Walsers Feuilleton *Feuer* befindet auch Herzfeld die Zusammenhanglosigkeit und Unverständlichkeit des Romans für „interessant".[328]

---

324 Dazu Herzfeld: Vom Skizzenhaften in der Litteratur. S. 365: „Die künstlerische Form zur Darstellung dieses Zusammenhangslosen, Episodischen, von Katastrophe zu Katastrophe in's Nichts dahin Stürzen, – die künstlerische Form dafür ist gerade die Skizze."

325 Beide Zitate Herzfeld: Vom Skizzenhaften in der Litteratur. S. 364.

326 Beide Zitate Herzfeld: Vom Skizzenhaften in der Litteratur. S. 364.

327 Dazu Herzfeld: Vom Skizzenhaften in der Litteratur. S. 364: „Den ganzen Kreis des Darstellbaren hat Kipling in die Form der Skizze gepreßt, denn bloß in Episoden, also eigentlich zusammenhangslos und sinnlos, unverständlich und grandios erscheint ihm das Schicksal und das Leben."

328 Herzfeld: Vom Skizzenhaften in der Litteratur. S. 364: „Es [das Leben, MH] hat seine Katastrophen, doch ihr Warum ist selten deutlich; es hat seinen großen Schlußeffekt im Tod, doch wie dieser Tod sich vorbereitet, wird nicht Schritt für Schritt sichtbar, und gerade das macht ihn uns noch interessant. Das Wirre, Zusammenhangslose, Undeutliche,

In Walsers Poetik der Skizze begegnen sich Ausschnitthaftigkeit und Ganzheit, kleine und große Form, zeitgenössisches und überzeitliches Schreiben. Die darin ausgedrückte Spannung ist dabei nicht allein poetologisch bedeutsam, sondern betrifft Walsers Schreibbiographie zwischen Prosastück und Roman insgesamt, und damit auch seine Möglichkeiten, öffentlich als literarischer Autor wahrgenommen zu werden. Ihr kommt daher mehr Gewicht zu als rein ästhetisch-darstellerischen Überlegungen. Diese Problematik wird in Kapitel 4.2.2 zur Reflexion feuilletonistischer Autorschaft vertieft.

Im folgenden Abschnitt wird nun abschließend die Korrespondenzaffinität zwischen dem Roman *Geschwister Tanner* und Walsers früher Kurzprosa vor dem Horizont der Form des Briefromans reflektiert. Der Brief bietet Walser nicht allein eine Struktur, die die offene Komposition des Romans unterstützt. Der Briefroman ist eine vergessene Gattung, die durch den erfolgreichen Bildungsroman verdrängt wurde. Auch in seinen Briefen wertet *Geschwister Tanner* die kleinen Formen auf und findet damit zu einer neuen Gestalt und Relevanz des Romans, die in Richtung der massenmedial produzierten Öffentlichkeiten des 20. Jahrhunderts weisen.

### 2.2.3 *Briefe an den Roman*

Im Roman *Geschwister Tanner* wird häufig per Brief kommuniziert. Die ‚über die ganze Welt' verteilten Geschwister, wie Simon es mit ein wenig Übertreibung gegenüber der Kurhausvorsteherin formuliert, schreiben sich, solange sie räumlich voneinander getrennt sind. Diese Briefe sind in die Romanerzählung eingebettet und haben in der zeitgenössischen Literaturkritik zum Eindruck einer formlosen, unzusammenhängenden Komposition beigetragen.[329] Klaus schreibt an Simon in der Absicht, ihm ins Gewissen zu reden und seine Bedenken angesichts des unverbindlichen Lebensstils seines jüngeren Bruders zu äußern (vgl. GT, S. 14–17), Simon schreibt an Kaspar, um ihn einzuladen, mit ihm zusammen bei Klara Agappaia einzuziehen, und um an ihre gemeinsame Kindheit zu erinnern (vgl. GT, S. 29–32) oder um von seiner Anstellung als Hausdiener zu berichten (vgl. GT, S. 194–197). Immer wieder erreichen diese Briefe ihren jeweiligen Adressaten nicht oder werden begonnen und nicht beendet, etwa wenn Simons Mutter kurz vor ihrem Tod

---

Episodische des Menschenlooses [sic!] ist für Kipling das Anziehende des Lebens. Darin ist er der moderne Mensch."

329 Die eingelassenen kleinen Formen wie Briefe, Reden und Aufsätze erwähnt z. B. Joachim Benn in einer 1914 in der Zeitschrift *Die Rheinlande* erschienenen Rezension zu Walsers Werken. Vgl. Joachim Benn: Robert Walser. In: Die Rheinlande $14^4$ (1914). S. 131–134, hier S. 134.

einen Brief an den Vierzehnjährigen beginnt, jedoch nicht mehr als die Anrede zu Papier bringt (vgl. GT, S. 300).

Manche der Briefe, die eine Korrespondenz des *Geschwister-Tanner-*Personals darstellen, sind allerdings gar nicht Teil des Romans. Im Juli 1905 erscheint in der Basler Zeitschrift *Der Samstag* ein Prosastück Walsers mit dem Titel *Brief eines Mannes an einen Mann.* Walser nimmt es außerdem in seinen Prosaband *Aufsätze* (1913) auf. Wie *Simon, eine Liebesgeschichte* nimmt der Text eine auch später im Roman realisierte Figurenkonstellation vorweg. Der literarisch fingierte Brief ist aus der Perspektive eines offenbar lebenserfahrenen älteren Mannes geschrieben, der einem jüngeren Ratschläge erteilt. In diesem Duktus erinnert er an Klaus' Brief an Simon. Im letzten Absatz des Prosastücks wird knapp der Adressat des Briefs charakterisiert: „Simon war ein zwanzigjähriger Mann. Er war arm, aber er tat nichts, seine Lage zu verbessern." (SW 3, S. 13). Joseph Marti, Protagonist in Walsers zweitem Roman *Der Gehülfe,* richtet einen Brief an seine ehemalige Vermieterin Frau Weiß (vgl. BA 6, S. 18–19), die bereits Simons Zimmerwirtin in *Geschwister Tanner* abgibt (vgl. GT, S. 264). Das Prosastück *Brief von Simon Tanner,* das 1911 in einem Kalender der Satirezeitschrift *Simplicissimus* erscheint (außerdem 1914 wie der *Brief eines Mannes an einen Mann* in der Prosasammlung *Aufsätze*), stellt ebenfalls einen Brief an Frau Weiß dar, die darin allerdings nur als „liebe Frau" (SW 3, S. 7) und nicht namentlich angesprochen wird.[330] Erkennbar wird die Adressatin nur in Verbindung mit dem Roman. In seinem Brief vergegenwärtigt Simon Tanner nämlich eine vergangene Situation, in der er seiner Vermieterin mitteilen musste, seine Monatsmiete nicht begleichen zu können. Diese Szene kommt in abgewandelter Form im siebzehnten Kapitel von *Geschwister Tanner* vor. Genauer müsste man sagen, dass der an die Vermieterin geschriebene Brief eine Ergänzung oder Differenzierung der romandiegetischen Szene im Hinblick auf Simons Gedankenwelt darstellt. Im Roman steht Simon zu seiner Vermieterin – genau wie zu der namenlosen Dame, bei der er zuvor als Diener angestellt war – in einem Verhältnis von äußerlicher Abhängigkeit bei gleichzeitiger subtiler Dominanzausübung. Die relative Machtposition, die Frau Weiß als Vermieterin – und die Dame als Vorgesetzte – gegenüber Simon einnimmt, provoziert ein konstantes strategisch-lustvolles Ausloten und Überschreiten der Grenzen des Gebotenen im Rahmen dieser institutionalisiert

330 In Bd. 3 der Sämtlichen Werke macht bereits Jochen Greven darauf aufmerksam, dass das Prosastück in inhaltlichem Zusammenhang mit *Geschwister Tanner* stehe. Vgl. dazu Greven in SW 3. S. 155. In SW 1 gibt er einen biographischen Hinweis auf Walsers Vermieterin Frau Weiß in der Zürcher Spiegelgasse, die im Prosastück sowie den Romanen *Geschwister Tanner* und *Der Gehülfe* auftritt. Vgl. Greven: Nachwort des Herausgebers. In: SW 1. S. 115.

hierarchischen Beziehung. Simons innere Monologe als Diener machen transparent, dass die Tatsache, dass die Vorgesetzte eine Frau ist, die Lust an der Übertretung des förmlichen Verhältnisses verstärkt (vgl. etwa GT, S. 190). Die Asymmetrie zwischen der schlichten, jedoch anscheinend wohlsituierten Frau Weiß und Simon wird durch seine Zahlungsunfähigkeit gesteigert.

Als Simon seine Wirtin eines Morgens in „absichtlich scharfer Betonung" (GT, S. 263) um ein Gespräch bittet, kann man hierin bereits erkennen, dass sein betont selbstbewusst inszeniertes Auftreten Teil des durch ihn initiierten Machtspiels ist. Bei diesem kommt es darauf an, sich seiner Wirkung auf andere bewusst zu sein, sein Gegenüber präzise zu durchschauen und sich an dieses Wissen anknüpfend, taktisch klug zu verhalten. Während er über den Aufschub der Mietzahlung hinaus auch noch um die Leihgabe eines Betrags bittet, um den Monat über die Runden zu kommen, kommentiert er immer wieder die Reaktion seiner Vermieterin und leitet daraus ab, wie seine Rede bei ihr ankomme: „Haben Sie nun das Gefühl, daß ich Ihnen unverschämt komme? Sie schütteln den Kopf. Ich glaube, daß Sie Zutrauen zu mir haben." (GT, S. 264). Nach dem Erhalt des Geldes verlässt er die Situation fluchtartig. Zurück in seinem Zimmer überdenkt Simon das Gespräch mit Frau Weiß. Dabei bleibt offen, ob ihm die Unterredung mit seiner Vermieterin tatsächlich unangenehm gewesen ist oder er dies nur vorgegeben hat.[331] Der *Brief von Simon Tanner* gibt hierüber Aufschluss. In diesem gibt Simon zunächst zu erkennen, dass er beschäftigungslos ist, da er von Arbeitgebern derzeit nicht gebraucht werde (vgl. SW 3, S. 7). Im Roman erledigt er in dieser Zeit tageweise Schreibaufträge in der Schreibstube für Stellenlose. Er erinnert dann im Anschluss an den sommerlichen Tag, an dem er das Zimmer bei Frau Weiß bezogen hat, eine Szene, die auch der Roman enthält (vgl. SW 3, S. 8 und GT, S. 200–203). Der Brief legt schließlich ausgreifend Simons Überlegungen im Vorfeld der Unterredung mit Frau Weiß dar und lässt – anders als der Roman – keinen Zweifel daran, dass er die Wirkung seines Auftretens genau geplant hat:

> Sie sehen etwas Besonderes an mir, Sie meinen vielleicht, daß ich ein guter Mensch bin, der etwas in die Klemme geraten ist, Sie sind davon überzeugt, daß meine Eltern hochachtbare Menschen gewesen sind, oder noch sind, Sie schätzen mich und wünschen, mich nicht zu kränken; nun, aus all diesen Gründen, die ich mir zunutze machen will, und die ich deutlich klar sehe, will ich, wenn der Monat zu Ende sein wird, vor Sie hintreten, kurz und rasch, vielleicht mit etwas empfindlicher Röte im Gesicht, mit etwas absichtlicher Wärme in der Stimme, und Ihnen offen bekennen, und Sie dabei anblicken, wie, das weiß ich noch nicht, aber jedenfalls bezwingend, Ihnen einfach frech das

331 Dazu GT. S. 264/265: „Es war ihm unangenehm, oder er tat so, als ob es ihm unangenehm wäre, weiter über diesen Gegenstand zu reden."

> Bekenntnis ablegen, daß ich außer der Lage sei, bezahlen zu können. Ich weiß, daß ich siegen werde und daß der Sieg nicht einmal ein unfreundlicher sein wird, Sie liebe Frau! (SW 3, S. 9).

Aufgrund der deutlichen diegetischen Konsistenz des Briefs in Bezug auf die Szene aus *Geschwister Tanner* erscheint der *Brief von Simon Tanner* verbindlicher auf das Geschehen des Romans bezogen als *Simon, eine Liebesgeschichte* oder der *Brief eines Mannes an einen Mann*, die zwar Variationen des *Geschwister-Tanner*-Stoffs darstellen, sich allerdings, wie gezeigt wurde, nicht auf der narrativen Ebene integrieren lassen. Im Manuskript des Romans folgt auf die Szene, in der Simon als Bittsteller auftritt, eine umfangreichere Streichung (vgl. KWA IV, 1, S. 310). Ursprünglich hatte Walser hier einen Brief Simons an Kaspar vorgesehen, dessen Einstieg in einer Streichung endet, erneut aufgenommen wird, dann jedoch abbricht (vgl. KWA IV, 1, S. 310). Simon erzählt Kaspar darin von seiner Tätigkeit in der Schreibstube für Stellenlose. Die Streichung wurde noch vor der Umarbeitung durch das Verlagslektorat vorgenommen.[332] Es ist denkbar, dass auf die gestrichene Passage weiterer Text folgte, z. B. der Brief von Simon an Frau Weiß, den Walser später im *Simplicissimus*-Kalender veröffentlichte und in den Band *Aufsätze* aufnahm.[333] In diesem Fall hätte Simon der Vermieterin im Nachhinein eröffnet, welch manipulative Absichten seinem Verhalten ihr gegenüber zugrunde lagen.

Sofern es sich beim *Brief von Simon Tanner* um eine Passage des Romans handelt, die aus dem Manuskript gestrichen wurde, reiht er sich in eine Gruppe weiterer Briefe ein, die aufgrund von Überarbeitungsvorgängen Walsers oder des Verlagslektorats nicht in den veröffentlichten Text gelangten. Für das siebte Kapitel hatte Walser etwa einen Brief Simons an seine Schwester Hedwig geplant (vgl. KWA IV, 1, S. 134), der allerdings in mehreren Überarbeitungsstufen zu einem Monolog Simons gegenüber seiner Freundin Rosa abgeändert wurde (vgl. GT, S. 116–120).[334] In der ersten Änderungsstufe war in

332 Vgl. dazu Von Reibnitz/Groddeck: Editorisches Nachwort. In: KWA IV, 1. S. 373. Das Manuskript lässt erkennen, dass die Streichung noch vor einer durch den Verlag vorgenommenen Paginierung erfolgte und die Passage damit nicht erst im Prozess des Lektorats gekürzt wurde.

333 Diese Hypothese formulieren Von Reibnitz und Groddeck, vgl. KWA IV, 1. S. 373.

334 Barbara von Reibnitz sieht in diesem mehrstufigen Umarbeitungsprozess eine „[autor] spezifische Signifikanz". Er dokumentiere die Anstrengung Walsers, „die Schreibexzesse seiner Haupt-Figur zu bändigen, ohne ihre Resultate löschen und dem Schreiben ein Ende setzen zu müssen." (Beide Zitate Von Reibnitz: Komma überschreibt Punkt. S. 144). Auf diese Weise habe Walser ursprüngliche Ideen nicht getilgt, sondern überschrieben.

dem Brief an Hedwig eine Ankündigung von Simons Besuch enthalten.[335] Aus dem sechsten Kapitel wurde ein längerer Brief Kaspars an Simon gestrichen, in dem er diesem von seiner Malerauftragsarbeit in einem Landstädtchen berichtet (vgl. KWA IV, 1, S. 110–114). Mit Blick auf die Handlung haben diese entfernten Passagen mitunter erläuternden oder ankündigenden Charakter. Die verschiedenen Streichungen, die teilweise auch Umstellungen von Szenen erforderlich machten,[336] haben sicherlich einen Teil zur wahrgenommenen Episodizität und Unverständlichkeit sowie den immer wieder auftretenden blinden Motiven von *Geschwister Tanner* beigetragen.

Mögen die Tilgungen der Briefe einer Einhegung der ‚Schreibexzesse' der Romanfiguren und einer Straffung der Handlung gegolten haben, so ist mit Blick auf Streichungen an anderen Stellen die These geäußert worden, dem Lektorat unter Christian Morgenstern sei der selbstreflexive Zug des Romans zu weit gegangen.[337] Zu der Szene, in der Simon sein Zimmer bei Frau Weiß bezieht, findet sich in der Grundschicht des Manuskripts eine Passage, in der er schriftliche Erzeugnisse seines Vormieters im Ofen des Zimmers findet.[338] Darunter sind die Texte *Die Gräfin Kirke* und *Ein Jüngling* (vgl. KWA IV, 1, S. 246). An der nachfolgenden Stelle fehlen Seiten im Manuskript, sodass die vermutlich in dessen Grundstufe vorgesehene Mitteilung der beiden Texte nicht erhalten ist.[339] Ebenso fehlt die Einschaltung eines anderen Textes, der in einer ersten Überarbeitungsstufe, nach Beginn des Verlagslektorats, vorgesehen war.[340]

Ein Brief Christian Morgensterns an Bruno Cassirer und eine spätere Aussage Walsers gegenüber Carl Seelig[341] legen nahe, dass Walsers 1913 in der Zeitschrift *März* und 1914 in der Prosasammlung *Kleine Dichtungen* veröffentlichtes Prosastück *Helbling's Geschichte* ursprünglich an dieser Stelle erscheinen

Diese Interpretation der Arbeitsweise Walsers ähnelt Christian Walts Beobachtungen zum improvisatorischen Schreiben im Spätwerk.

335 Vgl. Von Reibnitz/Groddeck: Editorisches Nachwort. In: KWA IV, 1. S. 376.

336 Vgl. Von Reibnitz/Groddeck: Editorisches Nachwort. In: KWA IV, 1. S. 374 und 380.

337 Vgl. Groddeck: „Und in der Tat, er schrieb so etwas wie einen Roman". S. 146.

338 Ausführlich zu dieser Passage siehe Groddeck: „Und in der Tat, er schrieb so etwas wie einen Roman". S. 148/149 und Groddeck/Von Reibnitz im editorischen Nachwort zur KWA IV, 1. S. 372/373.

339 Vgl. Groddeck: „Und in der Tat, er schrieb so etwas wie einen Roman". S. 148. In einer ersten Änderungsstufe der Passage hat Walser die Überschriften der beiden Texte durch den Titel *Mein Leben* ersetzt. Vgl. dazu ebenfalls KWA IV, 1. S. 246 und S. 372/373. Diese Änderung hat Walser vor Einreichung des Manuskripts vorgenommen (vgl. KWA IV, 1. S. 372).

340 Vgl. KWA IV, 1. S. 375 und 378.

341 Dazu BA 3. S. 84 und Seelig: Wanderungen mit Robert Walser. S. 51.

sollte.[342] Ein Prosastück mit dem Titel *Gräfin Kirke. Eine Phantasie* hatte Walser hingegen 1903 dem Insel-Verlag zur Veröffentlichung angeboten.[343] Möglicherweise handelt es sich auch bei *Ein Jüngling* um einen nichtpublizierten Text Walsers.[344] Der entfallene Brief an Hedwig wird in der Grundschicht des Manuskripts damit eingeleitet, dass Simon sich zum Schreiben eines Romans noch zu unreif vorkomme und daher stattdessen einen Brief an die Schwester beginne (vgl. KWA IV, 1, S. 376). Die Thematisierung des Romanschreibens und die Titel der getilgten Prosastücke sind in ihrer Bezugnahme auf Walsers Autorschaft sehr deutlich.[345] Auch dem *Brief von Simon Tanner* ist eine selbstreflexive Dimension eingeschrieben, die jedoch eine merklich subtilere Bemerkung zum Roman enthält. Dem psychologischen Machtspiel, das Simon im Prosastück in seiner Wirkungsweise ausführlich transparent macht, kommt an dieser Stelle eine poetologische Qualität zu. Die Dynamik zwischen den Figuren des Romans wird im mutmaßlich ausgelagerten Brief als Facette der literarischen Phantasietätigkeit erkennbar. Das Verstehen innerpsychischer Mechanismen gehört schließlich auch zum Geschäft der schriftstellerischen Tätigkeit beim Entwerfen literarischer Figuren.

In Simons Brief an Frau Weiß geht der Schilderung des tatsächlichen Moments, in dem er sie um Geld ersucht, das Imaginieren dieses Moments voraus. Die Vorstellung, „Wärme" (SW 3, S. 9) in seine Stimme legen zu müssen und ein wenig zu erröten, ist noch Teil der siegesgewiss vorweggenommenen Situation (vgl. SW 3, S. 9). Erst im Anschluss an diese erinnert Simon daran, wie er in Wirklichkeit das Geständnis seiner Zahlungsunfähigkeit „ziemlich fließend und kalt" (SW 3, S. 10) vorgebracht hat. Seine detaillierte Imagination der Situation stellt Simon der Notiz ihres späteren tatsächlichen Ablaufs demnach voran, so wie die literarische Erfindung einer Szene ihrer

---

342 Vgl. Von Reibnitz/Groddeck: Editorisches Nachwort. In: KWA IV, 1. S. 374. Zu *Mein Leben/Helbling's Geschichte* siehe ausführlich Kapitel 3.2.1 der vorliegenden Arbeit.

343 Dies hat Jochen Greven bemerkt. Dazu Jochen Greven: Robert Walser und Christian Morgenstern. Zur Entstehungsgeschichte von Walsers frühen Romanen. In: Text & Kritik 12/12a (1978). S. 42–52, hier S. 51.

344 Siehe BA 1. S. 59 und Von Reibnitz/Groddeck: Editorisches Nachwort. In: KWA IV, 1. S. 372/373.

345 Deshalb ist zu vermuten, dass diese Selbstzitate noch vor dem Verlagslektorat von Walser selbst entfernt wurden. Vgl. dazu Groddeck: „Und in der Tat, er schrieb so etwas wie einen Roman". S. 149. Ulrich Weber hat auf Basis seiner Beurteilung der Streichungen im Manuskript zuletzt angeregt, eine auf Jochen Greven zurückgehende Fehleinschätzung der Korrekturvorgänge an Walsers erstem Roman zu revidieren. Nach Weber sei eine Auffassung, nach der Kürzungen auch mit Blick auf die deutlich autoreferentiellen Passagen in erster Linie vom Lektorat ausgingen und Walser folglich ‚aufgezwungen' wurden, nicht mehr haltbar. Vgl. Weber: Lektor oder Autor? S. 297.

Niederschrift vorausgeht. Zu Beginn seines Briefs wertet Simon ein adressatenbezogenes Schreiben auf oder nennt dieses vielmehr als die Voraussetzung für dessen Niederschrift: „Ich schreibe an Sie, weil Sie eine schöne und liebe Frau sind, weil ich jemanden im Sinne tragen muß, um lebhaft und aufrichtig schreiben zu können, [...].“ (SW 3, S. 7). Da das Prosastück die Form des Briefs fingiert, wirkt die Adressierung eines Empfängers selbstverständlich. In Simons Formulierung erscheint jedoch das Schreiben als Selbstzweck. Der Brief wird nicht als Medium genutzt, um Frau Weiß etwas mitzuteilen, vielmehr muss ein Adressat eingesetzt werden, um etwas ‚Lebhaftes‘ und ‚Aufrichtiges‘ zu Papier zu bringen. Berücksichtigt man diese poetologische Ebene des *Briefs von Simon Tanner*, so enthält das Prosastück jedoch eine ‚Mitteilung‘ an den Roman *Geschwister Tanner*. Es umfasst dann – wie die eliminierten Passagen zu Simons schreibendem Vormieter oder Simons erwähnte Unreife als Romanschriftsteller – eine Reflexion, die sich nicht losgelöst von Walsers eigener Schriftstellertätigkeit und Arbeit an der Form des Romans begreifen lässt.[346] Unter anderem die Adressatenbezogenheit, die dem Brief eignet, gibt dem Romans jenes ‚Lebhafte‘, das mit Blick auf Walsers Literatur auch als „fingierte Mündlichkeit“[347] beschrieben wurde.

Der Brief wird bereits im 18. Jahrhundert, dem sogenannten ‚goldenen‘ Zeitalter der Briefkultur, als Gespräch mit einem abwesenden Partner, mithin als Ersatz für Mündlichkeit diskutiert.[348] Genau deshalb wird in der Diskussion um den Roman im 18. Jahrhundert für dessen Untergattung Briefroman immer wieder eine ‚Natürlichkeit‘ und ‚Lebendigkeit‘ der Sprache gefordert, Eigenschaften des Schreibens, die man eher Frauen als Männern zuschrieb.[349] Wenn der Brief das Gespräch ersetzt, so ist für den Briefroman die Abwesenheit der Leserin oder des Lesers konstitutiv.[350] Dies scheint der *Brief von Simon Tanner* zu reflektieren, wenn er seinen eigenen Status als Mitteilung negiert und die Adressatenbezogenheit quasi als Formmerkmal ausweist.

Die Briefe, die die Figuren in *Geschwister Tanner* einander schreiben, erzeugen Mehrstimmigkeit und Multiperspektivität und damit zwei der

346 Wolfram Groddeck weist darauf hin, dass die redaktionelle Arbeit am Druckmanuskript der *Geschwister Tanner* auf einen ‚Konflikt‘ Walsers mit der Form des Romans hindeute. Walsers Roman, der Gattungskonventionen hinter sich lasse, gewinne seine Form aus dem Schreibprozess selbst. Vgl. Groddeck: Robert Walser und das Fantasieren. S. 57/58.

347 Dazu Roser: Fingierte Mündlichkeit und reine Schrift. S. 7: „Es ist dies das Erzählen als Sprechen, als Rede, Plaudern oder Geschwätz und es ist der Erzähler als Sprecher, Redner, Plauderer oder Schwätzer.“

348 Vgl. Meise: Die Unschuld und die Schrift. S. 171.

349 Vgl. Fleig/Meise: Das Geschlecht der Innovation. S. 166.

350 Vgl. Meise: Die Unschuld und die Schrift. S. 171.

Merkmale, die neben einer strukturellen Offenheit die Poetik des Briefromans ausmachen.[351] In diesem korrespondierend-dialogischen Verhältnis stehen sich nicht Ich und Welt gegenüber wie im Bildungsroman, vielmehr wird die große Frage nach einem gangbaren Lebensentwurf aus unterschiedlichen Figurenperspektiven gestellt.[352] Dem Briefroman ist die für Walsers Literatur insgesamt wichtige Einbeziehung des Lesers und der Leserin qua Form eingeschrieben. Im 18. Jahrhundert richtet sich der Roman an eine sich neu herausbildende bürgerliche Öffentlichkeit, die auf der „fiktiven Identität der zum Publikum versammelten Privatleute“[353] beruht. Anders als das Epos, das öffentliche Handlungen darstellt, adressiert der Roman ein bürgerliches Publikum, das sich aus mündigen Einzelnen zusammengesetzt begreift, mit individuellen Geschichten.[354]

Zu Beginn des 20. Jahrhunderts, als Walsers *Geschwister Tanner* erscheint, muss der Roman sich im Zuge einer neu entstehenden Massenkultur auf gänzlich veränderte Öffentlichkeiten einstellen, wenn er nicht zu einer überkommenen Gattung herabgesetzt werden will. Die massenmedial erzeugten Öffentlichkeiten des 20. Jahrhunderts haben den Status eines Publikums im bürgerlichen Sinne verloren.[355] Diese neue Art von Publikum steht zunehmend, insbesondere seit den 1920er-Jahren, für eine ‚kulturelle‘ Moderne, die im Kontext „einer kommerziellen Unterhaltungskultur im Spannungsfeld von Individualisierung und Standardisierung“ ihren Anfang nimmt und die „mit Industrialisierung, Urbanisierung und der Entstehung von Freizeit einher[geht]

351 Vgl. Gottfried Honnefelder: Der Brief im Roman. Untersuchungen zur erzähltechnischen Verwendung des Briefes im deutschen Roman. Bonn: Bouvier Verlag Herbert Grundmann 1975. S. 62 und 70.

352 Beginnend mit einer Rezension Auguste Hauschners zu *Geschwister Tanner*, die 1907 in der Zeitschrift *Zukunft* erschien, ist immer wieder auf die monologische Struktur des Romans hingewiesen worden. Hauschner schreibt: „Seine Menschen, vom Gegenständlichen gelöst, stehen wie im Nebel. Und ihre Umrißlinien sind um so schwieriger zu unterscheiden, als sie insgesamt die selbe Sprache sprechen.“ (Zitiert nach Von Reibnitz/Groddeck: Editorisches Nachwort. In: KWA I, 2. S. 324). Somit würde sich in allen Nebenfiguren des Romans letztlich Simon Tanner spiegeln.

353 Habermas: Strukturwandel der Öffentlichkeit. S. 121.

354 Vgl. Voßkamp: Der Bildungsroman als literarisch-soziale Institution. S. 338.

355 Dazu Habermas: Strukturwandel der Öffentlichkeit. S. 266: „Der Zerfall der literarischen Öffentlichkeit [ab der Mitte des 19. Jahrhunderts, MH] faßt sich in dieser Erscheinung noch einmal zusammen: der Resonanzboden einer zum öffentlichen Gebrauch des Verstandes erzogenen Bildungsschicht ist zersprungen; das Publikum in Minderheiten von nicht-öffentlich räsonierenden Spezialisten und in die große Masse von öffentlich rezipierenden Konsumenten gespalten. Damit hat es überhaupt die spezifische Kommunikationsform eines Publikums eingebüßt.“

und breite Publikumsschichten einbe[zieht].“[356] Medien, die im Zuge dieser Umbruchsprozesse weiterhin relevant sein möchten, dürfen nicht mehr bloß vom Individuum erzählen, sie müssen sowohl „von den Vielen sprechen als auch viele ansprechen [...] können“[357], mithin bereit sein, einen ‚populären Pakt‘ mit dem Publikum einzugehen. Den Versuch, einen vergleichsweise ‚populären‘, da realistischen Roman zu schreiben, hat Walser erst ein Jahr später mit seinem *Gehülfen* angestellt. In seinem episodisch-unverständlichen Roman *Geschwister Tanner* sind jedoch bereits tastende Überlegungen zu einer Sprache und Form des Romans für die neuen Öffentlichkeiten des 20. Jahrhunderts zu erkennen. Der *Brief von Simon Tanner* nutzt ein sprachliches Register unangemessener Nähe, das die förmliche Beziehung zwischen Vermieterin und Mieter augenscheinlich verkennt. In der Fiktion von Intimität, die im Brief ironisch ausgestellt wird, liegt allerdings genau die lustvolle Provokation der angemessenen Adressierung. Simon beschreibt die „schöne und liebe“ Frau Weiß als eine ihm nahestehende Person und meint damit schlicht die banale räumliche Nähe, die sich aus dem Umstand ergibt, dass sie allein durch eine „dünne, dumme Zimmerwand“ von ihm getrennt ist, als er den Brief an sie schreibt (Beide Zitate SW 3, S. 7/8). Der in den *Gehülfen* eingeschaltete Brief an Frau Weiß nimmt diese deplatzierte Annahme menschlicher Nähe auf und spinnt sie weiter. Das Prosastück *Brief von Simon Tanner* parodiert die intime Ansprache einer individuellen Adressatin, die sich für die Literatur des 20. Jahrhunderts als überkommen erweist.

Ein anderer Brief, der es nicht in den Roman *Geschwister Tanner* geschafft hat, richtet sich an einen ‚gut situierten‘ Herrn, der auf einer Anhöhe wohnt (vgl. KWA IV, 1, S. 312). Auch diese gestrichene Passage greift Walsers zweitem Roman *Der Gehülfe* vor, indem sie dessen Schauplatz eines Anwesens zwischen ‚See und Gebirge‘ und den rotgesichtigen, dickleibigen Prinzipal vom Romanprotagonisten Joseph Marti beschreibt (vgl. KWA IV, 1, S. 312–316). Der Brief, den Simon beabsichtigt nicht abzuschicken, sondern zu zerreißen (vgl. KWA IV, 1, S. 316), wird als „zwecklose[r] Brief“ (KWA IV, 1, S. 316) angekündigt, dessen Schreiben „ganz in's Leere hinein“[358] (KWA IV, 1, S. 316) erfolge und ihm dennoch anziehend erscheine (vgl. KWA IV, 1, S. 316). An eine leer anmutende, da anonyme Öffentlichkeit schreibt Walser dann auch seine Feuilletons

356 Beide Zitate Anne Fleig: „Futuristische Wunder“? S. 101.

357 Ethel Matala de Mazza: Der populäre Pakt. Verhandlungen der Moderne zwischen Operette und Feuilleton. Frankfurt am Main: S. Fischer 2018. S. 12.

358 Peter Utz schreibt zur Bedeutsamkeit des offenen und imaginativ besetzten Publikationsraums, den Walsers Texte der Berliner Zeit reflektieren: „Walser spricht, wenn er schreibt, nicht nur zu sich selbst, sondern in einen virtuellen Raum hinein, den er sich von lauschenden Lesern bevölkert imaginiert.“ (Utz: Tanz auf den Rändern. S. 245).

und kleinen Formen, denen der Roman *Geschwister Tanner* sein episodisch-skizzenhaftes und immer wieder als strapazierend und unverständlich wahrgenommenes Gepräge verdankt.[359]

---

359 Reto Sorg hat in Bezug auf kurze Prosaformen auf die Gleichzeitigkeit von Intimität und Anonymität, die diese um 1900 kennzeichnet, aufmerksam gemacht. Dazu Reto Sorg: Kurze Prosa. In: Sabine Haupt/Stefan Bodo Würffel (Hrsg.): Handbuch Fin de Siècle. Stuttgart: Alfred Kröner Verlag 2008. S. 369–411, hier S. 380: „Ein appetitliches literarisches Häppchen, das man beim Blättern aufschnappt, und ein geschliffenes Kleinod, in das man sich versenkt, gehen im literarischen Betrieb Hand in Hand; die angestrebte Intimität, wie sie etwa in der verbreiteten direkten Leseranrede zum Ausdruck kommt, und die größtmögliche Öffentlichkeit im Feuilleton eines Massenblatts sind die zwei Seiten der selben Medaille. Diese Entwicklung wird dadurch gefördert, dass als immer wichtiger werdendes Zielpublikum für Gegenwartsliteratur zum traditionellen Bildungsbürgertum eine jüngere, urban sozialisierte, auf Zerstreuung und Orientierung gleichermaßen bedachte Kundschaft hinzutritt."

KAPITEL 3

# *Der Gehülfe* (1908) – Über den Wirklichkeitsroman

Über seinen Roman *Der Gehülfe* sagte Walser, er sei „ganz und gar realistisch[... ]"[1]. Woran er das Realistische seines zweiten Romans festmacht, ist aus dieser Äußerung, die Carl Seelig überlieferte, nicht ohne Weiteres zu verstehen. In Seeligs Aufzeichnungen fügt Walser hinzu: „Ich brauchte fast nichts zu erfinden. Das Leben hat das für mich besorgt."[2] Zwei Aspekte werden hier geltend gemacht: Erstens spricht Walser seinem Roman eine Genese durch Phantasietätigkeit weitgehend ab, zweitens stellt er eine enge Verbindung zwischen Leben und Literatur her. Walsers rückblickende Bewertung des *Gehülfen* klärt nicht, was ein realistischer Roman ist, sie irritiert vielmehr. Welches „Leben" „besorgt" hier das Schreiben? Geht es um Walsers eigene Biographie oder um das Leben im Allgemeinen? Die Vorstellung, beim Schreiben fast nichts „erfinden" zu müssen, stört einen Literaturbegriff, der auf Fiktionalität, Ästhetisierung und Autonomie setzt. Wie hat man sich einen Autor vorzustellen, der das Leben schlicht aufzeichnet, wie Walser es hier nahelegt? Wenn man nicht gar an einen Sekretär oder eine Schreibkraft denkt, so zumindest nicht an einen souveränen Literaten.

Mit Seelig spricht Walser über seinen *Gehülfen* immer wieder ab Mitte der 1930er-Jahre, er kommentiert den ‚Realismus' seines zweiten Romans jedoch bereits um 1925 in vergleichbarer Weise. Er betont dabei die Nähe des Romans zum ‚Leben' oder zur ‚Wirklichkeit'. Hier lässt Walser ein gattungsbewusstes Denken erkennen, das bereits seine Arbeit an *Geschwister Tanner* begleitete. An der Wirklichkeit ist der Roman als Gattung bekanntlich seit jeher interessiert, in der zweiten Hälfte des 19. Jahrhunderts mündet dieses Interesse im Kontext des Bürgerlichen Realismus in einer dezidierten Programmatik.

Nicht allein aufgrund dieser späteren Einschätzungen Walsers wurde *Der Gehülfe* von Literaturkritik und Forschung als der realistischste[3] seiner Berliner Romane begriffen. *Der Gehülfe* reflektiert erkennbar den realistischen Roman des 19. Jahrhunderts,[4] vor allem dessen Ausformung in Gottfried Kellers Werken, mit denen Walsers zweiter Roman beinahe notorisch in Verbindung

---

1 Seelig: Wanderungen mit Robert Walser. S. 59.

2 Seelig: Wanderungen mit Robert Walser. S. 59.

3 Vgl. Wagner: „[D]ank meiner Schwäche und belehrt durch mein Epigonentum". S. 138. Im Walser-Handbuch bezeichnet Wagner den *Gehülfen* als „realistische[n] Desillusionsroman" (Wagner, RWH. S. 114).

4 Utz: Robert Walser. In: Deutsche Dichter des 20. Jahrhunderts. S. 202.

 | DOI:10.30965/9783846766651_004

gebracht wurde. Auch dieses Verhältnis zur Tradition ist jedoch bei weitem nicht klar zu bestimmen.

*Der Gehülfe*, der Ende März 1908 wie *Geschwister Tanner* bei Bruno Cassirer erscheint, ist auffällig realistisch erzählt. Anders als in *Geschwister Tanner* (sowie *Jakob von Gunten*) tauchen darin Hinweise auf reale Orte und Topographien auf, Graubünden etwa oder die Alpen. Den gesellschaftlichen Umbrüchen seiner Gegenwart wendet er sich noch konsequenter zu als *Geschwister Tanner*. Die zeitgenössische Erwerbsarbeit im Zeichen von Rationalisierung und Bürokratisierung wird nicht nur in einzelnen Szenen beleuchtet, sie bildet den übergreifenden Reflexionsgegenstand von Walsers zweitem Roman. Diese intensive Auseinandersetzung mit dem Thema Arbeit, die in der Figur des Bürogehilfen oder Commis ausbuchstabiert wird, macht den *Gehülfen* zu einem frühen „moderne[n] Angestelltenroman"[5]. Angestellte sind zur Entstehungszeit des *Gehülfen* nämlich noch keine nennenswerte gesellschaftliche Größe oder soziale Schicht und auch als Thema in der internationalen und deutschsprachigen Literatur noch keineswegs verbreitet.[6] Siegfried Kracauers weit bekannt gewordene Untersuchung *Die Angestellten. Aus dem neuesten Deutschland*[7] von 1930 liegt zu diesem Zeitpunkt noch in weiter Ferne. Nur zaghaft ist der Angestellte als literarische Figur in realistische Erzählungen und Romane des 19. Jahrhunderts vorgedrungen: Herman Melvilles *Bartleby, the Scrivener* (1853), Charles Dickens' *Little Dorrit* (1855-1857) oder Wilhelm Raabes *Die Akten des Vogelsangs* (1896) liefern die bekannt gewordenen Geschichten um kleine Schreiber oder etwas größere Beamte aus diesem Jahrhundert. In Deutschland läutet erst die Literatur der Weimarer Republik die große Zeit der Angestelltenliteratur ein. Für eine eindringliche literarische Reflexion der Verdichtung bürokratischer Strukturen in der ‚Organisationsgesellschaft' (Max Weber) stehen Kafkas Romanfragmente *Der Process* (entstanden 1914/1915) und *Das Schloss* (entstanden 1922).

Mit seiner Geschichte um Joseph Marti, der als Bürokraft beim Ingenieur und technischen Erfinder Tobler anheuert und dort arbeitet, bis dieser Konkurs macht, ist Walser seiner Zeit mithin voraus. Wie Thomas Manns bürgerliche Niedergangsgeschichte *Buddenbrooks* (1901) steht *Der Gehülfe* an der

5 Utz: Robert Walser. S. 203.

6 In seiner sozialgeschichtlichen Studie *Der Angestellte im Roman* zählt Werner Deich 67 zwischen 1880 und 1914 erschienene Romane, in denen Angestellte auftreten. Als Hauptfigur ist der Angestellte zu dieser Zeit allerdings noch selten präsent. Dazu Werner Deich: Der Angestellte im Roman. Zur Sozialgeschichte des Handlungsgehilfen um 1900. Köln/Berlin: Grote'sche Verlagsbuchhandlung 1974. S. 25.

7 Siegfried Kracauer: Die Angestellten. Aus dem neuesten Deutschland. Frankfurt am Main: Suhrkamp 1971.

Schwelle zu einem neuen realistischen Erzählen im 20. Jahrhundert, für das zu diesem Zeitpunkt noch keine poetologisch-theoretische Verständigungsdebatte existiert. Den Realismus des 19. Jahrhunderts – sowohl in Gestalt eines bürgerlichen Wertevermittlungsprogramms wie bei Gustav Freytag und Wilhelm Raabe als auch in Form von Kellers kritischer Durchleuchtung eines egoistischen, wirtschaftsliberalen Karrieremachens in Zeiten der Industrialisierung – lässt Walser formal und dem Anspruch nach konsequent hinter sich.

Um 1900 steht der realistische Roman vor einem Problem: Als Verhandlungsmedium gesellschaftlicher und individueller Wirklichkeit überzeugt er nicht mehr. Literarischer Impressionismus und Ästhetizismus haben die „Wirklichkeitsrelevanz" der Literatur in Richtung einer „Subjektrelevanz"[8] der Wahrnehmung und des Erinnerns verschoben.[9] Lukács kommentiert die Bedeutungslosigkeit des zeitgenössischen Romans in seiner *Theorie des Romans* folgendermaßen:

> Über den Typus des Desillusionsromans ist die Entwicklung nicht hinausgekommen und die Literatur der allerletzten Zeit zeigt keine wesentlich schöpferische, neue Typen bildende Möglichkeit: es ist ein eklektisches Epigonentum früherer Gestaltungsarten da, das nur im formell Unwesentlichen – im Lyrischen und im Psychologischen – produktive Kräfte zu haben scheint.[10]

*Der Gehülfe* ist Walsers Versuch, den Roman zum Zeitpunkt seiner scheinbaren Bedeutungslosigkeit als Reflexionsmedium gesellschaftlicher und individueller Wirklichkeit wiederherzustellen.

Vor dem skizzierten Hintergrund ist *Der Gehülfe* an den „Transformationen des realistischen Romans"[11] um 1900 beteiligt. Er hat noch keine Lösungen für die Formprobleme des Realismus im 20. Jahrhundert parat, die erst von Lukács, später dann von Alfred Döblin oder Walter Benjamin klar benannt werden. Er liefert auch keine Antworten auf die Frage nach dem gesellschaftlichen Standort der Literatur, nach ihrem Engagement oder ihrer Verpflichtung auf die Realität angesichts der geistig-moralischen Korrumpierung von Subjekten in der sich ausweitenden Bürokratie. Anders als der Bürgerliche Realismus des 19. Jahrhunderts und der Realismus marxistischer Prägung, wie ihn Lukács, Ernst Bloch, Alfred Kurella und andere in den 1930er-Jahren kontrovers diskutieren,

---

8 Beide Zitate Wolfgang Riedel: Roman. In: Dieter Borchmeyer/Viktor Zmegac (Hrsg.): Moderne Literatur in Grundbegriffen. 2., neu bearbeitete Auflage. Tübingen: Niemeyer 1994. S. 373–393, hier S. 377.

9 Vgl. Riedel: Roman.S. 377.

10 Lukács: Die Theorie des Romans. S. 136.

11 Wagner: „[D]ank meiner Schwäche und belehrt durch mein Epigonentum". S. 133.

ist Walsers ‚Realismus' kein programmatischer, sondern ein sich vortastender; er kann nur in Anführungszeichen behauptet werden. Er verfolgt eine doppelte Reflexion der Wirklichkeit, die sich zwischen dem Gesellschaftlichen und dem Individuellen aufspannt.

Im folgenden Kapitel geht es um den ‚Realismus' des *Gehülfen* daher aus zwei verschiedenen Blickrichtungen: In einem ersten Schritt ist Walsers Roman innerhalb der um 1900 stattfindenden Debatten um ein neues realistisches Erzählen (Kapitel 3.1.1) und in Bezug auf die Figur des Angestellten, die zur gleichen Zeit in Walsers Literatur zunehmend an Bedeutsamkeit gewinnt, zu situieren (Kapitel 3.1.2). Die Bezüge auf zeitgenössische Literaturdebatten erscheinen im *Gehülfen* als stark literarisierter und stilisierter Heimatdiskurs. Die moderne Angestelltenthematik bildet demgegenüber den zentralen Reflexionsgegenstand. Beide Aspekte zeichnen Walsers *Gehülfen* als ausdrücklich gegenwartsbezogenen Roman aus. In einem zweiten Schritt nähere ich mich der Problematik der Wirklichkeitsreflexion des *Gehülfen* als Frage nach dem Individuum oder dem ‚Ich' in der Moderne um 1900. Dies ausgehend von der im Roman wichtigen Thematisierung körperlicher Bewegung (Kapitel 3.2.1) und ihrer Relevanz für die autobiographische Denkfigur des ‚Poetenlebens' (3.2.2) sowie von Walsers späteren Äußerungen zu seinem zweiten Roman ab den 1920er-Jahren, in denen er wiederkehrend dessen autobiographisch-individuelle Bedeutsamkeit hervorhebt und sich seine Aufmerksamkeit zeitgleich verstärkt auf die literaturkritische Rezeption seiner Werke richtet (Kapitel 3.2.3). Im *Gehülfen*-Roman wird der funktionalen Existenz des modernen Angestellten individuelles körperliches Erleben kontrastiv gegenübergestellt. Das Erzählen vom Ich wirft die Frage nach dem Autobiographischen der Literatur auf, nach der Beziehung von Leben und Werk, was sowohl *Der Gehülfe* als auch Walsers spätere Kommentierungen des Romans reflektieren.

Hinsichtlich der ersten, gesellschaftsbezogenen Dimension wird sich zeigen, dass Walsers Versuch einer literarischen Reflexion und Erneuerung des realistischen Romans – und einen solchen legt er mit dem *Gehülfen* vor – wieder eine Auseinandersetzung mit den Normen der Literatur umfasst, wie er sie bereits mit *Geschwister Tanner* in Bezug auf den Bildungsroman unternommen hat. Der Realismus der Literatur erscheint um 1900 in zweifacher Hinsicht normiert.

Zum einen ist Walsers Roman in die feuilletonistischen Diskurse um die Besonderheiten einer schweizerischen Gegenwartsliteratur verstrickt. Nicht nur in Berner und Zürcher Zeitungen, auch in deutschen Zeitschriften führen schweizerische Redakteure und Literaturvermittler eine Debatte, in der es um die Formulierung eines eigenen literarischen Standpunkts in

Auseinandersetzung mit der literarischen Moderne in Deutschland geht. Immer wieder wird dabei auch die Frage nach einem zeitgemäßen realistischen Erzählen aufgeworfen. Gottfried Kellers Werk erscheint diesbezüglich als Maßstab für eine relevante Schweizer Literatur, die auch international auszustrahlen vermag. Walser hat diesen in Literaturkreisen diskutierten Anspruch in Berlin registriert und ihn in seine literarischen Erkundungsgänge eines realistischen Erzählens als einen etwas in die Ferne gerückten Resonanzraum aufgenommen. Sein *Gehülfe* pendelt – dies zeigt sich auch mit Blick auf seine Entstehungsgeschichte – zwischen ironischen Bezügen auf die schweizerische ‚Heimat' und einem sich in Form und Sujet konsequent der gesellschaftlichen und kulturellen Moderne um 1900 zuwendenden Romanentwurf. Damit partizipiert Walsers Roman jedoch auch an einem allgemeineren Verständigungsdiskurs über zeitgenössische Literatur, in dem Großstadt und Provinz, Moderne und Antimoderne gegeneinander in Stellung gebracht werden. Walser steht hier auf der Seite der Großstadtliteratur.

Zum anderen stellt der Bürgerliche Realismus als „dominante literarische Strömung in der zweiten Hälfte des 19. Jahrhunderts"[12] einen normativ besetzten Hintergrund für Walsers Arbeit am *Gehülfen*-Roman dar. Die literarisch-ideologische Aufladung bürgerlicher Erwerbsarbeit, die viele Romane des Bürgerlichen Realismus aufweisen, bildet für Walser – ähnlich wie schon bei *Geschwister Tanner* – einen Bezugspunkt, an dem er sich ironisch abarbeitet. Zum bürgerlich-realistischen Anspruch einer Vermittlung bürgerlicher Werte und Lebenswelt[13] verhält sich die Angestelltenthematik bei Walser diametral. Sein *Gehülfe* verabschiedet die Idee eines didaktisch-sendungsbewussten Romans gründlich. Mit den Augen des Commis besieht er die bruchstückhaften Restbestände eines um 1900 kulturell nicht mehr tonangebenden Bürgertums von unten her. Er rückt bürgerliche Werte und bürgerliches Leben in Distanz und arbeitet damit an einer Neuformulierung davon, wessen Lebenswelt literaturwürdig ist. Dieser Perspektivwechsel stellt einen Beitrag des *Gehülfen* zur Überwindung des bürgerlich-realistischen Romans des 19. Jahrhunderts und zu einer Neuausrichtung realistischen Erzählens im 20. Jahrhundert dar.

Der *Gehülfen*-Roman steht in thematisch-reflexiver Beziehung zu einigen in etwa zeitgleich entstehenden Prosastücken, die um die Welt des Büros kreisen: *Der Commis. Eine Art Illustration* (*Sonntagsblatt des Bund*, 22.06.1902; *Fritz Kocher's Aufsätze*, 1904), *Ein Vormittag* (*Simplicissimus*, 23.09.1907; *Geschichten*,

12 Sabina Becker: Bürgerlicher Realismus. Literatur und Kultur im bürgerlichen Zeitalter 1848–1900. Tübingen/Basel: A. Francke 2003. S. 15.

13 Vgl. Becker: Bürgerlicher Realismus. S. 16/17.

1914), *Das Büebli* (*Simplicissimus*, 20.01.1908; *Aufsätze*, 1913), *Germer* (*Simplicissimus*, 28.02.1910; *Aufsätze*, 1913) und *Helbling's Geschichte* (*März*, 30.08.1913; *Kleine Dichtungen*, 1914) und *Helbling* (1917 in der Sammlung *Kleine Prosa*). Hier zeigt sich erneut – wie bei *Geschwister Tanner* –, dass Walsers Romane in engem Austausch mit seinen kleinen Formen entstehen. In Walsers „Büroprosa"[14] und *Gehülfen*-Roman besitzt der Commis oder Angestellte eine charakteristische Zeichnung: Einerseits existiert er im begrenzten und normierten Raum des Büros, andererseits ist er ein Spaziergänger, Schwimmer oder Tänzer, der in der körperlichen Bewegung individuelle Entgrenzungserlebnisse erfährt (auch diese Konzeption ist bereits in *Geschwister Tanner* angedeutet).

Hinsichtlich der zweiten, individuellen Dimension des *Gehülfen* erweist sich diese Erzählung vom körperlichen Erleben als entscheidend. *Der Gehülfe* und Walsers Angestelltentexte, insbesondere das Prosastück *Helbling's Geschichte*, geben in der körperlichen Auslotung von Freiheitsräumen jenseits des Büros eine Idee davon, wie sich im Kontext bürokratisch-fremdbestimmter Verhältnisse noch vom ‚Ich' erzählen lässt. Roman und Prosastück werten die Bewegung des Körpers merklich auf, gleichzeitig beschäftigen sich beide Texte mit dem autobiographischen Schreiben, das durch die beginnende Autobiographie-Theorie im frühen 20. Jahrhundert erstmals literaturtheoretisch aufgewertet wird.

Die Bedeutsamkeit des Autobiographischen für den *Gehülfen* hat bereits die zeitgenössische Literaturkritik erkannt. Walser wurde unterstellt, anstatt eines Romans „eigentlich ein Tagebuch"[15] vorgelegt zu haben. Im *Gehülfen*-Roman erscheint das Autobiographische in der Literatur jedoch als Aporie: Joseph Marti bricht autobiographische Schreibprojekte ab und vernichtet sie. Es gelingt ihm nicht, individuelles Erleben in der Form der Autobiographie festzuhalten. Die mit den Arbeiten Wilhelm Diltheys und Georg Mischs entstehende theoretische Auseinandersetzung mit der Autobiographie setzt einen emphatischen Autorbegriff voraus, bei dem das individuelle Leben des Autors souverän künstlerisch durchdrungen wird.[16] Joseph Marti erfährt sich allerdings nur beim Schwimmen und Spazierengehen als Individuum. Als schreibender Gehilfe ist er hingegen qua Tätigkeit fremdbestimmt. Die Erzählung vom Körper in Bewegung vergegenwärtigt eine ‚andere' Wirklichkeit,

14 Ich übernehme den Begriff von Marc Caduff, der die betreffenden Texte aufgrund thematischer und figurenspezifischer Verbindungen als zusammenhängend betrachtet. Siehe Caduff: Revision und Revolte. S. 110.

15 So Karl Georg Wendriner über den *Gehülfen* in einer Rezension, die am 17.10.1908 in der *Breslauer Morgen-Zeitung* erschien. Zitiert nach Thut und Walt im editorischen Nachwort zur KWA I, 3. S. 297.

16 Vgl. Finck: Autobiographisches Schreiben nach dem Ende der Autobiographie. S. 112/113.

die dem fremdbestimmten Schreiben des Angestellten korrespondiert, das unsouveräne Moment jedoch positiv umdeutet. Weder beim Schwimmen noch beim auftragsmäßigen Schreiben besteht Kontrolle über das Leben. In der körperlichen Bewegung ist das Nichtkontrollierbare und Unvorhersehbare allerdings erwünscht.

Das Auseinanderfallen von Leben und Schreiben, das den *Gehülfen* und die Büroprosa bestimmt, konnte Walser erst mit einigem zeitlichen Abstand literarisch überwinden. In seiner Prosasammlung *Poetenleben* von 1917 führt er die Gegensätze von Leben und Literatur in dem poetisch-poetologischen Entwurf, den die Texte der Sammlung in ihrer Gesamtheit bilden, zusammen. Die doppelte Charakterisierung des Angestellten als Schreiber und Spaziergänger wird im ‚Poetenleben', das fremdbestimmte und selbstbestimmte Anteile umfasst, vereint und als autobiographische Denkfigur lesbar gemacht.[17] Die Dialektik von Erwerbszwang und Erholung, Anpassung und Eigensinn, auftragsmäßigem Schreiben und Schriftstellerei lässt sich fortan als Spezifik von Walsers Leben und Werk adressieren. Als Buchpublikation von zuvor publizistisch verstreuten Texten Walsers stellt *Poetenleben* darüber hinaus einen Werkzusammenhang her. Diese Funktion kommt laut Dilthey und Misch der Autobiographie zu.

Die Frage nach der Beziehung von Leben und Werk beschäftigt Walser ab Mitte der 1920er-Jahre verstärkt. Knapp 20 Jahre nach dessen Niederschrift äußert er sich auch mehrfach zu seinem *Gehülfen*, der nicht nur der realistischste, sondern auch der finanziell erfolgreichste der Berliner Romane geblieben ist.[18] Zu Lebzeiten Walsers erschien er in drei Auflagen bei drei verschiedenen Verlagen – bei Bruno Cassirer, im Verlag der Schweizer Bücherfreunde in St. Gallen und im Genfer Holle-Verlag –, was auf etwa 10.000 gedruckte Exemplare schließen lässt.[19] Um 1925 wird Walser vom Buchautor zum Feuilletonschreiber. Zwei geplante Romanprojekte, *Tobold* (1918) und *Theodor* (1921), sind zu diesem Zeitpunkt endgültig gescheitert. 1923 hatte er

---

17 Eine solche Deutung der Figur haben Reto Sorg und Lucas Marco Gisi vorgeschlagen. Dazu Reto Sorg/Lucas Marco Gisi: „Er gehorcht gern und widersetzt sich leicht." Zur Figur des Angestellten bei Robert Walser. In: Dies. (Hrsg.): Robert Walser. Im Bureau. Aus dem Leben der Angestellten. Berlin: Suhrkamp/Insel 2011. S. 129–142, hier S. 134: „Es ist dieser permanente Widerspruch zwischen Disziplin und Freiheit, zwischen Vorschrift und Entgrenzung, zwischen einem ‚Sitzen, Festkleben und Schreiben an kaufmännischen Schreibtischen, die man Pulte nennt', und einem ‚Herumwandern in warmer, freier Natur', der Walsers ‚Poetenleben' fortan bestimmt. So ist Schreiben für Walser nie, auch nicht als Dichter, vom Begriff der Arbeit zu trennen."

18 Vgl. Thut/Walt: Editorisches Nachwort. In: KWA I, 3. S. 286.

19 Vgl. Jochen Greven: Robert Walser. Figur am Rande, in wechselndem Licht. Frankfurt am Main: Fischer Taschenbuch 1992. S. 121.

noch unter Vermittlung des Schweizerischen Schriftstellervereins mit dem Grethlein-Verlag (im Ergebnis allerdings erfolglos) über die Verlegung seines Romans *Theodor* verhandelt.[20] Der Verleger Curt Hauschild hatte sich für die Veröffentlichung des Romans, dem er „nur bedingten Wert" (BA 3, S. 122) beimaß, da er sich nicht für eine größere Leserschaft eigne (vgl. BA 3, S. 122), die Rechte an Walsers Berliner Romanen erbeten (vgl. BA 3, S. 115). Walser war zeitweise in materielle Bedrängnis geraten und hatte erwogen, den Schriftstellerberuf aufzugeben (vgl. BA 2, S. 63).

Aus dieser Situation heraus blickt Walser auf den *Gehülfen*-Roman zurück, in dem eine literarisch aussagekräftige und weitgehend publikumswirksame Vermittlung gesellschaftlicher und individueller Wirklichkeit geglückt war, und bezeichnet ihn im Prosastück *Walser über Walser* (1925) als einen ‚Wirklichkeitsroman'. Diesem nachträglich erhobenen Anspruch auf Wirklichkeit lässt sich eine weitere Facette seines ‚Realismus' abgewinnen. Er besteht nun nicht mehr allein in einer allgemeinen und individuellen Reflexion der Gegenwart, sondern reflektiert zugleich das Autobiographische der Literatur vor dem Hintergrund literaturkritischer Wertung. Für diese gilt – im Anschluss an Diltheys und Mischs theoretische Überlegungen – allein die ‚große' Autobiographie in der Tradition Goethes als Literatur, das ‚bloße' Aufzeichnen des Lebens jedoch als literarisch minderwertig. Die Behauptung vom ‚Wirklichkeitsroman' hält Walser dem tonangebenden Schweizer Literaturkritiker Eduard Korrodi entgegen, der ihn zuvor als sich selbst bespiegelnden Autor herabgesetzt hatte. Walsers Kommentierungen des *Gehülfen* in den 1920er-Jahren scheinen seinem Roman die Gattungszugehörigkeit und Literaturwürdigkeit abzusprechen, wie auch die eingangs angeführte Bemerkung gegenüber Seelig erkennen lässt („Ich brauchte fast nichts zu erfinden. Das Leben hat das für mich besorgt.").

Mit Blick auf das sich hier aufdrängende Verständnis eines Abbildungsverhältnisses zwischen Literatur und Wirklichkeit darf man Walser nicht beim Wort nehmen. 1925 und 1926 arbeitet er an zwei Texten, die ein solches Verständnis hochgradig ironisch zurückweisen: dem sogenannten *Räuber-Roman* und dem *Tagebuch-Fragment*. Der *Räuber* und das *Tagebuch* stellen die letzten längeren und zusammenhängenden Texte in Walsers Spätwerk dar,[21] sie liegen als Mikrogramme vor. Vom *Tagebuch*-Text ist eine Abschrift Walsers erhalten,

20 Siehe dazu die Briefwechsel zwischen Walser und dem Schriftstellerverein sowie zwischen Curt Hauschild vom Grethlein-Verlag und dem Verein in BA 2. S. 70–72 und BA 3. S. 115–122.

21 Vgl. Stephan Kammer: Figurationen und Gesten des Schreibens. Zur Ästhetik der Produktion in Robert Walsers Prosa der Berner Zeit. Tübingen: Niemeyer 2003. S. 217.

nicht so vom *Räuber*.[22] Beide Texte sind deutlich poetologisch, in beiden thematisiert Walser das Romanschreiben und distanziert sich von einem als verbreitet angenommenen naiven Realismus-Begriff.

Walser erkennt zu dieser Zeit die problematischen Begleitumstände einer Wahrnehmung seiner Werke als vorwiegend autobiographisch. Aufgrund des gleichzeitigen Bedeutungszuwachses seiner Feuilletontätigkeit kann sein Werk insgesamt nicht zweifelsfrei als (hoch-)literarisch gelten. Die Bewertung seines literarischen Werks besitzt für Walser in der Berner Zeit eine gesteigerte Dringlichkeit, die sich in seinen literarischen Texten und poetologischen Kommentaren zeigt. Sowohl der *Räuber-Roman* als auch das *Tagebuch-Fragment* sind über weite Teile durch die Reflexion der literaturkritischen Aufnahme seiner Literatur bestimmt. Walsers Texte beschäftigen sich in diesem Zusammenhang immer wieder gedanklich-spielerisch mit dem, was gemeinhin nicht als literaturwürdig gilt: den sogenannten ‚Trivial'- oder Unterhaltungsgenres, die z. B. in der um 1900 aufblühenden ‚Mädchenliteratur' umgesetzt sind. In Walsers Texten der 1920er-Jahre treten wiederkehrend ‚Backfische' auf, die das Verhältnis von Literatur und Wirklichkeit auf ihre Weise zur Sprache bringen. Der Backfisch repräsentiert bei Walser die Art von Autor, dessen Literatur abgewertet wird, da sie sich vermeintlich kunstlos auf das Leben beziehe und feuilletonistisch geprägt sei. Das Autobiographische und Feuilletonistische sind Walsers Werken jedoch schon in der Berliner Zeit Inspiration, in der Berner Werkphase stellt er dies als Signum seiner literarischen Schreibtätigkeit heraus und rechtfertigt sie als Literatur.

Walsers Backfische sind präzise Beobachterinnen der sie umgebenden Welt und eignen sich diese in der körperlichen Nachahmung an. In der Figur des Backfischs überlagern sich damit verschiedene Reflexionsbestände, die Walsers Berliner Romane betreffen: das im *Gehülfen* bedeutsame körperliche Erlebnis, das für ein nicht kontrollierbares Erzählen vom Ich steht, außerdem der mimetische Blick des Feuilletonisten, der für seinen nachfolgend veröffentlichten Roman *Jakob von Gunten* bedeutsam wird. In der späten Rückschau auf den *Gehülfen*-Roman erscheint das Autobiographische der Literatur als Bewertungskategorie, als Gradmesser für literarischen Erfolg und die Anerkennung von Autorschaft. Von hier aus betrachtet ist der ‚Realismus' des *Gehülfen* auf intrikate Weise mit Walsers Schreibbiographie verklammert.

Die folgenden Überlegungen zu den Gegenwartsbezügen von Walsers *Gehülfen* schließen an die sozialgeschichtlichen Arbeiten Karl Wagners

22 Vgl. Kammer: Figurationen und Gesten des Schreibens. S. 217 und Kay Wolfinger: Ein abgebrochenes Journal. Interpretationen zu Robert Walsers *Tagebuchfragment*. Frankfurt am Main u. a.: Peter Lang 2011. S. 58–62 und S. 83–90.

(*Herr und Knecht. Robert Walsers Roman „Der Gehülfe“*, 1980) und Dieter Borchmeyers (*Dienst und Herrschaft. Ein Versuch über Robert Walser*, 1980)[23] an.[24] Karl Wagner hat in seiner zentralen Arbeit auf die Bedeutsamkeit der Angestelltenthematik hingewiesen und diese im Vergleich mit Walsers Büroprosa diskutiert.[25] Wagner hat gezeigt, dass die dargestellten Arbeits- und Machtverhältnisse im Hause Tobler einem subsistenzwirtschaftlichen Anachronismus gleichkommen.[26] Joseph gehört dem Betrieb, der räumlich mit dem Familienhaushalt zusammenfällt – Sphären, die die bürgerliche Gesellschaft bereits auseinanderdividiert hat –[27], wie ein Hausknecht an.[28] Joseph Martis Stellung und Aufgabengebiet sind nicht klar geregelt. In Toblers Büro und Haushalt springt der Gehilfe zwischen Angestelltentätigkeit und Hausdieneraufgaben hin und her. Hier zeigt sich, dass die im Roman zwischen ‚Gehilfen‘ und ‚Angestelltem‘ wechselnde Bezeichnung[29] keine rein begriffliche Verwirrung darstellt. Vielmehr hängt sie mit dem damals noch unklaren sozialen Status der Angestellten zusammen, welche in Deutschland erstmals um die Zeit, als Walsers Roman erscheint, als politisch organisierte Interessengruppe in Erscheinung treten.[30] Die berufsneutrale Bezeichnung ‚Angestellter‘ deckt unterschiedlichste Einsatzbereiche in der Verwaltung ab, sodass ein Selbstverständnis als soziale Gruppe – im Gegensatz zu den Lohnarbeitern

---

23 Dieter Borchmeyer: Dienst und Herrschaft. Ein Versuch über Robert Walser. Tübingen: Niemeyer Verlag 1980.

24 Wie Wagner und Borchmeyer betonen auch nachfolgende Untersuchungen die Herr/Knecht-Thematik des Romans, z. B. Christoph Jakob: Robert Walsers Hermeneutik des Lebens. Aachen: Shaker Verlag 1998. S. 59–61.

25 Vgl. Wagner: Herr und Knecht. S. 128–149. Wagner deutet Walsers Angestelltenprosa weitgehend biographisch.

26 Vgl. Wagner: Herr und Knecht. S. 104–109.

27 Die ahistorische Verquickung eines an sich geteilten Verhältnisses kommentiert der Roman, wenn er die Villa Tobler mit vernehmbarer Befremdung als „zweiteilig“, bestehend aus „Wohnhaus“ und „Geschäftshaus“ (alle Zitate BA 6. S. 25), vorstellt, worauf auch Wagner hinweist. Vgl. Wagner: Herr und Knecht. S. 100.

28 Zum historischen Hintergrund der bis ins 19. Jahrhundert hinein verbreiteten Gehilfenposition vgl. Roloff: Der Stellenlose. S. 84/85.

29 Der berufsunabhängige Begriff ‚Angestellter‘ verbreitet sich erst nach 1890 (vgl. Jürgen Kocka: Angestellter. In: Otto Brunner/Werner Conze/Reinhart Koselleck (Hrsg.): Geschichtliche Grundbegriffe. Historisches Lexikon zur politisch-sozialen Sprache in Deutschland. Bd. 1 (A–D). S. 110–128, hier S. 118/119). Auf die Problematik der schwankenden Begrifflichkeit im *Gehülfen* verweist ebenfalls Karl Wagner. Siehe Wagner: Herr und Knecht. S. 149: „Die im allgemeinen Begriffswandel angezeigten politischen und sozialen Veränderungen bestimmen auch das Geschehen in Walsers Roman.“

30 Vgl. Kocka: Angestellter. S. 119/120. In Deutschland traten Angestellte erst seit etwa 1900 im Streit um die Durchsetzung eines Angestelltenversicherungsgesetzes, welches 1911 eingeführt wurde, als Interessengruppe auf. (vgl. Kocka: Angestellter. S. 123).

und Lohnarbeiterinnen, die sich im Kontext der Arbeiterbewegung politisch organisierten – grundsätzlich erschwert war.[31]

Wichtige Hinweise auf den ‚Realismus' des *Gehülfen* wurden schon in frühen Monographien zu Walsers Roman gegeben, seine Bezüge auf die Gegenwart um 1900 dabei allerdings als abbildend aufgefasst – wie dies in sozialgeschichtlichen Untersuchungen der 1980er-Jahre verbreitet war. Literatur kann die Wirklichkeit allerdings weder spiegeln noch ‚transformieren',[32] sie reflektiert sie vielmehr mit ihren eigenen Mitteln. In diesem Sinne haben spätere Arbeiten, die der Frage nach der Relevanz des Realismus für Walsers *Gehülfen*-Roman nachgegangen sind, die Bedeutsamkeit der Kellerschen Tradition herausgestellt[33] oder darauf aufmerksam gemacht, wie der Roman literaturkritisch besprochen und vereinnahmt wurde.[34]

Immer wieder hat die Forschung die komplexe Erzählperspektive des Romans zum Thema gemacht und daran die Modernität des Romans herausgestellt. Schon Dagmar Grenz geht von einer „Doppelheit der Erzählperspektive"[35] im *Gehülfen* aus. Nicht aus dieser narratologischen Perspektive, sondern mit anderem Schwerpunkt lokalisiere ich die Modernität des *Gehülfen*-Romans im Angestellten-Sujet und dessen literarischer Erörterung in

31 Vgl. Kocka: Angestellter. S. 123.

32 Jens Hobus widmet in seiner Arbeit Poetik der Umschreibung Walsers ‚Realismus' ein ganzes Kapitel. Hobus geht es allerdings nicht um literarischen Realismus, sondern um Walsers Verhältnis zur antiken Mimesis-Konzeption. Dabei begreift er Walsers Literatur als antimimetisch und reflexiv in Bezug auf die Beziehung von Literatur und Wirklichkeit (vgl. S. 356). In diesem Zusammenhang spricht er wiederkehrend von „literarische[n] Transformationsprozesse[n]" (S. 366), wobei unklar bleibt, wie man sich einen derartigen Prozess vorzustellen hat. Dazu Jens Hobus: Poetik der Umschreibung. Figurationen der Liebe im Werk Robert Walsers. Würzburg: Königshausen & Neumann 2011.

33 Vgl. Utz: Tanz auf den Rändern. S. 105–109.

34 Vgl. dazu Karl Wagner: Von Schweizerromanen. „Martin Salander" und „Der Gehülfe". In: Ursula Amrein/Wolfram Groddeck/Karl Wagner (Hrsg.): Tradition als Provokation. Gottfried Keller und Robert Walser. Zürich: Chronos Verlag 2012. S. 35–46.

35 Grenz: Die Romane Robert Walsers. S. 170. Grenz geht davon aus, „[…] daß die Perspektive der Hauptfigur und die des Erzählers weder miteinander zusammenfallen noch normalerweise sich scharf trennen lassen." (Grenz: Die Romane Robert Walsers. S. 170). Zur Problematik der Erzählperspektive vgl. Grenz: Die Romane Robert Walsers. S. 161–172. Die doppelte Erzählperspektive bemerken auch Dierk Rodewald, Karl Wagner und Lukas Rüsch. Vgl. dazu Rodewald: Robert Walsers Prosa. S. 89, Karl Wagner: Herr und Knecht. S. 149–185 und Lukas Rüsch: Ironie und Herrschaft. Untersuchungen zum Verhältnis von Herr und Knecht in Robert Walsers Roman *Der Gehülfe*. Königstein/Taunus: Forum Academicum 1983. S. 76–114. Rüsch deutet die „Duplizität der Perspektivik" (Rüsch: Ironie und Herrschaft. S. 90) als ironische Darstellung der ‚Herr und Knecht'-Thematik (vgl. Rüsch: Ironie und Herrschaft. S. 90). Das Changieren zwischen interner Fokalisierung und Nullfokalisierung wurde zumeist als Zeichen formaler Innovation begriffen.

unterschiedlichen Genres. Hierbei wird deutlich, dass Walser die Darstellungsmöglichkeiten von Roman und Prosastück gezielt eingesetzt hat und dass sie sich gegenseitig befruchten.

Neuere Beiträge akzentuieren die Modernität des *Gehülfen* vor dem Hintergrund seiner Themensetzung. Sie beschäftigen sich mit seiner Reflexion von Arbeit und Technik. Agatha Frischmuth diskutiert Joseph Martis Tätigkeit mit Jean Baudrillard als ‚Hyperarbeit'. Im Roman werde Arbeit bloß inszeniert und nähere sich vielmehr dem Müßiggang an, da tatsächlich notwendige Aufgaben nicht gegeben seien.[36] Hanspeter Affolter weist auf den hohen Stellenwert neuer Technologien hin, was sich besonders an der Figur Toblers bemerkbar mache.[37] Sein Beruf, seine technischen Erfindungen und sein bewusster Gebrauch von Telefon und Eisenbahn kennzeichneten ihn als besonders moderneaffin.[38] Die Aufsätze Frischmuths und Affolters leisten eine theoretisch fundierte sozial- und arbeitsgeschichtliche Kontextualisierung des *Gehülfen*-Stoffs und lassen sich damit als Aktualisierungen älterer Ansätze der Sozialgeschichte verstehen. Die nachfolgenden Ausführungen teilen diese Perspektive.

## 3.1 *Der Gehülfe* und der Realismus

### 3.1.1 *Probleme des Realismus zwischen Berlin, Zürich und Bern*

Eine Debatte, die sich im engeren Sinne auf den Roman und seine Reflexions- und Darstellungsmöglichkeiten in Bezug auf die Moderne um 1900 richtet, ist zu der Zeit, als Walser seinen *Gehülfen* schreibt, noch nicht im Gange. Sein Versuch eines realistischen Romans für das 20. Jahrhundert findet in einem früheren ästhetisch-diskursiven Raum statt, in dem in der Tat noch andere Probleme adressiert werden als der Geltungsverlust geschlossener und ganzheitlicher Romanformen, wie dies später Lukács oder Döblin aufs Tapet bringen. Die Großstadt als realer und symbolischer Ort der Moderne spielt um die Jahrhundertwende gleichwohl bereits eine entscheidende Rolle, genau wie die Frage nach einem zeitgemäßen Realismus. Ob die Literatur sich dieser Moderne verschließen oder sich durch sie inspirieren lassen soll, diskutiert

---

36 Vgl. Agatha Frischmuth: Hyperarbeit. Simulation von Arbeit in Robert Walsers *Der Gehülfe*. In: Lukas Gloor/Rebecca Lötscher (Hrsg.): Goldenes Anfängliches. Neue Beiträge zur Robert Walser-Forschung. Paderborn: Fink 2020. S. 3–13, hier S. 4.

37 Vgl. Hanspeter Affolter: Des Erfinders moderne Fetische. Fortschrittsglaube und Modernekritik in Robert Walsers *Der Gehülfe*. In: Lukas Gloor/Rebecca Lötscher (Hrsg.): Goldenes Anfängliches. S. 15–30, hier S. 15.

38 Vgl. Affolter: Des Erfinders moderne Fetische. S. 15.

man in Berliner Literatur- und Kulturzeitschriften, aber auch in Schweizer Feuilletons von Zürich bis Bern, häufig im Rahmen von Literaturkritiken. Es geht dabei um eine Standortbestimmung der zeitgenössischen Literatur in Bezug auf die industrielle, urbane und technisierte Moderne, deren rasante Entwicklungen um die Jahrhundertwende nicht mehr ignoriert werden können. Die Debatte in der Schweiz zielt darüber hinaus auf eine Klärung des Selbstverständnisses der Schweizer deutschsprachigen Literatur gegenüber der deutschen Literatur.

Die deutschen und schweizerischen Diskussionen um ‚Moderne oder Antimoderne', ‚Großstadt oder Provinz', ‚Schweizer Nationalliteratur oder deutscher Kanon' überlagern sich somit. Sie bilden den diskursiven Hintergrund von Walsers Arbeit am *Gehülfen*, der in der Darstellung moderner Angestelltenverhältnisse einerseits und der Schweizer ‚Heimat' andererseits lesbar bleibt und dem im Folgenden nachgegangen wird. *Der Gehülfe* – dies wird sich auch im Hinblick auf seine Entstehungsgeschichte zeigen – ist reflexiv auf den diskursiven Standort der Schweizer Literatur um 1900 bezogen. Seinem zeitgemäßen, urbanen Angestellten-Sujet ist ein Diskurs über die Schweiz eingeschrieben, dessen Bedeutsamkeit sich von den schweizerischen Kulturdebatten herleitet. Ausgehend von diesen Debatten soll eine erste Annäherung an den ‚Realismus' des *Gehülfen* unternommen werden. Walsers ‚Realismus' steht der Selbstverortung der Schweizer Literatur distanziert gegenüber. Das im schweizerischen Debattenzusammenhang zirkulierende patriotisch grundierte Realismus-Verständnis wird im *Gehülfen* einer ironischen Revision unterzogen. Walser positioniert sich damit als Schriftsteller der urbanen Moderne, seinem Angestelltenroman kann aufgrund seines Schauplatzes jedoch auch ein schweizerisches Lokalkolorit zugeschrieben werden. Diese gegensätzlichen Eigenschaften führten zu einer polarisierten Rezeption des Romans: einerseits als Teil der modernen Berliner Literatur, andererseits als schweizerischer Roman.

Am Ende des 19. Jahrhunderts regt sich in Form der Heimatbewegung Widerstand gegen Industrialisierung und Urbanisierung, deren rasches Fortschreiten in Deutschland als Überforderung wahrgenommen wird.[39] In der Gründung von Heimat- und Trachtenvereinen und auch der etwas später populär werdenden Wandervogelbewegung drückt sich ein Unbehagen gegenüber fortschreitender Kapitalisierung, Industrialisierung und Umweltverschmutzung aus. Es werden

---

39 Zur Heimatbewegung seit 1897 siehe Andreas Knaut: Ernst Rudorff und die Anfänge der deutschen Heimatbewegung. In: Edeltraud Klueting (Hrsg.): Antimodernismus und Reform. Zur Geschichte der deutschen Heimatbewegung. Darmstadt: Wissenschaftliche Buchgesellschaft 1991. S. 20–49.

romantisch inspirierte, naturverbundenere Gegenentwürfe zum modernen Leben in der Großstadt gesucht. Im Bereich der Literatur zeigt sich dies im Eintreten für eine sogenannte ‚Heimatkunst', die mit der ideologischen Gegenüberstellung einer als ‚dekadent' bzw. ‚krank' empfundenen Großstadt und der ‚Reinheit' der Provinz arbeitet. In der Programmzeitschrift der Bewegung *Heimat. Blätter für Literatur und Volkstum* plädiert Adolf Bartels, einer ihrer Hauptvertreter, für eine Literatur, die „sich an das ganze deutsche Volk" richte und zugleich den „strengsten ästhetischen Anforderungen" gerecht werde.[40] Der Form nach solle die Literatur demnach modern sein, inhaltlich aber aufs „innigste[…]" um „die Heimat und ihr eigentümliches Leben" bemüht.[41] Von hier aus ist der Weg nicht mehr weit zu kulturimperialistischen Gedanken eines „neuen *deutschen* Weltbürgertums"[42] und zu einem nationalen Literaturbegriff, aus dem das als jüdisch und damit als nicht zugehörig Identifizierte ausgeschlossen wird.[43] Die Heimatkunstbewegung in Deutschland besitzt von Beginn an eine antimoderne, antisemitische und völkisch-nationalistische Agenda.[44]

In der Schweiz verfingen die von der Heimatkunstbewegung vorgenommenen Polarisierungen ebenfalls, jedoch unter völlig anderen politischen Vorzeichen und Interessen. Wenn der Schweizer Germanist und Schriftsteller Robert Faesi, mit dem Walser seit 1918 brieflich korrespondierte,[45] in einem Aufsatz von 1922 im Anschluss an Oswald Spengler feststellt, dass die zentrale Auseinandersetzung um die moderne Literatur zwischen Großstadt und Provinz ausgetragen werde, so stand für ihn fest, dass die Schweiz letzterer verpflichtet

40 Beide Zitate Adolf Bartels: Heimatkunst. In: Erich Ruprecht/Dieter Bänsch (Hrsg.): Literarische Manifeste der Jahrhundertwende 1890–1910. Stuttgart: Metzler 1970. S. 333–339, hier S. 336.

41 Beide Zitate Bartels: Heimatkunst. S. 337.

42 Bartels: Heimatkunst. S. 337. Bartels weiter, siehe S. 337: „Wer seine Heimat liebt und sie doch aufgiebt, der wird alles daransetzen, sich in der weiten Welt eine neue wirkliche Heimat zu erobern: Nicht *ubi bene, ibi patria* sondern *ubique patria*!"

43 Vgl. Ruprecht/Bänsch: Kommentar zu Adolf Bartels: Heimatkunst. In: Erich Ruprecht/Dieter Bänsch (Hrsg.): Literarische Manifeste der Jahrhundertwende 1890–1910. Stuttgart: Metzler 1970. S. 338–339, hier S. 338.

44 Vgl. Karlheinz Rossbacher: Heimatkunstbewegung und Heimatroman. Zu einer Literatursoziologie der Jahrhundertwende. Stuttgart: Klett 1975. S. 40.

45 Faesi fragte Walser mehrmals für eine Lesung im Literarischen Club des Lesezirkels Hottingen in Zürich an. Den Einladungen kam Walser 1920 (wobei er nicht selbst vorlas) und 1922 nach. Vgl. dazu BA 1. S. 432 und RWH. S. 10. Darüber hinaus vermittelte Faesi in seinem Amt als Vorsitzender des Schweizerischen Schriftstellervereins bei der Verlagssuche für Walsers *Theodor*-Roman. Vgl. dazu den Briefwechsel zwischen Walser und Faesi, BA 2. S. 37–39 und Gisi im RWH. S. 173.

sei.[46] Für die deutschsprachige Schweiz beinhaltete die Auseinandersetzung um ein Verständnis der gegenwärtigen schweizerischen Literaturproduktion seit dem späten 19. Jahrhundert den Versuch einer Klärung von deren Zugehörigkeit zur deutschen Literatur. Anders als in Deutschland konnte in der mehrsprachigen Schweiz kein auf einen nationalen Raum begrenzter, einsprachiger Literaturbegriff formuliert werden.[47] Die schweizerische Kultur, Sprache und Nation lassen sich nicht wie die deutsche zur Deckung bringen und imaginativ aufladen.[48] Die Besonderheit der schweizerischen Diskussion um die literarische Moderne liegt daher in einer „doppelten Verortung" zwischen Nationaldenken und „kultureller Identifikation" mit dem deutschen Kanon.[49]

Dieser ‚doppelte Ort' der deutschsprachigen Literatur der Schweiz ist in den schweizerischen Kulturdebatten um 1900 mit einer doppelten Normierung verbunden, die ihre Arme bis nach Berlin streckt, wo sich Walser gerade an einer urbanen, gegenwartsbezogenen Literatur versucht. Die Generation schweizerischer Autoren und Autorinnen, der Walser angehört – wie er gingen einige von ihnen nach Deutschland, um dort Anschluss an die Austragungsorte der literarischen Moderne zu gewinnen –, wird im kulturellen Diskurs

46 Vgl. Robert Faesi: Tradition und Gegenwart der deutsch-schweizerischen Literatur. In: Ders.: Gestalten und Wandlungen schweizerischer Dichtung. Zehn Essays. Zürich/Leipzig/Wien: Amalthea 1922. S. 7–69, hier S. 43. Auch Faesi erhebt Keller (und Gotthelf) zum Garanten eines schweizerischen ‚Sonderwesens' und betont gleichzeitig dessen Bedeutsamkeit für den deutschen Kanon. Dies malt er in grell-patriotischer Metaphorik aus: „Was ist denn eigentlich die Hauptkraft und der Höchstwert unseres Schrifttums? Das was Gotthelfs und Kellers Größe ausmacht: daß sie das Gefäß für den vollen Gehalt der Volkskräfte unseres schweizerischen Sonderwesens waren, daß sie den breiten Strom der allgemein-deutschen Literatur durch den Zufluß aus dem unberührten, frischen und herben See unseres Volkstums bereicherten und belebten." (Faesi: Tradition und Gegenwart der deutsch-schweizerischen Literatur. S. 42).

47 Vgl. Ursula Amrein: Nationale Grenzziehung, kulturelle Identifikation. Der doppelte Ort der Schweizer Literatur 1880 bis 1950. In: Dies.: Phantasma der Moderne. Die literarische Schweiz 1880 bis 1950. Zürich: Chronos Verlag 2007. S. 11–30, hier S. 11.

48 Vgl. Amrein: Nationale Grenzziehung, kulturelle Identifikation. S. 12.

49 Beide Zitate Amrein: Nationale Grenzziehung, kulturelle Identifikation. S. 11. Die Kulturdebatte um den Standort einer modernen schweizerischen Literatur erfolgte in Relation zur deutschen Literatur und war unterschiedlichen Konjunkturen ausgesetzt. Nach dem Ersten Weltkrieg verstärkte sich eine Abgrenzung gegenüber Deutschland im Interesse der Ausformulierung eines „spezifisch schweizerischen Nationalstil[s]" (Amrein: Nationale Grenzziehung, kulturelle Identifikation. S. 14). Nach 1933 führte dies teils zu der paradoxen Situation einer Annäherung an völkische Positionen im Bereich der schweizerischen Kulturpolitik, die gleichwohl der Abwehr einer kulturellen Vereinnahmung durch das Deutsche Reich diente. Vgl. Amrein: Nationale Grenzziehung, kulturelle Identifikation. S. 14 und S. 18/19.

der Schweiz durchgängig vor dem Hintergrund eines zweifachen Anspruchs bewertet: Einerseits soll sie eine für die Schweiz spezifische Literatur entwickeln – worin eine solche Nationalspezifik auch bestehen mag –, andererseits internationale Geltung erlangen. Für die Einlösung dieses doppelten Anspruchs steht ein Vertreter der vorigen Generation Schweizer Schriftsteller ein, der in den Feuilletondebatten um 1900 symbolische Übermacht gewinnt: Gottfried Keller. Keller besitzt nach seinem Tod 1890 als Schweizer Nationalschriftsteller eine genauso starke Wirkungskraft, wie er ungebrochen einer „sich über die klassisch-humanistische Bildungsidee definierenden deutschen" Literatur zugeschlagen werden kann.[50] Walsers Rezeption und Verarbeitung Kellers und seines literarischen Erbes lassen sich in Form von Anknüpfung und Radikalisierung beschreiben.[51]

Die diskursive Vermessung der deutschsprachigen schweizerischen Literatur taucht als Hintergrundrauschen im *Gehülfen*-Roman auf, ebenso in Walsers Feuilletons über die Großstadt, in deren Blickfeld sich immer wieder kulissenhaft verfremdet die Alpen schieben.[52] Walsers literarisches Schaffen in Berlin wird in der Schweiz registriert und besprochen. Er wird dabei wiederkehrend als Großstadtschriftsteller eingeordnet, was ihm mitunter zum Vorwurf gemacht wird. Ende 1907, ungefähr vier Monate bevor der *Gehülfe* erscheint, rechnet etwa Hans Trog, leitender Feuilletonredakteur der *Neuen Zürcher Zeitung*, ihn klar dem Autorenkreis der Zeitschrift *Die Schaubühne* zu[53] und versteht ihn damit als Schriftsteller des literarischen Berlin. Walser hat 1907 dort 26 Texte veröffentlicht.

In einer frühen Szene im *Gehülfen* erinnert sich Joseph Marti an eine vorübergehende frühere Anstellung in einer Elastique-Fabrik. Während dieser Zeit bewohnt er ein Zimmer bei einem „alte[n], spitznasige[n] und -mundige[n] Fräulein" (BA 6, S. 21), das sich Liebesbriefe mit einem nach Graubünden ausgewanderten Buchdrucker oder Architekten schreibt. Einen dieser Briefe entdeckt Joseph und liest ihn ohne den Anflug eines schlechten Gewissens. Joseph erscheint der Brief höchst abgeschmackt:

> Er [der Brief, M. H.] war den Büchern, die die Welt liest, nachgeschrieben und enthielt vorzugsweise kühnlinierte und schraffierte Reisebeschreibungen. Die Welt sei doch herrlich, hieß es da, wenn man sich die Mühe nehme, sie zu Fuß zu durchwandern. Dann wurden der Himmel, die Wolken, die Halden, die Geißen,

50 Amrein: Nationale Grenzziehung, kulturelle Identifikation. S. 13.

51 So interpretiert Utz Walsers Bezüge auf Keller im *Gehülfen*. Vgl. Utz: Tanz auf den Rändern. S. 92 und S. 106/107.

52 Vgl. Utz: Tanz auf den Rändern. S. 108.

53 In einer am 22.11.1907 in der *Neuen Zürcher Zeitung* erschienenen Rezension bezeichnet Trog Walser als „Getreuen" der *Schaubühne*. Siehe dazu den dokumentarischen Anhang in KWA III, 3. S. 332.

> Kühe, Kuhglocken und die Berge beschrieben. Wie wichtig das alles war. (BA 6, S. 21).

Im Hinblick auf Josephs vernichtendes Urteil überrascht zunächst die Anwendung eines literaturkritischen Blicks auf ein persönliches Dokument. Zugleich wird recht deutlich, welche Art von Erzählen er darin erkennt und ablehnt: Es ist die einer populären Literatur, die auf Naturdarstellung setzt und diese mit heimatverbunden-erbaulicher Bedeutsamkeit auflädt. Diese Art von Alpenkitsch, die schweizerische Schriftsteller wie Ernst Zahn, Alfred Huggenberger oder Jakob Christoph Heer repräsentieren, hat um 1900 Konjunktur.[54] Josephs bissige Gedanken zum Duktus des Briefs lassen keinen Zweifel daran, dass er das Aufgreifen heimatliterarischer Versatzstücke nicht allein für epigonal, sondern auch für künstlerisch beschränkt hält. Er hat eine Idee davon, was an dem Stil des Briefs schlecht sei oder woran es ihm mangele, er enthalte nämlich „so wenig Geheimnisvolles und dem Fernstehenden Unverständliches" (BA 6, S. 21). Walser lässt seine Hauptfigur damit eine ästhetische Position vertreten, die der Verteidigung seines ‚unverständlichen' Romans *Geschwister Tanner* im wenig später erschienenen Feuilleton *Feuer* ähnelt. Beide formulieren ein Plädoyer für das Geheimnisvolle der Literatur. Im Verlauf des Romans taucht die Schweiz mehrmals ironisch gebrochen und verfremdet als Reflexionsgegenstand auf, wie eine Art Gegenentwurf zu dem heimatseligen Bezug auf Geißen und Kühe, den Joseph so geringschätzt.

Die Thematisierung von Heimat ist im *Gehülfen* durchgängig mit Distanz und Fremdheit besetzt. Zu Beginn des Romans muss sich Joseph etwa am Esstisch der Toblers, wo er zusammen mit der Familie die gemeinsamen Mahlzeiten einnimmt, in ein „behaglich[...] fremde[s] Bild [...] ein[...]fügen" (BA 6, S. 14). Die Grenzüberschreitung, die diese unangenehme Situation, sich als Fremder in den Privatraum einer Familie platziert zu sehen, darstellt, wird hier nicht nur als Bild benannt, sondern auch porträthaft inszeniert:

> Die vier Kinder, zwei Mädchen und zwei Knaben, sahen ihn wie etwas Wildfremdes und Sonderbares von der Seite her an. Diese ungeniert fragenden und forschenden Blicke entmutigten ihn. Solche Blicke erinnern eben an die Angeflogenheit an etwas Fremdes, an die Behäbigkeit dieses Fremden, das für sich eine Heimat darstellt, und an die Heimatlosigkeit desjenigen, der nun so dasitzt und die Pflicht hat, sich möglichst rasch und guten Willens in das behagliche fremde Bild heimatlich einzufügen. (BA 6, S. 13–14).

54 Zu Walsers Verhältnis zur Heimatkunstbewegung in seiner Berliner Zeit vgl. Utz: Tanz auf den Rändern. Kapitel 4: Alpen auf dem Papier – Walsers literarische Erosionsformen des Alpenmassivs. S. 90–129.

Die verschiedenen Wahrnehmungsperspektiven, die diese Beschreibung enthält (die der Kinder, die Josephs sowie einen Blick von außen, der das Bild konstituiert), inszenieren die thematisierte Fremdheit als Kippfigur. Joseph wird nicht einfach als Eindringling, als Fehler im Bild beschrieben, in ihrer ‚behäbigen' Selbstgenügsamkeit erscheint die bürgerliche Familie ihrerseits als etwas Fremdes. Im „behaglich" fremden Bild der Toblers wird die Familie in ihrer ideologischen Konzeption als einzig legitimer Intimraum der bürgerlichen Gesellschaft selbst zu etwas Erklärungsbedürftigem. Mangelnde oder verlorene Zugehörigkeit ist der Darstellung von Heimat im Roman eingeschrieben. Fremdheit und Distanz werden dabei in verschiedenen Szenen bildhaft inszeniert, die „konkrete Entfremdungserfahrung des Heimkehrers in die Fremdheit eines Bildes"[55] übersetzt. Dies ist etwa auch der Fall, als Joseph an einem Sonntag die Villa Abendstern für einen Ausflug in die Stadt verlässt und ihm dabei die „Fremdheit" und „Ungewohntheit" (Beide Zitate BA 6, S. 105), die er inzwischen gegenüber seinem vormaligen Wohnort verspürt, als ein „Bild städtischen Sonntaglebens" (BA 6, S. 106), als „Spaziergängerbild" (BA 6, S. 105) entgegengehalten wird, das ihn förmlich blendet.[56] Auch die Familie Tobler, einschließlich ihrer Dienstmagd Pauline, des Gehülfen und des Familienhunds ergeben ein „Bild des zwanzigsten Jahrhunderts" (BA 6, S. 204). So stellt es die Erzählstimme lapidar fest, nachdem zuvor in einer langen ironischen Beschreibung die Distanz zu einer ebenso denkbaren „romantische[n]" bildlichen Inszenierung der Familie wie „in alten Zeiten" (BA 6, S. 203) ausgeführt wurde. In der versprachlichten Medialität der Familie als Bild wird diese jedoch nicht allein in reflexive Distanz gerückt, die Formulierung macht gleichzeitig eine Gegenwärtigkeit in der Darstellung geltend, die sich auch auf den Roman selbst beziehen lässt. Sein ‚Realismus' ist als Momentaufnahme des frühen 20. Jahrhunderts zu verstehen. Die bürgerliche Lebenswelt des 19. Jahrhunderts hat dabei an Bedeutung verloren. Wie später gezeigt wird, gibt *Der Gehülfe* auch mit Blick auf seine Ergründung der modernen Angestelltenpsyche ein ‚Bild des zwanzigsten Jahrhunderts' ab.

Wenn sich Tobler im Zuge der Feierlichkeiten zum Schweizer Nationalfeiertag wie benebelt in einem Wettbewerb des Feuerwerkraketenschießens mit den Dorfbewohnern ergeht, führt der Roman ihn sichtlich als lächerliche Figur vor (vgl. BA 6, S. 57). Marti muss ihm assistieren und wird dabei durch die Erzählstimme ironisch als „Angestellter im Namen des großen, heiligen Vaterlandes" (BA 6, S. 56) bezeichnet. Er ist allerdings seinerseits ganz vom „Herzensfeuer der Festnacht" (BA 6, S. 57) ergriffen. An anderer Stelle ist es ein

55 Utz: „Eigentümlich, zwiefach, übertragen". S. 26.

56 Zur Bildstruktur der Szene vgl. Utz: „Eigentümlich, zwiefach, übertragen". S. 26/27.

überdrehter Traum, der eine merkliche Befremdung gegenüber dem Schweizer „Vaterländli" (BA 6, S. 172) beinhaltet. Da Joseph zu einer militärischen Wiederholungsübung nicht erschienen ist, muss er einen zweitägigen Arrest im Militärgefängnis ableisten. Unter seinen Mithäftlingen befindet sich ein Melker, der bei seiner Verhaftung gewaltsamen Widerstand geleistet hat (vgl. BA 6, S. 168) und gegenüber seinen Zellengenossen durch das Vorbringen unterhaltsamer Anekdoten sowie Jodeln und Singen besticht (vgl. BA 6, S. 169). Der Melker wird als urtümlicher schweizerischer Typus charakterisiert, Nation und Staatsgewalt verdienen in seinen Augen keinen Respekt (vgl. BA 6, S. 171). Josephs Traum greift die Heimat, die der Melker verspottet, bildlich auf. Er erblickt das Vaterland „großausgestreckt mit allen seinen Bezirken und Kantonen", den „geisterhaften, blendenden Alpen" und von „Kuhglockentönen" „umhallt[en]" Matten in der Art eines Gemäldes (alle Zitate BA 6, S. 172). Auch hier wird über die Medialität des Bildes Distanz ausgedrückt. Der so surreal-kühl wie abstrakt[57] anmutende Eindruck des Landes in Form von Bildern, die sich im Verlauf des Traums selbst zerstören („Mit einem Male aber zerschnitten sich diese Bilder von selber,[...]", BA 6, S. 173), deutet eine Leere an, die von den erhebenden Kuhglocken aus dem Brief der Vermieterin Josephs nicht weiter entfernt sein könnte. Die ironische Distanzierung gegenüber Nationalstolz und Heimatideologie ist im *Gehülfen*-Roman unüberhörbar.

Bei seinem Erscheinen wurde über die parodistische Irritation, mit der die Nation im *Gehülfen* verknüpft ist, jedoch mitunter geflissentlich hinweggelesen, um Walsers zweiten Roman, der die Schweiz viel deutlicher zum Gegenstand macht als *Geschwister Tanner*, für einen emphatischen Nationalliteratur-Begriff in Anschlag zu bringen. In einer Rezension, die im Juli 1908 in der Berner Zeitung *Der Bund* erschien, versieht Joseph Viktor Widmann, Feuilletonredakteur des *Bund* und Walsers frühester Förderer, den *Gehülfen* mit dem Etikett eines ‚Schweizerromans'. Im *Sonntagsblatt des Bund* hatte Walser 1898 erste Gedichte veröffentlicht, 1902/1903 erschien dort in verstreuter Form sein Prosazyklus *Fritz Kocher's Aufsätze*, den 1904 der Insel-Verlag als Buch herausbrachte.[58]

Widmann stellt Walsers Roman Gottfried Kellers *Martin Salander* (1886) an die Seite. Dem Vergleich der beiden Autoren versucht Widmann einen nationalistisch und heimatkünstlerisch grundierten Romanbegriff

57 Vgl. Peter Utz: Heimatträume. Risse im literarischen Film der Schweiz bei Gottfried Keller, Robert Walser und Thomas Hürlimann. In: Schweizer Monatshefte. Zeitschrift für Politik, Wirtschaft, Kultur $71^{11}$ (1991). S. 913–925, hier S. 920.

58 Zur Entstehung und Veröffentlichung von *Fritz Kocher's Aufsätze* vgl. Hendrik Stiemers Eintrag im RWH. S. 90–94.

abzuringen,[59] dessen Besonderheiten er im Realismus der Darstellung sowie einer Sprache, die im Volkstümlichen und „bäurischen“ wurzele, erkennt.[60] Bemerkenswert an Widmanns Einschätzung von Kellers *Salander* ist, dass er in diesem eine neue Form des Romans erblickt, die die Geschichte eines individuellen Helden zugunsten einer Entwicklungsdarstellung der Schweizer ‚Volksseele“ aufgebe.[61] *Martin Salander* stellt im Gegensatz zu Kellers für die Literaturgeschichte viel weitreichenderem *Grünen Heinrich* für Widmann ein „durch und durch schweizerisches Volksepos“ der Gegenwart[62] dar. Erkennbar ist Widmann in seiner enthusiastischen Besprechung sowohl Kellers als auch Walsers an einer Verabschiedung der Individualitätserzählung des Bildungsromans gelegen.[63] *Martin Salander* und der *Gehülfe* figurieren für ihn als neue Romane, die das Individuelle und Exzeptionelle der klassischen Bildungserzählung überwänden und damit literarische Werke des ‚Volkes‘ darstellten. Sein Insistieren auf Wirklichkeitsnähe und Gegenwärtigkeit, ebenso wie die Umschreibung des neuen Romans als Epos nehmen Elemente der späteren theoretischen Reflexion über den Roman und einen zeitgemäßen Realismus vorweg.

Auch für Döblin, auf dessen *Bau des epischen Werks* hier bereits hingewiesen wurde, muss der Roman mithilfe des Epos zu neuer Überzeugungskraft gelangen. Mit Lukács' späterem Realismus-Begriff der 1930er-Jahre weist Widmanns Rezension ebenfalls bestimmte Gemeinsamkeiten auf. In seinem Aufsatz *Es geht um den Realismus*, der 1938 in der Exilzeitschrift *Das Wort*

---

59 Widmann veröffentlichte 1886 ebenfalls im Berner *Bund* eine Besprechung des *Martin Salander*, gegen deren Vereinnahmung für eine nationalliterarische Emphase sich Gottfried Keller wehrte. Widmanns Rezension zu Walsers *Gehülfen*-Roman muss im Zusammenhang mit diesem vorangegangenen Artikel begriffen werden, in dem Widmann zuerst seine Idee des Schweizerromans vertrat. Zu beiden Rezensionen siehe ausführlich Karl Wagner: Von Schweizerromanen. „Martin Salander“ und „Der Gehülfe“.

60 Joseph Viktor Widmann: Robert Walsers Schweizerroman *Der Gehülfe*. Zitiert nach dem Neuabdruck in Katharina Kerr (Hrsg.): Über Robert Walser. Bd. 1. S. 25–29, hier S. 25.

61 Joseph Viktor Widmann: Der Schweizer Roman „Martin Salander“ von Gottfried Keller. Abgedruckt in: Gottfried Keller und Joseph Viktor Widmann: Briefwechsel. Hrsg. von Max Widmann. Basel/Leipzig: Rhein-Verlag 1922. S. 162–173, hier S. 163.

62 Widmann: Der Schweizer Roman „Martin Salander“. S. 164.

63 Dies wird in seiner Rezension zu Keller besonders deutlich. Darin identifiziert Widmann die mit *Wilhelm Meister* installierte Form der Individualitätserzählung im *Grünen Heinrich* als formale Schwäche dieses Romans: „Jener erste [Roman, d. h. *Der Grüne Heinrich*, MH] war, wie Goethes ‚Wilhelm Meister‘, dem er oft verglichen wurde, der Roman des individuellen Lebens des Einzelmenschen, und zwar nicht des Durchschnitts-Einzelmenschen, sondern eines absonderlich gearteten Künstlers, der uns in seiner ganzen ausnahmsweisen Entwicklung vom Kinde zum Manne vorgeführt wurde.“ (Widmann: Der Schweizer Roman „Martin Salander“. S. 163).

erschien – in dieser wurde die als marxistische ‚Expressionismusdebatte' in die Geschichte eingegangene, zentrale Verständigungsdiskussion über den literarischen Realismus im frühen 20. Jahrhundert geführt –, verortet auch Lukács seine Vorstellung eines wirksamen Realismus im „Volkstum"[64]. Widmanns mit nationalem Pathos durchsetzte Formel des Schweizerromans ist allerdings insgesamt mit Döblins oder Lukács' späteren Überlegungen nicht vereinbar, da sein patriotischer Realismus das spezielle Verhältnis der schweizerischen zur deutschen Literatur adressiert. In seiner Beschwörung einer im „Volksleben"[65] wurzelnden Schweizer Literatur wendet er sich gegen eine um 1890 verbreitete, mit Erscheinen des einflussreichen Werks *Geschichte der deutschen Literatur in der Schweiz* (1892) von Jakob Baechthold etablierte Ansicht,[66] der zufolge die literarische Schweiz eine „Provinz Deutschlands"[67] darstelle. Der kommerzielle Erfolg einer kitschigen Alpenliteratur um 1900 lässt sich auch als Ausdruck eines Bedürfnisses erklären, dieser Vorstellung einer Nachrangigkeit der schweizerischen Literatur etwas entgegenzusetzen.[68]

Obgleich Widmann nicht alle Irritationsmomente, die einer Indienstnahme von Walsers *Gehülfen* als Schweizerroman entgegenstehen, übersieht,[69] muss die Rezension als Teil einer programmatischen Vereinnahmung seines Werks betrachtet werden,[70] die dessen Verbindungen zur Berliner literarischen

---

64 Georg Lukács: Es geht um den Realismus. In: Ders.: Werke. Bd. 4: Probleme des Realismus 1: Essays über Realismus. Hrsg. von Peter C. Ludz. Neuwied/Berlin: Luchterhand 1971. S. 313–343, hier S. 338–343.

65 Widmann: Der Schweizer Roman „Martin Salander". S. 164.

66 Zum Hintergrund vgl. Ursula Amrein: Nationale Grenzziehung, kulturelle Identifikation. S. 13.

67 Jakob Baechthold: Geschichte der deutschen Literatur in der Schweiz. Frauenfeld: Huber 1892. S. 2.

68 Vgl. Ursula Amrein: Großstadt und Moderne. Literarische Inszenierungen und poetologische Kontroversen um 1900. In: Dies.: Phantasma der Moderne. S. 31–48, hier S. 38.

69 So weist Widmann auch auf die „spöttische[...] Ironie" des Romans hin. Dazu Widmann: Robert Walsers Schweizerroman *Der Gehülfe*. S. 26.

70 Eine andere vereinnahmende Lesart des *Gehülfen* stellt Max Brods Rezeption des Romans dar. Wie Widmann versucht Brod den *Gehülfen* als Vertreter einer neuen literarischen Strömung zu profilieren, er macht hierbei jedoch nicht Walsers Verbindungen zur Schweizer literarischen Tradition, sondern zu Autoren wie Max Mell, Otto Stoessl, Franz Werfel, Otto Pick und zu seinen eigenen Werken geltend (1909 war z. B. sein Roman *Ein tschechisches Dienstmädchen* erschienen). Brod begreift Walsers *Gehülfen* und die Werke der anderen genannten Autoren als Gegenbewegung zur Dekadenz, in ihnen drücke sich eine „Freude am idyllischen, langsamen Erzählen, an werten und hochachtbaren Menschen, an freundlichen Kräften der Natur, am Lebenspendenden, am Arkadischen" aus (Max Brod: Smetana [1912]. In: Ders.: Über die Schönheit hässlicher Bilder. Ein Vademecum für Romantiker unserer Zeit. Wien/Hamburg: Paul Zsolnay Verlag 1967. S. 204–213, hier S. 210). Diesem von ihm ausgemachten literarischen Programm, das wie

Moderne nachhaltig ausblendete. In der von Widmann attestierten „Scham und Scheu vor allem Großsprecherischen“[71] bei Walser sind bereits Versatzstücke des Bilds vom weltabgewandten Autor, welches die spätere Rezeption bestimmen sollte, vorweggenommen.[72] Weder Robert Walser noch Gottfried Keller lassen sich überzeugend vor den Karren eines nationalistisch grundierten Heimatliteraturbegriffs spannen.[73] Widmanns Versuch, den beiden Romanen in diesem Sinne beizukommen, muss daher als Missverständnis aufgefasst werden.[74] Davon abgesehen findet sich in seinem Hinweis auf den Realismus des *Gehülfen* allerdings eine Vorstellung davon, vor welchen Erzählproblemen die realistische Literatur im Allgemeinen und Walsers Roman im Besonderen zu Beginn des 20. Jahrhunderts stehen: An den prekär gewordenen realistischen Roman des 19. Jahrhunderts, dessen Relevanzverlust bereits Kellers Spätwerk bezeugt,[75] lässt sich nicht ungebrochen anknüpfen, die um 1900 dominierenden antinaturalistischen Strömungen haben zu einer Weiterentwicklung des Realismus allerdings nichts beigetragen. Es ist dementsprechend unklar, wodurch sich ein Realismus des 20. Jahrhunderts

---

Widmann eine ‚andere‘ moderne Literatur etablieren möchte, versuchte Brod in seinem Zeitschriftenprojekt *Arkadia – Jahrbuch für Dichtkunst* zu Geltung zu verhelfen. Walser hat in Brods Jahrbuch, das 1913 gegründet und nur ein Jahr später eingestellt wurde, sein Versfragment *Tobold* veröffentlicht. Zu Max Brods Lektüre des *Gehülfen* vgl. Wagner im RWH. S. 109/110.

71 Widmann: Robert Walsers Schweizerroman *Der Gehülfe*. S. 25.

72 Zu diesem, insbesondere durch Carl Seelig vermittelten, Autorbild vgl. den bereits erwähnten Aufsatz Lucas Marco Gisis *Im Namen des Autors. Carl Seelig als Herausgeber und Biograf von Robert Walser*. Den Topos von Walsers angeblicher ‚Sprachscham‘ schuf noch prominenter und weitreichender als Widmann Walter Benjamin in seinem Essay *Robert Walser*. Walter Benjamin: Robert Walser [1929]. In: Walter Benjamin: Gesammelte Schriften. Bd. II, 1. Hrsg. von Rolf Tiedemann/Hermann Schweppenhäuser. Frankfurt am Main: Suhrkamp 1977. S. 324–328, hier S. 326.

73 In seinem Essay *Diskurs in der Enge* (1970) findet Paul Nizon deutliche Worte für die Inkompatibilität Walsers mit patriotischen Literaturkonzeptionen: „Walser versucht erst gar nicht, hierzulande ein Leben entdecken zu wollen, wie er es aus anderen Literaturen und Breiten kennt. Er geht vielmehr gerade von der Realität schweizerischer Ereignislosigkeit, Bedeutungslosigkeit – oder soll man sagen: Stagnation – aus. Er faßt von vornherein die Kleinheit und Enge ins Auge, aber er paßt sich ihr an, indem er sich und seine Helden entsprechend klein macht. Es kann kein Zweifel darüber bestehen, daß zwischen der erklärten Bedeutungslosigkeit, ja Nichtigkeit von Walsers Protagonisten-Ausstattung und Rolle einerseits und der Kleinmaschigkeit, romanhaften Unergiebigkeit, ja Elendiglichkeit der schweizerischen Lebenswirklichkeit ein kausaler Zusammenhang besteht.“ (Paul Nizon: Diskurs in der Enge. Verweigerers Steckbrief. Schweizer Passagen. Hrsg. und mit einem Vorwort versehen von Peter Henning. Frankfurt am Main: Suhrkamp 1990. S. 143–171, hier S. 171).

74 Vgl. Wagner: Der Gehülfe (1908). In: RWH. S. 110.

75 Vgl. Sabina Becker: Bürgerlicher Realismus. S. 13.

auszeichnen könnte. Wie für Walsers Roman stellt demnach auch für die Literaturkritik um 1900 der Realismus eine Suchbewegung dar.

Widmann nennt in seiner *Gehülfen*-Rezension, neben den schweizerischen „demokratische[n] Lebenssitten und Gewohnheiten", das Thema des „Geschäftlichen" im Kontext der bürgerlichen Lebenswelt als Bestandteil seiner Realismus-Konzeption des Schweizerromans.[76] Diese Beschreibung fügt dem Realismus Kellers jedoch nichts hinzu und spricht Walsers Roman damit ästhetische Innovation ab.

Eduard Korrodi, langjähriger Feuilletonredakteur der *Neuen Zürcher Zeitung*, mit dem Walser in einem immer wieder spannungsreichen Verhältnis stand,[77] erkennt einige Jahre später besser als Joseph Viktor Widmann, dass Walser sich nicht ohne Weiteres in den Zusammenhang einer ‚Schweizerdichtung' in der Nachfolge Gottfried Kellers integrieren lässt. 1911 schreibt er in einem Beitrag für die in Berlin erschienene Kulturzeitschrift *Die Gegenwart*, Walser sei ein Schriftsteller, der „den schweizerischen Zusammenhang verloren"[78] habe. Wie Hans Trog in seiner *Schaubühnen*-Rezension begreift er Walser als Autor des literarischen Berlin, nimmt ihm sein Verlassen der Schweiz allerdings erkennbar übel. Im Gegensatz zu Widmann sieht Korrodi bei Walser keinesfalls das Format eines *Martin Salander* umgesetzt.[79] Vielmehr würde man mit

---

76 Widmann spricht von der „Realistik geschäftlichen Erwerbs als der Grundlage bürgerlicher Existenz", womit er wiederum eine Nähe zu Kellers *Martin Salander* herstellt, der Kaufmann ist (alle Zitate Widmann: Robert Walsers Schweizerroman *Der Gehülfe*. S. 27). Es scheint ihm dabei nicht um die Darstellung der Handelstätigkeit im Speziellen zu gehen, die von Toblers Ingenieursunternehmungen im *Gehülfen* zu unterscheiden wäre, sondern um die bürgerliche Welt, die beide Romane in den Blick nehmen.

77 Vgl. dazu das editorische Nachwort von Barbara von Reibnitz und Matthias Sprünglin in der KWA III, 3. S. 287–324, hier S. 305–310.

78 Eduard Korrodi: Berlin und die Schweizerdichtung. In: Ders.: Ausgewählte Feuilletons. Hrsg. von Helen Münch-Küng. Bern/Stuttgart/Wien: Paul Haupt 1995. S. 87–90, hier S. 90. In seinem Artikel entwirft Korrodi Walser als abgehobenen, am Reflexiven und am Sprachexperiment interessierten Autor, was ihn für eine breite Leserschicht und Korrodis Vorstellung einer Schweizer Literatur unmöglich mache: „Er verlangt fünfmal gesiebte Leserschaft. Eigentlich Literaten und Dichter. Aber die Schweiz hat keinen Salon und keine Literaten. Diesen Luxus erlaubt sie sich nicht. Es ist schade für Walser, denn jede Zeile von ihm ist ein schmackhafter Vers, eine anmutige Niedlichkeit, ein reizend dekolletiertes Gefühlchen. Aber eine plastische Grundfarbe erkennt man nicht mehr in seinem Werke." (Korrodi: Berlin und die Schweizerdichtung. S. 90).

79 Korrodi, der Walser bis in die 1940er-Jahre in der *Neuen Zürcher Zeitung* besprach, stand diesem würdigend bis distanziert gegenüber. Vergleicht man seine Besprechungen Walsers über die Jahre, so ergibt sich ein wechselvolles Urteil. Auch vordergründig positive Beiträge enthalten einen eher ambivalenten Zuspruch. Ein Strang, der sich durchzieht, ist Korrodis Einschätzung Walsers als „Aestheten", wie er dies 1915 in einem Bericht zu einem Vortrag von Hans Trog über die Brüder Walser formuliert. Dazu Eduard Korrodi: Bericht

Blick auf Walser und die jüngeren Schweizer Autoren seiner Generation, die sich allesamt nach Berlin orientiert hätten – Korrodi nennt hier Paul Ilg, Felix Moeschlin Albert Steffen und Jakob Schaffner –, auf ein vergleichbares Werk noch warten.[80]

Widmanns und Korrodis Stellungnahmen zum *Gehülfen* und zu Walser als Autor geben Aufschluss darüber, wie deutlich Schweizer Literaturvermittler[81] um 1900 an der Formulierung und Profilierung einer neuen Schweizer Literatur interessiert sind und wie kolossal schwer hierbei das Erbe Gottfried Kellers wiegt. Von Keller leitet sich – dies wird in Korrodis Artikel besonders deutlich – der Anspruch ab, die wirtschaftlichen und gesellschaftlichen Umbrüche der Gegenwart auf einem hohen literarischen Niveau zu verarbeiten.[82] Kein romantisiertes und aus der Zeit gefallenes „Tellenland" könne daher der Gegenstand einer zeitgenössischen schweizerischen Literatur sein, sondern ein Land, in dem die durch Kapitalismus und Industrialisierung eingeleiteten Veränderungen sichtbar gemacht würden. Weder Korrodi noch Widmann reden folglich einer biederen Alpen- oder Heimatliteratur das Wort, beide setzen sich für eine moderne, realistische schweizerische Literatur ein. Widmann erkennt den Gegenwartsbezug des *Gehülfen* sowie seine moderne Bildhaftigkeit.[83]

über den Vortrag von Hans Trog über Karl und Robert Walser. In: KWA III, 3. S. 348–352, hier S. 352.

80 Dazu Korrodi: Berlin und die Schweizerdichtung. S. 90: „Auch die Schweiz ist wahrhaftig nicht bloß das Tellenland, sondern es wirbeln Industrien, es werden große Energien losgelöst in den Stadtzentren; es wird nicht bloß platonisch das Frühlicht angeschwärmt, es wird nicht gegafft, sondern gearbeitet, nüchtern und stark. Von dieser Seite müssen die Jungen einmal ihrem Lande beikommen. Vielleicht schreibt dann einer einen neuen ‚Martin Salander'?".

81 Joseph Viktor Widmann war seit 1880 Redakteur des Berner *Bund*, Eduard Korrodi wohlgemerkt erst ab 1915 Feuilletonredakteur der *Neuen Zürcher Zeitung* und von 1928 bis 1950 Leiter des Feuilletons. Mithin wird Korrodi erst in den 1920er-Jahren zu dem Schwergewicht-Kritiker, der für „eine ganze Generation von Schriftstellern zur maßgebenden Instanz" aufsteigt. 1911 war er noch als Hilfslehrer an einer Industrieschule tätig. Sein späterer Einfluss im Literaturbetrieb der Schweiz kann jedoch auch aufgrund seiner Mitwirkung in den einflussreichsten Schweizer Vereinen und Kommissionen (etwa im Lesezirkel Hottingen und in der Schweizerischen Schillerstiftung), die Preise und Stipendien an Schriftstellerinnen und Schriftsteller vergaben, nicht unterschätzt werden. Siehe dazu Eduard Korrodi: Ausgewählte Feuilletons. Hrsg. von Helen Münch-Küng. Bern/Stuttgart/Wien: Paul Haupt 1995. Hierin die Abschnitte *Vorwort* und *Biographie*. S. 7 und S. 17.

82 Vgl. Amrein: Großstadt und Moderne. S. 31.

83 Vgl. Widmann: Robert Walsers Schweizerroman *Der Gehülfe*. S. 27. Widmann beschreibt, die Erlebnisse der anderen Figuren würden in der „Seele" Joseph Martis „wie auf einer fotografischen Platte bildhaft" (Widmann: Robert Walsers Schweizerroman *Der Gehülfe*. S. 27) reflektiert erscheinen.

Walser hat sich denn auch von Widmanns Rezension nicht distanziert,[84] sie vielmehr noch viele Jahre nach Erscheinen des *Gehülfen* weitergegeben und damit, wie man annehmen kann, zur Lektüre anempfohlen.[85] Walser kehrte mit seiner Annäherung an die modernen Schreibweisen der Großstadt in Berlin den kulturellen Gesprächszusammenhängen in der Schweiz nun allerdings nicht gänzlich den Rücken, wie Korrodi unterstellt. Die bereits vor Widmanns und Korrodis Beiträgen geäußerte Erwartung, einen neuen Roman Keller'schen Gewichts vorzulegen, war ihm nicht entgangen. Fritz Marti spricht sie in einer Rezension zu *Geschwister Tanner* aus, die am 7. März 1907 in der *Neuen Zürcher Zeitung*, mithin in dem Zeitraum, als Walser am *Gehülfen* arbeitet,[86] erscheint.[87] Diese um 1900 kursierende Forderung nach einer erneuerten, über die Schweiz hinaus relevanten Nationalliteratur ist Walsers Auslotung eines zeitgemäßen realistischen Erzählens im *Gehülfen*-Roman eingeschrieben und erscheint dort als in die Ferne gerücktes, traumhaft erstarrtes Bild vom ‚Vaterländli' oder tönt als ironisch verzerrtes Kuhglockengeläut weiter.

Joseph Viktor Widmanns und Eduard Korrodis Besprechungen setzen das realistische Erzählen für den *Gehülfen* im Speziellen und für die jüngere Generation Schweizer Autoren im Allgemeinen als relevant. Gleichzeitig verengen sie den Realismus der schweizerischen Literatur um 1900, dessen

84 Wie ein Brief vom 21. Mai 1908 bezeugt, in dem Walser auf die Versendung eines Exemplars des *Gehülfen* an Widmann Bezug nimmt, bezeugt, war er an einer Besprechung seines Romans durch Widmann offenbar sehr interessiert: „Ich habe Ihnen vor einigen Tagen mein neues Buch eingeschickt und hoffe, daß Sie dasselbe erhalten haben. Ich bin sehr begierig, wie Sie die Arbeit aufnehmen, und eine besondere Freude erfüllt mich zum Voraus, denken zu dürfen, daß das Buch Ihnen auch nur ein klein wenig Vergnügen bereitet." (BA 1. S. 183).

85 Dem Schriftsteller Emil Schibli, der Walsers Literatur bewunderte und ihn daher 1920 in Biel besuchte, um ihn persönlich kennenzulernen, schickte Walser im Dezember desselben Jahres Widmanns Rezension mit den Worten: „[...], schenke ich Ihnen hiermit, was seiner Zeit Widmann über meinen ‚Gehülfen' schrieb, was Sie sicher ein bischen [sic!] interessieren wird, jetzt, wo im ‚Kleinen Bund' der Bethge'sche Aufsatz über die Gebrüder Walser erschienen ist." (BA 1. S. 633/634).

86 Dieser Zeitraum ist in etwa von Oktober 1906 bis Spätsommer/Herbst 1907 zu veranschlagen. Zur Entstehungsgeschichte des Romans siehe das editorische Nachwort von Angela Thut und Christian Walt in der KWA I, 3. S. 269–304, hier S. 276 und S. 282.

87 Siehe dazu Fritz Marti: Robert Walser, Geschwister Tanner, Berlin 1907. In: KWA III, 3. S. 329–332, hier S. 332. Marti sieht Walsers *Geschwister Tanner* als Nachfolger von Kellers *Grünem Heinrich*, was er in erster Linie am Zürcher Schauplatz beider Werke festmacht, der in *Geschwister Tanner* allerdings so nie benannt wird. In dieser Wahl erkennt Marti einen gewissen „Wirklichkeitssinn[...]", der vermutlich für ihn die Verbindung zu Kellers Realismus herstellt. Insgesamt erscheint ihm Walsers erster Roman allerdings wohl zu „romantisch-traumhaft[...]" (beide Zitate Marti: Robert Walser, Geschwister Tanner, Berlin 1907. S. 332), um an Keller heranzureichen.

Besonderheiten zu diesem Zeitpunkt erst noch zu ergründen wären, auf eine nationalliterarische Bedeutung.[88] Walsers Schreib- und Publikationstätigkeit in Berlin zielt allerdings auf einen größeren deutschsprachigen Literaturzusammenhang und besitzt daher keine erkennbare nationale Perspektive. Sein ‚Realismus' schließt an die Ästhetik moderner Großstadtliteratur an, bleibt dabei aber auf die Schweizer Literaturgeschichte, vor deren Hintergrund er bewertet wird, bezogen.

Berücksichtigt man die komplizierte und nicht gänzlich zu rekonstruierende Entstehungsgeschichte des *Gehülfen*, so ergibt sich ein Bild stark voneinander abweichender Ideen, die dem Roman zugrunde liegen und von denen nur eine realisiert wurde. Dabei zeigt sich ein Schwanken von Walsers Konzeption eines realistischen Romans zwischen Moderne und ‚Heimat'. Walser war nicht von vornherein an einem in der Schweiz angesiedelten Stoff interessiert, sondern vielmehr an einem ‚Anti-Heimatroman', wenn man so will. Vermutlich schrieb er seinen zweiten Roman vergleichbar spontan und zügig nieder wie seinen ersten. Wie im Falle von *Geschwister Tanner* legt das überlieferte Manuskript nahe, dass es sich um eine Erstniederschrift handelt.[89] Christian Morgensterns briefliche Korrespondenz mit Walser und Bruno Cassirer lässt darauf schließen, dass Walser zunächst ein ganz anderes Romanprojekt vorgehabt und möglicherweise schon zur Niederschrift gebracht hatte.[90] Bereits 1906, kurz bevor

---

88 Eduard Korrodi wendet sich in seinen *Schweizerischen Literaturbriefen* (1918) ebenfalls gegen die Einverleibung der Schweizer Literatur durch die deutsche als deren provinzielle Spielart. Dazu Eduard Korrodi: Seldwylergeist und Schweizergeist. In: Ders.: Ausgewählte Feuilletons. Hrsg. von Helen Münch-Küng. Bern/Stuttgart/Wien: Paul Haupt 1995. S. 47–58, hier S. 4: „Denn der Begriff dieser Schweizerliteratur ist nicht einmal von uns hergestellt worden, er ist eine uns auferlegte Einschränkung, die wir erkennen sollten. Wir sollen in der deutschen Literatur die ländliche Provinz sein: Der Knabe, der das Alphorn blies …"

89 Gegenüber Carl Seelig bezifferte Walser die Niederschrift auf sechs Wochen. Vgl. Seelig: Wanderungen mit Robert Walser. S. 99. Seeligs Aufzeichnungen können für die Rekonstruktion der Produktionsprozesse von Walsers Texten, genau wie Äußerungen Walsers in seinen Prosastücken, nicht als zuverlässige Quelle herangezogen werden. Die Forschung hält eine zügige Niederschrift jedoch für wahrscheinlich. Beim erhaltenen Manuskript des publizierten *Gehülfen*, das deutlich weniger Umarbeitungsspuren als das der *Geschwister Tanner* aufweist, handelt es sich offenbar um keine Abschrift. Walser hat vermutlich erst um 1912 damit begonnen, Entwürfe vorzunehmen und diese später ins Reine zu schreiben. Nach *Geschwister Tanner* sowie dem verschollenen *Gehülfen*-Manuskript könnte er bereits geübt genug darin gewesen sein, einen längeren Text in spontaner Reinschrift, ohne größere Umarbeitungen zu verfassen. Vgl. dazu Christian Walt und Angela Thut im editorischen Nachwort der KWA IV, 2. S. 401–410, hier S. 405/406.

90 Zur Entstehungs- und Veröffentlichungsgeschichte des *Gehülfen* siehe ebenfalls das editorische Nachwort zur KWA I, 3 von Angela Thut und Christian Walt, S. 275–289.

*Geschwister Tanner* in den Druck gegeben wird, beschreibt Walser gegenüber Morgenstern seine neue Romanidee, welche in Thematik und Schauplatz keinesfalls einem ‚Schweizerroman' entspricht. Die wenigen Worte, die Walser hierüber verliert, lassen vielmehr an einen abenteuerlichen Reiseroman, möglicherweise in einem kolonialen Kontext,[91] denken: „Im zweiten Roman geht der Held wirklich nach Asien, indem er sich einem tollen Gelehrten ‚dem Teufel im Sommermantel' als Gehilfen anschliesst. Eine wissenschaftliche Expedition!" (BA 1, S. 153). Als reisender Forscher wird bereits Agappaia, Klaras Ehemann, in *Geschwister Tanner* charakterisiert (vgl. GT, S. 29),[92] der, wie gezeigt wurde, in anderen Bearbeitungen ebenfalls als ‚Teufel' adressiert wird. Die skizzierte Geschichte, die Christian Morgenstern wenig später zumindest als Entwurf oder in Teilen vorgelegen haben muss, hätte sich demnach um einen anderen Gehilfen vor dem Hintergrund eines außereuropäischen Schauplatzes gedreht und sie hätte vielleicht an Figurenkonzeptionen aus *Geschwister Tanner* angeschlossen.[93] In Berlin ist Walser von der Dynamik der modernen Großstadt eingenommen und zeichnet literarisch ein fast durchweg positives Bild von dieser. Diese begeisterte Zuwendung drückt sich insbesondere in seinem dritten Roman, *Jakob von Gunten*, aus.[94] Der erste Entwurf des *Gehülfen*, der wohl in ähnlicher Weise vermocht hätte, den Geist der Moderne um 1900 in einem durch Industrialisierung, Wirtschaftswachstum und Export gerade in seinem Selbstbild als moderne Metropole gestärkten Berlin einzufangen, blieb

---

91 Walser hatte sich im betreffenden Zeitraum selbst mit der Idee getragen, „nach den Kolonien zu gehen", gab diese jedoch, wie er Christian Morgenstern mitteilte, aufgrund von Geld- und Zeitmangel auf (BA 1. S. 155).

92 Vgl. GT. S. 29. Weiterhin dazu GT. S. 98, als Klara Simon erzählt, dass Agappaia ihr Wohnhaus verspielt habe: „Agappaia hat sich einer Gesellschaft von Asienforschern angeschlossen und wird bald wegreisen, um dort irgendwo in Indien eine versunkene griechische Stadt zu entdecken."

93 Die Nähe zu Ideen, die in *Geschwister Tanner* umgesetzt sind, bemerkt auch Morgenstern. Im November 1906 macht er in dem hier bereits erwähnten Brief an Cassirer Änderungsvorschläge für das erste *Gehülfen*-Manuskript. Er plädiert für einen Namenstausch zweier Figuren, Christian und Simon, die darin offenbar auftreten. Christian solle deshalb in Simon umbenannt werden, da er „de facto nur ein etwas späterer Simon Tanner" (BA 3. S. 89) sei. Zudem bemerkt Morgenstern eine Schwäche in der Schweizer Herkunft beider Figuren (vgl. BA 3. S. 89). Darüber hinaus ist an Morgensterns Brief bemerkenswert, dass er sich offenbar an der Namensgleichheit einer anderen Figur mit Hedwig Fischer (geb. Landshoff), der Ehefrau von Samuel Fischer, stößt: „Ich kann mir nicht helfen, ich möchte dass Frau Fischer lieber Frau Hundrieser oder sonstwie hiesse. – (Elise, und der Professor, auch die Schwester, auch Frau Fischer zuletzt, – nein, hören Sie, solches ist bereits ausserordentlich.) – Sie hätten übrigens den Verleger Fischer hören sollen, – ich traf ihn im Juli bei Landshoffs –, als er mit mir über Robert W. sprach." (BA 3. S. 89).

94 Siehe dazu Kapitel 4. der vorliegenden Arbeit.

unrealisiert. Im publizierten Roman schlägt Walser einen anderen Weg ein, um sich seiner Gegenwart literarisch-reflektierend anzunähern. Er blickt auf sie mit den Augen des kleinen Angestellten, dem zu diesem Zeitpunkt noch keine spürbare gesellschaftliche und literarische Relevanz zukommt, der allerdings die bürgerliche Lebenswirklichkeit als alleinigen und selbstverständlichen Gegenstand eines realistischen Romans denkbar konsequent verabschiedet.

### 3.1.2 *Der Commis*

„Der Deutsche ist am größten und schönsten, wenn er arbeitet.
Die deutschen Romanschriftsteller sollen sich deshalb
um die Arbeit der Deutschen kümmern."
(Gustav Freytag: Neue deutsche Romane, 1853 in *Die Grenzboten*)

Die deutschsprachige realistische Literatur zwischen 1848 und 1890 war durch einen programmatischen Realismus bestimmt, der – neben seiner Forderung nach bestimmten Darstellungsmitteln wie erzählerischer Plausibilität und Anschaulichkeit[95] – auf eine umfassende Vermittlung bürgerlicher Werte und Lebenswelt abzielte.[96] Das Programm des Realismus vermittelten Zeitschriften, etwa die von Gustav Freytag, Julian Schmidt und Otto Ludwig herausgegebene Zeitschrift *Die Grenzboten*, in der literarisch-ästhetische Fragen diskutiert wurden. Die Literatur des Bürgerlichen Realismus[97] vertritt bürgerliche Interessen, sie erzählt von der bürgerlichen Lebenswelt und richtet sich an ein bürgerliches Publikum.[98] Walsers *Gehülfe* reflektiert die Wirklichkeit seiner Gegenwart demgegenüber aus der Perspektive und psychischen Disposition des Commis, das heißt des subalternen schreibenden Angestellten. Diese Perspektive des Romans schreibt sich von Walsers Büroprosa her, in der er die Welt der niederen Schreiber immer wieder satirisch überspitzt beleuchtet.

Im Folgenden geht es darum, den ‚Realismus' des *Gehülfen*-Romans als literarische Auseinandersetzung Walsers mit der seit 1900 immer einflussreicher

---

95 Vgl. dazu Becker: Bürgerlicher Realismus. S. 127–130.

96 Vgl. Becker: Bürgerlicher Realismus. S. 12.

97 Sabina Becker grenzt den ‚Bürgerlichen Realismus' als umfassendere Kategorie vom ‚Poetischen Realismus' ab. Bürgerlicher Realismus meine die Ästhetik und Programmatiken des Realismus in Verbindung mit der bürgerlichen Epoche in der zweiten Hälfte des 19. Jahrhunderts. Der Ausdruck ‚Poetischer Realismus' beziehe sich dagegen auf literarische Formen und Schreibweisen des Realismus. Vgl. dazu Becker: Bürgerlicher Realismus. S. 15/16. Im Folgenden wird Realismus im Anschluss an Becker in einem weiteren kultur- und sozialgeschichtlichen Epochenverständnis als Bürgerlicher Realismus begriffen.

98 Vgl. Becker: Bürgerlicher Realismus. S. 15.

werdenden Gruppe der Angestellten zu spezifizieren. Im Verhältnis von Tobler und Marti misst Walser literarisch die historisch neue Form privatwirtschaftlicher Bürokratie aus, die erst das späte 19. Jahrhundert hervorgebracht hatte. Gleichzeitig schlägt er im dialektischen Entwurf des Angestellten als Schreiber und Spaziergänger/Schwimmer/Tänzer, wie er in dieser Weise auch in verschiedenen Bürotexten Walsers angelegt ist, einen gedachten Zusammenhang von Leben und Schreiben vor, den er im Laufe der Zeit immer häufiger und zunehmend präziser ausarbeitet – dies erstmals umfassend in der Prosasammlung *Poetenleben* (1917) – und als autobiographisches Verstehensangebot seines Werks adressiert. Um diesen Zusammenhang darzulegen, soll in erster Linie Walsers längerer Angestelltentext *Helbling's Geschichte*, den er in verschiedenen Publikationskontexten veröffentlichte, herangezogen werden.

*Der Gehülfe* besieht die bürgerliche Lebenswelt und ihre Werte, deren Einfluss und Selbstverständlichkeit um 1900 erodieren, von unten und richtet das Objektiv der Literatur damit auf den virulenten Geltungsverlust bürgerlicher Lebensmodelle und die mit diesen in Verbindung stehenden realistischen Erzählweisen. Für das Bürgerliche stehen im Roman sowohl Toblers geschäftsmäßiges Expansionsdenken als auch sein Familienleben. In beiden Sphären gefällt er sich als das unhinterfragt mit Handlungs- und Entscheidungsmacht ausgestattete Familien- und Geschäftsoberhaupt. Marti kann am bürgerlichen Leben dagegen nur am Rande, als „Anhängsel"[99] und ‚Fehler im Bild' am Esstisch der Toblers teilnehmen. Das soziale Gefälle zwischen Chef und Angestelltem setzt Tobler immer wieder autoritär bis wohlwollend paternalistisch in Form von Machtgesten ein. Hierzu gehören das wiederkehrende gönnerhafte Spendieren von ‚Stumpen', die beständig als großzügig inszenierte Verköstigung Martis mit Kaffee und gutbürgerlichem Essen sowie der Versuch Toblers, Joseph einen seiner abgetragenen Anzüge anzudrehen.[100] Indem der Roman Martis Wahrnehmung und Lebenssituation erklär- und nachvollziehbar macht, nicht jedoch die seines macht- und erfolgsorientierten Vorgesetzten, rückt er die bürgerliche Lebenswirklichkeit in Distanz.

99 Mit diesem häufig zitierten Ausdruck reflektiert Joseph Marti seine frühere Arbeit in der Elastique-Fabrik und beschreibt damit sein nur aushilfsweises Engagement. Das Dazugehören nur am Rande wird allerdings umfassend auf seine Persönlichkeit bezogen: „Er schien mit seiner ganzen Persönlichkeit nur ein Zipfel, ein flüchtiges Anhängsel zu sein, ein nur einstweilen geschlungener Knoten." (BA 6. S. 20/21).

100 Joseph nimmt sich dem Hause Tobler gegenüber aufgrund dieser ‚Spenden' als Schuldner wahr, gleichwohl er täglich, teilweise sogar sonntags arbeitet und zudem kein Gehalt ausgezahlt bekommt. Siehe dazu BA 6. S. 27, S. 132/133, S. 149 und S. 152.

Tobler verkörpert einen Typus bürgerlicher Männlichkeit,[101] der im Roman der Lächerlichkeit preisgegeben wird. Durch seine wiederkehrenden unkontrollierten Wutanfälle und großsprecherisch-eitlen Reden wird er insgesamt als schwacher Charakter vorgeführt. Bereits die Exposition, die das erste Zusammentreffen von Tobler und Marti beschreibt, führt ihn in satirisch überzeichneter Weise ein: „An den festen Schritten über die hölzerne Treppe und am Türaufmachen hatte der Wartende sogleich den Herrn erkannt. Die Erscheinung bestätigte nur die vorausgegangene Gewißheit, es war in der Tat niemand anderes als Tobler, der Chef des Hauses, der Herr Ingenieur Tobler. Er machte ziemlich große Augen, er schien ärgerlich zu sein und war es auch." (BA 6, S. 9). Noch ehe Tobler auftritt, wird er von dem im Büro auf ihn wartenden Joseph an der vermeintlichen Autorität seiner Schritte erkannt. Das Machtgefälle ist somit bereits vor der ersten Begegnung der beiden Figuren etabliert, seine scheinbare Selbstverständlichkeit wird allerdings in Toblers lächerlich anmutendem Bestehen auf Förmlichkeit und Subordination seines neuen Angestellten ihm gegenüber zugleich auch angezweifelt. Die Deckungsgleichheit von Ahnung (der Chef nähert sich) und Gewissheit (er ist es tatsächlich) sowie äußerer Erscheinung und innerer Befindlichkeit Toblers, die in dieser Szene registriert werden, lässt in ihm eine ziemlich grobschlächtige und leicht durchschaubare Persönlichkeit erkennen. Toblers Figurenrede wird häufig nur in Ausschnitten dargestellt und mit merklicher Distanz kommentiert: „Er ‚begriff' nicht, es nahm ihn dies und jenes ‚Wunder'" (BA 6, S. 10). Toblers Machtposition wird damit von Beginn an untergraben.[102] Die prekäre Autori-

---

101 Vor dem Hintergrund der industriellen, geistig-kulturellen und gesellschaftlichen Umwälzungen im 19. Jahrhundert konnte dieser Männlichkeitstypus, der im Zusammenhang mit der Aufwertung einer militärisch-nationalstaatlich und arbeitsspezifisch-leistungsorientiert geprägten Identität zu sehen ist, hervortreten und dominant werden. Vgl. dazu Wolfgang Schmale: Geschichte der Männlichkeit in Europa (1450–2000). Köln/Weimar/Wien: Böhlau 2003. S. 195.

102 Toblers Glaubwürdigkeit als erfolgreicher Unternehmer steht auch deswegen auf tönernen Füßen, weil Joseph über dessen eigentlich höchst angespannte finanzielle Situation bereits kurz nach seiner Einstellung unterrichtet ist. Dazu BA 6. S. 17: „Was sagte doch heute früh Herr Tobler? Er hat ziemlich viel Geld geerbt, hat nun aber bereits sein gesamtes Vermögen in die ‚Reklame-Uhr geworfen'. Ein sonderbarer Spaß, zehn- bis zwanzigtausend Mark in Uhren zu werfen. Gut, daß ich mir dieses Wort ‚werfen' gemerkt habe, es scheint mir ein stark im Gebrauch bestehendes, übrigens sehr klipp und klares Wort zu sein, das ich vielleicht schon in nächster Zeit in meinen Korrespondenzen werde anwenden müssen." Schon bald kommt ihm die Aufgabe zu, Briefe zu verfassen, die die Einlösung von Bankkrediten verschieben sollen (vgl. BA 6. S. 28). Im Verlauf der Geschichte spitzt sich die Überschuldung des Unternehmens derart zu, dass Marti schließlich nur mehr damit beschäftigt ist, Forderungen von Toblers zahlreichen

tät der Chefs spielt auch Walsers Angestelltenprosa immer wieder durch.[103] Dort sind es die ‚Herren', die sich bisweilen in die Position des Untergebenen mit ihrer geringeren Verantwortlichkeit wünschen.[104] Stets wird deutlich, dass die Beziehung zwischen Vorgesetzten und Angestellten keine naturhafte ist, sondern mit teils „sehenswerter Theaterbrutalität"[105] (KWA III, 1, S. 212) permanent hergestellt und ausgestellt werden muss.

Joseph Martis Anstellung bei Tobler, das streng hierarchisch geregelte Arbeitsverhältnis, in dem die beiden Figuren zueinander stehen, sowie Josephs existentielle Abhängigkeit vom und Allrounder-Funktion im Tobler'schen Büro und Haushalt bilden die zentralen Reflexionsgegenstände des Romans. Die Wahrnehmung und Bewertung der Personen und Geschehnisse im Hause Tobler sind fast ausschließlich auf Joseph Marti abgestellt, dessen Denkhorizont die Erzählung jedoch auch immer wieder bedeutungsvoll überschreitet.[106] Wiederkehrend wird die Dynamik zwischen Tobler und Marti in satirisch überzeichneten Büroszenen ausgemalt. Zu Toblers technischen Erfindungen zählen ein sogenannter Schützenautomat, welcher auf Jahrmärkten aufgestellt gegen Münzeinwurf scharfe Munition abgibt und eine Reklame-Uhr[107], auf der auf seitlich angebrachten flügelförmigen Flächen Werbung platziert werden kann, fernerhin ein Krankenstuhl und ein Tiefbohrer. Die Korrespondenz mit potentiellen Geldgebern (‚Kapitalisten') für die Produktion dieser Geräte zählt zu Joseph Martis Aufgaben. Gegenüber Tobler muss er immer wieder vorgeben, hinter den Geschäftsideen seines Vorgesetzten zu stehen.[108] Dialogen

---

Gläubigern abzuwehren, bis zuletzt das Elektrizitätswerk den Strom in der Villa abstellt (vgl. BA 6. S. 182).

103 Vgl. Wagner: Herr und Knecht. S. 132, Caduff: Revision und Revolte. S. 23 oder Gisi/Sorg: „Er gehorcht gern und widersetzt sich leicht.". S. 140/141.

104 So in dem 1928 im *Berliner Tageblatt* veröffentlichten Prosastück *Herren und Angestellte*. Vgl. KWA III, 1. S. 210–213, hier S. 210/211.

105 Auf die „Bildlichkeit des Theaters" in Walsers Angestelltenprosa haben Lucas Marco Gisi und Reto Sorg hingewiesen. Siehe Gisi/Sorg: „Er gehorcht gern und widersetzt sich leicht.". S. 137.

106 Wie schon erwähnt hat die Gestaltung der zwischen Figur und Erzähler schwankenden Perspektive die Forschung stark beschäftigt. Weniger Beachtung fand, dass äußerst punktuell auch aus der Perspektive anderer Figuren als Joseph wahrgenommen und bewertet wird, etwa aus der Frau Toblers (vgl. BA 6. S. 48 und S. 221).

107 Hanspeter Affolter hat herausgestellt, dass Toblers Affinität zur Reklame und deren geschickter Einsatz im Kontext seiner technischen Erfindungen auf der Höhe der Zeit sind. Der positive Bezug auf Reklame ist aber auch als positiver Bezug auf die Moderne lesbar. Reklamekritik ist ein Topos in antimodernistischen Diskursen um 1900. Vgl. Affolter: Des Erfinders moderne Fetische. S. 23.

108 Auch verschiedene innere Monologe Josephs sind darauf ausgerichtet, dass dieser sich die Identifikation mit Toblers Unternehmungen selbst abfordere. So z. B. Josephs innerer

wie folgendem ist eine satirische Übertreibung eingeschrieben, die sich in verschiedenen Bürotexten Walsers wiederfindet:

> „Wenn die Reklame-Uhr nicht geht, dann geht wenigstens die Bohrmaschine," murmelte er zu Joseph hinüber, und von dem Korrespondenztisch her klang zur Antwort wieder ein: „Natürlich!", „Im schlimmsten Fall habe ich ja noch den Schützenautomaten, der reißt alles heraus," redete der Skizziertisch, worauf die Abteilung für kaufmännisches Wesen antwortete: „Selbstverständlich!", „Glaube ich eigentlich an das, was ich da sage?" dachte Joseph. „Nicht zu vergessen der patentierte Krankenstuhl," rief Tobler. „Aha!" machte der Gehilfe. (BA 6, S. 53).

Die Szene parodiert die formelle, hierarchiegebundene Kommunikation in einem modernen Büro. In der anachronistischen Überblendung von ‚traditionaler', personengebundener Herrschaft[109] (der Patriarch und sein Gehilfe) und den Bedingungen eines zeitgenössischen Großbetriebs (‚Abteilungen' kommunizieren miteinander) entsteht eine spezielle Komik. In ihrer Überzeichnung besitzt die Szene Ähnlichkeit mit Walsers Angestelltentexten *Ein Vormittag* (1907), *Das Büebli* (1908) und *Germer* (1910), die in etwa zur Zeit der Entstehung und Publikation des Romans in der Satirezeitschrift *Simplicissimus* erschienen. In diesen Texten stehen die groteske Eintönigkeit der Angestelltentätigkeit und daraus resultierende Unterforderung, die sich in einer subjektiv als bis ins Unermessliche verlangsamt empfundenen Zeit äußern,[110] die destruktiv-zwangsregulierte Körperlichkeit im Büro[111] sowie

---

Monolog, während er Briefe für die Vermarktung der Reklame-Uhr schreibt, siehe BA 6. S. 28: „Sie [die Reklame-Uhr, MH] ist wie ein kleines oder großes Kind, [...]. Gedeiht denn eigentlich dieses Unternehmen, wächst dieses Kind? Man merkt wenig davon. [...]. Diese kostspielige Uhr ist Tobler beinahe ans Herz gewachsen. Was aber denken andere Leute von dieser Idee? [...]. Was mich selber betrifft, so glaube ich fest an die Möglichkeit einer Realisierung derselben, und ich glaube deshalb daran, weil es meine Pflicht ist, weil ich dafür bezahlt werde."

109 Max Weber grenzt die ‚traditionale' Herrschaft, die ihre Legitimität aus der Gewohnheit bezieht (Autorität kommt einem Personenkreis zu, weil es ‚immer schon so war'), von der ‚legalen' Herrschaft ab, die personenunabhängig und rational begründet wird. Dazu Max Weber: Wirtschaft und Gesellschaft. Grundriss der verstehenden Soziologie. 5., revidierte Auflage. Hrsg. von Johannes Winckelmann. Tübingen: Mohr 1972. S. 124–126.

110 Dies insbesondere in dem Text *Ein Vormittag*, in dem sich die Figur Helbling schon „halb unvernünftig geworden" (SW 2. S. 120) absurde Ablenkungshandlungen wie Tinte auf die Nase zu tupfen und wieder abzuwischen überlegt, um die schleichenden Minuten eines Montagvormittags im Büro zu füllen (vgl. SW 2. S. 114–121).

111 In *Germer* wird die „Unterminierung der körperlichen und geistigen Gesundheit" als Preis für die sichere „Lebenspostenexistenz" (beide Zitate SW 3. S. 115) des Angestellten benannt.

die sich auch räumlich niederschlagende Amtshierarchie im Vordergrund;[112] das heißt Elemente, die Walser schon – wie bereits gezeigt – in verschiedenen Szenen in *Geschwister Tanner* umgesetzt hat.

Im *Gehülfen* und in der Prosa des Büros werden die zentralen Merkmale der Bürokratie, ihre spezifische Organisationstruktur und Kommunikationskultur, wie sie ab 1909 Max Weber beschrieben hat, zugespitzter und stärker narrativ ausgestaltet unter die Lupe genommen. Walsers typenhafte Protagonisten des Büros – Germer, Hasler, Helbling, Tanner, Senn –, sie alle sind angesichts der mechanischen Abläufe und Tätigkeiten im Büro kleine Rädchen im Getriebe, ganz im Sinne der unpersönlichen, sachlichen und auf Austauschbarkeit abzielenden bürokratischen Arbeitsorganisation.[113] Die Bürokratie wird umso effizienter, je stärker sie sich „entmenschlicht"[114], das heißt je deutlicher sie vom Individuellen absieht und zur Maschine wird. Für die „umfassende Disziplinierung"[115] im Büro findet Walser in der kürzeren Prosa eine grotesk überzeichnete, bisweilen drastische Bildlichkeit, etwa wenn Helbling in *Ein Vormittag* den „Minutenzeiger" in seiner Phantasie tot „prügelt" (beide Zitate SW 2, S. 116) oder Germer, dem man aus heutiger Perspektive ein Burnout diagnostizieren würde, aufgrund seiner notorischen Unbeherrschtheit als „schlechte Maschine" (SW 3, S. 116) bezeichnet wird. Die Commis und Angestellten der Prosa Walsers, die als eindimensionale Klatschmäuler wie Helbling in *Germer* (vgl. SW 3, S. 117), opportunistische Schleimer wie Glauser in *Das Büebli* (vgl. SW 3, S. 121) oder faule Arbeitsvermeider wie Helbling im gleichnamigen Prosastück (vgl. KWA 1,8, S. 79–83) gezeichnet sind, erscheinen in den meisten Realisierungen wie Karikaturen. In ihre deformierten Psychen gibt es zwar immer wieder Einblicke, doch auch in Bezug auf ihr Innenleben bleiben sie hölzern und ohne Identifikationsangebot.

Erst im Roman kann Walser der Darstellung von bürokratisch produzierten zwischenmenschlichen Zwängen eine psychologische Tiefendimension geben. Im *Gehülfen* werden etwa die durch Arbeitsteilung und geschäftliche Hierarchie hergestellten intersubjektiven und psychologischen Mechanismen in Josephs zahlreichen inneren Monologen einer minutiösen Reflexion

---

112 So z. B. in *Ein Vormittag*: „Da sind in so einem Saal an die zehn bis fünfzehn Pultreihen mit Gängen zum Revuepassieren, an jedem Doppelpult arbeitet ein Paar Menschen. […]. Zuoberst im Saal steht das Pult des Vorstehers." (SW 2. S. 114).

113 Vgl. Alfred Kieser: Max Webers Analyse der Bürokratie. In: Alfred Kieser/Mark Ebers (Hrsg.): Organisationstheorien. 6. Auflage. Stuttgart: Kohlhammer 2006. S. 63–92, hier S. 72/73.

114 Weber: Wirtschaft und Gesellschaft. S. 563.

115 Kieser: Max Webers Analyse der Bürokratie. S. 76.

unterzogen.[116] Der Angestellte erhält so, je nachdem, ob er im satirischen Prosastück oder im Roman auftritt, eine andere, der jeweiligen textuellen und medialen Logik entsprechende Akzentuierung.

Der Figur des Angestellten kommt in Bezug auf Walsers Prosa und die Romane *Geschwister Tanner* und *Der Gehülfe* darüber hinaus eine intertextuelle Scharnierfunktion zu. Werkgenetisch betrachtet verbindet sie beide Romane und die Kurzprosa, inhaltlich lässt sich an ihr die ‚Dialektik' des Commis oder Angestellten ablesen, die auch für *Poetenleben* strukturbildend ist. Die über die Figur des Gehilfen oder Angestellten vermittelte Nähe zwischen *Geschwister Tanner* und dem *Gehülfen*-Stoff (auch mit Blick auf dessen verschollene erste Bearbeitung) lässt sich anhand der aus dem *Geschwister-Tanner*-Manuskript gestrichenen Passagen deutlich erkennen. Walser muss schon bei der Niederschrift seines ersten Romans Ideen gehabt haben, die in Richtung der Geschichte um den Gehilfen Joseph Marti in der Villa zum Abendstern weisen. Ein hier bereits erwähnter Brief von Simon Tanner belegt dies: Er ist an einen Herrn gerichtet, der „ein frei gelegenes, eine grüne Anhöhe krönendes Haus, dessen Zierde ein kleiner Turm bildet, von dessen Höhe herab man eine prachtvolle Fernsicht auf See und Gebirge genießt" (KWA IV, 1, S. 312) bewohnt. Es leuchtet ein, dass Simons Brief an den geehrten Herrn nicht nur wegen seiner Länge,[117] sondern auch aufgrund seiner motivischen Isoliertheit aus *Geschwister Tanner* gestrichen wurde.[118] Der Brief reflektiert zwar keine

---

116 Dies wird z. B. deutlich, wenn Joseph über die Dynamik zwischen Chef und Angestelltem nachdenkt, als Tobler einen Tag geschäftlich außer Haus verbringt: „Wie nett es sich übrigens für ihn hier lebte, wenn der Herr Prinzipal sich außerhalb befand. So ein Prinzipal, er mochte der netteste Mensch von der Welt sein, blieb doch immer eine Ursache zum fortwährenden Aufpassen. War er guter Laune, so hatte man beständig Angst, etwas könne kommen und die fröhliche Gebieterlaune ins gerade Gegenteil umschlagen. War er gehässig und bissig, so hatte man die mehr wie saure Pflicht, sich selber für einen struben Gauner zu halten, weil man sich unwillkürlich als der elende Veranlasser der schlechten Stimmung ansah. War er gleichmütig und gesetzt, so blieb die Aufgabe vor, diesem gleichmäßigen Wesen keinen auch nur fadenscheinig dünnen Schaden anzutun, damit es sich ja nicht etwa mit einem Ritzchen und Spältchen verletzt fühle. War der Herr spaßig aufgelegt, so verwandelte man sich augenblicklich in einen Pudel, da es doch galt, dieses lustige Tier nachzuahmen und die Witze und Zoten behend aufzuschnappen. War er gütig, so kam man sich wie ein Elender vor, war er grob, so fühlte man sich verpflichtet zu lächeln." (BA 6. S. 64/65).

117 Die Entfernung der Passage, von der lediglich Beginn und Schluss des Briefs erhalten sind (vgl. KWA IV, 1. S. 379), empfiehlt Christian Morgenstern gegenüber Cassirer (vgl. BA 3. S. 84). Randnotizen Walsers im Druckmanuskript des Romans lassen jedoch erkennen, dass er selbst eine Streichung erwog. Vgl. dazu Von Reibnitz/Groddeck im editorischen Nachwort der KWA IV, 1. S. 379.

118 Dazu KWA IV, 1. S. 316: „Wo sind Sie jetzt, mein sehr geehrter Herr? Vielleicht wohnen Sie irgendwo im billigen Arbeiterviertel, draußen, wo die Felder anfangen, und die Stadt

Erlebnisse Simons, lässt sich aber äußerst stimmig auf die Bankrottgeschichte der Firma Tobler im publizierten *Gehülfen*-Roman beziehen. Die verworfene Passage schärft so die Sicht auf die figurenbezogenen Verflechtungen[119] beider Romane. Der Stoff um die Figur eines Gehilfen war für Walser offenbar nur geringfügig festgelegt, sodass er ihn ausgesprochen flexibel in Roman und Kurzprosa einsetzen konnte.

Auch deshalb konnte das Prosastück *Helbling's Geschichte* – in Kapitel 2.2.3 wurde bereits kurz auf den Text hingewiesen – in zwei Realisierungen erscheinen, zuerst am 30.08.1913 in der Zeitschrift *März* und 1914 in der Prosasammlung *Kleine Dichtungen.* Zudem hatte Walser ursprünglich auch vorgesehen, das Stück in *Geschwister Tanner* zu integrieren. Es sollte dort unter dem Titel *Mein Leben*,[120] welcher die Vorstellung eines memoirenhaften Schreibens aufruft, in einer ersten Überarbeitungsstufe im 13. Kapitel des Romans platziert werden.[121] Hier hätte es ein schriftliches Erzeugnis von Simons Vormieter dargestellt, das er in seinem Zimmerofen findet, worin der frühere Mieter es vermutlich verbrennen wollte. Der Text *Helbling's Geschichte* ist im Manuskript nicht erhalten, jedoch eine gestrichene Passage, die dessen Einfügung in die Romanhandlung anmoderieren sollte und Simons Gedanken beim ersten Betrachten der Schrift seines Vormieters enthält. Sie ist nicht allein deshalb interessant, weil sie den Verfasser zuerst allein über seine Handschrift als Commis vorstellt, sondern auch, da sie in Konturen den Zusammenhang von Leben und Schreiben, wie ihn *Helbling's Geschichte, Der Gehülfe* und andere Commis-Texte Walsers entwerfen, benennt:

---

aufhört, wo die Kinder des arbeitenden Volkes in den Straßen und auf den kahlen, heißen Plätzen spielen und herumtollen, wo nun Ihre Kinder mit solchen Kindern vermischt werden und als ein und dasselbe betrachtet werden. Und Ihre stolze Frau? Wird sie noch so stolz sein dürfen und sein können? Und Sie? Ich werde Ihnen wahrscheinlich eines Tages begegnen und werde ganz jovial mit Ihnen reden, [wie] vielleicht werde ich gar die Frechheit besitzen, Ihnen auf die Schulter zu klopfen, wie ich es mit den Schreibstubengesellen zu machen pflege, mit denen ich alle Ursache habe, kameradschaftlich umzugehen. Leben Sie wohl. Ich rate Ihnen, arbeiten Sie, und bilden Sie sich ja nicht etwa ein, die Welt hätte Ihnen Unrecht getan. Lernen Sie im Unglück ein besserer, vernünftiger Mann werden." Die deutlich vernehmbare Genugtuung angesichts des sozialen Abstiegs des Villenbesitzers und seiner Familie, die aus den Zeilen von Simons Brief spricht, könnte man nach allen durch Tobler erlittenen Demütigungen fraglos dem Gehilfen Marti zuschreiben. Jochen Greven begreift Simons Brief denn auch als „eine Keimzelle des Romans ‚Der Gehülfe'" (SW 9. S. 375).

119 Vgl. Caduff: Revision und Revolte. S. 110. Für Caduff ist der Zusammenhang der Romane ein durch „Figurenbiografien" (Caduff: Revision und Revolte. S. 110) vermittelter.

120 Zur textgenetischen Bedeutung der Passage im Manuskript siehe Von Reibnitz/Groddeck im editorischen Nachwort der KWA IV, 1. S. 372/373 und S. 378.

121 Vgl. dazu die tabellarische Kapitelübersicht in KWA IV, 1. S. 385.

> Was sollte das bedeuten? Die blauen Schriftzüge waren elegant, von jedenfalls junger Hand, hingeworfen. So schr[e]ieben in der Regel die kleinen, schmächtigen, jungen Commis in den großen Bankanstalten. Sollte der Schreiber diese[r]s Päckchen[s] vielleicht gar ein Kollege von ihm sein? Einer seiner früheren Kollegen? Es fing an, ihn lebhaft zu interessiren [sic!]. Wohl mochte es unter seinen ehemaligen Kollegen auch einmal einen oder zwei Menschen geben, die mit ihren Gedanken über ihr Lebenslos nicht hinauskamen. Die stille nachrechnerische Beschäftigung unterstützte ja, wie er aus eigener Erfahrung wußte, die Sucht, über sich selber nachzudenken. (KWA IV, 1, S. 246).

Simons innerer Monolog umreißt die Dialektik des Angestellten, der Commis und Künstler zugleich ist.[122] Die „nachrechnerische Beschäftigung" setzt jenen geistigen Leerlauf in Gang, der Kreativität und damit den Text *Mein Leben* ermöglicht. Das Schreiben ist dabei ein auf sich selbst gerichtetes: Es ist von der „Sucht", über sich selbst nachzudenken, getrieben. Die autobiographische Beschäftigung steht im Zeichen der Exaktheit, die durch das präzise Nachrechnen eingeübt wird.

Von seiner Funktion im Büro her betrachtet ist der Angestellte allerdings nicht schöpferisch tätig. Was er verfasst, ist nicht seine eigene Aussage, sondern Auftragsarbeit.[123] Dieses heteronome Produzieren von Texten nimmt Walsers späteres „Prosastückligeschäft"[124] vorweg, es deutet jedoch auch bereits eine Unvereinbarkeit mit einem hermeneutischen Verständnis der literarischen Autobiographie an, dem zufolge der Schreibende Kontrolle über die künstlerische Gestaltung seines Lebensstoffs besitzt. Die zunächst geplante Platzierung von *Helbling's Geschichte* in *Geschwister Tanner* hätte eine Überblendung von Angestelltenprosa und autobiographischem Schreiben, welches der alternative Titel *Mein Leben* anzeigt, impliziert, die auch für den *Gehülfen* bedeutsam wird, wie Kapitel 3.2 ausführlicher zeigen wird.

Der äußere Zwang des Büros und die Inhaltslosigkeit der dortigen Tätigkeit setzen die Kreativität des Commis überhaupt erst frei.[125] Die Arbeitsaufträge, die Joseph für Tobler erledigt, geben immer wieder Gelegenheit, die

---

122 Vgl. Gisi/Sorg: „Er gehorcht gern und widersetzt sich leicht.". S. 140.

123 Siehe dazu Ethel Matala de Mazza: Angestelltenverhältnisse. Sekretäre und ihre Literatur. In: Bernhard Siegert/Joseph Vogl (Hrsg.): Europa: Kultur der Sekretäre. Zürich/Berlin: Diaphanes 2003. S. 127–146, hier S. 130/131: „Die Tätigkeiten der Diktataufnahme, des Kopierens und Registrierens sind symptomatisch für ein Schreiben, das nicht aufhört, Stimme und Vorschrift eines anderen aus sich sprechen zu lassen." Vgl. auch Gisi/Sorg: „Er gehorcht gern und widersetzt sich leicht.". S. 138.

124 Walser in einem Brief an Frieda Mermet vom 06.01.1928 (siehe BA 2. S. 358).

125 Dazu Sorg/Gisi: „Er gehorcht gern und widersetzt sich leicht.". S. 134: „Das Büro erscheint als Inbegriff eines fremdbestimmten Lebens, bildet aber zugleich den Ort, an dem die Fantasien und Träume des Dichters ansetzen, um sich die Wirklichkeit anzueignen."

Phantasie schweifen zu lassen, ganz so wie dies in Walsers früheren Texten und Entwürfen des Angestellten angelegt ist. Nach seiner Rückkehr ins Büro von seinem Besorgungsgang faltet er Akquise-Schreiben zur Versendung und reflektiert dabei den engen Zusammenhang von Büroarbeit und Träumerei: „Zu Hause angelangt machte er sich wieder mit dem Falzen der Zirkulare zu schaffen. Für je ein Zirkular verwendete er vier Händebewegungen. Er träumte dabei. Diese Arbeit forderte das gemütvolle Herumsinnen um irgend etwas geradezu heraus." (BA 6, S. 126). Die tägliche Unterforderung bietet auch Helbling Anlass zu exzessiver Phantasietätigkeit, er wünscht sich dabei immer, woanders zu sein.[126] Das Anderswo ist dem Horizont des Büros immer eingeschrieben. Diese doppelte Struktur korrespondiert dem Wechsel von Angestelltentätigkeit und körperlicher Betätigung, der ebenfalls ein Dasein jenseits der engen Grenzen des Büros auslotet.

Anders als Joseph ist Helbling als Figur nicht so angelegt, dass man ihm Sympathien entgegenbringen könnte. Die Konstruktion des Textes in der Ich-Form bietet allerdings eine Innensicht, in der bereits eine Differenzierung des typenhaft-schablonenartigen und angepassten Angestellten, als der er in den anderen Büroprosastücken Walsers erscheint, erkennbar wird. Hierin lässt sich Helbling quasi als mittlere Stufe einer Konstruktion zwischen Romanfigur und Prosastücktypus identifizieren. In *Helbling's Geschichte* schwankt die Figurendarstellung zwischen charakterlicher Tiefenschärfe und satirischer Distanz, was seine Anlage in gewisser Weise unstimmig macht. Das Prosastück ist, wie dies auch die gestrichene Passage aus *Geschwister Tanner* ankündigt, in der Art eines bekenntnishaft-autobiographischen Textes verfasst, was bereits sein Einstieg verdeutlicht: „Ich heiße Helbling und erzähle hier meine Geschichte selbst, da sie sonst wahrscheinlich von niemandem aufgeschrieben würde." (SW 4, S. 56). Gleichzeitig hält es am Entwurf einer Durchschnittspersönlichkeit fest, deren Lebensanschauung und Bedürfnisse durch die Welt des Büros bereits korrumpiert sind. So diagnostiziert sich Helbling, dem man, wenn man ihn in seiner Figurenanlage ernst nimmt, eine solche Reflexionsfähigkeit nicht zutrauen würde, permanent höchst scharfsichtig seinen eigenen Stumpfsinn.[127]

126 So denkt Helbling am Mittagstisch: „[…], ich könnte eigentlich anderswo, wo es vielleicht fideler zuginge am Eßtisch, ebenso gut, oder noch feiner essen […]. Ich lasse alle Stadtteile und alle Häuser, die ich kenne, in meiner Erinnerung vorübergehen, bis ich etwas ausfindig gemacht habe, das etwas für mich sein könnte." (SW 4. S. 57).

127 Siehe dazu die folgenden Beispiele: „Ich habe so das Maß, wie man auf schriftdeutsch sagt." (SW 4. S. 57), „Mein Wesen hat viel Läppisches und dazu noch Eitles, […]." (SW 4. S. 60), „Seltsam, ich habe gar nicht das Talent, mich einigermaßen zu schämen." (SW 4. S. 60), „Ich bin ein kleines, blasses, schüchternes, schwaches, elegantes, zimperliches

*Helbling's Geschichte* findet für die negative Körperlichkeit des Büros eine Bildsprache des Destruktiven, welche mit der satirisch-humoresken Darstellung in den sonstigen Angestelltentexten Walsers bricht: „Wenn ich im Bureau stehe, werden meine Glieder langsam zu Holz, das man wünscht, anzünden zu können, damit es verbrenne: Pult und Mensch werden Eines mit der Zeit." (SW 4, S. 62). Die aufgezwungene Bewegungslosigkeit führt zu einer körperlichen Erstarrung, die sich in selbstzerstörerischen Gewaltphantasien niederschlägt. Bereits Walsers Textzyklus *Der Commis* von 1902/1904 beschreibt das Büro als enge, erfahrungsarme Welt: „Die Welt und das Wirkungsfeld eines Commis ist das enge, schmächtige, karge, trockene Bureau." (BA 4, S. 47).

Helbling erlebt demgegenüber aber auch Gefühlslagen und körperliche Sensationen, die sich der deformierten Büroexistenz entziehen, und zwar wenn er sich abends beim Tanz amüsieren geht: „Wenn ich tanze, vergesse ich, daß ich Helbling bin, denn ich bin dann nichts mehr als nur noch ein glückliches Schweben. Das Bureau mit seinen mannigfaltigen Qualen würde mir keine Erinnerung zu Gesicht bringen." (SW 4, S. 67). Im Tanz kann aus der zwanghaften Persönlichkeit des Büros, die allein durch die permanente körperliche und geistige Disziplinierung, die Überwachung durch den Prinzipal sowie kollegiale Kontrolle und deren Verinnerlichung geformt wird,[128] für den Moment herausgetreten werden. Sein Angestellten-Ich, in dem berufliche Tätigkeit und eigene Bedürfnisse völlig auseinanderfallen, vergisst Helbling vorübergehend. Die gegenseitige Beobachtung der Anwesenden, die beim Tanzabend nicht ausgeschaltet wird, ist keine disziplinierende, vielmehr führt sie zu einer gemeinsam erlebten positiven Körperlichkeit: „Um mich herum sind gerötete Gesichter, Duft und Glanz von Mädchenkleidern, Mädchenaugen blicken mich an, ich fliege: kann man sich seliger denken? Nun habe ich es doch: einmal in dem Kreise der Woche vermag ich selig zu sein." (SW 4, S. 67). Eine vergleichbare „Uebereinstimmung [sic!] von Leib, Bewegung, Sprache und Lächeln" (BA 4, S. 55) erfährt der Commis in der gleichnamigen

Kerlchen […]." (SW 4. S. 62), „Ich tue ungemein wichtig, wenn ich lese, blicke mich nach allen Seiten nach Menschen um, die mir zusehen, wie klug da einer seinen Geist und Witz ausbilde, […]." (SW 4. S. 63), „Für große Ideale, die die Menschheit betreffen, habe ich es nie passend gefunden, zu schwärmen, […]." (SW 4. S. 64), „Ich will Profit machen, aber es soll mich nur ein Zwinkern mit den Augen, höchstens ein faules Handausstrecken kosten." (SW 4. S. 71).

128 Helblings Selbstreflexion erfolgt durchgängig in Bezug auf die Wahrnehmung seiner Person durch die anderen. Er fragt sich etwa, welch „schlechten Ruf" (SW 4. S. 59) ihm seine Arbeitsvermeidung wohl schon eingebracht habe. Die Vorwegnahme des Urteils anderer führt zu einer ständigen bewussten Inszenierung der eigenen Person: „So bin ich: schwindelköpfig und auf den Effekt berechnet." (SW 4. S. 63).

Textgruppe in einem Traum, in dem er mit einer verflossenen Liebe im Regen spaziert.

*Helbling's Geschichte* beleuchtet die Schwierigkeit, in der Massengesellschaft vom Ich zu erzählen. In seinen quasi-autobiographischen[129] Aufzeichnungen schreibt er: „Ich bin einer der Vielen, und das gerade finde ich so seltsam. Ich finde die Vielen seltsam, und denke immer: ‚Was machen, was treiben sie nur alle?' Ich verschwimme förmlich unter der Masse dieser Vielen." (SW 4, S. 57). Helbling möchte über sich selbst erzählen, seine konturenlose Persönlichkeit als ‚einer der Vielen' steht einer Individualitätserzählung jedoch entgegen. *Helbling's Geschichte* reflektiert individuelles Erleben in der neuen bürokratisch durchrationalisierten Arbeitswelt. In diesem Changieren zwischen Allgemeinem und Individuellem verliert das Ich sich immer wieder selbst aus dem Blick, seine Wahrnehmungen und Empfindungen werden ihm unverständlich. Es muss Mutmaßungen über sich selbst anstellen[130] und nimmt sich selbst von außen, durch die Augen der anderen wahr.[131]

*Helbling's Geschichte* transportiert ein Verständnis davon, dass sich dem Ich im Zusammenhang mit der industriell und kapitalistisch geformten Büroarbeit nicht mehr mit einer emphatischen Idee von Individualität beikommen lässt. Das ‚commis-hafte' Schreiben über sich selbst ist in die Logik des Büros eingebunden. Mit Blick auf Helblings Ich-Erzählung, die unter dem Titel *Mein Leben* für *Geschwister Tanner* vorgesehen war, wird das Schreiben über sich selbst als „Sucht" (KWA IV, 1, S. 246) erklärt, die sich aus den Routinen des Büroalltags sowie aus dessen Zwang zur Exaktheit speist. Auch der Commis aus dem gleichnamigen Textzyklus von 1902/1904 bringt die Kreativität des Büros[132] mit der rechnerischen Kalkulation, die zu seinen Aufgaben zählt, in Verbindung: „Im Notieren seiner Einnahmen und Ausgaben, seiner

---

129 Auf die Bedeutsamkeit des autobiographischen Schreibens für *Helbling's Geschichte* hat Simon Roloff hingewiesen. Er betont dabei, dass Helblings Selbstbeschreibung um ein „leeres Zentrum" kreisen würde. Siehe dazu Roloff: Der Stellenlose. S. 39.

130 Siehe SW 4. S. 60: „Mein Wesen hat viel Läppisches und dazu noch Eitles an sich, meine Stimme klingt sonderbar, so als wüßte ich selber, der Sprecher, nicht, daß ich rede, wenn ich rede."

131 Siehe SW 4. S. 59: „Es ist kein Zweifel, daß ich, um ein Beispiel herauszunehmen, in den Augen einen etwas blödsinnigen Ausdruck habe, der die Menschen leicht irreführt und ihnen eine geringe Meinung von meinem Verstand gibt." Die Konstruktion einer distanzierten Selbstbeobachtung, die Aussagen über den veränderten Standort des Individuums in der Massengesellschaft zu gewinnen versucht, hat Walser in seinem dritten Roman *Jakob von Gunten* weitergeführt. Vgl. dazu Kapitel 4.1 und Kapitel 4.3.2 dieser Arbeit.

132 Dazu BA 4. S. 51: „Dieser Commis fing an, aus verzehrender Langeweile Gedichte zu schreiben, und er hat deren einige schöne gemacht."

Empfindungen und Beobachtungen, seiner Gedanken und Einfälle ist der Commis einzig." (BA 4, S. 48). Das Schreiben über sich selbst gehorcht der peniblen Logik der Buchführung. Dies bedeutet allerdings nicht, dass das Autobiographische des Commis in den Schreibtechniken des Büros aufginge.[133] In *Helbling's Geschichte* ist Walsers ‚Poetenleben' zwischen Büroarbeit und körperlicher Bewegung, Begrenzung und Ausbruch, Auftragsschreiben und Schriftstellerei bereits in nuce angelegt.[134]

Aus der dialektischen Konzeption der Commis-Figur bezieht auch Joseph Marti im *Gehülfen*-Roman seine charakteristische Zeichnung als Angestellter und Spaziergänger. Die literarische Durchleuchtung der Angestelltenwelt bildet nur eine Seite von Walsers ‚Realismus'. Die allgemeine Ebene seiner Gegenwartsdiagnose – seine Auseinandersetzung mit einer gesteigerten gesellschaftlichen Bürokratisierung und den für sie spezifischen neuen Subjekten – muss um das individuelle Erleben ergänzt werden. In ihrer Zusammenführung bilden Angestellter und Spaziergänger einen literarischen Entwurf, der eine individuelle ‚Wirklichkeit' aufzeigt und die Beziehung von Leben und Schreiben poetologisch durchdringt.

## 3.2 Ein ‚Poetenleben' oder die Frage des Autobiographischen

Im Folgenden geht es um das Autobiographische im *Gehülfen*, welches Walser in diesem seiner Berliner Romane am deutlichsten herausgestellt hat. Es bildet einen entscheidenden Anteil seiner ‚Realismus'-Konzeption des Romans. Wie gezeigt wurde, wendet sich Walsers ‚Realismus' der Angestelltenwelt seiner Gegenwart zu, er möchte jedoch auch etwas über das Ich in dieser Welt, die Individuelles auszuschließen scheint, erzählen.

Diese individuelle Erzählung ist in Joseph Martis Bewegungsdrang zu lokalisieren. Beim Schwimmen und Spazieren gelingt im *Gehülfen* ein vom disziplinierten Dasein im Büro qualitativ zu unterscheidender, individueller Seinsmodus, während autobiographische Schreibversuche über das Leben scheitern. *Der Gehülfe* schlägt damit eine Art des Erzählens vom Ich vor, die im Gegensatz zur hermeneutischen Konzeption autobiographischen Schreibens um 1900 steht. Der Körper erzählt moment- und ausschnitthaft vom Ich, während die ‚große' Autobiographie die gesellschaftliche und individuelle Ebene ganzheitlich und ästhetisch geformt vermitteln soll. Anders als in einem

---

133 Derart interpretiert Simon Roloff die Subjektivität der Angestellten bei Walser. Vgl. Roloff: Der Stellenlose. S. 122/123.

134 Vgl. Gisi/Sorg: „Er gehorcht gern und widersetzt sich leicht.". S. 139.

klassischen autobiographischen Entwurf kann in Walsers Roman allein über den beweglichen Körper noch eine individuelle Geschichte geltend gemacht werden. Büromäßiges Schreiben und körperliche Bewegung bilden einen Widerspruch, den Walser erst einige Jahre später in seiner Prosasammlung *Poetenleben*, die 1917 im schweizerisch-deutschen Verlag Huber & Co. erscheint, auflöst. Darin werden das ‚spaziergängerische' Leben und das berufs- oder büromäßige Schreiben des Poeten in einer literarisch-poetologischen Denkfigur zusammengeführt,[135] die sich autobiographisch lesen lässt und damit eine integrierende Verständnismöglichkeit von Walsers Leben und Werk anbietet. In der Bieler Werkphase kommt der Figur des Angestellten oder Commis, die im Spannungsfeld zwischen normierter Existenz und Individualität, zwischen Begrenzung und Entgrenzung entworfen ist, somit eine Bedeutungsdimension zu, die sich auch auf Walsers Schreibbiographie beziehen lässt. Das Kurzschließen von Leben und Werk fiel insbesondere in der Rezeption der Sammlung *Poetenleben* auf fruchtbaren Boden. Der Commis schreibt nicht selbstbestimmt, die Reflexion seiner selbst steht im Zeichen äußerer Zwänge und entsteht im Zusammenhang mit seiner mechanischen Bürotätigkeit. Individuelles Erleben taucht in seiner ‚Autobiographie' allein aufgrund seiner wiederkehrenden Ausbrüche aus diesem Zwangskorsett auf; in der Phantasie, im Traum und insbesondere wenn er seinen Körper bewegt: beim Spazieren, Schwimmen oder Tanzen. Die Aporien dieses Lebens zwischen Fremd- und Selbstbestimmung überwindet Walser in der Idee des ‚Poetenlebens'. In der Idee des „Dichter-Angestellten"[136] scheint der Versuch auf, im Kontext von Industrialisierung und Bürokratisierung noch vom Ich sprechen zu können, ohne diese Veränderungen zu verleugnen.

Ab den 1920er-Jahren wendet Walser sich schließlich dem *Gehülfen* retrospektiv zu und betont dabei dessen autobiographische Bedeutsamkeit. Gegenüber Carl Seelig gibt er an: „Ich brauchte fast nichts zu erfinden. Das Leben hat das für mich besorgt."[137] In den späten Äußerungen Walsers erscheint die Beziehung von Leben und Werk nicht mehr als poetologische Denkfigur, sondern, wie dies Walsers Kritiker bemerkt haben, als Abbildungsverhältnis. Im Prosastück *Walser über Walser* (1925) stellt er es bereits so dar, als habe *Der Gehülfe* autobiographisch Erlebtes lediglich aufgezeichnet. Walser macht sich dabei den Vorwurf des Nichtliterarischen ironisch zu eigen und formuliert

---

135 Dazu Gisi/Sorg: „Er gehorcht gern und widersetzt sich leicht.". S. 140: „Die Auflösung dieser Gegensätze erfolgt dadurch, daß sie dem Schriftsteller zu seinem ‚poetischen Grund und Boden' werden."

136 Gisi/Sorg: „Er gehorcht gern und widersetzt sich leicht.". S. 140.

137 Seelig: Wanderungen mit Robert Walser. S. 59.

ihn in eine spezifische und bewusste autobiographische Arbeitsmethode um. In der Berner Zeit verteidigt er das autobiographische Schreiben damit als Literatur. Was ‚wirklich' erlebt wurde, ist dabei nicht von Interesse, Walser hat hierauf auch keine Antwort gegeben. Entscheidend ist, dass sein literarischer Entwurf des Commis, sein ‚Poetenleben', sich Leserinnen und Lesern als etwas Erlebtes darstellen kann.

Im Folgenden wird das Autobiographische im *Gehülfen* in drei Schritten reflektiert. Zuerst sind Josephs gescheiterte Versuche, eine Autobiographie zu schreiben und sein körperlicher Bewegungsdrang zu beleuchten. An ihnen lässt sich der Abstand von Walsers Konzeption einer Erzählung vom Individuum zu den Vorstellungen der hermeneutischen Autobiographie-Theorie um 1900 zeigen. In einem zweiten Schritt wird Walsers Weiterentwicklung des Commis hin zur autobiographischen Figur des ‚Poetenlebens' in der Bieler Werkphase anhand des gleichnamigen Prosabands reflektiert. Im ‚Poetenleben' werden die Widersprüche zwischen Leben und Schreiben, die Walsers frühe Commis- und Angestelltenfiguren erleben, überwunden. Zuletzt befrage ich Walsers rückblickende Betrachtung des Autobiographischen seines *Gehülfen*-Romans vor dem Hintergrund seiner feuilletonistischen Autorschaft in der Berner Zeit. Unter Einbeziehung des *Räuber*-Textes, der *Tagebuch*-Erzählung und zweier ‚Backfisch'-Texte Walsers (*Drei Studien*, 1927, *Backfischaufsatz*, 1928) wird herausgearbeitet, wie die Bezeichnung des *Gehülfen* als ‚Wirklichkeitsroman' im Prosastück *Walser über Walser* verstanden werden kann. Walser bewertet in diesen Texten seine eigene Schreibbiographie und verteidigt sein autobiographisch und feuilletonistisch geprägtes Werk gegen literaturkritische Abwertung. *Walser über Walser* ist eine Replik auf die gleichnamige Rezension Eduard Korrodis, in der dieser Walsers Werk und Autorschaft als prekär herausstellt. Als seine Antwort auf literarisches Wertungsdenken steht Walsers ‚Wirklichkeitsroman' daher für ein bilanzierendes Verständnis des eigenen Schreibens, welches das Autobiographische und das Feuilletonistische als Literatur behauptet.

### 3.2.1 *Der Körper in Bewegung*

In der zweiten Hälfte der Romangeschichte – es ist Herbst geworden und die Zeit von Josephs Anstellung bei Tobler geht ihrem Ende zu –[138] erhält Joseph Marti Besuch vom Verwalter der Schreibstube für Stellenlose, der sich nach

138 Joseph wird am Neujahrstag von Tobler, der ihn nach einer mit Wirsich – Josephs Vorgänger bei Tobler – durchzechten Silvesternacht zunächst noch unter Gewaltandrohung zur Arbeit bewegen will, entlassen. Joseph erbittet sich zuvor noch erfolglos die Auszahlung seines ausstehenden Gehalts. Vgl. BA 6. S. 235–238.

dem Rechten erkundigt und eine Vermittlungsgebühr einholen möchte, die Tobler nicht bezahlt hat (vgl. BA 6, S. 150/151). Nach dessen Verabschiedung beginnt Joseph eine Skizze, die er mit dem Titel *Schlechte Gewohnheit* überschreibt (vgl. BA 6, S. 151). In dem Text, dessen Ausarbeitung er abbricht, um Frau Tobler um Arbeitszuweisung im „häuslichen" (BA 6, S. 152) Bereich zu ersuchen, rekapituliert er die Begegnung mit dem Stellenvermittler in einer in mehrfacher Hinsicht kritisch-selbstreflexiven Denkbewegung. Er problematisiert seine eigene „Denklust", die es mit sich bringe, sich mit jedem „kleinste[n]" Erlebnis, mit allem, was ihm „Lebendiges vorgekommen" sei, intensiv auseinanderzusetzen (alle Zitate BA 6, S. 152). Seinen Hang zur minutiösen Reflexion erklärt er sich als persönliche Genauigkeit:

> Ich bin vielleicht ein etwas überspannter, aber ich bin auch ein genauer Mensch. Ich empfinde die kleinsten Verluste, ich bin in gewissen Dingen peinlich gewissenhaft, und nur ab und zu muß ich mir wohl oder übel gebieten: Vergiß das! Ein einziges Wort kann mich in die ungeheuerste und stürmischste Verlegenheit setzen, ich bin dann von dem Gedanken an dieses scheinbar Winzige und Nichtige erfüllt, durch und durch, während die Gegenwart, wie sie treibt und lebt, für mich unerklärlich geworden ist. (BA 6, S. 152).

Allein in der Wortwahl erinnern Josephs Überlegungen an die präzisen Soll- und Haben-Operationen, mit denen Helbling über sich selbst nachsinnt. Persönliche „Verluste" stellen sich Joseph „peinlich" genau dar und werden von ihm „gewissenhaft" in der Art einer Verlustrechnung durchdacht. Diesen Umgang mit dem eigenen Leben bewertet er als „schlechte Gewohnheit" (BA 6, S. 152), da er Erinnerungen an eine vermeintlich überwundene Lebenssituation in ihm wachruft. Darüber hinaus kritisiert er sein Notieren dieser für ein Verständnis der eigenen Gegenwart offenbar unfruchtbaren gedanklichen Beschäftigung: „Diese Momente sind eine schlechte Gewohnheit. Auch dies ist eine schlechte Gewohnheit, das was ich da mache, Gedankenaufnotieren." (BA 6, S. 152). In der Geringschätzung auch des Schreibakts erscheint Josephs Beschäftigung mit seinen eigenen Erlebnissen somit doppelt entwertet. Joseph reflektiert die „schlechte Gewohnheit" des Schreibens also paradoxerweise in schriftlicher Form. Den performativen Widerspruch seines schriftlichen Erzeugnisses versucht er nicht aufzulösen, vielmehr bricht er das aporetische Unterfangen einfach ab und entsorgt seine Skizze: „Er warf das Geschriebene in den Papierkorb und verließ das Bureau." (BA 6, S. 152).

In einer früheren Szene hat er die Idee, eine Lebenserinnerung niederzulegen, und verfährt dabei in gleicher Weise. Es ist Sonntag und die Familie Tobler hat sich, bis auf die unbeliebte Tochter Silvi, die mit den Hausangestellten zu Hause gelassen wird, zu einem Ausflug zu einem kantonalen

Sängerfest verabschiedet. Joseph zieht sich in sein Zimmer zurück, um dort auf dem Bett zu lesen, ergeht sich dann allerdings in einer Reflexion über die an Silvi begangene Ungerechtigkeit, die in einem inneren Monolog ausgebreitet wird (vgl. BA 6, S. 76). Joseph unterbricht seine Gedanken und zwingt sich zur Wiederaufnahme der Lektüre, was er wiederum abbricht, da ihn das Buch nicht fesselt (vgl. BA 6, S. 77). Er geht zum Schreibtisch und beginnt mit seiner „private[n]" (BA 6, S. 77) Feder auf einem Streifen Papier etwas aufzuschreiben. Nachfolgend ist seine Niederschrift, die er als *Memoiren* betitelt, in den Erzähltext eingefügt. Anders als es die Gattung vorsieht, legt Joseph nun aber nicht seine Lebensgeschichte beginnend mit Geburt und Kindheit dar, sondern er setzt mit der Reflexion der gegenwärtigen Situation seines Schreibakts ein, ebenso mit den verschiedenen Abbrüchen, die diesem vorausgegangen sind:

> Ich habe soeben gehässige Gedanken hegen wollen, aber ich verbiete mir das. Dann habe ich lesen wollen, aber ich bin dazu nicht imstande gewesen, der Inhalt des Buches hat mich nicht ergriffen, da habe ich das Buch weggelegt, denn es ist mir unmöglich zu lesen, ohne begeistert von der Lektüre zu sein. So sitze ich nun an diesem Tisch und beschäftige mich mit der eigenen Person, da ich niemanden auf der Welt besitze, der begehrt, von mir irgendwelche Nachrichten zu erhalten. (BA 6, S. 77).

Anders als seine Skizze *Schlechte Gewohnheit* kreist der *Memoiren*-Text somit zunächst nicht fruchtlos um die Vergangenheit, sondern setzt mit dem aktuellen Erleben ein. Der Einstieg enthält allerdings ausschließlich unerhebliche Hinweise, die auf nichts Bezug nehmen. Ihre Anführung nimmt lediglich, wenn man so will, den darauffolgenden Abbruch des Vorhabens vorweg. Von seinen Memoiren bringt er nämlich nicht viel mehr als eine halbe Buchseite zustande. Neben der Reflexion seiner persönlichen Isolation (vgl. BA 6, S. 78) gelingt Joseph nach kurzem Innehalten offenbar doch noch ein möglicher Einstieg in einen autobiographischen Text im Sinne der Gattungstradition. Er beginnt mit der Erzählung seiner Kindheit:

> Ich komme aus gutem Hause, aber ich glaube, ich habe eine etwas zu flüchtige Erziehung genossen. Ich will mit diesen Worten keinesfalls meinen Vater oder meine Mutter anklagen, behüte Gott im Himmel, sondern ich will nur versuchen, ob ich mir klar darüber werden kann, was mit meiner Person eigentlich los ist und mit dem Umkreis von Welt, der die Mühe gehabt hat, mich zu ertragen." (BA 6, S. 78).

Josephs lediglich beschreibende Worte klingen hölzern und mehr nach der Gebrauchsanweisung für eine Lebenserinnerung, die nachfolgend auch als „Tagebuchschreiben" (BA 6, S. 78) charakterisiert wird. Joseph wird hierfür als untauglich bezeichnet; er zerreißt seinen Entwurf und geht schwimmen. Wie im Text *Schlechte Gewohnheit*[139] nimmt er den bevorstehenden Abbruch seines Schreibens in den Text hinein: „Das elterliche Wort und die Schule sind freilich die Hauptsache, aber was ist das für eine Art und Weise, mich hier mit der eigenen Person zu befassen, ich gehe lieber baden." (BA 6, S. 78).

Josephs Versuche, etwas über sich selbst aufs Papier zu bringen, erweisen sich mithin als nicht umsetzbar. Ebenso wie Simon in *Geschwister Tanner* seine verschriftlichte Kindheitserinnerung nach dem Verfassen zerreißt (vgl. GT, S. 116), scheitert auch Joseph an der autobiographischen Form.[140] In seinem Memoiren-Projekt sind die Anspielungen auf die Autobiographie unüberhörbar. Er notiert, dass um ihn herum „sonntägliche Ruhe" herrsche und stellt sich diese Bemerkung als „ganz hübsche[n]" Anfang für einen Brief vor (BA 6, S. 78). Als seinen Briefpartner wünscht er sich in der Phantasie einen „Menschen von Gewicht" (BA 6, S. 77). Wie schon bei Simon Tanners Briefen setzt die Imagination eines Gegenübers den kreativen Schreibprozess in Gang. Zugleich stellt die Vorstellung von gesellschaftlicher Größe, die sich Joseph für seinen imaginierten Adressaten wünscht, einen ironischen Bezug zur Autobiographie her. Die frühe Autobiographie-Theorie zu Beginn des 20. Jahrhunderts versteht Goethes autobiographische Erinnerungen *Aus meinem Leben. Dichtung und Wahrheit* (1808–1831) als gattungsprägendes Vorbild.[141] Goethes Autobiographie erzählt ebenfalls zuerst von der Kindheit, ihre berühmt gewordene Exposition inszeniert seine Geburt schicksalsträchtig im Zusammenhang mit einer günstigen Planetenkonstellation.[142]

---

139 Hier lautet der Schluss: „Ich gehe jetzt zu Frau Tobler. Vielleicht hat sie eine Arbeit häuslichen Charakters für mich. –" (BA 6. S. 152).

140 Auf das Versagen autobiographischer Formen in den Berliner Romanen hat Schildmann hingewiesen. Siehe Schildmann: Poetik der Kindheit. S. 277: „Doch die fragmentarischen Tagebuchaufzeichnungen (die in *Jakob von Gunten* sogar gattungsbestimmend werden), Memoiren und Briefe fungieren bei Walser weder als Medium narrativer Kontinuität noch als Mittel der Selbsterkenntnis, sondern bewirken das Gegenteil – eine Porosität der poetischen Form des Romans als auch der Integrität seiner Figuren."

141 Erst mit Wilhelm Diltheys und Georg Mischs Arbeiten erfährt die Autobiographie als Gattung eine gewisse literaturtheoretische Nobilitierung im deutschsprachigen Diskussionszusammenhang. Georg Misch, Schüler Diltheys, legt diesbezüglich mit seinem monumentalen Werk *Geschichte der Autobiographie*, dessen erster Band 1907 erstmals erscheint, die erste umfassende Arbeit vor. Mischs Ausführungen zur Autobiographie, die sich stark an Dilthey orientieren, setzen historisch-chronologisch mit Petrarca ein und beschäftigen sich erst im vierten und letzten Band mit Goethe. Diesen Band kann Walser nicht gekannt haben, denn er wurde erst 1969 erstmals veröffentlicht. Indes beginnt die Geschichte der Kanonisierung der Autobiographie bereits mit Dilthey.

142 Vgl. Johann Wolfgang Goethe: Aus meinem Leben. Dichtung und Wahrheit. In: Ders.: Sämtliche Werke. Briefe, Tagebücher und Gespräche in 40 Bänden. Hrsg. von Dieter

Die Autobiographie und der autobiographische Roman werden im 18. Jahrhundert zu Medien der bürgerlichen Selbstvergewisserung – hierin besteht ihre funktionale Nähe zum Bildungsroman.[143] Der autobiographische Text verhandelt das Verhältnis von Individuum und Öffentlichkeit und übernimmt so, wie Roman und Tagebuch im selben Zeitraum, die Funktion eines Vermittlungsmediums von Bürgerlichkeit, die bis dahin im Wesentlichen die bereits etablierten Öffentlichkeiten – Zeitschriften, Salons und Lesegesellschaften – erfüllten.[144] Anders als das Tagebuch erzählt die Autobiographie das Leben rückblickend.[145] Ungeachtet ihrer subjektiven Perspektive auf die Welt ist die Autobiographie als Deutungsangebot einer Zeit zu verstehen und wird in einem traditionellen Geschichtsverständnis durch die bedeutenden Repräsentanten dieses Zeitalters bestimmt. Memoiren, wie sie Joseph beabsichtigt zu verfassen, sind aufgeschriebene Lebenserinnerungen solch bedeutender Persönlichkeiten. Noch deutlicher als bei der Autobiographie steht bei Memoiren die soziale Rolle ihres Verfassers im Mittelpunkt (weniger das individuelle Erleben).[146] Die personale Grundvoraussetzung für einen für die Öffentlichkeit aussagekräftigen oder anerkennenswerten autobiographischen Text erfüllt Joseph als gewöhnlicher und unbekannter Angestellter selbstverständlich nicht. Er repräsentiert keinen gewichtigen Blick auf seine Zeit. Ein wirkmächtig in diese verstricktes und mit Deutungsmacht ausgestattetes autobiographisches Ich wird in seinem Memoiren-Versuch daher nur mehr als Wunschadressat imaginiert.[147]

---

Borchmeyer/Martin Ehrenzeller u. a. I. Abteilung, Bd. 14. Hrsg. von Klaus-Detlef Müller. Frankfurt am Main: Deutscher Klassiker Verlag 1986. S 15.

143 Vgl. Helmut Scheuer: Biographie. In: Borchmeyer/Zmegac (Hrsg.): Moderne Literatur in Grundbegriffen. S. 48–54, hier S. 48.

144 Vgl. Birgit Nübel: Autobiographische Kommunikationsmedien um 1800. Studien zu Rousseau, Wieland und Moritz. Tübingen: Niemeyer 1994. S. 39.

145 Vgl. Roy Pascal: Die Autobiographie. Gehalt und Gestalt. Stuttgart u. a.: Kohlhammer 1965. S. 13.

146 Autobiographie und Memoiren sind nicht scharf voneinander abzugrenzen. Beide reflektieren retrospektiv und chronologisch persönliche Erlebnisse. Für Pascal besteht ein Unterschied in der jeweiligen Gewichtung der eigenen Erinnerungen im Vergleich zu denen anderer. Hier sind Memoiren stärker am Zeithintergrund und dem Zusammenwirken verschiedener Persönlichkeiten einer Zeit interessiert als die „echte[...]“ Autobiographie. Dazu Roy Pascal: Die Autobiographie. S. 16.

147 Ein nicht ganz uninteressantes Detail stellt in diesem Zusammenhang der Umstand dar, dass Goethe selbst sich gegen die Aufnahme von Briefen in die Autobiographie ausgesprochen hat, da sie eine unzusammenhängende Wirklichkeit abbilden würden, die die geschlossene Form störe. Vgl. dazu Roy Pascal: Die Autobiographie. S. 15. Nichtsdestotrotz bildet ein imaginierter Briefpartner, der Goethe nach dem Zusammenhang seiner

Joseph bricht seine Memoiren aufgrund eines augenscheinlichen Unbehagens am Schreiben über seine Person ab. Bevor der von ihm verfasste Text in ein bekenntnishaftes Ego-Dokument übergehen könnte, wird er verworfen.[148] Der „Versuch, ein Selbstbildnis herzustellen" (SW 20, S. 430), den Walser in seinem berühmt gewordenen und hier bereits erwähnten Prosastück *Meine Bemühungen* beschreibt, scheitert. Joseph scheitert allerdings höchst freiwillig, er gibt das autobiographische Schreiben zugunsten der körperlichen Bewegung beim Baden im See auf. Die Bewegung mit dem Körper wird im Roman durchweg als beglückendes Erlebnis dargestellt. Das Schwimmen selbst vergegenwärtigt die Szene um sein Memoiren-Projekt nicht mehr, es wird jedoch in verschiedenen anderen Szenen des Romans – genau wie der Spaziergang – als positive Körperlichkeit beschrieben. So etwa wenn Joseph an einer früheren Stelle sonntags, nachdem er von Tobler seinen obligatorischen ‚Stumpen' und fünf Mark Taschengeld erhalten hat, mit der Badehose an den See geht:

> Er schwamm weit hinaus, es war ihm so wohl zumute. Welchem Badenden und Schwimmenden, wenn er nicht gerade am Ertrinken ist, ist es nicht wohl zumut? Es kam ihm vor, als wölbe und runde sich die heitere, warme, glatte Seeoberfläche. Das Wasser war frisch und lau zugleich. Vielleicht strich ein leiser Windzug darüber her, oder irgend ein Vogel flog über seinem Kopf, hoch in der Luft, daher. Einmal kam er einem kleinen Boot nahe, ein einzelner Mann saß drin, ein Fischer, der friedlich den Sonntag verangelte und verschaukelte. Welche Weichheit, welche schimmernde Helle. Und mit den nackten empfindungsvollen Armen macht man Schnitte in dieses nasse, saubere, gütige Element. Jeder Stoß mit den Beinen bringt einen ein Stück vorwärts in diesem schönen, tiefen Nassen. Von unten her wird man von warmen und kühlen Strömen gehoben. Den Kopf taucht man, um den Übermut in der Brust zu bewässern, auf kurze Zeit, den Atem und den Mund und die Augen zudrückend, hinab, um am ganzen Leib dieses Entzückende zu spüren. Schwimmend möchte man schreien, oder nur rufen, oder nur lachen, oder nur etwas sagen, und man tut's auch. Und dann, von den Ufern her, diese Geräusche und hohen, fernen Formen. Diese wundervollen hellen Farben an solch einem Sonntagmorgen. Man plätschert mit den Händen und Füßen, steht im Wasser schwebend und trapezturnend, möchte man sagen, aufrecht, immer dazu die Arme bewegend. Und es gibt da kein Untersinken. Nun preßt man noch einmal die Augen geschlossen in das flüssige, grüne, feste Unergründliche hinab und schwimmt ans Land. – Wie herrlich war das! (BA 6, S. 29/30).

---

gesammelten Werke fragt, den Schreibanlass seiner Autobiographie. Vgl. Goethe: Aus meinem Leben. S. 11.

148 Schildmann hat auf die Relevanz der Szene um Josephs Abbruch seiner Memoiren für das autobiographische Schreibprojekt hingewiesen. Josephs Kindheitserinnerung bringt sie mit dem psychoanalytischen Wissen um 1900 in Verbindung. Vgl. Schildmann: Poetik der Kindheit. S. 278–281.

Detailreich richtet sich die Beschreibung auf die Bewegung des Körpers im Wasser, der die harmonische und gelöste Atmosphäre des Sonntags korrespondiert. Die taktile Wahrnehmung des Wassers ist durch das Unbekleidetsein der Haut gesteigert.[149] Obgleich die Bewegung mühelos erscheint, ist sie nicht mit körperlicher Entspannung oder sonntäglicher Behäbigkeit zu verwechseln. Das Schwimmen im See steigert vielmehr die Aufmerksamkeit für die eigene Umgebung.[150] Wie in Walsers *Der Commis* wird für den Moment eine Übereinstimmung von Leib, Bewegung und Welt erreicht (vgl. BA 4, S. 55), die der Begrenzung und Fixierung des Körpers im Büro etwas entgegensetzen kann. Das Schwimmen stellt eine selbstbestimmte und unzweckmäßige Betätigung dar, die Josephs abhängiger Tätigkeit bei Tobler entgegengesetzt ist.[151] Eine derartige Selbstbestimmtheit ist im Roman nur über den Körper zu erreichen. In diesem Zusammenhang stellen seine wiederkehrenden Erledigungsgänge, vor allem zur Post, für Joseph höchst willkommene Ablenkungen von der Büroarbeit dar.[152] Auf diese Weise geraten die vermeintlichen Arbeitsgänge zu Spaziergängen, die um des Vergnügens an der Bewegung willen getätigt werden.[153] Schwimmen und Spazieren sind

149 Ganz ähnlich ist das Schwimmen in einer anderen Szene im Roman gestaltet, siehe dazu BA 6. S. 137: „Die Frische des Elementes ließ den nackten Körper sich kräftiger und lebhafter bewegen. […]. Joseph aber schwamm ruhig weiter, er fürchtete nicht im geringsten, den Gliederkrampf zu bekommen. Er zerteilte und zerschnitt mit weiten Armbewegungen die nasse, schöne Bahn. Aus der Tiefe des Sees hauchten ihn eiskalte Ströme an: um so schöner, und er legte sich auf den Rücken, die Augen zum wunderbar blauen Himmel erhoben. Als er zurückschwamm, hatte er vor den Augen das von den Herbstfarben trunkene Land, das Ufer, die Häuser. Alles lag da, eingehüllt in einen seligen Farben- und Düfterausch."

150 Hubert Thüring macht am Beispiel des Textes *Greifensee* (1899) auf eine andere Dimension des Schwimmens bei Walser aufmerksam: „Das Schwimmen ins Offene des Sees mit der Vorstellung der Dämmerung indiziert schließlich die potenzielle Auflösung des Erzählsubjekts selbst." (Hubert Thüring: Schwelle und Glück. Zur Poetik zweier früher Texte Robert Walsers: Der Greifensee (1899) und Glück (1900). In: Felix Christen/Thomas Forrer u. a. (Hrsg.): Der Witz der Philologie. Rhetorik – Poetik – Edition. Festschrift für Wolfram Groddeck zum 65. Geburtstag. Frankfurt am Main/Basel: Stroemfeld 2014. S. 140–162, hier S. 146).

151 Vgl. Utz: Robert Walser. S. 203.

152 Joseph ist auffällig häufig zu Fuß unterwegs. Einmal trägt er seinen Brief an Frau Weiß zur Post (vgl. BA 6. S. 19), ein anderes Mal geht er für Frau Tobler zur Post (vgl. BA 6. S. 139). Wiederkehrend ist er im Auftrag Toblers auf dem Weg zur Post. Oft werden seine Gänge allerdings in ihren Zwecken nicht benannt.

153 Außerdem kann sich Joseph beim Spazieren selbst beruhigen oder von den durch Tobler erlittenen Zumutungen entlasten. So z. B. als er in Toblers Abwesenheit einen potentiellen Geldgeber durch sein ungeschicktes Verhalten verprellt und sich deshalb auf einen erneuten Zornesausbruch seines Vorgesetzten einstellen muss: „Das Marschieren

Tätigkeiten, die Joseph dem Schreiben seiner Memoiren vorzieht. Im Abbruch des Schreibens nähert sich sein Bewegungsdrang Simons Lebensmodell der Unterbrechung an, das sich in der ‚Lust am Austreten' zeigt. Die körperliche Bewegung stellt Walser im *Gehülfen* mithin an die Stelle des Schreibens einer Autobiographie. Erst im Schwimmen und Spazieren wird jene Übereinstimmung oder Vermittlung von Subjekt und Umgebung erreicht, die das Büro zuvor auseinanderdividiert hat. Sie steht einer autobiographischen Erzählung vom Ich in verschiedenerlei Hinsicht entgegen.

Der Körper entzieht sich der Vorstellung geistiger Kontrolle, die den Subjektentwurf des souveränen Autors in der hermeneutischen Autobiographie-Theorie absichert.[154] Der Körper in der Bewegung kann daher von einer anderen Wirklichkeit als der biographischen erzählen. Anders als das Subjekt der Autobiographie erscheint das ‚verkörperte' Subjekt, auf das Walsers *Gehülfe* in seiner wiederkehrenden literarischen Inszenierung positiver Körperlichkeit hinweist, als ein in der sozialen Welt „situiertes".[155] Die Selbstbestimmtheit des Körpers ist etwas grundlegend anderes als die auktoriale Souveränität. In dieser Hinsicht nähert sich die körperliche Subjektivität dem heteronomen Angestellten-Subjekt wiederum an.

mit den Beinen beruhigte und tröstete ihn, und der Anblick der freundlichen, landschaftlichen Welt erinnerte ihn an die Nichtigkeit und Bedeutungslosigkeit der Unruhe. Im Dorf trank er ein Glas Bier, um Humor in den Ton seiner Stimme zu bekommen, er würde eine gewisse Unempfindlichkeit heute Nacht gut brauchen können, dachte er." (BA 6. S. 69/70).

154 Diltheys Konzeption des hermeneutischen Verfahrens geht mit seinem Versuch einer Begründung der Geisteswissenschaften einher. Das ‚Erlebnis' des Dichters gewährleiste die Einheit von Autor und Werk; der Poesie komme die Aufgabe zu, sowohl die innere als auch die „äußere Wirklichkeit des Lebens" zur Darstellung zu bringen. Dazu Dilthey: Das Erlebnis und die Dichtung. S. 177. Zu Diltheys Autorschaftsverständnis vgl. Niels Werber/Ingo Stöckmann: Das ist ein Autor! Eine polykontexturale Auferstehung. In: Henk de Berg/Matthias Prangel (Hrsg.): Systemtheorie und Hermeneutik. Tübingen/Basel: Francke 1997. S. 233–262, hier insbesondere S. 237–239. Für Misch kommt Goethes Autobiographie gegenüber seinen anderen autobiographischen Werken eine neue Qualität zu, da er in ihr das „wahrhaft Wesentliche" seiner individuellen Persönlichkeit erfasse und zugleich einen historisch bedeutsamen „Standpunkt" erreiche. Beide Zitate Georg Misch: Geschichte der Autobiographie. Bd. 4, zweite Hälfte: Von der Renaissance bis zu den autobiographischen Hauptwerken des 18. und 19. Jahrhunderts. Frankfurt am Main: Schulte-Bulmke 1969. S. 919 und S. 925.

155 Hierauf hat die feministische Phänomenologie hingewiesen. Dazu Hilge Landweer/Isabella Marcinski: Feministische Phänomenologie: Leib und Erfahrung. In: Dies. (Hrsg.): Dem Erleben auf der Spur. Feminismus und die Philosophie des Leibes. Bielefeld: transcript 2016. S. 7–24, hier S. 9.

Der bewegliche Körper, der ein grundlegend anderes ‚Weltverhältnis' und subjektives Erleben als die Vorstellung vom autonomen Subjekt ausdrückt,[156] scheint dem spontanen und ungeplanten Schreiben, das Walser unter anderem im Prosastück *Geschwister Tanner* entwirft, verwandt. Darin bemächtigt sich das Subjekt nicht schreibend seines Gegenstands, sondern gibt Kontrolle ab. Damit ist Walsers Arbeit am Roman auch in der Erzählung vom Körper in der Bewegung als literarisches Experiment erkennbar. Das Schreiben ist ein Prozess mit offenem Ausgang, der potentiell in unbekannte Gebiete führt oder eine „unbekannte Lebendigkeit" (SW 20, S. 430) der Sprache zu wecken vermag – so erfasst Walser sein Schreibanliegen in *Meine Bemühungen*. Im Gegensatz zur Idee der wechselseitigen Durchdringung von Leben und Werk des Autors, die das hermeneutische Autobiographie-Verständnis Wilhelm Diltheys und Georg Mischs vorsieht, reflektiert Walsers Darstellung des Schwimmens und des Spazierengehens im *Gehülfen* eine „prozessuale[...] Ästhetik"[157], mit der vom Ich erzählt wird. Aufgrund der Unvorhersehbarkeit des Schreibens, die Walser als Autor präferiert, kann das Autobiographische seiner Texte nicht die werkbezogen-vermittelnde Funktion der Autobiographie erfüllen. Nicht die große Lebenserzählung, sondern Walsers Prosasammlungen stiften eine Einheit seiner Werke. In ihnen konzentriert er seine verstreut publizierten Texte und stellt damit Werkzusammenhang her.[158] Nachhaltig geglückt ist dies mit der Sammlung *Poetenleben*.

### 3.2.2 *Zur Prosasammlung* Poetenleben *(1917)*

Mit Blick auf Walsers Werk und Schreibbiographie gehen die Thematisierung körperlicher Bewegung und die literarische Reflexion des Autobiographischen der Literatur ab der Bieler Zeit eine noch bedeutsamere Verbindung ein. Im *Gehülfen*, in dem das abgebrochene autobiographische Projekt durch körperliche Bewegung ‚ersetzt' wird, ist dieser Zusammenhang eher angedeutet. Walser arbeitet ihn poetologisch weiter aus, als die Frage nach dem Status seines eigenen Werks für ihn dringlicher wird.[159] Ab 1916 intensivieren sich

---

156 Vgl. Landweer/Marcinski: Feministische Phänomenologie. S. 8.

157 Annie Pfeifer/Reto Sorg: Vorwort. In: Dies. (Hrsg.): „Spazieren muß ich unbedingt". Robert Walser und die Kultur des Gehens. Paderborn: Fink 2019. S. VII–X, hier S. VIII.

158 Vgl. Wolfram Groddeck: Jenseits des Buchs. Zur Dynamik des Werkbegriffs bei Robert Walser. In: Textkritische Beiträge 12 (2008). S. 57–70, hier S. 62. Vgl. auch Keckeis, der davon ausgeht, dass die Sicherung des Werkzusammenhangs ein Anliegen der „Werkpolitik" Walsers sei. Siehe Keckeis: Robert Walsers Gattungen. S. 270.

159 Aus verschiedenen Gründen (unter anderem die zunächst schwierige Überlieferungslage seiner Texte aufgrund ihrer teilweisen publizistischen Verstreuung sowie Walsers Abbruch des Schreibens und Publizierens ab 1933) lassen sich Walsers Werke nicht als Totalität darstellen und somit nicht im Sinne des klassischen Werkbegriffs des 19.

seine Bemühungen,[160] seine Kurzprosa in „dauerhafte Bücher"[161] zu überführen. Er realisiert in einem kurzen Zeitraum die Prosasammlungen *Prosastücke* (1917), *Kleine Prosa* (1917), *Poetenleben* (1917; im Impressum auf 1918 datiert) und *Seeland* (1920; laut Impressum 1919).[162] Ebenfalls 1917 veröffentlicht er die Erzählung *Der Spaziergang* im Frauenfelder und Leipziger Huber-Verlag. Ein weiteres großes Textsammlungsprojekt unter dem geplanten Titel *Studien und Novellen* scheitert.[163] 1925 erscheint sein letztes Buch *Die Rose*. Schon an den Prosasammlungen *Aufsätze* (1913), *Geschichten* (1914) und *Kleine Dichtungen* (1915; laut Impressum 1914) zeigt sich Walsers Antrieb, seine verstreute Prosa der Berliner Zeit in Buchform zu konzentrieren. In der Zürcher Kulturzeitschrift *Die Ähre – Wochenschrift für Dichtung, Konzert, Theater und Unterhaltungen*,[164] mit deren Redakteur Emil Wiedmer Walser seit 1916 in

---

Jahrhunderts begreifen. Vgl. dazu Groddeck: Jenseits des Buchs. Insbesondere S. 57 und S. 62.

160 Zur Entstehungs- und Publikationsgeschichte der Bücher *Prosastücke, Kleine Prosa* und *Der Spaziergang* vgl. das editorische Nachwort von Barbara von Reibnitz in der KWA I, 8. S. 227–276 und den dokumentarischen Anhang im selben Band, S. 277–328.

161 Sabine Eickenrodt im Nachwort der BA 13. S. 153–167, hier S. 155.

162 Das Verhältnis von in Zeitungen und Zeitschriften bereits veröffentlichten Texten und solchen, die erstmals in einer der Sammlungen erscheinen, ist mit Blick auf die genannten Bücher sehr unterschiedlich. Während für *Prosastücke* nur eine Erstveröffentlichung in der *Vossischen Zeitung* bekannt ist, es sich mithin bei den enthaltenen 18 Stücken fast ausschließlich um Erstdrucke handelt (vgl. Von Reibnitz im editorischen Nachwort, KWA 1, 8. S. 231), sind die 25 Texte aus *Poetenleben* sämtlich zuerst in Zeitschriften und Zeitungen publiziert worden. Vgl. dazu Matthias Sprünglin: Editorisches Nachwort. In: KWA I, 9. S. 129–158, hier S. 130.

163 Vgl. zu diesem Projekt und Walsers Verhandlungen mit dem Huber Verlag in dieser Angelegenheit das editorische Nachwort von Matthias Sprünglin in KWA I, 9. S. 133–137 und den dokumentarischen Anhang, S. 159–177. Mit Blick auf *Studien und Novellen* lässt sich ein Interesse Walsers erkennen, die gesamte nach seiner Rückkehr in die Schweiz geschriebene Prosa in einem Buch zu konzentrieren (vgl. Sprünglin in KWA I, 9. S. 134 und den dokumentarischen Anhang im selben Band, S. 165). Walter Lohmeyer, mit dem Walser bezüglich des Buchprojekts im Huber Verlag in Kontakt stand, reagierte auf die Idee eines Buchs derart monumentalen Ausmaßes – er schätzte es auf 400 Seiten – mit entschiedener Ablehnung (vgl. dokumentarischer Anhang in KWA I, 9. S. 164). Der Briefwechsel mit Huber wurde erstmals von André Salathé herausgegeben. Siehe André Salathé (Hrsg.): „Man muss nicht hinter alle Geheimnisse kommen wollen." Robert und Karl Walsers Briefwechsel mit dem Verlag Huber Frauenfeld (1916–1922) samt einer Biografie von Verleger Walter Lohmeyer (1890–1951). Frauenfeld: Historischer Verein des Kantons Thurgau 2013.

164 Siehe dazu Thomas Dietzel/Hans-Otto Hügel: Deutsche literarische Zeitschriften 1880–1945. Ein Repertorium. Bd. I: A travers les Vosges – Deutsch-nordisches Jahrbuch. München/New York/London/Paris: K. G. Saur 1988. S. 38.

brieflichem Kontakt steht,[165] kompiliert Walser bereits Texte der Berliner Zeit zusammen mit Auszügen aus den Romanen. Seine spätere Arbeit an diversen Prosabänden und Buchprojekten zwischen 1916 und 1925 stößt offenbar ein verstärktes Nachdenken über Werk- und Kanonisierungsfragen an. Diese Auseinandersetzung findet teilweise bereits Niederschlag in Walsers Berliner Prosa und seinem *Jakob von Gunten*, worin er wiederkehrend Reflexionen über die feuilletonistische Autorschaft anstellt.[166] Erst um 1920 kommt dieser Autorschaft eine merklichere Konflikthaftigkeit zu, da Walser nun zunehmend tatsächlich zum Feuilletonisten wird und es ihm ab 1925 nicht mehr gelingt, Bücher bei Verlagen zu platzieren.

Zeitgleich zu seinen verschiedenen publikationsbezogenen Unternehmungen mit dem Ziel einer Werkgenese seit der Bieler Zeit vertieft Walser seine Reflexion autobiographischen Schreibens.[167] In einem klassischen Autobiographie- und Werkverständnis kommt dem autobiographischen Text die Funktion zu, Werkzusammenhang zu garantieren: Erst durch die zusammenhängende Darstellung seines Lebens kann der Autor auch seine Werke als Totalität darstellbar machen.[168] Ein Ergebnis aus Walsers intensivierter Beschäftigung mit der Autobiographie ist der Band *Poetenleben*,[169] der sich von den übrigen Prosasammlungen Walsers in verschiedenerlei Hinsicht unterscheidet. Während sich die Textanordnung in früheren Büchern häufig am Erstpublikationskontext orientiert,[170] überlegt sich Walser für *Poetenleben* ein stringenteres kompositorisches Prinzip. Durch eine tiefgreifende Überarbeitung der zuvor bereits in Zeitungen und Zeitschriften erschienenen 25 Prosastücke erreicht der Band eine Geschlossenheit, die

---

165 Eine Würdigung Walsers durch Wiedmer erschien unter dem Titel *Über Robert Walser* in einer Sondernummer der Zeitschrift zu Werken Walsers im August 1915. Vgl. Barbara von Reibnitz, Anmerkung in KWA I, 8. S. 239.

166 Siehe dazu Kapitel 4.2 und Kapitel 4.3 der vorliegenden Arbeit.

167 Annie Pfeifer und Reto Sorg sprechen in diesem Zusammenhang von einer „Hinwendung zu einem autofiktionalen Dichtungsverständnis". Dazu Pfeifer/Sorg: Vorwort. In: „Spazieren muß ich unbedingt". S. VIII.

168 Vgl. Martina Wagner-Egelhaaf: Einleitung: Was ist Auto(r)fiktion?. In: Dies. (Hrsg.): Auto(r)fiktion. Literarische Verfahren der Selbstkonstruktion. Bielefeld: Aisthesis 2013. S. 7–21, hier S. 7.

169 Vgl. Peter Utz, der *Poetenleben* als Reflexion über und formale Auflösung von Goethes gattungsbildender Autobiographie *Dichtung und Wahrheit* diskutiert hat. Dazu Peter Utz: Erschriebenes Leben. Ist Robert Walsers *Poetenleben* eine „Autofiktion"? In: Fattori/Gräfin von Schwerin (Hrsg.): „Ich beendige dieses Gedicht lieber in Prosa". S. 27–42.

170 *Fritz Kocher's Aufsätze* (1904) umfasst z. B. vier Textzyklen, deren Gruppierung ihrer ursprünglichen Veröffentlichungsabfolge im Sonntagsblatt des Berner *Bund* entspricht. Vgl. dazu Hendrik Stiemer im RWH. S. 90/91.

Walser so bisher nicht umgesetzt hatte.[171] Die Texte in *Poetenleben* sind nicht bloß lose motivisch verknüpft – so verfahren etwa die Sammlungen *Prosastücke* und *Kleine Prosa* –, sie bilden vielmehr eine sprachlich-stilistische Einheit sowie eine Art Handlungszusammenhang und verlassen damit die Logik ihrer ersten Publikationsmedien. In einem Brief vom 28. Mai 1917 erklärt Walser gegenüber dem Huber Verlag, dass das Buch, welches er zur Veröffentlichung anbietet, „fest zusammengefügt und zu Ende geschrieben", sei und die im Manuskript enthaltenen Texte zudem „sorgfältig" ausgewählt und „neu geschrieben" (alle Zitate BA 1, S. 365) worden seien. Einen thematisch-narrativen Zusammenhang der Texte garantiert die Figur des Poeten, die ja bereits titelgebend ist.

Neben dem Poeten und seinem Leben bildet ein weiteres prägnantes Motiv eine Klammer der Sammlung: das Wandern. Es wird in verschiedenen Stücken in Szene gesetzt, auch in solchen, in denen keine Poeten auftreten.[172] Geschlossenheit und thematische Kohärenz[173] lassen sich aufgrund des suggestiven Titels als Leseeindrücke aufrecht erhalten, obgleich Erzählperspektive und Hauptfigur über die Stücke hinweg nicht einheitlich gestaltet sind.[174] Wandern und Poesietätigkeit greifen im Aufbau von *Poetenleben* äußerst stimmig ineinander. In den Texten der ersten Hälfte des Bandes dominiert das Wander-Motiv (*Wanderung, Kleines Landstraßenerlebnis, Widmann, Die Tante, Würzburg, Der Wanderbursche*), während in der zweiten Hälfte verstärkt Schriftsteller- und Commis-Figuren auftreten (*Der neue Roman, Das Zimmerstück, Der Arbeiter, Hölderlin*). Im letzten Text der Sammlung, der wie das Buch den Titel *Poetenleben* trägt, kulminieren die beiden motivischen Stränge, Wandern und Dichten, in der Figur des Poeten, der zugleich Commis ist. Sein Dasein wird als Wechsel von büromäßigem und poetischem Schreiben, von Begrenzung und Entgrenzung charakterisiert.

Das ‚Poetenleben' drehe sich

> […] um Bureauarbeit und um Landschaft, um ein Stellenbekleiden und ein Stellenpreisgeben, um ein Herumwandern in warmer, freier Natur und um ein Sitzen, Festkleben und Schreiben an kaufmännischen Schreibtischen, die man Pulte nennt; um Freiheit sowohl wie um Gefangenschaft, um Ungebundenheit sowohl wie um Fessel; um Not, Bedürfnis, Sparsamkeit sowohl wie um üppiges, freches fröhliches Verschwenden und köstliche, schwelgerische Genüsse, um

171 Vgl. Matthias Sprünglin im RWH. S. 158.

172 So z. B. im eröffnenden Text *Wanderung*, in dem der Ich-Erzähler als „vagabundierende[r] Vagant[…]" (BA 15. S. 9) gezeichnet ist.

173 Dem Huber Verlag beschrieb Walser diese geschlossene Form als „romantische Geschichte" (BA 1. S. 365), als welche sich die Textsammlung lese.

174 Vgl. Sprünglin, RWH. S. 159.

> harte, saure Arbeit sowohl wie um taugenichtsiges, tagediebiges, ins Geratewohl und Gehabdichwohl hineinlebendes, atmendes Vergnügen, um strenge Pflichterfüllung sowohl wie um vergnügliches, rötliches, bläuliches oder grünliches Schlendern, Spazieren und Vagabundieren. (BA 15, S. 119).

Die Konstruktion des ‚Dichter-Angestellten', die bereits Walsers Büroprosa entwirft und die im *Gehülfen* als umfassendere Figurenzeichnung erkennbar ist, bringt Walser hier stilistisch auf den Punkt. Die im Prosastück *Poetenleben* mit äußerster Prägnanz durchgeführte Konzeption einer doppelten Autorschaft (Dichter und Angestellter) lässt sich dabei nicht nur als Verständnisschlüssel auf alle vorangegangenen Texte des Bandes applizieren, sie wurde darüber hinaus – wie sich mit Blick auf die Rezeption des Prosabandes erkennen lässt – sinnfällig mit Walsers Biographie überblendet.[175] Bedenkt man die häufigen biographischen Kurzschlüsse, mit denen die Literaturkritik bereits seinen Romanen begegnet war, so finden sich in diesem Fall keine neuen oder spezifischen Aussagen zum Autobiographischen bei Walser. Was hingegen in der Regel in den Besprechungen von *Poetenleben* ausbleibt, ist der ebenfalls im Hinblick auf die Romane bekannte Vorwurf der Formlosigkeit. Walser werden nun kompositionstechnische Fortschritte und ein unverwechselbarer Stil zugebilligt.[176] Was ihm bei *Geschwister Tanner*, mithin in der Form des Romans, nicht gelang, scheint in der Prosasammlung verwirklicht: Der angenommene autobiographische Zusammenhang vermittelt sich durch eine als literarisch avanciert erachtete Komposition. So stellt *Poetenleben* zumindest für die zeitgenössische Literaturkritik eine elaborierte autobiographische Form dar, die an den von der hermeneutischen Autobiographie-Theorie formulierten Anspruch erinnert. Mit *Poetenleben* gelingt Walser ein eigenständiger ‚Entwurf' eines autobiographisch lesbaren Werks.[177] Die Autobiographie muss nicht mehr, wie noch im *Gehülfen*, abgebrochen werden. Um wessen Leben es sich in der Prosasammlung handelt, beantwortet Walser allerdings nicht.[178]

Einige Jahre später verteidigt er die ‚Lebensnähe' seines *Gehülfen*-Romans, und zwar aus dem Blickwinkel des Feuilletonisten, der Gemeinsamkeiten zwischen dem Autobiographischen und dem Feuilletonistischen erkennt. Beides gilt nicht als literaturwürdig und prägt sein schriftstellerisches Werk zentral.

---

175 Zur Aufnahme der Prosasammlung durch die zeitgenössische Literaturkritik vgl. Sprünglin: Editorisches Nachwort. In: KWA I, 9. S. 129–158, hier S. 145–158. *Poetenleben* wurde durch den Huber-Verlag stark beworben, der Band dementsprechend auch breit wahrgenommen. Eine autobiographische Lesart findet sich dabei wiederkehrend.

176 So z. B. in einer Rezension im *Sonntagsblatt der Basler Nachrichten*, die von Ernst Jenny stammen könnte. Vgl. KWA I, 9. S. 151.

177 Vgl. Utz: Erschriebenes Leben. S. 42.

178 Vgl. Utz: Erschriebenes Leben. S. 42.

### 3.2.3 *Walsers Autobiographie des ‚Backfischelns' – Rückschau auf die ‚Wirklichkeit' des* Gehülfen

In einer Textgruppe, die Walser im Oktober 1927 unter dem Titel *Drei Studien* in der *Neuen Rundschau* veröffentlicht, präsentiert ein einleitendes *Kabarettbild* ein kurzes Gespräch verschiedener typisierter Figuren, das oberflächlich wie ein Nonsens-Dialog wirkt. Es treten darin ein Impresario, ein Backfisch, eine ‚Bureaulistin', eine ‚Frau aus der grossen Welt', ein Gymnasiast und eine Lehrerin auf. Die Figuren unterhalten sich im Wechsel über die gerade ablaufende Darbietung einer Tänzerin namens Andalusia und über den Backfisch, der in sich selbst eine „Art Literat" (KWA II, 1, S. 154) erkennt. Obwohl der Backfisch anwesend ist, sprechen die anderen Figuren zumeist in der dritten Person über ihn. Der Backfisch reagiert auf das, was über ihn gesagt wird, woraus sich eine asymmetrische Gesprächsdynamik ergibt, in welcher der Backfisch zugleich ein- und ausgeschlossen ist und zwischen den Positionen eines Gesprächsteilnehmers und eines Gesprächsgegenstands schwankt. Dem Backfisch wird von den anderen Figuren so manches angedichtet. Er sei „unstreitig begabt", wie die Bureaulistin feststellt, wehre sich aber gegen ihre „guten Absichten", einen „vernünftigen, bodenständigen Menschen" aus ihm zu machen (alle Zitate KWA II, 1, S. 152). Die Bureaulistin meint weiterhin, der Backfisch habe „keine Phantasie" (KWA II, 1, S. 152), während die Lehrerin ihm eine „Weltauffassung" (KWA II, 1, S. 153) abspricht. Die Frau von Welt ist hingegen davon überzeugt, dass er sie mit „unsagbarer Selbstverständlichkeit" (KWA II, 1, S. 152) duze.

‚Backfisch' ist bekanntlich eine etwas herablassende Bezeichnung für ein heranwachsendes Mädchen; in Walsers Studie kommen dem Backfisch als Literaten jedoch eher männliche Eigenschaften zu. Er kommt sich beim Anblick der Tänzerin etwa „baronhaft" (KWA II, 1, S. 153) vor. Um 1900 wird die sogenannte ‚Backfischliteratur' modern, Geschichten für Mädchen, die, wie Emmy von Rhodens Buch *Der Trotzkopf* (1885) oder Else Urys Kinderbuchreihe *Nesthäkchen* (1913–1925), bürgerliche Weiblichkeitsmodelle didaktisch vermitteln: Eine stürmische Kindheit und Jugend münden am Ende in die geordneten Verhältnisse des Ehehafens. Diese Literatur folgt der moralischen Erzählung für Mädchen unter dem Einfluss des Biedermeier nach, sie ist jedoch stärker als diese professionalisiert und psychologisch-differenziert auf ein junges weibliches Lesepublikum ausgerichtet.[179] Walser interessierte sich für sogenannte ‚Trivialliteratur' und verwertete seine Lektüren dieses Genres in

179 Vgl. Dagmar Grenz: Mädchenliteratur. Von den moralisch-belehrenden Schriften im 18. Jahrhundert bis zur Herausbildung der Backfischliteratur im 19. Jahrhundert. Stuttgart: Metzler 1981. S. 206–213.

der Berner Zeit produktiv für seine eigene Literatur.[180] In verschiedenen Texten der 1920er-Jahre taucht der Backfisch bei Walser wiederkehrend als Reflexionsfigur abgewerteter literarischer Genres und nicht anerkannter Autorschaft auf. So auch in *Drei Studien*, wobei allerdings unklar bleibt, weshalb der Backfisch von den anderen Figuren des Bildes abgewertet und ausgeschlossen wird.

Am Ende der Studie gibt der Literaten-Backfisch in einem längeren Redebeitrag Einblicke in seine Auffassung der Wirklichkeit, bezeichnenderweise mit einem ironischen Seitenhieb auf Flaubert, den großen Vertreter des französischen realistischen Romans:

> Was sich Flaubert für eine rührende Mühe beim Niederschreiben seiner Romane gab! Sein Eifer, seine Strenge mit sich selbst haben etwas Märchenhaftes. [...]. Wirklichkeit kann in sogenannten Wirklichkeitsbüchern unwirklich wirken. Im Leben ist etwas, das sich unserem Lebenstrieb widersetzt. Leben, Wirklichkeit sind raffiniert. Wir können ja übrigens Wirklichkeiten schaffen! Das, was man Wirklichkeit nennt, besteht ja aus uns, und insofern wir bildungsfähig sind, ist es die sogenannte Wirklichkeit auch. Ob Wirklichkeiten reicher oder ärmer seien, kommt auf uns an. Man hat doch unter Wirklichkeiten nicht nur das zu verstehen, was sich der Dutzendverstand darunter vorstellt. In den Kreis des Wirklichen ziehe ich das Unwirkliche als bedeutungsvollen, in gewisser Hinsicht sogar ausschlaggebenden Faktor mit ein; denn das Unwirkliche bildet doch beim Wirklichen das Ergänzende. Man braucht z. B. beim Sonnenschein auch nicht den Schatten zu bemerken. Wenn ich nun Wirklichkeit verloren hätte und sie mir, weil ich sie suche, desto lebendiger wäre? Ist Suchen nicht ebenso wirklich als das bißchen Wirklichkeit im Haben, im Sein? (KWA II, 1, S. 154/155).

Der sezierende Realismus, für den Flaubert steht, sowie die Recherche-Vorarbeiten und identifikatorisch-psychologischen Figurenstudien, die für seine Arbeit am Roman als charakteristisch gelten, erscheinen in den Augen des Backfisches als treuherzige Fleißarbeit. Der Realismus des 19. Jahrhunderts, dessen Romane der Allgemeinheit als „Wirklichkeitsbücher" zu gelten scheinen, wirkt ungeachtet seines Eifers, die Wirklichkeit minutiös abzubilden, schwerfällig. Ihm entgehen die Raffinessen der Wirklichkeit, da er einer bürgerlich-ökonomischen Logik folgend auf das „Haben" und das „Sein" setzt, anstatt sich im Verbund mit dem „Unwirklichen", das heißt mit dem Erdichteten, auf eine Suche nach der Wirklichkeit, deren Ergebnisse und künftige ‚Habenseite' sich noch nicht beziffern lassen, zu begeben.

180 Vgl. hierzu die Untersuchung von Andrea Hübner: *Ei' welcher Unsinn liegt im Sinn?* Robert Walsers Umgang mit Märchen und Trivialliteratur. Tübingen: Stauffenburg 1995, sowie den bereits erwähnten Artikel zum Thema von Sabine Eickenrodt im RWH. S. 304–309.

In einem zu Lebzeiten unveröffentlichten Text Walsers, der 1926 entstand und in der Forschung als *Tagebuch-Fragment*[181] bekannt wurde, wird eine ganz ähnliche Auffassung der Wirklichkeit präsentiert, wie sie der Backfisch vertritt. Der Text behandelt produktionsspezifische Schwierigkeiten des Schreibens wie z. B. das Finden eines geeigneten Stoffs oder die Erforderlichkeit, genrespezifische Konventionen zu erfüllen. So reflektiert der Text fortlaufend seine eigene Genese. Er bietet darüber hinaus keine als übergreifend identifizierbare Handlung. Prominent thematisiert der *Tagebuch*-Text das Anliegen, einen sogenannten „Wirklichkeitsbericht" (SW 18, S. 69) abzufassen. Das schreibende Ich hat sich den Anspruch, eine Geschichte zu erzählen, die „auf absolutestem Eigenerleben fußen" (SW 18, S. 76) und „wahrheitsgetreue Angaben" (SW 18, S. 69) enthalten soll, selbst auferlegt. Wiederkehrend behauptet das schreibende Ich, die absolute Übereinstimmung von Wirklichkeit und Text für sich als Richtschnur anzuerkennen.[182] Von ihm früher verfasste Werke, in denen dem tatsächlich Erlebten in eitler Weise zu viel hinzugedichtet worden sei, habe das Lesepublikum zu Recht missbilligt (vgl. SW 18, S. 103/104).[183] Im Fortgang der Schreibreflexion erodiert allerdings sein Anspruch an einen Text, der wahrheitsgemäß widerspiegelt und nichts hinzudichtet, zusehends und gerät in eigene Widersprüche. Der Wirklichkeitsbericht erscheint zunehmend als Anspruch eines naiven Realismus, der insbesondere aufseiten der Verleger oder des Lesepublikums zu verorten ist.[184] Das Ich emanzipiert sich daher vom Berichthaften und erkennt seine Vorliebe

---

181 Der Text ist in mikrographischer Schrift sowie in einer Reinschrift Walsers ohne einen Titel erhalten. Jochen Greven, der davon ausging, dass der Text unabgeschlossen sei, hat den Titel samt der paratextuellen Bezeichnung ‚Fragment' für die Herausgabe im *Gesamtwerk* und in den *Sämtlichen Werken* hinzugefügt. Zum Hintergrund des *Tagebuch*-Textes vgl. Walt: Improvisation und Interpretation. S. 181 und Wolfinger im RWH. S. 194. Der Status des Textes als Fragment wird von Walt in Zweifel gezogen, da er in einem Close Reading eine gewisse Geschlossenheit des Textes nachweisen kann (vgl. Walt: Improvisation und Interpretation. S. 181–193).

182 Dazu SW 18. S. 76: „Ich bedarf da also ganz und gar keiner ‚Ideen', sondern ich soll und will lediglich einer Kette von Erlebtheitserscheinungen den denkbar statthaftesten Ausdruck verleihen, indem ich um möglichst angenehme, gefällige Einteilung besorgt bin."

183 Die Reflexion lässt sich auf die Berliner Romane beziehen. Eine andere Passage (vgl. SW 20. S. 79) hat die Forschung, zuerst Jochen Greven, plausibel auf Walsers verschollenen Roman *Theodor* bezogen. Vgl. dazu Greven: Nachwort des Herausgebers. In: SW 18. S. 329/330 und Christian Walt: Improvisation und Interpretation. S. 205.

184 Dies wird insbesondere mit Blick auf die Verarbeitung der Entstehungs- und verhinderten Publikationsgeschichte des *Theodor*-Romans im *Tagebuch-Fragment* deutlich. Dazu heißt es im Text, das Manuskript sei nie gedruckt worden, da es „zahlreiche Fehler hinsichtlich der Wirklichkeit enthielt" (SW 18. S. 78).

für eine um die Phantasie „erweiterte Wirklichkeit“[185]: „[...], daß anscheinende Unwirklichkeit für mich inhaltreicher, d. h. wirklicher sei als die sogenannte, vielgerühmte und -gepriesene, tatsächlich vorhandene Wirklichkeit.“ (SW 18, S. 102).

Um 1925 kreisen Texte Walsers mithin um die Frage nach der Wirklichkeit der Literatur. Sowohl im ersten Text der *Drei Studien* als auch in der *Tagebuch*-Erzählung findet diese Reflexion im Zusammenhang mit einem normierten Denken über Gattungen statt. Einmal ist es der realistische Roman des 19. Jahrhunderts, der eine minutiöse Wirklichkeitsdarstellung einfordert, ein andermal der ‚Wirklichkeitsbericht‘ eines bekenntnishaften Schreibens, das sich ebenfalls teilweise als Anspruch des Romans erweist. Walser beschäftigen Darstellungsprobleme, mit denen er sich, wie eingangs des Kapitels diskutiert wurde, bereits beim Verfassen seines *Gehülfen*-Romans konfrontiert sah: Wie lässt sich die Literatur in ein zeitgemäßes Verhältnis zur Wirklichkeit setzen? In der Büroprosa und in *Der Gehülfe* beantwortet er diese Frage vorläufig mit der Figur des Angestellten, die in ihrer doppelten Anlage als Schreiber und Spaziergänger, Begrenzter und Entgrenzer gesellschaftliche und individuelle Wirklichkeit literarisiert. Bereits hier scheint das Autobiographische der Literatur immer wieder als Schwierigkeit auf. Der Commis ist in die fremdbestimmten Abläufe des Büros eingebunden, während die Autobiographie ein souveränes Autorsubjekt vorsieht. Das Projekt einer Autobiographie wird im *Gehülfen* verworfen, da sich einzig durch die Bewegung des Körpers noch eine Geschichte vom Ich erzählen lässt. In der Zwischenzeit entwirft Walser die Widersprüche zwischen Leben und Schreiben als Spezifik seiner eigenen Autor-Biographie und übersetzt sie damit in ein poetologisches Verständnis seines Werkes: in ein ‚Poetenleben‘.

In den 1920er-Jahren geht es Walser nun im Zusammenhang mit einer intensiven Beschäftigung mit der Aufnahme seiner Literatur durch die Öffentlichkeit um eine Verteidigung der Poetizität seines Entwurfs von Literatur, für den er selbst immer wieder eine Nähe von Leben und Schreiben behauptet und der auch auf diese Weise rezipiert wurde. Mit Blick auf Walsers poetologische Überlegungen dieser Zeit lässt sich eine verteidigende

---

185 Walt: Improvisation und Interpretation. S 192. Walt argumentiert für eine Verteidigung des Fiktionalen durch Walser im *Tagebuch*-Text. So auch Reto Sorg, der davon ausgeht, der Text ironisiere die verbreitete Ansicht, dass Tagebücher keine (fiktionale) Literatur seien. Vgl. Reto Sorg: Autofiktionalität und Heterotopie. Paul Nizons Selbsterfindung im ‚schöpferischen Apparat‘ des Journals. In: Elio Pellin/Ulrich Weber (Hrsg.): „... all diese fingierten, notierten, in meinem Kopf ungefähr wieder zusammengesetzten Ichs“. Autobiographie und Autofiktion. Göttingen/Zürich: Wallstein/Chronos 2012. S. 153–182, hier S. 159.

Haltung in seinen Begründungen erkennen. Die besondere Sensibilität für das Normierte der Literatur, die schon seine Berliner Werke prägt, bestimmt hier über weite Teile seine Auseinandersetzung mit Fragen des Schreibens. Sei es das Kreuzfeuer von Unterstellungen und Vorwürfen, dem der Backfisch im ersten Bild der *Drei Studien* ausgesetzt ist, oder der ‚Wirklichkeitsbericht' des schreibenden Ichs im *Tagebuch*-Text, der sich hochgradig von Forderungen des Literaturbetriebs herleitet: Beide sprechen oder schreiben in einem rechtfertigenden Gestus gegenüber derlei Ansprüchen. Auch in seinem sogenannten *Räuber-Roman*,[186] dem bekanntesten Text aus dem Nachlass, mit dem Walser sich dezidiert vom realistischen Erzählen lossagt, ist ein defensiver Ton unüberhörbar. Wie der *Tagebuch*-Text gibt der *Räuber* das Erzählen eines Plots zugunsten einer kontinuierlichen Reflexion des Schreibakts auf. Die im *Räuber*-Text exzessiv zur Anwendung kommende assoziative und digressive Darstellungsweise wurde vielfach beschrieben.[187] Der eingesetzte Autor-Erzähler hat ebenfalls einen Schreibauftrag. Er muss zu einem Roman, mithin „einem Buch von einigem Umfang kommen", um nicht „noch tiefer verachtet" zu werden, als dies bereits der Fall sei (SW 12, S. 103). Ein als ‚Räuber' bezeichneter Protagonist gibt die handelnde und erlebende Instanz des Textes ab. Er wird als gesellschaftlicher Außenseiter charakterisiert. Zum Autor-Erzähler steht er in einem kreativen Dienstverhältnis: Er ist dessen „Gehülfe" (SW 12, S. 170) bei der Genese des Romans, weil er den Romanstoff abgibt. Der Räuber ist seinerseits ebenfalls ein Schreibender, von dem in der Vergangenheit bereits ein Roman erwartet wurde (vgl. SW 12, S. 45). Dieser Versuch ist jedoch „natürlich" (SW 12, S. 45) gescheitert. Um kreativ zu sein, bedient sich der Räuber mehr oder weniger rücksichtslos seiner Umgebung. Er ‚raubt' „Landschaftseindrücke" und „Neigungen" (SW 12, S. 32).

Das autoreflexive Schreiben des Romans steht im *Räuber*-Text im Zeichen einer permanenten Antizipation und Erwägung der Erwartungen anderer

---

186 Den in der Forschung als *Räuber-Roman* bekannt gewordenen Text gab Jochen Greven 1972 erstmals heraus und wies dem titellosen Konvolut dabei diese Gattungsbezeichnung zu. Siehe dazu Jens Hobus: „Räuber"-Roman (verfasst 1925). In: RWH. S. 180–189, hier S. 180. Vgl. ebenfalls Jochen Greven: Editorische Notiz. In: Robert Walser: Der „Räuber"-Roman. Aus dem Nachlaß herausgegeben von Jochen Greven unter Mitarbeit von Martin Jürgens. Frankfurt am Main: Suhrkamp Taschenbuch 1976. S. 131–135, hier S. 133.

187 Siehe hierzu etwa: Thomas Bolli: Inszeniertes Erzählen. Überlegungen zu Robert Walsers Räuber-Roman. Francke: Bern 1991, Susanne Andres: Robert Walsers arabeskes Schreiben, Ernst Osterkamp: Commis, Poet, Räuber. Eigengesetzlichkeit und Selbstaufgabe bei Robert Walser. In: Klaus-Michael Hinz/Thomas Horst (Hrsg.): Robert Walser. Frankfurt am Main: Suhrkamp 1991. S. 217–239 oder Samuel Frederick: Narratives Unsettled. Digression in Robert Walser, Thomas Bernhard, and Adalbert Stifter. Evanston (Illinois): Northwestern University Press 2012.

an diesen Roman. Mehrfach macht sich der Erzähler-Autor über realistische und didaktische Literaturkonzeptionen lustig. Er selbst verfolge stattdessen das Projekt eines Buchs, „[...] aus dem absolut nichts gelernt werden kann. Es gibt nämlich Leute, die aus Büchern Anhaltspunkte fürs Leben herausheben wollen. Für diese Sorte sehr ehrenwerter Leute schreibe ich demnach zu meinem riesiggroßen Bedauern nicht." (SW 12, S. 12). Die hier ironisch vorgeführte Lektüreerwartung besteht in einer Moraldidaxe, die an anderer Stelle als bildungsbürgerlicher Anspruch erkennbar wird. Dort liest der Räuber einen Roman, den ihm seine Vermieterin zum Zwecke der „Aufbügelung" seiner „zerknüllten Bildung" (SW 12, S. 119) empfiehlt. Der Roman ermüdet ihn umgehend: „Irgend etwas in sich nicht genügend Begründetes schwoll und quoll in dem Buch hoch empor. Gott, wie sich diese Figürchen da mit Ermunterung ihres Autors wichtig nahmen. [...]. Das ist so recht ein Buch, das für jene vielen geschrieben ist, die das Leben nicht kennen, [...]." (SW 12, S. 154). Das Ermüdende scheint dabei aus dem Umstand einer schlecht ‚begründeten' Bezugnahme auf das Leben zu resultieren, die nur jene überzeugen könne, die sich mit diesem nicht auskennen würden. Der Roman, der dem Räuber eine solche Langeweile bereitet, richtet sich an ein breites Publikum („jene vielen") und porträtiert zugleich eine bürgerliche Welt.[188] Die publikumsgefällige Literaturproduktion ruft auch den Spott des Backfischs in den *Drei Studien* hervor, denn in seinen Augen seien die „sogenannten Wirklichkeitsbücher[...]" ebenfalls für die Massen (einen „Dutzendverstand", beide Zitate KWA II, 1, S. 154/155) geschrieben.

Der *Räuber* und *Drei Studien* stehen in mehrfacher Hinsicht – motivisch wie reflexiv – miteinander im Gespräch. Die rudimentäre Handlung des *Räuber*-Texts kreist um sein Interesse an zwei Frauen: Wanda und Edith. Edith schießt gegen Ende der Erzählung mit einer Pistole auf den Räuber, während dieser – vor einem überwiegend weiblichen Publikum (vgl. SW 12, S. 172) – in einer Kirche eine Rede hält. Ediths Attentat auf den Räuber ist ein Racheakt, da dieser sie rücksichtslos als literarische Vorlage ausgenutzt – er betrachtet sie deshalb als „Geplünderte" und „Gefügige" (SW 12, S. 177/179) – und hierfür bereits ein „Honorar" (SW 12, S. 181) erhalten habe. So stellt er es in seinem Vortrag dar, womit er sie öffentlich bloßstellt. Wie im *Kabarettbild* in *Drei Studien* tritt auch im *Räuber* eine Varieté-Tänzerin auf (vgl. SW 12, S. 35). Während im *Räuber*-Text Edith zur Schützin wird, ist es im *Kabarettbild* Andalusia, die mit einem Revolver auf den Backfisch feuert (vgl. KWA II, 1, S. 153/154). Die Vermieterin des Räubers und ihr pädagogischer „Aufbügelung[s]"-Versuch in

188 Der Räuber reflektiert dies so: „‚Es wird mir da aus der Bürgerklasse zu viel Wesens, zu viel Aplomb gemacht', [...]." (SW 12. S. 154).

Bezug auf dessen Bildung sind in der Figur der Bureaulistin aus dem *Kabarettbild*, die einen „vernünftigen, bodenständigen Menschen“ (KWA II, 1, S. 152) aus dem Backfisch machen möchte, gespiegelt.

Auch der Räuber wird an einer Stelle als Backfisch gekennzeichnet. Hiermit wird eine Facette der Figur geschildert, die der ‚räuberischen‘ Inspiration, die sich ja eher absorbierend bis übergriffig gegenüber der eigenen Mitwelt verhält, entgegengesetzt ist. Backfisch und Räuber verkörpern allerdings gleichermaßen eine geringgeschätzte Position. Das geringe Ansehen, das der Räuber in der Öffentlichkeit genießt, wird durch die Armut seines Vaters und die Tatsache, „dass ihm noch kein passender Roman“ (SW 12, S. 136) geglückt sei, erklärt. Seine soziale Degradierung als Schriftsteller und Person des öffentlichen Lebens wird dabei in Weiblichkeitsmetaphern ausgedrückt:[189] Er erscheint den anderen als „Stubenmädchen“ und so, als ob er „in einer Schürze“ herumlaufe (SW 12, S. 136). Als Reaktion auf seine Ächtung nimmt der Räuber den niedrigen sozialen Status als „Mägdlein“[190] (SW 12, S. 137) jedoch aktiv an und transformiert ihn in einen mimetisch-kreativen Vorgang, der als „backfischeln“ (SW 12, S. 137) bezeichnet wird. Der Räuber beobachtet dabei genauestens das Verhalten von Mädchen in der Öffentlichkeit und ahmt diese nach.[191] Durch das Beispiel der Mädchen erlernt er eine Möglichkeit, mit seiner sozialen Isolation umzugehen.[192] Der Räuber ist wie der Backfisch in den *Drei Studien* gegenüber einer Gemeinschaft als Außenseiter gekennzeichnet und zudem mit Weiblichkeitsattributen versehen. Im *Räuber*-Text wird die poetologische Reflexionsebene, die der Figur des Backfischs eignet, jedoch nicht – wie in den *Drei Studien* – erkennbar ausgeführt. Hier stellt man ihn sich aufgrund der Reflexion über Flaubert als Romanschriftsteller vor. In beiden Texten wird nicht deutlich, dass der Backfisch auch in Zusammenhang mit Walsers feuilletonistischer Autorschaft steht.

---

189 Siehe dazu Jens Hobus, der eine „ästhetische Funktion“ in der thematisierten ‚Weiblichkeit‘ des Räubers ausmacht. Hobus: Poetik der Umschreibung. S. 143.

190 Die Mädchenhaftigkeit, die mit der Charakterisierung der Figur als Räuber insgesamt in einem Spannungsverhältnis steht, bringt er selbst mit einem Mangel an „Angriffs- und Besitzlust“ (SW 12. S. 141) in Verbindung. Dies erläutert er gegenüber einem Arzt, dem er gesteht, dass er sich „dann und wann als Mädchen fühle“ (SW 12. S. 140).

191 Siehe SW 12. S. 137: „Er studierte die Manieren, die Mienen, Bewegungen, Gesichter, die Auffassungsweisen der Mädchen mit, man darf schon dreist sagen, beispiellosem Erfolg, indem er sie nachahmte.“

192 SW 12. S. 137: „Wenn z. B. Mädchen ausgelacht, verhöhnt werden, so gefallen sie sich sozusagen in diesem Verhöhntwerden, sie finden es lustig. Solches und andere Eigenheit[en] merkte er sich sehr genau und umgürtete sich damit wie mit einer Art Waffe. Er nannte das für sich backfischeln, und so backfischelte er denn heiter drauflos und erhielt sich doch immerhin dabei geistig gesund.“

Diese Verknüpfung leistet ein Text Walsers, für den der Backfisch titelgebend wurde. Im Feuilleton *Backfischaufsatz*, das am 10. Januar 1928 im *Berliner Tageblatt* erschien, wird die Methode des ‚Backfischelns' näher erläutert. Hier wird sie als feuilletonistisch-schriftstellerische Arbeitsweise verstehbar. Damit zählt der Text zu den poetologischen Überlegungen Walsers im Zeichen „journalistische[r] Selbstdefinitionen"[193], die für die Berner Zeit typisch sind. Das Backfischeln beschreibt der Text folgendermaßen:

> Um schlankweg von der Leber weg zu sprechen, bedeutet Backfischeln eine Selbstweckung oder -bestrahlung. Eines Tages sah ich eine Jugendliche, einen richtigen Backfisch stramm und zielsicher, will sagen, fest auftreten, und unwillkürlich, das heißt mit vollem Verständnis, in der eingestandensten Erkenntnis, ahmte ich die Hübsche nach und kam hierbei zu sehr angenehmen Ergebnissen. Ich bebackfischelte oder bestrahlte mich, das heißt, es handelte sich um folgendes Experiment: ich konzentrierte meine Gedanken, ich weiß nicht, ob es ein großer oder nur geringer Vorrat war, auf meinen Körper, den ich hierdurch sozusagen befehligte. Ich legte meinen gesammelten Gedankenschatz in meine Augen und mit diesem gleichsam wesensgesättigten Blick prüfte, kontrollierte ich mich äußerst sorgsam. Die Folge solchen Vorgehens war eine unverkennbare Ermunterhteit, anders gesprochen, eine Uebereingestimmtheit mit meiner Umgebung, d h. ich erreichte mittels des sogenannten Backfischelns ein lebendiges, unbedingtes Jasagen gegenüber dem Dasein, was mit ebenerwähnter Munterkeit identisch ist. Ohne irgend jemand aufklären oder belehren zu wollen, bin ich der Meinung, ich dürfe mir erlauben zu sagen, daß ich dadurch, daß ich eine alltägliche Beobachtung machte, in gewissem Sinne, ausschließlich mir selber gegenüber, ein wenig den Arzt spielte, worüber ich mich gewissermaßen in der Oeffentlichkeit unterhalte. Möglich ist, daß die Fähigkeit, backfischeln zu können, einzig mir gegönnt ist, indem ich dieses Könnens dringend bedurfte, der ich zeitweilig sowohl in körperlicher wie in geistiger Klemme saß. Zutreffend bleibt, daß ich Lebensfreude notwendig hatte, und da kam ich auf diese gewiß merkwürdige Backfischidee, die man ebenso gut belächeln wie einigermaßen ernst nehmen kann. (KWA III, 1, S. 174/175).

Im *Backfischaufsatz* äußert Walser sich betont als Feuilletonist. Ähnlich wie die Idee des ‚Poetenlebens' hebt die angeführte Passage aus dem *Backfischaufsatz* grundlegende Widersprüche, die Walsers Schreibbiographie betreffen, gedanklich auf und führt sie in einer poetisch-poetologischen Deutungsfigur zusammen. Während in der Bieler Zeit der Angestellten-Poet eine Lösung für das Auseinanderfallen von Leben und Schreiben darstellt, bietet im *Backfischaufsatz* die Autorschaft als Feuilletonist eine Möglichkeit an, in positiver Übereinstimmung mit der eigenen Mitwelt eine eigenständige, für einen selbst passende Kreativität zu praktizieren.

193 Utz: Tanz auf den Rändern. S. 353.

Der Feuilletonist ist ein teilnehmender Schriftsteller, er wird den Gegenständen, die er beobachtet, ähnlich, um später über sie schreiben zu können. Im *Backfischaufsatz* geht die Selbstsicherheit, die das feuilletonistische Ich am „zielsicher" und „fest" (KWA III, 1, S. 174) auftretenden Backfisch bemerkt, auf es selbst über. Aus dem Vorgang der Imitation bezieht es eine neue, seinem Talent entsprechende und angemessene Arbeitsmethode – die „Fähigkeit" des ‚Backfischelns' ist möglicherweise nur ihm „gegönnt" (KWA III, 1, S. 175).[194] Wie im *Räuber* und im *Kabarettbild* wird auch im *Backfischaufsatz* deutlich, dass der Backfisch seine Autorschaft vor anderen rechtfertigen muss, die diese als „fehlerhaft" (KWA III, 1, S. 173) begreifen. Die Reibung mit den Interessen und Ansichten der anderen ist in das Konzept des ‚Backfischelns' jedoch integriert und wird darin positiv umgedeutet: „Backfischeln bedeutet in der Totalität nichts anderes, als sich als Einzelwesen der Gesellschaft gegenüber in scharmantem Unrecht zu fühlen." (KWA III, 1, S. 173).

Mit der Betonung der Körperlichkeit des Vorgangs nimmt Walser Bezug auf seine Verhandlung der autobiographischen schriftstellerischen Tätigkeit im Zusammenspiel mit der körperlichen Bewegung, die bereits in seiner Prosa des Büros, dem *Gehülfen*-Roman und *Poetenleben* angelegt ist. Während Joseph Marti das Schreiben über sich selbst abbrechen muss, weil er nur in der körperlichen Bewegung ein individuelles Erleben zu realisieren vermag, kann der Autor als Backfisch seinen Körper und seine schriftstellerische Kreativität konfliktfrei zusammenbringen: Gedankliche Körperkontrolle und körperliche Imitation sowie das Gefühl einer Übereinstimmung von Ich und sozialer Umgebung konvergieren in der Autorkonzeption des Backfischs. Hier ist nun ein Wirklichkeitsbezug möglich, dem gegenüber der dialektischen Figur des ‚Poetenlebens' eine neue, in Bezug auf Walsers Selbstverständnis als Schriftsteller weiterentwickelte Qualität zukommt. Es geht hier nicht mehr um einen als romantische und autobiographische Geschichte lesbaren Wechsel von Spazieren/Wandern/Schwimmen und Schreiben, von Selbstbestimmung und Fremdbestimmung, vielmehr wird die Vereinigung der Gegensätze als Ausweis einer eigenen professionalisierten Arbeitsweise ausgegeben. Dieses Verständnis seiner schriftstellerischen Herangehensweise bietet Walser, ohne irgendjemanden „aufklären oder belehren" (KWA III, 1, S. 175) zu wollen, mithin

194 Laurenz Schulz stellt die Reflexion über Imitation im Backfischaufsatz in den Kontext von Walsers ‚imitierender' intertextueller Bearbeitung von Groschenromanen. Vgl. Laurenz Schulz: Die Werte des Kitschs. Analysen historischer Modifikationen und literarischer Applikationen. Berlin: J. B. Metzler 2019. S. 301.

in einer Pose feuilletonistischer Bescheidenheit,[195] einer Öffentlichkeit von Zeitungsleserinnen und -lesern an.

Zusammengefasst steht Walsers ‚Backfisch-Autor' für einen Wirklichkeitsbezug, der sich von dem des realistischen Romans unterscheidet, indem er das „Unwirkliche" (KWA II, 1, S. 155), mithin Erdichtete als legitimen Bestandteil seiner ‚Realismus'-Konzeption betrachtet, worauf auch der *Tagebuch*-Text insistiert. Zugleich reflektiert er ein Schreiben, das nicht als genuin literarisch angesehen wird, da es im Bereich der Unterhaltungsliteratur oder des Feuilletons verortet wird. In der Idee des ‚Backfischelns' wird dies als eigene, spezifische Arbeitsweise begründet und aufgewertet. Genau wie das Feuilleton wird auch die Unterhaltungsliteratur mit Weiblichkeit assoziiert. Im Backfisch nimmt Walser aufmerksam die um 1900 verbreitete Vorstellung einer verweiblichten Massenkultur[196] auf und konfrontiert sie produktionsästhetisch mit seinem eigenen autobiographischen und feuilletonistischen Schreiben. Vor diesem komplexen Bedeutungshintergrund lässt sich eine Annäherung an sein autobiographisches Verständnis der ‚Wirklichkeit' seines *Gehülfen*-Romans, wie er es Mitte der 1920er-Jahre zu bedenken gibt, vornehmen. Hiermit reagiert Walser ganz direkt auf ein literaturkritisches Wertungsdenken, in dem Unterhaltungsliteratur, Feuilleton und vermeintlich ungestaltetes autobiographisches Schreiben gleichermaßen als nichtliterarisch gelten.

Im Prosastück *Walser über Walser*, das am 19. Juli 1925 in der Sonntagsausgabe der *Neuen Zürcher Zeitung* erschien, macht Walser diesen Wirklichkeitsanspruch geltend. *Der Gehülfe* wird darin von Walser als sein ‚Wirklichkeitsroman' bezeichnet, was wie eine (erklärungsbedürftige) Gattungsbezeichnung anmutet. Der Text stellt eine Replik auf eine am 28. Januar 1925 ebenfalls in der *Neuen Zürcher Zeitung* veröffentlichte Rezension Eduard Korrodis zu Walsers Prosasammlung *Die Rose* dar,[197] die im Februar 1925 bei Rowohlt erschien. Korrodi hatte seine Besprechung des Bandes bereits vor Walsers Replik unter dem Titel *Walser über Walser* publiziert. *Die Rose* wurde für den Rowohlt-Verlag ein finanzieller Misserfolg, mit Blick auf Walsers Schreibbiographie leitet die Sammlung in verschiedener Hinsicht

195 Dazu KWA III, 1. S. 175: „Ich biete, was ich hier schrieb, mit unzweifelhaftester Achtung an, will sagen, nicht ohne einen Backfischknix auszuführen, als sei nicht sehr viel wert, was ich quasi mit scheuem Um-mich-blicken bringe, obgleich ich vielleicht dafür die nur um so ruhigere Seele bin."

196 Zu den pejorativen Debatten um weibliche Unterhaltungsliteratur und Feuilleton vgl. Urte Helduser: Geschlechterprogramme. S. 110–113.

197 Vgl. dazu Walt: Improvisation und Interpretation. S. 122–124. Vgl. auch Benne im RWH. S. 231/232.

sein Spätwerk ein.[198] Seit er 1921 nach Bern übergesiedelt war, hatte er seine Publikationsbeziehungen in die europäische Zeitungslandschaft deutlich ausgebaut – die linksliberale *Prager Presse* wurde in dieser Zeit mit über 200 erschienenen Texten sein größter Abnehmer von Feuilletons –, zugleich verfügte er über neue Kontakte zu renommierten Projekten wie der von Franz Hessel herausgegebenen Zeitschrift *Vers und Prosa*, in der Walser neben Autoren wie Franz Blei, Robert Musil oder Walter Benjamin erschien.[199]

Das Ende seiner Buchpublikationstätigkeit, das *Die Rose* markiert – Walser bemühte sich gleichwohl auch nach 1925 weiterhin um Buchpublikationen –, koinzidiert mit dem Beginn oder einem Bedeutungszuwachs seiner mikrographischen Arbeitsmethode.[200] Zumindest lassen sich die ersten überlieferten Konvolute in mikrographischer Schrift auf 1924, das heißt das Jahr in dem er die Vorarbeiten zu *Die Rose* begann, datieren.[201] Oberflächlich betrachtet findet Korrodi lobende Worte für *Die Rose*, die Besprechung ist jedoch von einem paternalistisch-herablassenden Duktus geprägt. Walsers Prosasammlung sinkt in Korrodis vorgeblicher Würdigung, die einer Regie folgt, der zufolge der Feuilletonredakteur Korrodi Walser gegen Kritiker und Kritikerinnen verteidige, zu einem harmlos-gefühligen Büchlein ab: „Es stehen muntere feine Sachen in diesen Aufzeichnungen, die mit Blumen und Menschen so nett umgehen und jedem Passanten einige witzige Bemerkungen in die Tasche stecken."[202] Die Schweizer Mundart zöge Walser in seinen Texten „wie ein Spieldöschen"[203] auf. Kritische Einlassungen zu Walsers Literatur, die er vorgeblich bloß wiedergibt – Infantilität, Seichtheit, Innovationslosigkeit – macht Korrodi sich nicht zu eigen, sondern stellt sie als Verkennung Walsers heraus.[204]

---

198 Vgl. Wolfram Groddeck im RWH. S. 176.

199 Vgl. dazu Wolfram Groddeck im RWH. S. 175. Ab 1925 wurden Texte Walsers deutlich häufiger in Zeitungen als in Zeitschriften veröffentlicht. Vgl. Von Reibnitz: Feuilletons für Zürich, Berlin, Frankfurt und Prag. S. 584.

200 Der zeitliche Beginn von Walsers mikrographischem Schreibverfahren mit Bleistift lässt sich nicht eindeutig klären. Die Forschung hat verschiedentlich einen Brief Walsers an Max Rychner – Redaktionsleiter der Zürcher Zeitschrift *Wissen und Leben*, in der Walser seit 1919 veröffentlichte – vom 20. Juni 1927 herangezogen, um die Entstehung der Methode zu datieren. An Rychner schreibt Walser, er habe vor „ungefähr zehn Jahren", mithin um 1917, mit seinem „Bleistiftsystem" oder „Abschreibesystem" begonnen (alle Zitate BA 2. S. 299). Im Brief an Rychner klärt Walser allerdings nicht, ob er vor 1917 seine Schrift bereits verkleinerte, darüber hinaus sind keine mikrographischen Manuskripte aus dieser Zeit erhalten. Vgl. dazu Walt: Improvisation und Interpretation. S. 16–19.

201 Vgl. Wolfram Groddeck im RWH. S. 176.

202 Eduard Korrodi: Walser über Walser. Die Rose. In: Katharina Kerr (Hrsg.): Über Robert Walser. Bd. 1. S. 117–120, hier S. 118.

203 Korrodi: Walser über Walser. S. 118.

204 Vgl. Korrodi: Walser über Walser. S. 117/118.

Zugleich räumt er ein, dass derlei Vorwürfe nicht ganz „unberechtigt“[205] seien. Sich selbst zählt Korrodi zu den Bewunderern Walsers, er wertet ihn als Autor im gleichen Atemzug jedoch auch ab, wenn er mit entblößendem Sarkasmus etwa auf die geringe öffentliche Resonanz seiner Literatur hinweist[206] und ihm zudem unterstellt, in gewissen Verschrobenheiten seiner Texte spiegele sich der Lebensstil des Autors wider („weil er so originell lebt wie er dichtet“[207]). Mit der Annahme einer Übereinstimmung von Leben und Schreiben Walsers steigt seine Rezension denn auch ein: „Nicht Wälzer über Wälzer! Das will besagen: der Dichter Robert Walser schreibt am liebsten über sich. Die Ab- und Reinschrift seines besseren Selbst.“[208]

Walsers feuilletonistischer Replik auf Korrodis Besprechung merkt man an, dass diese ihn brüskiert haben muss. Die Übernahme des Titels von dessen Rezension sowie die Platzierung am selben Publikationsort richten seine Kritik nicht gerade verhohlen an Korrodis Adresse, obgleich – äußerst typisch für Walser – im Text keine direkte Erwähnung des Rezensenten oder seiner Besprechung auftaucht.[209] Walser versäumte es nicht, seine Antwort auf Korrodi umgehend auch noch in der *Prager Presse* unterzubringen, wo sie nur drei Tage nach ihrem Abdruck in der *Neuen Zürcher Zeitung* publiziert wurde.[210] Eine dritte Publikation des Textes im *Mainzer Anzeiger* von 1930 ist belegt.[211] Die Art und Weise, in der Walser Korrodis ja eher zwischen den Zeilen aufkommende Kritik kommentiert, ist nicht ohne Weiteres nachzuvollziehen. Sein *Walser über Walser* nimmt verschiedene Unterstellungen Korrodis auf und begegnet ihnen mit einer Art poetologischer Rechtfertigung, die nicht klar ausgedrückt ist, da sie zwischen Ironie und Positionsbestimmung schwankt.

Insbesondere begegnet er dem Vorwurf seiner vermeintlich geringen literarischen Produktivität, der sich zu diesem Zeitpunkt nur sinnvoll auf seine Buchpublikationstätigkeit beziehen lässt.[212] Als Feuilletonist war Walser

---

205 Korrodi: Walser über Walser. S. 118.

206 Dazu Korrodi: Walser über Walser. S. 117: „Dennoch schweigen diese [die Rezensenten, MH] zumeist über ihn, während ihm doch schon das Geräusch des Stabes, den sie über ihm brechen, Wohllaut wäre.“

207 Korrodi: Walser über Walser. S. 119.

208 Korrodi: Walser über Walser. S. 117.

209 Walser hat in verschiedenen Prosastücken indirekt auf kritische Äußerungen zu seinem Werk Bezug genommen. Mit Eduard Korrodi bestand darüber hinaus offenbar eine subtile Kommunikation in Form von Feuilletonbeiträgen. Vgl. dazu Barbara von Reibnitz/Matthias Sprünglin: Editorisches Nachwort zur KWA III, 3. S. 309.

210 Vgl. KWA III, 3. S. 511.

211 Vgl. KWA III, 3. S. 511.

212 Bereits Korrodis eingangs getätigte Formulierung „Wälzer“ (Korrodi: Walser über Walser. S. 117) bietet Anlass anzunehmen, dass es ihm um Bücher und nicht um Walsers

in der internationalen Zeitungslandschaft seit Mitte der 1920er-Jahre nämlich äußerst präsent.[213] Korrodi schreibt hierzu ironisch: „Er veröffentlicht mit höflichem Maß, um nicht als Schreiblawine den Rezensenten ein Schrecken zu werden."[214] Er zeichnet so das Bild eines weitgehend erfolglosen Schriftstellers,[215] was auch seine gleichzeitige Würdigung Walsers als besonderen und unterschätzten Autor nicht zu kompensieren vermag.

Walsers Feuilleton steigt folgendermaßen ein: „Hier können Sie den Schriftsteller Walser sprechen hören. An Herrn Walser, den Schriftsteller! So lauten Adressen von an mich gerichteten Briefen, als wollten mich gewisse, um mich besorgte Leute an mein Schriftstellertum mahnen." (KWA III, 3, S. 228). Sein Text nimmt mit dem Hinweis auf kritische Leserbriefe die Struktur von Korrodis Rezension auf,[216] meint mit den „Adressen" (KWA III, 3, S. 228) ‚besorgter' Menschen allerdings nicht diese Briefe, sondern Korrodis Besprechung selbst.

Im weiteren Verlauf entfaltet Walsers Stück die Vorstellung eines zweigeteilten Autors, eines schlafenden und eines produzierenden (vgl. KWA III, 3, S. 228). Der „Schriftsteller Walser" (KWA III, 3, S. 228) wird in diesem Bild als Autor charakterisiert, der das, worüber er schreibt, zuvor erlebt hat. Solange erlebt wird, schläft der Schriftsteller (vgl. KWA III, 3, S. 228). Beide Anteile, der erlebende und der schreibende oder reflektierende Schriftsteller, stellen Phasen des schriftstellerischen Produktionsprozesses dar, die getrennt voneinander betrachtet werden können, gleichwohl sie notwendig aufeinander verwiesen sind: „Alles, was Schriftsteller Walser ‚später' schrieb, mußte von demselben ‚vorher' endlich erlebt werden." (KWA III, 3, S. 229).[217] Die Abfolge von Erleben und Schreiben illustriert der Text an Walsers Romanen *Geschwister Tanner* und *Der Gehülfe*, auf die er mehrfach Bezug nimmt: „Als ich zum Beispiel einst den ‚Gehülfen' erlebte, schlief der Schriftsteller Walser zunächst auch. [...]. Um ‚Geschwister Tanner' zu schreiben, bedurfte es langen

---

Publikationstätigkeit im Allgemeinen geht. Walser quittiert Korrodis Bemerkung denn auch folgendermaßen, die ironische Spitze zurückwendend, siehe KWA III, 3. S. 229: „Er [der Schriftsteller Walser, MH] kam deshalb [weil er nicht konstant am Büchermachen interessiert war, MH] nicht vor unbefriedigter Buchherausgabelust um."

213 Zwischen 1924 und 1929 konnte Walser durchschnittlich zwischen 80 und 100 Texte jährlich in Zeitungen wie der *Prager Presse*, dem *Prager Tageblatt* und der *Frankfurter Zeitung* unterbringen. Vgl. Peter Stocker im RWH. S. 47.

214 Korrodi: Walser über Walser. S. 117.

215 Diese Charakterisierung kulminiert in dem abwertenden Satz: „Doch tröstet ihn der Gott, der Taugenichtse schuf, mit der Hyazinthe. Poetenlos!" (Korrodi: Walser über Walser. S. 117).

216 Vgl. Walt: Improvisation und Interpretation. S. 123.

217 Christian Benne ist demgegenüber der Ansicht, der schreibende und der erlebende Anteil würden im Stück zunächst gegeneinander ausgespielt. Vgl. dazu Benne im RWH. S. 231.

Gewartethabens, was natürlich unbewußt stattfand." (KWA III, 3, S. 228). Das Erleben wird dabei merklich aufgewertet, es erscheint zudem als eine Stufe im schriftstellerischen Arbeitsprozess, die von Publikationsinteressen und dem damit einhergehenden Bedürfnis nach Anerkennung noch unbehelligt ist:

> Ich würde einen Schriftsteller eher an den Menschen als an den Schriftsteller erinnern. Die Schriftstellerei stammt ja aus dem Menschlichen. [...]. Aber weil er [Walser, MH] sich dem Erleben uninteressiert hingab, d. h. unbekümmert um Schriftstellerei, will also sagen, noch nichts schrieb, so schrieb er seinen ‚Gehülfen' Jahre später, d. h. nachher. [...]. Als ich zum Beispiel ‚Die Geschwister' schrieb, wie unberührt von Berühmtheit war ich da! Wäre ich schon berühmt gewesen, so wäre das Buch nicht zur Welt gekommen. (KWA III, 3, S. 228/229).

Die gesamte Argumentation des Textes mit ihrer ausgreifenden Betonung der Unabhängigkeit des Erlebens von publizistischen Verwertungsinteressen arbeitet sich an Korrodis ironischer Bemerkung ab, die sich mutmaßlich auf die mehrjährige Latenz in Bezug auf Buchveröffentlichungen durch Walser richtet. Die Notwendigkeit, erst zu erleben, verlangsamt die Arbeit des Schriftstellers nämlich, sie führt unweigerlich zu einer retardierten „Buchherausgabelust": „Warum erlebte Walser einst allerlei? Weil der Schriftsteller fröhlich in ihm schlief, ihn also am Erleben nicht hinderte. Er meint daher, man täte gut, ihn in einer breitangelegten Ahnungslosigkeit zu lassen, und er bittet Besorgte um etwa zehn Jahre Geduld, indem er seinen Kollegen allen erdenklichen Erfolg wünscht." (beide Zitate KWA III, 3, S. 229).

Das Prosastück *Walser über Walser* hat die Forschung immer wieder herangezogen, um darin Antworten auf die brisante Frage nach der Beziehung von Leben und Literatur bei Walser zu finden. Die Äußerung, dass alles, worüber Walser geschrieben habe, zuvor von ihm hätte erlebt werden müssen, führte frühere Interpretationen häufig zu der Annahme einer grundsätzlichen biographischen Motivation seines Schreibens.[218] Neuere Lesarten des Stücks versuchen dies zu widerlegen, indem sie Hinweise auf eine subtile Abwehr von Korrodis apodiktischer Behauptung, Walser schreibe „am liebsten über sich"[219], in seiner Replik ausmachen.[220] Tatsächlich widerspricht *Walser über Walser*

---

218 Vgl. Walt: Improvisation und Interpretation. S. 123.

219 Korrodi: Walser über Walser. S. 117.

220 Christian Walt argumentiert, Walsers Prosastück ‚übererfülle' Korrodis Bild des selbstbezüglichen Autors und hintertreibe es damit, weiterhin belasse Walser in seiner nur indirekten Bezugnahme auf dessen Rezension den Kontext des Stücks im Unklaren bzw. in einem „semantischen Schwebezustand". Dazu Walt: Improvisation und Interpretation. S. 123/124. Christian Benne vertritt die These, der ‚Schriftsteller Walser' werde im Text als „Konstruktion eines Publikums" reflektiert, über dessen Abspaltung vom

an keiner Stelle der Annahme, Walser schreibe über sich selbst, sondern stellt dies vielmehr als Besonderheit seiner Produktionsweise heraus.[221] Sein Text weist allerdings die von Korrodi evozierte Vorstellung einer „Ab- und Reinschrift“[222] des Selbst, die den Akt des Schreibens als naive oder mechanische Übung erscheinen lässt, zurück. Das Verhältnis von Erleben und Schreiben wird als selbstgewählte Arbeitsmethode und reflektierte schriftstellerische Bearbeitung des Erlebten herausgestellt und damit aufgewertet. In vergleichbarer Weise verteidigen Walsers ‚Backfisch‘-Texte im selben Zeitraum das feuilletonistische Schreiben und betonen dessen Status als Literatur.

In der Zuspitzung auf die Frage nach der Referentialisierbarkeit von Leben und Schreiben wurde in der Diskussion um *Walser über Walser* bislang übersehen, dass das Prosastück mit der Formel des ‚Wirklichkeitsromans‘ auch eine poetologische Aussage über den Roman trifft. Genau in diesem Zusammenhang hebt Walser jedoch gerade die Bedeutung des *Gehülfen* hervor, während *Geschwister Tanner* an dieser Stelle nicht von Belang erscheint. Die entscheidende Formulierung lautet dabei: „Als ich in Wirklichkeit ‚Gehülfe‘ war, hatte ich da eine Ahnung, daß aus diesem Stück Erleben ein ‚Wirklichkeitsroman‘, also aus dem wirklichen Wirken ein schriftstellerisches entstehen würde? Nein, keine Spur!“ (KWA III, 3, S. 228).

Die konstruierte Nähe von Erleben und Roman und das Beharren auf Wirklichkeit stellen die Literarizität des *Gehülfen* scheinbar infrage. Bereits 1920

---

Ich als „Erlebnisinstanz“ sich der „Autor“ zunehmend lustig mache (alle Zitate Benne im RWH. S. 231/232). Die eingangs getätigte vermeintliche Authentizitätsbezeugung „Hier können sie den Schriftsteller Walser sprechen hören.“ verunsichere die behauptete Dichotomie von Leben und Schreiben vielmehr. Der Text lasse diese Instanzen ununterscheidbar ineinander verschwimmen (vgl. Benne, RWH. S. 232). Der einleitende Satz hat durchaus Irritationspotential, macht er doch zuallererst auf die Möglichkeit aufmerksam, dass hier womöglich auch jemand anders als Walser sprechen könne. In Bezug auf Eduard Korrodis Rezension kann man ihn allerdings ebenso und äußerst schlicht als Ankündigung Walsers begreifen, sich nun selbst über seine Werke zu äußern (und dies nicht länger seinen Rezensenten zu überlassen).

221 Walser hat das Autobiographische seiner Romane nicht negiert. Zum *Gehülfen* sagte er Seelig gegenüber: „Wädenswil? Das ist mir eine liebe Erinnerung. Sie kennen sie ja aus dem ‚Gehülfen‘, in dem ich auch meine Anstellung als Commis in einer Elastiquefabrik von Winterthur beschrieben habe.“ (Seelig: Wanderungen mit Robert Walser. S. 128). Über sein *Tobold*-Manuskript schreibt er an den Rascher-Verlag: „Es handelt von meinem frühen Erleben.“ (BA 1. S. 517). Und in einem Brief vom 3. April 1917 an den Huber-Verlag schreibt er: „Ich mußte es schon einigen deutschen Verlegern gelegentlich sagen, daß die großen Erzählungen erlebt, errungen werden müssen.“ (BA 1. S. 346).

222 Korrodi: Walser über Walser. S. 117.

hatte Walser seine Gattungszugehörigkeit in Zweifel gezogen.[223] In einem Brief an Curt Wüest, Redakteur der Zeitschrift *Pro Helvetia*, vom 14. Dezember stellt Walser Verbindungen zwischen dem Roman und seiner persönlich in Wädenswil erlebten Zeit als Gehilfen her: „In dieses Haus trat ich einst als ‚Gehülfe', und hier wohnte jene Familie Tobler und hier hat sich dieser bei Bruno Cassirer verlegte, einfache Roman abgespielt, der ja eigentlich gar kein Roman ist sondern nur ein Auszug aus dem schweizerischen täglichen Leben." (BA 1, S. 636). Die Bezeichnung ‚Auszug', die Walser alternativ zu ‚Roman' vorschlägt, ist in sich mehrdeutig.[224] Sie klärt nicht, ob sich Walser hier auf seine persönliche Biographie oder das „schweizerische[...] tägliche[...] Leben" (BA 1, S. 636) im Allgemeinen bezieht. In der unpersönlichen Formulierung lässt sich die Idee eines durchschnittlichen Lebens oder verbreiteten Lebensalltags erkennen, welche dem subjektiven Erleben, das Walser zunächst im Brief in den Vordergrund stellt („In dieses Haus trat ich einst als ‚Gehülfe'", BA 1, S. 636), seine Einzigartigkeit abspricht.

In der Vorstellung des ‚Auszugs', die das Künstlerische des Romans negiert, ebenso in der Beschreibung des *Gehülfen* als ‚einfach', zeigt sich eine Verbindung zu Walsers literarischer Reflexion über das ‚Backfischeln'. Von dieser Verbindung aus betrachtet lässt sich Walsers ‚Wirklichkeitsroman' poetologisch wenden. In der Berner Werkphase, das heißt mit dem Blick des Feuilletonisten, kann Walser die angreifbare Gattungszugehörigkeit seines autobiographisch inspirierten Angestelltenromans *Der Gehülfe* produktiv machen. Dem Vorwurf Korrodis, er schreibe am liebsten über sich, hält er das Autobiographische als bewussten und elaborierten literarischen Zugang entgegen. Walser überlässt es im *Backfischaufsatz* seinen Leserinnen und Lesern die „merkwürdige Backfischidee" entweder „zu belächeln" oder „einigermaßen ernst" zu nehmen (alle Zitate KWA III, S. 175). Er selbst jedoch erkennt in der Tatsache, dass man „Fehler" in seinem Aufsatz finden werde, etwas „Schönes" (beide Zitate KWA III, S. 175) und festigt damit seine Selbstwahrnehmung als Schreibender: „Aus allem Unsichern oder Unvollendeten heraus gibt es meiner Ansicht nach eine Aussicht in das Sichere, indes die Gewißheit Ausblicke ins Ungewisse darzubieten scheint." (KWA III, S. 175).

---

223 Hierauf hat Karl Wagner hingewiesen. Vgl. Wagner: „[D]ank meiner Schwäche und belehrt durch mein Epigonentum". S. 138.

224 Wagner hat auf drei verschiedene Bedeutungsdimensionen aufmerksam gemacht. Der ‚Auszug' könne, neben der in Walsers Brief wohl am deutlichsten aufgerufenen Bedeutung als Exzerpt, zugleich als „Extrakt des Wesentlichen" und schließlich auch im Sinne eines Exodus begriffen werden. Dazu Wagner in seinem Eintrag zum *Gehülfen* im RWH. S. 108/109.

Wie das feuilletonistische ‚Backfischeln' zählt auch das Autobiographische nicht zum literarisch Gesicherten. Es steht im Verdacht, sich der Wirklichkeit auf eine unkünstlerische, naive oder direkte Weise anzunähern. Als ‚Wirklichkeitsroman' ist *Der Gehülfe* ein Werk, dessen Gattungszugehörigkeit zur Disposition steht, da sich eine Nähe des Romans zum ‚Leben' vermuten lässt – so wie der Roman sich auch in die Nähe der kleinen Formen von Walsers Angestelltenprosa begeben hat. Aus diesem unsicheren Status heraus kann Walser allerdings rückblickend sein poetologisches Programm formulieren.

KAPITEL 4

# *Jakob von Gunten* (1909) – Ein Großstadtroman der beschleunigten Moderne

Jakob von Gunten, Titelfigur von Robert Walsers drittem Berliner Roman, ist ein Flaneur und Beobachter der Großstadt:

> Welch ein Geschiebe und Gedränge, welch ein Rasseln und Prasseln. Welch ein Geschrei, Gestampf, Gesurr und Gesumme. Und alles so eng zusammengepfercht. Dicht neben den Rädern der Wagen gehen die Menschen, die Kinder, Mädchen, Männer und eleganten Frauen; Greise und Krüppel, und solche, die den Kopf verbunden haben, sieht man in der Menge. Und immer neue Züge von Menschen und Fuhrwerken. (JvG, S. 34).

Dem „Gestampf" des Menschenstroms, dem unablässigen Verkehr, all diesen vorüberziehenden, disparaten, beweglichen und bewegenden Eindrücken auf den städtischen Straßen setzt er sich mit Begeisterung aus.

Wenn er in der Großstadt gar eine Art Erziehungsanstalt erblickt (vgl. JvG, S. 41), die das Potential besitze, Menschen zu bessern, wirkt er beinahe ein wenig übergeschnappt. Der Naturalismus hatte gerade eindrücklich die sozialen Schattenseiten von Urbanisierung und Industrialisierung zum Gegenstand der Literatur gemacht und um 1910 entwarfen frühe expressionistische Werke wie Jakob van Hoddis' *Weltende* (1911) großstädtische Szenarien des Untergangs und Zerfalls. Walser dagegen legt einen Roman vor, der nicht allein durch seine unermüdliche Idealisierung der Großstadt irritiert, sondern auch im darin vorgestellten ‚Bildungsprogramm', das darin besteht, „eine reizende, kugelrunde Null im späteren Leben" (JvG, S. 10) zu sein, das heißt, „es zu nichts [zu] bringen" (JvG, S. 9).

Seine Fähigkeit, Leserinnen und Leser zu beunruhigen,[1] wurde bereits von Zeitgenossen, aber auch in der späteren Forschung als „radikal neu[er]"[2] Erzählton erkannt. Die literarische Darstellung des Lebens in den Metropolen ist um

1 Manche Rezensenten irritierte der Roman. So z. B. Fritz Meitner, der *Jakob von Gunten* für die Wiener *Zeit* rezensierte und den befremdete, dass der Roman „keine Handlung" enthalte. Dazu Fritz Meitner: Jakob von Gunten. Ein Tagebuch von Robert Walser. Berlin, Verlag Bruno Cassirer. In: KWA I, 4. S. 155.

2 Peter Utz: Robert Walsers *Jakob von Gunten*. Eine „Null"-Stelle der deutschen Literatur. In: Deutsche Vierteljahrsschrift für Literaturwissenschaft und Geistesgeschichte 74³(2000). S. 488–512, hier S. 488.

 DOI:10.30965/9783846766651_005

1900 allerdings kein radikal neuer Gegenstand. Bereits in der ersten Hälfte des 19. Jahrhunderts hält der moderne Flaneur, der es später zu Berühmtheit bringen wird, Einzug in die europäische Literatur der Großstadt. Angestoßen durch Walter Benjamins *Passagen-Werk* tritt er im frühen 20. Jahrhundert seinen Siegeszug als Kulturdiagnostiker an. Der Flaneur Poes und Baudelaires ist noch nicht – anders als spätere urbane Spaziergänger – von der Großstadt überwältigt. In der deutschsprachigen Literatur ist die Großstadt erst ab den 1920er-Jahren ein auch in ästhetischer Hinsicht relevanter Verhandlungsgegenstand der Moderne. Die bis heute bekannten deutschsprachigen Großstadtromane des frühen 20. Jahrhunderts erscheinen zur Zeit der Weimarer Republik: so etwa Alfred Döblins *Berlin Alexanderplatz* (1929), Robert Musils *Der Mann ohne Eigenschaften* (1930/1932) oder Irmgard Keuns *Das kunstseidene Mädchen* (1932). In der Epoche zwischen Naturalismus und Neuer Sachlichkeit ist *Jakob von Gunten* eine von vielen literarischen Stimmen, die die Großstadt besingen. Mit Blick auf die Form des Romans und den Versuch einer Darstellung der Großstadt, die sich nicht in Moderneskepsis und Untergangsszenarien erschöpft, ist Walsers letzter Berliner Roman allerdings eine sehr frühe und – folgt man den Literaturkritiken – auch gewagte Stimme. Walsers Roman findet einen eigenen Ton für sein Sujet. Dieser Ton weist in die Nähe der kleinen Formen und Feuilletons mit Großstadtbezug,[3] die Walser teilweise zeitgleich zu seiner Arbeit an *Jakob von Gunten*[4] publiziert. Von den Berliner Romanen weist *Jakob von Gunten* die größte motivische und ästhetische Nähe zu diesen kürzeren Texten auf, die Walser zuerst in Zeitschriften und Zeitungen veröffentlicht, später dann zum Teil in die Prosasammlungen *Aufsätze* (1913), *Geschichten* (1914) und *Kleine Dichtungen* (1915) aufnimmt, die bei Kurt Wolff in Leipzig erscheinen. Walsers Prosa der Großstadt entsteht in Berlin und sie verhandelt die Bewegung in und die Wahrnehmung der Großstadt als zentrale Topoi.

---

3 Marc Caduff hebt im gleichnamigen Handbuchartikel die Heterogenität der Texte hervor, charakterisiert sie dabei gleichwohl als „Skizzen und Improvisationen" (RWH. S. 137–140, hier S. 138). Zuletzt erschienen Walsers bekannteste Berlin-Texte neben anderen Feuilletons mit Großstadt-Sujet in der von Pino Dietiker und Reto Sorg herausgegebenen Anthologie *Die kleine Berlinerin. Geschichten aus der Großstadt*. Berlin: Insel 2018.

4 Die Arbeit am Roman veranschlagt die Forschung auf das Jahr 1908. Das nicht überlieferte Manuskript zu *Jakob von Gunten* dürfte Anfang 1909 vorgelegen haben. Am 17. April 1909 wurde der Roman ausgeliefert. Im Vergleich zu *Geschwister Tanner* und dem *Gehülfen* ist die Entstehungs- und Publikationsgeschichte von Walsers drittem Roman schlecht überliefert, da auch keine Verlagskorrespondenz Walsers oder andere Dokumente vorliegen, die diese belegen könnten. Zur Publikationsgeschichte vgl. Hans-Joachim Heerde im Editorischen Nachwort des Bandes I, 4 *Jakob von Gunten. Ein Tagebuch* der KWA, S. 141–163, hier S. 142/143.

Der Roman *Jakob von Gunten*, der 1909 wie *Geschwister Tanner* und *Der Gehülfe* bei Bruno Cassirer erscheint, erzählt in der Form eines Tagebuchs die Eindrücke des Sohns eines Großrats und scheinbaren Adelsabkömmlings Jakob an einer Dienerschule. Was innerhalb der Fiktion als real und was als der Phantasie des Tagebuchschreibers entsprungen zu gelten habe, bleibt häufig offen. In nicht datierten und nur schwach aufeinander bezogenen Einträgen hält Jakob die Erlebnisse seiner Ausbildung fest sowie die Interaktionen mit seinen Mitschülern, dem Institutsdirektor und dessen Schwester Lisa,[5] die die Schüler unterrichtet. Das nach seinem Vorsteher benannte Institut Benjamenta bildet den zentralen Schauplatz der Romanerzählung. An deren Ende haben alle Schüler außer Jakob die Schule verlassen und eine Anstellung gefunden. Lisa Benjamenta ist inzwischen gestorben und Jakob beabsichtigt – wie in einem Traum, den er bei der Totenwache der Lehrerin hat –, das Leben in der Zivilisation hinter sich zu lassen und mit seinem Vorsteher in die Wüste aufzubrechen.

Den Schilderungen des Tagesablaufs im Institut werden modern in Szene gesetzte Großstadtspaziergänge Jakobs gegenübergestellt. Wie in der Berliner Prosa gehorchen diese Erkundungen der Stadt einer feuilletonistischen Ästhetik, die auf einer subtileren Ebene aber auch den Duktus des Romans insgesamt prägt. Im Feuilletonistischen findet Walser eine der Großstadterfahrung gerecht werdende Darstellungsform, die sich für den Roman als fruchtbar erweist und diesen damit kompatibel für das 20. Jahrhundert macht. Wie *Geschwister Tanner* und *Der Gehülfe* kann *Jakob von Gunten* damit als ein ‚Schwellentext der Moderne'[6] gelten, der spätere Entwicklungen der Gattung mitvorbereitet.

Spätestens mit dem Bedeutungsverlust des realistischen Romans wird das Feuilleton als Textsorte zum Sprachrohr und Reflexionsmedium des Urbanen schlechthin.[7] Seit seiner Entstehung im Paris des frühen 19. Jahrhunderts ist das Feuilleton in mehrfacher Hinsicht an die Großstadt gebunden: Dort entstehen die materiellen Gegebenheiten für den Aufschwung der Massenpresse, zudem gibt es einen Bedarf an medialer Vermittlung und Deutung der großstädtischen

---

5 Jakob erwähnt weitere Lehrkräfte, die jedoch nicht aktiv oder präsent sind. Wie deren beschriebene Absenz konkret zu verstehen ist, wird nicht erläutert: „[...], d. h. die Herren Erzieher und Lehrer schlafen, oder sie sind tot, oder nur scheintot, oder sie sind versteinert, gleichviel, jedenfalls hat man gar nichts von ihnen." (JvG. S. 10).

6 Utz: Robert Walser. In: Hartmut Steinecke (Hrsg.): Deutsche Dichter des 20. Jahrhunderts. S. 202.

7 Vgl. Sabina Becker: Urbanität und Moderne. Studien zur Großstadtwahrnehmung in der deutschen Literatur 1900–1930. St. Ingbert: Werner J. Röhrig Verlag 1993. S. 13.

Lebenswirklichkeit.[8] Aufgrund der Bedeutsamkeit des Motivs der Großstadt und der urban-feuilletonistischen Schreibweise des Romans stellt *Jakob von Gunten* einen frühen deutschsprachigen Großstadtroman dar.[9] Im Folgenden werde ich diese zentrale Eigenschaft des Romans im analytischen Vergleich mit Walsers Großstadtprosa näher darlegen.

‚Großstadtliteratur' kann zweierlei bedeuten: Man kann darunter einerseits ein Erzählen verstehen, das seine Handlung in der Großstadt ansiedelt, andererseits eine spezifisch urbane Literatur, die „die Erfahrung der Großstadt darstellt"[10], mithin Formen und Schreibweisen aufweist, die dieser Erfahrung gemäß sind. Beide Modi profilieren *Jakob von Gunten* als Großstadtroman, wobei das ‚urbane Schreiben' als das bedeutendere Charakteristikum des Romans verstanden werden muss. Bezogen auf den bloßen Umfang der Darstellung gibt die Großstadt darin nämlich eher einen Nebenschauplatz ab, während – wie ich zeigen werde – die literarische Reflexion urbaner Erfahrung Walsers Text zentral motiviert. *Jakob von Guntens* Modernität haben Forschung und zeitgenössische Kritiken häufig betont, seltener hingegen wurden die Bedeutsamkeit der Großstadt als Sujet und das Feuilleton als literarischer Ausdruck urbaner Mentalität und Erfahrung erkannt. Ausgehend von meiner für die Berliner Romane grundlegenden These, dass Walser in einem dialektischen Zugriff auf Traditionsbestände der Literatur einerseits und zeitgenössische literarische Verfahren, Formen, Themen und Ausdrucksweisen andererseits den Roman als Gattung zu erneuern sucht, werde ich auch im vorliegenden Kapitel der Frage nachgehen, wie die kleine Form sich in den Roman einschreibt. Für *Jakob von Gunten* stellen das Feuilleton auf der einen und das Tagebuch auf der anderen Seite die Fluchtpunkte seiner Gattungsreflexion dar.

Dem Feuilleton kommt als Textsorte sowie als Kulturteil der Tageszeitung eine doppelte Bedeutung zu. Als ‚Ort' in der Zeitung führt es das Pariser *Journal des Débats* zu Beginn des 19. Jahrhunderts ein, wohingegen sich das Feuilleton als eine diesem Kulturteil angepasste literarisch-publizistische ‚Textsorte' sich erst im Laufe der Zeit herausbildet. Die Prosatexte zur Großstadt, die ich

---

8 Eckhardt Köhn: Straßenrausch. Flanerie und kleine Form. Versuch einer Literaturgeschichte des Flaneurs bis 1933. Berlin: Das Arsenal 1989. S. 8.

9 Diese Einordnung hat Peter Utz vorgenommen, der ebenfalls auf die Relevanz des Feuilletons für den Roman hinweist. Vgl. dazu seinen Aufsatz *Zu kurz gekommene Kleinigkeiten. Robert Walser und der Beitrag des Feuilletons zur literarischen Moderne.* In: Elmar Locher (Hrsg.): Die kleinen Formen in der Moderne. Bozen: Edition Sturzflüge 2001. S. 133–166, hier S. 137.

10 Köhn: Straßenrausch. S. 8. Diese Unterscheidung nimmt auch Sabina Becker vor, die die Termini ‚Literatur über die Großstadt' und ‚Literatur der Großstadt' voneinander abgrenzt. Dazu Becker: Urbanität und Moderne. S. 22.

nachfolgend betrachte, stellen Feuilletons im Sinne der Textsorte dar, obgleich Walser sie in erster Linie in renommierten Literatur- und Kulturzeitschriften, und zwar der von Samuel Fischer herausgegebenen *Neuen Rundschau* und Siegfried Jacobsohns *Schaubühne*, unterbrachte und nur zu einem kleinen Teil in den Feuilletons der Tagespresse wie denen vom *Berliner Tageblatt* und der *Frankfurter Zeitung*. Publikationsmedium und Genre kommen bei Walser nicht vollständig zur Deckung. Seine Feuilletons erscheinen in Zeitung, Zeitschrift und Buch, einen Journal- oder Fortsetzungsroman hat Walser hingegen nicht vorgelegt.

Beide Ebenen – die des Mediums, in dem veröffentlicht wird, und die der Gattung oder Textsorte – sind für die nachfolgende Betrachtung von Bedeutung, da sich an ihnen die Tendenz einer Publikationsstrategie Walsers in der Berliner Zeit erkennen lässt: In Buchform erscheinen die Romane sowie ein Großteil jener urbanen Feuilletons, die vorab in renommierten Zeitschriften publiziert worden waren. Seine Berliner Zeitungsfeuilletons veröffentlichte Walser hingegen häufig kein zweites Mal, die Forschung hat sie zum Teil erst in den letzten Jahrzehnten in Zeitungsarchiven erschlossen.[11] Walsers Umgang mit unterschiedlichen (und mit Blick auf die Veröffentlichung von Literatur unterschiedlich anerkannten) Publikationsmedien muss im Kontext seines Interesses, sich in Berlin als literarischer Autor zu etablieren, bewertet werden. Es zeichnen sich darin jedoch auch bereits Impulse einer Überlieferungsstrategie ab, denn allein die Publikation eines Buchs kann einem Autor (und seltener einer Autorin) Rang und Namen auch mit Blick auf kommende Generationen von Leserinnen und Lesern verschaffen. Dessen war sich Walser bewusst, wie sich insbesondere in seinen stärker poetologischen Feuilletons erkennen lässt. Gleichzeitig setzt das Buch in seiner Funktion, zu archivieren, dem potentiell noch lange weiter zirkulierenden Zeitschriftentext ein gewisses Ende. Aus dem Zeitschriften- und Zeitungsfeuilleton hingegen bezieht der Großstadtroman *Jakob von Gunten* meines Erachtens sein ästhetisches Erneuerungspotential. Walsers Arbeit am Feuilleton versetzt den Roman in die Lage, motivische, sprachliche und formale Möglichkeiten zu erweitern. Walsers Großstadtfeuilletons und *Jakob von Gunten* bilden damit einen literarischen Zusammenhang: das Schreibprojekt einer ‚Literarisierung' der Großstadt, das zeitgleich in Zeitung, Zeitschrift und Buch stattfindet und aus diesen unterschiedlichen medialen Rahmungen nicht allein Innovationskraft bezieht, sondern sich in ihnen auch wechselseitig reflektiert.

---

11 Diese wiederentdeckten Texte bilden unter anderem den hier bereits zitierten, von Bernhard Echte herausgegebenen Band *Robert Walser: Feuer. Unbekannte Prosa und Gedichte*.

Im Folgenden sollen die Relevanz *Jakob von Guntens* als Großstadtroman sowie seine Ästhetik des Feuilletons entlang dreier Dimensionen herausgearbeitet werden: 1. der Flanerie, die die Großstadtszenen bestimmt und den Roman damit in Bezug zu Themen des Feuilletons um 1900 setzt (Kapitel 4.1), 2. der Reflexion feuilletonistischen Schreibens und feuilletonistischer Autorschaft in der Figur des Dieners (Kapitel 4.2) und 3. des Zusammenhangs von Tagebuch und Feuilleton und deren Potential für Walser, den Roman als Gattung zu erneuern und für eine Auseinandersetzung mit der Gegenwart wieder relevant zu machen (Kapitel 4.3). In einem ersten Schritt werde ich der Verarbeitung des Großstadtmotivs, in deren Zusammenhang Walser die paradigmatische moderne Figur des Flaneurs einsetzt, in enger Zusammenschau mit den bekannten Großstadtfeuilletons Walsers nachgehen, die dieser zwischen 1907 und 1911 zum allergrößten Teil in der *Neuen Rundschau*, später in seiner Prosasammlung *Aufsätze* publizierte: *Guten Tag, Riesin!* (*Neue Rundschau*, 1907; *Aufsätze*, 1913), *Friedrichstraße* (*Neue Rundschau*, 1909; *Aufsätze*, 1913) und *Tiergarten* (*Neue Rundschau*, 1911; *Aufsätze*, 1913).

Dabei gilt es zunächst, der verbreiteten These, Großstadt und Dienerinstitut stellten im Roman zwei einander in ihrer Bedeutung entgegengesetzte Schauplätze dar, entgegenzuhalten, dass vielmehr beide Orte die Erfahrung der Großstadt reflektieren. In ihren regulierten, inhaltlich entleerten und stupiden täglichen Unterrichtsabläufen wird die Dienerschule als Innenraum der Großstadt konstituiert. Die Metropole mit ihren Menschenmassen und Moden, mit ihrer Dynamik, sich anzugleichen, scheint im Programm der Schule reflektiert. Großstadt und Institut stehen in einem Verhältnis der Ambivalenz zueinander: Auf der diegetischen Ebene sind sie als Schauplätze voneinander abgegrenzt, metareflexiv beziehen sie sich dagegen beide auf das urbane Bewusstsein. Die Großstadt wird von Jakob in seinem Tagebuch in ihrer Unverständlichkeit und Unüberblickbarkeit als ‚Geheimnis' profiliert, das eine rationale Durchdringung nicht zulässt. Diese Bearbeitung der Großstadtthematik durch Walser stellt keine literarische Problemanalyse bereit, sie erscheint ihrem Gegenstand vielmehr insofern angemessen, als die rasanten Veränderungswellen durch Industrialisierung, Technisierung und Urbanisierung um 1900 das Bewusstsein überfordern und eine allein intellektuelle Gegenwartsbeschreibung prinzipiell erschweren. Hierin wird der Abstand von *Jakob von Gunten* zum Versuch einer aufklärenden, skandalisierenden oder politisch-engagierten Konzeption der Großstadtdarstellung, wie sie die Naturalisten voranbrachten, deutlich. Walsers Roman bezieht ebenfalls Stellung, jedoch nicht dezidiert oder programmatisch, sondern aus der Distanz heraus. Als Positionierung zur urbanen Moderne wird er erst im Zusammenspiel mit Walsers Feuilletons erkennbar.

Ich begreife Walsers Literatur der Großstadt als Beitrag zum umfassenden Diskurs um die sich im Zuge der beschleunigten Moderne des frühen 20. Jahrhunderts radikal veränderten Lebensbedingungen und um die Frage nach der Aufgabe der Literatur im Kontext dieser Umbrüche. Der Roman *Jakob von Gunten* entwirft eine Utopie der Gleichheit im urbanen Zusammenleben nicht gegen, sondern mit der Moderne. Unter Kenntnisnahme auch der Verwerfungen und Zumutungen für das Individuum durch zunehmend rationalisierte, bürokratisch und marktförmig organisierte Arbeits- und Lebensverhältnisse in der Moderne schreibt Walser am literarischen Projekt der Großstadt im Bewusstsein der Möglichkeit einer anderen Gesellschaft unter den Bedingungen der Gegenwart. Diesen literarisch ‚engagierten' Gehalt von Walsers Roman und den Feuilletons der Großstadt beschreibe ich im vorliegenden Kapitel als eine ‚Utopie der Großstadt', die allerdings keine Zukunftsprojektion meint, sondern vom Glauben an das emanzipatorische Potential der beschleunigten Moderne getragen ist. Walsers Einsatz des Feuilletons, dessen Produktions- und Rezeptionslogik elementar mit den Entwicklungen der Moderne um 1900 zusammenhängen, ist Bestandteil dieses Schreibens ‚mit' und ‚für' die Großstadt.

Walsers Texte der Berliner Zeit machen immer wieder eine literarisch-engagierte Bedeutung des Feuilletons geltend, die sich auch in *Jakob von Gunten* zeigt. Der zeitgemäße Autor ist für Walser literarischer Schriftsteller und Journalist zugleich. Dessen gleichzeitige Existenz zwischen literarischem und auftragsmäßigem Schreiben verarbeitet Walsers Großstadtroman im Zusammenspiel einiger Prosatexte, die in zeitlicher Nähe zur Produktion von *Jakob von Gunten* erschienen sind. Im Herbst 1907, mithin wenige Monate bevor Walser seine Arbeit an *Jakob von Gunten* wahrscheinlich begann, veröffentlichte er unter dem Titel *Der Schriftsteller* zwei gleichnamige Feuilletons, die Arbeit und Aufgabe des Schriftstellers in der Gegenwart des 20. Jahrhunderts zum Thema haben: das erste am 21.09. im *Berliner Tageblatt*, das zweite am 14.11. in der *Schaubühne*. Anders als der Roman bieten beide Feuilletons eine dezidierte Reflexion über das Schreiben zwischen Feuilletonproduktion und literarisch ambitionierter Autorschaft. Das im *Berliner Tageblatt* erschienene *Schriftsteller*-Feuilleton benennt seine Reflexionsfigur, den Feuilletonisten, als „Diener der Menschheit" (KWA III, 1, S. 9), wodurch ein Bogen zu Jakob von Guntens Dienerausbildung geschlagen wird. Diener und Feuilletonist sind in verschiedenen Bearbeitungen als Brüder im Geiste gestaltet. Auch

Tobold, eine Figur, die in verschiedenen kürzeren Texten Walsers auftritt und den Protagonisten im verschollenen *Tobold*-Roman abgeben sollte, ist in einer Realisierung als Feuilletonist charakterisiert. In den erhaltenen Texten ist er zumeist Diener, im Roman hätte Tobold laut Beschreibungen Walsers in Briefen Dichter und Commis sein sollen.

Vergleicht man *Jakob von Gunten*, das *Schriftsteller*-Feuilleton und weitere Realisierungen der Diener-Figur, so lässt sich diesem auch im Roman eine poetologische Dimension im Sinne einer Anspielung auf die wiederkehrend in Walsers Werk zum Thema gemachte doppelte Autorschaft abgewinnen. Die Autorschaftsreflexion der Feuilletons setze ich mit der Dienerthematik des Romans sowie dessen Struktur der Ambivalenz in Verbindung. Im Roman wird die literarische Reflexion über Autorschaft von der poetologischen Figur des Dieners auf einer Metaebene weitergeführt. Im Kontext poststrukturalistischer Lektüren lässt sich Ambivalenz als eine der Eigenschaften erkennen, die literarischen Texten am häufigsten zugeschrieben wird. Auch mit Blick auf Walsers Literatur wurden Konstruktionen der Ambivalenz immer wieder geltend gemacht. In der Tat sind viele Texte Walsers durch eine Struktur des ‚Sowohl-als-auch' oder ‚Weder-noch'[12] gekennzeichnet, die Gegensätze nicht harmonisch oder dialektisch auflöst, sondern sie in ihrer Spannung zueinander stehenlässt. In ebendieser Weise stellt die Reflexion über Autorschaft in *Jakob von Gunten* und den mit dem Roman in Verbindung stehenden Feuilletons die Existenz des Schriftstellers als ambivalent heraus.

Während zeitgleich verlaufende Debatten um das Feuilleton und dessen angenommene stilzersetzende und kommerzialisierende Wirkung auf die Literatur einen grundlegenden Konflikt zwischen einem emphatischen Dichterverständnis und der Tätigkeit als Zeitungsschriftsteller schüren, ist Walsers Schriftstellerfigur beides zugleich und erkennt damit die sich im Verlauf des 19. Jahrhunderts entwickelnden Bedingungen moderner Autorschaft an. Seit dem Entstehen eines modernen Literaturmarktes im späten 18. Jahrhundert muss Literatur nicht einfach nur ‚schön' sein, sondern sich auch verkaufen lassen. Im Zuge des Aufschwungs der Massenpresse im 19. Jahrhundert nutzen viele Autoren und Autorinnen die Möglichkeit, mit Auftragsarbeiten und einem markt- oder publikumsorientierten Schreiben Geld zu verdienen. Die in den Feuilletons und *Jakob von Gunten* zur Geltung kommende Ambivalenz lässt sich auf die veränderten Produktionsbedingungen von Literatur in der Moderne beziehen. Walsers Entwurf des zeitgemäßen Autors

12 Dieser Eigenschaft von vielen Texten Walsers widmet sich der von Kurt Lüscher, Reto Sorg, Bernd Stiegler und Peter Stocker herausgegebene Sammelband *Robert Walsers Ambivalenzen*. Paderborn: Fink 2018. Im Folgenden werde ich an das darin vertretene Verständnis von Ambivalenz anschließen.

umfasst beide mit dem Schreiben verbundene Existenzen. Die Ambivalenz des Schriftstellers, der ‚sowohl' Literat ‚als auch' Auftragsschreiber ist, bildet diese neuen materiellen Gegebenheiten des Schreibens ab, ohne die Widersprüche, die sich aus dem Nebeneinander von literarischem Ausdrucksbedürfnis und den Erfordernissen des Marktes ergeben, zu negieren.

Ein Aspekt, der mit Blick auf Walsers Autorschaftsreflexion für meine Untersuchung relevant ist, ist der weitverbreitete Einsatz von stereotypen Geschlechterbildern in den Debatten über Literatur und literarische Produktionsbedingungen um 1900, die auch Walsers Texte mit ‚weiblichen' Feuilletonisten-Figuren reflektieren.[13] Feuilleton und feuilletonistisches Schreiben sind in den zeitgenössischen Diskursen über Literarizität, Literaturmarkt und Autorschaft geschlechterimaginativ hoch besetzt. Der sogenannte, besonders prominent durch Karl Kraus verschmähte ‚Feuilletonstil' wird um 1900 zum Signum einer angenommenen Trivialisierung der Literatur.

In einem dritten, abschließenden Gedankenschritt soll der diskutierte Zusammenhang von Großstadtdarstellung, Feuilleton und Roman in seiner Beziehung zum Tagebuch, als welches *Jakob von Gunten* paratextuell ausgewiesen wird, gattungshistorisch in den Blick genommen werden. Der Buchtitel verstrickt Leserinnen und Leser in ein komplexes Spiel von Autorschaftszuweisungen, das die Grenze zwischen Fiktionalität und Faktualität infrage stellt. Im Untertitel wird nämlich ein „Tagebuch von Robert Walser" angekündigt und nicht etwa ein Roman. Eine solche literarische Inszenierung der Verwirrung ontologischer Ebenen hat Walser bereits mit Blick auf *Fritz Kocher's Aufsätze* realisiert; hier lautet der Untertitel „Mitgeteilt von Robert Walser". Walser wurde von der Form des Tagebuchs immer wieder literarisch angeregt, wie neben *Jakob von Gunten* auch der Text *Tagebuch eines Schülers* (1908 in *Die Zukunft*, 1914 in der *Schaubühne* und im Band *Geschichten* veröffentlicht), verschiedene unter dem Titel *Tagebuchblatt* veröffentlichte Prosastücke und der *Tagebuch*-Text bezeugen.

Die Tagebucheinträge Jakobs folgen mutmaßlich einer fortlaufenden Struktur, gleichwohl ihnen das Datum fehlt, womit sein Tagebuch den kleinsten gemeinsamen formalen Nenner einer ansonsten gattungsmäßig unbestimmten Form bereits aufgibt. Auch das *Tagebuch eines Schülers* entbehrt der konstitutiven Dimension einer klaren Zeitlichkeit. In dieser tendenziellen ‚Entzeitlichung'[14], in der auch das räumliche ‚Nebeneinander' disparater Texte als Signum von Zeitung und Zeitschrift erkennbar ist, kündigen sich

---

13 Damit weisen sie auf Walsers in Kapitel 3.2.3 dieser Arbeit diskutierte Backfische voraus.

14 Hierauf hat neben anderen Christoph Jakob hingewiesen. Siehe Jakob: Robert Walsers Hermeneutik des Lebens. S. 77: „Im dritten Roman spielt die Zeit gar keine Rolle mehr, [...]."

Darstellungsverfahren der Simultanität und Montage[15] an, die Döblin mit dem Großstadtroman der Weimarer Republik konsequent umsetzen wird. Jakobs Tagebuch bedient die Klaviatur des Feuilletons, es beschreibt individuelle, partikulare und disparate Eindrücke und Beobachtungen in einer subjektiven Tonlage. Es erhellt keine inneren Zustände, das schreibende Ich wird sich vielmehr selbst „zum Rätsel" (JvG, S. 9). Dieser Unverständlichkeit der eigenen Person korrespondiert die unüberschaubare Großstadt. Die persönliche Bedeutsamkeit des Niedergeschriebenen sowie der Impetus, innere Zustände im Schreiben zu klären, die das ‚Journal intime' des 19. Jahrhunderts kennzeichnen, werden im Tagebuch *Jakob von Gunten* ironisch hintertrieben. Diese Destabilisierung von Selbsterkenntnis und souveräner Subjektivität, die *Jakob von Gunten* einerseits zum Thema macht, andererseits in Schreibverfahren vollzieht, hat die Forschung bereits intensiv beschäftigt. Der Zusammenhang zwischen den feuilletonistischen Verfahren des Romans und seiner Reflexivität in Bezug auf das ‚Journal' einerseits und das Tagebuch andererseits, wurde hingegen bisher nicht untersucht. In Verbindung mit dem *Tagebuch eines Schülers* werde ich diskutieren, wie sich Walsers Versuch, einen „neuen, reflexiven Begriff des ‚Individuums'"[16] zu schaffen, insbesondere vor dem Hintergrund des literarisch fingierten Tagebuchs darstellt. *Jakob von Gunten* markiert in der Geschichte des Romans eine „‚Null'-Stelle"[17]. Für die zeitgenössische Erfahrung des Urbanen findet Walser in Auseinandersetzung mit den Möglichkeiten des Feuilletons eine neue, an der Logik des ‚Journals' geschulte Form des Romans, dessen Literarizität im Schreiben auf unterschiedliche Publikationsformate hin zugleich noch erprobt und befragt werden muss.

Mit seiner Feuilletonästhetik und seiner medialen Sensibilität für Zeitschrift und Zeitung bereitet *Jakob von Gunten* Schreib- und Darstellungsweisen des Großstadtromans der 1920er- und 1930er-Jahre vor. Wie *Geschwister Tanner* und *Der Gehülfe* reagiert *Jakob von Gunten* dabei auf Darstellungsprobleme des Romans um 1900. Wie schon gezeigt beginnt die theoretische Reflexion dieser Probleme mit Friedrich Spielhagen und wird im engeren Sinne von Lukács, Benjamin, Döblin und anderen weitergeführt. Dabei gelingt Walser das paradoxe Unterfangen, mit einem Tagebuch, das keines ist, und unter Einsatz der Sprache des Feuilletons den Roman für das 20. Jahrhundert tauglich zu machen.

---

15 Vgl. Becker: Urbanität und Moderne. Kap. 7: „Simultan-Epos der Weltstadt" – Döblins „Berlin Alexanderplatz". S. 288–354.

16 Utz: Robert Walsers *Jakob von Gunten*. S. 488.

17 Utz: Robert Walsers *Jakob von Gunten*. S. 488.

Auch mit Blick auf Walsers dritten Roman haben die Studien Jochen Grevens (*Existenz, Welt und reines Sein*, 1960) und George C. Averys (*Inquiry and Testament*, 1968) die Forschungsgeschichte zu diesem begründet. Greven bezieht historische, biographische und publikationsspezifische Kontexte in seine Textanalysen ein.[18] Seine Untersuchung eröffnet Forschungsperspektiven auf *Jakob von Gunten*, die später häufig aufgegriffen wurden, insbesondere dessen spezifische Kritik an der Moderne,[19] die Entindividualisierung durch die Riten des Instituts[20] und das utopische Denken.[21]

Viele Arbeiten im Nachgang der textimmanent angelegten Untersuchungen von Avery und Greven konzentrieren sich auf die Figur des Dieners oder interpretieren die im Roman dargestellte Welt des Instituts. Zentral ist in diesem Zusammenhang Dieter Borchmeyers Arbeit *Dienst und Herrschaft. Ein Versuch über Robert Walser* von 1980, die sich mit dem Diener im Werk Walsers unter Fokussierung auf *Jakob von Gunten* (Variationen der Figur sieht er im *Gehülfen* und im *Räuber*) widmet. Borchmeyer formuliert einen entscheidenden Hinweis auf den Zusammenhang zwischen Figuren des Kleinen und der kleinen Form bei Walser,[22] den er in seiner Diskussion von Walsers Kurzprosa allerdings vor allem als inhaltlich-motivgeschichtlich bedeutsam herausstellt und dabei die Gattungsfrage außer Acht lässt.[23] Seine Überlegungen sind daher für die nachfolgende Untersuchung nur bedingt anschlussfähig. Arbeiten zur Figur des Dieners, die in den 1980er- und 1990er-Jahren erscheinen, sind häufig poststrukturalistisch informiert. Der in der Folge am meisten rezipierte Beitrag mit dieser Perspektive ist Hans Hiebels Aufsatz *Robert Walsers ‚Jakob von Gunten'. Die Zerstörung der Signifikanz im modernen Roman* von 1991. Hiebel erkennt in der Verweigerung von Referentialität das grundlegende Darstellungsverfahren des Romans, das diesen in die Literatur der Moderne einschreibe. Durch die Selbstbezüglichkeit von Sprache markiere der Roman seinen Abstand zum realistischen Erzählen.[24] Eine andere für diesen Diskussionszusammenhang

18 Vgl. dazu Greven in der Einleitung zu *Existenz, Welt und reines Sein im Werk Robert Walsers*. S. 7–22. Grevens Untersuchung wird von dem Erkenntnisinteresse geleitet, den „verborgenen Strukturen" (S. 17) in Walsers Werk nachzugehen, womit er zunächst eine heuristische Ausblendung „äußere[r] Beziehungen" (S. 17) desselben rechtfertigt (vgl. dazu auch S. 22). Ungeachtet dessen lässt seine Arbeit von Beginn an ein Bewusstsein für die Wirkung und die Publikationskontexte von Walsers Texten erkennen.

19 Vgl. Greven: Existenz, Welt und reines Sein im Werk Robert Walsers. S. 77–80.

20 Vgl. Greven: Existenz, Welt und reines Sein im Werk Robert Walsers. S. 80–83.

21 Vgl. Greven: Existenz, Welt und reines Sein im Werk Robert Walsers. S. 86/87.

22 Vgl. Borchmeyer: Dienst und Herrschaft. S. 1.

23 Siehe Borchmeyer: Dienst und Herrschaft. Vgl. dazu das Kapitel IV: Walsers minimalische Poetik. S. 77–88.

24 Vgl. Hans H. Hiebel: Robert Walsers *Jakob von Gunten*. S. 249.

einschlägige Annahme, die in diesem Fall von Christoph Jakob formuliert wird, ist die der „Selbstaufhebung von Subjektivität“[25], für die die Form des Tagebuchs stehe.

Zu den Standardbeobachtungen der Forschung zu *Jakob von Gunten* gehört die Annahme einer Reflexivität in Bezug auf den klassischen Bildungsroman und Bildungsbegriff.[26] Überprüft hat diese These allerdings allein Andreas Gößling in seiner Arbeit *Abendstern und Zauberstab* (1992), in der er Goethes *Wilhelm Meisters Lehrjahre* als Prätext zu *Jakob von Gunten* ausmacht und in vergleichender Lektüre subtile Anspielungen zu detektieren versucht.[27]

Eine neue Phase in der Diskussion über die Bildungsthematik leitet 2005 Rüdiger Campes stark rezipierter Beitrag *Robert Walsers Institutionenroman ‚Jakob von Gunten‘* ein. Campes Aufsatz ordnet Walsers Roman nicht als Parodie, Negation oder Ironisierung des klassischen Bildungsromans ein, wie dies vorangegangene Beiträge noch taten; für ihn ist *Jakob von Gunten* Komplement zum „Biographieroman“[28] des 18. Jahrhunderts. Dieser andere Roman, für den neben Walser laut Campe auch Robert Musils *Törleß*, Franz Kafkas *Schloß* und Thomas Manns *Zauberberg* einstehen, generiert seine Form aus einer Erzählung vom Weiterbestehen oder vom Niedergang „prästaatliche[r]“ Institutionen, die „das Leben von Menschen einrichten“[29]. Für diese Art von Erzählung prägt er den Begriff des „Institutionenromans“[30]. Campes Aufsatz regte Überlegungen zur Gattungszugehörigkeit von *Jakob von Gunten* an,

---

25 Jakob: Robert Walsers Hermeneutik des Lebens. S. 79.

26 Vgl. z. B. Jakob: Robert Walsers Hermeneutik des Lebens. S. 99–105, Sibylle Helbich: „Beeinflussungen sind begreiflich und daher erlaubt“. Robert Walsers Ringen um den Segen Goethes. In: Oliver Ruf (Hrsg.): Goethe und die Schweiz. Hannover: Wehrhahn 2013. S. 335–349, hier S. 346–349 oder Rolf-Peter Janz: Schwindelnde Männer oder die Liebe zum Betrug. Krull, Schwejk, Gunten, ‚Rotpeter‘. In: Rolf-Peter Janz/Fabian Stoermer/Andreas Hiepko (Hrsg.): Schwindelerfahrungen. Zur kulturhistorischen Diagnose eines vieldeutigen Symptoms. Amsterdam/New York: Rodopi 2003. S. 99–116, hier S. 109–113. In einem neueren Beitrag vertritt auch Daniel Weidner diese These. Vgl. Daniel Weidner: Spiegel, Werkstatt, Chronik: Der Tagebuchroman bei Robert Walser, Max Frisch und Uwe Johnson. In: Zeitschrift für Germanistik XXVI$^2$ (2016). S. 332–347, hier S. 335. Jüngst schlug Bernhard Malkmus vor, *Jakob von Gunten* als „pikaresken Antibildungsroman“ zu begreifen. Dazu Malkmus in seinem Eintrag zum Roman im RWH. S. 116–129, hier S. 123.

27 Vgl. dazu Gößling: Abendstern und Zauberstab. Zweiter Teil: *Jakob von Gunten*, ein *Wilhelm Meister*-Kommentar. S. 169–234.

28 Campe: Robert Walsers Institutionenroman *Jakob von Gunten*. S. 238. Mit dem „Biographieroman“, mithin dem an der Biographie geschulten dominanten Narrativ des Romans im 18. Jahrhundert, geht Campe von einem weiteren Romanbegriff aus als die anderen Forschungsbeiträge zur Bildungsthematik.

29 Campe: Robert Walsers Institutionenroman *Jakob von Gunten*. S. 239.

30 Campe: Robert Walsers Institutionenroman *Jakob von Gunten*. S. 239.

woraufhin Walsers Roman auch im Kontext des Internatsromans um 1900 interpretiert wurde.[31]

Im Folgenden wird nun der Fokus der Untersuchung auf die Darstellung der Großstadt im Roman gerichtet. Verschiedene Beiträge sind der Bedeutsamkeit der Großstadt bereits nachgegangen: ältere Arbeiten unter textimmanenter bzw. biographischer Perspektive,[32] neuere Artikel im Versuch, ein Verständnis von *Jakob von Gunten* als Roman einer urbanen kulturellen Moderne zu gewinnen.[33] An diese neueren Überlegungen zur Bedeutung der Großstadt in *Jakob von Gunten* schließt die Perspektive des vorliegenden Kapitels an. Im Einzelnen gewinnt meine Argumentation in der Auseinandersetzung mit Forschungsbeiträgen zur Großstadt in Walsers Kurzprosa an zusätzlicher Schärfe, da mit Blick auf diese Texte bereits eine breitere Diskussion des Themas stattgefunden hat. Insbesondere zur Figur des Flaneurs in Walsers Berliner Prosa liegen Ansätze vor, so z. B. die Arbeiten Harald Neumeyers (*Der Flaneur. Konzeptionen der Moderne*, 1999) und Eckhardt Köhns (*Straßenrausch. Flanerie und kleine Form. Versuch zur Literaturgeschichte des Flaneurs bis 1933*, 1989), die jeweils Kapitel zu Walser enthalten, die auch Seitenblicke auf *Jakob von Gunten* werfen.

## 4.1 Die Großstadt in Roman und Feuilleton

### 4.1.1 *Urbane Ambivalenz*

Jakob von Gunten faszinieren das „Geschiebe" und „Gedränge", das „Rasseln" und „Prasseln" (alle Zitate Jvg, S. 34) der Großstadt. Das eingangs angeführte Zitat drückt eine Begeisterung und Idealisierung des städtischen Lebensgefühls aus, das Walser in weiten Teilen des Romans im Kontext der Großstadtspaziergänge Jakobs ausstellt. Auf der Ebene des Erzählten nehmen diese Szenen

31 Siehe z. B. Reto Sorg: Abschied von Europa? ‚Kulturentrückung' bei Robert Walser. In: Reto Sorg/Stefan Bodo Würffel (Hrsg.): Utopie und Apokalypse in der Moderne. München: Fink 2010. S. 161–178, hier S. 163.

32 So etwa Michael Pleister in seiner Arbeit Das Bild der Großstadt in den Dichtungen Robert Walsers, Rainer Maria Rilkes, Stefan Georges und Hugo von Hofmannsthals. 2., überarbeitete und ergänzte Auflage. Hamburg: Buske 1990. Pleister diskutiert *Jakob von Gunten* wie einen Sonderfall der Literatur um 1900 und erkennt daher nicht die vielfachen Beziehungen des Romans zu anderen Diskursen über die Großstadt.

33 Maßgeblich hierfür ist der erwähnte Aufsatz *Zu kurz gekommene Kleinigkeiten* von Peter Utz. In einem aktuellen Beitrag profiliert auch Magnus Wieland *Jakob von Gunten* als Großstadtroman. Vgl. Wieland: Liftboy. Robert Walsers *Jakob von Gunten* (1909) zwischen oben und unten. In: Lüscher/Sorg/Stiegler/Stocker (Hrsg.): Robert Walsers Ambivalenzen. S. 85–101.

gegenüber der Darstellung des Institutsalltags deutlich geringeren Raum ein. Ungeachtet dieses Ungleichgewichts in der diegetischen Präsentation bildet die Großstadt das ästhetische und diskursive Zentrum des Romans, was bereits die zeitgenössische Literaturkritik zu *Jakob von Gunten* erkannt hat. Sie begreift *Jakob von Gunten* schon zu seiner Zeit als dezidiert modernen Roman, was ihm manches Mal zum Vorteil gereicht, in mehreren Rezensionen aber auch als Defizit ausgelegt wird. Hermann Hesse und Josef Viktor Widmann sehen in Walser einen „Moderne[n]“[34], was sich für beide vorrangig aus der Intensität und Neuheit in Ausdruck und Darstellung heraus begründet, darüber hinaus jedoch auch aus dem Sujet der Großstadt. Hesse führt Walsers Thematisierung der Stadt in einer Sammelrezension der bisher erschienenen Bücher Walsers für die Berliner illustrierte Tageszeitung *Der Tag* als Abgrenzungsmerkmal zur reaktionären Schweizer Heimatliteratur ins Feld.[35]

Die Relevanz der Großstadt und der urbanen Modernität kann für *Jakob von Gunten* nicht an der bloßen Präsenz der Stadt im Text festgemacht werden. Allein durch die Wahl eines urbanen Schauplatzes kann man der Großstadt um 1900 nicht mehr gerecht werden.[36] Zu einschneidend und bewusstseinsverändernd ist die Erfahrung der modernen Metropole um 1900. Jakob beschreibt die Großstadt in seinem Tagebuch als „traumhaft“ und „dichterisch“ (JvG, S. 41), ohne den Versuch anzustellen, sie intellektuell zu durchdringen.[37] Jakob will die Stadt nicht nur nicht begreifen, sein Tagebuchtext verrätselt sie bewusst. Dies kann als ein Gegenimpuls zum privaten Tagebuch, das an Aufklärung und Wahrheitsfindung interessiert ist, begriffen werden. Auch die Dienerausbildung am Institut Benjamenta entspricht der Logik des

34 So Josef Viktor Widmann in seiner Rezension zu dem Roman, die im Mai 1909 im Berner *Bund* erschien. Siehe Josef Viktor Widmann: Jakob von Gunten. In: Kerr (Hrsg.): Über Robert Walser. Bd. 1. Frankfurt am Main: Suhrkamp 1978. S. 33–38, hier S. 34.

35 Hermann Hesse: Robert Walser. In: Kerr (Hrsg.): Über Robert Walser. Bd. 1. Frankfurt am Main: Suhrkamp 1978. S. 52–57, hier S. 52.

36 Vgl. Becker: Urbanität und Moderne. S. 13. Becker weist an dieser Stelle auf die prinzipielle „Unerzählbarkeit“ der technisierten Moderne hin. Kleine literarische Formen gewännen um 1900 an Bedeutung, da sie andere Darstellungsmittel als das realistische Erzählen entwickeln und die urbane Erfahrung damit präziser einfingen.

37 An anderer Stelle begreift Jakob die Menschenmenge der Straße als unverständig. Durch seine undistanziert-euphorische Haltung gegenüber der allgemeinen Unaufgeklärtheit lässt er sich selbst als Teil dieser Masse erkennen: „Hastig geht man. Nein, sie beherrschen sich alle, aber die Hast, das Sehnen, die Qual und die Unruhe glänzen schimmernd zu den begehrlichen Augen heraus. Dann ist wieder alles ein Baden in der heißen, mittäglichen Sonne. Alles scheint zu schlafen, auch die Wagen, die Pferde, die Räder, die Geräusche. Und die Menschen blicken so verständnislos. Die hohen, scheinbar umstürzenden Häuser scheinen zu träumen. Mädchen eilen dahin, Pakete werden getragen. Man möchte sich jemandem an den Hals werfen.“ (JvG. S. 35)

Unhinterfragten. Wiederkehrend, beinahe formelhaft, stellt Jakob sie – wie die Stadt – als ‚Geheimnis' aus.[38]

Weitere, je nach Einordnung allegorisch[39] oder metaphorisch[40] aufgeladene Räume innerhalb der Welt des Instituts sind ein dahinter liegender, verwilderter Garten, den Jakob gerne pflegen würde (vgl. JvG, S. 72), sowie die „innern Gemächer" (JvG, S. 20), welche die privaten Wohnräume des Vorstehers und seiner Schwester Lisa darstellen, die Jakob zunächst nicht betreten darf. Der dem Blick entzogene Raum löst bei Jakob die Annahme aus, es müssten sich „wunderbare Dinge" (JvG, S. 20) darin befinden.[41] In *Jakob von Gunten* überlagern sich kulturell und symbolisch besetzte, imaginierte und reale Räume, sodass sich selbst die vordergründig polare Gestaltung der Orte Institut und Stadt als brüchig erweist.

Die Ausbildung der Dienerschüler ist monoton und inhaltsentleert. Auch deshalb wirkt sie, ganz wie die Großstadt, auf Jakob irreal und traumhaft: „Unser Unterricht besteht aus zwei Teilen, einem theoretischen und einem praktischen Teil. Aber beide Abteilungen muten mich auch noch heute wie ein Traum, wie ein sinnloses und zugleich sehr sinnreiches Märchen an." (JvG, S. 55). Das Unterrichtsprogramm des Instituts erschöpft sich in stumpfsinnig wirkenden Ritualen, dem Vollführen körperlicher Übungen und der Internalisierung von Regeln:

> Wenig lernen! Immer wieder dasselbe! Nach und nach fange auch ich an, zu begreifen, was für eine große Welt hinter diesen Worten verborgen ist. Etwas sich in der Tat fest, fest einprägen, für immer! Ich sehe ein, wie wichtig, vor allen Dingen, wie gut und wie würdig das ist. Der praktische oder körperliche Teil unseres Unterrichtes ist eine Art fortwährend wiederholtes Turnen oder Tanzen, ganz gleich, wie man das nennen will. Der Gruß, das Eintreten in die Stube, das Benehmen gegenüber Frauen oder ähnliches wird geübt, und zwar

---

38 Dazu JvG. S. 10: „Welch ein Unterricht! Doch ich würde lügen, wenn ich ihn kurios fände. Nein, ich finde das, was Fräulein Benjamenta uns lehrt, beherzigenswert. Es ist wenig, und wir wiederholen immer, aber vielleicht steckt ein Geheimnis hinter all diesen Nichtigkeiten und Lächerlichkeiten.", S. 41: „Nun, es wird noch lange dauern, aber ich glaube, ich bringe es fertig, in das Geheimnis der Benjamentas endlich noch einzudringen. Geheimnisse lassen einen unerträglichen Zauber vorausahnen, sie duften nach etwas ganz, ganz unsäglich Schönem. Wer weiß, wer weiß. Ah---."

39 Vgl. Campe: Robert Walsers Institutionenroman *Jakob von Gunten*. S. 246/247.

40 Vgl. Wieland: Liftboy. S. 96.

41 Später wird sich dieser Vermutung eine Phantasie Jakobs anschließen, in der Lisa Benjamenta ihn als seine „Meisterin" in die märchenhaften Gemächer führt (JvG. S. 84–89). Letztlich entzaubern sich die „innern Gemächer" (Jvg. S. 20) allerdings von selbst, als Jakob dorthin beordert wird, um ein Aquarium zu reinigen, und dabei entdecken muss, dass es sich bei den von ihm imaginierten wunderbaren Prunkräumen tatsächlich um eine schlicht möblierte Zweizimmerwohnung handelt (vgl. JvG. S. 111/112).

> sehr langfädig, oft langweilig, aber auch hier, wie ich jetzt merke und empfinde, steckt tiefverborgener Sinn. Uns Zöglinge will man bilden und formen, wie ich merke, nicht mit Wissenschaften vollpfropfen. Man erzieht uns, indem man uns zwingt, die Beschaffenheit unserer eigenen Seele und unseres eigenen Körpers genau kennen zu lernen. Man gibt uns deutlich zu verstehen, daß allein schon der Zwang und die Entbehrungen bilden, und daß in einer ganz einfachen, gleichsam dummen Übung mehr Segen und mehr wahrhaftige Kenntnisse enthalten sind, als im Erlernen von vielerlei Begriffen und Bedeutungen. (JvG, S. 55/56).

Worin diese von Jakob immer wieder heraufbeschworene „große Welt" und der „tiefverborgene Sinn" hinter dem wiederholten, gleichförmigen Vollführen von Alltagsgesten bestehen mögen, wird nicht benannt. Auf den ersten Blick scheint die namenlose Großstadt, in der sich die Dienerschule befindet, einen qualitativ ganz anderen Ort darzustellen. Wenn Jakob das Institut verlässt, um sich ziellosen Spaziergängen im Trubel der Stadt hinzugeben, werden die bloße Wiederholung und Vorhersehbarkeit der ausgeführten Bewegungen der Dienerschüler zunächst strukturell durchbrochen. Im Durchstreifen der großstädtischen Straßen, in beschäftigungslosen Aufenthalten im Park und bei Besuchen im Bordell und eines Kaufhauses scheint die Welt des blinden Gehorsams, die das Institut repräsentiert, aufgehoben. Jakob kann sich hier ganz den urbanen Vergnügungen und Konsumgelegenheiten aussetzen, die eine moderne Großstadt bietet. Auf der diegetischen Ebene bildet die Großstadt in der Tat eine „Antithese"[42] zur Welt des Instituts.

Auf einer Metaebene befassen sich Dienerschule und Großstadt jedoch gleichermaßen mit der urbanen Wahrnehmung und Lebensweise, was die vordergründig kategoriale Entgegensetzung infrage stellt.[43] Die Großstadt ermöglicht eine neue Wahrnehmung, die die zeitgenössischen literarischen und soziologischen Diskurse als bewusstseinserweiternd und überfordernd zugleich beschreiben. Die Bewegung im Strom der Menschenmassen macht eine erhöhte individuelle Anpassungsleistung erforderlich. Im Kontext dieser urbanen Erfahrung verlieren individuelle, bürgerliche Lebensentwürfe und Subjektvorstellungen an Überzeugungskraft.

Auch das Institut ist reflexiv auf die Situation von Großstadtbewohnern bezogen. Seine eintönigen Tagesabläufe faszinieren Jakob genauso wie die

---

42 Utz: Robert Walsers *Jakob von Gunten*. S. 492. Vgl. auch Sorg: Abschied von Europa? S. 174. Auch für Zimmermann werden Stadt und Institut zu „Gegenpolen". Siehe Hans Dieter Zimmermann: Der babylonische Dolmetscher. Zu Franz Kafka und Robert Walser. Frankfurt am Main: Suhrkamp 1985. S. 141.

43 Auf strukturelle Ähnlichkeiten von Institut und Großstadt macht Jochen Greven in *Existenz, Welt und reines Sein* aufmerksam, wenn er in diesem Zusammenhang von einer „simultanen Erlebniseinheit" spricht (Greven: Existenz, Welt und reines Sein. S. 76).

urbanen Spaziergänge, da sie ohne erkennbaren Sinn und Zweck stattfinden und damit ein ‚Geheimnis' darstellen. Jakobs überbordende Imaginationen und Projektionen, wie sie etwa die „innern Gemächer" oder auch einige Schulkameraden[44] bei ihm auslösen, gleichen in ihrer Wirkung dem Eindruck, den die Stadt hinterlässt, in der er sich wie in einem „ganz wild anmutenden Märchen" (JvG, S. 34) vorkommt. Die Konformität der Massen auf den Straßen, der Impuls aller zum Mitgehen im Strom wie „Traumfiguren" (JvG, S. 35), wirkt nicht weniger mechanisch und entindividualisiert als das Bewegungsprogramm des Instituts, bei dem alle mitmachen müssen. Im Sinne eines ‚Pars pro Toto' vollzieht die Dienerschule als Teil oder Innenraum der Stadt im „wiederholte[n] Turnen" (JvG, S. 55) und Tanzen den Bewegungsstrom der urbanen Massen nach.[45] Im unergründeten ‚Geheimnis' der Dienerschule wird Jakobs verständnislos-euphorische Betrachtung des Großstadtgeschehens gespiegelt.

Wie die Dienerschule „erzieht" die Großstadt durch Nachvollzug oder Teilnahme, das heißt ohne theoretischen oder akademischen Wissenshintergrund (ohne „Professorales", JvG, S. 41). Beide Sphären, die Schule mit ihrem inhaltsentleerten Curriculum und die Stadt mit ihrem blinden und ziellosen Bewegungsstrom, üben gerade aufgrund ihrer irrationalen und schwer durchschaubaren Dynamiken eine Faszination auf Jakob aus. Für Jakob hat das Schritthalten der Menschenmassen „etwas zu bedeuten" (JvG, S. 41), was allerdings, bleibt genauso im Dunkeln wie der „Sinn" (JvG, S. 55) der Dienerausbildung. Die Bedeutsamkeit, die Jakob in seinen Tagebuchaufzeichnungen beiden Sphären beinahe exzessiv zuschreibt, jedoch nie genauer benennt, entzieht sich auf diese Weise einer Nachvollziehbarkeit durch die Leserinnen und Leser, ganz so, als würde der Text eine Spur auslegen, entsprechende Rezeptionshaltungen dann aber enttäuschen.

Aus dem Beschriebenen geht hervor, dass das Verhältnis zwischen Institut und Stadtraum ambivalent ist. Als konkrete Schauplätze der erzählten Welt stellen sie entgegengesetzte Erlebnisräume dar, als metadiegetischer Kommentar beschreiben sie hingegen ähnliche psychische Zustände und soziale Dynamiken, die mit der urbanen Erfahrung assoziiert sind.

Ambivalenz ist eine aus der Soziologie kommende Untersuchungskategorie zur Beschreibung der Moderne. Mit Blick auf *Jakob von Gunten* erscheint

---

44 An seinem polnischen Mitschüler Schilinski gefällt ihm dessen „fremdartiger" Akzent. In Verbindung mit dessen Attraktivität, mangelnder geistiger Schärfe und einer gewissen Neigung zur Eitelkeit gefällt es Jakob, ihn sich als „jungen Landedelmann" (beide Zitate JvG. S. 23) vorzustellen.

45 Vgl. Roloff: Der Stellenlose. S. 137.

die Kategorie der Ambivalenz insofern ertragreich, als sie eine Perspektive eröffnet, die der Offenheit des Romans gerecht wird, und zugleich mit ihr die Dimension des Sozialen in diesem herausgearbeitet werden kann. In der ambivalenten Konstruktion der Schauplätze liegt ein Impuls, ihre Beziehung zueinander in der Schwebe zu halten und ihr mögliches Bedeutungsspektrum zu erweitern. Zudem sind weitere Reflexionsgegenstände des Romans ebenfalls ambivalent gestaltet. Jenseits der Verhandlung der Großstadt wird auch der moderne Schriftsteller ambivalent entworfen, und zwar als Schriftsteller und Feuilletonist, wie Kapitel 4.2.2 zeigen wird. Auch das Tagebuch ist eine ambivalente Form, da es zwischen privatem und öffentlichem Schreiben oszilliert. Der ambivalente Status von Autorschaft und Tagebuch wird somit in der Ambivalenz der zentralen Schauplätze gespiegelt, sie bilden einen Zusammenhang, in dem sie sich wechselseitig reflektieren. Dieser Zusammenhang wird erst greifbar, wenn die ambivalenten Figuren und Strukturen des Romans in Bezug zu den Modernisierungsschüben um 1900 gesetzt werden. Damit werden sie gleichermaßen als Kommentare auf die Moderne lesbar.

Im Tagebuch, das keine Klarheit verschafft, sondern verrätselt, findet Jakob eine adäquate Sprache für die Situation des Einzelnen in der Metropole, die sich als überfordernd und anziehend zugleich erweist. Im Folgenden soll nun vertieft werden, wie Walser dieses urbane Bewusstsein um 1900 im Roman und in seinen Großstadtfeuilletons unter Rückgriff auf die Figur des Flaneurs als ‚Geheimnis' und ‚Utopie' erzählbar macht und welche Positionierung des Romans zur urbanen Moderne daraus gewonnen werden kann. Dabei sind auch die Publikationskontexte von Walsers Feuilletons zu beleuchten.

### 4.1.2 *Flanerie zwischen Geheimnis und Utopie*

„Bin ich der geborne Großstädter?" (JvG, S. 36), fragt Jakob sich im Rahmen einer seiner zahlreichen Reflexionen über die Stadt und seine Haltung ihr gegenüber. Seine Antwort lautet: „Sehr leicht möglich. Ich lasse mich fast nie betäuben oder überraschen. Etwas unsagbar Kühles ist trotz der Aufregungen, die mich überfallen können, an mir. Ich habe die Provinz in sechs Tagen abgestreift." (JvG, S. 36). Seiner eigenen Einschätzung nach hat Jakob damit die Prägung durch seinen kleinstädtischen Herkunftsort hinter sich gelassen. Erkennbar scheint in der Kühle, die er angesichts der urbanen „Aufregungen" (JvG, S. 36) auszustellen vermag, eine Parallele zu Georg Simmels Beschreibung der Großstadt um 1900 auf. Mit der im bekannt gewordenen Essay *Die Großstädte und das Geistesleben* von 1903 diagnostizierten ‚Blasiertheit'[46] beschreibt Simmel eine distanzierte Geisteshaltung des Großstädters,

46 Dies hat die Forschung bereits mehrfach herausgestellt, zuletzt dazu Magnus Wieland, der Jakobs Haltung als „Coolness" diskutiert (Dazu Wieland: Liftboy, S. 96–99).

mit der dieser seine Psyche vor der allgegenwärtigen Reizüberflutung in den Städten schütze.

Mit Gedankenspielen um das Wesen der Stadt und die eigene Befähigung zum Großstadtbewohner macht der Roman *Jakob von Gunten* wiederkehrend seine eigene Modernität zum Thema, denn – so ebenfalls Simmels Befund – die Großstadt bildet die Moderne um 1900 emblematisch ab.[47] Simmels Aufsatz etabliert den soziologischen Diskurs über die Stadt und ist zugleich ein Beitrag zur weitreichenden medizinischen und kulturgeschichtlichen ‚Nervositäts'-Debatte um die Jahrhundertwende,[48] die auch Walser nicht unbeeindruckt ließ.[49]

Auch für Alfred Döblin ist die Modernisierung an die Städte gebunden, wofür er 1924 in *Der Geist des naturalistischen Zeitalters* luzide Metaphern findet. Für Döblin schafft sich die Moderne „einen adäquaten Leib"[50] in den Städten. Berlin vollzieht um 1900, das heißt in der Zeit, als Walser dort lebt und eine eigene literarische Stimme zu entwickeln sucht, einen radikalen Wandel von einer alten Residenz- und Beamtenstadt zur industriellen Großstadt. Dieser Wandel macht sich auf allen Ebenen des sozialen Lebens bemerkbar. Unter dem Bebauungsplan des preußischen Stadtplaners James Hobrecht erhält Berlin, das 1905 mehr als zwei Millionen Einwohnerinnen und Einwohner zählt, sein bis heute charakteristisches architektonisches Gepräge als „größte Mietskasernenstadt der Welt"[51]. Im Zuge einer tiefgreifenden Modernisierungswelle im Bereich von Verkehr und Infrastruktur durch Mechanisierung und Elektrifizierung wird Berlin zur ‚Stadt des Lichts' mit nächtlicher Dauerbeleuchtung ihrer innerstädtischen Knotenpunkte wie etwa der Friedrichstraße.[52] Jakob, der manchen Abend „müßig" auf einer Parkbank

---

47 Siehe dazu Lothar Müller: Die Großstadt als Ort der Moderne. Über Georg Simmel. In: Klaus R. Scherpe (Hrsg.): Die Unwirklichkeit der Städte. Großstadtdarstellungen zwischen Moderne und Postmoderne. Reinbek bei Hamburg: Rowohlt 1988. S. 14–36, hier S. 19: „Die Moderne insgesamt ist Großstadt, auch dort, wo sie Land ist."

48 Zur Mentalitätsgeschichte der Nervosität in der wilhelminischen Gesellschaft vgl. etwa Joachim Radkau: Das Zeitalter der Nervosität. Deutschland zwischen Bismarck und Hitler. München: Hanser 1998. Zum Geschlechterdiskurs um Nervosität und Hysterie um 1900 vgl. Urte Helduser in *Geschlechterprogramme*. S. 294–297.

49 Zu Walsers Bezugnahmen auf die ‚Nerven'-Debatte siehe Utz: Tanz auf den Rändern, Kap. 3 „Nervös" – ein Zeitdiskurs zittert durch Walsers Werk. S. 53–89.

50 Alfred Döblin: Der Geist des naturalistischen Zeitalters. In: Ders.: Ausgewählte Werke in Einzelbänden. Aufsätze zur Literatur. Hrsg. von Walter Muschg. Olten/Freiburg im Breisgau: Walter 1963. S. 62–83, hier S. 72.

51 Becker: Urbanität und Moderne. S. 35. Berlin baute diese Wohnblöcke in der zweiten Hälfte des 19. Jahrhunderts im großen Stil, um der durch den massiven Zuzug von Arbeitern zur Zeit der Industrialisierung entstandenen Wohnungsnot zu begegnen. Vgl. dazu ebenfalls Becker: Urbanität und Moderne. S. 35.

52 Vgl. Becker: Urbanität und Moderne. S. 35.

verbringt, tut dies im „grelle[n] elektrische[n]" Licht der Laternen (beide Zitate JvG, S. 31). 1902 bekam Berlin die erste Hochbahnteilstrecke, kurz darauf ein U-Bahn-System.[53] Ab 1905 verkehrte der erste Motor-Omnibus, wodurch die seit 1825 betriebenen Pferde-Omnibuslinien bald verdrängt wurden.[54] 1881 hatte Siemens die erste elektrische Tramlinie in Lichterfelde eröffnet. Der ‚Elektrischen', die den Stadtverkehr rasant beschleunigte und damit etwa auch die Bewegungsweisen von Fußgängerinnen und Fußgängern auf den Straßen nachhaltig veränderte, widmet Walser im Feuilleton *Auf der Elektrischen*, das im April 1908 im *Berliner Tageblatt* erscheint, eine charakteristische Betrachtung. Für die allumfassenden bewusstseinsherausfordernden und -überfordernden Veränderungen Berlins findet Walser vor allem in seinen Feuilletons eine geeignete Formsprache. Doch auch in *Jakob von Gunten* sind Eindrücke der neuen Verkehrsmittel und der mit ihnen einhergehenden Beschleunigung des Stadtlebens in markanten Bildern verarbeitet: „Und immer neue Züge von Menschen und Fuhrwerken. Die Wagen der elektrischen Trambahn sehen wie figurenvollgepfropfte Schachteln aus. Die Omnibusse humpeln wie große, ungeschlachte Käfer vorüber." (JvG, S. 34).

Walser schreibt in, über und ‚mit' der Großstadt im Rahmen eines als intertextuell und mit Blick auf seine unterschiedlichen Publikationskontexte als transmedial zu verstehenden literarischen Projekts, das in etwa zwischen 1907 (im Mai erscheint als frühes Großstadtfeuilleton *Guten Tag, Riesin!* in der *Neuen Rundschau*) und 1911 (im August erscheint das Feuilleton *Blumentage* in der *Neuen Rundschau*, das als später Text mit dezidiert urbanem Sujet und urbaner Schreibweise gelten kann) zu situieren ist.[55] Zum Textkreis der Großstadt zählen neben dem Großstadtroman *Jakob von Gunten* die Feuilletons mit Großstadt-Sujet, die Walser vorzugsweise in der *Neuen Rundschau* und in der *Schaubühne* veröffentlichte, wobei *Die neue Rundschau* das hierfür weitaus bedeutendere Medium darstellt. Um 1900 stellt die *Neue Rundschau* einen neuen Typus von Kultur- und Literaturzeitschrift dar, der vorbildgebend für

53 Vgl. Becker: Urbanität und Moderne. S. 35.

54 Vgl. http://www.berliner-verkehrsseiten.de/bus/Geschichte/body_geschichte.html. Zugriff am 20.03.2019.

55 Walser hat vor und nach seiner Berliner Zeit Texte mit Stadtbezug veröffentlicht, wobei dieser oftmals bereits im Titel angezeigt wird: z. B. den Text *Unsere Stadt*, der 1902 im *Sonntagsblatt des Bund* erschien und ebenfalls in *Fritz Kocher's Aufsätze* aufgenommen wurde, oder die Texte *Eine Stadt*, 1914 in *Der Neue Merkur* und *Kleine Dichtungen* publiziert, und *Die Stadt*, 1914 in *Die weissen Blätter* und ebenfalls in *Kleine Dichtungen* erschienen. In diesen Texten wird allerdings meines Erachtens nicht – wie in den Berliner Feuilletons – urbane Wahrnehmung zum Gegenstand gemacht, die Stadt dient vielmehr als reiner Schauplatz. Häufig beschreiben jene Texte Walsers, die sich nicht emphatisch mit dem Urbanen auseinandersetzen, eine eher kleinstädtische Atmosphäre.

andere Zeitschriften wie *Pan* oder *Die Insel* wird. Unter dem Namen *Freie Bühne für modernes Leben* war sie als Organ der naturalistischen Bewegung angetreten.[56] 1894 benannte sie sich, orientiert am Vorbild der 1874 von Julius Rodenberg gegründeten *Deutschen Rundschau*, in *Neue Deutsche Rundschau* um. Otto Julius Bierbaum wurde im selben Jahr verantwortlich zeichnender Redakteur. Wenige Monate später wurde Bierbaum durch Oscar Bie ersetzt, der auch noch zu der Zeit, als Walser regelmäßig in der *Neuen Rundschau* veröffentlichte, und bis 1922 Chefredakteur war. Unter der Leitung von Bie wurde das programmatische Organ des Naturalismus in das anerkannte Reflexionsmedium der „ganzen modernen Weltanschauung"[57] umgewandelt, als das sich die *Neue Rundschau* im frühen 20. Jahrhundert verstand.

Diesen Wandel vom Kampf- zum „Spiegelorgan"[58] der modernen Welt begleiteten Bies umtriebige Bemühungen, international namhafte Schriftsteller als Autoren der Zeitschrift zu gewinnen. Texte Walsers erschienen in der Zeitschrift zwischen 1907 und 1927, in der Berliner Zeit insbesondere seine berühmt gewordenen Großstadttexte *Aschinger*, *Friedrichstraße*, *Die kleine Berlinerin* und *Berlin W*. Die Literaturzeitschrift ist Walsers präferiertes Publikationsmedium für seine urbanen Prosatexte. Texte, die er nach 1911 veröffentlichte, weisen zumeist keinen dezidierten Großstadtbezug mehr auf.[59] Walser macht die Großstadt literarisch produktiv, solange er sich selbst in Berlin aufhält. In seiner Berner Werkphase wird er erneut und verstärkt für die Großstadt schreiben,[60] jedoch nicht mehr als ihr affizierter und angeregter Bewohner, der an einer Auseinandersetzung mit der Stadt als Sinnbild der Moderne und dem ihr eigenen urbanen Bewusstsein interessiert ist.[61]

---

56 Zur Geschichte der *Neuen Rundschau* vgl. unter anderem Von Reibnitz/Socha im editorischen Nachwort zur KWA II, 1. S. 165–198 und Peter de Mendelssohn: S. Fischer und sein Verlag. Frankfurt am Main: S. Fischer 1970.

57 Zitiert nach De Mendelssohn: S. Fischer und sein Verlag. S. 182. Es handelt sich um eine Formulierung Oscar Bies.

58 De Mendelssohn: S. Fischer und sein Verlag. S. 182.

59 Siehe Von Reibnitz/Socha im editorischen Nachwort zur KWA, Bd. II, 1. S. 193: „Der Berlin-, bzw. Großstadtbezug spielte keine Rolle mehr, das feuilletonistische Genre wurde abgelöst durch die Arbeit an neuen und alten Formen und Textsorten, an der Novelle oder am Dramolett, dem Walser sich in seiner Berner Zeit wieder intensiver zugewandt hatte."

60 Vgl. dazu Von Reibnitz: Feuilletons für Zürich, Berlin, Frankfurt und Prag. S. 581.

61 Vor dem Hintergrund dieser beiden Aspekte nehme ich die heuristische zeitliche Eingrenzung zwischen 1907 und 1911 für Walsers Berlin-Texte vor. Texte mit lediglich städtischem Sujet, der Stadt als Schauplatz oder durch Betrachtungen der Großstadt angeregte Reflexionen bleiben dabei unberücksichtigt. Daraus ergibt sich ein kleineres Korpus von Großstadttexten, als etwa die bereits erwähnte Anthologie von Reto Sorg und Pino Dietiker abbildet.

In seiner literarischen Darstellung urbaner Erfahrung in Roman und Feuilleton bedient sich Walser bei deren charakteristischen Ausgestaltung in der Flaneurliteratur des 19. Jahrhunderts, er bringt sie mit Blick auf die beschleunigte Moderne um 1900 jedoch auch auf einen neuen Stand. Im Lichte von Walter Benjamins geschichtsphilosophischen Überlegungen zum Flaneur bei Edgar Allen Poe und Charles Baudelaire – er entwickelt sie in den Fragmenten zu Baudelaire, an denen er zwischen 1937 und 1939 arbeitete, und in seinem 1935 entstandenen Exposé *Paris, die Hauptstadt des XIX. Jahrhunderts*, das in das *Passagen-Werk* eingehen sollte – wird die Nähe von Walsers Bearbeitung des Flaneurs zu denen des 19. Jahrhunderts erkennbar.

Bereits seit dem frühen 19. Jahrhundert wirft die Großstadt der Moderne die dringliche Frage nach den ihr angemessenen Erzählverfahren auf. Der Flaneur verkörpert mit seiner diskontinuierlichen und zerstreuten Wahrnehmung in diesem Kontext eine ihren „Chocks" angemessene literarische Darstellung.[62] Am Ende des 19. Jahrhunderts reagieren die Formen und Verfahren des Naturalismus auf das mit der fortgeschrittenen Industrialisierung noch virulenter gewordene Problem der ‚Unerzählbarkeit'[63] der Großstadt, die mittels traditioneller realistischer Verfahren nicht mehr darstellbar erscheint. Zu Beginn des 20. Jahrhunderts beschäftigt der Widerspruch zwischen literarischen Darstellungsmöglichkeiten und urbaner Wirklichkeit die Literatur und ihre theoretische Reflexion weiterhin. Gleichzeitig entstehen im Zuge der urbanen Modernisierungswelle um 1900 neue Schreibweisen und Genres, die der Großstadt auch ästhetische Qualitäten abringen. Am konsequentesten setzt diese ‚Ästhetisierung der Stadt'[64] das Feuilleton um. Erst durch den Ausbau städtischer Infrastruktur entsteht die Möglichkeit urbaner Lebensqualität, wodurch die Modernisierung nicht mehr ausschließlich als Ursache industrieproletarischer Verelendung erscheint. Die Stadt hat sich allerdings nicht nur modernisiert und weiter beschleunigt, sie zeigt sich zunehmend als „Warenlandschaft"[65] mit Kaufhäusern und einem im Stadtraum immer stärker wahrnehmbaren Reklamewesen. Mit dieser neuen Konsumseite der Stadt erweist sich das Feuilleton als unverhohlen merkantile Textsorte als besonders kompatibel.

Walsers *Jakob von Gunten* und seine Berliner Feuilletons nehmen an der Ästhetisierung der Großstadt ohne Vorbehalte teil. Wenn *Jakob von Gunten*

---

62 Siehe Walter Benjamin: Das Paris des Second Empire bei Baudelaire. In: Ders.: Charles Baudelaire. Hrsg. von Rolf Tiedemann. Frankfurt am Main: Suhrkamp 1980. S. 7–100, hier S. 39: „Er bildet Formen des Reagierens aus, wie sie dem Tempo der Großstadt anstehen."

63 Becker: Urbanität und Moderne. S. 12.

64 Becker: Urbanität und Moderne. S. 37.

65 Becker: Urbanität und Moderne. S. 37.

die Stadt als ‚Geheimnis' entwirft, treibt der Roman genau jene irrational-euphorische Haltung auf die Spitze, die dem modernen Konsumverhalten eignet. Jedoch erschöpft sich Walsers Großstadtdarstellung nicht in einem Feiern der literarischen Qualitäten der Stadterfahrung. In ihr ist vielmehr die Möglichkeit eines anderen Zusammenlebens angelegt, ein Versprechen, das bereits *Geschwister Tanner* (im Bild der großen Kaserne) der Moderne entlockt. Diese ‚Utopie der Großstadt' begleitet Jakobs Stadtspaziergänge.

Walsers Roman inszeniert Jakob als einen im Kollektiv verschwindenden und diesem zugleich distanziert gegenüberstehenden Flaneur der Großstadt. Diese Distanz ergibt sich aus der grundsätzlichen Beschäftigungslosigkeit, die den Flaneur sowohl als Sozialtypus in seinen historischen Ursprüngen kennzeichnet als auch in seiner literarischen Reflexion in der Figur des Dandys.[66] Auch Jakob steht den gehetzten Menschenmassen immer wieder als einer gegenüber, der beinahe unbegrenzt Zeit zu haben scheint. Die ziellose Bewegung durch die Straßen der Stadt,[67] die zum Grundbestand der Eigenschaften des Flaneurs zählt, kennzeichnet ebenfalls Jakobs Wege, auf die er sich allein um des „Straßenausfluges" (JvG, S. 21) willen begibt. Eine damit verbundene, „von jeglichen Zweckvorgaben entbundene Wahrnehmung"[68], der Jakob anhängt, während er „zaudernd steht" (JvG, S. 41), ermöglicht die gleichzeitige Reflexion des Wahrgenommenen.[69] Sein Heraustreten aus der Menge der Eilenden evoziert oftmals auch ausschweifende Tagträume und Phantasien.[70] Dass er im Rahmen dieser Gänge auch Besorgungen erledigt, etwa zum Friseur geht oder ins Kaufhaus, um sich fotografieren zu lassen, steht dazu nicht in Widerspruch. Auch diese Gänge erregen eher Jakobs Gefallen, als dass sie von ihm als zweckmäßig empfunden werden. Den Friseur sucht er

66 Vgl. Köhn: Straßenrausch. S. 29.

67 Dazu Harald Neumeyer: Der Flaneur. Konzeptionen der Moderne. Würzburg: Königshausen & Neumann 1999. S. 11: „Flanieren ist demnach ein vom Zufall bestimmtes Gehen, ein Gehen, das, was das Erreichen eines bestimmten Ortes oder das Durchschreiten eines festgelegten Raumes angeht, als richtungs- und ziellos zu verstehen ist, ein Gehen, das dabei zugleich frei über die Zeit verfügt, Zeit mithin keiner Zweckrationalität unterwirft." Siehe auch Karlheinz Stierle: Der Mythos von Paris. Zeichen und Bewußtsein der Stadt. München/Wien: Hanser 1993. S. 216: „Nur der Flaneur tritt so aus dem Leben der Stadt heraus, daß es ihm zum Anblick werden kann,[…]."

68 Markus Frank: Wanderschau und ambulante Nachdenklichkeit. Elemente einer Poetik des Spaziergangs im Berlin-Feuilleton des frühen 20. Jahrhunderts. In: Peter Sprengel (Hrsg.): Berlin-Flaneure. Stadt-Lektüren in Roman und Feuilleton 1910–1930. Berlin: Weidler 1998. S. 23–43, hier S. 30.

69 Vgl. Stefano Beretta: Großstadt, RWH. S. 315–317, hier S. 315. Die Dialektik aus Wahrnehmung und Reflexion beschreibt er als „konstitutiv" für Walsers Werk.

70 In *Guten Tag, Riesin!* wird die Stadt ebenfalls nicht allein in der Realität erkundet, vielmehr wird auch „in Gedanken Stadtbahn gefahren" (KWA II, 1. S. 9).

auf, obwohl es in seinem Gesicht „noch gar nichts Nennenswertes zu schaben" (JvG, S. 21) gibt, den Lift im Warenhaus benutzt er, da er sich dabei „so recht wie das Kind [s]einer Zeit" (JvG, S. 24) vorkommt.

Die moderne Großstadt ist der Ort der Reizüberflutung, der Überforderung, der sozialen Gegensätze, der Fremdheit und Anonymität oder, wie Döblin es ausgedrückt hat: „Die Großstädte sind ein merkwürdiger und kraftvoller Apparat."[71] Auch bei Walser erscheint die Stadt in einer doppelten Charakterisierung als unverfügbar und anregend zugleich. Um sich ihren Reizen maximal auszusetzen, eignet sich Jakob zwei parallel ablaufende Modi an – den der Wahrnehmung und den der Bewegung –, was für den Flaneur von Beginn an charakteristisch ist.[72] Die Gleichzeitigkeit von Bewegung und Beobachtung findet sich in den Großstadtszenen in *Jakob von Gunten* in ähnlicher Weise umgesetzt wie in den Berliner Feuilletons. In *Guten Tag, Riesin!* wird die Bewegung einer nicht näher beschriebenen beobachtenden Person[73], die sich am frühen Morgen durch die gerade erwachende Großstadt bewegt, in einer pseudopräsentischen Parallelität von Erzählen und Gehen dargestellt. Die wiederkehrende Interjektion „[w]eiter, weiter" (KWA II, 1, S. 8) simuliert den Eindruck einer sich in diesem Moment vollziehenden Bewegung, was den Feuilletontext selbst zum Entwurf oder unabgeschlossenen Schreiben stilisiert. „Nein nicht so" (KWA II, 1, S. 8) ermahnt sich die feuilletonistische Schreib- und Beobachtungsinstanz nach einem offenbar nicht ganz treffenden Vergleich des urbanen Getümmels mit dem Ansteckungspotential eines schönen Lächelns: „Der frühe Morgen ist noch etwas ganz anderes." (KWA II, 1, S. 8).

Der feuilletonistische Beobachter meint, die morgendliche Großstadt noch präziser, noch besser beschreiben zu müssen, der erste Versuch wird gleichwohl nicht eliminiert oder überschrieben, sondern anders weitergeführt. Der Blick zieht sich als Leitmotiv durch den Text, welcher dialogisch in der zweiten Person verfasst ist. Die flanierende Bewegung wird anhand der vorbeiziehenden Gegenstände erzählt, an die sich der flüchtige Blick heftet.[74] Der

71 Döblin: Der Geist des naturalistischen Zeitalters. S. 82.

72 Neumeyer weist darauf hin, dass die Parallelität von Wahrnehmung und Bewegung den Flaneur konstituiere. Mit der Isolierung nur eines dieser beiden Elemente, etwa in einem Verständnis der Flanerie allein als Wahrnehmungsform oder Habitus, könne man die Figur des Flaneurs nicht erfassen. Vgl. dazu die längere Fußnote in *Der Flaneur* auf S. 16/17.

73 Sie wird im Feuilleton als „Einer, der dem Rummel zusieht,[...]" (KWA II, 1. S. 8) bezeichnet.

74 Siehe z. B. KWA II, 1. S. 8: „[...], du siehst hinauf, wo ein weißlich verschleierter Himmel ein paar zerrissene Stücke Blau hervorläßt; hinter dich, um einem Menschen, der dich interessiert, nachzuschauen, neben dich, an ein reiches Portal, hinter dem ein fürstliches Palais verdrossen und vornehm emporragt."

teils undifferenzierte Blick des Flaneurs auf die Menge und die städtische Umgebung wird immer wieder durch das Fixieren einzelner Passanten und Gegenstände abgelöst. Ein solcher Perspektivwechsel ist ebenfalls typisch für die Flaneurliteratur.[75]

Der Flaneur ist die Figur, die – im Gegensatz zum Spaziergänger – keinen Überblick besitzt.[76] Bei Walser steigert sich dieser teilnehmende Blick bis zu seiner Verkehrung,[77] sodass der Beobachtende zum Angeblickten wird. Damit steht auch der Subjektstatus der beobachtenden Instanz zur Disposition. Auch in *Jakob von Gunten* findet sich eine solche Umkehr des Blicks. Die Omnibusse, die an Jakob vorbeifahren, erscheinen ihm als „Aussichtstürme" (JvG, S. 34) und der Beobachter in *Guten Tag, Riesin!* wird von „Menschenaugen" (KWA II, 1, S. 8) aus der „Elektrischen" (KWA II, 1, S. 8) herab angeblickt. „Für alles" hat der Beobachter ein Auge, genau „wie du selber für alles ein flüchtiges Augenmerk bist." (KWA II, 1, S. 8/9). In dieser Umkehr des Blicks werden Subjekt und Objekt vertauscht, der Beobachtende gibt Kontrolle und Deutungshoheit über das Geschehen ab, genau wie der Feuilletonschriftsteller, der sich an sein Schreiben „entäußert"[78].

In ihrer Unübersichtlichkeit fordert die Großstadt zur Deutung heraus.[79] Diesem Bedürfnis kommt der Flaneur als Beobachter der Stadt seit jeher entgegen. Er decodiert ihre Zeichen[80] und bringt „zu Bewußtsein", was sich dem rationalen Zugriff prinzipiell entzieht.[81] Walter Benjamin hat versucht, das Zeichenlesen des Flaneurs in eine Kulturgeschichte des 19. Jahrhunderts zu übersetzen, die mit einem historisch-materialistischen Fluchtpunkt den Ursprüngen des Kapitalismus (am Beispiel der Pariser Passagen als Vorläufer des Warenhauses) nachgeht und sich zugleich der Unverständlichkeit

---

75 Vgl. Köhn: Straßenrausch. S. 41.

76 Vgl. Neumeyer: Der Flaneur. S. 13.

77 Vgl. Köhn: Straßenrausch. S. 29. Wie Köhn darlegt, ist das Wechselspiel aus Sehen und Gesehenwerden bereits der Flaneurfigur des frühen 19. Jahrhunderts eingeschrieben.

78 Utz: Zu kurz gekommene Kleinigkeiten. S. 141.

79 Vgl. Köhn: Straßenrausch. S. 14.

80 Stierle weist am Beispiel von Architektur und Denkmälern darauf hin, dass in der sichtbaren Materialität der Stadt immer auch ihre Geschichte als etwas Abwesendes mitgelesen werde, worin ihre Zeichenhaftigkeit bestehe. Der „Riß" zwischen Anwesendem und Abwesendem führe zur Erfahrung von Unwirklichkeit mit Blick auf die Stadt: „Die Stadt ist jenes Medium, wo die Wirklichkeit immer im Zustand des semiotischen Zerfalls, der Spaltung von Bezeichnendem und Bezeichnetem begriffen ist. In diesem Riß, der durch die Erscheinungen geht, ihre Identität aufbricht und sie zur Verweisung auf das macht, was sie selbst nicht sind, liegt die Erfahrung dessen begründet, was die Unwirklichkeit der Stadt heißen kann." (Stierle: Der Mythos von Paris. S. 37.)

81 Stierle: Der Mythos von Paris. S. 39 und S. 215, hier S. 39.

der überfordernden Großstadt nähert.[82] Sein Projekt zielt auf die Bewusstmachung des Unverständlichen in der urbanen Moderne, wohingegen *Jakob von Gunten* ein solch hermeneutisches Entschlüsselungsprojekt eben genau zurückweist.

Gleichwohl ist auch Walsers Roman ein Versuch, die Großstadt zu durchdringen, dies allerdings nicht mit den Mitteln der Analyse. Genau wie der Flaneur bei Benjamin reflektiert Jakob die moderne Großstadt als zeichenhaften Ort, dessen Menschenströmen, habitualisierten Bewegungen und Moden ein Sinn beigemessen werden kann. Da er diese angenommene Sinnhaftigkeit der Großstadterscheinungen (genau wie des Erziehungsprogramms Benjamentas) in seinem Tagebuch allerdings niemals darlegt, wird die traditionelle Eigenschaft des Flaneurs als „Stadtsemiotiker"[83] aufgegeben. Jakob deutet nicht,[84] seine Tagebuchaufzeichnungen drücken vielmehr die ‚Unerzählbarkeit' der Großstadt aus. Er nimmt eine Perspektive innerhalb der Großstadt und ihrer Zeichen ein, anstatt diese auf einer Metaebene auszulegen. Auch hierin begegnen sich *Jakob von Gunten* und Walsers Berliner Feuilletons, in denen der Flaneur ebenfalls mehr im Geschehen verschwindet, als es zu interpretieren. Wie bei den ‚innern Gemächern' imaginiert Jakob Bedeutungen und Geheimnisse hinter den Zeichen der Großstadt

Im Erleben der Großstadt als Geheimnis, das Jakob an anderer Stelle auch als ‚traumhaft', ‚malerisch' und ‚dichterisch' (vgl. JvG, S. 41) beschreibt, sind die bereits erwähnten diversen Konsumgelegenheiten integraler Bestandteil. Als Flaneur gewinnt Jakob auch den warenförmigen Genussangeboten der Stadt eine „poetische Qualität"[85] ab. Beim Besuch in einem „Restaurant mit Damenbedienung" (JvG, S. 25), dessen Initiierung in Jakobs Darstellung von auffälliger Passivität und Indifferenz begleitet ist,[86] lässt er sich um seine letzten Ersparnisse bringen. Der Prostituierten gegenüber gibt er sich als „Stallbursche" (JvG, S. 26) aus. Wie der Flaneur gehört die Prostituierte zum Inventar der Literatur der Großstadt. Für Benjamin reflektieren beide Figuren die Anfänge der Warenförmigkeit von Literatur: „Im Flaneur begibt sich die Intelligenz auf

82 Dazu Stierle: Der Mythos von Paris. S. 17: „Durch Experimente der Isolierung und Bezugsetzung will Benjamin das schlafende oder träumende Bewußtsein der Stadt wecken, um so das Vergangene in bewußte Gegenwart zu verwandeln."

83 Stierle: Der Mythos von Paris. S. 39.

84 Vgl. Neumeyer: Der Flaneur. S. 197.

85 Köhn: Straßenrausch. S. 38.

86 Siehe JvG. S. 25: „Halb wußte ich Bescheid, wie das ungefähr endigen konnte. Ich wehrte mich, aber ganz und gar ohne Nachdruck. Es war mir alles gleichgültig, und doch wieder nicht."

den Markt. Wie sie meint, um ihn anzusehen und in Wahrheit doch schon, um einen Käufer zu finden."[87]

In *Jakob von Gunten* zeugen die in den Abendstunden hell erleuchteten Schaufenster vom wirtschaftlichen Aufschwung der Metropole: „Abends glitzern die märchenhaft reichen und eleganten Schaufenster, und Ströme, Schlangen und Wellen von Menschen wälzen sich am ausgestellten, lockenden Industriereichtum vorbei." (JvG, S. 42). Auch dieser kapitalistische Taumel erscheint Jakob „gut und groß" (JvG, S. 42). Der Konsum treibt die Ästhetisierung der Großstadt voran und ist damit Teil ihres ‚Geheimnisses'. In der uneingeschränkten Bejahung und Überhöhung auch der materialistischen Phänomene der Großstadt[88] besteht eine weitere Verbindung zwischen Roman und Feuilleton.

Walsers berühmtes Feuilleton *Friedrichstraße* – die *Neue Rundschau* veröffentlicht es 1909 in ihrer August-Ausgabe, mithin vier Monate nach dem Erscheinen von *Jakob von Gunten* – nimmt die Bewegung in der Stadt in ihrer konsumorientierten Zerstreuung in den Blick, die auch in den Roman eingegangen ist. Der Text ist eine Betrachtung des belebten Treibens auf Berlins zentraler Geschäfts- und Vergnügungsmeile, die naturmetaphorisch als Ursprung der urbanen Bewegung identifiziert wird: „Hier ist die Quelle, der Bach, der Fluß, der Strom und das Meer der Bewegungen." (KWA II, 1, S. 46). Das Bild des unablässigen Stroms in Bezug auf die Bewegung der Massen findet sich im Roman in den ‚Strömen' und ‚Wellen' der abendlich bummelnden

87 Walter Benjamin: Paris, die Hauptstadt des XIX. Jahrhunderts. In: Ders.: Gesammelte Schriften. Hrsg. von Rolf Tiedemann/Hermann Schweppenhäuser. Bd. V, 1: Das Passagen-Werk. Frankfurt am Main: Suhrkamp 1982. S. 45–59, hier S. 54. Dazu Köhn: Straßenrausch. S. 42: „Benjamins Flaneur vermag sich aufgrund seiner imaginativen Fähigkeiten nicht nur in die Passanten, sondern in die ‚Seele' der Ware zu versetzen, die wie er selbst sich in den Kunden einfühlen muß, damit dieser ihren Erwerb als Befriedigung seiner Wünsche erlebt." Dietmar Voss beschreibt das Verhältnis von Masse, Warenform und Prostitution als die „erotische Trias" einer modernen Großstadtdarstellung. Dazu Dietmar Voss: Die Rückseite der Flanerie. Versuch über ein Schlüsselphänomen der Moderne. In: Klaus R. Scherpe (Hrsg.): Die Unwirklichkeit der Städte. S. 37–60, hier S. 51: „Dies gilt zumal für die erotische Trias von großstädtischen Phänomenen, in welche der Flaneur sich ‚einfühlt': die Masse, die Prostituierte und die Ware mit ihrem Blendwerk. Erst die durchgreifende Vermittlung dieser drei Phänomene, die als je einzelne uralt sind, bedingt ihre Modernität."

88 Hierauf hat Susanne Scharnowski mit Blick auf Walsers Berliner Prosa aufmerksam gemacht. Vgl. Susanne Scharnowski: „Berlin ist schön, Berlin ist groß". Feuilletonistische Blicke auf Berlin: Alfred Kerr, Robert Walser, Joseph Roth und Bernard von Brentano. In: Matthias Harder/Almut Hille (Hrsg.): „Weltfabrik Berlin". Eine Metropole als Sujet der Literatur. Studien zu Literatur und Landeskunde. Würzburg: Königshausen & Neumann 2006. S. 67–82, hier S. 75/76.

Menschen wieder. Wie in *Jakob von Gunten* wird auch in *Friedrichstraße* die Masse vom Konsum und seinen Versprechen in Bewegung gesetzt: „Die Luft bebt und erschrickt von Weltleben. Bis zu den Dächern hinauf und über die Dächer noch hinaus schweben und kleben Reklamen. Große Buchstaben fallen in die Augen. Und immer gehen hier Menschen." (KWA II, 1, S. 46). Der Strom der „Erregungen" (KWA II, 1, S. 46) erfährt in den Abendstunden, wenn die Lokale öffnen, eine Steigerung:

> Die Sirene Vergnügen fängt dann an in himmlisch lockenden und anmutenden Tönen zu singen, und Seelen werden dann zerrissen von den vibrierenden Wünschen und Nichtbefriedigungen, und ein Geldauswerfen beginnt dann, wie es der bescheidene kluge Begriff nicht kennt, wie es sich kaum eine dichterische Phantasie mühselig vorstellen kann. Ein wollüstig auf und nieder atmender Körper-Traum sinkt dann auf die Straße herab, und alles läuft, läuft und läuft diesem vorherrschenden Traum mit ungewissen Schritten nach. (KWA II, 1, S. 48).

Die Verbindung zwischen ästhetischem Erleben und Konsum, die auch *Jakob von Gunten* herstellt, verschiebt das Feuilleton *Friedrichstraße* in Richtung eines Überbietungsverhältnisses der Stadt gegenüber der Literatur. In diesem Wettstreit kann die „dichterische Phantasie" (KWA II, 1, S. 48) die Ästhetik der Warenform schon nicht mehr einholen. Den Rausch des „Geldauswerfens" malt ein Dichter sich nur „mühselig" (beide Zitate KWA II, 1, S. 48) aus. Der feuilletonistische Flaneur hingegen muss sich die Großstadt nicht ausmalen oder imaginieren, er kennt sie aus eigener Anschauung. Im ‚wollüstigen' Konsumbedürfnis, und in der Begehrlichkeit der Blicke, die dieses Bedürfnis als „Schaulust"[89] ausstellen – beide Elemente zeigen in *Friedrichstraße, Guten Tag, Riesin!* und *Jakob von Gunten* gleichermaßen Konstanten des Großstadterlebens an –, wird auch das Thema Mode wiederkehrend aufgerufen.

Der Blick des Flaneurs auf die modisch gekleideten Frauen auf den Straßen, ihre Accessoires und die durch Schuhe oder Mieder betonten bzw. drapierten weiblichen Körperteile trägt in Roman[90] und Feuilleton entschieden

---

89 Becker: Urbanität und Moderne. S. 37: „Die Nachtbeleuchtung, sowohl der Straßen als auch der Schaufenster, ermöglicht den abendlichen Spaziergang. So tragen die Warenhäuser zur Entstehung und Belebung des öffentlichen Raumes bei. Die Stadt wandelt sich zum urbanen Erlebnis- und Erfahrungsraum, in dem die Schaulust als ‚kollektive urbane Praxis' sich konstituiert."

90 Siehe z. B. JvG. S. 21: „Dann stürzt wieder Regen und netzt das alles. Schirme werden aufgespannt, Droschken rollen auf dem Asphalt, Menschen eilen, die Mädchen heben die Röcke. Beine aus einem Rock hervorstechen zu sehen, hat etwas eigentümlich Anheimelndes. So ein weibliches Bein, straff bestrumpft, man sieht es nie, und nun sieht man es plötzlich. Die Schuhe kleben so schön an der Form der schönen weichen Füße."

zur „ästhetischen Wahrnehmung“[91] bei. Details der weiblichen Erscheinung wirken dabei wie ein Eindruck unter vielen, der „vom Strom der Menge herangespült“[92] wird. In *Jakob von Gunten* erscheint Kleidermode jedoch auch als Zeichen unreflektierter Uniformität, die die ästhetisierte Großstadt der Moderne kennzeichnet.[93] Die ‚Gleichförmigkeit‘ aller Regungen (Kleidung, Benehmen, Mienenspiel), die von den als Masse wahrgenommenen Passantinnen und Passanten ausgehen, kennt die Flaneurliteratur Walter Benjamin zufolge bereits seit Edgar Allen Poes *The Man of the Crowd* (1840).[94] Ihr Ursprung ist dabei laut Benjamin in den mechanischen Bewegungsabläufen der Fließbandarbeiter zu suchen, die der Rhythmus der maschinellen Produktion erzwingt.[95]

Jakob erscheinen alle Erlebnisse, die die Großstadt bereithält, als anziehend und belebend. Das Bad in der Menge versetze „den Geist in einen lebhafteren Schwung“ (JvG, S. 41). Empfindungen würden intensiviert: „Die Wunden und Schmerzen werden tiefer, die Freude frohlockt fröhlicher und länger als anderswo, denn wer sich hier freut, der scheint es stets sauer und rechtschaffen durch Arbeit und Mühe verdient zu haben.“ (JvG, S. 47). Jakobs Euphorie der Großstadt meint gleichwohl nicht allein eine Steigerung und Erregung des

---

91 Gertrud Lehnert: Einleitung. In: Dies.: Mode. Theorie, Geschichte und Ästhetik einer kulturellen Praxis. Bielefeld: transcript 2013. S. 7–14, hier S. 8: „Die Mode muss inszeniert und aufgeführt werden, um überhaupt Mode zu werden, das heißt, die Kleider werden in ihren ästhetischen, räumlichen und zeitlichen Dimensionen zur Erscheinung gebracht – einerseits als Zeichen innerhalb des kulturellen Kommunikationszusammenhangs, die immer zur Deutung aufrufen und nie endgültig und klar gedeutet werden können. Andererseits werden die Kleider, so meine These, vor allem als ästhetische Artefakte zur Erscheinung gebracht, die in Wechselwirkung zu den dreidimensionalen Körpern der Trägerinnen stehen, Raum und Zeit spürbar machen und zu einer ästhetischen Wahrnehmung jenseits aller Deutung aufrufen.“

92 Voss: Die Rückseite der Flanerie. S. 51.

93 Modephänomene werden im Roman wiederkehrend als ‚dumm‘ bezeichnet, z. B. wenn Jakob seinem Mitschüler Peter in der Stadt begegnet: „Peter besitzt den feinsten und zierlichsten Spazierstock der Welt. Und nun zieht er stets los und geht in den belebtesten Straßen mit seinem Spazierstock spazieren. Ich traf ihn einmal in der F … straße. Die F.. straße ist der entzückende Brennpunkt des hiesigen Großstadtweltlebens. […] Und dann verabschiedete er sich wie einer der Großen dieses Erdenlebens, wie ein Weltblattredakteur, der die hochkostbare Zeit nicht zu verlieren hat. Und dann sah ich sein rundes dummes nettes Hütchen in der Menge anderer Köpfe und Hüte verschwinden.“ (JvG. S. 38).

94 Vgl. Walter Benjamin: Über einige Motive bei Baudelaire. In: Ders.: Charles Baudelaire. Ein Lyriker im Zeitalter des Hochkapitalismus. 2. Auflage. Hrsg. von Rolf Tiedemann. Frankfurt am Main: Suhrkamp 1980. S. 101–149, hier S. 127.

95 Benjamin: Über einige Motive bei Baudelaire. S. 127.

Bewusstseins, die Stadt verwandelt ihre Bewohnerinnen und Bewohner auch in ethischer Hinsicht, sie „erzieht":

> Ich liebe den Lärm und die fortlaufende Bewegung der Großstadt. Was unaufhörlich fortläuft, zwingt zur Sitte. Dem Dieb z. B., wenn er all die regsamen Menschen sieht, muß unwillkürlich einfallen, was für ein Spitzbube er ist, nun, und der fröhlich-bewegliche Anblick kann Besserung in sein verfallenes, ruinenartiges Wesen schütten. Der Prahlhans wird vielleicht etwas bescheidener und nachdenklicher, wenn er all die Kräfte, die sich schaffend zeigen, erblickt, und der Unschickliche sagt sich möglicherweise, wenn ihm die Schmiegsamkeit der Vielen ins Auge fällt, er sei doch ein entsetzlicher Wicht, derart auf der Breitspurigkeit und Anmaßung dumm und eitel zu thronen. Die Großstadt erzieht, sie bildet, und zwar durch Beispiele, nicht durch trockene, den Büchern entnommene Lehrsätze. Es ist nichts Professorales da, und das schmeichelt, denn die aufgetürmte Wissenswürde entmutigt. Und dann ist hier noch so vieles, was fördert, hält und hilft. [...] Man ist hier dem bescheidenen Leben schon dankbar, man dankt immer ein wenig, indem es einen treibt, indem man es eilig hat. (JvG, S. 41).

Jakobs Reflexion schreibt die Möglichkeit charakterlicher Besserung einerseits dem bloßen Tempo der Großstadt, andererseits der Präsenz vieler unterschiedlicher Menschen zu. Durch Beobachtung und Verhaltensnachahmung könne jede Fehlerhaftigkeit oder Einseitigkeit in Lebensführung und Charakter ausgeglichen werden. Die Sozialität der Stadt bessere den Einzelnen und entschärfe damit soziale Differenzen. Allein der Anblick des urbanen Bewegungsstroms wirkt für Jakob potentiell wie ein moralisches Korrektiv („Was unaufhörlich fortläuft, zwingt zur Sitte", JvG, S. 41). Derlei erhabene Gedanken angesichts eines gewöhnlichen Großstadtgedränges erscheinen unpassend. Ein erneuter Vergleich mit Walsers Feuilletons macht Jakobs vielleicht ein wenig zu feierlich vorgetragenen Idealismus jedoch als eine Utopie[96] des Urbanen lesbar, die eine Position der Berliner Prosa zur Moderne darstellt.[97] In *Friedrichstraße*

---

96 Klaus-Peter Philippi bringt den Begriff der Utopie mit Blick auf den Schluss des Romans ins Spiel, als Benjamenta und Jakob zusammen in die Wüste gehen. Für Philippi stellt die Utopie etwas Scheinhaftes und Phantastisches dar, eine „regressive Utopie". Siehe Klaus-Peter Philippi: Robert Walser „Jakob von Gunten". In: Manfred Brauneck (Hrsg.): Der deutsche Roman im 20. Jahrhundert. Analysen und Materialien zur Theorie und Soziologie des Romans. Bd. 1. Bamberg: C. C. Buchners Verlag 1976. S. 116–134, hier S. 129.

97 Ähnlich versteht Jochen Greven die Bedeutung der Großstadt in *Jakob von Gunten*. Dazu Greven: Existenz, Welt und reines Sein im Werk Robert Walsers. S. 86: „Gerade dieses extreme Phänomen der modernen Lebensrealität – die Denaturierung, Entpersonalisierung und Vermassung des Menschen in der Großstadt – stellt Walser also nicht kritisch dar (wie den Schein-Individualismus der Erfolgsmenschen), sondern will es in positiver Weise fruktifiziert sehen in einer neuen vorbehaltlosen Menschlichkeit des faktischen Miteinander."

wird die Überhöhung urbaner Lebenszusammenhänge als „Bekenntnis zur Großstadt“[98] erkennbar. Mitmenschlichkeit und Toleranz können in diesem Entwurf der Stadt jederzeit verwirklicht werden:

> Hier billigt man alles, weil jeder Einzelne, durch den Zwang des zusammengeknebelten Verkehres genötigt, ohne Zaudern alles, was er hört und sieht, billigen muß. Zu Mißbilligungen scheint niemand Lust, zu Abneigungen niemand Zeit und zu Unlust niemand ein Recht zu haben, denn hier, und das ist das Großartige, fühlen sich alle allen auf leichte, vorwärtshelfende Manier, gleichsam säuberlich, verpflichtet. Jeder Bettler, Gauner, Unhold usw. ist hier Mitmensch und muß einstweilen, weil alles schiebt, stößt und drängt, als etwas Mithinzugehöriges geduldet werden. Ah, hier ist die Heimat der Nichtswürdigen, der Kleinen, nein, der ganz Kleinen, der irgendwo und wann schon einmal Entehrten, hier, hier herrscht Duldung, und zwar deshalb, weil sich niemand mit Ungeduld und Unfrieden aufhalten und abgeben will. (KWA II, 1, S. 47)

Die Passage des Prosastücks liest sich wie eine Erläuterung der naiv anmutenden und unbegründeten Idealisierung urbaner Massen durch Jakob im Roman. In *Friedrichstraße* wird die Großstadt (nüchterner als im Roman) als soziales Zwangsverhältnis erkannt, welches allerdings positive, gesellschaftsverändernde Potentiale birgt. Den der Stadt eigenen Erfahrungsmodi Masse und Tempo wird die Möglichkeit eines Zusammenlebens ohne soziale Ausgrenzung zugeschrieben. Wie im Roman wird der Menschenstrom auf dem Trottoir als „vielbedeutend“ bezeichnet, jede Bewegung „hat Sinn“ (beide Zitate KWA II, 1, S. 47). Das Feuilleton formuliert diese Sinndimension jedoch aus, wodurch sie nicht länger geheimnisvoll oder formelhaft erscheint. Der Sinn hinter den Erscheinungen der Straße wird nicht mehr nur behauptet, sondern aufgezeigt: Die Gleichförmigkeit der pulsierenden Bewegungen stellt Gleichheit her und bezieht daraus moralisch-sozialen Wert. Das ‚Geheimnis‘ der Großstadt, das der Roman *Jakob von Gunten* entwirft, wird so im Zusammenspiel mit seiner Ausarbeitung im Feuilleton *Friedrichstraße* zur sozialen Utopie,[99] zur Möglichkeit einer anderen Gesellschaft.[100]

98 Scharnowski: „Berlin ist schön, Berlin ist groß“. S. 76.

99 Auch Greven schließt für Teile von *Jakob von Gunten* und die Berliner Großstadtprosa auf ein gesellschaftsutopisches Potential, erkennt darin jedoch eher die „Hoffnung und Möglichkeit“ für Humanität und kein Bekenntnis zur urbanen Moderne. Siehe Greven: Existenz, Welt und reines Sein. S. 74–77, hier S. 75.

100 Köhn sieht Walsers Großstadtutopie in der Nachfolge des Flaneurs des frühen 19. Jahrhunderts, der die Straße als „Lebens- und Kommunikationsraum“ zu Zeiten imaginiert, als diese Eigenschaften gerade politischen und verkehrsbedingten Restriktionen unterworfen sind. Siehe Köhn: Straßenrausch. S. 139.

Walsers Utopie ist in der Gegenwart angesiedelt[101] und im Kontext der Stadt jederzeit umsetzbar. Technisierung, Modernisierung, Konsum und ein beschleunigtes, gedrängtes Zusammenleben werden in diese Utopie nicht nur integriert, sie stellen vielmehr die Voraussetzungen für eine andere, egalitäre Gesellschaft bereit. In dieser Utopie der Gegenwart führt Walser die Idee der Moderne als ‚großer Kaserne' fort, die bereits in *Geschwister Tanner* für die Möglichkeit einer urbanen Gesellschaft ohne Status- oder Klassenunterschiede eintritt. Die urbane Moderne stellt in Walsers literarischem Entwurf demnach keine existentielle Bedrohung dar wie noch im Naturalismus, sondern den Antrieb für Veränderung. Diese Zustimmung zum Projekt der Moderne sowie das Interesse an sozialer Gleichstellung und gegenseitiger Rücksicht in Walsers Großstadttexten machen deren literarisch-engagierten Gehalt aus, der sich zu einem marxistisch-emanzipatorischen Literaturbegriff gleichwohl querstellt.

Die inhumanen Tendenzen der modernen Massengesellschaft blendet *Jakob von Gunten* übrigens nicht gänzlich aus, er lagert diese andere Seite der Moderne jedoch in den Bereich des Traums und der Phantasie aus. Während eines seiner Stadtausflüge stellt Jakob sich einmal die Frage: „Was ist man eigentlich in dieser Flut, in diesem bunten, nichtendenwollenden Strom von Menschen?" (JvG, S. 35). Die hierin anklingende Verunsicherung des eigenen Subjektstatus – eine der grundlegenden Moderneerfahrungen – weist bereits in die Richtung seiner (Tag-)Träume und exzessiven Imaginationen, die für den Charakter der Romanerzählung konstitutiv sind. Die traumhaften Passagen übersteigern Jakobs Erleben der Großstadt bisweilen bis ins Groteske und verkehren den ansonsten vorwiegend idealisierenden Blick auf die urbane Moderne in sein Gegenteil.

Eine Phantasie Jakobs, in der er als Soldat an Napoleons Russlandfeldzug teilnimmt, stellt die kapitalistisch beschleunigte Moderne als einen destruktiven Gewaltmarsch dar, bei dem jede Subjekthaftigkeit konsequent ausgelöscht wird. Anklingende Zweifel an diesem Unterfangen (Reue, Angst, Heimweh) werden im unhinterfragten und besessenen Marschieren im Kollektiv gewaltsam unterdrückt.[102] Erkennbar nimmt das Marschieren als Soldat Bezug auf das Flanieren in der Menschenmenge der Großstadt, wobei dessen positiv besetzte kollektive Bewegung hier jedoch in die Zerstörung des Einzelnen umschlägt. Der Roman verbildlicht an dieser Stelle prägnant die

101 Vgl. Sorg: Abschied von Europa? S. 173.

102 Siehe dazu JvG. S. 117: „Ich wäre nur noch der kleine Bestandteil an der Maschine einer großen Unternehmung, kein Mensch mehr. Ich wüßte nichts mehr von Eltern, nichts von Verwandten, Liedern, persönlichen Qualen oder Hoffnungen, nichts vom heimatlichen Sinn und Zauber mehr. Die soldatische Zucht und Geduld würde mich zu einem festen, undurchdringlichen, fast ganz inhaltlosen Körper-Klumpen gemacht haben."

'Rückseite der Flanerie', mithin die Bedrohung von Individualität im großen Massengedanken der beschleunigten Moderne.[103]

Während in *Jakob von Gunten* die Verwerfungen der Moderne nur in der Phantasie zur Sprache kommen, integriert das Feuilleton *Friedrichstraße* die Zwänge und Zumutungen der Massengesellschaft dagegen bereits in die ästhetische Erfahrung der Großstadt. Dabei wird deutlich, dass das euphorische Massenerlebnis nur um den Preis eigener Entsagung und des Zügelns von Leidenschaften zu haben ist. Die Gefahr der Selbstauflösung wird in Walsers Großstadttexten als Bedingung des Lebens in den modernen Metropolen reflektiert, sie wird dabei jedoch nicht skandalisiert und führt nicht zu einer Ablehnung der Moderne. Diese Haltung, die das urbane Zusammenleben auch um den Preis des Ich-Verlusts als lebenswert begreift, findet ihre Entsprechung in Jakobs Wunsch, eine „reizende, kugelrunde Null" (JvG, S. 10) zu werden. Gleichzeitig ist das von Auflösung bedrohte Ich, der Flaneur der Straße, der durch die Blicke der anderen seine Souveränität als Beobachter zu verlieren droht, ein poetologischer Kommentar auf den feuilletonistischen Autor, der sich von den Autonomieansprüchen älterer Autorschaftskonzeptionen verabschiedet hat.

Anders als viele seiner Zeitgenossen hat Walser in seiner Berliner Zeit keine deutliche Kritik oder Polemik für oder gegen das Feuilleton geschrieben. Im Vergleich mit weiteren Prosastücken lässt sich in *Jakob von Gunten* eine frühe literarische Reflexion Walsers über das Feuilleton und die feuilletonistische Autorschaft erkennen. Dazu soll zunächst die Figur des Flaneurs im Roman in ihren Bezügen zum Feuilleton um 1900 in den Blick genommen werden. Dabei wird deutlich, dass Walsers Flaneur stets als Feuilletonist charakterisiert wird. In einem zweiten Schritt werde ich den feuilletonistischen Flaneur im Abgleich mit zwei Feuilletons Walsers mit dem identischen Titel *Der Schriftsteller* in seiner Bedeutung als einer Positionierung zur Autorschaft in der Moderne um 1900 lesen. Aus dieser Positionierung ergibt sich ein adäquateres Verständnis von Walsers Entwurf eines zeitgemäßen Romans, der einen Autor im Sinne des Geniegedankens nicht mehr vorsieht und hochkulturelle Ansprüche an den Roman als Gattung hinter sich gelassen hat. Zugleich findet Walser im Roman eine Gattung und im Buch ein Medium, die es ihm erlauben, seine

---

103 Zygmunt Bauman findet in *Moderne und Ambivalenz* dasselbe Bild eines vorwärts schreitenden Marsches zur Beschreibung der Moderne. Siehe Zygmunt Bauman: Moderne und Ambivalenz. Das Ende der Eindeutigkeit. Aus dem Englischen von Martin Suhr. Frankfurt am Main: Fischer Taschenbuch 1996. S. 24: „Die Moderne ist das, was sie ist – ein besessener Marsch nach vorne – nicht deshalb, weil sie immer mehr will, sondern weil sie niemals genug bekommt: [...]."

feuilletonistische Prosa der Großstadt an einem ‚überzeitlichen' Ort literaturfähig zu machen.

## 4.2 Walsers literarische Bemerkungen zum Feuilleton

### 4.2.1 *Der Flaneur als Feuilletonist*

Der Flaneur läuft stets Gefahr, sich in seinen Objekten aufzulösen.[104] Die Fortbewegung im unüberblickbaren Dickicht der Großstadt und die Erfahrung, dass man selbst nur „flüchtiges Augenmerk" (KWA II, 1, S. 8/9) darstellt, bedrohen die Vorstellungen von subjektiver Einzigartigkeit und Souveränität. Dies veranschaulichen Walsers Porträts der Großstadt in der Berliner Prosa und *Jakob von Gunten* auf bemerkenswerte Weise. Die urbane Moderne, deren Dynamik der Massen sich allein rational nicht durchdringen lässt, reflektiert Walsers Großstadtroman in der ihr eigenen begeistert-affizierten und ästhetisierten Sprache als ‚Geheimnis'. Das Geheimnis der Großstadt erweist sich zugleich als Utopie der Gegenwart, mithin als Bekenntnis zur urbanen und beschleunigten Moderne. Wie ich zeigen möchte, liegt in diesem Bekenntnis auch eine Verteidigung des im frühen 20. Jahrhundert diskursiv abgewerteten Feuilletons, das in Walsers literarischem Projekt der Großstadt die geeignete Form für die Durchdringung der gesellschaftlichen Umbrüche der Moderne darstellt.

So vielversprechend das Feuilleton um die Jahrhundertwende als Mittel für die formale Erneuerung der Literatur erschien, so umstritten und von geringem ästhetischem Ansehen war es. Feuilletonistisches Schreiben wurde im frühen 20. Jahrhundert nicht allein als nichtliterarisch angesehen, ihm wurde sogar unterstellt, das Niveau der Literatur insgesamt herabzusenken. Die Abwertung des damals so genannten ‚Feuilletonstils' und des Feuilletons als Form erfolgte unter Aufbietung geschlechterstereotyper Bilder, die dem Feuilleton auf verschiedenen Ebenen ‚Weiblichkeit' attestierten. Walsers Entwurf des Flaneurs partizipiert auf seine Weise an dieser Debatte. Er wertet das Feuilleton auf, ohne dezidiert Stellung zu beziehen. In Walsers Darstellungen des Flaneurs aus der Berliner Zeit sind die klischeehaften Weiblichkeits-Topoi der feuilletonfeindlichen Debatte mitunter eingegangen.

Jakob forciert das Gesehenwerden im öffentlichen Raum nicht, denn im Sinne seiner Gleichheitsutopie möchte er einer von Vielen sein und in der Masse verschwinden.[105] Unauffälligkeit ist auch das Markenzeichen des feuilletonistischen Flaneurs, der an der Beobachtung der Großstadtszenerie

---

104 Vgl. Neumeyer: Der Flaneur. S. 155.
105 Vgl. Neumeyer: Der Flaneur. S. 204.

interessiert ist. Autoren, die die Großstadt durchstreifen und ihre Eindrücke in Feuilletons verarbeiten, gibt es im frühen 20. Jahrhundert, insbesondere in den 1920er-Jahren, viele. Die Großstadtfeuilletons Alfred Polgars, Joseph Roths, Franz Hessels, Kurt Tucholskys oder Arthur Eloessers erlangen damals Berühmtheit. Auch Walser erreicht zu dieser Zeit zunehmend Aufmerksamkeit durch seine feuilletonistischen Beiträge für die *Schaubühne* und die *Neue Rundschau*.

Als Feuilletonist sucht der Flaneur die Anonymität der Großstadt geradezu,[106] um sich auf die Suche nach literarisierbaren Eindrücken zu machen. Die Aufmerksamkeit für den Moment, die dem Feuilleton eignet, stellt einen formalen Anknüpfungspunkt für Walsers Arbeit an *Jakob von Gunten* dar, genau wie der Genuss, sich in der Menge zu verlieren, dem eine ästhetische Qualität zukommt. In dieser Entäußerung des Subjekts an seine Umgebung besteht eine Verbindung zur feuilletonistischen Autorschaft.[107] Auch Walter Benjamin weist im *Passagen-Werk* auf den Zusammenhang von Flanerie und Feuilleton hin, er begründet die Identifikation des Flaneurs mit dem Feuilletonisten jedoch nicht unter ästhetisch-darstellerischen Gesichtspunkten, sondern historisch-materialistisch. Für Benjamin ist die Bewegung des Flaneurs durch die kapitalistische Warengesellschaft bestimmt, er begibt sich als Marktabhängiger in den öffentlichen Stadtraum. Die Flanerie ist in Benjamins Auseinandersetzung nur im Kontext der Modernisierung des Pressewesens im 19. Jahrhundert zu verstehen. In einer Aufzeichnung aus seinem *Passagen-Werk* benennt er den Journalismus sogar als „die gesellschaftliche Grundlage der flanerie [sic!]"[108]. Hier (wie auch an anderer Stelle) erscheint der Flaneur als Autor, der seine schriftlichen Erzeugnisse verkaufen muss. Seine geistig erzeugte Ware unterscheide sich insofern nicht von der manuell hergestellten, als sie (mit Marx) durch den Wert bestimmt sei, der sich aus der in sie investierten Arbeitszeit ergebe.[109] Dennoch sei der Flaneur ein privilegierter Arbeiter, da ein Teil seiner Arbeitszeit sich öffentlich auf der Straße vollziehe

106 Vgl. Utz: Zu kurz gekommene Kleinigkeiten. S. 137.

107 Für Benjamin ist die „Versuchung", sich im Menschenstrom zu verlieren, ein grundlegendes Merkmal der feuilletonistischen Flanerie. Er beschäftigt sich in diesem Zusammenhang außerdem mit Friedrich Engels' Beschreibungen Londons zur Zeit der Industrialisierung, um anhand dieser den Kontrast zu einer genussvoll-ästhetischen Wahrnehmung der Menschenmenge deutlich zu machen. Engels konnte laut Benjamin den urbanen Massen lediglich moralische Entrüstung entgegenbringen. Siehe Benjamin: Über einige Motive bei Baudelaire. S. 116.

108 Walter Benjamin: Das Passagen-Werk. Aufzeichnungen und Materialien. In: Ders.: Gesammelte Schriften. Hrsg. von Rolf Tiedemann/Hermann Schweppenhäuser. Bd. V, 1: Das Passagen-Werk. Frankfurt am Main: Suhrkamp 1982. S. 559.

109 Vgl. Benjamin: Das Passagen-Werk. Aufzeichnungen und Materialien. S. 559.

und sie damit „der allgemeinen und öffentlichen Einschätzung zugänglich“[110] sei.

Die Verstrickung der Flanerie mit dem Markt ist auch in Walsers Großstadttexten greifbar, etwa in deren bereits zur Sprache gekommenen sinnfälligen Emblemen: dem Warenhaus, der Prostitution, der Reklame und der allgegenwärtigen ‚Schaulust‘. Der Warencharakter des Großstadterlebnisses und seiner feuilletonistischen Beschreibungsform wird bei Walser allerdings anders als bei Benjamin keiner Kritik unterzogen. Flanerie und Feuilleton sind für Walser Bestandteile der Utopie der Großstadt, sie tun den egalisierenden Tendenzen des urbanen Lebenszusammenhangs keinen Abbruch.

*Jakob von Gunten* und die Berliner Feuilletons zeigen die Großstadt als einen Raum der wechselseitigen Nachahmung. Die Großstadt bietet die idealen Bedingungen für die Beobachtung anderer. Diese Tätigkeit des Beobachtens und die Tendenz, sich dabei den Beobachtungsobjekten anzuverwandeln, bringen Walsers Großstadttexte immer wieder mit dem Feuilleton in Verbindung. Das Prosastück *Dinerabend*, das Walser im März 1908 in der *Neuen Rundschau* veröffentlichte, beschreibt die Szene einer noblen Abendgesellschaft aus der Perspektive eines Gastes, dessen Zugehörigkeit zu den oberen Schichten in Zweifel gezogen werden muss: „Man zieht sich so hübsch an, wie es einem die Verhältnisse, in denen man vegetiert, gestatten, und begibt sich an Ort und Stelle.“ (KWA II, 1, S. 30). Eine ähnliche Szene findet sich in *Jakob von Gunten*, als Jakobs Bruder Johann ihn „unter Leute“ (JvG, S. 83) führt. Im Roman wie im Prosastück wird das Benehmen der Oberschicht vom Außenseiter der vornehmen Gesellschaft durch direkte Anschauung imitiert,[111] hie und da unterlaufen ihm allerdings Fehler und er muss sich daran gemahnen, was sich in diesen Kreisen gehört (vgl. KWA II, 1, S. 30). Das feuilletonistische Ich in *Dinerabend* lässt erkennen, dass das vorgespielte „Welt-Betragen“ (KWA II, 1, S. 31) ihm so gut gelinge, da es ein „geborner Nachahmer“ (KWA II, 1, S. 31) sei. Das Zustandekommen jeglicher Verhaltensweise, die als „taktvoll und lieblich“ (KWA II, 1, S. 31) zu gelten habe, wird mit dem Prinzip der Nachahmung erklärt. Auf Nachahmung gründet auch die Utopie der Großstadt, denn nur durch die Beobachtung der anderen kann die Menge auch als moralisches Korrektiv funktionieren. In *Dinerabend* und der vergleichbaren Szene im Roman ist die ethische Dimension von Beobachtung und Nachahmung

---

110 Benjamin: Das Passagen-Werk. Aufzeichnungen und Materialien. S. 559.

111 Im Roman heißt es dazu: „Ich sah, wie es alle machten, und ich machte es talentvoll nach.“ (JvG. S. 83), im Prosastück: „[…], vom geselligen Zug hingerissen, entfalte ich jetzt eine Menge Schwung und übe mich in den Tönen und Sitten, die zu den Lichtern und Blumen am besten zu passen scheinen.“ (KWA II, 1. S. 30).

ausgeklammert. In beiden Texten ist das Verhalten der Figuren der Tätigkeit des Flaneurs stark angeglichen.

In *Dinerabend* findet das Feuilleton zudem explizit Erwähnung, und zwar in einer Reflexion über den Stil des vorliegenden Textes: „Der Diener öffnet die gastliche Pforte. Gastliche Pforte? Ein etwas feuilletonistischer Ausdruck, aber ich liebe es, mich im Stil kleiner Tagesware zu bewegen." (KWA II, 1, S. 30).[112] Die eingebaute Selbstreflexion scheint eine mögliche Abwertung des feuilletonistischen Schreibens vorwegzunehmen und dieses als Stil zu verteidigen. Die Erwähnung des Dieners rahmt die kleine feuilletonistische Erzählung. Dessen zurückhaltende Präsenz leitet die Schilderung des vornehmen Abendessens ein und schließt das Geschehen ab: „Spät sagt man gute Nacht, und dem Diener drückt man mit Gewicht sein in mancherlei Beziehung redlich verdientes Trinkgeld in die Hand." (KWA II, 1, S. 32).

In mehreren Berliner Feuilletons wird der präzise Beobachterblick als ein feuilletonistischer herausgestellt. Im Prosastück *Tiergarten*, das im Juni 1911 erschien – es ist der vermutlich bekannteste der Berliner Großstadttexte aus der *Neuen Rundschau* – wird dieser Zusammenhang zudem vor dem Hintergrund signifikanter Geschlechterzuschreibungen reflektiert. Im Text wird aus der Perspektive eines konturenlos bleibenden Ichs ein sonntäglicher Spaziergang in Berlins großem Stadtpark beschrieben, im Zuge dessen in einer heiter-entspannten Atmosphäre andere Spaziergänger bei geselligen Unterhaltungen, beim Bootsfahren und Ähnlichem beobachtet werden. Der Spaziergang wird explizit mit Zuschreibungen und Imaginationen von Weiblichkeit belegt: „Alles atmet Fraulichkeit, alles ist Helle und Milde, alles ist so weit, so durchsichtig, so rund, nach allen Seiten dreht man den Sonntagskopf, um die Sonntagswelt hübsch zu genießen." (KWA II, 1, S. 75). Die Bewegung im Park stimmt ‚weiblich', sie versetzt einen regelrecht in die Laune, Mutter zu sein oder ein „treubesorgtes Dienstmädchen" (KWA II, 1, S. 74) zu spielen. Das feuilletonistische Ich ist, wie die Menschen um es herum, Teil des heiteren Gehens, Stehens und Blickens im Park. Nicht allein aufgrund der harmonischen Stimmung im Park, auch durch die Nähe des wahrnehmenden Subjekts zu den Menschen und Gegenständen, die es beschreibt, fühlt es sich weiblich.[113] Wie im Roman und im Feuilleton *Dinerabend* handelt es sich um ein durch Nähe und ein gewisses Nachahmungsbedürfnis gekennzeichnetes Verhältnis zwischen Beobachter

112 Auch Peter Utz und Harald Neumeyer weisen auf die Bedeutsamkeit dieser Passage hin. Vgl. Utz: Tanz auf den Rändern. S. 301/302 und Neumeyer: Der Flaneur. S. 195/196.

113 Vgl. Peter Utz: „In der Journalistentonart". Robert Walser zwischen Bern und Berlin. In: Zeitschrift für Germanistik 72 (1997). S. 372–376, hier S. 374.

und Umgebung, das jedoch erst hier explizit mit Weiblichkeitsvorstellungen in Verbindung gebracht wird.[114]

„Mannestaten" sind in der gelösten Park-Atmosphäre nicht angezeigt, ja sie werden gar als sinnlos und „dumm" (beide Zitate KWA II, 1, S. 74) bezeichnet. Das als feminin gekennzeichnete Schlendern wird zu einer militärisch und männlich konnotierten Fortbewegung in Kontrast gestellt, die dem genauen Registrieren der eigenen Umgebung hinderlich sei. Das beobachtende Ich blickt nicht souverän und herausgehoben auf das Geschehen, es ist, wie Jakob als Großstadtflaneur, von seiner Umwelt eingenommen und affiziert, weshalb es sich ihr angleichen möchte.[115] Die Darstellung eines solchen „mimetischen"[116] Bedürfnisses in der Wahrnehmung des urbanen Geschehens ist typisch für das Feuilleton um 1900. Arthur Eloesser, der im selben Zeitraum wie Walser regelmäßig in der *Neuen Rundschau* mit Kritiken im Bereich von Literatur und Theater erscheint,[117] beschreibt eine ganz ähnliche Wahrnehmung des Flaneurs in seinem 1912 in der *Vossischen Zeitung* erschienenen Feuilleton *Trüber Nachmittag*. Bei Eloesser dient dieser spezifische Blick sogar als Kriterium für eine Einteilung der Flanerie in verschiedene Typen: „Es gibt Leute, die auf der Straße mit ihrem Wesen auftrumpfen, es gibt andere, die es sich entlehnen, die leicht in eine andere Rolle hineinschlüpfen."[118] Während man im erstgenannten Typus Eigenschaften des Dandys erkennen kann, erinnert das ‚Entlehnen' des Wesens anderer an die nachahmenden Flaneure in Walsers Feuilletons.

---

114 Ein interessanter Aspekt, der im Rahmen dieser Arbeit leider nicht verfolgt werden kann, ist der Zusammenhang von einer geschlechtlich bestimmten Figurenkonzeption in der gegenseitigen Wahrnehmung in der Großstadt (Sehen und Gesehenwerden) und der Form des Tagebuchs bei Walser, wie ihm Anne Fleig für Irmgard Keuns *Das kunstseidene Mädchen* nachgegangen ist. In Keuns Roman entsteht laut Fleig ein weiblicher Selbstentwurf im Zusammenspiel von Sehen und Schreiben. Doris, die fiktive Verfasserin des Tagebuchs, ist dabei selbst „Zuschauerin" ihrer Sehnsüchte und „Adressatin" ihrer „Auftritte" in der Großstadt. Dazu Anne Fleig: Das Tagebuch als Glanz: Sehen und Schreiben in Irmgard Keuns Roman *Das kunstseidene Mädchen*. In: Stefanie Arend/Ariane Martin (Hrsg.): Irmgard Keun 1905/2005. Deutungen und Dokumente. Bielefeld: Aisthesis 2005. S. 45–60, hier S. 47.

115 Peter Utz hat diesen spezifischen Blick bei Walser als „osmotische Nähe" bzw. ‚mimetisches Hineinverwandeln' bezeichnet. Dazu Utz: In der Journalistentonart. S. 374. Vgl. auch Utz: Zu kurz gekommene Kleinigkeiten. S. 141. Den Zusammenhang von feuilletonistischem Blick und Weiblichkeitszuschreibung bemerkt er ebenfalls in seiner Interpretation des Feuilletons *Tiergarten* in *Tanz auf den Rändern*. S. 313–320.

116 Utz: In der Journalistentonart. S. 374.

117 Vgl. Von Reibnitz/Socha im editorischen Nachwort der KWA II, 1. S. 177.

118 Arthur Eloesser: Trüber Nachmittag. In: A. E. Die frühen Feuilletons von Arthur Eloesser von 1900-1913. Hrsg. von Tina Krell. Berlin: Vergangenheitsverlag 2013. S. 317–319, hier S. 319.

Der in verschiedene Rollen schlüpfende Flaneur steht für Eloesser in der Nachfolge der Feuilletons Balzacs.[119] In seinem Text entwirft Eloesser ein Bild von den Straßen des Berliner Westens, auf denen sich die Passantinnen und Passanten nicht als Individuen, sondern wie die Flaneure als „Typen [...] oder Kategorien des Erwerbslebens"[120] bewegen. Das Berlin der Jahrhundertwende zeichnet er mit verblüffend ähnlichen Pinselstrichen wie Walser:

> Denn das ist eben die Tugend der Straße, der eigentümlich mystische Zauber ihrer Prosa, daß sie unser Selbst fast aufhebt, daß sie dem, der nicht weiß, wo er hin will, die sicherste Gelegenheit zum Träumen gibt, dem gleichmütig Schreitenden eine wohltätig ruhige Unruhe, eine mutwillige und melancholische Neigung, sich aufzulösen und in Verhältnisse, die ihn nichts angehen, hineinzuschlüpfen.[121]

Wie Walser schreibt Eloesser mit der „Tugend der Straße" der Bewegung in der Stadt eine moralische Dimension zu – mit dem „mystischen Zauber" wohlgemerkt auch eine ästhetische –, die in der Aufhebung und Auflösung des Selbst, mithin seiner Entäußerung an die Anonymität des Straßenraums, bestehe. Anders als bei Walser ist die subjektauflösende Bewegung des feuilletonistischen Flaneurs bei Eloesser jedoch nicht durch Zuschreibungen von Weiblichkeit charakterisiert. Allerdings steht Walser auch mit seiner weiblichen Konzeption des Flaneurs, wie sie in *Tiergarten* entfaltet wird, nicht singulär. Schon 1856 beschreibt der Wiener Feuilletonist Ferdinand Kürnberger den „Straßen-Feuilletonisten" als „leichte[n], libellenhafte[n] Flaneur"[122]. Im Ephemeren dieses Bildes wird zum einen das Feuilleton als flüchtige Textsorte angesprochen, zum anderen ruft die ‚libellenhafte' Leichtigkeit Weiblichkeitsassoziationen auf, die der heiter-beschwingten Atmosphäre, die Walser 55 Jahre später in *Tiergarten* ausmalt, sehr nahe kommt.

Walsers Entwurf des Schriftstellers in der Berliner Zeit spannt sich zwischen den Polen einer selbstbestimmten literarischen Autorschaft und der unselbstständigen Publikationstätigkeit als Feuilletonist auf, eine Konzeption, die

119 Siehe dazu Eloesser: Trüber Nachmittag. S. 318: „Wenn Balzac hinter einem armen Teufel ging, fühlte er seine Schwielen unter den Sohlen und die zerlumpten Kleider prickelnd auf der Haut. Das gehörte zu seinem Dichtermetier."

120 Eloesser: Trüber Nachmittag. S. 318. Ähnlich charakterisiert Walser in *Guten Tag, Riesin!* die erwachende Metropole anhand der Typen von Menschen, die sich zu dieser Zeit auf der Straße bewegen: Dekorationsmaler, Tapezierer, Adressenschreiber, „Mädchen von allen möglichen Erwerbszweigen" sowie noch einige verspätete Nachtgestalten, mithin „kleine Menschen in der Regel" (beide Zitate KWA II, 1. S. 7/8).

121 Eloesser: Trüber Nachmittag. S. 318.

122 Ferdinand Kürnberger: Die Feuilletonisten. In: Hans Bender (Hrsg.): Klassiker des Feuilletons. Stuttgart: Reclam 1967. S. 44–57, hier S. 51.

die beiden 1907 veröffentlichten gleichnamigen Feuilletons *Der Schriftsteller* erhellen. Die doppelte Bestimmung des Autors wird in *Jakob von Gunten* in der ambivalenten Konzeption von Großstadt und Dienerschule sowie Jakobs als Diener und Flaneur gespiegelt. Im Folgenden soll zunächst die poetologische Perspektive der Feuilletons *Der Schriftsteller* in den Blick genommen werden, danach ihre strukturelle Parallelität zu *Jakob von Gunten*. Wie in Bezug auf das Prosastück *Tiergarten* bereits angedeutet wurde, erfolgt die Reflexion der Schreibbedingungen und Autorschaftsvorstellungen im frühen 20. Jahrhundert verstärkt unter Zuhilfenahme zeitgenössischer Geschlechterzuschreibungen, die auch Walsers Großstadttexte verarbeiten. Diesen Diskurs werde ich im Interesse einer Kontextualisierung von Walsers Autorschaftsentwurf mitbetrachten.

### 4.2.2 *Reflexion ambivalenter Autorschaft*

Eine Schreibexistenz, die sich zwischen der (weitgehend) selbstbestimmten Tätigkeit als Literat und einem heteronomen, erwerbsmäßigen Schreiben bewegt, findet sich in Walsers Werk wiederkehrend beschrieben. Insbesondere in der Berner Zeit macht Walser die nicht anerkannte und feuilletonistische Autorschaft verstärkt zum Thema, wie schon mit Blick auf seine Backfisch-Texte gezeigt wurde. Das erzählende Ich im *Tagebuch*-Text von 1926 gibt sich als Schriftsteller und Journalist zu erkennen, das Etikett „Dichter" (SW 18, S. 61) stellt es dagegen als Fremdbezeichnung heraus. Walsers Reflexion über den Schriftsteller beginnt jedoch bereits in der Berliner Zeit. Stellt man Walsers vorwiegende Tätigkeit als ‚Feuilletonlieferant' in der Berner Zeit in Rechnung, so findet diese frühe feuilletonistische und literarische Thematisierung von Autorschaft mit einer weniger existentiellen Dringlichkeit statt. In Berlin schreibt Walser Romane und veröffentlicht in Zeitschriften und Zeitungen – er publiziert damit in allen (anerkannten und weniger anerkannten) Medien für Literatur. Als welche Art von Autor er wahrgenommen wird und sich selbst begreift, muss sich erst noch erweisen.

Fragen zur Rolle des Schriftstellers und zu deren Wandel im Kontext der Moderne sind im frühen 20. Jahrhundert im Schwange. Daher sollte Walsers Auseinandersetzung mit Autorschaftsfragen nicht allein als ein individuell-biographisches Phänomen begriffen werden.[123] Ausbau und

123 Bis dato sind viele der autoreflexiven Prosastücke, z. B. der schon genannte, häufig zitierte Text *Was aus mir wurde* (1912), in diese Richtung gelesen worden. *Was aus mir wurde* hat die Forschung oftmals als Beleg dafür herangezogen, dass Walser Berlin 1913 ernüchtert und im Bewusstsein seines Scheiterns als Autor verlassen habe (vgl. z. B. Köhn: Straßenrausch. S. 145). Tatsächlich nimmt Walsers Publikationstätigkeit in Zeitschriften seit 1910 ab. Gleichzeitig bringt er den Band *Aufsätze* auf den Weg, für den er im Oktober 1912 mit

Bedeutungszuwachs der Massenpresse um 1900 machen eine Neujustierung grundlegender Ansichten zum Verhältnis von Leben und Kunst und zur Frage nach der gesellschaftlichen Aufgabe von Schriftstellern und Schriftstellerinnen in einer urbanen, beschleunigten Gesellschaft unter marktförmigen Schreib- und Publikationsbedingungen erforderlich, was in Kulturkreisen breit diskutiert wird. Walsers literarisch-feuilletonistische Einkreisung dieser Problematik sollte als spezifischer Beitrag zu den Debatten um literarische Autorschaft um die Jahrhundertwende verstanden werden. Walser schreibt sich in diese Diskurse ein und kommentiert sie subtil. In die Mehrdeutigkeit der Literatur überführt findet die Reflexion der Bedingungen schriftstellerischer Tätigkeit ihren Weg auch in seinen Großstadtroman *Jakob von Gunten* und expliziter noch in verschiedene Feuilletons. Ohne erkennbar theoretisches oder literaturkritisches Sendungsbewusstsein denkt Walser aus der Distanz heraus über die Rolle des Schriftstellers um 1900 nach.

Zwei Feuilletons, die Walser beide unter dem Titel *Der Schriftsteller* mit nur kurzem zeitlichen Abstand 1907 publiziert, beschäftigen sich in besonderer Weise mit der doppelten oder ambivalenten Existenz des modernen Autors. Das zuerst veröffentlichte Feuilleton *Der Schriftsteller* erscheint am 21.09.1907 in der Morgenausgabe des *Berliner Tageblatts*. Der Text, der sich zum Schreibprozess und der gesellschaftlichen Rolle des Schriftstellers äußert, ist Walsers Debüt in der einflussreichen überregionalen Tageszeitung. Wie die im selben und im darauffolgenden Jahr im *Berliner Tageblatt* erschienenen Feuilletons *Weihnachten*, *Feuer* und *Auf der Elektrischen* nimmt Walser auch diesen Text nicht in eine seiner Prosasammlungen auf.

Das zweite, titelgleiche Prosastück veröffentlicht Walser am 14.11.1907 in der *Schaubühne*.[124] Dieser zweite Text erscheint in weiteren Nachdrucken, 1913 etwa im *Dresdner Anzeiger*. Walser nimmt ihn auch in seine Sammlung *Aufsätze* auf. Bei *Der Schriftsteller*$_2$ handelt es sich um einen neuen Text, aufgrund seiner Eigenständigkeit kann er nicht als Überarbeitungsstufe des

dem Ernst-Rowohlt-Verlag den Vertrag unterzeichnet (siehe BA 3. S. 37/38). Walser fordert Manuskripte von Zeitschriften und Verlagen zurück, um sie wenig später in weiteren Prosasammlungen unterzubringen, so z. B. das Versdramolett *Tobold* von der Zeitschrift *Pan*, das er 1913 dann in Max Brods Jahrbuch *Arkadia* und in *Kleine Dichtungen* veröffentlicht (siehe BA 1. S. 188). Er bietet Zeitschriften weiterhin Texte zur Publikation an und liest deutsche Zeitschriften auch noch nach seiner Rückkehr in die Schweiz, wovon z. B. eine aus Biel an Max Brod geschickte Postkarte zeugt, in der sich Walser für dessen positive Besprechung der *Aufsätze* in der *Neuen Rundschau* (Jg. 14, 1913) bedankt (siehe BA 1. S. 211).

124 Zur besseren Unterscheidbarkeit werde ich im Folgenden die Titel *Der Schriftsteller*$_1$ (Publikation im *Berliner Tageblatt*) und *Der Schriftsteller*$_2$ (Publikation in der *Schaubühne*) verwenden.

Textes aus dem *Berliner Tageblatt* angesehen werden.[125] Parallelen zwischen den Texten bestehen allerdings hinsichtlich der Erörterung der Frage nach der Arbeitsweise des Schriftstellers und seiner gesellschaftlichen Aufgabe. *Der Schriftsteller*$_2$ beantwortet dies stärker mit Blick auf die individuelle Situation und Wahrnehmung des Autors, insbesondere seinen Umgang mit den Mechanismen des Literaturmarkts und der Aufnahme seiner Veröffentlichungen, wohingegen *Der Schriftsteller*$_1$ nach der Bedeutung des Autors für die Gesellschaft fragt. Letzteres thematisiert Walsers *Schaubühnen*-Text nur sehr vermittelt. Die Ambivalenz der schriftstellerischen Tätigkeit stellen beide Prosastücke dar. Obwohl sie sich damit an inhaltlich und strukturell vergleichbaren Achsen entlang bewegen, sind sie in ihrer jeweiligen Schwerpunktsetzung merklich dem entsprechenden Publikationsmedium angepasst.

Die Autorfigur in *Der Schriftsteller*$_1$[126] ist klar als Zeitungsschreiber, der auf Anfrage Texte verfasst, erkennbar: „Eines Tages kann es angesehenen Zeitungsmännern einfallen, solch einen Schriftsteller aufzufordern, ihnen gelegentlich einmal eine Probe seiner Kunst einzusenden." (KWA III, 1, S. 7).[127] Seinen Schreibauftrag versucht der Schriftsteller prompt und präzise umzusetzen: „[...] er schickt sich sogleich an, die Wünsche, die an seine Pforten geklopft haben, möglichst genau zu erfüllen." (KWA III, 1, S. 7). In der Charakterisierung des Schriftstellers als auftragsmäßigem Publizisten bezieht der Text die Zeitung als das von diesem gewählte Publikationsmedium sichtlich in seine Überlegungen ein und gibt über dessen Produktionsweise und Selbstverständnis Aufschluss.

Der Autor in *Der Schriftsteller*$_2$ ist dagegen einer, der zehn bis dreizehn Stunden täglich am „Romanen- oder Novellentisch" (KWA II, 3, S. 108) arbeitet und sich in „dachstubigte[r] Verlassenheit" (KWA II, 3, S. 109) befindet. Sein Schreiben wird von dem Interesse angetrieben, „Schönes, Lebendiges, Eilendes und Flüchtiges" (KWA II, 3, S. 108) dem Vergessen zu entreißen. Seine Werke erscheinen nicht in der Zeitung, sondern in Büchern. Die Nennung seines Namens auf dem Bucheinband sowie die edle Materialität seiner „in braunes Leder gepreßten" (KWA II, 3, S. 109) Bände erfüllen ihn mit Stolz: „Auf dem Titelblatt steht sein Name, ein Umstand, der seiner naiven Meinung nach

125 Hierauf hat Marc Caduff hingewiesen. Er interpretiert beide Texte als Auseinandersetzung mit Baudelaires Entwurf des modernen Schriftstellers in *Le peintre de la vie moderne*. Vgl. Caduff: Revision und Revolte. S. 118–122.

126 Auf Walsers Reflexion des Verhältnisses Schriftsteller-Feuilletonist in *Der Schriftsteller*$_1$ macht Peter Utz aufmerksam, der den Text in den 1990er-Jahren entdeckt hat. Vgl. Utz: Zu kurz gekommene Kleinigkeiten, insbesondere S. 141/142.

127 Heerde weist im editorischen Nachwort auf die Möglichkeit einer autobiographischen Bedeutung dieser Passage hin. Dies würde bedeuten, dass Walser angefragt wurde, für das *Berliner Tageblatt* zu schreiben. Vgl. dazu Heerde im Nachwort zur KWA III, 1. S. 336.

genügt, ihn überall in der runden, weiten Welt bekannt zu machen." (KWA II,3, S. 109). Er ist ein Autor, der eine gewisse Distanz zur Gesellschaft einnimmt,[128] in der er sich unbeholfen und „holperig aus Mangel an Schliff" (KWA II, 3, S. 109) verhält.

Den *Schriftsteller*$_1$ stellt man sich dagegen viel eher als Flaneur vor, der auf der Suche nach bearbeitbaren Eindrücken die Straßen durchstreift: „Er lauert den Ereignissen auf, jagt den Sonderbarkeiten der Welt nach, sucht Außerordentliches und Wahrhaftiges und stutzt die Ohren, wenn er Töne zu hören glaubt, die ihm das Herannahen nicht gerade von galoppierenden Indianerpferden, aber von neuen Eindrücken verkünden." (KWA III, 1, S. 8). Das Gesehene verarbeitet er nicht in einem langwierigen Prozess, er ‚schüttet' es sogleich auf das Papier (vgl. KWA III, 1, S. 9). In dieser Nähe des Schriftstellers zu seinen Gegenständen und der flüchtigen Niederschrift des Wahrgenommenen scheint unverkennbar der Feuilletonist auf. Die Autorkonzeptionen der beiden Feuilletons verhalten sich damit komplementär zueinander: In seinem Text für das *Berliner Tageblatt* beschreibt Walser einen Feuilletonisten, der wie Jakob und die Figuren der Berliner Feuilletons als Flaneur auftritt, für die angesehene *Schaubühne* entwirft er hingegen das Bild eines Autors der schönen Literatur, der aus intrinsischer Inspiration heraus kreativ wird und Bücher publiziert, die Beachtung durch die Literaturkritik erfahren (vgl. KWA II, 3, S. 109).

Beide Autorkonzeptionen bezeichnet Walser als Schriftsteller und bringt damit den Zeitungsschreiber und den Literaten auf Augenhöhe. Zusammen betrachtet fügen sich die Entwürfe der beiden *Schriftsteller*-Feuilletons zu einem Autorbild, das ambivalent zwischen Schreibauftrag respektive Broterwerb und einer weitgehend selbstbestimmten freien Schreibtätigkeit pendelt.

Walsers *Schriftsteller*-Feuilletons sind in sich noch komplexer gestaltet als bisher dargestellt. Tatsächlich tragen beide Texte die jeweils andere Seite des Schriftstellerdaseins auf einer subtileren Ebene bereits in sich. Auch der *Schriftsteller*$_1$ bearbeitet literarisch nicht allein das, was er an äußeren Reizen aufnimmt („hört" oder „sieht"), sondern auch, was er „empfindet" oder was ihm „einfällt" (alle Zitate KWA III, 1, S. 7).

Der *Schriftsteller*$_2$ verhält sich dagegen ebenfalls ‚anverwandelnd' wie ein Feuilletonist, wenn er „in einem fort" versucht, „sich in alles und jedes hineinzuleben" (beide Zitate KWA II, 3, S. 107). Beide Schriftstellertypen sind damit bereits textintern als ambivalent angelegt, was die Feuilletons jeweils zu

128 Siehe dazu KWA II, 3. S. 109: „Er erlebt vielleicht einmal während eines ganzen Jahres nichts Neues, da er sich immer mit Satz- und Tonreihen abgegeben hat und mit der Vollendung seines Werkes, aber, ich bitte, hat er dafür nicht Phantasie?"

Beginn unter Einsatz unterschiedlicher Metaphern reflektieren. *Der Schriftsteller*$_1$ überträgt die zwei Seiten der literarischen Tätigkeit auf die Bildbereiche einer „Schattenseite" und einer „Lichtseite" bzw. eines „Sitzplatz[es]" und eines „Stehplatz[es]" (alle Zitate KWA III, 1, S. 7), die das Schriftstellerleben in seiner Komplexität abbilden. Auf der Gegenstandsebene zeigt der Text diese Dichotomien in der Form der materiellen Bedingungen des Schriftstellerdaseins, die sich entweder „elegant", mit einer Villa am See, gestalten können oder aber als Leben in weitgehender Armut, das durch „Hunger und Kälte, Durst und Dürftigkeit" (KWA III, 1, S. 7) geprägt ist. Die anfängliche Gegenüberstellung der beiden Inspirationsbereiche des Schriftstellers – konkrete Anschauung versus Einfall – wird im Hinweis auf die potentiell sehr unterschiedlich ausfallenden Lebensrealitäten von Schriftstellern strukturell fortgesetzt. *Der Schriftsteller*$_2$ verdeutlicht die Ambivalenz der Schreibtätigkeit im Bild zweier unterschiedlicher Kleidungsausstattungen: „Der Schriftsteller besitzt in der Regel zwei Anzüge, einen für die Straße und zum Besuche machen und einen für die Arbeit." (KWA II, 3, S. 107). Mit der bildlichen Gegenüberstellung zweier Seinsweisen des Schriftstellers arbeitet somit auch der *Schaubühnen*-Text. Mit dem „guten Anzug" (KWA II, 3, S. 107) für draußen spielt das Prosastück ebenfalls auf die materielle Not des Schriftstellers an, denn offenbar kann er sich mehrere gesellschaftsfähige Anzüge nicht leisten. Über diese konkrete Bedeutungsverknüpfung hinaus übernimmt die Erwähnung der beiden Anzüge – genau wie Licht und Schatten, Sitzplatz und Stehplatz in *Der Schriftsteller*$_1$ – die Funktion einer bildlichen Exposition, die auf die im späteren Verlauf des Textes angelegte Ambivalenz des Schriftstellers vorausdeutet.

Wie in verschiedenen poetologischen Prosastücken gewinnt Walser auch in den *Schriftsteller*-Feuilletons seinen Begriff von Autorschaft durch die Reflexion der konkreten Produktionssituation von Literatur. Beide Feuilletons thematisieren auf teils humoristische Weise, wie der Schriftsteller arbeitet. In *Der Schriftsteller*$_1$ wird der mühsame Prozess des Schreibens über komische Gesten vermittelt. Der Schriftsteller putzt seine Feder, er greift sich an die Stirn, beißt sich auf die Lippen und setzt eine „gleichgültige" (KWA III, 1, S. 7) Schreibmiene auf. Der *Schriftsteller*$_2$ dagegen „trinkt immer Tee während des Schaffens" (KWA II, 3, S. 107/108), unterbricht seine Arbeit durch Turnen oder Atemübungen und spricht mit der Katze (vgl. KWA II, 3, S. 107/108). Diese beinahe zärtlich geschilderten Handlungen und Gesten stellen beide Texte einer eher abstrakteren Reflexion über die Aufgabe des Schriftstellers und die Besonderheit seiner Tätigkeit voran. Obgleich die beiden Feuilletons dieser Aufgabe, wie bereits erwähnt, in unterschiedlichem Maße gesellschaftliche Relevanz zuweisen, schreiben sie ihr doch beide eine moralische Dimension zu.

In *Der Schriftsteller₁* erkennt der Schriftsteller aufgrund seiner eigenen hoch ausgebildeten Perzeptivität, seinem besonderen Spürsinn und „Aufnahmevermögen", eine „Pflicht" (KWA III, 1, S. 8), seine Eindrücke mitzuteilen, da dies ihm und anderen „nutz[e]" (KWA III, 1, S. 9): „Er zeigt, daß er ein aufrichtig nach dem Guten strebender Mensch ist, dem es unbillig erscheint, Erfahrungen in sich aufzustapeln, ohne das Kleinste davon an die atmende Mitwelt abzugeben. Er ist demnach das Gegenteil von einem zusammenraffenden Geizhals." (KWA III, 1, S. 9). Auch der *Schriftsteller₂* wähnt sich in einer „künstlerischen Pflicht" (KWA II, 3, S. 107) stehend, die für ihn mit der Rettung eines Kindes vergleichbar ist:

> Wenn es bisweilen einem Mutigen gelingt, ein Kind, oder was es sei, mit Lebensgefahr aus dem strömenden Wasser zu retten, so dürfte es vielleicht des öftern der Kunst und dem aufopfernden Bemühen eines Schriftstellers vorbehalten bleiben, dem achtlos und gedankenlos dahinflutenden Strom des Lebens Schönheitswerte, die eben am Ertrinken und Untergehen sind, mit Gefahr seiner Gesundheit zu entreißen, […]. (KWA II, 3, S. 108).

Walsers poetologische Positionierungen zur modernen Autorschaft in den beiden *Schriftsteller*-Feuilletons sind für die Entwicklungen des Literaturmarkts und die zeitgenössischen Autorschaftsdebatten äußerst hellhörig. Bereits in der ersten Hälfte des 19. Jahrhunderts ergeben sich, ausgehend von Frankreich, durch die Institutionalisierung des Feuilletons als Kulturteil in Tageszeitungen neue Absatzmärkte für die literarischen Erzeugnisse von Autoren und Autorinnen, die diesen erstmals die Möglichkeit bieten, durch das Schreiben den eigenen Lebensunterhalt zu bestreiten.[129] Im Zuge der Ausbreitung der Massenpresse im späten 19. Jahrhundert weiten sich diese Möglichkeiten aus. Die neuen, stärker ökonomisierten Bedingungen der Literaturproduktion schaffen einen neuen Typus des Schriftstellers, der größtenteils für die Zeitung produziert und dabei seine Texte auf das erwünschte Format hin abfassen muss.[130] Die Vorstellung des freien Schriftstellers, den das späte 18. Jahrhundert als autonomes Subjekt durch die Verschränkung juristischer, ökonomischer und ästhetischer Entwicklungen und Diskurse hervorbringt,[131] verliert dabei jedoch nicht an Bedeutsamkeit und Überzeugungskraft.

---

129 Vgl. Köhn: Straßenrausch. S. 31.

130 Vgl. Köhn: Straßenrausch. S. 31.

131 Vgl. Rolf Parr: Autorschaft. Eine kurze Sozialgeschichte der literarischen Intelligenz in Deutschland zwischen 1860 und 1930. Heidelberg: Synchron Wissenschaftsverlag der Autoren 2008. S. 18.

Die schriftstellerische Tätigkeit bewegt sich fortan im Spannungsfeld zwischen ‚Beruf' und ‚Berufung'.[132] Um 1900 sind die meisten freien Schriftstellerinnen und Schriftsteller in den Markt der Massenmedien und großen Buchverlage eingebunden, was dazu führt, dass die „kulturellen Selbst- und Fremddeutungen"[133] des Autorberufs überdacht werden müssen. Für die meisten Kulturschaffenden, die zu dieser Zeit eine öffentliche Debatte zu Fragen der Autorschaft führen, besteht kein Zweifel daran, dass für den „gewaltige[n] Umschmelzungsprozeß"[134], in dem sich die tradierten Gattungskonzepte, aber eben auch das Verhältnis von ‚Dichter' und ‚Journalist' befinden, maßgeblich die Presse verantwortlich ist. Der neue Typus des Schriftstellers, der Dichter und Journalist zugleich ist, wird nicht nur theoretisch und literaturkritisch diskutiert. Die Vorstellung einer zwischen autonomen und fremdbestimmten Anteilen changierenden Autorschaft liefert auch literarischen Bearbeitungen reflexive Impulse, etwa im Bereich der Gestaltung von Erzählperspektiven. Die später mit Döblins *Berlin Alexanderplatz* prominent gewordene Form des Erzählens, die zwischen Reportage und auktorialem Gestus oszilliert,[135] kann als Übersetzung der zeittypischen, ambivalenten Autorschaft in literarische Strukturen begriffen werden. Die literarische Reflexion über den Autor zwischen ‚hoher' Literatur und Feuilleton haben Großstadtromane wie *Jakob von Gunten* durch die Darstellung der Ambivalenz von Flanerie und urbanem Bewusstsein hingegen bereits vorbereitet.

Es kann davon ausgegangen werden, dass Walser mit seinem Entwurf des ambivalenten Schriftstellers nicht allein auf die historischen Bedingungen der schriftstellerischen Produktion und seine eigene beginnende Schreibexistenz zwischen Literatur und Journalismus reagiert, sondern auch auf die einschlägigen Diskurse eingeht. Auch die Medien, in denen er selbst publizierte und die er regelmäßig las, brachten Beiträge zur Autorschaftsdebatte. Im März 1907 erschien in der *Neuen Rundschau,* in der ab Mai desselben Jahres auch regelmäßig Feuilletons Walsers zu lesen waren, Hugo von Hofmannsthals poetologischer Beitrag *Der Dichter und diese Zeit*. Genau wie Walsers *Schriftsteller*-Feuilletons nimmt Hofmannsthals Aufsatz die Rolle des

132 Vgl. Parr: Autorschaft. S. 18.

133 Parr: Autorschaft. S. 58.

134 Walter Benjamin: Der Autor als Produzent. In: Der.: Gesammelte Schriften II,2. Hrsg. von Rolf Tiedemann/Hermann Schweppenhäuser. Frankfurt am Main: Suhrkamp 1977. S. 683–701, hier S. 689. Anders als viele seiner Zeitgenossen bewertet Benjamin in seinem Essay von 1934 die durch die Massenpresse angestoßenen fundamentalen Veränderungen nicht als negativ.

135 Vgl. Volker Klotz: Die erzählte Stadt. Ein Sujet als Herausforderung des Romans von Lesage bis Döblin. München: Hanser 1969. S. 379.

Schriftstellers in der Gegenwart in den Blick, dies allerdings in einer philosophisch, historisch und gesellschaftlich ausgreifenden Erörterung.

Stellt man Hofmannsthals mit großer Geste daherkommenden argumentativen Bogen neben Walsers ganz konkret bei der Tätigkeit und den Bedingungen des Schreibens ansetzende feuilletonistisch-humoristische Annäherung, deren moralisches Pathos sich auch nicht ohne Weiteres erschließt, lässt sich zwischen den Texten kaum ein geteilter Diskurshorizont erkennen. Walser nimmt – anders als später etwa Robert Musil – keinen deutlichen Bezug auf Hofmannsthals Essay, der die Autorschaftsdebatte im frühen 20. Jahrhundert nachhaltig geprägt hat. Es ist jedoch wahrscheinlich, dass Walser ihn kannte. Zu der Zeit als seine feuilletonistischen Debüts in der *Neuen Rundschau* erschienen, präsentierte sich die Zeitschrift als gegenwartsdiagnostisches Medium mit hochkulturellem Anspruch und bürgerlichem Zielpublikum.[136] Sie bildete somit einen Elitendiskurs von Medienschaffenden und Literaten ab, in dem bestimmte Wissensbereiche und Veröffentlichungen als „relevant" gesetzt wurden,[137] womit ein ästhetischer Deutungshorizont abgesteckt wurde.

Für Walsers Positionierung als literarischen Autor war die Zusammenarbeit mit der *Neuen Rundschau* in mehrfacher Hinsicht bedeutsam. In Berlin erweitert er in ihrem Umkreis sein „Beziehungsnetz" zu anderen Autoren und Literaturvermittlern und stellt dabei wichtige Publikationskontakte her.[138] Seine Bücher werden in der *Neuen Rundschau* besprochen und dabei in Verbindung zu Autoren wie Kafka gebracht, der seinerseits durch die Zeitschrift auf Walser aufmerksam wurde.[139] Walser wird durch die *Neue Rundschau* somit mit großer Reichweite als ein Autor moderner Literatur vermittelt, auch wenn er mit insgesamt 29 in ihr veröffentlichten Texten nicht zu ihren regelmäßigsten oder prominentesten Beiträgerinnen und Beiträgern zählt.[140] Walser verfolgte die Entwicklung dieser bedeutenden Zeitschrift noch in den 1920er-Jahren.[141] Seine Zusammenarbeit mit Samuel Fischer diente ihm auch in späteren Jahren als Visitenkarte.

Für den Zeitraum, in dem Walser regelmäßig in der *Neuen Rundschau* zu lesen ist, kann Hofmannsthals Einfluss auf den Stil und die Haltung der Zeitschrift als maßgeblich angesehen werden.[142] Die Zeitschrift nutzte die

---

136 Vgl. Von Reibnitz/Socha: Editorisches Nachwort zur KWA II, 1. S. 175.
137 Frank/Podewski/Scherer: Kultur – Zeit – Schrift. S. 22.
138 Von Reibnitz/Socha: Editorisches Nachwort zur KWA II, 1. S. 194.
139 Vgl. Von Reibnitz/Socha: Editorisches Nachwort zur KWA II, 1. S. 194.
140 Vgl. Von Reibnitz/Socha: Editorisches Nachwort zur KWA II, 1. S. 192.
141 Vgl. Von Reibnitz/Socha: Editorisches Nachwort zur KWA II, 1. S. 191.
142 Vgl. De Mendelssohn: S. Fischer und sein Verlag. S. 456.

Strahlkraft bekannter Autoren konsequent für ihre eigene Profilbildung. In der Berliner Zeit haben Walser und Hofmannsthal vorübergehend Kontakt, Walser veröffentlicht 1908 auch zwei Prosastücke in der von Hofmannsthal mitherausgegebenen Zeitschrift *Morgen*.[143] Walser ist ganz offensichtlich an einer Kenntnisnahme seiner Veröffentlichungen durch Hofmannsthal interessiert und mit den Werken des berühmten Autors der Wiener Moderne vertraut. Er übersendet Hofmannsthal ein Exemplar der *Geschwister Tanner* (siehe BA I, S. 161) sowie seines letzten Buchs *Die Rose* (1925).[144] Der Text *Der Dichter und diese Zeit* war 1906 mehrmals von Hofmannsthal als Vortrag gehalten worden, bevor ihn die *Neue Rundschau* veröffentlichte.[145] Hofmannsthal beschreibt darin den modernen Dichter und sein Verhältnis zur Gesellschaft der Zeit[146] unter der Ausgangsdiagnose eines qualitativen Niedergangs der Literatur in der Gegenwart. Unter dieser Annahme nimmt er eine Gegenüberstellung des „Dichters"[147] vergangener Epochen mit dem „bloßen" Schriftsteller seiner Zeit vor. Hofmannsthal gibt diese wertende Unterscheidung jedoch nicht als seine eigene aus, sondern als eine vom „Zeitgeschmack" und der „persönliche[n] Hochmut der Produzierenden" vorgenommene.[148] In einer ambivalenten Denkfigur distanziert er sich zwar von einer solchen „Absonderung" „des Dichters vom Nicht-Dichter", hält aber zugleich am Gedanken des Genieautors fest, der „vollkommen[e] Kunstwerke" produziere.[149] Die Scheidung von Dichter und „Tagesschriftsteller"[150], die Hofmannsthal in den zeitgenössischen

---

143 Vgl. Echte: Robert Walser. Sein Leben in Bildern und Texten. S. 229.

144 Vgl. dazu u. a. Groddeck im RWH. S. 176.

145 Zur Entstehungs- und Publikationsgeschichte des Essays siehe Konrad Heumann/Ellen Ritter: Der Dichter und diese Zeit. Entstehung. In: Hugo von Hofmannsthal: Sämtliche Werke, Kritische Ausgabe XXXIII: Reden und Aufsätze 2. Hrsg. von Dens. Frankfurt am Main: S. Fischer Verlag 2009. S. 490– 496.

146 In seinen ersten Notizen für den Vortragstext verwendete Hofmannsthal den Arbeitstitel *Der Dichter und die Leute*. Siehe Konrad Heumann/Ellen Ritter: Der Dichter und diese Zeit. Entstehung. S. 490.

147 Hofmannsthal nähert sich der Idee des Dichters bewusst nicht aus historischer oder begrifflicher Perspektive an, sondern beschreibt sie als ‚unausgewickelt' und nicht geklärt, mithin als diffus. Er appelliert daher an das Gefühl seines Publikums, zu entscheiden, was ein Dichter sei. An den von ihm angeführten Beispielen – Pindar, Dante, Shakespeare, Byron und, als Gipfel dieser Reihe, Goethe – lässt sich hingegen erkennen, dass für Hofmannsthal ausschließlich Vertreter des klassischen europäischen Literaturkanons Dichter darstellen. Vgl. Hugo von Hofmannsthal: Der Dichter und diese Zeit. Ein Vortrag. In: Sämtliche Werke, Kritische Ausgabe XXXIII: Reden und Aufsätze 2. Hrsg. von Konrad Heumann und Ellen Ritter. S. 127–148, hier S. 128.

148 Beide Zitate Von Hofmannsthal: Der Dichter und diese Zeit. S. 128.

149 Alle Zitate Von Hofmannsthal: Der Dichter und diese Zeit. S. 128/129.

150 Von Hofmannsthal: Der Dichter und diese Zeit. S. 134.

Diskursen verortet, überführt er in einen Gegensatz aus Anwesenheit und Abwesenheit von „dichterische[m] Wesen […]“[151]. Durch diese Verschiebung könnten auch „Zeilenschreiber“[152] und Autoren von Unterhaltungsliteratur potentiell an der Dichtung teilhaben, denn selbst sie stünden, wenn auch auf „erniedrigte“ Weise, durch die schöpferische Verwendung von Sprache in Verbindung mit den Klassikern der Weltliteratur.[153]

Walsers *Schriftsteller*-Feuilletons weisen die Behauptung eines Gegensatzes zwischen Dichter und Schriftsteller ebenfalls zurück. Wie in Hofmannsthals Argumentation erscheint es für Walser nicht haltbar, die Arbeit des Berufsschriftstellers prinzipiell als kunstlos zu betrachten. Im Gegensatz zu Walser versucht Hofmannsthal jedoch, einen emphatischen Dichtungsbegriff in die Gegenwart zu retten. Für Hofmannsthal sind die literarischen Erzeugnisse, die so gierig, wahllos und zerstreut wie die Zeitung gelesen werden – diese Art des Literaturkonsums stellt für ihn die „Geste unserer Zeit“ dar – durchaus in ästhetischer Hinsicht irregegangen.[154] Walser tritt dagegen für einen neuen Literaturbegriff ein, der ästhetisches Erleben und Konsum kombiniert, sowie für eine ambivalente, moderne Autorschaft, bei der literarisches und auftragsmäßiges Schreiben koexistieren.

Es lässt sich festhalten, dass Walsers poetologische Prosatexte in hohem Maße durch die ästhetischen Debatten der Zeit geprägt sind und dass Walser bereits in Berlin poetologische Fragen mit der konkreten Situation des Schreibens und den materiellen Bedingungen der schriftstellerischen Tätigkeit zusammendenkt. Er thematisiert das Schreiben als Arbeit, die auch in Abhängigkeit von Verlegern und der Definitionsmacht der Literaturkritik erfolgt. Derlei produktionsspezifische Fragen tauchen in Hofmannsthals ästhetisch überhöhter Dichterkonzeption nicht auf.

Walsers Schriftsteller aus dem Feuilleton für das *Berliner Tageblatt* ist einer, der sich als Flaneur mitten ins urbane Treiben begibt und Nähe zu seinen Beobachtungsgegenständen herstellt. Er lässt sich auf die markt- und gesellschaftsbedingten Ambivalenzen seiner Zeit ein und agiert in ihnen. Der Schriftsteller walserscher Konzeption nimmt die Anfrage eines Zeitungsverlags für ein Feuilleton als Gelegenheit, um mit „einem freudigen Gesichtsausdruck“ (KWA III, 1, S. 7) sogleich in Produktion zu gehen. Er registriert den Verriss oder das Ignorieren seiner literarischen Veröffentlichungen mit einer vorübergehenden Wut und Resignation, um sich dann bereits nach kurzer Zeit mit einem

151 Von Hofmannsthal: Der Dichter und diese Zeit. S. 129.
152 Von Hofmannsthal: Der Dichter und diese Zeit. S. 134.
153 Von Hofmannsthal: Der Dichter und diese Zeit. S. 135.
154 Von Hofmannsthal: Der Dichter und diese Zeit. S. 133.

„beinahe ununterbrochene[n] Vertrauen zur Welt" (KWA II, 3, S. 110) erneut an die Arbeit zu machen. Weder ignorieren Walsers poetologische Feuilletons die Zwänge und sozialen Härten der schriftstellerischen Tätigkeit im Kontext der Massenpresse noch romantisieren sie das berufsmäßige Produzieren von Literatur. Walsers Beitrag zur Autorschaftsdebatte der Jahrhundertwende besteht daher in einem nüchternen Erkennen der gegenwärtigen Produktionsbedingungen und, daraus folgend, in der Akzeptanz der neuen Realität des Schreibens zwischen Fremd- und Selbstbestimmung. Während Hofmannsthals Dichter unter seiner Zeit leidet und von ihr unerkannt bleibt,[155] ist Walsers Schriftsteller ein bewusster Zeitgenosse. Er macht sich die Möglichkeiten der Massenpresse zunutze, da sie an die urbane Gegenwart, für die er sich interessiert, Anschluss hat und mit deren Tempo Schritt halten kann.

Ungeachtet ihrer vordergründigen Subjektivität muss man in Walsers Idee des schriftstellerischen Schreibens im 20. Jahrhundert, die er in seinen Feuilletons skizziert, ein literarisch-gesellschaftliches Engagement erkennen. Bezeichnenderweise findet gerade sein für die Zeitung verfasstes *Schriftsteller*-Feuilleton in diesem Punkt eine deutlichere Sprache und prägnantere Bilder:

> Welcher Mensch in diesem Jahrhundert der Genußsucht und Karrieremacherei fühlt sich als Diener der Menschheit, als einen willigen Freund der Armen, wenn nicht der Schriftsteller? Er hat Ursache dazu, denn er fühlt, daß es von dem Moment an, wo er lediglich Geschäfte für seine eigene Person machen würde, mit seiner Lust am lebendigen Schaffen vorbei wäre. Es zwingt ihn ein geheimnisvolles Etwas, das beständig um ihn herum ist, zur Selbstlosigkeit. Er opfert, denn was hat er vom Leben? Wenn andere lachen, daß ihnen die hellen, schönen Tränen in die Augen treten, so steht er im bescheidenen Halbdunkel, von der Aufgabe erfüllt, die ihm zuflüstert: Studiere diese Munterkeit, präge dir die Töne dieser Freude fest ein, damit du sie, wenn du nach Hause kommst, beschreiben und in Worten malen kannst! (KWA III, 1, S. 9).

---

155 Hofmannsthal beschreibt den Schriftsteller als gegenüber seiner Gegenwart entrückt und teilnehmend zugleich, wobei er die um 1060 entstandene altfranzösische Alexius-Legende als Vergleich einsetzt. In dieser verlässt der römische Grafensohn Alexius seine wohlhabende Familie, um 16 Jahre lang als Bettler zu leben. Er kehrt dann wieder zurück, um allerdings weitere 17 Jahre unerkannt unter der Treppe seines eigenen Wohnhauses bei den Hunden zu hausen, von wo aus er alle Geschehnisse im Haus registrieren, jedoch nicht in sie eingreifen kann (zur Legende vgl. die Erläuterungen zu *Der Dichter und diese Zeit* in Hofmannsthals Sämtlichen Werken XXXIII. S. 551/552). Dieses „unerkannte Wohnen im eigenen Haus" versinnbildlicht für Hofmannsthal die aktuelle Situation des Schriftstellers: Sensibel registriere dieser alle Bewegungen, leide unter ihnen und genieße sie, werde in dieser aufmerksamen Tätigkeit jedoch nicht erkannt. Vgl. Hofmannsthal: Der Dichter und diese Zeit. S. 136–138.

Wie schon das in der *Schaubühne* veröffentlichte Prosastück *Der Schriftsteller*$_2$ stellt auch *Der Schriftsteller*$_1$ an dieser Stelle das Festhalten flüchtiger Eindrücke als Movens des Schreibens heraus, darüber hinaus ist das Schreiben auf die Gesellschaft gerichtet. Diese am Gemeinwohl orientierte Perspektive erfährt in *Der Schriftsteller*$_1$ sogar eine Steigerung, denn sie geht eine produktive Verbindung mit den persönlichen Motiven des Schriftstellers ein: Für diesen erhöhe eine Schreibtätigkeit, die auf die Interessen der Allgemeinheit ziele und sich nicht in der Notwendigkeit materieller Existenzsicherung erschöpfe, die „Lust" (KWA III, 1, S. 9) am Schaffen. In der Form eines Feuilletons und im Rahmen einer Zeitung wertet Walser damit eine Art des Schreibens auf, der um 1900 wie keiner anderen vorgeworfen wird, allein dem persönlichen „Geschäfte" (KWA III, 1, S. 9) zu dienen.

Das Feuilleton besitzt seit seiner Entstehung eine Nähe zum „Merkantilen"[156], wodurch es dem konstanten Vorwurf ausgesetzt ist, von minderer Qualität zu sein.[157] Die Feuilletonliteratur steht so von Beginn an unter einem ästhetischen „Rechtfertigungsdruck"[158]. Wie die vehement geführten Debatten um das Feuilleton im späten 19. und frühen 20. Jahrhundert zeigen, wird das Feuilleton jedoch nicht allein als Publikationsort mit besonders marktförmigen Produktionsbedingungen oder als nichtliterarische Textsorte abgewertet, sondern auch als eine Schreibweise, der ein negativer Einfluss zugeschrieben wird, welcher über den Produktions- und Distributionskontext Presse weit hinausreiche.

Die hinsichtlich ihrer polemischen Abwertung wohl exponiertesten Diskussionsbeiträge gegen den sogenannten ‚Feuilletonstil' hat Karl Kraus geliefert. Sein bekannt gewordener Essay *Heine und die Folgen* (1910) bildet die damalige Verachtung gegenüber einer durch das Feuilleton inspirierten literarischen Sprache besonders eindrücklich ab. Kraus hat sich wie viele seiner Zeitgenossen abfällig zum Feuilleton geäußert. Bemerkenswerterweise sind dies häufig Autoren, die selbst im Bereich der kleinen Formen recht produktiv waren, wie Joseph Roth, Robert Musil oder Hugo von Hofmannsthal. In die allgemeine Schelte des Feuilletons stimmen Autoren mit so unterschiedlichen literarischen Programmatiken wie Alfred Döblin[159], Georg

156 Hildegard Kernmayer: Sprachspiel nach besonderen Regeln. Zur Gattungspoetik des Feuilletons. In: Zeitschrift für Germanistik XXII$^3$ (2012). S. 509–523, hier S. 511.

157 Vgl. Ethel Matala de Mazza: Der populäre Pakt. Verhandlungen der Moderne zwischen Operette und Feuilleton. Frankfurt am Main: S. Fischer 2018. S. 12.

158 Gustav Frank/Stefan Scherer: Zeit-Texte. Zur Funktionsgeschichte und zum generischen Ort des Feuilletons. In: Zeitschrift für Germanistik XXII$^3$ (2012). S. 524–539, hier S. 531.

159 Siehe dazu Döblin: An Romanautoren und ihre Kritiker. S. 124: „Die Vereinfachung des Romans auf jene fortschreitende eine Handlung hin hängt mit der zunehmenden,

Lukács[160] oder Kurt Pinthus[161] ein. In der Annahme, dass die Zeitung literatur- und kulturzersetzende Tendenzen besitze und die intellektuellen Fähigkeiten ihres Lesepublikums mindere, sind sie sich weitgehend einig. Der Feuilletonist gilt dabei als historischer Nachfolger des „Kolporteurs, Curiositätenausrufers, Gerüchteverbreiters und Klatschkenners"[162]. Im Zentrum der Vorwürfe gegen das Feuilleton steht daher die Annahme einer qualitativen Herabsetzung der literarischen Sprache durch den als salopp, unverbindlich plaudernd und ornamental begriffenen Duktus des Feuilletons. Heinrich Heine und Ludwig Börne, die den Feuilletonstil in die deutsche Kultur- und Literaturlandschaft eingeführt haben,[163] gelten auch um 1900 noch als die Verursacher dieser vermeintlichen Entwicklung hin zu einem ‚Sprachverfall' und werden dafür massiv kritisiert, insbesondere der bekanntere Heine. Die in der Feuilletondebatte notorisch wiederkehrende Annahme einer hierarchischen Beziehung zwischen ‚schöner' Literatur und Zeitungsliteratur transportiert das Medium Zeitung durch seine Struktur allerdings bereits selbst. Durch die Absonderung des Kulturellen vom Politischen, also des vermeintlich nur Unterhaltenden vom Nachrichtenbereich, dem Alltagsrelevanz und Gewicht zugeschrieben wird, befördert die Zeitung hierarchische „Denk- und Sehgewohnheiten"[164].

Signifikant für die Feuilletondebatte ist der beinahe konstante Einsatz stereotyper und pejorativer Annahmen über Autorinnen und ‚weibliche' Literatur. Kraus' Polemik schwelgt förmlich im Ausbreiten geschlechterstereotyper und

---

raffiniert gezüchteten Leseunfähigkeit des Publikums zusammen. Zeit ist genug da, aber sie werden völlig ruiniert durch die Zeitungen."

160 Für Lukács machen Schriftsteller im bürgerlich-kapitalistischen Medienbetrieb „aus ihrer Innerlichkeit ein Gewerbe", der Kritiker wiederum verkaufe seine Meinung: „So entsteht in der großen Masse der Kritiker eine ähnliche Meinungsprostitution, wie in der schönen Literatur eine Prostitution der Erlebnisse entstand." Siehe Lukács: Schriftsteller und Kritiker. S. 203. Vgl. auch S. 198 und S. 204.

161 In einem Manifest mit dem Titel *Männliche Literatur* von 1929 fordert Pinthus eine dem ‚weibischen' Feuilleton entgegengesetzte, ‚unpathetische' dokumentarische Literatur. Vgl. Pinthus: Männliche Literatur. In: Das Tage-Buch $10^1$ (1929). S. 903–911. Zitiert nach: Anton Kaes (Hrsg.): Weimarer Republik. Manifeste und Dokumente zur deutschen Literatur 1918–1933. Stuttgart: Metzler 1983. S. 330.

162 Günter Oesterle: ‚Unter dem Strich'. Skizze einer Kulturpoetik des Feuilletons im neunzehnten Jahrhundert. In: Jürgen Barkhoff/Gilbert Carr/Roger Paulin (Hrsg.): Das schwierige 19. Jahrhundert. Reprint. Tübingen: Niemeyer 2011. S. 229–250, hier S. 243.

163 Vgl. Ulrich Püschel: $\text{Feuilleton}_2$. In: Klaus Weimar/Harald Fricke/Klaus Grubmüller/Jan-Dirk Müller (Hrsg.): Reallexikon der deutschen Literaturwissenschaft. Neubearbeitung des Reallexikons der deutschen Literaturgeschichte. Bd. I, A–G. Berlin/New York: De Gruyter 1997. S. 584–587, hier S. 585.

164 Almut Todorow: Intermediale Grenzgänge: Robert Walsers Kleist-Essays. In: Wolfgang Braungart/Kai Kauffmann (Hrsg.): Essayismus um 1900. Heidelberg: Winter 2006. S. 223–246, hier S. 229.

sexualisierter Metaphern in Bezug auf Autorschaft und die Arbeit mit Sprache, wenn er diese als „Weib" verbildlicht, dem der „Filou" Heine das „Mieder gelockert" und es damit zur „Hure" degradiert habe.[165] Demgegenüber profiliert er den deutschen Dichter als „ganze[n] Kerl", welcher allein dazu in der Lage sei, der Sprache „Kinder [zu] machen"[166]. In der Logik dieser Metapher ist eine Autorschaft von Frauen nicht denkbar, lediglich eine betont maskuline. Die männliche Autorschaft wird einem feminin konnotierten Antitypus entgegengestellt, der nicht als zeugungsfähig, mithin sprachmächtig, gilt.[167]

Ähnlich wie die ökonomisch erfolgreiche Frauen- und Unterhaltungsliteratur des 19. Jahrhunderts, für die der Name Eugenie Marlitt stellvertretend steht, stellt das literarische Feuilleton für die ästhetisch ambitionierten Strömungen um 1900 eine Negativfolie dar, vor der die eigenen Kunstansprüche geltend gemacht werden können. Der auffällig verbreitete Einsatz von Weiblichkeitsklischees und frauenabwertenden Bemerkungen ist dabei nicht allein metaphorischer Natur. Die spürbaren Veränderungen der Geschlechterverhältnisse seit dem ausgehenden 19. Jahrhundert machen schließlich auch vor der Profession des Schriftstellers nicht halt.

Die sich zuspitzenden kapitalistischen Verwertungstendenzen von Literatur setzen die Vorstellung eines unabhängigen Schreibens, das seiner eigenen Kreativität folgt, massiv unter Druck, da ein solches Bild mit der erlebten Situation schriftstellerischer Produktion nicht mehr übereinstimmt. Zugleich bekommen Frauen erneut (wie bereits im ausgehenden 18. und 19. Jahrhundert) real verbesserte Möglichkeiten, am Literaturmarkt als Autorinnen zu partizipieren.[168] Die Geschlechterzuschreibung dient in der Feuilletondebatte als „kulturelles Deutungsmuster"[169] und misogyne Konkurrenzstrategie zugleich. Die ebenfalls maßgebliche Verwendung antisemitischer Denkmuster in Bezug auf die zeitgenössische Presse – in der ausartenden Kritik an Heine wird dies besonders greifbar – erfolgt parallel zu deren Vergeschlechtlichung,

165 Alle Zitate Karl Kraus: Heine und die Folgen. In: Ders.: Schriften. Bd. 4: Untergang der Welt durch schwarze Magie. Hrsg. von Christian Wagenknecht. Frankfurt am Main: Suhrkamp 1989. S. 185–210, hier S. 190.

166 Beide Zitate Kraus: Heine und die Folgen. S. 187.

167 Diese vergeschlechtlichten Zuschreibungen bilden die Imagination eines ‚weibischen Feuilletonisten' (Erhard Schütz: Die Sprache. Das Weib. Der weibische Feuilletonist. In: Passage für Kunst bis Politik 3 (1993). S. 57–70) französischen Ursprungs, der die kommerzielle Autorschaft repräsentiere. Von diesem Typus lässt sich der als Gegenentwurf konstruierte sprachmächtige und literarisch avancierte Autor deutscher Abstammung abgrenzen. Ebenfalls als weiblich angenommen wird die Leserschaft des Feuilletons, vgl. Utz: Tanz auf den Rändern. S. 318.

168 Vgl. Parr: Autorschaft. S. 78/79.

169 Helduser: Geschlechterprogramme. S. 44.

gleichwohl diese beiden Diskursstrategien in ihrer Funktion nicht gleichgesetzt werden können.[170]

Angesichts des Mangels an konkreten diskursiven Bezugnahmen von Walsers Feuilletons auf die Beschleunigung und Ökonomisierung des Literaturmarkts um 1900 stellt sich die Frage, wie Walser diese Veränderungen wahrgenommen und bewertet hat und ob er sich gegebenenfalls in seiner Berliner Zeit bereits expliziter zur feuilletonistischen Autorschaft positioniert hat als in den hier diskutierten Texten. In diesem Zusammenhang hat die Forschung immer wieder zwei Bemerkungen aus zwei verschiedenen Briefen Walsers angeführt: einem an Christian Morgenstern und einem an Alfred Walter Heymel. Im Brief an Morgenstern, in dem Walser zunächst ein neues Schreibprojekt ankündigt, das sich um einen „Hypochonder, eine Frau mit Tochter" und „wenig Landschaft"[171] drehen solle, und außerdem darüber informiert, dass Hardens *Zukunft* sein Prosastück *Die Schlacht bei Sempach* angenommen habe, erklärt Walser mit einer gewissen Verve: „Wenn ich aber Zeitschriftenlieferant werden sollte, lieber ginge ich ‚unter die Soldaten'" (BA 1, S. 159). Ungeachtet dieser Abwertung einer vorwiegenden Produktion für Zeitungen erlaubt er sich am Ende des Briefs – in Anspielung auf die Reportagen des Journalisten Alfred Holzbock – zu erwähnen, dass ihm der „einfache holzböckische Zeitungsartikel" erhebender erscheine als ein „gut komponirte[sic!]"r Roman (Beide Zitate BA 1, S. 160).

Walser gibt zu bedenken, dass Leben und Kunst im Prozess des Schreibens äußerst nah beieinander lägen – „heimtückisch, wie auf einer Nadelspitze" (BA 1, S. 159) – und verteidigt dabei – im Zusammenhang einer Erwähnung der von ihm erlebten Uraufführung von Wedekinds *Frühlingserwachen* – den journalistischen, das heißt nichtfiktionalen Zugang zum Leben, den Holzbock als Reporter repräsentiere.[172] Walser hatte das Stück in der Regie von

170 Der moderne Antisemitismus nimmt in der regressiven Kapitalismuskritik seit dem 19. Jahrhundert eine noch zentralere Rolle ein als die Frauenfeindlichkeit. Grundlegend dazu Moishe Postone: Nationalsozialismus und Antisemitismus. Ein theoretischer Versuch (1979). http://www.krisis.org/1979/nationalsozialismus-und-antisemitismus/. Zugriff am 12.11.2019.

171 Beide Zitate BA 1. S. 154. Es ist unklar, um welches Projekt es sich hierbei handelt. Möglicherweise steht es im Zusammenhang mit weiteren literarischen Ideen, von denen Walser Morgenstern in einer offenbar planerisch produktiven Phase im Herbst 1906 berichtet, in der er ihm auch seinen ‚Asienroman', mithin den ersten und nichtrealisierten *Gehülfen*-Roman, kurz skizziert. Angela Thut und Christian Walt vermuten, dass mit diesem Projekt möglicherweise bereits der Stoff des zweiten und publizierten *Gehülfen*-Romans angedeutet wird. Vgl. dazu KWA I, 3. S. 281.

172 Der Brief ist undatiert, der Entstehungszeitraum wird von Peter Stocker und Bernhard Echte zwischen Dezember 1906 und Januar 1908 angesetzt, mithin in zeitlicher

Max Reinhardt – Karl Walser hatte das Bühnenbild besorgt – am 20.11.1906 in den Kammerspielen des Deutschen Theaters in Berlin gesehen.[173] Die Premierenatmosphäre beschreibt er gegenüber Morgenstern als erstarrt und professionell abgeklärt.[174] Im Brief steht Wedekind, den Walser 1901 im Kontext des Münchner Insel-Kreises kennenlernte,[175] emblematisch für den erfolgreichen Publikumsschriftsteller. Eine gewisse Eitelkeit, die eine solch mächtige Position im Literaturbetrieb mit sich bringt, bereitet Walser merkliches Unbehagen: „Diese Dichter, wie gemein sie sich alle in diesen Publikumserfolgen wohl fühlen. Diese Wedekinds!" (BA 1, S. 160). Gegen die literarischen Arbeiten der Autoren vom Schlage Wedekinds scheint Walser im Grunde nichts einzuwenden zu haben: „Und ich bewundere und liebe ihn." (BA 1, S. 160). Vielmehr stößt er sich offenbar an der ritualisierten Resonanz, die Wedekind im Betrieb erfährt und die von dem von ihm als kalt und förmlich dargestellten Premierenerlebnis ins Bild gesetzt wird. Dass Walser sich in den gebildeten Künstlerkreisen nicht wohl fühlte, ist bekannt.

Deutlich stellt Walser den Dichtertypus Wedekind in Kontrast zum Reporter à la Holzbock. Der Reporter begibt sich bekanntermaßen in die Nähe seiner Gegenstände und berichtet über sie aus der unmittelbaren Anschauung heraus. Er wirft sich hinein ins Leben, zum „Höheren und Vortrefflichen" geht er hingegen nur hin und wieder auf „Fühlung" (Beide Zitate BA 1, S. 160). Ein solches Näheverhältnis zum Leben kann der vom Erfolgszeremoniell umstellte Publikumsdichter offenbar nicht erreichen. Das Autorschaftsverständnis, das seine Konturen im Brief an Morgenstern am Vorbild des Reporters gewinnt, lässt an Walsers feuilletonistischen Flaneur der Berliner Großstadttexte und den ‚Diener der Menschheit', als den er den Schriftsteller im Feuilleton des *Berliner Tageblatts* entwirft, denken. Walsers moderner Schriftsteller steht für einen ethischen Anspruch an die eigene Tätigkeit, zugleich ist er ein ‚Dienstleister', mithin ein Schreiber, der für Geld Texte abliefert, was diesen Anspruch für Walser jedoch nicht schmälert.

---

Überschneidung mit der Produktion des *Gehülfen*. Manches spricht dafür, dass der Brief nicht etwa erst am Ende des Jahres 1907 verfasst wurde. Der Text *Die Schlacht bei Sempach*, der zum Zeitpunkt des Briefes noch nicht veröffentlicht wurde, erscheint zwar erst im Januar 1908, Walser hätte seinen Bericht von einem Theaterabend im November 1906 jedoch kaum mit „[n]eulich" (BA 1. S. 160) eingeleitet, wenn dieser bereits ein Jahr zurückgelegen hätte.

173 Vgl. BA 1. S. 152, siehe Anmerkung 32.

174 Siehe BA 1. S. 160: „Neulich in der Premiere: Wie sich da jedes Gesicht lumpig und kalt kennt."

175 Vgl. Peter Rusterholz im RWH. S. 56.

Im Brief an Morgenstern – genau wie im Feuilleton *Der Schriftsteller* – zeichnet Walser somit ein positives Bild der journalistischen Autortätigkeit, die sich im Feuilleton zudem auf die Bedingungen des Marktes einlässt. In dieser Hinsicht unterscheidet sich Walsers Vorstellung des modernen Autors in bemerkenswerter Weise von der vieler seiner Zeitgenossen, für die Journalismus und literarische Ambition als mehr oder weniger unvereinbar gelten. Die Idealvorstellung des Dichters als Originalgenie, die zu Beginn des 20. Jahrhunderts weiterhin Zuspruch erfährt, ist mit einem professionellen Verständnis von Autorschaft schwerlich in Einklang zu bringen. Letzteres bedroht den traditionellen Anspruch schöner Literatur, frei von Zweckbestimmung zu sein, weshalb ein merkantiles Agieren von Schriftstellerinnen und Schriftstellern abgewehrt wird. Das Konzept des Genieautors hilft, den Markt als Bedingung des Schreibens auszublenden. Gerade in der Umbruchszeit um die Jahrhundertwende, in der die Abhängigkeit der Literatur von Absatzmärkten offensichtlich geworden ist, gewinnt dessen Imagination daher an Bedeutung.

Im 18. Jahrhundert repräsentiert das Genie eine als männlich und potent gedachte Autorschaft, die sich sowohl von der beginnenden Massenliteratur als auch von antiken Idealen emanzipiert.[176] In dieser emanzipatorischen Funktion kann die Vorstellung des Genieautors auch zu Walsers Zeit eigene Kreativitäts- und Autonomieansprüche gegen eine sich im Kontext von Massenpresse und Großverlagen immer weiter verbreitende, marktabhängige Schriftstellerexistenz zumindest in der Theorie verteidigen. An Hofmannsthals *Der Dichter und diese Zeit* lässt sich die Reaktivierung schriftstellerischer Originalitäts- und Autonomiepostulate deutlich erkennen.

Walsers Schriftsteller vereint dagegen beide Facetten des Schreibens, die der zeitgenössische Diskurs als ästhetischen und moralischen Widerspruch begreift: Er ist Künstler und ‚Taglöhner' zugleich. Seine ‚Dienstleistung' gegenüber der Gesellschaft besteht im Festhalten des Flüchtigen, was in den *Schriftsteller*-Feuilletons als engagiertes Schreiben aufscheint. Vor diesem Hintergrund muss man Walser als einen Autor begreifen, der die veränderten materiellen Rahmenbedingungen des schriftstellerischen Schreibens anders als viele seiner Zeitgenossen nicht einseitig als Bedrohung wahrnahm, sondern schon frühzeitig eine professionelle Haltung gegenüber diesen Veränderungen entwickelte, die es ihm erlaubte, in und mit dem Markt und den Massenmedien zu agieren und sich dennoch als Literat zu verstehen.

---

176 Vgl. Albrecht Koschorke: Geschlechterpolitik und Zeichenökonomie. Zur Geschichte der deutschen Klassik vor ihrer Entstehung. In: Renate von Heydebrand (Hrsg.): Kanon, Macht, Kultur. Theoretische, historische und soziale Aspekte ästhetischer Kanonbildungen. Stuttgart: Metzler 1998. S. 581–599, hier S. 584.

Walser hat für die kleine Form nicht ausdrücklich eine Lanze gebrochen oder sie gar als Literatur der Stunde verteidigt, wie dies etwa Alfred Polgar in seiner berühmt gewordenen Prosasammlung *Orchester von oben* von 1926 getan hat. Walser romantisierte das Schreiben für die Zeitung auch nicht. In der Berner Zeit hat sein ‚Prosastückligeschäft' mit seiner ständigen Abhängigkeit von der Abnahmebereitschaft der Zeitungsverleger ihn in handfeste Schreibkrisen gestürzt. Es wäre daher nicht zutreffend, ihm ein ungebrochenes Verhältnis zur feuilletonistischen Autorschaft zu attestieren. Spätestens in den 1920er-Jahren zeugen seine Prosastücke von einem klaren Bewusstsein der industrialisierten Funktionsweisen des Literaturbetriebs, die nach dem Ersten Weltkrieg noch weiter ausgebaut und professionalisiert wurden. Die Prosastücke *Für die Katz*, *Meine Bemühungen* und *Eine Art Erzählung* reflektieren auf präzise Weise Walsers zweifache Schreibsituation zwischen freier Schriftstellerei und Broterwerb sowie das sich in diesem Zusammenhang verschärft stellende Problem der literarischen Wertung und Kanonisierung. Besonders eindrücklich beschreibt Walser in *Für die Katz* die Mechanismen der Kulturindustrie und die Eingebundenheit aller Schreibenden (auch der dichterisch ambitionierten) in sie und konfrontiert diese Situation auf argumentativ und poetisch komplexe Weise mit der Frage nach den kulturellen Ewigkeitswerten der Literatur.[177]

Bei seinem Versuch, sich in Berlin als literarischer Autor bekannt zu machen, konnte ihm nicht daran gelegen sein, als ‚Zeitungsschreiber' wahrgenommen zu werden. Auch deshalb brachte er seine Prosastücke dieser Werkphase präferiert in renommierten Kultur- und Literaturzeitschriften unter und veröffentlichte sie zudem später in Buchform. Allerdings erkannte Walser im Feuilleton eine literarische Innovationskraft, die er für seine Buchpublikationen nutzte.

### 4.2.3 *Dienen und Feuilletons schreiben*

Inwiefern ist nun Walsers Reflexion der feuilletonistischen Autorschaft in *Jakob von Gunten* eingegangen? Wie der ‚Diener der Menschheit' im Feuilleton *Der Schriftsteller*, das im *Berliner Tageblatt* veröffentlicht wurde, verweist die Figur des Dieners in *Jakob von Gunten* und anderen Texten Walsers mit Diener-Thematik in der Art einer poetologischen Verortung auf den Feuilletonisten. Es geht dabei um eine feuilletonistische Haltung, die den Qualitäten des Dieners ähnelt.

---

177 Ein Close Reading des Textes, das diesen in der Feuilletondebatte im frühen 20. Jahrhundert situiert, unternimmt Utz: Tanz auf den Rändern. S. 358–368.

Walsers *Schriftsteller*-Feuilleton verteidigt den Zeitungsschriftsteller als gesellschaftlich engagierten Autor, weil dieser die flüchtigen Eindrücke dem Vergessen zu entreißen vermöge. Wie das beobachtende Ich im Feuilleton *Tiergarten* entäußert sich der Schriftsteller für diese Aufgabe an seine Gegenstände:

> Er erlebt alles in seinen Empfindungen, er ist Karrenschieber, Wirt, Raufbold, Sänger, Schuster, Salondame, Bettler, General, Banklehrling, Tänzerin, Mutter, Kind, Vater, Betrüger, Erschaffener, Geliebte. Er ist der Mondschein, und er ist das Brunnenplätschern, der Regen, die Hitze in den Straßen, der Strand, das Segelschiff. [...] Er ist das Erröten auf der Wange der Frau, die merkt, daß sie liebt, er ist der Haß eines kleinlichen Hassers, kurz, er ist alles und muß alles sein. Für ihn gibt es nur eine Religion, nur ein Gefühl, nur eine Weltanschauung: in die Anschauung, in das Gefühl, in die Religion anderer, womöglich aller liebend aufpassend unterzuschlüpfen. (KWA III, 1, S. 10).

Der Schriftsteller erlebt die „Empfindungen" der anderen, seine Anverwandlung aller erdenklichen Persönlichkeiten und Perspektiven ist eine fürsorgliche. Sie nachempfinden zu können, wird ihm durch seine scharfe Beobachtungsgabe ermöglicht, die indes auch Jakob als Flaneur und Diener ausweist. Am Beispiel seines Mitschülers Kraus reflektiert Jakob die Qualitäten des Dieners.[178] In Kraus erblickt er „die Treue, de[n] Diensteifer und das unauffällige, selbstlose Entgegenkommen selber" (JvG, S. 44). Für sein schlichtes Gemüt und seine Durchschaubarkeit verachtet Jakob seinen Mitschüler allerdings auch, er nennt ihn einen „dummen Affen" (JvG, S. 13) und in einem Tagtraum stellt er sich ihn als seinen eigenen Bediensteten vor.

Kraus' außerordentliche Bereitschaft, sich zu unterwerfen, fasziniert Jakob. In Jakobs Reflexionen erscheint das Dienen als umfassende Haltung dem Leben und der Gesellschaft gegenüber, was über ein berufliches Selbstverständnis weit hinausgeht. „Demut" und „Entgegenkommen" zeichneten diese Haltung aus, aber auch „Stil" (alle Zitate JvG, S. 29). Die Mimik des Dieners sei dazu „geschaffen", „irgend einen Ton, eine Manier anzugeben" (JvG, S. 29). Er gleiche sich darin auch anderen an, vorzugsweise seinem Vorgesetzten: „Ein Diener kann gar nicht anders als die Masken und Allüren seines Herrn annehmen, um sie gleichsam treuherzig fortzupflanzen." (JvG, S. 50).

Die am Beispiel von Kraus gepriesenen Dienerqualitäten eines genauen Beobachterblicks und einer außerordentlichen Anpassungsfähigkeit weisen Ähnlichkeiten zu Jakobs Stadterkundungen als Flaneur auf, bei denen dieser

178 Siehe JvG. S. 29: „Er wird ein ganz wundervoller Diener sein, denn nicht nur sein Äußeres paßt zu diesem Beruf der Demut und des Entgegenkommens, nein, auch die Seele, die ganze Natur, das ganze menschliche Wesen meines Kameraden hat etwas im allerbesten Sinn Dienerhaftes."

schließlich ebenfalls die Verhaltensweisen von Passanten nachahmt. Erkennbar nähern sich Jakobs Überlegungen zum Diener und sein Auftreten als nachahmender Beobachter im Raum der Großstadt der Konzeption des ‚Dieners der Menschheit' im Feuilleton an. Insbesondere die Unauffälligkeit, die Jakob an seinem Mitschüler Kraus hervorhebt, ähnelt der Bescheidenheit, die sowohl im *Berliner Tageblatt*-Feuilleton als auch im Text für die *Schaubühne* dem Schriftsteller zugeschrieben wird. Der Schriftsteller befindet sich im *Schaubühnen*-Text abseits im „Halbdunkel" (KWA II, 3, S. 108), wo er niemandem auffällt. Auch im Feuilleton spielt er nur „ganz im Verborgenen eine Rolle" (KWA III, 1, S. 10).[179] Den Gestus der feuilletonistischen Bescheidenheit hat Walser auch in seinen Feuilletons der 1920er-Jahre immer wieder eingesetzt.[180]

Auch die Literaturkritik registriert die in *Jakob von Gunten* ausgestellte hohe Rezeptivität des Protagonisten. Josef Viktor Widmann lokalisiert dabei den dominanten Beobachterblick in Walser selbst. In seiner Rezension zu dem Roman attestiert er Walser „Phantasieaugen", die die Welt „mikroskopisch"[181] genau erfassten und stellt dies gleichsam als sein Alleinstellungsmerkmal heraus. Walsers „Reagieren auf minimste Reize"[182], wie Widmann es formuliert, spreche für die Modernität des Romans.

Nicht nur in *Jakob von Gunten* weist der Diener über die diegetische Bedeutungsebene hinaus. Walser hat die Figur des Dieners insbesondere in seinen *Tobold*-Texten, die er zwischen 1912 und 1917 veröffentlichte, mit poetologischen Überlegungen in Zusammenhang gebracht. Tobold – neben Jakob von Gunten eine weitere markante Dienerfigur in seinem Werk – tritt in verschiedenen kürzeren Texten auf. 1912 erschien in *Die Rheinlande* und 1913 im Band *Aufsätze* das Prosastück *Der fremde Geselle*, 1913 in Max Brods *Arkadia* und 1914 in *Kleine Dichtungen* das Versfragment *Tobold* und am 18.04.1915 veröffentlichte die *Neue Zürcher Zeitung* den Text *Aus Tobolds Leben*, der auch in *Poetenleben* aufgenommen wurde. Darüber hinaus sollte Tobold Protagonist in einem der verschollenen Romane Walsers werden.

---

179 Im *Schaubühnen*-Text heißt es: „Der Mann mit der Feder in der Hand ist quasi ein Held im Halbdunkel, dessen Betragen nur deshalb kein heroisches und edles ist, weil es der Welt nicht zu Gesicht kommen kann." (KWA II, 3. S. 108). Im Feuilleton für das *Berliner Tageblatt*: „Wenn andere lachen, daß ihnen die hellen, schönen Tränen in die Augen treten, so steht er im bescheidenen Halbdunkel, von der Aufgabe erfüllt, die ihm zuflüstert: Studiere diese Munterkeit, präge dir die Töne dieser Freude fest ein, damit du sie, wenn du nach Hause kommst, beschreiben und in Worte malen kannst!" (KWA III, 1. S. 9).

180 Z. B. im *Backfischaufsatz*, der in Kapitel 3.2.2 der vorliegenden Arbeit besprochen wurde.

181 Beide Zitate Widmann: Jakob von Gunten. S. 34.

182 Widmann: Jakob von Gunten. S. 34.

Im umfangreichsten überlieferten Text ist Tobold als Dichter und Feuilletonist tätig. Unter dem Titel *Tobold – Erzählung von Robert Walser* erschien er im Februar 1917 in der *Neuen Rundschau* und im selben Jahr in *Kleine Prosa*. Die Erzählung *Tobold* ist gemäß ihrer Gattungsbezeichnung narrativer gestaltet als die kürzeren *Tobold*-Texte. Tobold wird darin als „sonderbarer stiller Mensch" (BA 13, S. 96) eingeführt, der früher Peter hieß. Er trägt seine Geschichte, die um seine Anstellung als Diener auf einem Schloss kreist, einem anderen Ich-Erzähler, der nicht weiter in Erscheinung tritt, mündlich vor.

Zunächst gibt er sich als schwärmerischer und weltabgewandter Dichter von Lyrik zu erkennen: „Ich saß in einem abgelegenen kleinen Zimmer, schrieb Gedichte und träumte von einem ruhmvollen, großen Leben, von Frauenliebe und von allen schönen, großen Dingen." (BA 13, S. 96). Die Konzeption des romantischen Dichters, der sich am Erhabenen erfreut und die Natur durchstreift, konterkariert der Text jedoch sogleich, indem er Tobolds romantisches Dichten unter dem Namen Peter als frühere Produktionsphase ausweist, von der sich Tobold inzwischen distanziert habe. Daraufhin gibt sich Tobold als geschäftstüchtiger Schriftsteller zu erkennen, der sich, je nach Publikationsform und Textsorte, unterschiedliche Pseudonyme zulegt: „Die Gedichte, die ich als Peter schrieb, gab ich viel später unter dem Namen Oskar bei guter Gelegenheit und zu guter Stunde heraus. [...] Als Bruder Lustig, das heißt zu Zeiten, wo ich sehr gut aufgelegt war, nannte ich mich Wenzel." (BA 13, S. 96).

Den Namen Tobold erhält das Dichter-Ich nach einem Zusammenbruch im Zuge einer Sinnkrise. Seine Umbenennung habe es ihm gestattet, als „neuer Mensch" (BA 13, S. 97) aus den Trümmern seiner hochfliegenden, jedoch gescheiterten Pläne, ein großer Dichter zu sein, hervorzugehen (vgl. BA 13, S. 97). Das Motiv der Verwandlung erinnert dabei an die bekenntnishafte Autobiographie in der augustinischen und Rousseau'schen Tradition.[183] Nach seiner Quasi-Wiedergeburt hat Tobold keine Ambitionen mehr, zu schriftstellerischem Ansehen zu gelangen: „Dem Ruhm fragte ich jetzt nichts mehr nach, und das Große schaute ich nicht mehr an. Ich hatte eine Liebe für das ganz Kleine und Geringe gewonnen, und mit dieser Liebe ausgerüstet dünkte mich das Leben schön, gerecht und gut. Ich verzichtete mit Freuden auf allen Ehrgeiz." (BA 13, S. 97). Das Aufgeben dichterischen Ruhms wird in unmittelbarer Nähe zur Aufnahme seiner Dieneranstellung auf einem Grafenschloss erwähnt, die anfangs noch einen bloßen Einfall oder „spielenden Gedanken" (BA 13, S. 97) darstellt. Tobolds ‚fixe Idee' ist von dem unbedingten Bedürfnis

183 Vgl. Sabine Eickenrodt: Nachwort zur BA 13. S. 163.

getrieben, sie Realität werden zu lassen.[184] Wie Jakob ist Tobold damit ein schreibender Diener, der die direkte Anschauung präferiert (auch die Großstadt erzieht schließlich durch Anschauung).

Des Verkehrs in gebildeten Kreisen, der offenbar mit seinem früheren Dichterleben verbunden war, wird er bald überdrüssig. Diener zu werden versteht er als Möglichkeit, eine „bestimmte Schule" (BA 13, S. 99) zu durchlaufen, die praktische (anstatt theoretischer) Bildung verspricht und als radikale Unternehmung gelten kann: „Mit Lesen war es nicht getan, es galt den kräftigen Schritt auszuführen." (BA 13, S. 99). Im weiteren Verlauf werden Tobolds Ankunft am Schloss und seine Tätigkeit als Diener für den Grafen geschildert. Unter der strengen Ägide eines polnischen Kastellans lernt Tobold Herrschaften zu bedienen und staubt Lampenschirme ab. In seiner Freizeit betätigt er sich hingegen als Verfasser kleiner Formen. Er schreibt eine *Studie über den Adel* (BA 13, S. 107), bei der es sich allerdings nicht um den Versuch handelt, ein Psychogramm des einstmaligen Herrscherstandes zu zeichnen. Vielmehr beschreibt Tobold darin auf ironische Weise das scheinbar Beiläufige: was der Adel frühstückt, wie selten er liest, wie er seine Zeit mit der Jagd zubringt, wie Baroninnen und Gräfinnen aussehen oder rauchen (vgl. BA 13, S. 108/109).

Seinen kurzen Text, der ohne Resümee oder Pointe auskommt, schickt er „an die Redaktion eines bedeutenden Tageblattes" (BA 13, S. 109), die diesen allerdings nicht veröffentlicht: „[…] die Bemühung erwies sich als nutzlos, denn das Geistesprodukt blieb ungedruckt und wanderte sehr wahrscheinlich in den Papierkorb, was der Autor natürlich bedauerte, ohne zornig zu werden, da er niemals ein großer Schriftsteller zu sein meinte." (BA 13, S. 109). Tobold wird wie Jakob als Diener und Feuilletonist gezeichnet, wie *Der Schriftsteller* sieht er sich mit den Unannehmlichkeiten eines durch Angebot und Nachfrage regulierten Literaturmarktes konfrontiert. Es mag nicht sonderlich verwundern, dass das „bedeutende Tageblatt" (BA 13, S. 109) Tobolds eher verschroben und weltfremd anmutenden Publikationsvorschlag ablehnt. Walser konnte seinen Roman *Tobold* ebenfalls bei keinem Verlag unterbringen. Das verschollene Manuskript wies vermutlich einige Parallelen zu *Jakob von Gunten* auf. Durch einen Brief Walsers vom 12. Dezember 1918 an den Zürcher Rascher-Verlag, in dem er diesem seinen *Tobold*-Roman anbietet (er arbeitet zu diesem Zeitpunkt noch daran), kann auf den Inhalt geschlossen werden. Walser skizziert ihn so: „Der Schauplatz ist Zürich. Der Held ist ein junger Mensch, Commis und Dichter. Dazwischen klingt viel Zeitgemäßes, Jetziges

184 Siehe BA 13, S. 98: „[…], und ein lebhafter Gedanke will früher oder später in lebendige Wirklichkeit und Körperlichkeit verwandelt sein."

hinein." (BA 1, S. 517). Im Anschluss zieht er eine direkte Verbindung zu *Jakob von Gunten*, der zu diesem Zeitpunkt sein zuletzt realisiertes Romanprojekt darstellt.[185] Das Zeitgemäße, mit dem er für seinen Roman wirbt, stellt Walser auch in einem Brief an Efraim Frisch vom 5. Januar 1919 heraus. Frisch bietet er *Tobold* parallel für einen Vorabdruck in dessen Zeitschrift *Der neue Merkur* an.[186]

Gegenüber Frisch profiliert Walser den *Tobold*-Roman ebenfalls, indem er ihn mit *Jakob von Gunten* vergleicht: „Der Schauplatz ist eine moderne Stadt (Zürich) der Held ist ein junger Mensch, Commis und Dichter, der sich mit einem andern jungen Menschen auseinandersetzt. Zeitliches, Zeitgemäßes spielt deutlich mit. Der Roman hat unabhängiges und künstlerisches, doch dabei starkes Gegenwarts-Gepräge. An Umfang wird er ungefähr sein wie der ‚Jakob von Gunten'." (BA 1, S. 535). Walser kommt in seinem Brief auch auf eine sehr positive Besprechung von *Jakob von Gunten* durch Frisch in der *Neuen Rundschau* von 1911 zu sprechen. Diese Erwähnung spricht einerseits dafür, dass er auch nach mehreren Jahren nicht vergessen hat, wer seinen Berliner Romanen bei ihrem Erscheinen gewogen war, andererseits dürfte es ihm günstig erschienen sein, für *Tobold* gerade mittels eines Vergleichs mit *Jakob von Gunten* zu werben, da dieser Frisch ja offenbar überzeugt hatte. Die von Walser hergestellte Verbindung zu *Jakob von Gunten* erlaubt es ihm außerdem, sein aktuell angebotenes Manuskript als modernen Romantext mit einem urbanen Setting herausstellen. Diesen Zusammenhang muss man allerdings rekonstruieren, denn die Vagheit, mit der Walser Plot und Schauplatz umreißt, lässt einen solchen Schluss kaum zu. Bedenkt man, dass in dem Monat, bevor er mit *Tobold* an Rascher herantritt, der Erste Weltkrieg beendet wurde, stellt sich die Frage, worin die vermeintliche Gegenwärtigkeit einer solchen Commis- und Dichterexistenz in Zürich eigentlich bestehen kann.[187]

---

185 Siehe dazu BA 1. S. 517: „Nach ziemlich langer Zeit, seit dem ‚Jakob von Gunten' ist mir wieder ein größerer poetischer, erzählender Zusammenhang gelungen."

186 In seiner Antwort vom 24. Januar lehnt Frisch die Veröffentlichung *Tobolds* im *Neuen Merkur* in Form eines Fortsetzungsromans unter der Begründung, der Umfang der Hefte sei zwischenzeitlich reduziert worden, ab. Er schlägt stattdessen vor, ggf. ein einzelnes, in sich geschlossenes Kapitel daraus zu publizieren (vgl. BA 1, S. 539). Im September 1919 bietet Walser Frisch daraufhin einen Auszug unter dem Titel *Aus Tobold's Roman* an (vgl. BA 1. S. 586). Dieses Angebot zieht Walser mit einer Postkarte vom 25.03.1920 wieder zurück (vgl. BA 1. S. 609).

187 Soweit auf seinen Inhalt geschlossen werden kann, verarbeitet auch Walsers *Theodor*-Roman nicht den Ersten Weltkrieg, sondern setzt wie die anderen Romane bei Biographischem an. Dies ist angesichts der Zäsur, die dieser Krieg auch für die Literatur darstellte, in gewisser Weise erstaunlich. Die Erzählung *Tobold* steht im Rahmen ihrer Veröffentlichung in *Kleine Prosa* allerdings durchaus im Zusammenhang mit einer

*Jakob von Gunten* findet in Walsers Verlagskorrespondenz auch deshalb wiederholt Erwähnung, da Walser laut eigener Darstellung seit dessen Niederschrift keinen weiteren Romantext produziert hat. Wenn man ihm darin folgt, muss *Tobold* nach einer langen unproduktiven Zeit im Bereich des Romanschreibens für ihn einen Durchbruch bedeutet haben. Dem Rascher-Verlag gegenüber stellt Walser die Fertigstellung des Romans für Ende Januar 1919 in Aussicht, er sei derzeit „mit der Reinschrift tätig" (BA 1, S. 518).

Die Erzählung *Tobold* aus der *Neuen Rundschau* liest sich passagenweise wie ein Entwurf zu einem größeren Schreibvorhaben. Unterschiedlichste Nebenfiguren, an die sich weitere Geschichten anknüpfen ließen, finden in geraffter Form Erwähnung. Dass er ihnen keine ausführlichere erzählerische Ausgestaltung angedeihen lässt, erklärt Tobold mit dem Gebot der Kürze seiner Erzählung.[188] Auch an anderer Stelle kommentiert Tobold seine eigene Erzählung metafiktional, was sich wie eine Anweisung für eine spätere, detailliertere Umsetzung liest.[189] *Der fremde Geselle*, der früheste überlieferte Text, in dem Tobold Erwähnung findet, reflektiert die Gestalt Tobolds als einen literarischen Einfall. Die Begegnung mit dem sonderbaren Tobold, der am Fenster des erzählenden Ichs vorbeikommt und zu ihm hinaufschaut, wird mit einer großen Bedeutsamkeit inszeniert, die man als erstes Inspirationsmoment in der Entwicklung einer literarischen Figur verstehen könnte:

> Ich habe bereits dem unbekannten Menschen, der zu mir hinaufgeschaut hat, einen Namen gegeben. Ich nenne ihn, wenn ich an ihn denke, Tobold. Mir ist dieser Name zwischen Schlafen und Wachen eingefallen. Wo ist er jetzt und an was denkt er? Ob es mir wohl möglich sein wird, seine Gedanken zu denken, zu erraten, was er denkt, und das gleiche, wie er, zu denken? Meine Gedanken sind bei ihm, der mich suchte. Offenbar hat er mich gesucht, und ich habe ihn nicht eingeladen, zu mir zu kommen, und er ist dann wieder gegangen. An der Ecke des Hauses hat er sich nochmals umgedreht, dann verschwand er. Ist er nun für immer verschwunden?[190]

---

Thematisierung des Krieges, die in Prosastücken wie *Basta* und *Na also* reflexiv in Bezug auf die militärisch getrimmte Mentalität und Sprache der Zeit durchscheint. Vgl. dazu Sabine Eickenrodt: Nachwort zur BA 13. S. 158/159.

188 Siehe BA 13. S. 116: „Der alte Schloßnachtwächter, der verbitterte Dorffriseur, der einen Zuckerdiebstahl verübte und deswegen als armer Sünder gefänglich eingezogen oder als Gefangener abgeführt wurde, der Herr Amtmann, zwei eitle Dorfschönheiten, [...] und sonstige Heiducken und Nebenpersonen mehr möchten hier gerne Erwähnung finden und Erläuterung genießen, aber ich darf mich von Nebenfiguren nicht vom fortschreitenden Fluß und Strom der wunderlichen Erzählung abhalten lassen, sondern bin gezwungen, über Trümmerhaufen und Schutt in Gottes Namen dem Ziele entgegenzuschreiten."

189 Siehe BA 13. S. 99: „Zum Anfang gehört außerdem folgende kleine Szene: [...]."

190 Robert Walser: Aufsätze. Leipzig: Kurt Wolff 1913. S. 232.

Dem Diener, der (wie der Page und der Spaziergänger) einen zentralen Typus in Walsers Werk bildet, kommt in *Jakob von Gunten* und den *Tobold*-Arbeiten eine komplexere Darstellung zu als in vielen anderen Texten mit Diener-Thematik. In diesem Fall verhandelt Walser offenbar mit der Figur des Dieners poetologische Fragen. Anders als im Roman findet die Darstellung der Dienertätigkeit in den *Tobold*-Texten allerdings nicht vor dem Hintergrund der Großstadt statt. Mit der Aufnahme des *Fremden Gesellen* in die Sammlung *Aufsätze* hat Walser die Gestalt Tobolds gleichwohl auf anderer Ebene in einen Zusammenhang mit dem Großstadt-Sujet gebracht. Hier erscheint der *Tobold*-Text gegen Ende des Bandes und damit nicht in unmittelbarer Nähe zu den Großstadtfeuilletons, die am Anfang der Sammlung platziert sind. Gleichwohl wird die *Tobold*-Thematik allein durch ihre Präsentation in der Sammlung mit dem Großstadt-Sujet in eine Konstellation gebracht.

Genau wie Jakob, der es sich mit seiner Ausbildung zum Ziel gesetzt hat, eine Null zu werden,[191] weist Tobold ein „Potential der Unterdeterminiertheit“[192] auf, welches das Ich mit Auflösung bedroht, es ihm aber auch erlaubt, wie der Feuilletonist in andere Rollen zu schlüpfen. In *Jakob von Gunten* sind diese Rollen vielfältig, sie reichen vom vornehmen Edelmann bis zum Dienstmädchen mit Staubwedel. Vor dem Hintergrund der Feuilletondebatte, in der der Feuilletonist als ‚verweiblicht‘ begriffen wird, erscheint die Dienstmädchentracht, die Jakob und seine Mitschüler tragen, nicht willkürlich gewählt: „Alles müssen wir selber machen, und jeder von uns hat zu dieser Zimmermädchenarbeit eine Schürze umgebunden, in welchem an die Weiblichkeit gemahnenden Kleidungsstück wir alle ohne Ausnahme komisch aussehen.“ (JvG, S. 32).

Bereits zu Beginn seines Tagebuchs erwähnt Jakob, dass die Schüler Uniformen haben, deren Tragen sie gleichzeitig „erniedrigt und erhebt“ (JvG, S. 9). Die Komik der stark ironischen Darstellung der regelmäßig stattfindenden Putztage durch Jakob besteht darin, dass dieser meint, im Zuge der Verrichtung von Frauenarbeit an Männlichkeit einzubüßen. Gleichzeitig besteht auch in dieser Szene – und das verbindet sie mit den Passagen der Flanerie – auf Seiten Jakobs ein Interesse an der ‚Gemachtheit‘ und gesellschaftlichen Bewertung von Weiblichkeit, ganz konkret sowohl an der Dienstmädchenuniform als

191 Die Bedeutung der Null als mathematische Größe und sprachliche Figur in Jakob von Gunten diskutiert ausführlich Utz. Für ihn kommt Jakobs Selbstdefinition als (künftige) Null die Funktion einer Bedeutungsverweigerung zu, mithin sei sie der Versuch, sich gegen „Fremdbestimmung von außen“ zur Wehr zu setzen. Dazu Utz: Robert Walsers *Jakob von Gunten*. S. 495.

192 Gisi im RWH. S. 143.

auch an der ‚niederen' Tätigkeit des Putzens.[193] Betrachtet man es allein als romaninternes Motiv, so erschließt sich dieses im Rahmen von Jakobs Tagebuch ausgedrückte Interesse wenig, da es innerhalb der Gesamterzählung isoliert und unterreflektiert bleibt.[194] Bereits mit Blick auf *Tiergarten* hat sich hingegen gezeigt, dass Walsers Prosa den feuilletonistischen Blick, durchaus stereotyp, als weiblich codiertes Verhältnis eines Beobachters zu seiner Umgebung in Szene setzt.[195] Da Jakobs Dienerausbildung, genau wie seinen Flanerien, die Reflexion der feuilletonistischen Autorschaft eingeschrieben ist, können auch die Schürzen der Zöglinge als Weiblichkeitsattribute gelesen werden, die über ihre diegetische Bedeutung hinaus auf den ‚verweiblichten' Feuilletonisten verweisen, der den Zeitdiskurs nachhaltig prägt. Auch in der späteren *Tagebuch*-Erzählung hat Walser den Bildbereich des niederen Diener- oder Angestelltendaseins mit Fragen der Literatur oder Autorschaft verknüpft. Dort wird das Dienstmädchen zur Chiffre für die Schriftstellertätigkeit. Bei einem Termin beim Finanzamt wird das erzählende Autor-Ich in die Kategorie ‚Dienstmädchen' eingestuft, was es zu Überlegungen über das Geschlecht der Literatur anregt. Dem „Taxator", der diese Einschätzung vornimmt, entgegnet der Schriftsteller: „‚Ich bin Ihnen für milde Betrachtungsweise ungemein dankbar, und Ihre Klassifizierungsgabe hat für mich selbstverständlich etwas durchaus Erquickliches. Die Poesie geht in der Tat gern seit alten Zeiten schon in dienendem Sinn von Haus zu Haus und kann in Wahrheit ebenso leicht als weiblich wie als männlich empfunden oder genommen und genossen werden.'" (SW 18, S. 94).

Wie *Der Schriftsteller* im *Berliner Tageblatt* stellt der viel später entstandene *Tagebuch*-Text an dieser Stelle genau den Aspekt der Nützlichkeit oder

193 Erkennbare Parallelen ergeben sich hierbei zu Simons Reflexionen über seine „ein wenig erniedrigend [e]" (GT. S. 187) Beschäftigung als Tellerabtrockner während seiner Dienertätigkeit bei der Dame.

194 Rolf-Peter Janz' bereits erwähnter Aufsatz *Schwindelnde Männer oder die Liebe zum Betrug* ist einer der wenigen Beiträge, die sich mit der Weiblichkeitsinszenierung in *Jakob von Gunten* befassen. Zu nennen wäre hier auch noch Claudia Liebrand: Jakob von Guntens Maskeraden. Spielkonfigurationen in Robert Walsers Tagebuchroman. In: Colloquia Germanica. Internationale Zeitschrift für Germanistik 32 (1999). S. 345–362. Janz schlägt vor, Jakobs Maskeraden als eine Destabilisierung bürgerlicher Männlichkeit zu begreifen. Vgl. Janz: Schwindelnde Männer oder die Liebe zum Betrug. S. 110.

195 Peter Utz zeigt dies am Beispiel des Feuilletons *Tiergarten* und vertritt dabei die These, dass die im Text als weiblich bezeichnete Stimmung im sonntäglichen Park als Walsers Beitrag zur abwertend-polemischen Debatte um das Feuilleton gelesen werden könne. Walser mache sich hier Weiblichkeitsklischees zu eigen und wende diese positiv im Sinne einer Aufwertung der eigenen Produktion für das Feuilleton. Vgl. Utz: Tanz auf den Rändern. S. 317/318 und Utz: In der Journalistentonart. S. 374.

Gemeinwohlorientierung von Literatur als deren „dienende[n] Sinn“ (SW 18, S. 94) heraus. Im *Tagebuch*-Text macht genau dies den Autor in der gesellschaftlichen Wahrnehmung (sie repräsentiert der Taxator) zum Dienstmädchen. In der Vergeschlechtlichung von Literatur erkennt das Autor-Ich ein Rezeptionsphänomen: Diese kann als männlich oder weiblich begriffen werden. Man muss Walser nicht gleich unterstellen, dass er (zumindest seit dem *Tagebuch*-Text) die in seiner Zeit verbreitete diskursive Konstruktion männlicher und weiblicher Textgenres oder Autorschaftskonzepte kritisiert, eine Sensibilität für die Verquickung von Gattungs- und Geschlechterannahmen weisen Texte wie *Tiergarten*, *Jakob von Gunten* und die *Tagebuch*-Erzählung hingegen zweifelsohne auf.

Walsers Briefe bieten keinen Aufschluss darüber, wie er die Verbindungen von Geschlecht und Literatur insgesamt bewertete, obgleich Diener und Dienstmädchen auch darin (zumindest beiläufig) Erwähnung finden, etwa wenn er Christian Morgenstern in einem Brief von 1906 mitteilt, dass er bei der Lektüre Dostojewskis eine „dumm[e]“ Ergriffenheit „wie ein Dienstmädchen im Teater [sic!]“ (beide Zitate BA 1, S. 151) verspürt habe. Walsers Vergleich mag hier der Illustration einer naiven Rezeptionshaltung dienen. Die Literatur der Dienstmädchen, mithin jene Genres, die seine Zeit als ‚weiblich‘ und feuilletonistisch, als unkünstlerisch und trivial abwertete, haben Walsers Romane auf der einen Seite inspiriert. Auf der anderen Seite rettet sein *Jakob von Gunten* die Flüchtigkeit des Feuilletons durch die Form des Romans und das Medium des Buchs in die ‚Überzeitlichkeit‘ der Literatur hinüber. Der Roman bewahrt die momenthaften Eindrücke des Feuilletonisten und gewährt ihnen literarische Geltung. In dieser Bewegung zwischen publizistisch-feuilletonistischen Impulsen und emphatisch-literarischem Ausdruck besteht das Experiment von Walsers Großstadtroman.

## 4.3 Ein Zeitungsbuch oder: Der flüchtige Roman

Walser hat die Ambivalenz des Schreibens in der Moderne im 20. Jahrhundert in den beiden Feuilletons *Der Schriftsteller* dezidiert zum Gegenstand gemacht. Dies jedoch nicht unter literaturgeschichtlicher oder geschichtsphilosophischer Perspektive wie Hofmannsthal, Musil, Benjamin und andere, sondern im Modus des Feuilletons, das heißt unter einem betont subjektiven Blickwinkel, nicht stringent argumentierend, sondern markant bildhaft, bisweilen plaudernd. Seine poetologischen Feuilletons porträtieren die Tätigkeit des Schriftstellers einerseits in ihrer Abhängigkeit von den Instanzen des Literaturbetriebs, andererseits als literarisch-erfinderischen Akt, der in „dachstubigte[r] Verlassenheit" (KWA II, 3, S. 109) erfolgt.

An diese Lesart anknüpfend wurde in dieser Arbeit gezeigt, dass Walser den modernen Autor als zwischen Auftragsarbeit und literarischer Tätigkeit pendelnd entwirft.

Auf diese Weise stehen die ambivalenten Strukturen in *Jakob von Gunten* (Großstadt/Institut, Diener/Flaneur) in Verbindung mit poetologischen Gedanken Walsers zur feuilletonistischen Autorschaft. Die Figur der Ambivalenz kann auf diese Weise in ihrer Beziehung zur Realität literarischen Schreibens und Publizierens um 1900 sichtbar gemacht werden. Das ‚Geheimnis der Großstadt', das in *Jakob von Gunten* im ambivalenten Verhältnis von Institut und Großstadt, Diener und Flaneur zur Darstellung kommt, ist mit Walsers Vorstellung eines zeitgemäßen Romans verknüpft. Dies gilt auch für die Reflexion des ambivalenten Schriftstellers. Der folgende, abschließende Argumentationsschritt wird Walsers feuilletonistisches Experiment mit dem Roman und seine Autorschaftsreflexion nun mit Überlegungen zu Gattung und Kanonisierung konfrontieren.

Walsers Roman öffnet sich den literarischen Formen und sprachlichen Darstellungsmitteln der Presse (Zeitung und Zeitschrift) und damit auch der gesellschaftlichen Beschleunigung und den medialen Gegebenheiten seiner Gegenwart. Zugleich ‚übersetzt' Walser die aus seiner heteronomen Schriftstellertätigkeit für Zeitschriften und Zeitungen herkommenden Impulse in die etablierte große Form des Romans, die ihm als selbstständige Publikation literarische Geltung zuteilwerden lassen kann.

Jakobs Tagebuch erhellt keine inneren Zustände wie das ‚Journal intime' des 19. Jahrhunderts, sein Autor wird sich im Schreiben vielmehr „zum Rätsel" (JvG, S. 9). Die Unverständlichkeit des Selbst korrespondiert dabei der unüberschaubaren Großstadt. Damit wird das ‚Geheimnis der Stadt' zum ‚Rätsel des Tagebuchs'. Jakobs Aufzeichnungen dienen nicht der Selbstaufklärung des Ichs, sie sind vielmehr der Wirklichkeit der Großstadt verpflichtet. Für diese findet Walsers Roman eine neue, adäquate Darstellung. In den historischen Verbindungen zwischen Tagebuch und Journalismus/Feuilleton – die aus dem Französischen entlehnte Bezeichnung ‚Journal' zeigt diesen Zusammenhang auf –,[196] liegt Walsers Interesse am Tagebuch mit Blick auf *Jakob von Gunten* begründet. Wie das Feuilleton (und der Brief) changiert das Tagebuch zwischen „dem Literarischen und dem Nichtliterarischen, dem Privaten und

196 Vgl. Utz: Robert Walsers *Jakob von Gunten*. S. 500.

dem Öffentlichen sowie dem Individuellen und dem Paradigmatischen".[197] Als Gattung, die sich auf der Grenze zwischen Literatur und Alltagskultur befindet, verhandelt das fingierte Tagebuch *Jakob von Gunten* die Frage, in welche Richtung sich der Roman im 20. Jahrhundert bewegen muss, um mit der Gegenwart Schritt zu halten. *Jakob von Gunten* beantwortet diese Frage mit einer Annäherung an Formen der Publizistik, die sich der gesellschaftlichen Wirklichkeit verbindlicher zuwenden als der Roman, insofern dieser als großes, durchkomponiertes Erzählwerk verstanden wird. Auf diese Weise konfrontiert Walsers Roman die ‚Wahrheitsliebe'[198] und das Nichtliterarische, sowie das Gegenwärtige von Tagebuch und Feuilleton mit der großen Form und ihrem Anspruch nach ästhetischer Durcharbeitung, Fiktionalität und literarischer Autonomie.

Die Frage nach dem Verhältnis von großer und kleiner Form, von Fiktionalität und Faktualität sowie von Autonomie und Heteronomie der Literatur hängt bei Walser genuin mit der Wahl des Publikationsmediums zusammen, im Zusammenspiel mit dem der Roman als Form noch erprobt und befragt werden muss. Der bisher diskutierte Zusammenhang von Feuilleton und Autorschaftsreflexion soll daher mit Blick auf die Publikationsmedien Buch, Zeitschrift und Zeitung, in denen Walser in Berlin der Literarisierung und Durchdringung des Urbanen nachgeht, geschärft werden. Ihre jeweilige mediale Eigengesetzlichkeit bemerkt und reflektiert Walser. Im publizistischen Spannungsverhältnis von Buch, Zeitschrift und Zeitung, das heißt im Wechsel von Entäußerung und Rückgewinnung selbstbestimmter Autorschaft, entwirft er seinen zeitgemäßen, feuilletonistischen Roman. Dass dieser Roman sich als Tagebuch präsentiert, steht im Zusammenhang mit Walsers Affinität zur ‚Journalliteratur'. Aus der ‚Logik' seiner Feuilletons aus der *Neuen Rundschau* bezieht sein multimediales literarisches Projekt der Großstadt in Berlin vorwiegend seine ästhetische Dringlichkeit. Dem Buch – Roman und Prosasammlung – kommt in diesem Projekt dagegen die Funktion zu, die urbanen ‚kleinen Formen' in neue Konstellationen zu bringen, ihre Flüchtigkeit zu bannen und Walsers Namen als Autor zu sichern.

---

197 Sabine Kalff/Ulrike Vedder: Tagebuch und Diaristik seit 1900. Einleitung. In: Zeitschrift für Germanistik XXVI[2] (2016). S. 235–242, hier S. 235.

198 Philippe Lejeune bezeichnet das Tagebuch als „Antifiktion" (Philippe Lejeune: Das Tagebuch als „Antifiktion". In: Lutz Hagestedt (Hrsg.): „Liebes Tagebuch". Zur Theorie und Praxis des Journals. München: belleville 2014. S. 321–338, hier S. 321). Er befasst sich dabei wohlgemerkt mit persönlichen, also faktualen Tagebüchern. Walsers *Jakob von Gunten* ist dagegen ein literarischer Text, der das Tagebuch als Form eines authentischen Ausdrucks reflektiert. Einige Überlegungen Lejeunes zum Tagebuch werden im Folgenden für Walsers Roman fruchtbar gemacht.

### 4.3.1 *Buch, Zeitschrift, Zeitung und die Frage nach der Kanonisierung*

Das in den *Schriftsteller*-Feuilletons beschriebene ambivalente Schreiben zwischen geschäftsmäßig-publizistischer Fremdbestimmung und literarisch-ambitionierter Buchschriftstellerei stellt sich in beiden Entwürfen nicht als der unvereinbare Widerspruch dar, als den ihn die erhitzten Debatten um das Verhältnis von Literatur und Journalismus um 1900 zeichnen. Vielmehr gesteht Walser dem Schreiben von Feuilletons eine engagierte Dimension oder ethische Relevanz zu. Zugleich harmonisiert seine ambivalente Konzeption die Aporien des Schreibens nicht, sie werden in ihrer Spannung zueinander in der Figur des Schriftstellers repräsentiert.

Das Verfassen und Publizieren von Büchern, die schriftstellerische Anerkennung versprechen, stellt Walser als ebenso in die Mechanismen des Literaturmarktes eingebunden dar wie die Produktion von Zeitungstexten. Die Interessen von Verlegern und Literaturkritikern müssen stets berücksichtigt werden, weshalb auch das literarische Schaffen niemals gänzlich selbstbestimmt erfolge. Die Vorstellung eines autonomen Literatursystems verabschiedet Walser in seinen poetologisch-feuilletonistischen Beiträgen, anders als viele seiner Zeitgenossen, ohne Melancholie oder merkliche Gegenrede im harmlos auftretenden Plauderton des Feuilletons.

Die scheinbar so einleuchtende „Gleichung von literarischer Marktfähigkeit und literarischer Kunstlosigkeit“[199] fordern diese Texte heraus. Anders als in den 1920er-Jahren, als er auf die Abnahme seiner Feuilletons durch Zeitungen stärker ökonomisch angewiesen sein wird, kann Walser das Feuilleton um 1900 in erster Linie unter literarisch-inspirierenden Gesichtspunkten bewerten und für seinen Großstadtroman *Jakob von Gunten* einsetzen.

Zugleich beschäftigten ihn bereits in Berlin die Fragen nach der dem Feuilleton zugeschriebenen ‚Kunstlosigkeit‘ und den Auswirkungen seiner Produktivität im Bereich des Feuilletons auf die öffentliche Wahrnehmung seiner Person als Schriftsteller. Literatur und Feuilleton bilden für Walser im Schreiben eine produktive Gemeinschaft,[200] als sich etablierender Autor

---

199 Philipp Theisohn/Christine Weder: Literatur als/statt Betrieb – Einleitung. In: Dies (Hrsg.): Literaturbetrieb. Zur Poetik einer Produktionsgemeinschaft. München: Fink 2013. S. 7–16, hier S. 7/8.

200 Theisohn und Weder schlagen vor, den reflektiert-offensiven Umgang von Autorinnen und Autoren mit der Marktförmigkeit ihrer Literatur als „Poetologie des Betriebs“ zu begreifen: „Sobald der Dichter als ‚Industrieller‘ nicht zwangsläufig disqualifiziert ist, kann sich der Entwurf einer betrieblich organisierten Literatur mit der Einsicht in die Produktionsbedingungen modernen Schreibens und den sich aus diesen ergebenden neuen Rollenmustern der literarischen Akteure – vom Fabrikanten bis hin zum Angestellten – verbinden. Solche Reflexion zielt letztlich auf eine Poetologie des Betriebs, auf einen Versuch, das Verhältnis zwischen Poiesis und Warenform genauer zu

versucht er jedoch auch, seine ‚Tagesware' literaturfähig zu machen. Sein Entwurf des Romans profitiert von der literarischen Innovationskraft, die von der theoretisch und poetologisch unbestimmten Form des Feuilletons ausgeht,[201] darüber hinaus kann er das feuilletonistische Schreiben durch die Form der selbstständigen Romanpublikation seiner medialen Flüchtigkeit entreißen. Walser lotet die „innovative Konvergenz von Literatur und Journalismus"[202] zu einer Zeit kreativ aus, als sich denkbar viele Stimmen gegen das Feuilleton aussprechen.

Im Schreiben nivelliert er hierarchische Unterscheidungen zwischen Zeitungsliteratur und ‚hoher' Literatur, obgleich die zeitgenössische Kritik am Feuilleton ihn gewiss nicht unbeeindruckt ließ.

Der Umstand, dass Walser seine feuilletonistischen Texte in Berlin in erster Linie in den damals tonangebenden Literatur- und Kulturzeitschriften veröffentlichte, verkompliziert den Status dieser Texte. Sie sind Feuilletons, zumeist aber keine Zeitungstexte. Denn einen großen Teil der Berliner Feuilletons hat Walser nicht der kurzlebigen Tagespresse überantwortet, sondern renommierten Publikationsorten zugewiesen. Ein solcher Ort ist um 1900 eben die Literatur- oder Kulturzeitschrift, in der verhandelt wird, was als moderne Kunst und Literatur zu gelten habe.[203] Während in einem literarischen Wertungsdenken allein dem Buch Literaturwürdigkeit und eine potentiell überzeitliche literarische Geltung zuerkannt werden,[204] stehen in Walsers literarischem Großstadtprojekt die Medien Buch, Zeitung und Zeitschrift nicht in Konkurrenz zueinander, sie inspirieren sich vielmehr gegenseitig. Historisch betrachtet sind kleine Formen in erster Linie auf das Medium

---

bestimmen, es offensiv aufzunehmen und zu steuern." (Theisohn/Weder: Literatur als/statt Betrieb. S. 10).

201 Siehe dazu Scharnowski: „Berlin ist schön, Berlin ist groß". S. 69: „Allerdings bietet das Feuilleton [...] bei allem zunehmend deutlicheren Warencharakter der Informationsmedien auch große Freiräume. Es ist nicht nur Ort der freien und kritischen Meinungsäußerung, sondern bietet auch einen Raum, innerhalb dessen kaum thematische Grenzen gezogen werden."

202 Utz: Zu kurz gekommene Kleinigkeiten. S. 142.

203 Frank, Podewski und Scherer weisen mit Blick auf die Geschichte der Rundschauen darauf hin, dass diese im späten 19. Jahrhundert ihrem Anspruch nach als Präsentations-, Überblicks- und Archivmedien aller Bereiche des Wissens aufträten und sich dabei – in dezidierter Abgrenzung zur Tagespresse – an ein bildungsbürgerliches Publikum richteten. Vgl. Frank/Podewski/Scherer: Kultur – Zeit – Schrift. S. 19.

204 Tatsächlich ist natürlich auch das Buch in Marktmechanismen eingebunden und besitzt als materielles Produkt eine Halbwertszeit. Das Phantasma einer Buchliteratur für die ‚Ewigkeit' ist nur um den Preis der Ausblendung der konkreten Medialität des Buchs aufrechtzuerhalten. Vgl. Frank/Podewski/Scherer: Kultur – Zeit – Schrift. S. 11.

Zeitung verwiesen: erscheinen sie in einer Literaturzeitschrift, werden sie deshalb anders gelesen und bewertet.

Walsers Großstadttexte reflektieren sich in ihrer medialen Verfasstheit wechselseitig. Einige Texte verhandeln darüber hinaus die Frage nach einer medienbezogenen literarischen Wertung und einer potentiellen ‚Überzeitlichkeit' von Literatur. In verschiedenen Berlin-Texten, die Walser nach 1912 publiziert, ist diese Medienreflexion an den Vorgang der Erinnerung geknüpft. Die Texte thematisieren den Versuch, Eindrücke dem Vergessen zu entreißen.[205] Diese späten Berlin-Texte begleiten reflexiv Walsers Textsammlungs- und Kompilationsbestrebungen, die sich in den Prosasammlungen (*Aufsätze*, 1913; *Geschichten*, 1914; *Kleine Dichtungen*, 1915) zeigen, die nach seiner Rückkehr in die Schweiz in kurzen Abständen zueinander erschienen.

Besonders deutlich zur Sprache kommt das Erinnern im Prosastück *Das Pferd und die Frau*, das am 24.01.1914 in der Zeitschrift *März*[206] erscheint sowie 1915 in der Prosasammlung *Kleine Dichtungen*, die wie bereits *Aufsätze* und *Geschichten* der Kurt-Wolff-Verlag herausbringt. Der Text erzählt rückblickend von zwei Erlebnissen im großstädtischen Nachtleben. Das feuilletonistische Ich ist gehetzt und im „eleganten, gleichwohl aber nur geliehenen Überzieher" (SW 4, S. 138) offenbar auf dem Weg in das nächste Vergnügungslokal. Die allgemeine Atmosphäre von Flüchtigkeit, Eile und blindem Amüsierbedürfnis[207] vermögen allein zwei Ereignisse zu durchbrechen, die daher in den Augen des erzählenden Ichs erinnerungswürdig sind: der Anblick eines weißen Kutschpferdes, das in der betreffenden Nacht wie aus einem „Grab herausgestiegen" erscheint und die Begegnung mit einer armen Streichholzverkäuferin (SW 4, S. 138/139).

---

205 So etwa das Feuilleton *Denke dran* (1914 in der *Neuen Zürcher Zeitung* erschienen) und das in Kapitel 2 dieser Arbeit besprochene Prosastück *Geschwister Tanner* (1914). Bezeichnenderweise hat Walser wiederum das Zeitungsfeuilleton in keinem seiner Bücher veröffentlicht, *Geschwister Tanner* und *Das Pferd und die Frau* wurden hingegen in *Kleine Dichtungen* aufgenommen.

206 Hier erscheint es als Teil einer Textgruppe mit dem Obertitel *Kleine Sachen*. Zur Gruppe gehören darüber hinaus die vier Texte *Das Kätzchen, Tannenzweig, Taschentuch und Käppchen, Der Mann* und *Die Handharfe*. Die Prosasammlung *Kleine Dichtungen* übernimmt die Textgruppe in derselben Reihenfolge wie in der Erstpublikation in *März*. Am 21.02.1914 erscheint in *März* eine weitere Textgruppe Walsers unter demselben Titel *Kleine Sachen*, die die Texte *Die Fee, Kleine Wanderung, Wirtshäuselei, Der Morgen* und *Der Ausflug* enthält. Walser nimmt sie ebenfalls in den Band *Kleine Dichtungen* auf, dort wird sie direkt im Anschluss an die ersterschienene Textgruppe platziert.

207 Siehe SW 4. S. 138: „Auch ich eilte, ich hatte es sehr eilig. Ein Mensch, der bestrebt ist, sich amüsieren zu gehen, hat es stets furchtbar eilig."

Die Reflexion über diese bemerkenswerten und erinnerungswürdigen Eindrücke leitet der Text mit dem Satz ein: „Daß ich zwei kleine Erinnerungen aus der Großstadt doch nicht vergesse niederzuschreiben." (SW 4, S. 138). Mit der Formulierung der ‚kleinen' Erinnerung verweist der Text selbstreflexiv auf die kleine Form, die er ja selbst darstellt und die auch dem Sujet urbanen abendlichen Amüsements angemessen erscheint. Die Logik des schnellen Vergessens im Kontext der Großstadt und das getriebene Verlangen nach immer neuen Eindrücken und Konsumgelegenheiten bringt das Prosastück mit der seiner eigenen Verfasstheit als Feuilleton anhaftenden Vergesslichkeit in Zusammenhang. Genau wie um die vielen Nächte, die „bereits verbummelt und in das Vergessen hinabgeschüttet" (SW 4, S. 138) wurden, steht es auch um die verstreut publizierten kurzen Berliner Prosatexte, denen *Das Pferd und die Frau* ebenfalls zuzurechnen ist.

Aus seiner eigenen medialen Flüchtigkeit heraus formuliert der Text die Selbstaufforderung, nicht zu vergessen und Erlebtes stattdessen festzuhalten. Die hierfür infrage kommenden Eindrücke, die sich vom immer gleichen Strom der Vergnügungen qualitativ absetzen und der Flüchtigkeit der Stadt damit enthoben sind, weisen über die ephemere mediale Logik des Feuilletons hinaus. Das erzählende Ich hält diese Eindrücke erinnernd fest, so wie auch der Text selbst nicht allein dem Rauschen und baldigen Vergessen der Presse überantwortet wird, sondern einen Platz in der Prosasammlung bekommt, die aufgrund ihrer Buchform eine „Einschreibung ins kulturelle Gedächtnis"[208] herbeiführen soll.

Bereits einige Feuilletons der frühen Berliner Zeit weisen eine Spannung zwischen Vergessen und Erinnern auf, so etwa neben *Der Schriftsteller* das ebenfalls im *Berliner Tageblatt* veröffentlichte Feuilleton *Auf der Elektrischen* (1908). Der Text, der von einer Tramfahrt berichtet, erzählt mit einem zwischen dem Innenraum des Waggons und den vorbeiziehenden Stadteindrücken wechselnden Blick von den gewöhnlichen Verhaltensweisen in öffentlichen Verkehrsmitteln. Dem feuilletonistischen Ich fallen diese Gesten des Alltags auf, es unterzieht sie einer näheren Beobachtung und passt sich den typischen Bewegungen und Verhaltensweisen im öffentlichen Raum an.[209] Nach der Erwähnung all dieser flüchtigen Eindrücke bringt auch dieser Text ein Interesse, nicht zu vergessen, zur Sprache: „Aber man hat vielleicht, während man so gefahren ist, irgendetwas Schönes, Heiteres oder Trauriges gehört oder gesehen, das man nicht vergißt." (KWA III, 1, S. 24).

---

208 Frank/Podewski/Scherer: Kultur – Zeit – Schrift. S. 10.

209 Siehe KWA III, 1. S. 23: „Von Zeit zu Zeit jedoch schaut man dann wieder gradaus. Ist man mit dieser schlichten Uebung zu Ende, so darf man sich vielleicht jetzt mit den Augen eine kleinere Rundreise gestatten."

Gegenüber *Auf der Elektrischen* und *Der Schriftsteller* erscheint in *Das Pferd und die Frau* die Dringlichkeit des Erinnerns gesteigert, insbesondere das Problem, das sich aus der Spannung zwischen der Flüchtigkeit des Eindrucks und dem Bedürfnis, ihn festzuhalten, ergibt. Dieses Problem betrifft nicht nur die literarische Darstellung (welche Sprache wird einem Erlebnis, das einprägsam ist und zugleich im Zeichen abendlicher Zerstreuung steht, gerecht?) oder das Genre (welche ist die hierfür geeignete Textsorte?), sondern auch die mediale Präsentationsform. Als Zeitschriftentext gehört das Prosastück der auf Gegenwärtigkeit zielenden Welt der Presse an, im Buch kommt ihm potentiell literarischer ‚Ewigkeitswert' zu.

Der zwischen Augenblickshaftigkeit und Erinnerungsbedürfnis oszillierende Status der in *Das Pferd und die Frau* beschriebenen Szenerie lässt den Text für die Prosasammlung geradezu prädestiniert erscheinen, da er diesen beiden Modi – Gegenwartsbezug und ‚Überzeitlichkeit' – gerecht zu werden vermag. In der Sammlung bleiben die Texte als einzelne kleine Formen lesbar, gleichzeitig gehen sie, herausgelöst aus dem Erstpublikationsmedium, eine neue Gruppierung mit anderen flüchtigen Texten ein. Prosasammlungen sind selbstständige Publikationen unter dem Namen des Autors oder der Autorin im überzeitlichen Medium Buch. Den etwaigen ersten Druckort ihrer Texte – z. B. Zeitschrift oder Zeitung – lassen sie in der Regel unerwähnt und machen diesen Publikationskontext damit unsichtbar.

In der Tat stehen die Texte der Sammlung *Kleine Dichtungen* im Spannungsfeld zwischen ihrer Präsentation in der Zeitschrift und einer Neukonstellation im Buch. Walser hat die Texte für die Sammlung kaum überarbeitet. Erstdrucke, die als Textgruppen erschienen waren, wurden in dieser Form beibehalten, allerdings ohne ihre jeweiligen Obertitel. Damit hat Walser bestehende Kompositionen in die Sammlung übernommen, den bereits paratextuell erkennbaren Zusammenhang, der die Gestalt des Zeitschriftendrucks abbilden würde, gleichwohl getilgt.[210] *Kleine Dichtungen* versammelt vorwiegend Prosastücke, die Walser in der konservativen Monatsschrift *Die Rheinlande* publiziert hat sowie im *Neuen Merkur* und der Zeitschrift *März*. Nach *Aufsätze* und *Geschichten*, die vorwiegend die Berliner Prosa zusammenführten, ist *Kleine Dichtungen* der erste Band mit Texten, die zum Großteil in Biel entstanden sind.[211] Beginnend mit Jochen Greven hat die Forschung in Walsers Bieler Texten einen thematischen Bruch gegenüber der Berliner Prosa

---

210 Vgl. Gisi im RWH. S. 143.

211 Zum Entstehungs- und Publikationskontext von *Kleine Dichtungen* siehe Jochen Grevens Nachwort in SW 4. S. 175–177 und Lucas Marco Gisis Eintrag *Kleine Dichtungen (1915; Impressum 1914)* im RWH. S. 141–145.

ausgemacht, der als Weltflucht gedeutet wurde,[212] und z. B. an der scheinbaren Ausblendung des Ersten Weltkriegs in den Texten festgemacht wurde.[213] Allerdings wurden auch Verbindungslinien zur Berliner Prosa erkannt.[214]

Das erzählende Ich in *Das Pferd und die Frau* nimmt gegenüber der Großstadt die Perspektive des sich Erinnernden ein. Auf einer metapoetischen Ebene könnte man diese Perspektive als gleichsam resümierende Haltung gegenüber Walsers literarischem Berlin-Projekt begreifen. Hier erscheint der Antrieb des Festhaltens und Konservierens mit einer anderen Dringlichkeit: Zeitschriftentexte müssen nachgedruckt und in genuin literarische Gattungen und Publikationsmedien überführt werden, um als Literatur anerkannt zu werden und nicht verloren zu gehen. In dieser Hinsicht stehen *Jakob von Gunten* und die Prosasammlungen *Aufsätze, Geschichten* und *Kleine Dichtungen* in einem ähnlichen Spannungsverhältnis zwischen kleiner und großer Form, feuilletonistisch-publizistischer Inspiration und literarischem Konservierungsbedürfnis.

Viele Stimmen verteidigen auch und gerade im frühen 20. Jahrhundert die Vorstellung von einer autonomen und überzeitlichen Literatur vehement, was sich nicht zuletzt an der breit geführten Diskussion um das Feuilleton und seine vermeintlich ‚zersetzenden' Auswirkungen zeigt. *Jakob von Gunten* tritt demgegenüber für ein produktives Zusammenspiel von Feuilleton und Roman ein, welches die traditionelle Vorstellung von ‚hoher' Literatur infrage stellt. Die Polemiken gegen das Feuilleton greifen zahlreiche pejorative und stereotype Annahmen aus der Lesesucht-Debatte des ausgehenden 18. Jahrhunderts auf. Die „Flüchtigkeit des Zeichenkonsums"[215], also die ‚gierige' und zerstreute Lektüre, ist auch für viele Zeitgenossen Walsers weiblich codiert. In *Der*

212 Siehe dazu Greven: Nachwort, SW 4. S. 176/177: „Vergleicht man diese Sammlung mit den vorhergehenden, wird schon im Titel eine gewisse Verwandlung Walsers deutlich, die das ‚Poetische' in einem an Romantik anklingenden Sinn betont. Dem entspricht die Wahl der Motive (viele aus der Bieler Umwelt gegriffen) und ihre stilisierende Behandlung; charakteristisch ist einerseits die Betonung des Gefühlerlebens, bis zur schwärmerischen Ekstase, andererseits ein zuweilen etwas altertümelnder, schwerer Stil, der Anekdoten und Erinnerungsbilder mit seinem Pathos überhöht und zugleich entrückt. […], aber insgesamt treten sie [Ironie und Spiel, M. H.] doch zurück zugunsten einer Haltung, die das Schöne und Bezaubernde, das Träumerische und Geheimnisvolle, die Natur und das Leben in Frömmigkeit verehren, sich ihm berauscht oder auch nachdenklich sinnend hingeben will."

213 Hendrik Stiemer versucht in seiner kontextualisierenden Lektüre der Bieler Prosa diese Einschätzung zu widerlegen. Dazu Hendrik Stiemer: Über scheinbar naive und dilettantische Dichtung. Text- und Kontextstudien zu Robert Walser. Würzburg: Königshausen & Neumann 2013. S. 156–191.

214 Vgl. z. B. Tamara Evans: Robert Walsers Moderne. S. 16.

215 Koschorke: Geschlechterpolitik und Zeichenökonomie. S. 595.

*Dichter und diese Zeit* ist für Hofmannsthal das zeitgenössische Lesepublikum dadurch charakterisiert, dass es Bücher so ziel- und rastlos konsumiere wie Zeitungen.[216] Ein erneuter Blick auf die Verbindungen, die Walsers *Jakob von Gunten* zu den kleinen Formen, die im selben Zeitraum publiziert werden, eingeht, vermag zu erhellen, dass nicht nur in den publizistischen Formen der Zeitung, sondern auch in den ihr eigenen Rezeptionsweisen ein Erneuerungspotential für den Roman liegt. Für Walser liegt im zerstreuten Lesen ein Versprechen. Die Utopie der Großstadt, die der Roman entwirft, ist auch eine Utopie des Zeitunglesens.

Von dieser Utopie berichtet das Feuilleton *Vom Zeitunglesen*, das am 6. Oktober 1907, und damit gut zwei Wochen nach dem Erscheinen von *Der Schriftsteller* im *Berliner Tageblatt*, in der Wiener *Neuen Freien Presse* veröffentlicht wird. Es ist der einzige Beitrag Walsers, der in dieser Zeitung erscheint.[217] Für die zur Zeit der Märzrevolution 1848 gegründete österreichische Tageszeitung, die sich an ein liberales bildungsbürgerliches Publikum richtete, schrieben bekannte Autorinnen und Autoren wie Hugo von Hofmannsthal, Arthur Schnitzler, Stefan Zweig oder Berta von Suttner. 1899 erschien darin Hofmannsthals berühmt gewordene *Reitergeschichte*. Das Feuilleton *Vom Zeitunglesen* fragt ausgehend vom Lesepublikum der Zeitung, den mit ihr verbundenen Lesepraktiken sowie den Produktionsweisen der Presse, nach der Bedeutung der Zeitung für die Gegenwart. In deutlichem Kontrast zu der auf Abwertung zielenden Debatte um Feuilleton und Zeitung bezieht sich Walser hierin äußerst positiv auf die Zeitung als Medium. Der Text stellt die Zeitung und ihre kleinen Formen dem Roman als ebenbürtig an die Seite und schreibt ihr gesellschaftlich-emanzipatorisches Potential zu. Dazu nimmt *Vom Zeitunglesen* zu Beginn mehrere mit Blick auf die Zeitung überraschende Zuschreibungen vor. Als typische Leserschaft der Zeitung rückt Walsers Text nämlich nicht, wie man vielleicht erwarten würde, den gehetzten Großstadtbewohner in den Mittelpunkt, sondern eine alte Frau, die auf dem Land lebt. Ausgehend von dieser Figur, die in Abgeschiedenheit von der Welt hinter ihrer Gardine liest, entwirft der Text eine Lektürehaltung der Aufmerksamkeit, die der verbreiteten Vorstellung vom flüchtigen und zerstreuten Konsum der

216 Siehe Hofmannsthal: Der Dichter und diese Zeit. S. 133: „Ich sehe beinahe als die Geste unserer Zeit den Menschen mit dem Buch in der Hand, wie der kniende Mensch mit gefalteten Händen die Geste einer anderen Zeit war. […]. Ich rede von denen, die je nach der Stufe ihrer Kenntnisse ganz verschiedene Bücher lesen, ohne bestimmten Plan, unaufhörlich wechselnd, selten in einem Buch lang ausruhend, getrieben von einer unausgesetzten, nie recht gestillten Sehnsucht."

217 Vgl. Kommentar BA 1. S. 168.

Tagespresse zuwiderläuft.[218] Walsers Feuilleton verabschiedet allerdings das zerstreute Lesen, das dem Medium Zeitung eignet, nicht, vielmehr hält es die grundlegende Eigenschaft der Flüchtigkeit aufrecht, woraus sich eine paradox anmutende Gleichzeitigkeit aus Aufmerksamkeit und Zerstreuung ergibt. Indem er die Blätter der Zeitung mit einem Vogelschwarm vergleicht oder sie einem Passanten zufällig vor die Füße wehen lässt,[219] thematisiert der Text die schnelle Verbreitung und Konsumtion des Mediums. Genau in dieser Flüchtigkeit besteht allerdings der Reiz der Zeitung, den Walsers Feuilleton verteidigt: Das Flüchtige verdiene größere Aufmerksamkeit und Würdigung, denn gerade im tagesaktuellen Erscheinen der Zeitung und der Heterogenität ihrer Themen liege eine kulturelle Errungenschaft.

Das Feuilleton *Vom Zeitunglesen* schreibt der Zeitung ähnliche Eigenschaften zu wie *Jakob von Gunten* der Großstadt. Da sie sich an alle richtet, vom Stellenlosen über den Kaufmann bis hin zum Künstler oder Politiker, vermag die Zeitung das zu sein, was gemeinhin als Anspruch der Literatur gilt, den diese in der Realität jedoch nicht einlösen kann: ein universelles, allen zugängliches Medium. Wie die moderne Großstadt im Roman ist die Zeitung in der Lage, soziale Gegensätze auszugleichen und einen geteilten Kommunikationsraum zu schaffen, der Menschen unterschiedlichster Herkunft und sozialen Status' gerecht wird:

> Für Stellenlose sind Zeitungen ein Juwel, ein reines Labsal. Für den arbeitenden Menschen sind sie ein leichter, mit Schimmer umwobener, natürlicher Feierabendgenuß. Für den Kranken, der im Bett liegen muß, bedeuten sie die geheime Hoffnung auf Genesung, für den Unglücklichen Trost und Ablenkung von den Gegenständen der stechenden Seelenqual. Für die Jugend sind sie ein

---

218 Siehe FEUER, S. 28/29: „Ja, das ist wohl wahr, man muß Zeitungen aufmerksam lesen, sonst überfliegt man das Interessanteste, ohne es kennen gelernt zu haben. […] Wie innig und aufmerksam wird in Dörfern gelesen! Die Zeitung ist dort neben der Bibel die beinahe ausschließliche Bildungs- und Unterhaltungsquelle, sie wird geradezu buchstabiert, namentlich von alten Leuten. Überhaupt versenkt sich das Alter tiefer ins Lesen als die schnellfertige und hastige Jugend. Da sitzt so eine alte Frau, die Brille vor den kaum noch sehenden Augen, am gardinengeschmückten Fenster und liest und kann ganze Stunden und ganze halbe Tage mit Lesen verbringen."

219 Vgl. FEUER, S. 28. Weiter heißt es an selbiger Stelle: „Es kommt vor, daß einem eines schönen Tages solch ein verlorenes Blatt durch irgendeinen Zufall in die Hände gerät, man entfaltet es und liest es und ist erstaunt über die Fülle des Wissenswerten, die hier unbeachtet und bereits von den Tagen und Wochen verschlungen am Boden im Winkel gelegen hat. Wie oft wirft man die knisternden Blätter halb ausgelesen, ja kaum recht angelesen, zur Seite, in der Meinung, nichts in ihnen für Geist und Gefühl antreffen zu können, und doch schlummern die schönsten und tiefsten Dinge darin." Die sich hierin ausdrückende Einforderung von Aufmerksamkeit gegenüber der Zeitung lässt sich als Plädoyer für die Anerkennung journalistischer Arbeit begreifen.

> täglich erneuter Antrieb zur Erfüllung von Pflichten. Dem tüchtigen Menschen und Mann bestätigen sie den Ruhm, den er sich durch Leistungen vielleicht außerordentlicher Art verdient hat. Der Reiche wird von ihnen zur Mildtätigkeit gereizt, und der Arme darf, wenn er Zeitungen liest, hoffen, es werde hie und da wohl auch noch freigebige Herzen geben. Für den weitblickenden und weitstrebenden Kaufmann ist die Lektüre der Blätter unentbehrlich, ebenso für den sorgenvollen Politiker. Der Künstler endlich findet zwischen den engen Spalten die Kritik seines jüngsten Werkes. Für alle ist in der Zeitung ein Schein und ein Abglanz von allem vorhanden. Die vielen hundert speziellen Interessen zusammengezogen ergeben schließlich ein einziges Bedürfnis, dem ein einziges allgemeines Entgegenkommen gegenübersteht. (FEUER, S. 30/31).

Wie die Großstadt in *Jakob von Gunten*,[220] wird die Zeitung im Feuilleton *Vom Zeitunglesen* in ihrer weltbürgerlichen Ausrichtung wertgeschätzt.[221] Großstadt und Zeitung gleichen sich in ihrer Wirkung einander an: Sie bessern den Einzelnen. Im Feuilleton scheint damit wie im Roman ein Plädoyer für die urbane Moderne auf, das Walser jeweils form- und medienspezifisch ausformuliert hat. Im utopischen Entwurf von Großstadt und Zeitungslektüre berühren die Texte einander. Dass die Zeitung auch die Sensationslust ihres Publikums zu befriedigen weiß, wird im Feuilleton nicht als Kulturverlust gebrandmarkt. Vielmehr trage die Zeitung in dieser Funktion zum sozialen Frieden bei: „[W]o solche Ereignisse durch die Journale gehen, sieht man so recht, wie begierig wir alle sind, wie durstig nach Aufreizungen, und wie nötig es ist, diesen Durst zu befriedigen, um der Welt Ruhe zu verschaffen." (FEUER, S. 31/32). Aktualität und Universalität sind der Anspruch der Zeitung seit ihren Anfängen[222] und Walsers Feuilleton deutet diese Eigenschaften als moralisch bedeutsam. Die Universalität der Zeitung, die der Text geltend macht, liegt dabei in der Vielfalt der Interessen und Perspektiven ihrer Leserinnen und Leser begründet.

Unausgesprochen, doch deutlich vernehmbar setzt Walsers Lob der Zeitung diese beständig in Relation zum Roman (und zu anderen klassischen Formen), dessen Totalitätsanspruch infrage gestellt wird. Auch die Zeitung zielt auf Allgemeingültigkeit. Sie kann diesem Anspruch durch die Heterogenität ihrer kleinen Formen besser gerecht werden als der Roman. Wie

---

220 Siehe JvG. S. 34: „Ganz Europa sendet hierher seine Menschenexemplare. Vornehmes geht dicht neben Niedrigem und Schlechtem, die Leute gehen, man weiß nicht wohin, und da kommen sie wieder, und es sind ganz andere Menschen, und man weiß nicht, woher sie kommen. Man meint, es ein wenig erraten zu können und freut sich über die Mühe, die man sich gibt, es zu enträtseln."

221 Siehe FEUER. S. 28: „Zeitungen sind wie ein großer, zusammengedrängter, üppiger Schwarm von Vögeln, der täglich ein- bis zweimal sich um die Welt verbreitet."

222 Vgl. Frank/Podewski/Scherer: Kultur – Zeit – Schrift. S. 4.

stark sich Walsers durch das Medium Zeitung profilierter Allgemeingültigkeitsanspruch an die schriftstellerische Produktion von bestimmten zeitgenössischen Ganzheitsvorstellungen der Literatur, die an klassischen Idealen festhalten, unterscheidet, wird deutlich, wenn man seine Position etwa mit Hermann Brochs epistemologisch-poetologischer Erzählung *Eine methodologische Novelle* (1918) vergleicht. Brochs Text ist in diesem Zusammenhang interessant, da er mit einer Programmatik einsteigt, die, wie Walsers *Vom Zeitunglesen*, Universalitäts- und Ganzheitsvorstellungen mit der Zeitung konfrontiert: „Jedes Kunstwerk muß exemplifizierenden Gehalt haben, muß in seiner Einmaligkeit die Einheit und Universalität des Gesamtgeschehens aufweisen können. Wir wollen uns daher keiner zufällig durch die Zeitung oder von der Phantasie uns zugewehten Geschichte hingeben, sondern uns diese in bewußter Konstruktion selber herstellen."[223] Natürlich weiß auch Broch um die Darstellungsprobleme klassischer Formen in der beschleunigten Moderne (insbesondere in und nach dem Ersten Weltkrieg, dessen Erfahrung Walsers elf Jahre früher erschienener Text noch nicht berücksichtigen kann). In seinen poetologischen Überlegungen aus dieser Zeit scheint es für ihn jedoch keine Option darzustellen, sich bewusst und affirmativ auf die mediale Logik der Zeitung einzulassen, mithin: die ‚zufällig' dahergewehten (vgl. FEUER, S. 28) Geschichten der Gegenwart aufzunehmen.

Ganz anders Walser. Sein Feuilleton lokalisiert Universalität in der Pluralität, nicht in der Behauptung, Themen oder Geschichten zu adressieren, die für alle relevant seien,[224] wie dies immer wieder für den Bildungsroman reklamiert wurde. Die Allgemeingültigkeit der Zeitung, die sich aus dem fragmentierten Interessenspektrum einer Informationsgesellschaft der Massenmedien speist, könnte vom neuhumanistisch grundierten Ideal individueller Totalität, welche aus der Selbstvervollkommnung des Einzelnen resultiert, nicht weiter entfernt sein.

Deshalb existiert die Bildung, die die Zeitung vermittelt, im Plural, sie besteht aus verschiedenen, fluktuierenden und immer neuen „Bildungen" (FEUER, S. 28). Aus ihrer Rubrizierung, das heißt aus ihrer Kleinteiligkeit, gewinnt die Zeitung jene Totalität, die die Theorie des Romans allein für die große Form beansprucht hat. Mit der Behauptung einer gerade in der Vielfalt und im Unzusammenhängenden liegenden Allgemeingültigkeit spricht sich

---

223 Hermann Broch: Eine methodologische Novelle. In: Barbara und andere Novellen. Eine Auswahl aus dem erzählerischen Werk. Hrsg. von Paul Michael Lützeler. Frankfurt am Main: Suhrkamp 1973. S. 7–20, hier S. 7.

224 Obgleich *Vom Zeitunglese*n auch Ereignisse wie Revolutionen und Kriege benennt, die „alle so ziemlich gleichmäßig interessieren" (FEUER. S. 31).

Walsers Feuilleton für eine Literatur aus, die Ganzheitsvorstellungen hinter sich lässt und den diskreditierten kleinen Formen der Zeitung zu Geltung verhilft.

Auch im Feuilleton *Vom Zeitunglesen* stellt die Marktförmigkeit des Mediums, also die Tatsache, dass der Themenvielfalt der Zeitung Verkaufsinteressen zugrunde liegen, kein Hindernis für ein engagiertes Schreiben dar. Genau wie Jakob im kapitalistischen Konsumtreiben der Großstadt die Möglichkeit moralischer Bildung und sozialer Gleichheit erblickt und die Autorfigur in *Der Schriftsteller* gerade als Feuilletonist zur Verbesserung der Gesellschaft beiträgt, entwirft *Vom Zeitunglesen* eine Gleichheitsutopie der Moderne, die mit den technischen, medialen und sozialen Umbrüchen Hand in Hand geht und nicht etwa durch diese bedroht wird. 19 Jahre später wird Siegfried Kracauer in seinem Essay *Kult der Zerstreuung* von 1926 am Beispiel der großen Berliner Lichtspielhäuser zu einer ähnlichen Verteidigung der modernen Informations- und Unterhaltungskultur ansetzen und ihr eine aufklärerische Wirkung und „moralische Bedeutung“[225] zuschreiben. Auch Kracauers Verständnis der neuen Massen- und Unterhaltungsmedien ist von einer „utopische[n] Sinngebung“[226] getragen. *Vom Zeitunglesen* und *Jakob von Gunten* verweisen in ihrer Utopie der urbanen Moderne aufeinander. Damit ist in Walsers Entwurf einer Allgemeinheit in der Vielheit, den er im Feuilletontext am Gegenstand der Zeitung entwickelt, auch eine Aussage über den Roman als Form enthalten.

Walsers Berliner Großstadttexte sind sowohl als große als auch als kleine Formen geschrieben und publiziert worden. Dabei verweist die jeweils realisierte Form immer auch auf ihr Gegenstück: Im Roman erinnert Jakob als Flaneur und Diener an den Feuilletonisten, demgegenüber erklären Feuilletons wie *Der Schriftsteller* aus dem *Berliner Tageblatt* und *Vom Zeitunglesen* das Schreiben für die Zeitung als sowohl in ästhetischem als auch engagiertem Sinne für relevant und zeitgemäß und verteidigen das Feuilleton damit als Literatur. Mit der großen und der kleinen Form verbinden sich jeweils unterschiedliche literarische Darstellungsmöglichkeiten. Während Jakobs urbane

225 Siehe Siegfried Kracauer: Kult der Zerstreuung. Über die Berliner Lichtspielhäuser. In: Ders: Das Ornament der Masse. Essays. Hrsg. von Karsten Witte. Frankfurt am Main: Suhrkamp 1977. S. 311–317, hier S. 315: „Hier, im reinen Außen, trifft es [das Berliner Publikum, MH] sich selber an, die zerstückelte Folge der splendiden Sinneseindrücke bringt seine eigene Wirklichkeit an den Tag. Wäre es ihm verborgen, es könnte sie nicht angreifen und wandeln; ihr Offenbarwerden in der Zerstreuung hat eine *moralische* Bedeutung.“

226 Karsten Witte: Nachwort. In: Siegfried Kracauer: Das Ornament der Masse. Essays. Hrsg. von Karsten Witte. Frankfurt am Main: Suhrkamp 1977. S. 335–347, hier S. 346.

Flanerien in einen größeren erzählerischen Zusammenhang, nämlich die Abläufe der Dienerausbildung bei Benjamenta, integriert sind, kann in den Feuilletons die Szenerie der Großstadt ohne Rücksicht auf größere narrative Bögen, Szenenanschlüsse oder Figurencharakterisierungen als Einzelerlebnis dargestellt werden. Über diese variiernden fiktionsinternen Darstellungsmöglichkeiten hinaus bedient Walser sich mit Roman und Feuilleton zudem zweier unterschiedlicher Formen (und Medien), die seine Texte der Großstadt ihrer jeweiligen Eigenlogik entsprechend prägen. Feuilletons wie *Vom Zeitunglesen*, *Auf der Elektrischen*, *Friedrichstraße* oder *Tiergarten* schöpfen die Momenthaftigkeit und Flüchtigkeit ihres Genres und Mediums voll aus und gewinnen daraus einen der Moderne des 20. Jahrhunderts gemäßen Literaturbegriff, der die Form- und Bildungsansprüche der Hochkultur kritisch befragt.

Das Feuilleton weiß um seine Differenz zur großen Form und zum Buch als Publikationsmedium[227] und bezieht nicht zuletzt daraus sein innovatives Potential. Die Lebendigkeit, die gerade in jenen Texten steckt, die noch publizistisch zirkulieren und nicht schon im Buch ‚dingfest' gemacht wurden, hat Walser zur Erneuerung des Romans eingesetzt. Davon zeugt auch ein 1927 in einem Brief an Max Brod gerichteter, leicht koketter Satz, der zu den Bonmots Walsers gezählt werden kann: „Jedes Buch, das gedruckt wurde, ist doch für den Dichter ein Grab oder etwa nicht?" (BA 2, S. 335). Einer solchen, vielleicht etwas plakativen Entgegensetzung von Buch und Leben redet in gewisser Weise wiederum Jakob von Gunten das Wort, wenn er die praktische Bildung als der ‚professoralen' überlegen betrachtet. In dieser Vorstellung einer ‚toten' Bücherliteratur, die dem bewegten Leben nicht gerecht zu werden vermag, lässt sich auch der Einfluss eines Vitalismus in der Nachfolge Nietzsches[228] erkennen. Wie *Geschwister Tanner* und *Der Gehülfe* steht *Jakob von Gunten* im Spannungsfeld zwischen großer und kleiner Form, formalem Experiment und literarischer Anerkennungssuche, was sich in Berlin jedoch noch nicht so existentiell und konflikthaft mit Blick auf Walsers Autorexistenz gestaltet wie am Ende der 1920er-Jahre, als er an Brod schreibt. Bevor Jakob am Ende seiner Aufzeichnungen den Aufbruch mit Benjamenta in die Wüste ankündigt, bringt er eine Einsicht zu Papier, die sich als ganz ungebrochenes Plädoyer für Feuilleton und Zeitung lesen lässt: „Ich fühle, daß das Leben Wallungen verlangt, nicht Überlegungen." (JvG, S. 139). Dennoch ist Walsers dritter Berliner Roman auch eine Auseinandersetzung mit der großen Form, deren neue Koordinaten er mithilfe des Tagebuchs auslotet.

---

227 Vgl. Oesterle: „Unter dem Strich". S. 235.

228 Vgl. Sorg: Abschied von Europa? S. 174/175.

### 4.3.2 *Ein neuer Roman zwischen Tagebuch und Journal*

Um 1900 ist der Roman nicht der Ort für einen unbefangenen Großstadtdiskurs. Die Literatur, die sich als ästhetisch avanciert versteht, verschreibt sich seit dem Naturalismus einer bedrückenden bis apokalyptischen Darstellung der Metropolen, sodass allein im Feuilleton die Großstadt auch Gegenstand der Begeisterung sein kann.[229] Es liegt daher nahe, dass Walser seine Literatur der Großstadt zunächst im Feuilleton erprobt und auf diesem Weg erst für die große Form produktiv macht. Mit den allgemeinen Vorbehalten gegenüber dem Feuilleton und der Tatsache, dass Zeitungstexte zu seiner Zeit nicht als Literatur gelten, hat Walser sich mit Blick auf sein Berliner Schreibprojekt jedoch auseinandergesetzt. Zusätzlich zu der Aufwertung der feuilletonistischen Autorschaft und der Zeitung als Medium in Feuilletons wie *Der Schriftsteller* und *Vom Zeitunglesen* reflektiert Walser in *Jakob von Gunten* in der Form des Romans auch die Literaturwürdigkeit des Feuilletons.

Anders formuliert: Im Roman stellt sich die Frage nach den Verbindungen zwischen Literatur und Publizistik vor dem Hintergrund des Romans als Gattung und der Geschichte seiner theoretischen Bestimmungsversuche. Das Feuilleton oszilliert zwischen Publizistik und Literatur, in ihm werden die vermeintlich nichtliterarischen journalistischen Formen ins Poetische überführt.[230] *Jakob von Gunten* dreht die Richtung dieser inspirierenden Beeinflussung oder Überformung nicht einfach um. Noch prägnanter als *Geschwister Tanner* und *Der Gehülfe* weist Walsers dritter Berliner Roman die große Form in eine Zukunft produktiver Durchdringung mit den als marginal und unästhetisch geltenden kleinen Formen der Literatur. In seiner Annäherung an den Journalismus markiert er einen „Null-Punkt"[231] in der deutschsprachigen Literatur, das heißt den Beginn einer Literatur der Moderne, in der ‚hohe' Literatur und Feuilleton keinen Gegensatz mehr bilden. Indem Walser den Roman ‚feuilletonisiert', gewinnt er der Romanform, die mit Blick auf ihre ästhetische Innovationskraft und den Kontakt zu den drängenden Themen der Moderne um die Jahrhundertwende wenig ergiebig erscheint, eine neue Relevanz ab. In *Geschwister Tanner* und dem *Gehülfen* befragt er im Interesse einer Neuausrichtung des Romans traditionelle und etablierte Gattungen nach ihrer Relevanz für die gegenwärtige Literatur.

Im Fall von *Jakob von Gunten* bildet das Tagebuch den literarischen Rahmen, in den Walser seine Idee des modernen Romans einschreibt und mit dem er gleichzeitig produktiv interagiert. Als formal freies autobiographisches

229 Vgl. Köhn: Straßenrausch. S. 131.

230 Vgl. Kernmayer: Sprachspiel nach besonderen Regeln. S. 510.

231 Utz: Robert Walsers *Jakob von Gunten*. S. 512.

Schreiben steht das Tagebuch außerhalb des etablierten Gattungssystems. Genau wie das zwischen Literatur und Journalismus changierende Feuilleton nimmt es in mehrerlei Hinsicht eine Zwischenposition ein. Es gilt nicht als ‚literaturwürdig', sondern vielmehr als Produkt der Alltagskultur. Dieser Zusammenhang zwischen Tagebuch und journalförmiger Literatur,[232] die in Zeitschriften und Zeitungen erscheint, soll nun als abschließender Aspekt von Walsers literarischem Großstadtprojekt in den Blick genommen werden und auf seine Möglichkeiten für eine Erneuerung des Romans hin befragt werden.

Im Tagebuch hat Walser eine Reflexion der in diesem Kapitel diskutierten, so inspirierenden wie spannungsreichen Annäherungen von Literatur und Feuilleton angelegt, die sein eigenes Schreiben ausmachen: Der Roman, der an traditionellen Erzählweisen festhält, erstarrt und verliert den Kontakt zu seiner Gegenwart. Entfernt er sich hingegen zu weit von literarisch-ästhetischen Übereinkünften, die auch um 1900 mitunter noch konservativen und kanonorientierten Vorstellungen entsprechen, so wird er womöglich nicht mehr als Literatur wahrgenommen, genau wie sein Autor nicht mehr als Literat gilt.

Walsers Großstadttexte sind Feuilletons, die in Literaturzeitschriften erschienen sind. Sie sind mithin in den Rezeptionskontext des Journals gestellt, der sich von dem der Buchlektüre grundlegend unterscheidet. Während das monographische Buch einen (ggf. durch einleitende, illustrierende oder sonstige untergeordnete Nebentexte oder Bilder unterstützten) Haupttext abbildet, präsentiert die Zeitschrift ihre Texte als „ahierarchisch[e]" und „räumlich nebeneinander stehende Einheiten"[233]. Zeitschriften werden nicht „zielgerichtet-linear" und einem selbstbestimmten Lektürefluss folgend gelesen, sondern „zeitlich heteronom"[234]. Beim Lesen einer Zeitschrift springt man potentiell von einem Text zum nächsten (der in der Regel von einem anderen Autor/einer anderen Autorin stammt) und die Texte werden in Kombination mit Illustrationen, Redaktionshinweisen oder Werbeanzeigen präsentiert. Dieses „Nebeneinander des Heterogenen" wird simultan, in einem ‚Flow' wahrgenommen.[235] Im Fall von Fortsetzungstexten müssen Leserinnen und Leser auf die Lieferung der nächsten Ausgabe warten. Wie ich im Folgenden darstellen möchte, hat Walser das Medium Zeitschrift nicht allein

232 Vgl. Wolfinger, der in seiner Interpretation des *Tagebuch*-Texts ebenfalls auf die Bedeutsamkeit von Walsers gesteigerter Produktion für Zeitungen und Zeitschriften im betreffenden Zeitraum hinweist. Dazu Wolfinger: Ein abgebrochenes Journal. S. 105–108.

233 Kaminski/Ramtke/Zelle: Zeitschriftenliteratur/Fortsetzungsliteratur: Problemaufriß. S. 24/25.

234 Beide Zitate Kaminski/Ramtke/Zelle: Zeitschriftenliteratur/Fortsetzungsliteratur: Problemaufriß. S. 25.

235 Kaminski/ Ruchatz: Journalliteratur – ein Avertissement. S. 33–37.

bei der Konzeption seiner Feuilletons für die *Neue Rundschau* im Blick gehabt, seine Arbeit am Format des Zeitschriftentextes hat darüber hinaus *Jakob von Gunten* strukturell geprägt, was der Roman durch das Aufrufen des Tagebuchs metapoetisch aufgreift.

Wie *Geschwister Tanner* durch die Form des episodischen Romans bricht auch *Jakob von Gunten* durch seine formale Nähe zu Feuilleton und Literaturzeitschrift die Geschlossenheit der traditionellen Romanform auf. Noch deutlicher als in *Geschwister Tanner* rührt jedoch der diskontinuierliche Charakter des Erzählens in *Jakob von Gunten* von der Medialität der ihn umgebenden Prosatexte her und weniger vom Bau der Geschichte. Mit dem Niedergang des Instituts weist der Roman eine gewisse Finalität auf. Journalliteratur[236] ist häufig Fortsetzungsliteratur. Die Einträge in Jakobs Tagebuch eröffnen qua Form ein unabgeschlossenes Kontinuum,[237] während der in einer Zeitschrift abgedruckte Fortsetzungsroman am Ende aller ihn umfassenden Ausgaben in der Regel zu einem Abschluss kommt. Tagebuch und Journalliteratur zielen strukturell nicht oder nicht primär auf „Schließung", sondern auf Fortsetzung,[238] was der Zeitschriftenroman durch die Formel ‚Fortsetzung folgt' am Ende eines Abschnitts anzeigt. Als serielles Format muss er zur Wiederaufnahme der Lektüre in der folgenden Ausgabe anregen, z. B. durch bewusst gesetzte Cliffhanger.

Nun ist zwar *Jakob von Gunten* nicht als Fortsetzungsroman erschienen, dennoch bezieht der Roman seine offene Struktur[239] aus der reflexiven Verarbeitung beider miteinander verwandten Medien: Zeitschrift und Tagebuch. Die Form des Tagebuchs hat Walser immer wieder literarisch angeregt, wie neben *Jakob von Gunten* etwa die Texte *Tagebuch eines Schülers* (1908 in *Die Zukunft*, 1914 in der *Schaubühne* und im Band *Geschichten* veröffentlicht), verschiedene unter dem Titel *Tagebuchblatt* veröffentlichte Prosastücke und

---

236 Der Begriff der Journalliteratur von Kaminski und Ruchatz nimmt – im Gegensatz zur theoretischen Auseinandersetzung von Frank, Podewski und Scherer (*Kultur – Zeit – Schrift*) – keine starke Unterscheidung zwischen Zeitungen und Zeitschriften als Publikationsorten von Literatur vor. Vielmehr betonen Kaminski und Ruchatz die Periodizität, die beide Medienformate gleichermaßen charakterisiere und vom Buchformat abgrenze. Vgl. dazu Kaminski/Ruchatz: Journalliteratur – ein Avertissement. Insbesondere S. 32.

237 Vgl. Lutz Hagestedt: Der richtige Ort für systematische Überlegungen. Philippe Lejeune und die Tagebuchforschung. In: Ders. (Hrsg.): „Liebes Tagebuch". Zur Theorie und Praxis des Journals. München: belleville 2014. S. VII–XXIV, hier S. XII/XIII.

238 Kaminski/Ruchatz: Journalliteratur – ein Avertissement. S. 37.

239 Diese Offenheit beschreibt Peter Utz als eine „Poetologie der Peripherie" (Utz: Robert Walsers *Jakob von Gunten*. S. 498), die er für *Jakob von Gunten* mit der Figur der Null in Verbindung bringt.

selbstverständlich auch die zu Beginn des Textes als ‚Journal' und ‚Tagebuch' ausgewiesene *Tagebuch*-Erzählung erkennen lassen. Durch die Regelmäßigkeit der Einträge, das Schreiben „von Tag zu Tag"[240], unterscheidet sich das Tagebuch von der rückblickend und mit zeitlicher Distanz zum Erlebten geschriebenen Autobiographie.[241]

Außer einer konsequenten Datierung gelten für das Tagebuch keinerlei Formvorgaben.[242] In dieser Unbestimmtheit nähert es sich der kleinen Form an. Jakobs Einträge folgen augenscheinlich einer fortlaufenden Struktur, gleichwohl fehlt ihnen das Datum, womit sein Tagebuch bereits den kleinsten gemeinsamen formalen Nenner der ansonsten gattungsmäßig unbestimmten Form des Tagebuchs aufgibt. Auch das Prosastück *Tagebuch eines Schülers*, das in besonderer Nähe zu *Jakob von Gunten* steht, entbehrt der konstitutiven Dimension einer klaren Zeitlichkeit. Sowohl der Zeitschriften- als auch der Romantext gehorchen derselben Grundidee fingierter Tagebuchnotizen eines Schülers, die Walser, in etwas anderer Spielart, bereits in *Fritz Kocher's Aufsätze* umgesetzt hat. Fritz Kocher taucht im Prosastück auch als Schulkamerad des erzählenden Ichs auf. Der fiktive Verfasser des *Tagebuchs eines Schülers* bezeichnet sich als Progymnasiast. Seine Aufzeichnungen deuten eine Chronologie der Einträge noch nicht einmal an, stattdessen werden Lehrer und Mitschüler nacheinander vorgestellt, sodass sich auch der Text in entsprechende thematische Abschnitte unterteilt. Den letzten der neun Abschnitte leitet der Erzähler mit der Ankündigung ein, als Letztes in seiner „Galerie" (KWA II, 3, S. 223) den Geschichts- und Deutschlehrer Doktor Merz vorzustellen.

Mit der Bezeichnung ‚Galerie' wird die Gliederung der Abschnitte nach einem räumlich-visuellen Prinzip reflektiert – der Text schreitet die vorgestellten Lehrer sozusagen so ab wie ein Galeriebesucher eine Reihe von Porträtgemälden. Diese ‚Verräumlichung' der Tagebucheinträge stellt sogar noch eine Steigerung gegenüber der ‚Entzeitlichung' der Notizen in Jakobs Tagebuch dar. Die Rücknahme des Faktors Zeit in *Jakob von Gunten* und dem *Tagebuch eines Schülers* mag angesichts der programmatischen Modernität, die Walsers Berliner Prosa charakterisiert, nicht unbedingt plausibel wirken, steht doch die beschleunigte Zeit wie kein anderer Faktor für die Moderne des frühen 20. Jahrhunderts. Tatsächlich verweist die ‚Verräumlichung' des Tagebuchs in diesen Texten auf den Publikationskontext der Zeitschrift, die einer (auch) räumlichen Organisationsform gehorcht. Walsers literarisch-fingierte Tagebücher beziehen ihre Affinität zu räumlichen Präsentationsmöglichkeiten von

240 Hagestedt: Der richtige Ort für systematische Überlegungen. S. XV.

241 Vgl. Peter Boerner: Tagebuch. Stuttgart: Metzler/Poeschel 1969. S. 13.

242 Vgl. Boerner: Tagebuch. S. 11.

Literatur aus ihrem Wissen um die mediale Logik der Zeitschrift, die von jeher die Dimensionen Raum und Zeit in ihrer Darstellung verschränkt. Moderne Periodika bewegen sich zwischen zeitlichen und räumlichen Parametern, zwischen Aktualität bzw. Gegenwartsbezug und Archiv- bzw. Erinnerungsfunktion, was bereits die Bandbreite an gängigen Zeitschriftentiteln im 18. und 19. Jahrhundert anzeigt, die sich zwischen ‚Neuigkeiten', ‚Journal' oder ‚Ephemeriden' auf der einen und ‚Museum', ‚Magazin' und ‚Archiv' auf der anderen Seite aufspannt.[243] Die Zeitschrift organisiert ihre Inhalte somit synchron (als ‚Nebeneinander des Heterogenen'[244]) und diachron (von Ausgabe zu Ausgabe).

Dagegen besitzt das Tagebuch eine klare Präferenz für den zeitlichen Aspekt der Chronologie. *Jakob von Gunten* ruft durch die Form des Tagebuchs dessen primär chronologisch-zeitliches Organisationsprinzip zwar noch oberflächlich auf, die Verbindlichkeit einer klaren Zeitlichkeit gibt der Roman jedoch zugunsten einer durch die Zeitschrift informierten Präsentation, die den Modus des räumlichen Nebeneinanders miteinschließt, auf. Aufgrund dieser Struktur kann *Jakob von Gunten* als richtungsweisend für die Darstellung der Großstadt im Roman angesehen werden. Der Text stellt einen frühen Beitrag zu jener Literatur dar, die die Entwicklung des modernen Romans von der Linearität zur Simultanität[245] mitvorbereitet hat und die in Döblins am Film geschulten Montageverfahren einen vorläufigen Höhepunkt erreichen wird.

*Jakob von Gunten* reflektiert die Verbindungen des Tagebuchs zum Feuilleton als Form und zur Zeitschrift als präferierten medialen Ort für Walsers feuilletonistische Texte in der Berliner Zeit. Was bedeutet dies für Walsers Entwurf des Romans? Die Offenheit, die *Jakob von Gunten* aus der Form des Tagebuchs bezieht und die ‚verräumlichte' Zeitlichkeit, die von der Präsentationslogik der Literaturzeitschrift herrührt, markieren Elemente eines Versuchs der formalen Erneuerung des Romans. Walsers *Jakob von Gunten* experimentiert mit Tagebuch und Journal allerdings nicht allein im Interesse, neue Darstellungsverfahren zu finden, sondern zielt dabei vielmehr auf einen

243 Vgl. Sean Franzel: ‚Ephemerische Lieblinge'. The Periodical as Heterochronic Archive and F. J. Bertuch's *London und Paris*. In: Michael Bies/Sean Franzel/Dirk Oschmann (Hrsg.): Flüchtigkeit der Moderne. Eigenzeiten des Ephemeren im langen 19. Jahrhundert. Hannover: Wehrhahn Verlag 2017. S. 19–40, hier S. 24.

244 Kaminski/Ruchatz: Journalliteratur – ein Avertissement. S. 32.

245 Vgl. Susanne Ledanff: Bildungsroman versus Großstadtroman. Thesen zum Konflikt zweier Romanstrukturen, dargestellt am Beispiel von Döblins *Berlin Alexanderplatz*, Rilkes *Aufzeichnungen des Malte Laurids Brigge* und Musils *Mann ohne Eigenschaften*. In: Sprache im technischen Zeitalter 78 (1981). S. 85–114, hier S. 88.

Roman, der auch die herkömmliche Vorstellung literarischer Autorschaft neu konfiguriert.

Anders als in der Forschung immer wieder behauptet, ist *Jakob von Gunten* kein literarisches Tagebuch, sondern ein fingierter Tagebuchtext.[246] Bei seinem Ersterscheinen lag er als Roman und damit als erkennbar fiktionaler Text vor, gleichwohl spielt er mit Zuschreibungen von Faktualität, denn paratextuell ist Walsers *Jakob von Gunten* in mehrfacher Hinsicht von Elementen der Authentizitäts- und Herausgeberfiktion gerahmt. Der 1909 bei Cassirer erschienene Erstdruck kündigt keinen Roman an, der Titel lautet vielmehr: „Jakob von Gunten. Ein Tagebuch von Robert Walser" (KWA I, 4, S. 172). Setzt man Titel und Romanerzählung in Bezug zueinander, so ergibt sich daraus eine literarisch fingierte Konkurrenz um die Autorrolle, bei der es gleichwohl um mehr geht als um ein unterhaltsames Spiel mit Urheberschaftsfragen. Im Titel, der suggeriert, dass es sich um einen nichtfiktionalen Bekenntnistext des Autors Robert Walser handle, ist sozusagen in nuce die weitreichende Problematik der Beziehung von Leben und Werk auf der einen und der Ambivalenz des Schreibens als Feuilletonist und Literat zugleich auf der anderen Seite enthalten, die Walsers literarische Produktion so maßgeblich bestimmt hat.

Das Tagebuch gilt als kunstlos, da es das Leben lediglich abbilde; ein Vorwurf, dem Walser, wie gezeigt wurde, mit Blick auf seinen Wirklichkeitsroman *Der Gehülfe* die Literarizität des Autobiographischen entgegenhält. Doch auch dem Feuilletonisten wird unterstellt, sich ohne literarisch-ästhetische Ambition auf die Welt zu beziehen, als Publizist eben. Damit thematisiert der Roman bereits im Titel seinen eigenen prekären Status zwischen Literatur und Publizistik, den Jakobs Aufzeichnungen dann mit ihrem starken Gegenwartsbezug und der feuilletonistisch-plaudernden Sprache formal einlösen. Der paratextuell angekündigte fingiert-autobiographische Gehalt in Bezug auf den Autor wird hingegen nicht umgesetzt, kein Robert Walser tritt als Verfasser des Tagebuchs auf. Daraus ergibt sich eine gewisse Inkonsistenz mit Blick auf die fiktionsinternen Authentizitätsbehauptungen.

Betrachtet man weitere Texte, die *Jakob von Guntens* Ersterscheinen begleiteten, werden derlei Unstimmigkeiten weitergereicht. Eine am 03.03.1909 im *Börsenblatt für den deutschen Buchhandel* geschaltete Verlagsanzeige zur

246 Ein literarisches Tagebuch ist ein referentieller Text, bei dem, ungeachtet einer möglicherweise starken Literarisierung oder Stilisierung, Autor und Tagebuch-Ich identisch sind, wie etwa im Falle des Autoren- oder Autorinnentagebuchs. Ein fingiertes Tagebuch ist hingegen ein fiktionaler Text, der die Fiktion des Tagebuchs als „Kunstgriff" nutzt. Dazu Hagestedt: Der richtige Ort für systematische Überlegungen. S. XVI. Zum Begriff des fingierten Tagebuchs vgl. auch Boerner: Tagebuch. S. 28.

ersten Auflage des Romans arbeitet mit einer anderen fiktionalen Rahmung, die nicht nur eine lange literarische Tradition besitzt, sondern auch bezogen auf Walser schon seit *Fritz Kocher's Aufsätze* bekannt ist. In der Anzeige wird der „Dichter" Walser zum bloßen Herausgeber der „Tagebuchblätter" (KWA I, 4, S. 170) Jakobs gemacht. Da der Anzeigentext bei der Bekanntmachung des Romans zwischen Fiktionalitäts- und Authentizitätsbehauptungen schwankt, kann sich der Effekt einer ‚klassischen', mithin eindeutig als Literatur zu lesenden Herausgeberfiktion[247] nicht recht einstellen. Anders als im Buchtitel wird *Jakob von Gunten* in der Verlagsanzeige als Roman bezeichnet: „Robert Walser: Jakob von Gunten. Ein Tagebuch. Roman".[248] In Kombination mit dieser Gattungsbezeichnung irritiert vor allem, dass *Jakob von Gunten* gleichzeitig zugeschrieben wird, „dokumentarische Beiträge zur Geschichte der gegenwärtigen Schule" (KWA I, 4, S. 170) zu liefern. Einen solchen Anspruch würde man wohl eher für eine Reportage geltend machen, nicht jedoch für ein avanciertes literarisches Werk. Wollte man außerdem die Behauptung der Anzeige, Walser sei der Herausgeber von Jakobs Tagebuch, in Übereinstimmung mit der Fiktion aus dem Buchtitel bringen, müsste bereits dort etwa stehen: Jakob von Gunten. Ein Tagebuch, herausgegeben von Robert Walser.[249]

---

247 Dieser Effekt kommt der Figur der Herausgeberfiktion nicht genuin zu, denn der in ihr enthaltene Pakt mit Leserinnen und Lesern besteht vielmehr in einem geteilten Wissen um die Fiktivität des Herausgebers. Ein solchermaßen erprobtes Erkennen fingierter Herausgeberschaft kann sich als Kunstgriff jedoch erst um 1800 etablieren, als sich die Vorstellung moderner Autorschaft und künstlerischer Souveränität bereits durchgesetzt haben. Goethes *Werther* markiert hier noch einen Übergang. Grundlegend dazu Uwe Wirth: Die Geburt des Autors aus dem Geist der Herausgeberfiktion. Editoriale Rahmung im Roman um 1800: Wieland, Goethe, Brentano, Jean Paul und E. T. A. Hoffmann. Fink: München 2008.

248 Siehe KWA I, 4. S. 170. Der Ankündigungstext des Verlags nimmt mehrere Wendungen in Bezug auf die Vorstellung des Romans als Erzählwerk oder Dokument und wird an dieser Stelle deshalb vollständig wiedergegeben, siehe KWA I, 4. S. 170: „Robert Walser schildert in dem neuen Buch ein merkwürdiges Erziehungs-Institut, das mit einer Anzahl von etwa sechs Zöglingen in der Verborgenheit der Grossstadt sein Leben fristet, um sich nach dem Tode der jungen Schwester des Vorstehers für immer aufzulösen; oder vielmehr, er deutet es nur an: denn in ein gewisses Geheimnis – und reizvolles Dunkel gehüllt bleibt dieses Institut Benjamenter [sic!] für uns, wie für Jacob Gunten, den nachdenklichen Menschen, dessen Tagebuchblätter der Dichter uns vorlegt. – Mit einem beschaulichen und einem traurigen Auge gesehen, offenbaren die Blätter den ganzen ‚Jammer der Kreatur', die noch unerlöst in den Tiefen der Zeit schmachtet, eine Welt, die vinetagleich, wie unter Wasser dahinlebt, und deren langsames Erwachen Robert Walser ebenso kongenial wiedergibt, wie es ihm hier geglückt ist, dokumentarische Beiträge zur Geschichte der gegenwärtigen Schule zu liefern."

249 So wie auch der vollständige Titel von *Fritz Kocher* lautet: „Fritz Kocher's Aufsätze. Mitgeteilt von Robert Walser". Siehe dazu KWA I, 1. S. 192.

Die Ausweitung der Fiktion auf epi- und peritextuelle Rahmungen wirft Fragen nach dem Verhältnis von Wirklichkeit und Imagination auf. Dies hat insbesondere die strukturalistische und poststrukturalistische Literaturtheorie immer wieder zu Überlegungen zu dem Grad fiktionaler Durchsetzung dessen, was als Realität zu gelten habe, angeregt.[250] Mit Blick auf die Herausgeberfiktion lässt sich aber auch umgekehrt danach fragen, wie viel Reales im literarischen Spiel um Autorschafts- und Herausgeberschaftszuschreibungen steckt. Im Titel, der den Roman als authentischen Tagebuchtext ausweist, genau wie in der Veröffentlichungsankündigung des Cassirer-Verlags, die durch die Erwähnung des Dokumentarischen ebenfalls nichtfiktionale Eigenschaften behauptet, wird *Jakob von Gunten* nicht zweifelsfrei als große Form präsentiert – eine Form, die sich bekanntermaßen durch eindeutige Fiktionalität und ästhetische Geformtheit auszeichnet. Die Verlagsanzeige bezeichnet Walser zwar wirklichkeitsgetreu als Dichter und seine Veröffentlichung als Roman. In der Fiktion des Autors als Verfasser eines autobiographischen Textes (Tagebuch) sowie in der Behauptung, Walser sei nicht Autor, sondern lediglich Herausgeber des Tagebuchs, schlägt sich allerdings die Nähe des Romans *Jakob von Gunten* zum Feuilleton und dessen Ruf als Gebrauchsliteratur oder kleine Form nieder.

Die Paratexte kommentieren die Verbindung von Walsers Roman zur kleinen Form des Feuilletons mit dem Hinweis auf das Tagebuch und die Tätigkeit des Herausgebers, denn das Tagebuch gilt als authentische Schreibpraktik der Alltagskultur[251] und das Edieren gehört dem Bereich der Publizistik an. Mithin haftet beidem das Stigma des Kunstlosen bzw. Nichtschöpferischen an. Mit der in beiden Paratexten behaupteten Lebensnähe – in der Anzeige wird dieser Eindruck durch den Hinweis auf den angeblich dokumentarischen Charakter des Romans in Bezug auf die Schule um 1900 gestützt – wird die künstlerische Souveränität des Romanautors Robert Walser infrage gestellt oder, positiv formuliert: Dem literarischen Romanautor wird damit der heteronome publizistische Autor der Großstadtfeuilletons, die *Jakob von Gunten* ästhetisch geprägt haben, an die Seite gestellt.

Das Tagebuch benötigt keinen ‚großen' Autor, denn ein Tagebuch kann grundsätzlich jede und jeder führen.[252] Betrachtet man Buchtitel, Verlagsanzeige

250 Gérard Genette stellt etwa im Zusammenhang mit seinen Überlegungen zur narrativen Metalepse die Frage, ob „das Extradiegetische vielleicht immer schon diegetisch ist" und ob damit „Sie und ich, vielleicht auch noch zu irgendeiner Erzählung gehören". Beide Zitate siehe Gérard Genette: Die Erzählung. 2. Auflage. München: Fink 1998. S. 169.

251 Lejeune bezeichnet das Tagebuch als „Produkt einer Form der Lebenspraxis". Dazu Lejeune: Das Tagebuch als „Antifiktion". S. 334.

252 Vgl. Hagestedt: Der richtige Ort für systematische Überlegungen. S. VII.

und Romanerzählung in ihrem Zusammenspiel, so lässt sich die zwischen ihnen erzeugte Spannung von Erfindung und behaupteter Authentizität oder Dokumenthaftigkeit nicht auflösen. Dies verunsichert jedoch weder den fiktionalen Status von Walsers Roman noch wirft es die philosophische Frage auf, ob vielleicht auch die Welt außerhalb des Textes erfunden sein mag. Vielmehr bildet sich auch in *Jakob von Guntens* Begleittexten die Geschichte moderner Autorschaft ab – ähnlich ihrer strukturellen Reflexion in der Figur der Ambivalenz innerhalb des Romans. Der autonome Künstler und Genieautor, den Walser bereits in seinem *Schriftsteller*-Feuilleton im *Berliner Tageblatt* verabschiedet hat, verliert, wie schon gezeigt, aufgrund veränderter Produktionsverhältnisse seit dem 19. Jahrhundert an Bedeutung. Dass dieser Prozess sich auch in den Techniken des Darstellens und Erzählens in der Literatur niedergeschlagen hat, haben zahlreiche Autoren, am prominentesten wohl Benjamin und Adorno,[253] thematisiert.

Auch der Erzähler büßt im 20. Jahrhundert seinen souveränen Standort ein. Im Darstellungsverfahren der Montage im Roman der Weimarer Republik, in den dadaistischen Collagen, ebenso wie in der Zitierwut eines Karl Kraus in seiner Zeitschrift *Die Fackel*, wird das von anderen Geschriebene in den eigenen Text integriert und als solchermaßen ‚Werkfremdes' bewusst ausgestellt.[254] Um 1800 wurde demgegenüber mit der Figur der Herausgeberfiktion das Selbstgeschriebene als das Werk eines „fiktiven Anderen"[255] ausgegeben. Hieran wird die Differenz der Kunstauffassungen um 1800 und um 1900 deutlich, die Walsers Roman und dessen paratextueller Präsentation eingeschrieben ist. Die Behauptungen eines authentisch-nichtfiktionalen und publizistischen Charakters, die hier den Rahmen setzen, stehen bereits im Kontext der künstlerischen Authentizitäts- und Originalitätsvorstellungen des 20. Jahrhunderts.[256] In seiner Nähe zum Feuilleton greift *Jakob von Gunten* jenen sich erst später durchsetzenden Techniken der Montage vor, die von

---

253 Vgl. Walter Benjamin: Der Erzähler. Betrachtungen zum Werk Nikolai Lesskows. In: Ders.: Gesammelte Schriften. II, 2. Hrsg. von Rolf Tiedemann/Hermann Schweppenhäuser. Frankfurt am Main: Suhrkamp 1977. S. 438–465 und Theodor W. Adorno: Standort des Erzählers im zeitgenössischen Roman. In: Ders.: Noten zur Literatur I. Frankfurt am Main: Suhrkamp 1965. S. 61–72.

254 Vgl. Wirth: Die Geburt des Autors aus dem Geist der Herausgeberfiktion. S. 428–430, insbesondere S. 428.

255 Wirth: Die Geburt des Autors aus dem Geist der Herausgeberfiktion. S. 428.

256 Siehe Wirth: Die Geburt des Autors aus dem Geist der Herausgeberfiktion. S. 428: „Um 1900 dagegen ist das Andere, das man herausgibt, tatsächlich Fremdmaterial: die Montagen und *ready-mades* greifen auf Geschriebenes und Gemachtes von Anderen zurück. Die Authentizität des Kunstwerks beruht also auf der Eigenhändigkeit anderer, seine Originalität liegt in der Art, wie das Fremdmaterial selegiert und arrangiert wird."

einem neuen Begriff von Autorschaft begleitet werden, der den Anspruch von Originalität und Autonomie hinter sich gelassen hat. Damit steht der dokumentierende, feuilletonistische und autobiographische Schriftsteller, den Walsers Roman und dessen Paratexte aufrufen, für die ‚nichtsouveräne' Autorschaft, die die literarisch-innovativen Entwicklungen des 20. Jahrhunderts weiter vorantreiben werden.

Die ‚Authentizität' *Jakob von Guntens* ist damit grundverschieden vom schöpferischen Anspruch des Genieautors im 18. Jahrhundert und auch von der Vorstellung eines unmittelbaren, individuellen Ausdrucks, der das ‚Journal Intime' kennzeichnet. Bei der Lektüre von Jakobs Tagebuch stellt sich keineswegs der Eindruck von persönlicher Lebensnähe und Authentizität ein, weshalb Walser seinen dritten Berliner Roman anders als den *Gehülfen* auch nicht als ‚Wirklichkeitsroman' profilieren konnte. Auch diese Irritation ist Ausdruck der Modernität von *Jakob von Gunten*, zielen doch genau jene avanciert-modernen Darstellungsverfahren auf das Erkennen der Differenz von Kunst und Leben und auf einen reflektierten Umgang damit durch die Rezipienten und Rezipientinnen.[257] In Walsers feuilletonistischem Bruch mit den individuellen Authentizitätsbehauptungen des ‚Journal Intime' haben einige Rezensenten jedoch keinen ernstzunehmenden literarischen Stil erkannt, sondern diesen vielmehr als Zeichen ästhetischen Misslingens interpretiert. Eugen Kalkschmidt etwa, der die Lektüre von *Jakob von Gunten* in der *Frankfurter Zeitung* mit dem Genuss einer „Brauselimonade" oder eines „G'spritzten"[258] vergleicht, gibt deutlich zu verstehen, dass diese Metapher nicht die Idee einer erfrischenden Lektüre transportieren solle, sondern dass Walsers Roman einem gepantschten Getränk gleichkomme, bei dem es sich weder um Wasser noch um „klaren Wein"[259] handle. Im Vorwurf einer sprachlichen Unverbindlichkeit und Künstlichkeit beschreibt Kalkschmidt Merkmale des Feuilletons, die Walsers Roman an dieser Stelle selbstverständlich nicht zum Vorteil gereichen.

Mit der Aufrichtigkeit eines authentischen Tagebuchs haben Walsers geschliffene ‚Sprachgirlanden'[260] nichts gemein. Grundsätzlich liegen Tagebuch und Feuilleton oder Zeitungspublikation allerdings nicht so weit auseinander. Wie das Feuilleton schwankt auch das Tagebuch zwischen „dem Literarischen und dem Nichtliterarischen, dem Privaten und dem Öffentlichen

257 Vgl. Wirth: Die Geburt des Autors aus dem Geist der Herausgeberfiktion. S. 434.
258 Beide Zitate Eugen Kalkschmidt: Neue deutsche Erzählungsliteratur. In: KWA I, 4. S. 154.
259 Kalkschmidt: Neue deutsche Erzählungsliteratur. S. 154.
260 Benjamin: Robert Walser. S. 326.

sowie dem Individuellen und dem Paradigmatischen"[261]. In ihren Produktionsweisen gehorchen Tagebuch und Feuilleton bzw. Zeitung ähnlichen Logiken. Sie werden von Tag zu Tag, in zeitlicher Nähe zum Geschehen geschrieben.[262] Genau wie das Feuilleton galt auch das Tagebuch lange Zeit nicht als Literatur.[263] Im späten 18. Jahrhundert versetzen gleichwohl gerade seine poetologische Unbestimmtheit und fehlende Anerkennung das Tagebuch (wie den Roman und die Autobiographie) in die Lage, literarische Formen besonders durchschlagend zu beleben und, im Modus des subjektiven und ‚authentischen' Schreibens zu einem geeigneten Medium „der Auseinandersetzung und Verständigung über ein sich wandelndes Menschen- und Weltbild"[264] zu werden.

In *Jakob von Gunten* kommt dem Feuilleton die Funktion zu, verkrustete Erzählformen aufzubrechen und dem Roman erneut das Potential eines Reflexionsmediums der Gegenwart abzuringen. Die Grenzen zwischen literarisch-fiktionalem und feuilletonistischem Schreiben sind im Roman durchlässig, beide Modi gehen miteinander ein produktives Wechselverhältnis ein. Die Subjektivität des Tagebuchs, die um 1800 der Konsolidierung und Vermittlung bürgerlicher Individualitätskonzepte diente,[265] ist dem subjektiven Stil des Feuilletons, der innerhalb einer kapitalistisch geformten Massenkultur verortet ist, nicht mehr vergleichbar. Walsers ‚Tagebuch' erhebt nicht den Anspruch eines Bekenntnisses (nicht einmal einen fingierten), es zeigt vielmehr den historischen Abstand zu einer individuellen, im Privaten stattfindenden Erkundung des Selbst und seiner Beziehungen zur Gegenwart auf. Was Walser vom Tagebuch übernimmt, ist vielmehr die ihm vormals zugewiesene Relevanz für die Erneuerung literarischer Schreibweisen. Dass diese innovative Kraft im 20. Jahrhundert nunmehr vom Feuilleton ausgeht und nicht mehr vom bekenntnishaften Schreiben, wird erst im Blick auf die Geschichte des Tagebuchs wirklich verständlich.

---

261 Kalff/Vedder: Tagebuch und Diaristik seit 1900. S. 235. Siehe ebenfalls Boerner: Tagebuch. S. 34: „Immer wieder überschreitet es die Grenzen zwischen Gebrauchsliteratur und künstlerischer Gestaltung, ja hebt durch seinen Zwittercharakter jede mögliche Einordnung in ein umfassendes System der Dichtung wieder auf."

262 Vgl. Boerner: Tagebuch. S. 12.

263 Siehe dazu Volker Kapp: Von der Autobiographie zum Tagebuch (Rousseau – Constant). In: Alois Hahn/Ders. (Hrsg.): Selbstthematisierung und Selbstzeugnis: Bekenntnis und Geständnis. Frankfurt am Main: Suhrkamp 1987. S. 297–310, hier S. 297: „Die Neudefinition der Autobiographie durch Rousseau hat letztlich zur Entdeckung des Tagebuchs als literarischer Form geführt."

264 Birgit Nübel: Autobiographik und Menschenwissenschaft. In: Michael Bies/Michael Gamper/Ingrid Kleeberg (Hrsg.): Gattungs-Wissen. Wissenspoetologie und literarische Form. Göttingen: Wallstein 2013. S. 51–73, hier S. 58.

265 Vgl. Nübel: Autobiographik und Menschenwissenschaft. S. 70.

Bis ins 18. Jahrhundert hinein gilt das Tagebuch nicht als Literatur.[266] Zu einer relevanten, wenn auch nicht anerkannten Form wird es – wie Bildungsroman und Autobiographie – im Kontext der Aufklärung auch deshalb, weil es der schriftlichen Erprobung und Kommunikation bürgerlicher Subjektivitätsentwürfe dient und den sich zeitgleich vollziehenden Wandel des Verhältnisses von Öffentlichkeit und Privatsphäre begleitet und dokumentiert. Lutz Hagestedt zeigt in diesem Punkt eine Verbindung zur Gattung des Briefs auf: „Ähnlich wie der Brief geht das Tagebuch seit etwa 1700 durch eine Schule der Geläufigkeit, in der sich der Autor allmählich als Leser seiner selbst erfährt und seine Routine der Beobachtung und Kommentierung der eigenen Person zu optimieren sucht."[267] Unter anderem der Pietismus schafft die Voraussetzungen dafür, das Tagebuch (und die Autobiographie) als intimen Bekenntnistext zu konturieren.[268] Noch im 17. Jahrhundert besitzen Tagebücher in erster Linie die Funktion von (geschäftlichen) Chroniken und Erinnerungsbüchern.[269] Das sich erst später durchsetzende persönliche Tagebuch oder ‚Journal Intime' gilt dagegen als „unmittelbare Selbstaussage"[270], es soll dem Schreibenden zur Selbstprüfung und Klärung innerer Zustände dienen. Diese Funktionen haben für Jakobs ‚Journal' keine Bedeutung mehr. Seine Aufzeichnungen verschaffen ihm kein besseres Verständnis seiner selbst. Das Festhalten von diffusen Phantasien, Träumen und Tagträumen, die er nicht zu entschlüsseln versucht, scheint den Schreibenden vielmehr immer tiefer ins ‚Rätsel' des Ichs hineinzuführen.[271] Gedankenimpulse und Assoziationen[272] treiben Jakobs Niederschrift voran und nicht das Bedürfnis, zu verstehen, das er an mancher Stelle sogar programmatisch ablehnt.[273] Einen ähnlichen Wunsch

266 Vgl. Hagestedt: Der richtige Ort für systematische Überlegungen. S. XVII.

267 Hagestedt: Der richtige Ort für systematische Überlegungen. S. VIII.

268 Vgl. Hagestedt: Der richtige Ort für systematische Überlegungen. S. VIII.

269 Vgl. Boerner: Tagebuch. S. 40.

270 Karl Hans Bühner: Möglichkeiten des Tagebuchs. In: Welt und Wort 5 (1950). S. 189–191, hier S. 189/190.

271 Wiederkehrend beschreibt Jakob seine Empfindungen, genau wie das Institut, als ‚seltsam'. Als Fräulein Benjamenta in einer Schulstunde unvermittelt zu weinen anfängt, berührt Jakob das „seltsam" (JvG. S. 44), auch der Institutsvorsteher wird als „seltsamer" (JvG. S. 40) Mann bezeichnet, und Jakobs Lust, ihn zu Gewaltausbrüchen zu reizen, findet er selbst „seltsam" (JvG. S. 39). Alle seine Mutmaßungen über die Herkunft dieser Lust verbleiben als offene Fragen: „Sehne ich mich denn eigentlich danach, von diesem Herrn Benjamenta gezüchtigt zu werden? Leben in mir frivole Instinkte? Alles, alles, selbst das Niederträchtigste und Unwürdigste, ist möglich." (JvG. S. 39).

272 Siehe JvG. S. 25: „Es fällt mir hier etwas ein, und ich sehe mich, aus, ich weiß nicht welchen Ursachen genötigt, es zu sagen."

273 Siehe JvG. S. 37: „Ich hasse das alles verstehenwollende, mit Wissen und Witz glänzende, und sich breitmachende Wesen."

äußert Jakobs Bruder Johann bei einem Gespräch, wenn er sagt, dass er von seinem Gegenüber „nicht ganz" (JvG, S. 57) verstanden werden möchte. Auch Jakobs Lebenslauf, den er für Benjamenta anfertigen muss,[274] zeugt von einem parodistischen Umgang mit der Pflicht des pietistischen Tagebuchs, sich selbst hermeneutisch zu ergründen und Rechenschaft über sein Tun abzulegen.

Dass *Jakob von Gunten* vom Verlust bürgerlicher Individualitätskonzepte erzählt und sich mit der Unmöglichkeit, in der beschleunigten Moderne noch als souveränes Subjekt zu sprechen, auseinandersetzt, hat die Forschung, die Walsers Text als Gegenentwurf zum Bildungsroman begreift, immer wieder hervorgehoben. Mit Blick auf die Großstadt als Sujet und das damit einhergehende Problem der ‚Unerzählbarkeit' ergeben sich aus dieser Beobachtung sogar noch zwingendere Konsequenzen. Das ‚Rätsel' des Ichs aus Jakobs Tagebuch und das ‚Geheimnis' der Großstadt, die Jakob darin darstellt, bringt Walser in ein Verhältnis zueinander, das die Entwicklung des Romans in puncto Darstellbarkeit der urbanen Moderne vorantreibt. Das „Wissen" der Stadt ist ein „zirkulierendes" und „wildes", in dem sich „Kenntnis und Erfahrung, Beobachtung und Engagement oder subjektive Neigung"[275] berühren. Für dieses Wissen hat Walser mit *Jakob von Gunten* eine Sprache gefunden. Jakobs Tagebuch ist dem modernen Ich der Großstadt angemessen, welches neuen medialen Massendiskursen, überfordernden und unabsehbaren Entwicklungen von Wohn- und Arbeitsbedingungen, Reizüberflutung und Technisierungswellen ausgesetzt ist. Das Feuilleton stellt für Walser eine zeitgemäße Verbindung zwischen Öffentlichkeitsrelevanz und subjektiver Verarbeitung her, die den radikalen Umbrüchen um 1900 gerecht werden kann. Im 18. Jahrhundert ist es unter anderem das Tagebuch, das die Neukonfiguration von öffentlicher und privater Sphäre, was hier die Herausbildung einer bürgerlichen Öffentlichkeit meint, diskursiv und reflexiv begleitet.

An dieser Funktion wird ersichtlich, dass das Tagebuch in einer inneren Selbstschau nicht aufgeht. In seiner privaten Bestimmung ist es radikal gegenwärtig und legt in Umbruchszeiten „Zeugnis" ab.[276] Auch das pietistische Tagebuch verfolgt nicht allein persönliche Zwecke, da es zugleich ein Protokoll der

---

274 Siehe JvG. S. 45: „Unterzeichneter, Jakob von Gunten, Sohn rechtschaffener Eltern, den und den Tag geboren, da und da aufgewachsen, ist als Eleve in das Institut Benjamenta eingetreten, um sich die paar Kenntnisse anzueignen, die nötig sind, in irgend jemandes Dienste zu treten. Ebenderselbe macht sich durchaus vom Leben keine Hoffnungen. Er wünscht, streng behandelt zu werden, um zu erfahren, was es heißt, sich zusammenraffen zu müssen. [...]."

275 Alle Zitate Stierle: Der Mythos von Paris. S. 49.

276 Wilhelm Grenzmann: Das Tagebuch als literarische Form. In: Wirkendes Wort 9 (1959). S. 84–93, hier S. 84.

moralischen ‚Selbstprüfung' – in der Regel unter Anleitung – darstellt, was die Möglichkeit eines kontrollierenden ‚Mitlesers' miteinschließt.[277] Dass genau eine solche Konzeption des Schreibens unter autoritärer Kontrolle zur lustvollen Preisgabe persönlicher Geheimnisse einladen kann,[278] liegt auf der Hand. Privatheit und Öffentlichkeit lassen sich mit Blick auf das Tagebuch nicht voneinander trennen.[279] Obgleich das Tagebuch auch im 18. Jahrhundert nicht als Gattung gilt, wird sein Schreibmodus der „Selbstthematisierung" zu diesem Zeitpunkt zu einem „Anliegen der Literatur"[280] und damit zu einem Interesse der Öffentlichkeit. Im Tagebuch wird das Private repräsentativ[281] und genau in dieser Spannung zwischen Intimität und Zeitbezug oder öffentlicher Relevanz besteht seine Attraktivität für Walsers Erneuerung des Romans. *Jakob von Gunten* führt „den subjektiven Charakter des persönlichen ‚Journals' mit dem am Tagesgeschehen orientierten ‚Journalismus'"[282] zusammen. Genauer gesagt vereinigt das Feuilletonistische in *Jakob von Gunten* vermeintlich getrennte Sphären, die, auf andere Weise und in einem anderen historischen Kontext, bereits durch das Tagebuch verbunden sind: Subjektivität und Tagesaktualität, Authentizität und Literarizität, individuelle Reflexivität und öffentliche Bedeutsamkeit.

Im Jahr 1908, als Walser *Jakob von Gunten* schreibt, liegen die Aporien zwischen der Form des Romans und der Forderung, mit der gesellschaftlichen Wirklichkeit Schritt zu halten, seit rund 25 Jahren, mithin seit Spielhagens *Beiträgen zur Theorie und Technik des Romans* zutage.[283] Im Mai 1913, lange bevor er seinen „Großstadtrealismus"[284] in *Berlin Alexanderplatz* (1929) literarisch

277 Vgl. Hagestedt: Der richtige Ort für systematische Überlegungen. S. XVIII.

278 Vgl. Hagestedt: Der richtige Ort für systematische Überlegungen. S. XVIII.

279 Vgl. Boerner: Tagebuch. S. 25. Zum Tagebuch siehe auch Habermas: Strukturwandel der Öffentlichkeit. S. 114/115: „Das Tagebuch wird zu einem an den Absender adressierten Brief; die Ich-Erzählung das an fremde Empfänger adressierte Selbstgespräch; gleichermaßen Experimente mit der in den kleinfamilial-intimen Beziehungen entdeckten Subjektivität. Diese, als der innerste Hof des Privaten, ist stets schon auf Publikum bezogen."

280 Beide Zitate Kapp: Selbstthematisierung und Selbstzeugnis. S. 297.

281 Vgl. Hagestedt: Der richtige Ort für systematische Überlegungen. S. XI.

282 Utz: Zu kurz gekommene Kleinigkeiten. S. 142. Werner Morlang stellt den Zusammenhang zwischen Tagebuchform und Journalismus für die *Tagebuch*-Erzählung her. Dazu Morlang im Nachwort zu AdB 4, S. 422: „Unter der Äquivokation ‚Journalismus' kommen die öffentliche und die private Seite, die fremde und die eigene Bestimmung seiner dichterischen Art präzis zur Deckung."

283 Volker Klotz beschreibt Spielhagens Erkenntnis als die Benennung eines Widerspruchs zwischen der Grenzenlosigkeit des Gegenstandes und der Begrenztheit der Form. Vgl. Klotz: Die erzählte Stadt. S. 380.

284 Gabriele Sander: Alfred Döblin und der Großstadtrealismus. In: Sabine Kyora/Stefan Neuhaus (Hrsg.): Realistisches Schreiben in der Weimarer Republik. Würzburg: Königshausen & Neumann 2006. S. 139–150.

umsetzen wird, legt Alfred Döblin in seinem als *Berliner Programm* berühmt gewordenen, in Herwarth Waldens expressionistischer Zeitschrift *Der Sturm* veröffentlichten Manifest *An Romanautoren und ihre Kritiker* polemisch dar, worin die Literatur des Kaiserreichs bisher versagt habe: insbesondere in ihrem psychologischen Erzählen, der Linearität der Darstellung, einer „Hegemonie des Autors" und im Festhalten an einem zentralen Helden.[285] Diese zentralen Überlegungen zur Erneuerung des Romans im 20. Jahrhundert führt Döblin in seinen Essays *Bemerkungen zum Roman* (1917 in der *Neuen Rundschau* veröffentlicht)[286] und *Der Bau des epischen Werks* (1928) weiter aus. 1930 reflektiert dann Walter Benjamin ausgehend von Döblins *Berlin Alexanderplatz* die *Krisis des Romans*. Wie bereits mit *Geschwister Tanner* und *Der Gehülfe* findet Walser auch mit *Jakob von Gunten* eine zwischen Tradition und Experiment liegende Möglichkeit, erzählerisch mit den Darstellungsproblemen des Romans angesichts der urbanen Moderne umzugehen, die als solche erst in den 1920er-Jahren klar benannt werden. Als feuilletonistisches Tagebuch ‚beerbt' *Jakob von Gunten* den Roman, der sich der Auseinandersetzung mit der Gegenwart verpflichtet.

Um 1900 verschiebt Walsers *Jakob von Gunten* die Koordinaten in Richtung Großstadtroman und erweitert dessen erzählerische Möglichkeiten, die zu diesem Zeitpunkt noch nicht, wie später bei Döblin, als Mehrstimmigkeit und Montage hervortreten, sondern vielmehr durch jene Formen und Medien beeinflusst werden, in denen Walser den Ton der Metropole zu treffen vermag: Feuilleton, Literaturzeitschrift und Zeitung. Das Feuilleton ist die Form, die den Ambivalenzen der Moderne gewachsen ist, so wie bereits das Tagebuch als offene Schreibform (besser als der Roman) innere Widersprüche darstellbar macht, mithin eine Pluralität des Selbst[287] zulässt. In Feuilleton und Tagebuch muss kein fester Standpunkt eingenommen werden.[288] Dass der Roman in dieser Hinsicht für Walser vom Feuilleton noch etwas lernen kann, zeigt sein Text *Vom Zeitunglesen*. Da sie nicht primär auf Wohlgeformtheit abzielen, stellen Feuilleton und Tagebuch die Formideale der klassischen Ästhetik infrage.[289] Hierin, aber auch im Suchen nach einem neuen Verhältnis zwischen

---

285 Alfred Döblin: An Romanautoren und ihre Kritiker. In: Ders.: Ausgewählte Werke in Einzelbänden. Begründet von Walter Muschg. Bd. 16: Schriften zu Ästhetik, Poetik und Literatur. Hrsg. von Erich Kleinschmidt. Olten/Freiburg im Breisgau: Walter-Verlag 1989. S. 118–122, hier S. 122.

286 Von Oktober 1919 bis April 1920 ist Döblin unter dem Pseudonym ‚Linke Poot' neben Oscar Bie leitender Redakteur der *Neuen Rundschau*. Vgl. dazu von Reibnitz/Socha: Editorisches Nachwort. S. 177.

287 Vgl. Hagestedt: Der richtige Ort für systematische Überlegungen. S. XIX.

288 Vgl. Boerner: Tagebuch. S. 65.

289 Vgl. Lejeune: Das Tagebuch als „Antifiktion". S. 333.

Autorinnen und Lesern,[290] liegt ihre erneuernde Kraft. Feuilleton und Tagebuch sind in ihrer Struktur provisorisch und offen,[291] außerdem verschreiben sie sich ihrer Gegenwart und stellen dabei Orte des Experimentierens und der genauen Beobachtung dar.[292]

Das Projekt, das Walser mit *Jakob von Gunten* verfolgt hat, ist das einer Erneuerung des Romans unter Rückgriff auf die sprachlichen, formalen und medialen Besonderheiten des Feuilletons. Dieses Projekt bejaht die urbane Moderne und die mit ihr verbundenen, erweiterten Möglichkeiten literarischen Schreibens und schriftstellerischer Betätigung. Die veränderten medialen Öffentlichkeiten, die das Feuilleton adressiert, finden eine Reflexion in der Form des Tagebuchs, das bereits um 1800 ein sich veränderndes Verhältnis von Öffentlichkeit und Privatheit zur Sprache brachte. In *Jakob von Gunten* und Walsers Berliner Feuilletons ist die moderne Großstadt ein Ort, an dem ein anderes Zusammenleben, das soziale Ausschlüsse überwinden kann, denkbar wird. Walsers Roman entwirft eine Vorstellung von gesellschaftlicher Egalität, für die es in der industriellen Moderne um 1900 keine Anzeichen gibt, die im Kontext der Metropole allerdings jederzeit möglich erscheint. Mit dieser Utopie der Moderne, die Jakob von Gunten formuliert, setzt Walser dem regressiven politischen Denken seiner Zeit, dem sich allerorten bemerkbar machenden Beschwören gesellschaftlicher Untergangsszenarien[293] etwas entgegen. Die Skepsis, die Verunsicherung und der Hass gegenüber der Moderne des frühen 20. Jahrhunderts waren zumeist auch antisemitisch durchtränkt. Walser nannte die Gleichschaltung oder Auflösung der von jüdischen Verlegern herausgegebenen Zeitungen und Zeitschriften, mit denen er in seiner Berliner Zeit und darüber hinaus zusammengearbeitet hatte, Carl Seelig gegenüber als Grund für den Wegfall seiner publizistischen Kontakte nach Deutschland nach 1933.[294]

Walsers Prosastück *Der Park*, das im Oktober 1907 in der *Neuen Rundschau* erschien, beschreibt einen Spaziergang, bei dem sich verschiedene Eindrücke abwechseln. Nach der Beschreibung eines Juden, der „auf einer hübschen Bank im Schatten sitzt“, richtet das feuilletonistische Ich die so unvermittelt wie beiläufig gestellte, dafür jedoch umso entlarvendere Frage an die Leserin oder den Leser: „Hätte es vielleicht ein Germane sein sollen, würde das besser gewesen sein?“ (beide Zitate KWA II, 1, S. 18). Jakob von Gunten macht sich

290 Vgl. Lejeune: Das Tagebuch als „Antifiktion“. S. 334.
291 Vgl. Hagestedt: Der richtige Ort für systematische Überlegungen. S. XII/XIII.
292 Vgl. Hagestedt: Der richtige Ort für systematische Überlegungen. S. XXIV.
293 1918 erscheint der erste Band von Oswald Spenglers Werk *Der Untergang des Abendlandes*, das bis heute einen wichtigen Bezugspunkt für rechte Ideologien darstellt.
294 Vgl. Seelig: Wanderungen mit Robert Walser. S. 78.

über den plumpen Antisemitismus seines Mitschülers Kraus lustig, als dieser behauptet, Jakob sähe auf den Photographien, die er für Benjamenta anfertigen lassen hatte, wie ein Jude aus. Im weiteren Verlauf des Gesprächs meint Kraus außerdem darüber Bescheid zu wissen, dass sich „alles Geld" (JvG, S. 43) in der ‚Hand der Juden' befände. Jakob demontiert diese antisemitische Logik, die Jüdischsein mit Geld verquickt, in all ihrer Schlichtheit, indem er Kraus entgegnet: „Das Geld macht die Menschen erst zu Juden. Ein armer Jude ist kein Jude, und reiche Christen, ich pfeife, das sind noch die ärgsten Juden." (JvG, S. 43). Einmal mehr hat Walser damit auch die ideologischen Veränderungen seiner Zeit scharf beobachtet und sie ohne erkennbare Emphase, Agenda oder Programmatik benannt und kritisiert – ironisch-beiläufig, aus der Distanz heraus.

KAPITEL 5

# Schluss: Robert Walsers Roman: *Eine Art Erzählung*

Mit Robert Walsers Werk kann man an kein Ende kommen. Seine Texte fordern dazu heraus, sie wieder und wieder zu lesen. Häufig erkennt man bei nochmaliger Lektüre, dass man ihrer Komplexität interpretatorisch kaum gerecht werden kann. Als Schriftsteller ist Walser ein Meister der Mehrdeutigkeiten und Ambivalenzen. Die Dynamik seiner Texte besteht in einer Öffnung und potentiellen Fortschreibung von Sinnzusammenhängen. Fast immer besitzen sie einen doppelten Boden, einen Stolperstein, ein leicht zu übersehendes Detail, das dazu anspornt, es sich mit einem gerade identifizierten Textsinn nicht zu bequem zu machen. Walsers Literatur dringt auf ein Wieder- und Weiterlesen und auf die Verunsicherung von literarischen und sprachlichen Routinen, Normen und Konventionen. Seine Neigung, mit dem Schreiben ‚nicht aufhören zu können',[1] überträgt sich auf die Lektüren seiner Texte.

Besonders einleuchtend lässt sich die Tendenz zur Sinnoffenheit von Walsers Literatur an einer zentralen poetologischen Aussage zum Roman erkennen, die die Forschung intensiv beschäftigt hat. In seinem unveröffentlichten und in der Forschung berühmt gewordenen Text *Eine Art Erzählung*[2] schreibt Walser:

> „Der Roman, woran ich weiter und weiter schreibe, bleibt immer derselbe und dürfte als ein mannigfaltig zerschnittenes oder zertrenntes Ich-Buch bezeichnet werden können." (SW 20, S. 322).

Hiermit reflektiert Walser die Dynamik des Weiterschreibens, die seiner Arbeit am Roman eignet. Der Satz ist aller Wahrscheinlichkeit nach der am häufigsten zitierte aus Walsers gesamtem Oeuvre, vielleicht ist er sogar schon „totzitiert[...]"[3]. In der Regel wurde auch unter Hinweis auf andere Texte, in denen

1 So Barbara von Reibnitz über Walsers Schreibprozess mit Blick auf Geschwister Tanner in dem in dieser Arbeit verwendeten Aufsatz *Komma überschreibt Punkt. Anfangen und Nicht-Aufhören(können) in Robert Walsers Romanerstling Geschwister Tanner.*

2 Jochen Greven hat die Entstehung des Textes auf 1928 datiert. Siehe dazu SW 20. S. 468, S. 470, S. 516 und S. 518.

3 So konstatiert Christian Benne bereits 2007 über die vielfach zitierte Stelle. Siehe dazu Christian Benne: Autofiktion und Maskerade: Robert Walsers Ästhetik des Biographieverzichts. In: Christian Benne/Thomas Gürber (Hrsg.): „... andersteils sich in fremden Gegenden umschauend" – Schweizerische und dänische Annäherungen an Robert Walser. Text &

© BRILL FINK, 2022 | DOI:10.30965/9783846766651_006

von einem „Ich-Buch“ die Rede ist,[4] anhand dieses Zitats diskutiert, ob Walser seine literarischen Werke als primär autobiographisch verstanden habe oder eher das Frei-Fiktionale an ihnen betonen wollte. Das Signalwort des Satzes bildet das ‚Ich-Buch‘, weshalb der Ausdruck, der wie eine walsersche Gattungsschöpfung anmutet, entsprechend viel Aufmerksamkeit auf sich gezogen hat. Er wurde beinahe exzessiv und auf unterschiedlichste Weise interpretiert.[5]

*Eine Art Erzählung* liefert keine Definition des Romans und klärt auch nicht die Beziehung zwischen Text und ‚Ich‘. In weiten Teilen vollzieht der Text eine subtil-ironische Paraphrase von Schillers berühmtem Drama *Die Räuber*, die man angesichts des Konzepts des ‚Ich-Buchs‘, das geballte poetologische Bedeutsamkeit suggeriert, beinahe überliest. Darüber hinaus enthält *Eine Art Erzählung* einen Hinweis auf das Verhältnis von Roman und Kurzprosa, von dem ‚Großen‘ und dem ‚Kleinen‘, das diese Arbeit zentral in den Blick genommen hat. Walser vergleicht seine Prosastücke dabei mit den Kapiteln eines Romans: „Meine Prosastücke bilden meiner Meinung nach nichts anderes als Teile einer langen, handlungslosen, realistischen Geschichte. Für mich sind die Skizzen, die ich dann und wann hervorbringe, kleinere oder umfangreichere Romankapitel.“ (SW 20, S. 322). Die hier nahegelegte Vorstellung realistischen Erzählens erinnert in Kombination mit dem ‚Ich-Buch‘ an Walsers Idee des aufgezeichneten Lebens, die er für den *Gehülfen* geltend gemacht hat.

Die grundlegendste Frage, die Walsers Text offen lässt, ist die danach, was mit der titelgebenden ‚Erzählung‘ gemeint ist. Sie ließe sich beispielsweise mit der langen und handlungslosen Geschichte aus Prosastücken identifizieren,

---

Kontext (Sonderreihe) $29^{54}$ (2007). S. 32–53, hier S. 33. Ungeachtet Bennes Feststellung wird Walsers berückender Satz weiterhin munter zitiert.

4 Dies sind die *Tagebuch*-Erzählung und das Prosastück *Zückerchen*, das 1925 in *Die Rose* erschien. In der *Tagebuch*-Erzählung heißt es: „Wie eine Art übrigens sicher sehr wertvoller verlorener Sohn kehre ich in vorliegendem Abschnitt zum übernommenen Auftrag zurück, ein Ichbuch zu schreiben.“ (SW 18. S. 106). Während das *Tagebuch* ja den Wirklichkeitsbezug des Schreibens behauptet, hebt *Zückerchen* auf die Fiktionalität der Literatur ab: „Ein Knödli mit Senf schmeckte mir herrlich, was mich nicht hindert, anzumerken, in einem Ichbuch sei womöglich das Ich bescheiden-figürlich, nicht autorlich.“ (KWA I, 12. S. 83).

5 Jochen Greven hat das – wie sich die Forschung inzwischen einig ist – problematische Projekt einer Zusammenstellung dieses Ich-Buchs unternommen. Unter dem Titel *Der Roman, woran ich weiter und weiter schreibe. Ich-Buch der Berner Jahre* ordnete er Walsers Berner Prosa als fortlaufende Geschichte an, was einen autobiographischen Zusammenhang der Texte suggeriert. Siehe Robert Walser: Der Roman, woran ich weiter und weiter schreibe. Ich-Buch der Berner Jahre. Zusammengestellt von Jochen Greven. Frankfurt am Main: Suhrkamp 1994. Später wurde die Passage zumeist als Absage an das autobiographische Schreiben begriffen. Vgl. etwa Groddeck: Jenseits des Buchs. S. 64 oder Kammer: Figurationen und Gesten des Schreibens. S. 53.

die Walser an die Stelle des Romans setzt. Denkbar ist aber auch, dass die Erzählung gar keine Alternative zum Roman meint, sondern dass sie, in Verbindung mit den ihr zugewiesenen Eigenschaften des Zerschnittenen und Zertrennten, als Metapher für Walsers verstreutes Werk identifiziert werden kann.[6] Mit der Erzählung könnte aber auch die Paraphrasierung von Schillers *Räubern* gemeint sein, die der Text vornimmt. Die scheinbare Nacherzählung des Dramas erweist sich als höchst eigenständig, da sie sich vom Original bemerkenswert weit entfernt. Für alle diese Bedeutungsmöglichkeiten lassen sich Argumente finden. Walsers Text *Eine Art Erzählung* destabilisiert klare Sinnzuweisungen und eröffnet einen maximal großen Interpretationsspielraum.

Auch Walsers Romane wollen weitergelesen werden. Der Roman *Geschwister Tanner* bildet mit den ihm motivisch und reflexiv verbundenen kürzeren Texten ein Netzwerk, dessen Affinität zum Korrespondieren und Weiterschreiben an den Briefroman des 18. Jahrhunderts erinnert. Walsers Ergründung der Welt der Angestellten im *Gehülfen* erfolgt im Zusammenhang mit seiner zeitgleich entstandenen Prosa des Büros. Die Literarisierung der Großstadt in *Jakob von Gunten* entsteht im Zusammenspiel mit Walsers Berliner Feuilletons. Walsers Schreiben von Romanen in der Berliner Zeit erweist sich dergestalt als literarisches Experiment. Es besteht in einer Suchbewegung neuer Möglichkeiten des Romans in der gesellschaftlich und massenmedial beschleunigten Moderne des 20. Jahrhunderts.

In dieser Arbeit konnte gezeigt werden, dass Walser diese neuen Möglichkeiten des Erzählens, das heißt seine Idee eines zeitgemäßen Romans, wesentlich im Austausch mit seinen kleinen Formen entwickelt. Die kleine Form ist das Feld der literarischen Erprobung, der Offenheit, des Skizzenhaften, des Vorläufigen. Durch diese Eigenschaften gewinnen die Berliner Romane an ästhetischer Innovationskraft. Zugleich lässt sich festhalten, dass *Geschwister Tanner*, *Der Gehülfe* und *Jakob von Gunten* sich höchst reflexiv mit Gattungsnormen auseinandersetzen. Das Kleine und Innovative muss auf dem Weg zu einer eigenständigen Form des Romans stets mit dem, was gemeinhin als ‚große' Literatur gilt, in Relation gesetzt werden. Der Bildungsroman in der Nachfolge Goethes, der realistische Roman Gottfried Kellers und die ‚große' Autobiographie sind um 1900 etablierte literarische Gattungen, an deren normativer Wirkmacht sich Walsers Berliner Romane kritisch abarbeiten. Das vermeintlich bloß ‚abbildende' Autobiographische und das literarische Feuilleton werden im literaturkritischen und literaturtheoretischen Wertungsdenken hingegen als ästhetisch minderwertig begriffen. Walsers Berliner Romane beziehen demgegenüber ihre Inspiration gerade aus dem autobiographischen Erzählen und

6 Vgl. Groddeck: Jenseits des Buchs. S. 64/65.

aus der Form des Feuilletons. Von der Literaturkritik in ihrem Wertungsdenken ist dies registriert worden, weshalb der Gattungsstatus der Romane wiederkehrend infrage gestellt wurde. In der Berner Zeit hat Walser selbst in Zweifel gezogen, dass *Geschwister Tanner*, *Der Gehülfe* und *Jakob von Gunten* Romane seien. Anders als der Literaturkritik des frühen 20. Jahrhunderts war ihm dabei allerdings klar, dass dies der hohen literarischen Qualität seiner Texte keinen Abbruch täte. Wer das ‚Große' seiner Romane erkennen will, muss gattungs- und medienbezogenes Wertungsdenken hinter sich lassen.

Betrachtet man Walsers Experiment des Romans in Zusammenhang mit fremden und eigenen, zeitgenössischen und retrospektiven Wertungen, so scheinen seine großen, kleinen Berliner Romane äußerst beweglich auf der Grenze zwischen Literatur und ‚Nichtliteratur' zu spazieren. Dieser Spannung verdanken sie ihre „unbekannte Lebendigkeit"[7], die erklärtermaßen ein Anliegen von Walsers literarischem Projekt war. Dem literarischen Wertungsdiskurs mutet Walsers Roman eher als eine ‚Art Erzählung' denn als großes Werk an. Walsers Romane selbst lassen einen hingegen erkennen, dass das Große und das Kleine einander nicht ausschließen, sondern wechselseitig aufeinander bezogen sind.

In seinem Prosastück *Einige Worte über das Romanschreiben*, das 1926 in *Die literarische Welt* erscheint, rät Walser Romanautoren, „Geringfügiges" als groß einzuschätzen, großsprecherisches Weltmannsgebaren hingegen zu vermeiden (SW 17, S. 181/182). Auf diese Weise entstehe der „Eindruck der Nichtüberspannung und Nichtüberanstrengung", durch die sich jeder „wirklich gute Roman" (alle Zitate SW 17, S. 182) auszeichne. Dieser ‚gute' Roman macht kein Aufheben um die Kenntnisse seines Verfassers, er besticht viel eher durch Zurückhaltung. Sein Autor treibt sich im „kleinen und bescheidenen Milieu" (SW 17, S. 182) herum und ist sich dabei stets bewusst, welche Wirkung er damit bei Leserinnen und Lesern erzielt. Der Roman von „wahre[r] Größe" (SW 17, S. 181) muss diese nicht ausstellen. Er erklärt sich nicht, sondern setzt auf das Einverständnis seiner Leserinnen und Leser, ihn nicht bis ins Letzte entschlüsseln zu wollen. Nicht zuletzt sind es die „Ungesagtheiten" (SW 17, S. 182), die den Roman interessant machen.

---

7 So beschreibt Walser im hier zitierten Text *Meine Bemühungen* sein literarisches Experiment (SW 20. S. 430).

# Literaturverzeichnis


## Robert Walser

Zitate aus folgenden Ausgaben werden unter Verwendung der angegebenen Sigle mit Bandangabe und Seitenzahl in Klammern im laufenden Text nachgewiesen:

AdB Robert Walser: Aus dem Bleistiftgebiet. 6 Bde. Hrsg. von Bernhard Echte/Werner Morlang. Frankfurt am Main: Suhrkamp 1985–2000.

BA Robert Walser: Werke. Berner Ausgabe. Hrsg. von Lucas Marco Gisi/Reto Sorg/Peter Stocker/Peter Utz. Berlin: Suhrkamp 2018– .

FEUER Robert Walser: Feuer. Unbekannte Prosa und Gedichte. Hrsg. von Bernhard Echte. Frankfurt am Main: Suhrkamp 2003.

KWA Robert Walser: Kritische Ausgabe sämtlicher Drucke und Manuskripte. Hrsg. von Wolfram Groddeck/Barbara von Reibnitz. Basel/Frankfurt am Main: Stroemfeld/Schwabe 2008– .

SW Robert Walser: Sämtliche Werke in Einzelausgaben. 20 Bde. Hrsg. von Jochen Greven. Zürich/Frankfurt am Main: Suhrkamp 1985–1986.

Aufgrund der besseren Wiedererkennung werden die drei zentral untersuchten Primärtexte mit folgenden Siglen nachgewiesen:

GT Robert Walser: Geschwister Tanner. Kritische Ausgabe sämtlicher Drucke und Manuskripte. Hrsg. von Wolfram Groddeck/Barbara von Reibnitz. Bd. I, 2. Hrsg. von Wolfram Groddeck/Barbara von Reibnitz/Matthias Sprünglin. Basel/Frankfurt am Main: Stroemfeld/Schwabe 2012.

DG Robert Walser: Der Gehülfe. Berner Ausgabe. Hrsg. von Lucas Marco Gisi/Reto Sorg/Peter Stocker/Peter Utz. Bd. 6. Hrsg. von Reto Sorg/Karl Wagner. Berlin: Suhrkamp 2019.

JvG Robert Walser: Jakob von Gunten. Ein Tagebuch. Kritische Ausgabe sämtlicher Drucke und Manuskripte. Hrsg. von Wolfram Groddeck/Barbara von Reibnitz. Bd. I, 4. Hrsg. von Hans-Joachim Heerde. Basel/Frankfurt am Main: Stroemfeld/Schwabe 2013.

## Weitere Siglen

RWH Robert Walser Handbuch. Leben – Werk – Wirkung. Hrsg. von Lucas Marco Gisi. Stuttgart: Metzler 2015.

## Weitere Textausgaben von Walser

**Robert Walser** Aufsätze. Leipzig: Kurt Wolff 1913.

**Robert Walser** Prosastücke. In: Der neue Merkur. Monatsschrift für geistiges Leben. 1[1] (1914, April–September). Reprint. Wiesbaden. S. 217–224.

**Robert Walser** Die kleine Berlinerin. Geschichten aus der Großstadt. Mit einem Nachwort von Clemens J. Setz. Hrsg. von Pino Dietiker/Reto Sorg. Berlin: Insel 2018.

## Sekundärliteratur

Adorno, Theodor W.: Standort des Erzählers im zeitgenössischen Roman. In: Ders.: Noten zur Literatur I. Frankfurt am Main: Suhrkamp 1965. S. 61–72.

Affolter, Hanspeter: Des Erfinders moderne Fetische. Fortschrittsglaube und Modernekritik in Robert Walsers Der Gehülfe. In: Lukas Gloor/Rebecca Lötscher (Hrsg.): Goldenes Anfängliches. Neue Beiträge zur Robert Walser-Forschung. Paderborn: Fink 2020. S. 15–30.

Amrein, Ursula: Nationale Grenzziehung, kulturelle Identifikation. Der doppelte Ort der Schweizer Literatur 1880 bis 1950. In: Dies.: Phantasma der Moderne. Die literarische Schweiz 1880 bis 1950. Zürich: Chronos Verlag 2007. S. 11–30.

Amrein, Ursula: Großstadt und Moderne. Literarische Inszenierungen und poetologische Kontroversen um 1900. In: Dies.: Phantasma der Moderne. Die literarische Schweiz 1880 bis 1950. Zürich: Chronos Verlag 2007. S. 31–48.

Andreas-Salomé, Lou: Der Mensch als Weib. In: Neue Deutsche Rundschau 10 (1899). S. 225–243.

Andres, Susanne: Robert Walsers arabeskes Schreiben. Göttingen: Cuvillier Verlag 1997.

Appia, Adolphe: Die Musik und die Inscenierung. In: Christopher Balme (Hrsg.): Das Theater von Morgen. Texte zur deutschen Theaterreform (1870–1920). Würzburg: Königshausen & Neumann 1988. S. 135–150.

Assmann, Aleida: Arbeit am nationalen Gedächtnis. Eine kurze Geschichte der deutschen Bildungsidee. Frankfurt/New York: Campus 1993.

Avery, George C.: Inquiry and Testament. A Study of the Novels and Short Prose of Robert Walser. Philadelphia: University of Pennsylvania Press 1968.

Baechthold, Jakob: Geschichte der deutschen Literatur in der Schweiz. Frauenfeld: Huber 1892.

Bahr, Hermann: Pantomime. In: Ders.: Die Überwindung des Naturalismus. Bd. II. Kritische Schriften in Einzelausgaben. Hrsg. von Claus Pias. Weimar: VDG 2013. S. 45–49.

Baldwin, Claire: The Emergence of the Modern German Novel. Christoph Martin Wieland, Sophie von La Roche and Maria Anna Sagar. Rochester: Camden House 2002.

Balme, Christopher: Einleitung: Zur Ästhetik und Ideologie der Theatermoderne. In: Ders. (Hrsg.): Das Theater von Morgen. Texte zur deutschen Theaterreform (1870–1920). Würzburg: Königshausen & Neumann 1988. S. 11–29.

Bartels, Adolf: Heimatkunst. In: Erich Ruprecht/Dieter Bänsch (Hrsg.): Literarische Manifeste der Jahrhundertwende 1890–1910. Stuttgart: Metzler 1970. S. 333–339.

Baßler, Moritz: Die Entdeckung der Textur. Unverständlichkeit in der Kurzprosa der emphatischen Moderne 1910–1916. Tübingen: Niemeyer 1994.

Baßler, Moritz: Skizze. In: Reallexikon der deutschen Literaturwissenschaft. Hrsg. von Jan-Dirk Müller/Georg Braungart/Harald Fricke/Klaus Grubmüller/Friedrich Vollhardt/Klaus Weimar. Bd. III (P–Z). Berlin/New York: De Gruyter 2003. S. 444–445.

Bauman, Zygmunt: Moderne und Ambivalenz. Das Ende der Eindeutigkeit. Aus dem Englischen von Martin Suhr. Frankfurt am Main: Fischer Taschenbuch 1996.

Becker, Sabina: Urbanität und Moderne. Studien zur Großstadtwahrnehmung in der deutschen Literatur 1900–1930. St. Ingbert: Werner J. Röhrig Verlag 1993.

Becker, Sabina: Bürgerlicher Realismus. Literatur und Kultur im bürgerlichen Zeitalter 1848–1900. Tübingen/Basel: A. Francke 2003.

Becker, Sabina: Erziehung zur Bürgerlichkeit. Eine kulturgeschichtliche Lektüre von Gustav Freytags *Soll und Haben* im Kontext des Bürgerlichen Realismus. In: Florian Krobb (Hrsg.): 150 Jahre *Soll und Haben*. Studien zu Gustav Freytags kontroversem Roman. Würzburg: Königshausen & Neumann 2005. S. 29–46.

Becker, Sabina: Die *bürgerliche Epopöe* im bürgerlichen Zeitalter. Zur kulturgeschichtlichen Fundierung des Bildungs- und Entwicklungsromans im 19. Jahrhundert. In: Euphorion 101[1] (2007). S. 61–86.

Becker, Sabina/Kiesel, Helmuth: Einleitung. In: Dies (Hrsg.): Literarische Moderne. Begriff und Phänomen. Berlin/New York: De Gruyter 2007. S. 9–35.

Benjamin, Walter: Krisis des Romans. Zu Döblins „Berlin Alexanderplatz". In: Ders.: Ausgewählte Schriften. Bd. 2: Angelus Novus. Hrsg. von Siegfried Unseld. Frankfurt am Main: Suhrkamp 1966. S. 437–443.

Benjamin, Walter: Robert Walser [1929]. In: Ders.: Gesammelte Schriften. Bd. II, 1. Hrsg. von Rolf Tiedemann/Hermann Schweppenhäuser. Frankfurt am Main: Suhrkamp 1977. S. 324–328.

Benjamin, Walter: Der Erzähler. Betrachtungen zum Werk Nikolai Lesskows. In: Ders.: Gesammelte Schriften. II, 2. Hrsg. von Rolf Tiedemann/Hermann Schweppenhäuser. Frankfurt am Main: Suhrkamp 1977. S. 438–465.

Benjamin, Walter: Über einige Motive bei Baudelaire. In: Ders.: Charles Baudelaire. Ein Lyriker im Zeitalter des Hochkapitalismus. 2. Auflage. Hrsg. von Rolf Tiedemann. Frankfurt am Main: Suhrkamp 1980. S. 101–149.

Benjamin, Walter: Das Paris des Second Empire bei Baudelaire. In: Ders.: Charles Baudelaire. Hrsg. von Rolf Tiedemann. Frankfurt am Main: Suhrkamp 1980. S. 7–100.

Benjamin, Walter: Paris, die Hauptstadt des XIX. Jahrhunderts. In: Ders.: Gesammelte Schriften. Hrsg. von Rolf Tiedemann/Hermann Schweppenhäuser. Bd. V, 1: Das Passagen-Werk. Frankfurt am Main: Suhrkamp 1982. S. 45–59.

Benjamin, Walter: Der Autor als Produzent. In: Der.: Gesammelte Schriften II, 2. Hrsg. von Rolf Tiedemann/Hermann Schweppenhäuser. Frankfurt am Main: Suhrkamp 1977. S. 683–701.

Benn, Joachim: Robert Walser. In: Die Rheinlande $14^{4}$ (1914). S. 131–134.

Benne, Christian: Autofiktion und Maskerade: Robert Walsers Ästhetik des Biographieverzichts. In: Christian Benne/Thomas Gürber (Hrsg.): „... andersteils sich in fremden Gegenden umschauend“ – Schweizerische und dänische Annäherungen an Robert Walser. Text & Kontext (Sonderreihe) $29^{54}$ (2007). S. 32–53.

Benne, Christian: Ich, Maske, Autofiktion. In: RWH. S. 231–235.

Beretta, Stefano: Großstadt. In: RWH. S. 315–317.

http://www.berliner-verkehrsseiten.de/bus/Geschichte/body_geschichte.html. Zugriff am 20.03.2019.

Von Blanckenburg, Friedrich: Versuch über den Roman. Faksimiledruck der Originalausgabe von 1774. Hrsg. von Eberhard Lämmert. Stuttgart: Metzler 1965.

Bleckmann, Ulf: „... ein Meinungslabyrinth, in welchem alle, alle herumirren ...“. Intertextualität und Metasprache als Robert Walsers Beitrag zur Moderne. Frankfurt am Main u. a.: Peter Lang 1994.

Blei, Franz: Robert Walsers Geschwister Tanner. Ein Roman. In: Katharina Kerr (Hrsg.): Über Robert Walser. Bd. 1. Frankfurt am Main: Suhrkamp 1978. S. 63–64.

Boerner, Peter: Tagebuch. Stuttgart: Metzler/Poeschel 1969.

Böschenstein, Bernhard: Sprechen als Wandern. In: Paolo Chiarini/Hans Dieter Zimmermann (Hrsg.): „Immer dicht vor dem Sturze ...“. Zum Werk Robert Walsers. Frankfurt am Main: Athenäum Verlag 1987. S. 19–23.

Bolli, Thomas: Inszeniertes Erzählen. Überlegungen zu Robert Walsers Räuber-Roman. Bern: Francke 1991.

Borcherdt, Hans Heinrich: Bildungsroman. In: Werner Kohlschmidt/Wolfgang Mohr (Hrsg.): Reallexikon der deutschen Literaturgeschichte. 2. Auflage. Bd. 1: A–K. Berlin: De Gruyter 1958. S. 175–178.

Borchmeyer, Dieter: Dienst und Herrschaft. Ein Versuch über Robert Walser. Tübingen: Niemeyer 1980.

Borchmeyer, Dieter: Robert Walsers Metatheater. Über die Dramolette und szenischen Prosastücke. In: Paolo Chiarini/Hans Dieter Zimmermann (Hrsg.): „Immer dicht vor dem Sturze …". Zum Werk Robert Walsers. Frankfurt am Main: Athenäum Verlag 1987. S. 129–143.

Bourdieu, Pierre: Die Regeln der Kunst. Genese und Struktur des literarischen Feldes. Frankfurt am Main: Suhrkamp 1999.

Bovenschen, Silvia: Die imaginierte Weiblichkeit. Exemplarische Untersuchungen zu kulturgeschichtlichen und literarischen Präsentationsformen des Weiblichen. Frankfurt am Main: Suhrkamp 2003.

Brandstetter, Gabriele: Tanz-Lektüren. Körperbilder und Raumfiguren der Avantgarde. Frankfurt am Main: Fischer Taschenbuch Verlag 1995.

Broch, Hermann: Eine methodologische Novelle. In: Barbara und andere Novellen. Eine Auswahl aus dem erzählerischen Werk. Hrsg. von Paul Michael Lützeler. Frankfurt am Main: Suhrkamp 1973. S. 7–20.

Brod, Max: Smetana [1912]. In: Ders.: Über die Schönheit hässlicher Bilder. Ein Vademecum für Romantiker unserer Zeit. Wien/Hamburg: Paul Zsolnay Verlag 1967. S. 204–213.

Bruss, Dagmar: Geschwister, Geschwisterlichkeit und Serien bei Robert Walser. In: Ulrike Schneider/Helga Völkening/Daniel Vorpfahl (Hrsg.): Zwischen Ideal und Ambivalenz. Geschwisterbeziehungen in ihren soziokulturellen Kontexten. Frankfurt am Main: Peter Lang 2015. S. 221–237.

Bucheli, Roman: Meister der kleinen Prosa. Eine wunderbare Entdeckungsreise: Robert Walsers in der NZZ und im „Berliner Tageblatt" erschienene Prosastücke sind in der kritischen Werkausgabe neu ediert worden. https://www.nzz.ch/meister-der-kleinen-prosa-1.18223486. Zugriff am 13.11.2019.

Bühner, Karl Hans: Möglichkeiten des Tagebuchs. In: Welt und Wort 5 (1950). S. 189–191.

Cadot, Michel: Robert Walser liest Stendhal. In: Paolo Chiarini/Hans Dieter Zimmermann (Hrsg.): „Immer dicht vor dem Sturze …". Zum Werk Robert Walsers. Frankfurt am Main: Athenäum Verlag 1987. S. 199–209.

Caduff, Marc: Prosa der Berliner Zeit. In: RWH. S. 137–140.

Caduff, Marc: Revision und Revolte. Zu Robert Walsers Frühwerk. Paderborn: Fink 2016.

Campe, Rüdiger: Robert Walsers Institutionenroman *Jakob von Gunten*. In: Rudolf Behrens/Jörn Steigerwald (Hrsg.): Die Macht und das Imaginäre. Eine kulturelle Verwandtschaft in der Literatur zwischen Früher Neuzeit und Moderne. Würzburg: Königshausen & Neumann 2005. S. 235–250.

Conze, Werner: Arbeit. In: Otto Brunner/Werner Conze/Reinhart Koselleck (Hrsg.): Geschichtliche Grundbegriffe. Historisches Lexikon zur politisch-sozialen Sprache in Deutschland. Bd. 1: A–D. Stuttgart: Ernst Klett Verlag 1974. S. 154–215.

Dahme, Heinz-Jürgen/Köhnke, Klaus Christian: Einleitung. In: Georg Simmel: Schriften zur Philosophie und Soziologie der Geschlechter. Hrsg. von dens. Frankfurt am Main: Suhrkamp 1985. S. 7–22.

Deich, Werner: Der Angestellte im Roman. Zur Sozialgeschichte des Handlungsgehilfen um 1900. Köln/Berlin: Grote'sche Verlagsbuchhandlung 1974.

Dietzel, Thomas/Hügel, Hans-Otto: Deutsche literarische Zeitschriften 1880–1945. Ein Repertorium. Hrsg. vom Deutschen Literaturarchiv Marbach am Neckar. Bd. I: A travers les Vosges – Deutsch-nordisches Jahrbuch. München/New York/London/Paris: K. G. Saur 1988.

Dilthey, Wilhelm: Das Erlebnis und die Dichtung. Lessing, Goethe, Novalis, Hölderlin. In: Ders.: Gesammelte Schriften. Bd. XXVI. Hrsg. von Gabriele Malsch. Göttingen: Vandenhoeck & Ruprecht 2005.

Döblin, Alfred: Bemerkungen zum Roman. In: Ders.: Ausgewählte Werke in Einzelbänden. Begründet von Walter Muschg. Bd. 16: Schriften zu Ästhetik, Poetik und Literatur. Hrsg. von Erich Kleinschmidt. Olten/Freiburg im Breisgau: Walter-Verlag 1989. S. 123–127.

Döblin, Alfred: Der Bau des epischen Werks. In: Ders.: Ausgewählte Werke in Einzelbänden. Begründet von Walter Muschg. Bd. 16: Schriften zu Ästhetik, Poetik und Literatur. Hrsg. von Erich Kleinschmidt. Olten/Freiburg im Breisgau: Walter-Verlag 1989. S. 215–245.

Döblin, Alfred: Der Geist des naturalistischen Zeitalters. In: Ders.: Ausgewählte Werke in Einzelbänden. Aufsätze zur Literatur. Hrsg. von Walter Muschg. Olten/Freiburg im Breisgau: Walter-Verlag 1963. S. 62–83.

Döblin, Alfred: An Romanautoren und ihre Kritiker. In: Ders.: Ausgewählte Werke in Einzelbänden. Begründet von Walter Muschg. Bd. 16: Schriften zu Ästhetik, Poetik und Literatur. Hrsg. von Erich Kleinschmidt. Olten/Freiburg im Breisgau: Walter-Verlag 1989. S. 118–122.

Echte, Bernhard: Karl und Robert Walser. Eine biographische Reportage. In: Die Brüder Karl und Robert Walser. Maler und Dichter. Hrsg. von Bernhard Echte/Andreas Meier. Stäfa: Rothenhäusler Verlag 1990. S. 150–203.

Echte, Bernhard: Robert Walser. Sein Leben in Bildern und Texten. Frankfurt am Main: Suhrkamp 2008.

Ehbauer, Horst: Monologisches Spiel. Erklärungsversuche zu den narrativen Strukturen in der Kurzprosa Robert Walsers. Nürnberg: Hans Carl Verlag 1978.

Eichner, Hans: Zur Deutung von Wilhelm Meisters Lehrjahren. In: Rodney Symington (Hrsg.): Against the Grain. Selected Essays. Gegen den Strich. Ausgewählte Aufsätze. Bern u. a.: Peter Lang 2003. S. 11–40.

Eickenrodt, Sabine: Nachwort. In: BA 13: Kleine Prosa. Hrsg. von Sabine Eickenrodt/Peter Stocker. Berlin: Suhrkamp 2019. S. 153–167.

Eickenrodt, Sabine: Intertextualität (Märchen, Trivialliteratur). In: RWH. S. 304–309.

Eloesser, Arthur: Geschwister Tanner. In: Ders.: A. E. Die frühen Feuilletons von Arthur Eloesser von 1900–1913. Hrsg. von Tina Krell. Berlin: Vergangenheitsverlag 2013. S. 185–186.

Eloesser, Arthur: Trüber Nachmittag. In: Ders.: A. E. Die frühen Feuilletons von Arthur Eloesser von 1900–1913. Hrsg. von Tina Krell. Berlin: Vergangenheitsverlag 2013. S. 317–319.

Erhart, Walter: Familienmänner. Über den literarischen Ursprung moderner Männlichkeit. München: Fink 2001.

Evans, Tamara S.: Robert Walsers Moderne. Bern/Stuttgart: Francke 1989.

Faesi, Robert: Tradition und Gegenwart der deutsch-schweizerischen Literatur. In: Ders.: Gestalten und Wandlungen schweizerischer Dichtung. Zehn Essays. Zürich/Leipzig/Wien: Amalthea 1922. S. 7–69.

Fattori, Anna/Gigerl, Margit: Vorwort. In: Dies. (Hrsg.): Bildersprache, Klangfiguren. Spielformen der Intermedialität bei Robert Walser. München: Fink 2008. S. 7–11.

Fattori, Anna/Von Schwerin, Kerstin Gräfin: Vorwort. In: Dies. (Hrsg.): „Ich beendige dieses Gedicht lieber in Prosa". Robert Walser als Grenzgänger der Gattungen. Heidelberg: Universitätsverlag Winter 2011. S. 7–19.

Fattori, Anna: Forschungsgeschichte. In: RWH. S. 417–430.

Fellner, Karin: Begehren und Aufbegehren. Das Geschlechterverhältnis bei Robert Walser. Marburg: Tectum Verlag 2003.

Finck, Almut: Autobiographisches Schreiben nach dem Ende der Autobiographie. Berlin: Erich Schmidt Verlag 1999.

Fleig, Anne/Meise, Helga: Gattung und Geschlecht. Zur Einführung. In: Das achtzehnte Jahrhundert. Zeitschrift der Deutschen Gesellschaft für die Erforschung des achtzehnten Jahrhunderts: Gattung und Geschlecht 2 (2005). S. 157–158.

Fleig, Anne/Meise, Helga: Das Geschlecht der Innovation: Bedeutung und Reichweite der Verknüpfung von Gattungs- und Geschlechterdiskurs bei Gellert, Sulzer und Wieland. In: Das achtzehnte Jahrhundert. Zeitschrift der Deutschen Gesellschaft für die Erforschung des achtzehnten Jahrhunderts: Gattung und Geschlecht 2 (2005). S. 159–178.

Fleig, Anne: Das Tagebuch als Glanz: Sehen und Schreiben in Irmgard Keuns Roman *Das kunstseidene Mädchen*. In: Stefanie Arend/Ariane Martin (Hrsg.): Irmgard Keun 1905/2005. Deutungen und Dokumente. Bielefeld: Aisthesis 2005. S. 45–60.

Fleig, Anne: Körperkultur und Moderne. Robert Musils Ästhetik des Sports. Berlin/New York: De Gruyter 2008.

Fleig, Anne: „Futuristische Wunder"? Tanz und Varieté. In: Ästhetik & Kommunikation. $40^{146}$(2009/2010). S. 101–107.

Frank, Gustav/Scherer, Stefan: Zeit-Texte. Zur Funktionsgeschichte und zum generischen Ort des Feuilletons. In: Zeitschrift für Germanistik XXII$^{3}$ (2012). S. 524–539.

Frank, Gustav/Podewski, Madleen/Scherer, Stefan: Kultur – Zeit – Schrift. Literatur- und Kulturzeitschriften als ‚kleine Archive'. In: IASL 34$^{2}$ (2009). S. 1–45.

Franzel, Sean: ‚Ephemerische Lieblinge'. The Periodical as Heterochronic Archive and F. J. Bertuch's *London und Paris*. In: Michael Bies/Sean Franzel/Dirk Oschmann (Hrsg.): Flüchtigkeit der Moderne. Eigenzeiten des Ephemeren im langen 19. Jahrhundert. Hannover: Wehrhahn Verlag 2017. S. 19–40.

Frederick, Samuel: Narratives Unsettled. Digression in Robert Walser, Thomas Bernhard, and Adalbert Stifter. Evanston (Illinois): Northwestern University Press 2012.

Fricke, Harald: Invarianz und Variabilität von Gattungen. In: Rüdiger Zymner (Hrsg.): Handbuch Gattungstheorie. Stuttgart: Metzler 2010. S. 19–21.

Friedman, Georges: Grenzen der Arbeitsteilung. Frankfurt am Main: Europäische Verlagsanstalt 1959.

Frischmuth, Agatha: Hyperarbeit. Simulation von Arbeit in Robert Walsers *Der Gehülfe*. In: Lukas Gloor/Rebecca Lötscher (Hrsg.): Goldenes Anfängliches. Neue Beiträge zur Robert Walser-Forschung. Paderborn: Fink 2020. S. 3–13.

Gabrisch, Anne: Robert Walser in Berlin. In: Klaus-Michael Hinz/Thomas Horst (Hrsg.): Robert Walser. Zürich/Frankfurt am Main: Suhrkamp 1991. S. 30–55.

Galli, Matteo/Costagli, Simone: Chronotopoi. Vom Familienroman zum Generationenroman. In: Dies. (Hrsg.): Deutsche Familienromane. Literarische Genealogien und internationaler Kontext. München: Fink 2010. S. 7–20.

Gees, Marion: Schauspiel auf Papier. Gebärde und Maskierung in der Prosa Robert Walsers. Berlin: Erich Schmidt Verlag 2001.

Gellert, Christian Fürchtegott: Briefe, nebst einer praktischen Abhandlung von dem guten Geschmacke in Briefen. In: Ders.: Gesammelte Schriften. Kritische, kommentierte Ausgabe. Hrsg. von Bernd Witte. Bd. IV: Roman, Briefsteller. Hrsg. von Bernd Witte/Werner Jung/Elke Kasper/John F. Reynolds/Sibylle Späth. Berlin/New York: De Gruyter 1989. S. 105–152.

Genette, Gérard: Die Erzählung. 2. Auflage. München: Fink 1998.

Gigerl, Margit/Von Reibnitz, Barbara: Sammeln und lesbar machen. Von der Bewahrung des Zerstreuten in Archiv und Edition. In: Wolfram Groddeck/Reto Sorg/Peter Utz/Karl Wagner (Hrsg.): Robert Walsers ‚Ferne Nähe'. Neue Beiträge zur Forschung. München: Fink 2007. S. 159–176.

Gisi, Lucas Marco: Im Namen des Autors. Carl Seelig als Herausgeber und Biograf von Robert Walser. In: Lucas Marco Gisi/Urs Meyer/Reto Sorg (Hrsg.): Medien der Autorschaft. Formen literarischer (Selbst-)Inszenierung von Brief und Tagebuch bis Fotografie und Interview. München: Fink 2013. S. 139–151.

Gisi, Lucas Marco: Werkphasen. In: RWH. S. 73–76.
Gisi, Lucas Marco: *Kleine Dichtungen* (1915; Impressum 1914). In: RWH. S. 141–145.
Gisi, Lucas Marco: *Tobold*-Roman (verfasst 1918). In: RWH. S. 166–168.
Gisi, Lucas Marco: *Theodor*-Roman (verfasst 1921). In: RWH. S. 173–175.
Gisi, Lucas Marco/Echte, Bernhard/Zihlmann, Franziska: Wohnadressen. In: RWH. S. 13–15.
Gößling, Andreas: Ein lächelndes Spiel. Kommentar zu Robert Walsers *Geschwister Tanner*. Mit einem Anhang unveröffentlichter Manuskriptvarianten des Romans. Würzburg: Königshausen & Neumann 1991 (= Kommentare und Studien zu Robert Walsers Romanen 1).
Gößling, Andreas: Abendstern und Zauberstab. Studien und Interpretationen zu Robert Walsers „Der Gehülfe" und „Jakob von Gunten". Würzburg: Königshausen & Neumann 1992 (= Kommentare und Studien zu Robert Walsers Romanen 2.1/2.2).
Goethe, Johann Wolfgang: Wilhelm Meisters Lehrjahre. In: Ders.: Sämtliche Werke. Briefe, Tagebücher und Gespräche. Hrsg. von Friedmar Apel/Hendrik Birus u. a. I. Abteilung, Bd. 9: Wilhelm Meisters Theatralische Sendung, Wilhelm Meisters Lehrjahre, Unterhaltungen deutscher Ausgewanderten. Hrsg. von Wilhelm Voßkamp/Herbert Jaumann. Frankfurt am Main: Deutscher Klassiker Verlag 1992. S. 355–992.
Goethe, Johann Wolfgang: Aus meinem Leben. Dichtung und Wahrheit. In: Ders.: Sämtliche Werke. Briefe, Tagebücher und Gespräche in 40 Bänden. Hrsg. von Dieter Borchmeyer/Martin Ehrenzeller u. a. I. Abteilung, Bd. 14. Hrsg. von Klaus-Detlef Müller. Frankfurt am Main: Deutscher Klassiker Verlag 1986.
Grenz, Dagmar: Die Romane Robert Walsers. Weltbezug und Wirklichkeitsdarstellung. München: Fink 1974.
Grenz, Dagmar: Mädchenliteratur. Von den moralisch-belehrenden Schriften im 18. Jahrhundert bis zur Herausbildung der Backfischliteratur im 19. Jahrhundert. Stuttgart: Metzler 1981.
Grenzmann: Das Tagebuch als literarische Form. In: Wirkendes Wort 9 (1959). S. 84–93.
Greven, Jochen: Robert Walser und Christian Morgenstern. Zur Entstehungsgeschichte von Walsers frühen Romanen. In: Text & Kritik. Zeitschrift für Literatur 12/12a (1975). S. 42–52.
Greven, Jochen: Figur am Rande, in wechselndem Licht. Frankfurt am Main: Fischer Taschenbuch 1992.
Greven, Jochen: Robert Walser – Ein Außenseiter wird zum Klassiker: Abenteuer einer Wiederentdeckung. Lengwil: Libelle 2003.
Greven, Jochen: Existenz, Welt und reines Sein im Werk Robert Walsers. Versuch zur Bestimmung von Grundstrukturen. Reprint der Originalausgabe von 1960. Hrsg. von Reto Sorg. München: Fink 2009.

Greven, Jochen: Nachwort des Herausgebers. In: SW 1: Fritz Kochers Aufsätze. Zürich/Frankfurt am Main: Suhrkamp 1986. S. 111–122.

Greven, Jochen: Nachwort des Herausgebers. In: SW 3: Aufsätze. Zürich/Frankfurt am Main: Suhrkamp 1985. S. 151–154.

Greven, Jochen: Nachwort des Herausgebers. In: SW 4: Kleine Dichtungen. Zürich/Frankfurt am Main: Suhrkamp 1985. S. 175–178.

Greven, Jochen: Nachwort des Herausgebers. In: SW 9: Geschwister Tanner. Zürich/Frankfurt am Main: Suhrkamp 1986. S. 335–354.

Greven, Jochen: Editorische Notiz. In: SW 12: Der Räuber. Zürich/Frankfurt am Main: Suhrkamp 1986. S. 195–199.

Greven, Jochen: Nachwort des Herausgebers. In: SW 15: Bedenkliche Geschichten. Prosa aus der Berliner Zeit. Zürich/Frankfurt am Main: Suhrkamp 1985. S. 127–138.

Greven, Jochen: Nachwort des Herausgebers. In: SW 18: Zarte Zeilen. Prosa aus der Berner Zeit. Zürich/Frankfurt am Main: Suhrkamp 1986. S. 329–336.

Greven, Jochen: Nachwort des Herausgebers. In: SW 20: Für die Katz. Prosa aus der Berner Zeit. Zürich/Frankfurt am Main: Suhrkamp 1986. S. 439–449.

Groddeck, Wolfram: Robert Walser und das Fantasieren. Zur Niederschrift der „Geschwister Tanner“. In: Text & Kritik. Zeitschrift für Literatur 12/12a (2004). Vierte Auflage: Neufassung. S. 55–68.

Groddeck Wolfram: „und in der Tat, er schrieb so etwas wie einen Roman“. Zur Edition des Druckmanuskripts von Robert Walsers Romandebüt *Geschwister Tanner*. In: Wolfram Groddeck/Reto Sorg/Peter Utz/Karl Wagner (Hrsg.): Robert Walsers ‚Ferne Nähe‘. Neue Beiträge zur Forschung. München: Fink 2007. S. 141–157.

Groddeck Wolfram: Jenseits des Buchs. Zur Dynamik des Werkbegriffs bei Robert Walser. In: Textkritische Beiträge 12 (2008). S. 57–70.

Groddeck Wolfram: *Die Rose* (1925). In: RWH. S. 175–180.

Groddeck Wolfram: Masochismus. In: RWH. S. 332–336.

Groddeck, Wolfram/Von Reibnitz, Barbara: Sammlung des Zerstreuten. Erläuterungen zur Kritischen Robert Walser-Ausgabe. In: Études Germaniques 72[1] (2017). S. 111–122.

Günther, Werner: Dichter der neueren Schweiz II. Bern/München: Francke 1968.

Gumbrecht, Hans Ulrich: Modern, Modernität, Moderne. In: Otto Brunner/Werner Conze/Reinhart Koselleck (Hrsg.): Geschichtliche Grundbegriffe. Historisches Lexikon zur politisch-sozialen Sprache in Deutschland. Bd. 4: Mi–Pre. Stuttgart: Klett-Cotta 1993. S. 93–131.

Gutjahr, Ortrud: Einführung in den Bildungsroman. Darmstadt: Wissenschaftliche Buchgesellschaft 2007.

Gutzkow, Karl Ferdinand: Vorwort. In: Ders.: Die Ritter vom Geiste. Roman in neun Büchern. Hrsg. von Thomas Neumann. Frankfurt am Main: Zweitausendundeins 1998. S. 5–12.

Habermas, Jürgen: Strukturwandel der Öffentlichkeit. Untersuchungen zu einer Kategorie der bürgerlichen Gesellschaft. Unveränderter Nachdruck der zuerst 1962 im Hermann Luchterhand Verlag, Neuwied, erschienenen Ausgabe. Ergänzt um ein Vorwort zur Neuauflage 1990. Frankfurt am Main: Suhrkamp 1990.

Hagestedt, Lutz: Der richtige Ort für systematische Überlegungen. Philippe Lejeune und die Tagebuchforschung. In: Ders. (Hrsg.): „Liebes Tagebuch". Zur Theorie und Praxis des Journals. München: belleville 2014. S. VII–XXIV.

Hanisch, Ernst: Männlichkeiten. Eine andere Geschichte des 20. Jahrhunderts. Wien/Köln/Weimar: Böhlau 2005.

Hart, Heinrich/Hart, Julius: Friedrich Spielhagen und der deutsche Roman der Gegenwart. In: Kritische Waffengänge. 6. Heft. Leipzig: Wigand 1884. S. 3–74.

Hausen, Karin: Die Polarisierung der „Geschlechtscharaktere". Eine Spiegelung der Dissoziation von Erwerbs- und Familienleben. Stuttgart: Klett 1976.

Heerde, Hans-Joachim: Editorisches Nachwort. In: KWA I, 4: Jakob von Gunten. Basel/Frankfurt am Main: Stroemfeld/Schwabe 2013. S. 141–163.

Heerde, Hans-Joachim: Editorisches Nachwort. In: KWA III, 1: Drucke im Berliner Tageblatt. Basel/Frankfurt am Main: Stroemfeld/Schwabe 2013. S. 315–347.

Heerde, Hans-Joachim: Neue Funde. Neues Unbekanntes von Robert Walser: Übersetzungen, Zweitdrucke, ein Widmungsexemplar, Briefe, Manuskripte und ein Porträt. In: Mitteilungen der Robert Walser-Gesellschaft 26/2019. S. 14–20.

Hegel, Georg Wilhelm Friedrich: Vorlesungen über die Ästhetik III. In: Ders.: Werke. Hrsg. von Eva Moldenhauer/Karl Markus Michel. Bd. 15. 3. Aufl. Frankfurt am Main: Suhrkamp 1993.

Helbich, Sibylle: „Beeinflussungen sind begreiflich und daher erlaubt". Robert Walsers Ringen um den Segen Goethes. In: Oliver Ruf (Hrsg.): Goethe und die Schweiz. Hannover: Wehrhahn 2013. S. 335–349.

Helduser, Urte: Geschlechterprogramme. Konzepte der literarischen Moderne um 1900. Köln/Weimar/Wien: Böhlau 2005.

Herzfeld, Marie: Vom Skizzenhaften in der Litteratur. In: Jugend. Münchner illustrierte Wochenschrift für Kunst und Leben. $3^{22}$ (1898). S. 364–367.

Hesse, Hermann: Robert Walser. In: Kerr (Hrsg.): Über Robert Walser. Bd. 1. Frankfurt am Main: Suhrkamp 1978. S. 52–57.

Heumann, Konrad/Ritter, Ellen: Der Dichter und diese Zeit. Entstehung. In: Hugo von Hofmannsthal: Sämtliche Werke, Kritische Ausgabe XXXIII: Reden und Aufsätze 2. Hrsg. von Dens. Frankfurt am Main: S. Fischer Verlag 2009. S. 490–496.

Hiebel, Hans H.: Robert Walsers *Jakob von Gunten*. Die Zerstörung der Signifikanz im modernen Roman. In: Klaus-Michael Hinz/Thomas Horst (Hrsg.): Robert Walser. Zürich/Frankfurt am Main: Suhrkamp 1991. S. 240–275.

Hinz, Klaus-Michael: Robert Walsers Souveränität. In: Paolo Chiarini/Hans Dieter Zimmermann (Hrsg.): „Immer dicht vor dem Sturze …". Zum Werk Robert Walsers. Frankfurt am Main: Athenäum Verlag 1987. S. 153–171.

Hobus, Jens: Poetik der Umschreibung. Figurationen der Liebe im Werk Robert Walsers. Würzburg: Königshausen & Neumann 2011.

Hobus, Jens: *„Räuber"-Roman* (verfasst 1925). In: RWH. S. 180–189.

Von Hofmannsthal, Hugo: Der Dichter und diese Zeit. Ein Vortrag. In: Ders.: Sämtliche Werke, Kritische Ausgabe XXXIII: Reden und Aufsätze 2. Hrsg. von Konrad Heumann und Ellen Ritter. S. 127–148.

Holdenried, Michaela: Geschriebenes Leben. Autobiographik von Frauen. Berlin: Erich Schmidt Verlag 1995.

Honegger, Claudia: Die Ordnung der Geschlechter. Die Wissenschaften vom Menschen und das Weib 1750–1850. Frankfurt am Main: Campus Verlag 1991.

Hong, Kil-Pyo: Selbstreflexion von Modernität in Robert Walsers Romanen *Geschwister Tanner, Der Gehülfe* und *Jakob von Gunten*. Würzburg: Königshausen & Neumann 2002.

Honnefelder, Gottfried: Der Brief im Roman. Untersuchungen zur erzähltechnischen Verwendung des Briefes im deutschen Roman. Bonn: Bouvier Verlag Herbert Grundmann 1975.

Horst, Thomas: Probleme der Intertextualität im Werk Robert Walsers. In: Dieter Borchmeyer (Hrsg.): Robert Walser und die moderne Poetik. Frankfurt am Main: Suhrkamp 1999. S. 66–82.

Hoven, Heribert: Großmeister und Kleinmeister. In zwei Handbüchern erfahren Thomas Mann und Robert Walser eine aktuelle Würdigung. https://literaturkritik.de/id/21269. Zugriff am 13.11.2019.

Hübner, Andrea: *Ei' welcher Unsinn liegt im Sinn?* Robert Walsers Umgang mit Märchen und Trivialliteratur. Tübingen: Stauffenburg 1995.

Igl, Natalia: Die Zeitschrift als Verhandlungsort ‚moderner' Kunstkonzepte. Multimodale Inszenierungen von *Tradition* und (ironische) Metadiskurse der verstetigten *Innovation*. In: Natalia Igl/Julia Menzel (Hrsg.): Illustrierte Zeitschriften um 1900. Mediale Eigenlogik, Multimodalität und Metaisierung. Bielefeld: transcript 2016. S. 341–374.

Jacobs, Jürgen: Wilhelm Meister und seine Brüder. Untersuchungen zum deutschen Bildungsroman. München: Fink 1972.

Jacobs, Jürgen/Krause, Markus: Der deutsche Bildungsroman. Gattungsgeschichte vom 18. bis zum 20. Jahrhundert. München: C. H. Beck 1989.

Jacobs, Monty: Robert Walser, Geschwister Tanner. Roman. Berlin, Verlag Bruno Cassirer. In: Berliner Tageblatt, Nr. 60, 2.2.1907, 1. Beiblatt „Literarische Rundschau". S. 5. (http://zefys.staatsbibliothek-berlin.de/index.php?id=dfg-viewer&set%5Bimage%5D=5&set%5Bzoom%5D=default&set%5Bdebug%5D=0&set%5Bdouble%5D

=0&set%5Bmets%5D=http%3A%2F%2Fcontent.staatsbibliothek-berlin.de%2Fzefys%2FSNP27646518-19070202-1-0-0-0.xml). Zugriff am 09.05.2019.

Jakob, Christoph: Robert Walsers Hermeneutik des Lebens. Aachen: Shaker Verlag 1998.

Janz, Marlies: „Die Frau" und „Das Leben". Weiblichkeitskonzepte in der Literatur und Theorie um 1900. In: Hartmut Eggert/Erhard Schütz/Peter Sprengel (Hrsg.): Faszination des Organischen. Konjunkturen einer Kategorie der Moderne. München: Iudicium 1995. S. 37–52.

Janz, Rolf-Peter: Schwindelnde Männer oder die Liebe zum Betrug. Krull, Schwejk, Gunten, ‚Rotpeter'. In: Rolf-Peter Janz/Fabian Stoermer /Andreas Hiepko (Hrsg.): Schwindelerfahrungen. Zur kulturhistorischen Diagnose eines vieldeutigen Symptoms. Amsterdam/New York: Rodopi 2003. S. 99–116.

Japp, Uwe: Literatur und Modernität. Frankfurt am Main: Klostermann 1987.

Jarausch, Konrad H.: Die Krise des deutschen Bildungsbürgertums im ersten Drittel des 20. Jahrhunderts. In: Jürgen Kocka (Hrsg.): Bildungsbürgertum im 19. Jahrhundert. Teil IV: Politischer Einfluß und gesellschaftliche Formation. Stuttgart: Klett-Cotta 1989. S. 180–205.

Jürgens, Martin: Robert Walser. Die Krise der Darstellbarkeit. Untersuchungen zur Prosa. Kronberg im Taunus: Scriptor Verlag 1973.

Kalff, Sabine/Vedder, Ulrike: Tagebuch und Diaristik seit 1900. Einleitung. In: Zeitschrift für Germanistik XXVI$^2$ (2016). S. 235–242.

Kalkschmidt, Eugen: Neue deutsche Erzählungsliteratur. In: KWA I, 4: Jakob von Gunten. Hrsg. von Hans-Joachim Heerde. Basel/Frankfurt am Main: Stroemfeld/Schwabe 2013. S. 154.

Kaminski, Nicola/Ruchatz, Jens: Journalliteratur – ein Avertissement. Pfennigmagazin zur Journalliteratur. Heft 1. Hannover: Wehrhahn Verlag 2017.

Kaminski, Nicola/Ramtke, Nora /Zelle, Carsten: Zeitschriftenliteratur/Fortsetzungsliteratur: Problemaufriß. In: Dies. (Hrsg.): Zeitschriftenliteratur/Fortsetzungsliteratur. Hannover: Wehrhahn 2014. S. 7–40.

Kammer, Stephan: Figurationen und Gesten des Schreibens. Zur Ästhetik der Produktion in Robert Walsers Prosa der Berner Zeit. Tübingen: Niemeyer 2003.

Kammer, Stephan: Das Phänomen Mikrographie. In: RWH. S. 274–283.

Kapp, Volker: Von der Autobiographie zum Tagebuch (Rousseau – Constant). In: Alois Hahn/Volker Kapp (Hrsg.): Selbstthematisierung und Selbstzeugnis: Bekenntnis und Geständnis. Frankfurt am Main: Suhrkamp 1987. S. 297–310.

Kappelhoff, Hermann: Matrix der Gefühle. Das Kino, das Melodrama und das Theater der Empfindsamkeit. Berlin: Vorwerk 8 2004.

Kazmeier, Daniel: Poetik des Abbruchs. Literarische Figurationen von Negativität im 17. und 18. Jahrhundert. Würzburg: Königshausen & Neumann 2016.

Keckeis, Paul: Robert Walsers Gattungen. Göttingen: Wallstein 2018.

Kernmayer, Hildegard: Sprachspiel nach besonderen Regeln. Zur Gattungspoetik des Feuilletons. In: Zeitschrift für Germanistik XXII[3] (2012). S. 509–523.

Kernmayer, Hildegard/Schütz, Erhard: Oberfläche unterm Strich. Zur Geschichte und Poetik der kleinen Form. In: Dies. (Hrsg.): Die Eleganz des Feuilletons. Literarische Kleinode. Berlin: Transit 2017. S. 119–135.

Kieser, Alfred: Max Webers Analyse der Bürokratie. In: Alfred Kieser/Mark Ebers (Hrsg.): Organisationstheorien. 6. Auflage. Stuttgart: Kohlhammer 2006. S. 63–92.

Klotz, Volker: Die erzählte Stadt. Ein Sujet als Herausforderung des Romans von Lesage bis Döblin. München: Hanser 1969.

Knaut, Andreas: Ernst Rudorff und die Anfänge der deutschen Heimatbewegung. In: Edeltraud Klueting (Hrsg.): Antimodernismus und Reform. Zur Geschichte der deutschen Heimatbewegung. Darmstadt: Wissenschaftliche Buchgesellschaft 1991. S. 20–49.

Kocka, Jürgen: Angestellter. In: Otto Brunner/Werner Conze/Reinhart Koselleck (Hrsg.): Geschichtliche Grundbegriffe. Historisches Lexikon zur politisch-sozialen Sprache in Deutschland. Bd. 1 (A–D). Stuttgart: Ernst Klett Verlag 1974. S. 110–128.

Kocka, Jürgen: Das lange 19. Jahrhundert. Arbeit, Nation und bürgerliche Gesellschaft. In: Alfred Haverkamp/Wolfgang Reinhard/Jürgen Kocka/Wolfgang Benz (Hrsg.): Gebhardt Handbuch der deutschen Geschichte. Zehnte, völlig neu bearbeitete Auflage. Bd. 13. Hrsg. von Jürgen Kocka. Stuttgart: Klett-Cotta 2001.

Köhn, Eckhardt: Straßenrausch. Flanerie und kleine Form. Versuch einer Literaturgeschichte des Flaneurs bis 1933. Berlin: Das Arsenal 1989.

König, Mario/Siegrist, Hannes/Vetterli, Rudolf: Warten und Aufrücken. Die Angestellten in der Schweiz 1870–1950. Zürich: Chronos Verlag für Geschichte 1985.

Korrodi, Eduard: Berlin und die Schweizerdichtung. In: Ders.: Ausgewählte Feuilletons. Hrsg. von Helen Münch-Küng. Bern/Stuttgart/Wien: Paul Haupt 1995. S. 87–90.

Korrodi, Eduard: Seldwylergeist und Schweizergeist. In: Ders.: Ausgewählte Feuilletons. Hrsg. von Helen Münch-Küng. Bern/Stuttgart/Wien: Paul Haupt 1995. S. 47–58.

Korrodi, Eduard: Walser über Walser. Die Rose. In: Katharina Kerr (Hrsg.): Über Robert Walser. Bd. 1. Frankfurt am Main: Suhrkamp 1978. S. 117–120.

Korrodi, Eduard: Bericht über den Vortrag von Hans Trog über Karl und Robert Walser. In: KWA III, 3: Drucke in der Neuen Zürcher Zeitung. Hrsg. von Barbara von Reibnitz/Matthias Sprünglin. Basel/Frankfurt am Main: Stroemfeld/Schwabe 2013. S. 348–352.

Koschorke, Albrecht: Geschlechterpolitik und Zeichenökonomie. Zur Geschichte der deutschen Klassik vor ihrer Entstehung. In: Renate von Heydebrand (Hrsg.): Kanon, Macht, Kultur. Theoretische, historische und soziale Aspekte ästhetischer Kanonbildungen. Stuttgart: Metzler 1998. S. 581–599.

Kracauer, Siegfried: Die Angestellten. Aus dem neuesten Deutschland. Frankfurt am Main: Suhrkamp 1971.

Kracauer, Siegfried: Kult der Zerstreuung. Über die Berliner Lichtspielhäuser. In: Ders: Das Ornament der Masse. Essays. Hrsg. von Karsten Witte. Frankfurt am Main: Suhrkamp 1977. S. 311–317.

Kraus, Karl: Heine und die Folgen. In: Ders.: Schriften. Bd. 4: Untergang der Welt durch schwarze Magie. Hrsg. von Christian Wagenknecht. Frankfurt am Main: Suhrkamp 1989. S. 185–210.

Kreienbrock, Jörg: Kleiner. Feiner. Leichter. Nuancierungen zum Werk Robert Walsers. Zürich: Diaphanes 2010.

Kürnberger, Ferdinand: Die Feuilletonisten. In: Hans Bender (Hrsg.): Klassiker des Feuilletons. Stuttgart: Reclam 1967. S. 44–57.

Lämmert, Eberhard: Romantheorie. Dokumentation ihrer Geschichte in Deutschland seit 1880. 2. Aufl. Königstein/Taunus: Athenäum 1984.

Landweer, Hilge/Marcinski, Isabella: Feministische Phänomenologie: Leib und Erfahrung. In: Dies. (Hrsg.): Dem Erleben auf der Spur. Feminismus und die Philosophie des Leibes. Bielefeld: transcript 2016. S. 7–24.

Ledanff, Susanne: Bildungsroman versus Großstadtroman. Thesen zum Konflikt zweier Romanstrukturen, dargestellt am Beispiel von Döblins *Berlin Alexanderplatz*, Rilkes *Aufzeichnungen des Malte Laurids Brigge* und Musils *Mann ohne Eigenschaften*. In: Sprache im technischen Zeitalter 78 (1981). S. 85–114.

Lehnert, Gertrud: Einleitung. In: Dies.: Mode. Theorie, Geschichte und Ästhetik einer kulturellen Praxis. Bielefeld: transcript 2013. S. 7–14.

Lejeune, Philippe: Das Tagebuch als „Antifiktion". In: Lutz Hagestedt (Hrsg.): „Liebes Tagebuch". Zur Theorie und Praxis des Journals. München: belleville 2014. S. 321–338.

Leistenschneider, Ulrike: Das Motiv des Gehens bei Robert Walser. Saarbrücken: VDM Verlag 2008.

Lemmel, Monika: Die Bedeutung Goethes für Robert Walser. Ein Überblick über Textbefund und Forschungslage. In: Goethe-Jahrbuch 112 (1995). S. 339–342.

Lemmel, Monika: Robert Walsers Poetik der Intertextualität. In: Dieter Borchmeyer (Hrsg.): Robert Walser und die moderne Poetik. Frankfurt am Main: Suhrkamp 1999. S. 83–101.

Lehnert, Gertrud: Einleitung. In: Dies.: Mode. Theorie, Geschichte und Ästhetik einer kulturellen Praxis. Bielefeld: transcript 2013. S. 7–14.

Liebrand, Claudia: Jakob von Guntens Maskeraden. Spielkonfigurationen in Robert Walsers Tagebuchroman. In: Colloquia Germanica. Internationale Zeitschrift für Germanistik 32 (1999). S. 345–362.

Liu, Yongqiang: Schriftkritik und Bewegungslust. Sprache und Tanz bei Hugo von Hofmannsthal. Würzburg: Königshausen & Neumann 2013.

Lüscher, Kurt: Robert Walsers Sensibilität für Ambivalenzen. Eine transdisziplinäre Annäherung. In: Kurt Lüscher/Reto Sorg/Bernd Stiegler/Peter Stocker (Hrsg.): Robert Walsers Ambivalenzen. Paderborn: Fink 2018. S. 9–31.

Lukács, Georg: Schriftsteller und Kritiker. In: Ders.: Schriften zur Literatursoziologie. Hrsg. von Peter Ludz. Neuwied: Luchterhand 1961. S. 198–212.

Lukács, Georg: Die Theorie des Romans. Ein geschichtsphilosophischer Versuch über die Formen der großen Epik. Darmstadt/Neuwied: Luchterhand 1971.

Lukács, Georg: Es geht um den Realismus. In: Ders.: Werke. Bd. 4: Probleme des Realismus 1: Essays über Realismus. Hrsg. von Peter C. Ludz. Neuwied/Berlin: Luchterhand 1971. S. 313–343.

Mächler, Robert: Das Leben Robert Walsers. Eine dokumentarische Biographie. Genf/Hamburg: Kossodo 1966.

Malkmus, Bernhard F.: The German Picaro and Modernity. Between Underdog and Shape-Shifter. New York u. a.: Bloomsbury 2011.

Malkmus, Bernhard: *Jakob von Gunten* (1909). In: RWH. S. 116–129.

Marti, Fritz: Robert Walser, Geschwister Tanner, Berlin 1907. In: KWA III, 3: Drucke in der Neuen Zürcher Zeitung. Hrsg. von Barbara von Reibnitz/Matthias Sprünglin. Basel/Frankfurt am Main: Stroemfeld/Schwabe 2013. S. 329–332.

Matala de Mazza, Ethel: Angestelltenverhältnisse. Sekretäre und ihre Literatur. In: Bernhard Siegert/Joseph Vogl (Hrsg.): Europa: Kultur der Sekretäre. Zürich/Berlin: Diaphanes 2003. S. 127–146.

Matala de Mazza, Ethel: Der populäre Pakt. Verhandlungen der Moderne zwischen Operette und Feuilleton. Frankfurt am Main: S. Fischer 2018.

Von Matt, Peter: Die Schwäche des Vaters und das Vergnügen des Sohnes. Über die Voraussetzungen der Fröhlichkeit bei Robert Walser. In: Klaus-Michael Hinz/Thomas Horst (Hrsg.): Robert Walser. Zürich/Frankfurt am Main: Suhrkamp 1991. S. 180–198.

Von Matt, Peter: Wie weise ist Walsers Weisheit? In: Wolfram Groddeck/Reto Sorg/Peter Utz/Karl Wagner (Hrsg.): Robert Walsers ‚Ferne Nähe'. Neue Beiträge zur Forschung. München: Fink 2007. S. 35–47.

Mayer, Gerhart: Der deutsche Bildungsroman. Von der Aufklärung bis zur Gegenwart. Stuttgart: Metzler 1992.

Meise, Helga: Die Unschuld und die Schrift. Deutsche Frauenromane im 18. Jahrhundert. Frankfurt am Main: Ulrike Helmer Verlag 1992.

De Mendelssohn, Peter: S. Fischer und sein Verlag. Frankfurt am Main: S. Fischer 1970.

Mentges, Gabriele/Richard, Birgit: Schönheit der Uniformität. Zur kulturellen Dynamik von Uniformisierungsprozessen. In: Gabriele Mentges/Birgit Richard (Hrsg.): Schönheit der Uniformität. Körper, Kleidung, Medien. Frankfurt am Main/New York: Campus Verlag 2005. S. 7–13.

Mentges, Gabriele: Die Angst vor der Uniformität. In: Gabriele Mentges/Birgit Richard (Hrsg.): Schönheit der Uniformität. Körper, Kleidung, Medien. Frankfurt am Main/New York: Campus Verlag 2005. S. 17–42.

Misch, Georg: Geschichte der Autobiographie. Bd. 4, zweite Hälfte: Von der Renaissance bis zu den autobiographischen Hauptwerken des 18. und 19. Jahrhunderts. Frankfurt am Main: Schulte-Bulmke 1969.

Moldaschl, Manfred: Betriebliche Rationalisierungsstrategien und ihre Auswirkungen auf den Arbeitsprozeß. In: Holger Luczak/Walter Volpert (Hrsg.): Handbuch Arbeitswissenschaft. Stuttgart: Schäffer-Poeschel 1997. S. 685–691.

Mommsen, Hans: Die Auflösung des Bürgertums seit dem späten 19. Jahrhundert. In: Jürgen Kocka (Hrsg.): Bürger und Bürgerlichkeit im 19. Jahrhundert. Göttingen: Vandenhoeck & Ruprecht 1987. S. 288–315.

Morgenstern, Karl: Zur Geschichte des Bildungsromans. In: Rolf Selbmann (Hrsg.): Zur Geschichte des deutschen Bildungsromans. Darmstadt: Wissenschaftliche Buchgesellschaft 1988. S. 73–99.

Morgenstern, Karl: Über das Wesen des Bildungsromans (1820). In: Rolf Selbmann (Hrsg.): Zur Geschichte des deutschen Bildungsromans. Darmstadt: Wissenschaftliche Buchgesellschaft 1988. S. 55–72.

Morlang, Werner: „Eine Art Tagebuch". Zur Kontextualität von Robert Walsers *Mikrogramm*-Gedichten. In: Paolo Chiarini/Hans Dieter Zimmermann (Hrsg.): „Immer dicht vor dem Sturze …". Zum Werk Robert Walsers. Frankfurt am Main: Athenäum Verlag 1987. S. 55–67.

Morlang, Werner: Nachwort. In: AdB 4: Mikrogramme aus den Jahren 1926–1927. Frankfurt am Main: Suhrkamp 1990. S. 412–430.

Moser, Christian/Schneider, Helmut J.: Einleitung. Zur Kulturgeschichte und Poetik des Spaziergangs. In: Axel Gellhaus/Christian Moser/Helmut J. Schneider (Hrsg.): Kopflandschaften – Landschaftsgänge. Kulturgeschichte und Poetik des Spaziergangs. Köln/Weimar/Wien: Böhlau 2007. S. 7–27.

Moser, Petra: Nah am Tabu. Experimentelle Selbsterfahrung und erotischer Eigensinn in Robert Walsers „Jakob von Gunten". Bielefeld: transcript 2011.

Müller, Andreas Georg: Mit Fritz Kocher in der Schule der Moderne. Studien zu Robert Walsers Frühwerk. Tübingen/Basel: Francke 2007.

Müller, Lothar: Die Großstadt als Ort der Moderne. Über Georg Simmel. In: Klaus R. Scherpe (Hrsg.): Die Unwirklichkeit der Städte. Großstadtdarstellungen zwischen Moderne und Postmoderne. Reinbek bei Hamburg: Rowohlt 1988. S. 14–36.

Mukarovsky, Jan: Probleme des ästhetischen Werts. In: Ders.: Schriften zur Ästhetik, Kunsttheorie und Poetik. Hrsg. von Holger Siegel. Tübingen: Gunter Narr Verlag 1986. S. 1–26.

Mukarovsky, Jan: Probleme der ästhetischen Norm. In: Ders.: Schriften zur Ästhetik, Kunsttheorie und Poetik. Hrsg. von Holger Siegel. Tübingen: Gunter Narr Verlag 1986. S. 27–41.

Nagy, Hajnalka/Wintersteiner, Werner: Familiengeschichte/Familiengeschichten. In: Dies. (Hrsg.): Immer wieder Familie. Familien- und Generationenromane in der neueren Literatur. Innsbruck: Studienverlag 2012. S. 9–20.

Neumeyer, Harald: Der Flaneur. Konzeptionen der Moderne. Würzburg: Königshausen & Neumann 1999.

Nizon, Paul: Diskurs in der Enge. Verweigerers Steckbrief. Schweizer Passagen. Hrsg. und mit einem Vorwort versehen von Peter Henning. Frankfurt am Main: Suhrkamp 1990. S. 143–171.

Nizon, Paul: Robert Walsers Poetenleben. In: Ders.: Über den Tag und durch die Jahre. Essays, Nachrichten, Depeschen. Frankfurt am Main: Suhrkamp 1991. S. 159–182.

Nübel, Birgit: Autobiographische Kommunikationsmedien um 1800. Studien zu Rousseau, Wieland und Moritz. Tübingen: Niemeyer 1994.

Nübel, Birgit: Autobiographik als Menschenwissenschaft. In: Michael Bies/Michael Gamper/Ingrid Kleeberg (Hrsg.): Gattungs-Wissen. Wissenspoetologie und literarische Form. Göttingen: Wallstein 2013. S. 51–73.

Oesterle, Günter: ‚Unter dem Strich'. Skizze einer Kulturpoetik des Feuilletons im neunzehnten Jahrhundert. In: Jürgen Barkhoff/Gilbert Carr/Roger Paulin (Hrsg.): Das schwierige 19. Jahrhundert. Reprint. Tübingen: Niemeyer 2011. S. 229–250.

Osterkamp, Ernst: Commis, Poet, Räuber. Eigengesetzlichkeit und Selbstaufgabe bei Robert Walser. In: Klaus-Michael Hinz/Thomas Horst (Hrsg.): Robert Walser. Zürich/Frankfurt am Main: Suhrkamp 1991. S. 217–239.

Parr, Rolf: Autorschaft. Eine kurze Sozialgeschichte der literarischen Intelligenz in Deutschland zwischen 1860 und 1930. Heidelberg: Synchron 2008.

Pascal, Roy: Die Autobiographie. Gehalt und Gestalt. Stuttgart/Berlin/Köln/Mainz: Kohlhammer 1965.

Pfeifer, Annie/Sorg, Reto: Vorwort. In: Dies. (Hrsg.): „Spazieren muß ich unbedingt". Robert Walser und die Kultur des Gehens. Paderborn: Fink 2019. S. VII–X.

Pfister, Manfred: Zur Systemreferenz. In: Ulrich Broich/Manfred Pfister (Hrsg.): Intertextualität. Formen, Funktionen, anglistische Fallstudien. Berlin/Boston: De Gruyter 2011. S. 52–58.

Philippi, Klaus-Peter: Robert Walser „Jakob von Gunten". In: Manfred Brauneck (Hrsg.): Der deutsche Roman im 20. Jahrhundert. Analysen und Materialien zur Theorie und Soziologie des Romans. Bd. 1. Bamberg: C.C. Buchners Verlag 1976. S. 116–134.

Piniel, Gerhard: Robert Walsers „Geschwister Tanner". Zürich: Juris Verlag 1968.

Pinthus, Kurt: Männliche Literatur. In: Anton Kaes (Hrsg.): Weimarer Republik. Manifeste und Dokumente zur deutschen Literatur 1918–1933. Stuttgart: Metzler 1983.

Pleister, Michael: Das Bild der Großstadt in den Dichtungen Robert Walsers, Rainer Maria Rilkes, Stefan Georges und Hugo von Hofmannsthals. 2., überarbeitete und ergänzte Auflage. Hamburg: Buske 1990.

Postone, Moishe: Nationalsozialismus und Antisemitismus. Ein theoretischer Versuch. http://www.krisis.org/1979/nationalsozialismus-und-antisemitismus/. Zugriff am 12.11.2019.

Püschel, Ulrich: Feuilleton$_2$. In: Klaus Weimar/Harald Fricke/Klaus Grubmüller/Jan-Dirk Müller/Georg Braungart/Friedrich Vollhardt (Hrsg.): Reallexikon der deutschen Literaturwissenschaft. Bd. 1, A–G. Hrsg. von Klaus Weimar. Berlin/New York: De Gruyter 1997. S. 584–587.

Rabinbach, Anson: Motor Mensch. Energie, Ermüdung und die Ursprünge der Modernität. Wien/Berlin: Turia + Kant 2001.

Radkau, Joachim: Das Zeitalter der Nervosität. Deutschland zwischen Bismarck und Hitler. München: Hanser 1998.

Radkau, Joachim: Technik in Deutschland. Vom 18. Jahrhundert bis heute. Frankfurt am Main: Campus Verlag 2008.

Rajewsky, Irina O.: Intermedialität. Tübingen/Basel: Francke 2002.

Reckwitz, Andreas: Das hybride Subjekt. Eine Theorie der Subjektkulturen von der bürgerlichen Moderne zur Postmoderne. Weilerswist: Velbrück Wissenschaft 2006.

Von Reibnitz, Barbara: Komma überschreibt Punkt. Anfangen und Nicht-Aufhören(können) in Robert Walsers Romanerstling *Geschwister Tanner*. In: Hubert Thüring/Corinna Jäger-Trees/Michael Schläfli (Hrsg.): Anfangen zu schreiben. Ein kardinales Moment von Textgenese und Schreibprozeß im literarischen Archiv des 20. Jahrhunderts. München: Fink 2009. S. 129–146.

Von Reibnitz, Barbara: Feuilletons für Zürich, Berlin, Frankfurt und Prag. Zum druckortbezogenen Editionskonzept der Kritischen Robert Walser-Ausgabe. In: Zeitschrift für Germanistik. Neue Folge XXII[3] (2012). S. 581–598.

Von Reibnitz, Barbara/Groddeck, Wolfram: Editorisches Nachwort. In: KWA I, 2: Geschwister Tanner. Basel/Frankfurt am Main: Stroemfeld/Schwabe 2008. S. 309–332.

Von Reibnitz, Barbara/Groddeck, Wolfram: Editorisches Nachwort. In: KWA IV, 1: Geschwister Tanner (Manuskript). Basel/Frankfurt am Main: Stroemfeld/Schwabe 2008. S. 369–382.

Von Reibnitz, Barbara/Sprünglin, Matthias: Editorisches Nachwort. In: KWA III, 3: Drucke in der Neuen Zürcher Zeitung. Basel/Frankfurt am Main: Stroemfeld/Schwabe 2013. S. 287–324.

Von Reibnitz, Barbara: Editorisches Nachwort. In: KWA I, 8: Prosastücke. Kleine Prosa. Der Spaziergang. Basel/Frankfurt am Main: Stroemfeld/Schwabe 2016. S. 227–276.

Von Reibnitz, Barbara/Socha, Caroline: Editorisches Nachwort. In: KWA II, 1: Drucke in der Neuen Rundschau. Basel/Frankfurt am Main: Stroemfeld/Schwabe 2017. S. 165–198.

Riedel, Wolfgang: Roman. In: Dieter Borchmeyer/Viktor Zmegac (Hrsg.): Moderne Literatur in Grundbegriffen. 2., neu bearbeitete Auflage. Tübingen: Niemeyer 1994. S. 373–393.

Rodewald, Dierk: Robert Walsers Prosa. Versuch einer Strukturanalyse. Bad Homburg/Berlin/Zürich: Gehlen Verlag 1970.

Roloff, Simon: Der Stellenlose. Robert Walsers Poetik des Sozialstaats. Paderborn: Fink 2016.

Rosenkranz, Karl: Einleitung über den Roman. In: Rolf Selbmann (Hrsg.): Zur Geschichte des deutschen Bildungsromans. Darmstadt: Wissenschaftliche Buchgesellschaft 1988. S. 100–115.

Roser, Dieter: Fingierte Mündlichkeit und reine Schrift. Zur Sprachproblematik in Robert Walsers späten Texten. Würzburg: Königshausen & Neumann 1994.

Ross, Werner: Kafkas kleiner Bruder. Robert Walser zwischen Romantik und Moderne. https://www.zeit.de/1960/46/kafkas-kleiner-bruder. Zugriff am 14.06.2019.

Roßbach, Nikola: Theater über Theater. Parodie und Moderne 1870–1914. Bielefeld: Aisthesis 2006.

Rossbacher, Karlheinz: Heimatkunstbewegung und Heimatroman. Zu einer Literatursoziologie der Jahrhundertwende. Stuttgart: Klett 1975.

Rüsch, Lukas: Ironie und Herrschaft. Untersuchungen zum Verhältnis von Herr und Knecht in Robert Walsers Roman *Der Gehülfe*. Königstein/Taunus: Forum Academicum 1983.

Runge, Anita: Literarische Praxis von Frauen um 1800. Briefroman, Autobiographie, Märchen. Hildesheim: Georg Olms Verlag 1997.

Ruprecht, Erich/Bänsch, Dieter: Kommentar. In: Dies. (Hrsg.): Literarische Manifeste der Jahrhundertwende 1890–1910. Stuttgart: Metzler 1970. S. 338–339.

Rusterholz, Peter: Lektüren – literarischer Horizont. In: RWH. S. 55–62.

Salathé, André (Hrsg.): „Man muss nicht hinter alle Geheimnisse kommen wollen." Robert und Karl Walsers Briefwechsel mit dem Verlag Huber Frauenfeld (1916–1922) samt einer Biografie von Verleger Walter Lohmeyer (1890–1951). Frauenfeld: Historischer Verein des Kantons Thurgau 2013.

Sander, Gabriele: Alfred Döblin und der Großstadtrealismus. In: Sabine Kyora/Stefan Neuhaus (Hrsg.): Realistisches Schreiben in der Weimarer Republik. Würzburg: Königshausen & Neumann 2006. S. 139–150.

Schaak, Martina: „Das Theater, ein Traum". Robert Walsers Welt als gestaltete Bühne. Berlin: Wissenschaftlicher Verlag Berlin 1999.

Scharnowski, Susanne: „Berlin ist schön, Berlin ist groß". Feuilletonistische Blicke auf Berlin: Alfred Kerr, Robert Walser, Joseph Roth und Bernard von Brentano. In: Matthias Harder/Almut Hille (Hrsg.): „Weltfabrik Berlin". Eine Metropole als Sujet der Literatur. Studien zu Literatur und Landeskunde. Würzburg: Königshausen & Neumann 2006. S. 67–82.

Scheuer, Helmut: Biographie. In: Dieter Borchmeyer/Viktor Zmegac (Hrsg.): Moderne Literatur in Grundbegriffen. 2., neu bearbeitete Auflage. Tübingen: Niemeyer 1994. S. 48–54.

Schildmann, Mareike: Poetik der Kindheit. Literatur und Wissen bei Robert Walser. Göttingen: Wallstein 2019.

Schildmann, Mareike: Wissen, Nicht-Wissen, Dummheit. In: RWH. S. 340–344.

Schlimmer, Angelika: Der Roman als Erziehungsanstalt für Leser. Zur Affinität von Gattung und Geschlecht in Friedrich von Blanckenburgs *Versuch über den Roman* (1774). In: Das achtzehnte Jahrhundert. Zeitschrift der Deutschen Gesellschaft für die Erforschung des achtzehnten Jahrhunderts: Gattung und Geschlecht 2 (2005). S. 209–221.

Schmale, Wolfgang: Geschichte der Männlichkeit in Europa (1450–2000). Köln/Weimar/Wien: Böhlau 2003.

Schönert, Jörg: Gesellschaftliche Modernisierung und Literatur der Moderne. In: Christian Wagenknecht (Hrsg.): Zur Terminologie der Literaturwissenschaft. Stuttgart: Metzler 1989. S. 393–413.

Schütz, Erhard: Die Sprache. Das Weib. Der weibische Feuilletonist. In: Passage für Kunst bis Politik 3 (1993). S. 57–70.

Schulz, Laurenz: Die Werte des Kitschs. Analysen historischer Modifikationen und literarischer Applikationen. Berlin: J. B. Metzler 2019.

Von Schwerin, Kerstin Gräfin: Ein „innig verbundenes und zusammengewobenes Bild". Robert Walsers Roman *Geschwister Tanner*. In: Familienbilder als Zeitbilder. Erzählte Zeitgeschichte(n) bei Schweizer Autoren vom 18. Jahrhundert bis zur Gegenwart. Hrsg. von Beatrice Sandberg. Berlin 2010. S. 105–120.

Von Schwerin, Kerstin Gräfin: „Eine reizende kugelrunde Null". Zur Poetik des Kleinseins bei Robert Walser und Franz Kafka. In: Vesna Kondric Horvat (Hrsg.): Franz Kafka und Robert Walser im Dialog. Berlin: Weidler 2010. S. 175–189.

Seelig, Carl: Wanderungen mit Robert Walser. Frankfurt am Main: Suhrkamp 1977.

Selbmann, Rolf: Einleitung. In: Ders. (Hrsg.): Zur Geschichte des deutschen Bildungsromans. Darmstadt: Wissenschaftliche Buchgesellschaft 1988. S. 1–44.

Selbmann, Rolf: Der deutsche Bildungsroman. Stuttgart/Weimar: Metzler 1994.

Selbmann, Rolf: Dichterberuf. Zum Selbstverständnis des Schriftstellers von der Aufklärung bis zur Gegenwart. Darmstadt: Wissenschaftliche Buchgesellschaft 1994.

Siegrist, Christoph: Robert Walsers kleine Prosadichtungen. In: Katharina Kerr (Hrsg.): Über Robert Walser. Bd. 2. Frankfurt am Main: Suhrkamp 1978.

Sorg, Klaus-Dieter: Gebrochene Teleologie. Studien zum Bildungsroman von Goethe bis Thomas Mann. Heidelberg: Winter 1983.

Sorg, Reto: Kurze Prosa. In: Sabine Haupt/Stefan Bodo Würffel (Hrsg.): Handbuch Fin de Siècle. Stuttgart: Alfred Kröner Verlag 2008. S. 369–411.

Sorg, Reto: Die Existenz versprachlichen. Zur Einführung. In: Jochen Greven: Existenz, Welt und reines Sein im Werk Robert Walsers. Versuch zur Bestimmung von Grundstrukturen. Reprint der Originalausgabe von 1960. Hrsg. von Reto Sorg. München: Fink 2009. S. VII–XVI.

Sorg, Reto: Abschied von Europa? ‚Kulturentrückung' bei Robert Walser. In: Reto Sorg/ Stefan Bodo Würffel (Hrsg.): Utopie und Apokalypse in der Moderne. München: Fink 2010. S. 161–178.

Sorg, Reto/Gisi, Lucas Marco: „Er gehorcht gern und widersetzt sich leicht." Zur Figur des Angestellten bei Robert Walser. In: Dies.(Hrsg.): Robert Walser. Im Bureau. Aus dem Leben der Angestellten. Berlin: Suhrkamp/Insel 2011. S. 129–142.

Sorg, Reto: Selbsterfindung als Wirklichkeitstheorie. Zu Robert Walsers nachgelassener ‚Tagebuch-Erzählung' aus dem Jahr 1926. In: Anna Fattori/Kerstin Gräfin von Schwerin (Hrsg.): „Ich beendige dieses Gedicht lieber in Prosa." Robert Walser als Grenzgänger der Gattungen. Heidelberg: Winter 2011. S. 111–129.

Sorg, Reto: Autofiktionalität und Heterotopie. Paul Nizons Selbsterfindung im ‚schöpferischen Apparat' des Journals. In: Elio Pellin/Ulrich Weber (Hrsg.): „... all diese fingierten, notierten, in meinem Kopf ungefähr wieder zusammengesetzten Ichs". Autobiographie und Autofiktion. Göttingen/Zürich: Wallstein/Chronos 2012. S. 153–182.

Sorg, Reto: Intermedialität (Malerei, Musik, Theater, Tanz, Rundfunk, Photographie, Kino). In: RWH. S. 289–299.

Spielhagen, Friedrich: Beiträge zur Theorie und Technik des Romans. Faksimiledruck der 1. Auflage von 1883. Hrsg. von Hellmuth Himmel. Göttingen: Vandenhoeck & Ruprecht 1967.

Sprünglin, Matthias: *Poetenleben* (1917; Impressum 1918). In: RWH. S. 158–162.

Sprünglin, Matthias: Editorisches Nachwort. In: KWA I, 9: Poetenleben. Basel/ Frankfurt am Main: Stroemfeld/Schwabe 2014. S. 129–158.

Stefani, Guido: Der Spaziergänger. Untersuchungen zu Robert Walser. Zürich/ München: Artemis 1985.

Steffen, Albert: Robert Walser: Große kleine Welt. In: Katharina Kerr (Hrsg.): Über Robert Walser. Bd. 1. Frankfurt am Main: Suhrkamp 1978. S. 146–147.

Steinecke, Hartmut (Hrsg.): Romanpoetik von Goethe bis Thomas Mann. Entwicklungen und Probleme der ‚demokratischen Kunstform' in Deutschland. München: Fink 1987.

Steinecke, Hartmut: Roman. In: Klaus Weimar/Harald Fricke/Klaus Grubmüller/ Jan-Dirk Müller/Georg Braungart/Friedrich Vollhardt (Hrsg.): Reallexikon der deutschen Literaturwissenschaft. Bd. 3: P–Z. Hrsg. von Jan-Dirk Müller. Berlin/New York: De Gruyter 2007. S. 317–322.

Stiemer, Hendrik: Über scheinbar naive und dilettantische Dichtung. Text- und Kontextstudien zu Robert Walser. Würzburg: Königshausen & Neumann 2013.

Stiemer, Hendrik: Fritz Kocher's Aufsätze (1904). In: RWH. S. 90–94.

Stierle, Karlheinz: Der Mythos von Paris. Zeichen und Bewußtsein der Stadt. München/Wien: Hanser 1993.

Stocker, Peter: Literaturbetrieb, Verlage, Zeitschriften und Zeitungen. In: RWH. S. 40–48.

Theisohn, Philipp/Weder, Christine: Literatur als/statt Betrieb – Einleitung. In: Dies (Hrsg.): Literaturbetrieb. Zur Poetik einer Produktionsgemeinschaft. München: Fink 2013. S. 7–16.

Thüring, Hubert: Schwelle und Glück. Zur Poetik zweier früher Texte Robert Walsers: Der Greifensee (1899) und Glück (1900). In: Felix Christen/Thomas Forrer u. a. (Hrsg.): Der Witz der Philologie. Rhetorik – Poetik – Edition. Festschrift für Wolfram Groddeck zum 65. Geburtstag. Frankfurt am Main/Basel: Stroemfeld 2014. S. 140–162.

Thüring, Hubert: Der Commis, der Räuber und ihre Geschwister. Robert Walsers erkenntnispoetische Figuren erkunden die Normalität. In: Cristina Fossaluzza/Paolo Panizzo (Hrsg.): Literatur des Ausnahmezustands (1914–1945). Würzburg: Königshausen & Neumann 2015. S. 45–67.

Thut, Angela/Walt, Christian: Editorisches Nachwort. In: KWA I, 3: Der Gehülfe. Basel/Frankfurt am Main: Stroemfeld/Schwabe 2012. S. 269–304.

Thut, Angela/Walt, Christian: Editorisches Nachwort. In: KWA I, 3: Der Gehülfe (Manuskript). Basel/Frankfurt am Main: Stroemfeld/Schwabe 2012. S. 401–410.

Todorow, Almut: Intermediale Grenzgänge: Robert Walsers Kleist-Essays. In: Wolfgang Braungart/Kai Kauffmann (Hrsg.): Essayismus um 1900 Heidelberg: Winter 2006. S. 223–246.

Treichel, Hans-Ulrich: Über die Schrift hinaus. Franz Kafka, Robert Walser und die Grenzen der Literatur. In: Ders.: Über die Schrift hinaus. Essays zur Literatur. Frankfurt am Main: Suhrkamp 2000. S. 28–49.

Utz, Peter: Heimatträume. Risse im literarischen Film der Schweiz bei Gottfried Keller, Robert Walser und Thomas Hürlimann. In: Schweizer Monatshefte. Zeitschrift für Politik, Wirtschaft, Kultur $71^{11}$ (1991). S. 913–925.

Utz, Peter: Robert Walser. In: Hartmut Steinecke (Hrsg.): Deutsche Dichter des 20. Jahrhunderts. Berlin: Erich Schmidt Verlag 1996. S. 197–211.

Utz, Peter: „In der Journalistentonart". Robert Walser zwischen Bern und Berlin. In: Zeitschrift für Germanistik 72 (1997). S. 372–376.

Utz, Peter: „Eigentümlich, zwiefach, übertragen": Figuren des Fremden bei Robert Walser. In: Corina Caduff (Hrsg.): Figuren des Fremden in der Schweizer Literatur. Zürich: Limmat Verlag 1997. S. 18–35.

Utz, Peter: Tanz auf den Rändern. Robert Walsers „Jetztzeitstil". 1. Auflage. Frankfurt am Main: Suhrkamp 1998.

Utz, Peter: Robert Walsers *Jakob von Gunten*. Eine „Null"-Stelle der deutschen Literatur. In: Deutsche Vierteljahrsschrift für Literaturwissenschaft und Geistesgeschichte $74^3$(2000). S. 488–512.

Utz, Peter: Zu kurz gekommene Kleinigkeiten. Robert Walser und der Beitrag des Feuilletons zur literarischen Moderne. In: Elmar Locher (Hrsg.): Die kleinen Formen in der Moderne. Bozen: Edition Sturzflüge 2001. S. 133–166.

Utz, Peter: Erschriebenes Leben. Ist Robert Walsers *Poetenleben* eine „Autofiktion"? In: Anna Fattori/Kerstin Gräfin von Schwerin (Hrsg.): „Ich beendige dieses Gedicht lieber in Prosa". Robert Walser als Grenzgänger der Gattungen. Heidelberg: Winter 2011. S. 27–42.

Vierhaus, Rudolf: Bildung. In: Otto Brunner/Werner Conze/Reinhart Koselleck (Hrsg.): Geschichtliche Grundbegriffe. Historisches Lexikon zur politisch-sozialen Sprache in Deutschland. Bd. 1 (A–D). Stuttgart: Ernst Klett Verlag 1974. S. 508–551.

Voss, Dietmar: Die Rückseite der Flanerie. Versuch über ein Schlüsselphänomen der Moderne. In: Klaus R. Scherpe (Hrsg.): Die Unwirklichkeit der Städte. Großstadtdarstellungen zwischen Moderne und Postmoderne. Reinbek bei Hamburg: Rowohlt 1988. S. 37–60.

Voßkamp, Wilhelm: Romantheorie in Deutschland. Von Martin Opitz bis Friedrich von Blanckenburg. Stuttgart: Metzler 1973.

Voßkamp, Wilhelm: Gattungen als literarisch-soziale Institutionen. (Zu Problemen sozial- und funktionsgeschichtlich orientierter Gattungstheorie und –historie). In: Walter Hinck (Hrsg.): Textsortenlehre – Gattungsgeschichte. Heidelberg: Quelle & Meyer 1977. S. 27–44.

Voßkamp, Wilhelm: Der Bildungsroman als literarisch-soziale Institution. Begriffs- und funktionsgeschichtliche Überlegungen zum deutschen Bildungsroman am Ende des 18. und Beginn des 19. Jahrhunderts. In: Christian Wagenknecht (Hrsg.): Zur Terminologie der Literaturwissenschaft. Stuttgart: Metzler 1989. S. 337–352.

Voßkamp, Wilhelm: „Ein anderes Selbst". Bild und Bildung im deutschen Roman des 18. und 19. Jahrhunderts. Göttingen: Wallstein 2004.

Wagner, Karl: Herr und Knecht. Robert Walsers Roman „Der Gehülfe". Wien: Wilhelm Braumüller 1980.

Wagner, Karl: „[D]ank meiner Schwäche und belehrt durch mein Epigonentum". Robert Walser und der Roman. In: Anna Fattori/Kerstin Gräfin von Schwerin (Hrsg.): „Ich beendige dieses Gedicht lieber in Prosa". Robert Walser als Grenzgänger der Gattungen. Heidelberg: Winter 2011. S. 131–142.

Wagner, Karl: Von Schweizerromanen. „Martin Salander" und „Der Gehülfe". In: Ursula Amrein/Wolfram Groddeck/Karl Wagner (Hrsg.): Tradition als Provokation. Gottfried Keller und Robert Walser. Zürich: Chronos Verlag 2012. S. 35–46.

Wagner, Karl: Joseph Roth und die ‚kleine Form', In: Felix Christen/Thomas Forrer u. a. (Hrsg.): Der Witz der Philologie. Rhetorik – Poetik – Edition. Festschrift für Wolfram Groddeck zum 65. Geburtstag. Frankfurt am Main/Basel: Stroemfeld 2014. S. 94–106.

Wagner, Karl: *Der Gehülfe* (1908). In: RWH. S. 106–116.

Wagner-Egelhaaf, Martina: Einleitung: Was ist Auto(r)fiktion?. In: Dies. (Hrsg.): Auto(r) fiktion. Literarische Verfahren der Selbstkonstruktion. Bielefeld: Aisthesis 2013. S. 7–21.

Walt, Christian: Im Schaufenster: Robert Walsers poetische Reflexionen. In: Felix Christen/Thomas Forrer u. a. (Hrsg.): Der Witz der Philologie. Rhetorik – Poetik – Edition. Festschrift für Wolfram Groddeck zum 65. Geburtstag. Frankfurt am Main/ Basel: Stroemfeld 2014. S. 84–93.

Walt, Christian: Improvisation und Interpretation. Robert Walsers Mikrogramme lesen. Frankfurt am Main/Basel: Stroemfeld Verlag 2015.

Wassermann, Jakob: Kolportage und Entfabelung. In: Ders.: Lebensdienst. Gesammelte Studien, Erfahrungen und Reden aus drei Jahrzehnten. Leipzig/Zürich: Grethlein & Co 1928. S. 231–239.

Weber, Max: Wirtschaft und Gesellschaft. Grundriss der verstehenden Soziologie. 5., revidierte Auflage. Hrsg. von Johannes Winckelmann. Tübingen: Mohr 1972.

Weber, Max: Die protestantische Ethik und der Geist des Kapitalismus (1904/1905). Vollständige Ausgabe. Hrsg. von Dirk Kaesler. 3. Auflage. München: C. H. Beck 2010.

Weber, Ulrich: Lektor oder Autor? Zur Interpretation der Korrekturvorgänge in Robert Walsers Romanmanuskript *Geschwister Tanner*. In: Anne Bohnenkamp/Kai Bremer/ Uwe Wirth/Irmgard M. Witz (Hrsg.): Konjektur und Krux. Zur Methodenpolitik der Philologie. Göttingen: Wallstein 2010. S. 294–307.

Weber, Ulrich: *Geschwister Tanner* (1907). In: RWH. S. 96–106.

Weidner, Daniel: Spiegel, Werkstatt, Chronik: Der Tagebuchroman bei Robert Walser, Max Frisch und Uwe Johnson. In: Zeitschrift für Germanistik $XXVI^2$ (2016). S. 332–347.

Wellmann, Angelika : Der Spaziergang. Stationen eines poetischen Codes. Würzburg: Königshausen & Neumann 1991.

Werber, Niels/Stöckmann, Ingo: Das ist ein Autor! Eine polykontexturale Auferstehung. In: Henk de Berg/Matthias Prangel (Hrsg.): Systemtheorie und Hermeneutik. Tübingen/Basel: Francke 1997. S. 233–262.

Wernli, Martina: Schreiben am Rand. Die „Bernische kantonale Irrenanstalt Waldau" und ihre Narrative (1895–1936). Bielefeld: transcript 2014.

Widmann, Joseph Viktor: Der Schweizer Roman „Martin Salander" von Gottfried Keller. Abgedruckt in: Gottfried Keller und Joseph Viktor Widmann: Briefwechsel. Hrsg. von Max Widmann. Basel/Leipzig: Rhein-Verlag 1922. S. 162–173.

Widmann, Joseph Viktor: Robert Walsers Schweizerroman *Der Gehülfe*. In: Katharina Kerr (Hrsg.): Über Robert Walser. Bd. 1. Frankfurt am Main: Suhrkamp 1978. S. 25–29.

Widmann, Joseph Viktor: Jakob von Gunten. In: Kerr (Hrsg.): Über Robert Walser. Bd. 1. Frankfurt am Main: Suhrkamp 1978. S. 33–38.

Widmer, Johannes: Geschwister Tanner. In: Mitteilungen der Robert-Walser-Gesellschaft 12 (2005). S. 8–9.

Wieland, Magnus: Liftboy. Robert Walsers *Jakob von Gunten* (1909) zwischen oben und unten. In: Kurt Lüscher/Reto Sorg/Bernd Stiegler/Peter Stocker (Hrsg.): Robert Walsers Ambivalenzen. Paderborn: Fink 2018. S. 85–101.

Willer, Stefan: Unter Blättern. Robert Walsers Lektüren. In: Jürgen Gunia/Iris Hermann (Hrsg.): Literatur als Blätterwerk. St. Ingbert: Röhrig Universitätsverlag 2002. S. 281–300.

Wirth, Uwe: Die Geburt des Autors aus dem Geist der Herausgeberfiktion. Editoriale Rahmung im Roman um 1800: Wieland, Goethe, Brentano, Jean Paul und E.T.A. Hoffmann. Fink: München 2008.

Witte, Karsten: Nachwort. In: Siegfried Kracauer: Das Ornament der Masse. Essays. Hrsg. von Karsten Witte. Frankfurt am Main: Suhrkamp 1977. S. 335–347.

Wölfel, Kurt: Friedrich von Blanckenburgs „Versuch über den Roman". In: Reinhold Grimm (Hrsg.): Deutsche Romantheorien. Bd. 1. Frankfurt am Main: Fischer Athenäum Taschenbücher 1974. S. 29–60.

Wolfinger, Kay: Ein abgebrochenes Journal. Interpretationen zu Robert Walsers *Tagebuchfragment*. Frankfurt am Main u. a.: Peter Lang 2011.

Wolfinger, Kay: *Tagebuch-Fragment* (verfasst 1926). In: RWH. S. 193–196.

Zimmermann, Hans Dieter: Der babylonische Dolmetscher. Zu Franz Kafka und Robert Walser. Frankfurt am Main: Suhrkamp 1985.

# Dank

Dieses Buch ist meine überarbeitete Dissertation, die ich im April 2020 an der Freien Universität Berlin verteidigt habe.

Ich bedanke mich sehr herzlich bei Prof. Dr. Anne Fleig, die die Arbeit von Beginn an sehr engagiert begleitet und maßgeblich zu ihrer Entwicklung beigetragen hat. Ich danke ebenfalls sehr herzlich Prof. Dr. Peter Utz, der die Arbeit als Zweitgutachter betreut und ihr als Walser-Experte wichtige Impulse gegeben hat. Ebenfalls bedanke ich mich bei Prof. Dr. Nikola Roßbach und den ehemaligen Kolleginnen des DFG-Graduiertenkollegs *Dynamiken von Raum und Geschlecht* an den Universitäten Kassel und Göttingen, die den Beginn der Arbeit mit Rat und Tat unterstützten.

Auch bei Dr. Barbara von Reibnitz, Prof. Dr. Wolfram Groddeck und Dr. Sabine Eickenrodt möchte ich mich sehr für anregende Diskussionen und freundliche Hinweise bedanken sowie bei Rebecca Lötscher, Lukas Gloor und den Teilnehmenden des Treffens junger Robert Walser-Forschender 2017, das sehr zur Präzisierung meiner Fragestellung beigetragen hat.

Für die genaue und kritische Lektüre meiner Arbeit danke ich Sarah Fallert, Lea Haneberg, Martin Brandt, Matthias Lütjohann, Isabel von Holt, Sven Lüder, Bernadette Grubner, Florian Kappeler, Amber Kok, Hannah Berning und Marie Millutat. Für technische Hilfe bedanke ich mich bei Mosaab Bittar.

Ohne die praktische und seelische Unterstützung von Johannes Reinhart hätte ich die Arbeit nicht schreiben können, weshalb ihm mein besonderer Dank gilt.

Für die Aufnahme in die Reihe der Robert Walser-Studien danke ich den Herausgeberinnen und Herausgebern Reto Sorg, Lucas Marco Gisi und Annie Pfeifer. Andreas Knop vom Brill|Fink-Verlag danke ich für die sehr gute Zusammenarbeit.